797,885 Books

are available to read at

Forgotten Books

www.ForgottenBooks.com

Forgotten Books' App
Available for mobile, tablet & eReader

ISBN 978-0-259-04694-3
PIBN 10708171

This book is a reproduction of an important historical work. Forgotten Books uses state-of-the-art technology to digitally reconstruct the work, preserving the original format whilst repairing imperfections present in the aged copy. In rare cases, an imperfection in the original, such as a blemish or missing page, may be replicated in our edition. We do, however, repair the vast majority of imperfections successfully; any imperfections that remain are intentionally left to preserve the state of such historical works.

Forgotten Books is a registered trademark of FB &c Ltd.
Copyright © 2015 FB &c Ltd.
FB &c Ltd, Dalton House, 60 Windsor Avenue, London, SW19 2RR.
Company number 08720141. Registered in England and Wales.

For support please visit www.forgottenbooks.com

1 MONTH OF FREE READING

at

www.ForgottenBooks.com

By purchasing this book you are eligible for one month membership to ForgottenBooks.com, giving you unlimited access to our entire collection of over 700,000 titles via our web site and mobile apps.

To claim your free month visit:
www.forgottenbooks.com/free708171

* Offer is valid for 45 days from date of purchase. Terms and conditions apply.

English
Français
Deutsche
Italiano
Español
Português

www.forgottenbooks.com

Mythology Photography **Fiction**
Fishing Christianity **Art** Cooking
Essays Buddhism Freemasonry
Medicine **Biology** Music **Ancient Egypt** Evolution Carpentry Physics
Dance Geology **Mathematics** Fitness
Shakespeare **Folklore** Yoga Marketing
Confidence Immortality Biographies
Poetry **Psychology** Witchcraft
Electronics Chemistry History **Law**
Accounting **Philosophy** Anthropology
Alchemy Drama Quantum Mechanics
Atheism Sexual Health **Ancient History**
Entrepreneurship Languages Sport
Paleontology Needlework Islam
Metaphysics Investment Archaeology
Parenting Statistics Criminology
Motivational

THEODOR FONTANE
Tage- und Reisetagebücher

Theodor Fontane

Grosse Brandenburger Ausgabe

Herausgegeben von
Gotthard Erler

Tage- und Reisetagebücher

THEODOR FONTANE

TAGEBÜCHER
1852
1855–1858

Herausgegeben von Charlotte Jolles
unter Mitarbeit von Rudolf Muhs

AUFBAU-VERLAG

Die Ausgabe entstand in Zusammenarbeit mit dem
Theodor-Fontane-Archiv, Potsdam, und wurde gefördert
durch das Ministerium für Wissenschaft,
Forschung und Kultur des Landes Brandenburg

THEODOR FONTANE

Zeichnung von Hugo von Blomberg
1857

Einleitung

> Der Zauber dieses Londoner Lebens wird auch
> Dich berühren und Dich immer wieder, wenn Du
> aus Unmuth und Heimweh vergehen willst, Dir
> selbst und Deiner trübsten Stimmung entreißen.
> Auch Du wirst dabei *lernen*, reicher an
> Anschauungen und eigenthümlichen Erfahrungen
> zurückkehren und eine große Rückerinnrung für
> Dein ganzes übriges Leben haben.
>
> *Fontane an seine Frau, 31. Mai 1852*

Als Fontane 1844 zum ersten Mal nach London fuhr, kam die Reise als eine Überraschung, eine plötzliche Einladung seines Freundes Hermann Scherz, ihn zu begleiten. Als er nach acht Jahren wieder nach London kam, war sein Aufenthalt, der fast ein halbes Jahr dauerte, ernsthaft geplant. Dazwischen lagen wechselvolle Jahre: die Revolution von 1848, in deren Bann auch Fontane geraten war, seine Entscheidung im Herbst 1849, den Apothekerberuf aufzugeben, um sich als freier Schriftsteller zu etablieren, was sich als undurchführbar erwies, und schließlich sein Unterkommen im Literarischen Kabinett der restaurativen Regierung Manteuffel, das ihm sein Tunnelfreund Wilhelm von Merckel vermittelt hatte. Dieser Schritt, den Fontane nach den enttäuschten Hoffnungen des Jahres 1848 tat, ermöglichte ihm zwar nach jahrelanger Verlobung die Heirat, war aber nicht ohne ernsthafte Folgen. Der Übergang in den Dienst einer Regierung, deren Politik seinen eigenen Anschauungen widersprach, brachte ihn in einen Zwiespalt und führte zu einer inneren Unsicherheit, die er lange nicht überwand.

Die Nachwirkung der gescheiterten Revolution sowie die Einsicht, daß auch seine Anstellung im Literarischen

Kabinett bzw. der Zentralstelle für Presseangelegenheiten in Berlin ihm keineswegs eine Zukunft und einen gesicherten Lebensunterhalt bieten würde, führten zu einer Existenzkrise. So richtete Fontane seinen Blick auf England, in der Hoffnung, durch einen längeren Aufenthalt dort aus seiner trostlosen Lage herauszukommen.

1852 glückte es ihm jedoch noch nicht, dort Fuß zu fassen, wie er gehofft hatte. Doch 1855 ergab sich noch einmal eine Gelegenheit. Fontanes Vorgesetzter, Dr. Ludwig Metzel, der Fontanes Wünsche kannte, schlug ihn als den am besten geeigneten Kandidaten für ein neues Projekt der Zentralstelle vor, nämlich die Gründung einer »Deutsch-Englischen Korrespondenz« in London. Im September 1855 fuhr Fontane wieder nach London, und dieses Mal blieb er fast dreieinhalb Jahre, bis die politische Entwicklung in Preußen und persönliche Gründe ihn wieder nach Berlin zurückkehren ließen.

Die Tagebücher der Jahre 1852 und 1855 bis 1858 sowie Fontanes Briefwechsel jener Jahre spiegeln seine Situation wider: die Wünsche, die Zweifel, die Hoffnungen und die Enttäuschungen. Dem »alten Schwanken«, ob Bleiben oder Rückkehr nach Berlin, großenteils verursacht durch die Trennung von seiner Familie, und die Frage, ob seine Frau sich in London wohlfühlen würde, wird die Vernunft entgegengesetzt: »Aber der Mensch sei klug und weise, und halte den Zipfel von Fortuna's Mantel fest, wenn er ihn einmal in Händen hat«, schreibt er Emilie im Juni 1856.

Daß es England war, von dem sich Fontane so viel erhoffte, hatte mehrere Gründe. Sein großes, vor allem auch literarisches Interesse an diesem Land, dem Land Shakespeares, geht auf seine frühen Jahre zurück. Eine wichtige Rolle spielte daneben auch der Gedanke, daß ein längerer Aufenthalt in England ihm die Möglichkeit bieten würde, seiner ungenügenden Schulbildung aufzuhelfen. Mit reichen Kenntnissen von Sprache und Literatur hoffte er dann zurückzukehren und sich als Englandspezialist empfehlen zu können. Vor allem aber ging es um die materielle Seite seiner Existenz.

England stand damals auf dem Höhepunkt seiner wirtschaftlichen Entwicklung. Als sich bei seinem Londoner Aufenthalt 1852 die Chance einer Anstellung als Deutschlehrer an einer Londoner Schule bot, schrieb Fontane: »*Solche Gelegenheiten bietet hier jeder Tag* und dadurch unterscheidet sich London von jedem andern Punkt der Welt. Neue Institute wachsen hier über Nacht aus der Erde und wer so gute Empfehlungen hat wie ich, darf am Ende hoffen, mal anzukommen.« Aber wie so manche andere zerschlug sich am Ende auch diese Chance. Hunderte, ja Tausende von Deutschen strömten damals aus denselben Gründen nach England, ganz abgesehen von den politischen Flüchtlingen, die schon seit 1849 versuchten, sich im Exil eine Existenz aufzubauen. Sehr bald mußte Fontane denn auch feststellen, daß der Markt für deutsche Sprachlehrer hoffnungslos überlaufen war. So kam ihm 1852 als letzte Rettung der Gedanke, eine Apotheke zu erwerben und »ein ganz raffinirter Geschäftsmann mit Anpreisungen, Zeitungsannoncen, Goldbuchstaben und allem Tod und Teufel« zu werden; ein Plan, der ebenfalls fehlschlug.

Bei aller kritischen Einstellung zu dem »money-making Volk« war Fontane also durchaus willens, den wirtschaftlichen Aufschwung Englands für sich zu nutzen. Er lerne immer mehr einsehen, schrieb er einmal, daß man ein Lump sei oder wenigstens dafür gelte, wenn man kein Geld habe, »daher das Erpichtsein des praktischen Engländers auf Erwerb. – Ich habe mich allgemach an den Gedanken gewöhnt: den Poeten in den Koffer zu packen und fest zuzuschließen. Da mag er ausschlafen bis auf bessere Zeiten.«

Die Tagebuchblätter vom Frühjahr 1852, die Fontane am 1. Juli an den Vater schickte, der ihm finanziell zu dieser Reise verholfen hatte, berichten von den vielen Schritten, die er unternahm, in London Fuß zu fassen. Das Tagebuch reicht bis zum 30. Juni. Wie sich Fontanes Leben in London vom Juli bis Ende September gestaltete, erfahren wir vor allem aus seinen Briefen an Emilie, in denen der Wechsel von »Furcht und Hoffnung« kein Ende zu nehmen scheint.

Fontane hatte aber den Gedanken an einen längeren Aufenthalt in London keineswegs aufgegeben. Als sich 1854/55 das Verhältnis zwischen England und Preußen verschlechterte, weil Preußen im Krimkrieg nicht auf die Seite der Alliierten gegen Rußland trat, suchte die preußische Regierung ihr Image mit Hilfe der Presse zu verbessern. Fontane, der bereits seit Ende 1854 die englischen Berichte für die Zentralstelle zu schreiben hatte, ergriff die Gelegenheit, die sich ihm damit bot. Am 10. September 1855 traf er wieder in England ein, betraut mit der Aufgabe, eine »Deutsch-Englische Korrespondenz« aufzubauen, einen Informationsdienst für die deutsche Presse, der eine der Regierung in Berlin nicht genehme »Englische Korrespondenz« verdrängen sollte. Daneben galt es, auf die englische Presse im Sinne der preußischen Politik einzuwirken. Letzteres wurde nach dem baldigen Scheitern des Korrespondenz-Projekts seine hauptsächliche Aufgabe, für die er dem preußischen Gesandten in London, Albrecht Graf von Bernstorff, als Presseagent attachiert wurde. Diese Aufgabe sei Fontane »unter vollster Berücksichtigung« seiner eigenen »wiederholt und angelegentlichst vorgetragenen Wünsche und Vorschläge« anvertraut worden. So lauteten Geheimrat Hegels Worte an Fontane, nachdem dieser wieder einmal zauderte, ob er nicht doch lieber nach Berlin zurückkehren sollte. Hegel wies ausdrücklich darauf hin, daß man ihm mit dieser neuen Aufgabe eine Gelegenheit gegeben habe, sich auch für die Zukunft einen erwünschten Wirkungskreis und eine feste Existenz zu schaffen, wie es Fontane selber erhofft hätte.

Fontane stand vor einer recht schwierigen Aufgabe, und er war sich dessen auch sehr wohl bewußt. Er war, wie

Graf Bernstorff in einem Gutachten über ihn schrieb, »mehr belletristischer als politischer Schriftsteller«, und es werde ihm daher nicht leicht, meinte Bernstorff, »sich die journalistisch-politische Schreibart anzueignen und überhaupt sich in die politischen Tagesfragen vollständig hineinzuversetzen, als es manchem anderen werden würde«. So wurde eine sehr enge Zusammenarbeit zwischen dem Gesandten und seinem Presseagenten erforderlich: regelmäßige Besuche bei Bernstorff, Diskussion der anstehenden Probleme und der sich daraus ergebenden Aufgaben. Die Artikel, die Fontane dann anzufertigen hatte und die von einem englischen Journalisten übersetzt werden mußten, da Fontanes Englisch nicht gut genug war, hatte er dann in Londoner Zeitungen unterzubringen.

Das Tagebuch von 1855 bis 1858 verzeichnet alles dies sehr genau: die Arbeit an der »Deutsch-Englischen Korrespondenz«, die Besuche in der Gesandtschaft, die Arbeit an den Auftragsartikeln für die englischen Zeitungen sowie seine selbständige Berichterstattung für die deutsche Presse. Während sich Fontane in seinen Tagebucheinträgen 1852 und 1855/56 oft recht ausführlich ausläßt, enthalten die Jahrgänge 1857 und 1858 meist nur kurze Notizen. Sie sind eine Mischung aus Arbeitsjournal und Kalendernotizen. Fontane verzeichnet genau, welche Briefe er erhielt und welche er schrieb, welche Bekannte oder auch unbekannte Personen er traf, mit wem und wo er speiste und plauderte. Am Anfang der Eintragungen steht oft »Brief von ...«, »Brief geschrieben an ...« oder aber einfach das Wort »gearbeitet«. Es folgen seine Gänge durch London, zu den Zeitungsredaktionen in der Fleet Street, Begegnungen mit Bekannten, bis sich die »Himmelspforten des Divan« auftun, wo er seinen »Kaffe« trinkt und Zeitungen liest.

Insgesamt kommt doch ein recht stattlicher, freilich überwiegend deutscher Bekanntenkreis zutage, zu dem auch mehrere der politischen Flüchtlinge von 1848/49 gehörten. Der Mensch, der Fontane in jenen Jahren zweifellos am nächsten stand, war Julius Schweitzer, ein Neffe von Hermann Schweitzer, den Fontane 1844 in Brighton besucht hatte. Ebenfalls Apotheker von Beruf, arbeitete und wohnte er bis zum Sommer 1856 in dem Haus der Pharmaceutical Society of Great Britain am Bloomsbury Square. Dorthin ging Fontane in den ersten Monaten seines Londonaufenthalts fast tagtäglich. Auch die »guten Portiersleute« dieses Hauses wurden ihm eine große Stütze, vor allem die Frau, Mrs. Morris, die ihm in allen praktischen Dingen Hilfe leistete. Darum findet sie im Tagebuch häufig Erwähnung. Oft genannt wird ferner ein Mr. Wood, ebenfalls Apotheker und bei der Pharmaceutical Society beschäftigt, von dem wir aber sonst nur wenig wissen, außer daß Fontane sich oft mit ihm unterhielt und ihn schätzte. In diesem Kreis und im Hause von Bloomsbury Square Nr. 17 verbrachte der Dichter, fern von seiner Familie, 1855 seinen ersten Heiligabend in England. Bei und mit Schweitzer konnte Fontane sich entspannen: »Bei Schweitzer zu Tisch. Spatziergang durch Green-Park. Nach Trafalgar-Square und auf dem Steinrand der Springbrunn-Bassins geplaudert und mit den Beinen gebammelt.« Solche gelösten Momente sind selten.

Mit Max Schlesinger und Jakob Kaufmann, den Herausgebern des Konkurrenzunternehmens »Englische Korrespondenz«, kam Fontane von Anfang an häufig zusammen. Mit Julius Faucher, einem alten Bekannten aus seinen frühen Berliner Jahren, verkehrte er vor allem in der zweiten Hälfte seiner Londoner Zeit regelmäßig, und auch zu Heinrich Beta, dem Korrespondenten der »Gartenlaube«, und seiner Familie entwickelte sich ein freundschaftliches Verhältnis. Mit Edgar Bauer »flanierte« Fontane oft, ohne zu ahnen, daß dieser ihn, wie auch so manchen anderen, ausspionierte, was erst vor wenigen Jahren ans Licht gekommen ist. In »Von Zwanzig bis Dreißig« wird dieser ganze Bekanntenkreis näher geschildert in dem Kapitel über den Berliner Lenau-Verein, dem auch Julius Faucher angehört hatte. An gleicher Stelle beschreibt Fontane ebenfalls seine Besuche des Babel-Klubs und anderer Londoner Diskussionsgesellschaften, was im Tagebuch so ausführlich dokumentiert wird, daß diese Eintragungen über die Fontane-Forschung hinaus auch für die Erforschung des Viktorianischen London von Be deutung sind. Das Tagebuch bildet zweifellos die Grund lage für das erwähnte Kapitel in »Von Zwanzig bis Drei ßig«.

Eine engere Beziehung zu Engländern stellte sich nur zu dem Arzt James Morris ein, mit dem Fontane dann im Alter wieder in einen Briefwechsel trat. Auch mit dem In genieur William Whitaker Collins, der an der Anlage der Berliner Wasserwerke beteiligt war, ist Fontane des öfte ren beisammen, besucht ihn auch zu Hause und bewun dert seine reiche Bibliothek. Beide waren geistig interes sierte Menschen. Als Fontane 1857 Emilie und die Kinder nach London holte und sich in 52 St. Augustine's Road niederließ, bemühte er sich vor allem seiner Frau wegen um engere Kontakte zu seinen Nachbarn. So begann die Freundschaft mit der Familie Merington, deren Tochter Martha 1859 eine Zeitlang bei Fontanes in Berlin zu Be such war und bei denen dann später auch Emilie sowie Fontanes Tochter Mete Gastfreundschaft in London er fuhren.

Bevor Fontane seine eigene Häuslichkeit in Camden Town hatte, taucht der Name von Mrs. Wilmot des öfteren im Tagebuch auf. Sie war die einzige seiner vielen Wirtin nen, bei der er sich einigermaßen wohl fühlte und die in seinen Aufzeichnungen ein gewisses Profil erkennen läßt. Über seine unglückseligen Chambre-garnie-Verhältnisse berichtet Fontane sonst oft im Ärger, manchmal aber auch mit Humor.

Bei seinem Londonaufenthalt 1852 sowie bei dem spä teren 1855 bis 1858 hatte Fontane das Glück, in den Ge sandten seines Landes mit zwei Menschen in Berührung zu kommen, die, wie Bunsen, bereit waren, ihm zu helfen, oder ihm doch Verständnis entgegenbrachten wie Graf von Bernstorff. Bunsen, selbst literarisch tätig, war zweifellos der geistig Vielseitigere und zeigte sich jungen Landsleuten gegenüber besonders aufgeschlossen. Allerdings fühlte sich Fontane Bunsen gegenüber unsicher, weil er wußte, daß der Gesandte keine Sympathie für das Ministerium Manteuffel hegte, in dessen Dienst Fontane stand. Mit Graf Bernstorff kam es dagegen zu einer engen Zusammenarbeit, aber es blieb durchaus nicht bei einem bloßen Arbeitsverhältnis. Bernstorff vertraute Fontane manches Persönliche an, und die zwar etwas gönnerhaft-jovial klingende Anrede »Fontönchen, mein Söhnchen«, die im Tagebuch ohne weiteren Kommentar vermerkt wird, läßt durchaus eine dem zehn Jahre Jüngeren wohlwollende Haltung erkennen, selbst wenn sie ermahnend gemeint gewesen sein sollte, als eine Art Rüffel, wie ihn Fontane gelegentlich auch von seinem Berliner Vorgesetzten Metzel hinnehmen mußte: »freundliche Rüffel« steht dann im Tagebuch.

Vom Gesandten wurde Fontane häufig auch zu Essen und Empfängen eingeladen. Bei solchen Gelegenheiten lernte er viele der aristokratischen Gäste aus Diplomatie und Politik kennen, aber auch Wissenschaftler wie den Historiker Leopold Ranke, den Oberbibliothekar der Königlichen Bibliothek in Berlin, Georg Heinrich Pertz, den Afrikaforscher Karl Barth und andere. Mal gab es in Prussia House nur »eine bürgerliche Abfütterung, aber gut, von silbernen Schüsseln und die gräflichen Wirthe von großer Liebenswürdigkeit«, ein andermal aber einen großen Abendempfang, bei dem sich Ali Pascha, der Großwesir des Sultans, neben vielen am Hof von St. James akkreditierten Gesandten unter den Gästen befand. Näheres über Anlässe wie diesen berichtete Fontane dann den Lesern der Berliner Zeitungen.

Trotz einer gewissen Zurückhaltung Fontanes entwickelte sich ein fast freundschaftlicher Verkehr mit Maurice Alberts, dem Ersten Sekretär der Gesandtschaft, in dessen Haus Fontane und später auch seine Familie häufig zu

Gast waren. Etwas gönnerhaft und redselig, erzählte er Fontane so manches von sich selbst und nicht wenig Klatsch aus der Gesandtschaft, der er schon unter Bunsen gedient hatte. Fontane notierte solche »Geschichten« mit offenbarem Vergnügen.

Solange Emilie in Berlin war, klagte sie gelegentlich über zu wenig ausführliche Nachrichten von ihrem Mann; er verwies sie dann ausdrücklich auf sein Tagebuch, »das jetzt erträglich unterhaltend« sei. Er schreibe sehr oft an Dr. Metzel und führe Tagebuch und könne doch nicht alles noch einmal erzählen. Er sei in Oxford und Stratford gewesen, schreibt er, aber: »Wie ist es möglich, diese arme Citrone 3 mal auszupressen, erst für's Tagebuch und dann für die Zeitung und dann für Dich. ... Dies Lutschen an einem und demselben Knochen ist mir nicht nur langweilig, es ist mir geradezu unmöglich.« Die Zeit sei kostbar, fährt er fort, und »ich bin schon so alt und noch sehr im ABC; ich muß mich 'ranhalten«. Den Leser des Tagebuchs wird die enorme Anzahl der Briefe, die Fontane neben all seinen anderen Arbeiten schrieb, in Erstaunen versetzen, und er wird ihm dankbar sein für die mehrmals ausgepreßte Zitrone. Mit Hilfe seiner Korrespondenz, vor allem mit Emilie und Dr. Metzel sowie auch dem Ehepaar Merckel, können wir Fontanes Leben und seine Arbeit in London sehr genau rekonstruieren.

Die berufliche Arbeit ließ kaum Zeit für den »Poeten«, der, wie Fontane oft betont, »an den Nagel gehängt« werden mußte. Nur dann und wann wird an einem Gedicht gearbeitet. Aber andere private Interessen ließen sich durchaus mit seinen journalistischen Aufgaben verbinden. Unter den Artikeln, die er für die »Kreuzzeitung«, die »Vossische Zeitung« und »Die Zeit« schrieb und die ihm neben dem Gehalt von seiner Dienststelle einen Extraverdienst einbrachten, ragen die über die Londoner Theater und Kunstausstellungen besonders heraus. Von Anfang an, schon 1852, besuchte Fontane regelmäßig das Theater. Diesen Besuchen verdanken wir die Artikelserie über

»Die Londoner Theater«, die in verschiedenen Zeitungen und Zeitschriften und in mehrfacher Überarbeitung erschienen ist. Die Tradition englischer Schauspielkunst mit ihren berühmten Namen wie Garrick, Kean und Phelps faszinierte ihn ebenso wie die soziale Struktur des Viktorianischen Theaterpublikums.

Mit großer Regelmäßigkeit besuchte und besprach Fontane die jährlichen Kunstausstellungen der Royal Academy of Arts. Hier stellte sich die neue Kunst vor, wie z. B. die Präraffaeliten, von deren Werken Fontane einige später berühmt gewordene Bilder wie Millais' »Ophelia« allerdings scheußlich fand. Auch die vielen privaten Galerien aristokratischer Kunstfreunde mit ihren reichen Sammlungen alter Meister und neuer Maler, die das Viktorianische England aufzuweisen hatte, wurden von Fontane sorgfältig und häufig »durchmustert«.

Die Reise nach Manchester zu der großen Kunstausstellung von 1857 wird im Tagebuch genau dokumentiert, ebenso die Arbeit an den sie betreffenden Artikeln in der »Zeit«. Zusammen mit den Aufsätzen über die Londoner Theater und die Londoner Presse wurden sie 1860 von Fontane in sein Sammelwerk »Aus England« aufgenommen: die wichtigste Ausbeute dieser Jahre neben »Jenseit des Tweed«, dem Buch seiner Schottlandreise.

Die Vitalität des Viktorianischen England, die Fontane so bewunderte und die sich in der Gründung immer neuer Institutionen sowie der Errichtung neuer Gebäude kundtat, wird aus den Eintragungen in dem Tagebuch von 1855 bis 1858 ersichtlich. Hier registriert Fontane immer wieder Bauten, die 1852 noch nicht vorhanden oder noch nicht fertiggestellt waren, wie zum Beispiel die Parlamentsgebäude, deren noch dachlosen Victoriaturm er 1858 bestieg. Es war das pulsierende Leben dieser Metropole, was für Fontane den »Zauber« Londons ausmachte. »London ist eben London und ist mit gar nichts andrem zu vergleichen«, schrieb er aus Paris.

Bei aller Bewunderung war Fontane aber durchaus ein

kritischer Beobachter. Seine Urteile über den »Zopf« im Leben des Landes und über die Erscheinungen eines Kapitalismus, wie er ihn später dann in den Gründerjahren auch in Deutschland erlebte, waren oft recht scharf. Aber jeder Versuch, Fontanes Haltung zu England auf einen allgemeinen Nenner zu bringen, ist zum Scheitern verurteilt. Neben Äußerungen in Briefen existieren verschiedene Quellen: Zeitungsartikel und Korrespondenzen, die seinen eigenen Standpunkt wiederzugeben scheinen, und solche, in denen persönliche Ansichten mit offiziösen verquickt sein mögen. Im literarischen Feuilleton, das Fontane bevorzugte, finden wir wohl noch am ehesten seine wahre Meinung ausgedrückt. Dagegen haben die Beiträge in englischen Zeitungen, die in dieser Edition zum ersten Mal identifiziert worden sind, mit Fontanes Englandbild nichts zu tun. Es handelt sich, von einigen Leserbriefen abgesehen, vornehmlich um Artikel mit Stellungnahme zu außenpolitischen Tagesproblemen aus preußischer Sicht, die zumeist in enger Absprache mit dem Gesandten geschrieben worden sind.

Auch andere Momente spielen noch eine Rolle bei der Beurteilung von Fontanes Äußerungen. Er war froh gewesen, aus der Enge des Berliner Lebens herauszukommen und zu erfahren, daß hinter den Bergen auch noch Leute lebten, und jetzt, in der geschäftigen Weltstadt, in seiner Einsamkeit, lange Zeit ohne Familie und abgeschnitten von seinem Freundeskreis, sehnte er sich nach dem »gemütlichen« deutschen Leben. Seine Stimmungen wechselten von Tag zu Tag. Häufiges Unwohlsein, Ärger im beruflichen Leben und die Sorge um Emilie färbten ab auf seine Meinungen und Urteile. Dr. Metzel, Fontanes Vorgesetzter in Berlin, mag nicht unrecht gehabt haben, wenn er ihm einmal schrieb, »daß augenblickliche Unbequemlichkeit und zeitweiliges Unbehagen Sie veranlaßt hat, sich selbst eben so viel Unrecht zu thun als England«.

Fontanes Gefühl seiner eigenen Unzulänglichkeit erschwerte es ihm, sich in dieser für ihn so neuen Welt durchzusetzen. Bei einer französischen Tischkonversation in einem Londoner Hotel sitzt er da »wie ein Schuljunge«; es fehlte ihm an Französischkenntnissen. »Was einem deutschen Dichter alles passirt! Wenn ich nur leichtfertiger und frecher wäre!« Daran lag es! Einer so selbstsicheren und im gesellschaftlichen Verkehr gewandten Frau wie Fanny Lewald war es ein leichtes, Kontakte herzustellen und überall Eingang zu finden, wie wir aus ihrem Reisebuch über England und Schottland wissen. Fontane war leicht verletzbar, vermutete oft eine Absicht, wenn ihm nicht gleich geantwortet wurde oder eine Verbindung vorübergehend abbrach. Bei seinen häufigen Einladungen in die Gesandtschaft empfand er den Unterschied in Lebensweise und Lebensstandard nicht selten mit Unbehagen, selbst mit ein bißchen Neid: »Wer doch auch solch Zimmer hätte und so frühstücken könnte«, schreibt der mit dürftigem Einkommen in einem Chambre garnie wohnende Dichter, als er in seinem Tagebuch einen Besuch bei Bunsen vermerkt. Geht er zu einer Festaufführung im Frack ins Theater, so kommt er sich selbst höchst komisch vor, und sogar bei einer so großen Gelegenheit wie der Hochzeit der Prinzessin mit dem preußischen Prinzen Friedrich Wilhelm, der Fontane als Berichterstatter beiwohnte, entschloß er sich, wie üblich, sein Cachenez umzubinden.

Fontane hatte sich zwar damit abgefunden, seinen Pegasus auf bessere Zeiten warten zu lassen, aber er fühlte sich ganz als Dichter, stolz auf die Anerkennung, die er sich unter seinen Berliner Freunden erworben hatte. So verließ ihn in London nie das Bewußtsein seiner nur untergeordneten Stellung und das Gefühl der Abhängigkeit. Als er 1852 seinen Antrittsbesuch bei der Gesandtschaft machte und sich dem Ersten Sekretär vorstellte, zu dem er später in ein freundschaftliches Verhältnis trat, schrieb er in sein Tagebuch: »Oft ist mir als sei ich verwechselt und trüge weiße Strümpfe, Kniehosen und rothe Livree wie der schönste Bediente. O deutscher Dichter pack' ein.« Und noch vier Jahre später, als er einen Wirkungskreis gefunden hatte, der seinen Interessen in vieler Hinsicht entgegenkam, schrieb er in sein Tagebuch: »Einen Bericht über die Sonnabend-Festlichkeit für das Löschpapier der Vossischen Zeitung geschrieben«, seine Unzufriedenheit über diese Aufgabe in einem Brief an Emilie weiter ausführend: »Gestern ... hab' ich an dem ziemlich fleischlosen Knochen der Sonnabend-Festlichkeit zu nagen gehabt. Es ist langweilig und eigentlich unter meiner Würde. Wer sich überzeugen will, daß ich ein Fest beschreiben kann, der lese meinen ›Ball in Paris‹ und lasse mich dann in Ruh. Ich fühle, daß ich mehr Poet als Bedienter bin. Auch Spaltenfüllen ist nicht mein eigentlicher Beruf.«

Tagebuchblätter und Briefe aus England gewähren uns einen tiefen Einblick in die psychische Struktur einer hochsensiblen Künstlernatur. Es waren Krisenjahre für Fontane. Wohl hatte er sich als Dichter etabliert, aber Heirat und Vaterschaft verlangten von ihm eine gesicherte Existenz. Es mußte aber eine sein, die seinen literarischen Neigungen und Fähigkeiten gerecht würde. Die journalistischen Möglichkeiten der Jahre in England kamen Fontane durchaus entgegen, doch eine berufliche Abhängigkeit konnte er schon im Alter von dreißig bis vierzig Jahren schwer ertragen. Das Verlangen nach Unabhängigkeit war zu stark. Er mußte noch lange warten, bis er eine relative Unabhängigkeit erreichte.

Es war die Änderung der politischen Konstellation in Preußen, die dem immer Schwankenden half, sich zur Rückkehr nach Berlin zu entschließen. Daß die Jahre in England von allergrößter Bedeutung für Fontanes Entwicklung waren, steht außer Zweifel. Zum einen hatte er erreicht, was er sich erhofft hatte: er war als Englandspezialist etabliert. Auf dieser Grundlage konnte ihm die »Kreuzzeitung« 1860 dann anbieten, die Redaktion des Englandartikels in ihrem Blatt zu übernehmen. Zum anderen legte die journalistische Tätigkeit in London den Grundstein für Fontanes schriftstellerische Laufbahn. Die

Sorgen und Probleme jener Jahre aber verblaßten allmählich, und was in der Rückerinnerung blieb, war das große Erlebnis London, das seinen Niederschlag noch in Fontanes Spätwerk, in den Romanen, fand.

London, im September 1994 *Charlotte Jolles*

Tagebücher

1852
1855–1858

[1852]

[Tagebuch für Louis Henri Fontane]

London am 1ten Juli 52.
1. Tavistock-Square.

Mein lieber, guter Papa.

Wie versprochen send' ich Dir vorstehend mein Tagebuch, das besser, als es irgend welcher Brief vermöchte, Dir über meine Londoner Tage, auch über die letzten, Bericht erstatten wird. Vieles ist langweilig, andres muß Dir wenigstens so erscheinen, weil Du oftmals weder Person noch Sache kennst, an die ich mein Raisonnement knüpfte und es außerhalb einer Tagebuch-Aufgabe lag, alles klar und breit zu erzählen. In den letzten 14 Tagen bin ich ausführlicher geworden, zum Theil nur deshalb, um Dir doch Einiges bei dieser Lektüre zu bieten. Zwei Wünsche hab' ich noch: einmal gieb das Buch an *Keinen* aus der Hand; es sind vielfach Stellen drin, die verklatscht oder gar entstellt und übertrieben, mir schaden, gerade hier in London schaden könnten. Deine Forstkandidaten sind sehr redselige Leute; hab' ich doch hier, 200 deutsche Meilen von Neustadt entfernt, erfahren, daß Du mich getadelt haben sollst. Ich bin fest überzeugt, daß Du es *nicht* hast; Du wirst vermuthlich nur gesagt haben: »Kleiner Ausflug nach London, – nutzlos, – Vergnügungsreise!« Wenn ich nun recht vermuthe, so bezieht sich eben hier auf meine zweite Bitte: lies das Tagebuch nicht mit dem Vorurtheil, daß der älteste Herr Sohn blos Lust kriegte auf Reisen zu gehn und demgemäß sich auf den Weg machte. Glaubt alle endlich meinen Worten, daß ich fortging, um entweder mein Glück hier zu finden, oder aber um bereichert an Kenntnis und Erfahrung und somit fähiger zu meinem Beruf nach Deutschland zurückzukehren. Ich fühl' es, daß das *letztere* bereits erreicht *ist*, und habe auch die Hoffnung noch nicht aufgegeben, daß ich das *erstere* noch erreichen *werde*. Nur erst fest hier im Sattel und ein wenig Bahn gebrochen, so ist man durch; – die Erwerbsquellen hier sind hundertfach, man darf nur nichts verschmähn. – Für die freundlichen Zeilen von Ende Mai dank' ich Dir aufs beste, vor allem aber dafür, daß Deine rasche Bereitwilligkeit mir zu helfen, überhaupt nur diese meine Reise möglich machte, von der ich, auch wenn ich nach Deutschland zurückkehren müßte, nie behaupten werde, daß es ein nutz- und resultatloser Versuch gewesen sei. Leb wohl.

Dein Theodor.

15*ten* April.

Kostbare Parthien zwischen Verviers und Lüttich. *Lüttich (Liège)*: Hotel des Pays-bas. Diner. Café royal. Parthie Billard mit Heinrich (furchtbar) und unköniglicher Cichorien-Caffe. Die Straßen todt, jeder 3*te* Mensch ein Leierkastenmann, – Berlin Lumperei dagegen.

Von besonderem Interesse das *Palais de Justice*, früher die Residenz der Fürstbischöfe, jetzt restaurirt (zunächst nur eine Seite des Vierecks), um dem Könige von Belgien von Zeit zu Zeit als Aufenthalt zu dienen. Der Eindruck dieses Gebäudes fast stärker als der des berühmteren Löwener Rathhauses. Am Abend nach Löwen (Louvain) abgestiegen im Hotel de la Cour de Mons. Freundliche Wirthe, gute Bewirthung. Belgische Officiere.

16*ten* April.

Das Hotel de Ville. Die Cathedrale (St. Pierre) mit dem 3 bogigen Eingangsthor zum Chor und dem *Modell* des Thurms, das jetzt – wie ein Schränkchen – zum Aufbewahren des Allerheiligsten dient. – Die Kirche *St. Gertrud*, nicht gothisch und ohne besondere Schönheit. Die Gemälde Gallerie des Herrn *Vandenschrieck*: mehrere Portraits von Van Dyck, von Rubens: eine Kreuzigung Christi und der Tod der heiligen Catharine. Besonders jenes sehr schön. Sämmtliche Sachen von hohem Werth und außerordentlich gut erhalten.

Um 2 ¼ Uhr nach Brüssel. Hotel de l'Europe (sehr fein).

17ten April.

Zur Post. Brief von Emilien. St. Gudula Kirche (sehr schön) L'Eglise de Notre Dame de la Chapelle mit 12 oder 14 *neuen* Gemälden, die Leidensgeschichte Christi (die Stationen) darstellend. Der *Marktplatz* (Hinrichtungsstätte der Grafen Egmont und Horn) mit den 6 Zunfthäusern der Krämer (Merciers) Schiffer (bateliers) Bogenschützen (confrerie de l'arc) Geflügelhändler (marchands de volaille) Trödler (fripiers) und Bäcker (boulangers). Gegenüber das Haus (la maison des rois) mit den Büsten der Herzöge von Brabant; darunter: Maria von Burgund, Maximilian, Karl V., Albrecht und Isabella Clara. Das Rathhaus selbst (vielleicht auch imposanter als das Löwener), ihm zur Seite das Hotel des Brasseurs. Gegenüber von diesem das ehemalige Haus der Schneiderzunft, jetzt ein maison des graines et des fruits. Neben diesem das Brothaus: ›a Peste, fame et bello libera nos Maria pacis.‹

Am Abend nach Antwerpen. Hotel du Temple – Räuberhöhle, Wanzennest.

19ten April.

Uebersiedlung nach dem Hotel St. Antoine (sehr gut). Eglise St. Jacques mit der Rubens-Capelle, wo sein Grabmal in der Mitte, das seiner beiden Frauen zur linken, und seiner Söhne zur rechten. Ueber dem Altar dieser Kapelle ein großes allegorisches Bild von Rubens: *er* als Ritter Georg den Drachen tötend, seine Frauen als heilige Jungfrau und Magdalene, seine Kinder als Jesus und Engel, sein Vater als Hieronymus, sein Großvater als Gott der Zeit. –

Cathedrale de Notre Dame bestiegen (622 Stufen). Das Grabmal des Quinten Massys. Der eiserne Brunnen schmuck von seiner Hand. Wunderschöne Betstühle, nur ¼ Theil vollendet. Die 3 schönsten Gemälde Rubens wurden restaurirt. Das Marmorgemälde (täuschend wie ein Basrelief).
Café de la Bourse (lauter Deutsche).
Das Rathhaus (1581) der Platz und die umgebenden Häuser viel Aehnliches mit dem Rathhausplatz in Brüssel.
Cirque olympique (Wollschläger) Entschieden deutscher Charakter der Stadt.

Am 20ten und 21ten April.

Nachmittags 3 Uhr nach Gent. Die *Dominikanerkirche sehr alt*, ohne Pfeiler und Säulen, macht den Eindruck eines Vorläufers des gothischen Styls. Die ganze Kirche ist ein großes Schiff, und sieht wirklich aus wie ein umgestülpter Schiffsrumpf, so daß der Kiel oben liegt und den First des Daches bildet; – zwischen den nach innen vorspringenden Stein-Rippen des Schiffes befinden sich die Fenster und die einzelnen Kapellen.
Spaziergang um die Stadt; zunächst mit Heinrich bei untergehender Sonne und Abenddämmerung (sehr schön) dann und wann an Venedig erinnert (das ich nicht kenne); *anderen Tags* diesen Spaziergang an der Coupure (von couper) mit dem Führer fortgesetzt.
La beguinage (sehr interessant) eine Stadt in der Stadt; eine religiöse Gemeinschaft. Am ähnlichsten unsern Alt-Weiber-Spitteln. Besteht aus einer Kirche mit 127 Häusern und mehreren Conventen, eine Art kleiner Klöster. Man tritt in diese ein unter bestimmten Formen und Bedingungen und darf später das Convent verlassen, um in eins der kleinen Häuser zu ziehen. La beguinage hat eine *allgemeine* Oberin (unabsetzbar) und jedes Convent eine *specielle* (sous-superieure) die absetzbar ist, wenn die andern Schwestern Ursache zur Unzufriedenheit mit ihr haben. – Ein solches Convent besucht. The parlour. Die Ar-

itsstube. Die Küche mit dem großen Feuer und den kleinen Oefchen (jede bereitet sich auf einem Oefchen, kleiner als unsre Kohlenbecken, ihre Speisen selbst; wir trafen sie beim Kochen, 8–10 solcher Oefchen waren im Gang). Das Speisezimmer (jede hat ein Schränkchen, dessen obere Etagen das Wirtschaftliche: Teller, Tasse, Messer und Gabel u.s.w. enthalten, die unterste Etage ist ein Brett, das man *als Tischplatte* herauszieht, hieran speisen sie, während die im rechten Winkel geöffneten Schrankthüren je des Tischchen rechts und links abschließen und ohngefähr den Raum eines Schilderhauses herstellend jeder einzelnen Schwester es erlauben in völliger Isoliertheit zu speisen). Das Zimmer der Sous-Superieure. – Das Krankenzimmer. – Draußen ein reizendes kleines Gärtchen; am Spalier Pfirsich und Granatbaum u.s.w. Im Convent befand sich ein *munteres* Mütterchen (eigentlich wohl Jüngferchen) von 85 Jahren, die seit 64 Jahren in *diesem* Häuschen war. Der weibliche Concierge der ganzen beguinage war 34 Jahr im Amt. – Sie beten nicht übermäßig, arbeiten viel, sind Krankenpfleger und unterrichten Kinder, namentlich Waisen. – Alte Häuser besichtigt, das schönste und wohlerhaltenste ist das maison des bateliers (am Fluß). Die *tolle Grete*, eine colossale eiserne Kanone, das größte Geschütz der Welt. Laut Aussagen des Führers durch einen Grafen von Flandern den Türken abgenommen, von Constantinopel nach Brügge geschafft und von den Gentern im Kampf gegen Brügge genommen. – Das Rathhaus theils aus dem 15ten theils aus dem 17ten Jahrhundert, dies mit einer 3 etagigen Säulenfacade, jenes im verzwicktesten gothischen Schnörkelstyl. Von einem kleinen Platz aus die in einer Linie liegenden Türme von St. Bavon, Bellfroid (ohne Spitze; aus dem 11ten Jahrhundert) und St. Nicholas in Augenschein genommen.

Am 22ten.

Auf die Post; kein Brief. Quincaillerie's gekauft (d. h. Heinrich für Frl. Bauer's) sehr theuer gegen Erwarten. Zur

Gemäldeausstellung: vortreffliche Genrebilder und Landschaften; *kein* historisches Bild. Mit Ausnahme eines wunderbar schönen Bildes von Alfred Hunin (aus Mecheln) »Nonnen Brot an Arme vertheilend« nirgends das Höchste erreicht, aber auch umgekehrt – kein Mist wie bei uns auf der sogen. Todtenkammer (Prof. Grünler z. B.) und auch sonst noch. Totaleindruck überaus günstig, ein gewisses Maaß an Meisterschaft scheint dort *allgemeiner* zu sein als bei uns. – *Parade*: Infanterie (Grenadiere, Musketiere und Voltigeure) Jäger, Artillerie und Cavallerie. Letztere (Cuirassiere) vortrefflich: lauter Hünengestalten; – die Infanterie (namentlich ein Bataillon, das ich in Brüssel sah) dem *Anschein* nach miserabel, ordentlich beleidigend für preußische Augen; dagegen das Officiercorps durchweg tüchtig, stattlich, kriegerisch – lauter Männer, keine Milchbärte. – Ankunft in Ostende 6 ¼; Abfahrt mit dem ›Steamer‹ 6 ½. Sonderbares Gefühl im Abschiedsaugenblick, das Wasser verbindet, aber es trennt auch, – es ist nun mal nicht das eigentlichste Element des Menschen. Heinrich sehr bewegt, gutes Thier das! Die duftige Wasseratmosphäre wie ein alter Seemann mit wahrer Wollust geschnapert. Durch Seekrankheit erinnert, daß ich kein alter Seemann. Fahrt, Sonnenuntergang – wunderschön. Um 9 Uhr eingeschlafen, um 11 Uhr geweckt und zwar – in Dover. Emilie muß auch so reisen, es giebt nichts Angenehmeres und Genußreicheres, natürlich die flauen Momente abgerechnet. Dover – zauberhaft. Eine weite Meeresbucht, hart an ihr die sich weit ausdehnende Stadt, flimmernd mit tausend Lichtern in die Nacht hinein und dahinter halberleuchtetes Kalkgebirge, das amphitheatralisch die Stadt umgibt. – Coulante Leute auf der Douane. Abgestiegen im Gun-Hotel, Kneipe zweiten Ranges, Preise – ersten Ranges comme toujours.

Am 23ten

Um 7 ¼ Abfahrt nach London. 7 Shilling, nicht theuer. Der erste Theil der Fahrt: am Meeres-Quai entlang, dann d wann einen Felsentunnel hindurch, ist von unvergleichlicher Schönheit – wenigstens für einen Kurbrandenburger. So bis *Folkestone*; von da ab wendet sich die Bahn ins Land hinein und durchschneidet die grünen Hügel und Thäler der schönen Grafschaft Kent. – Ankunft in London 11 Uhr. Räthselhafterweise ein wahres Heimathsgefühl gehabt; mir wurde die Brust weit und das Herz schlug mir höher, als mein Cab über die schöne Waterloo-Brücke hinweg, in das vollste Leben der Stadt zwischen City und Westend hinabrollte. Ich vergaß für einen Augenblick alles andre: Frau, Kind, Noth, Sorge – der alte Zauber dieser Londongröße ward wieder lebendig und hatte mich. Durch *Blomeyer* (Bekanntschaft vom ›Steamer‹ her) für 27 Long Acre angeworben. Furchtbar; – aller Zauber gelöst. Schlechtes Zimmer, schlechtes Essen, schlechte Bedienung, mit einem Wort – *Flüchtlingskneipe*. Das Schicksal, in Gestalt Blomeyers, hatte mich in das einzige Haus Londons geführt, das ich gebunden war *nicht* zu betreten. Kennen gelernt: *Schärtner*, Führer des Hanauer Frei-Corps, jetzt Kneipier in Long Acre No. 27 und Inhaber einer blassen jungen Engländerin – seine Frau. *Dr. Heise*, Freund Kellners und Mitredacteur der Hornisse. *Schriftsetzer Zinn*, Befreier des Dr. Kellner; und einige andre ohne Rang und Klang. – Schärtner – behäbig, wohlwollend, Demokrat aus Zufall, könnte ebensogut Royalist sein, lebt jetzt seinem Geschäft und seiner Frau und denkt: die Deutschen mögen's nun ohne mich versuchen. – Dr. Heise – kluger Kopf, verbissen, regierende Natur, Demokrat – weil er's seinem ganzen Wesen nach *sein muß*. Zinn: rothbackiges, strammes, muthiges Bürschchen; Raisonneur, Phraseur, Opfer der Zeit – Redensarten, ehrgeiziger Springinsfeld; nur durch den Wunsch, ein zweiter Carl Schurz, (Befreier Kinkels) zu sein, zur Befreiung Kellners angestachelt. Die Historie davon, durch Blomeyer mir mitgeteilt, in ihren Details höchst interessant. Zinn hat hier eine Stelle als Setzer und verdient wöchentlich 2 £ St. – Mit Blomeyer die alten Punkte besucht: Londonbridge, Adelaide Hotel, Post-Office, St. Paul u.s.w. Themsefahrt von London- bis Westminster-Bridge. Die Parlamentshäuser; kein Zutritt. 4 Gerichtshöfe besucht: Queen's Bench, Court of Common Pleas etc. In Drury-Lane (auf Freibillet) ›The bohemian girl‹ gesehen. Zu Shakespeares Zeiten etwas weiter gewesen – das ganze Ding wohlberechneter Unsinn.

Am 24ten April.

Hyde-Park, *Glaspallast.* Drury-Lane Coffee-house – sehr gut und sehr theuer. Die Königin und Prince Albert gesehen (machten Einkäufe); das loyale Alt-England in Blüthe. Im Uebrigen sehr ennuyiert, sehr mißgestimmt, kein Brief, früh nach Haus, früh zu Bett.

Am 25ten April (Sonntag)

Lange geschwatzt. Leicester-Square, Hotel de l'Europe, nach Mr. du Rieux gefragt, ihn nicht gefunden. Drury-Lane Coffee-House – sehr gut, sehr theuer. Einen Feuilleton-Artikel geschrieben. Aus Langerweile bis zur Londonbrücke gelaufen und wieder zurück. Früh nach Haus, früh zu Bett.

Am 26ten April.

Zur Post. Wieder kein Brief von Emilien; – auf Abschlag sehr freundliche Worte vom Vetter Heinrich. Nach Crutched Friars; Herrn Witte gefunden und Wohnungen gesucht. Resultatlos. Bei Schärtner gegessen; – mäßig. Zu Mr. du Rieux. Sehr freundlich aufgenommen; viel Rath und auch Ermuthigung empfangen, gleich in demselben Hause gemiethet. Nach Haus.

Am 27. April.

Gepackt. Bezahlt (billig). *Umzug.* Mein Zimmer ein bischen wohnlich und ordentlich gemacht. In's Drury-Lane ffee-house – sehr gut, sehr theuer. Wieder nach Haus. Feuer im Kamin und erquickliche Wärme im Zimmer, – mal wieder gelacht übers ganze Gesicht und den großen Gedanken gehabt: ›'s ist doch so übel nicht‹. Zwei Lichte angesteckt, Schlafrock angezogen, Thee getrunken – sehr mollig. Tagebuch in Ordnung gebracht, an Frau und Kind heitren Gemüths gedacht, einen Brief gewünscht, zu Bett gegangen. –

Am 28ten April bis 5ten Mai.

Eine Woche ziemlich miserablen Daseins!
Folgende Empfehlungsbriefe mit Begleitzeilen abgeschickt:
1) an Miß Jane Wight (durch Frau von Merckel empfangen)
2) an Miß Mary Whitelaw (durch Kette und Frau v. d. Goltz)
3) an Frl. Henriette Lewald (durch Frl. Fanny Lewald)
4) an William Ritter, Esq. (durch Fourniers)
5) an Robert Pries, Esq. (durch Eggers)
Auf alle fünf Briefe, nach Ablauf von 8 Tagen, *noch keine Antwort* erhalten; ›Glück muß der junge Mensch haben!‹
Von Sonntag, dem 2ten Mai an im Hotel de l'Europe gegessen. Für 2 ½ Shilling (25 Sgr.) wie bei uns für 10 Sgr. Lauter Franzosen und Italiener, Tisch-Conversation französisch; natürlich dagesessen wie ein Schuljunge. Was einem deutschen Dichter alles passirt! Wenn ich nur leichtfertiger und frecher wäre! Der französische Arzt, der algierische Engländer. Am Sonntag in die Kirche, ziemlich deutlicher Vortrag; *lauter* Weiber und 8–10 Stallknechte und Bediente. Mehre Abende mit Mr. du Rieux verplaudert. ›Ooch Schuster!‹ oder feiner: Anch' io sono pittore. Unsre Werke ausgetauscht; erhabner Augenblick.

Abschied von Blomeyer dem Guten. In Ermanglung von *lebendiger* Möglichkeit das Englische zu erlernen (tragikomischer Weise ist auch noch das Dienstmädchen taub) wüthende Privatstudien angefangen, Tag und Nacht die ganzen »Times« durchstudiert: ich will und werd' es zwingen.

Am 3ten Mai Abends im Evans Keller (Covent-Garden) gewesen: die Domchor-Carrikatur, die patriotischen Vorträge, die Zoten, der seltsame Flötenbläser. Am 5ten Abends etwas Weltschmerz, – eine halbe Stunde in die Kaminflamme gekuckt und wieder Courage gekriegt: gute Geister diese Flämmchen und Züngelchen. Um 10 Uhr hinauf zu Du-Rieux. Bis 2 ½ Uhr (nachts) mit ihm geschwatzt. Er wurde nett d. h. er warf den Flausenmacher, den großen Herrn und großen Geist bei Seite und wurde – Mensch, Preuße, Pommer. Recht genußreiche Stunden: *sein Verhältnis zur Lady X.* Der Traum, die Pariser Somnambule, die Bekanntschaft mit dem Garde-Officier, die Ermuthigungen, die erste und – letzte Begegnung, der Brief, die Antwort. – Moral: wer wagt gewinnt nicht immer, namentlich – keine *Lady's.* –

Am 6ten Mai.

Spät aufgestanden, einige recht liebenswürdige Zeilen von Miß Mary Whitelaw vorgefunden: die ersten freundlichen Worte auf Alt-Englands Boden. Times-Studien. – Mit du Rieux bei Kammerer diniert: sehr guter Chambertin. Zurück; Abschied; völlige Einsamkeit. Wer war du Rieux? was war du Rieux? Auf beide Fragen hab' ich keine rechte Antwort: Stettiner, Mediciner, Physiolog, Phrenolog, Psycholog, Supranaturalist, Atheist, Dichter, Tourist (durch ganz Europa, mit Ausnahme der slavischen Länder) wirklicher oder vorgeblicher Freund von 3 Dutzend vornehmer Herren, stolz und doch eitel, redselig und doch berechnet, ich glaube die Lösung dieses Räthsels, das sich du Rieux nennt, in seinem Gedichtbuch »*aus den Bergen*« zu finden. *Er hält sich für ein Genie und ist keins, er hat gerade genug vom Lord Byron um kein Alltagsmensch zu sein, aber lange nicht genug, um einigermaßen mit Erfolg das Geschäft des edlen Lords fortsetzen* zu können. Sein Buch ist eine Mischung von 6 Tropfen Gedanken-Essenz (sogar guter Gedanken) mit einem Ocean voll Plattheit und - Nonsens. Mir ist solch Buch noch nie vorgekommen: es muß durchweg in der Nacht, zwischen 12 und 6 Uhr früh, geschrieben sein, eine Seite schmeckt immer nach sieben Tassen Tee, die andre nach Morgengrau, vollständiger Ermattung und ausgegangner Cigarre. — Sei dem wie ihm wolle, ich verdanke dem gentlemanliken Benehmen dieses Dichters oder Nichtdichters einige anregende, fast genußreiche Stunden und will ihm wünschen, daß er sich den Dank der Welt so aufrichtig verdient, wie er den meinen hat. -

Am 7. Mai.
Ins Gesandschaftshotel. Herrn *Alberts* gesprochen. Harmloser Mensch, natürlich mit der unvermeidlichen Wohlthätermiene. Oft ist mir als sei ich verwechselt und trüge weiße Strümpfe, Kniehosen und rothe Livree wie der schönste Bediente. O deutscher Dichter pack' ein! Herr Alberts erzählte mir folgende rührende Geschichte: ein junger Bediente sei ihm vor einiger Zeit durch gebildetes Wesen aufgefallen, er habe ihn examinirt und erfahren, daß er in Berlin Postschreiber gewesen, ehrenvoll entlassen und - um sein Glück zu suchen nach London gegangen sei. Hier hab' er es denn schließlich (um nicht zu verhungern) als Bedienter gefunden. Er (*Alberts*) habe sich von da ab im Interesse des jungen Mannes abgemüht um ihm zu einer - Lehrerstelle (natürlich im Deutschen) behülflich zu sein, habe aber nichts erreicht als einmal ein Gnadengeschenk von der Herzogin von Kent. - Diese reizende Geschichte wurde mir sans gêne presentirt. Ich erwiderte glücklicherweise: ich sei in der Lage auch ohne Stundengeben und Geschenke hier leben zu können und habe nur die Maxime »*das Bessere dem Guten vorzuziehen*«. Am Montag werd' ich dem Gesandten selbst meinen Brief überreichen. -

Am 8ten Mai.

Nach Westminster-Abbey um die Predigt zu hören. Zu spät gekommen; statt dessen mit vollster Muße und mit einer Art von Verständnis (ein Resultat der Reise durch Belgien) das Innere u. Aeußere der Kirche in Augenschein genommen. The wonder of the world oder the miracle of the universe will mir doch nicht *voll* als das erscheinen; gegen den Kölner Dom (ich spreche nur vom Styl, in Bezug auf Größe ist ohnehin keine Rivalität möglich) fällt die Abtei im Allgemeinen und die Kapelle Heinrich des VIIten in's besondre ab. Auch die Parlamentshäuser mit Muße und Behagen umkreist; *warum die Verschiedenartigkeit der Thürme an den Seitenflügeln?* (auch die *Mitte* hat einen Flügel). – Von Dr. Pauli natürlich *kein* Lebenszeichen. Diese Deutschen in London fangen an mir Spaß zu machen.

Am 9ten Mai.

Dr. Pauli *nicht* erschienen. Von Emilie *kein* Brief. In die Westminster-Abtei; Predigt gehört, ziemlich gut verstanden, und die Ueberzeugung gewonnen, daß ich unter einigermaßen günstigen Verhältnissen, in 4 Wochen ohne alle Schwierigkeit sprechen lernen würde. Wie die Sachen jetzt stehn, wird es wohl länger dauern. Nachmittag wieder in eine Kirche: einer Art Examen beigewohnt. Nach Chelsea; nicht nach Richmond, was erst mein Plan war, – die Themse hinaufgefahren bis Londonbridge; nach Haus geschlendert. –

Am 11ten

Ueber Mittag Einladung von Bunsen auf den nächsten Morgen. Beim kleinen Very gegessen; scheußlich, an schlechtem Lachs den Magen verdorben. Zu Haus; an Lepel geschrieben, Besuch empfangen von Alexander Jacoby, den Abend verplaudert.

Am 12ten

Total krank aufgestanden, nichtsdestoweniger in Frack gekrochen und zur Morgenvisite bei Bunsen. Sehr freundlich empfangen, – wird wohl seine Gründe haben; kann aber zu nichts führen. Er selbst furchtbar beredt, wie wenn Morgens ein Wecker seinen Dienst abschnarrt, aber alles geist- und lehrreich. Schwatzen ist nicht immer ein Beweis mangelnder Capacitäten. Die Töchter nicht hübsch; – der ganze Eindruck der Visite wohlthuend; wer doch auch solch Zimmer hätte und so frühstücken könnte. Zu Bett gekrochen, den Tag über gehungert und geschlafen; am Abend, ganz gegen Neigung, mit Jacoby in's Coliseum (Regents Park). Einzelheiten: der Statuen-Saal, das Cyclorama des Glaspallastes, das Panorama von Paris (Nacht) die nachgeahmte Schweizerlandschaft, Tempel zu Ephesus, Pompeji u.s.w.

Am 14ten.

Wieder ausgegangen, Chinin eingenommen, das schöne Gefühl der Reconvalescenz gehabt, sogar bis zu Hoffnungen verstiegen.

Am 15ten.

Zu spät in die Kirche gekommen; wieder nach Haus; Feuilleton-Artikel angefangen; zu Tisch; Grove Road, North Brixton gesucht und mühsam gefunden. Freundlich empfangen durch Rob. Pries und seine sehr schöne Frau. Welch Wohlleben, welch Comfort: Tapeten mit Goldleisten, kostbare Bilder, Teppiche, Blumen und Rankengewächs, der singende Theekessel – wie viel hat das Leben, aber für wie wenige nur. Erst spät nach Haus.

Am 16ten und 17ten.

»Times« gelesen comme toujours, gearbeitet, zu Tisch gegangen und wieder nach Haus.

Am 18ten.

Alles ebenso, nur nach Tisch in's Princeß-Theater um »King John« zu sehn. Sehr amüsirt: King John, Hubert, Arthur, Constanze vortrefflich, zum Theil auch der Bastard.

Am 19ten und 20ten.

Gearbeitet; nichts erlebt; Pläne gemacht; antipoetische Beschlüsse gefaßt.

Am 21ten

Spaziergang in Hydepark und Kensington-Gardens. Die Cavalcade der Nobility. – Die Badenden im Serpentine-River.

Am 22ten

Brief von Bunsen. Sehr freundlich; Einladung zum nächsten Tag; ein englisches Gedicht (von Fanny Kemble) zum Uebersetzen überschickt; natürlich, trotz aller antipoetischen Vorsätze, gleich ans Werk gegangen. Aufforderung zur Betheiligung an einer Ballade: »Birkenhead«. Interessante Uebereinstimmung mit meinem Plan den »Brand der Amazone« als Stoff zu benutzen.

Am 23ten (Sonntag).

Am Morgen Vanity Fair gelesen; sehr hübsch. Um 2 Uhr zu Bunsen; dieselbe freundliche Aufnahme wie früher. Mit einem Sachsen (Dr. Schmidt) geplaudert, der von Australien kam und in 3 Tagen zurückzukehren gedachte. Er sprach immer noch *sächsisch*; vivat die Zähigkeit! En famille am Luncheon-Tisch Platz genommen. Luncheon oder Lunch ist Frühstück; es bestand aus: a) Bouillon b) Roastbeef mit Omlette und Kartoffeln, dazu Sherry c) Wildpret-Pastete d) Schinken mit Spargel e) Plumpudding f) Wein-Crême g) Apfelsinen-Salat und Port. So geht das alle Tage, und das heißt Frühstück! Lebt man dagegen nicht wie ein Hund, – und lebt man selbst nicht wieder wie ein Fürst im Verhältnis zu dem millionenfachen Elend rund umher. Solche Betrachtungen sind freilich sehr trivial, aber man kann sich ihrer zu Zeiten nicht entschlagen. Bei Tisch selbst ist das Völkchen munter und von gutem Appetit, eine Anekdote jagt die andre und die verschiednen Sprachen lösen sich dabei einander ab: deutsch, englisch, französisch, italienisch alles bunt durcheinander. Es fehlt Einem doch sehr viel! nicht als ob ich dies Geschwätz, das jeder rheinische Gasthofskellner auch prästiren kann, überschätzte, aber – da liegt's! – auch ein Oberkellner ist ein ganz andrer Kerl wie man selbst. Wer in irgend einer Wissenschaft oder Kunst bis auf *die Tiefe* oder Höhe gegangen ist und wahrhaft was geleistet hat, der darf auf diese Kunststückchen, in denen am Ende jeder Abenteurer oder Bummler excellirt, mit Vornehmheit hinunterblicken; wer aber, wie ich, sich zu einer Art Concurrenz mit Kellnern und Lohnbedienten drängt, wer, weil er sonst nichts reelles weiß, wenigstens ein paar lebende Sprachen in der Gewalt haben möchte, der fühlt sich an jeder Table d'hôte blamirt, weil Hinz und Kunz ihm tatsächlich den Beweis führen: es sei nichts mit ihm. –

Am Abend zu Rob. Pries nach North Brixton; furchtbar verlaufen, todtmüde angekommen. Der Empfang freundlich wie zuvor. Sein Schwager (3 Rostocker haben hier 3 Schwestern geheiratet) hat mit über 20,000 Pfd. St. bankruttirt und ihn mit hineingeritten; – daher wohl sein langes Schweigen; er mochte seinen Kopf voll haben und hat's noch. Da sieht man's wieder: so viel Wohlleben und doch so viel Sorge. »Du, leg ab den thörigten Neid« heißt es in einem Paul Heyseschen Liede. – Den *zweiten* Schwager (er hat die älteste Schwester, Pries die zweite und der Bankrutteur die 3te, – sie soll bildschön sein) nebst Frau kennen gelernt; liebenswürdige Leute. Spät nach Hause.

Am 24ten

Gearbeitet. An Bunsen meine Gedichte und die Rosamunde geschickt, sowie eine Uebersetzung der Fanny Kembleschen Strophen: The departing. Nachmittag Briefe empfangen von Miß Jane Wight und A. Jacoby; *jene* wünscht mich zu sehn (sie war nicht in London als ich den Merckelschen Empfehlungsbrief abgab). *Dieser* hat mir ein ander Quartier besorgt, wo ich mehr in der Familie leben und Gelegenheit zum englisch sprechen haben werde.

Am 25ten

Gearbeitet. Ganz die alte Leier.

Am 26ten.

Abgeschickt an Quehl: Londoner Briefe: a) Die öffentlichen Denkmäler b) Die Musikmacher c) Das goldne Kalb d) Die Manufaktur in der Kunst. Auf die Post: Alt-England an allen Zeitungsbureaus zu Tausenden versammelt, um die Resultate des *Derby-Rennens* zu hören; chacun à son goût. »Daniel O'Rourke« hat gewonnen, ich wüßte nicht was mir gleichgültiger wäre.

Von der Post zu A. Jacoby. Hin zu der Familie (1. Tavistock-Square) deren Quasi-Mitglied ich in Zukunft sein werde. Noble Gegend, nobles Haus; mein Zimmer 3 Treppen hoch und kläglich wie alle diese englischen Kabachen, deren Comfort-Renommee eine der größten Lächerlichkeiten ist. – Der gehabte Eindruck eigentlich günstig; die Leute sollen fromm sein, meinetwegen; Preis für alles, mit Ausnahme von Feuer und Wein, 1½ Guine'en die Woche. –

Auf dem Wege dorthin *Louis Drucker* getroffen.

Ich: Ei tausend Herr Drucker, Sie auch hier! Wie lange stecken Sie schon in London?

Er: Mindestens 5 Fuß 6 Zoll.

Ich: Und es geht Ihnen gut?

Er: Ein Drucker kann und wird nie untergehn.
Ich: Aber die Deutschen in London –
Er: Pah, London! Umgürte Dich mit dem ganzen Stolz Deines Englands – Ich verwerfe Dich – ein deutscher Jüngling.
Ich: Haben Sie Ihre Familie hier?
Er: Noch nicht; aber in 4 Wochen wird die ganze Menagerie eintreffen.
Ich: Immer noch der Alte!
Er: Meine Herrn, zum Abschied: wie schützt man sich am besten gegen Seekrankheit?
Ich: Nun!
Er: Man nimmt Dienste auf der *deutschen* Flotte.

Am Abend mit Jacoby in der Regentsstraße verplaudert; Kaffee und Kuchen genossen, kostet pro 2 Personen 1 Rthr. 5 Sgr. Beim Nachhausegehn, an der Ecke von Belgrave Square, ein Stück englische Aristokratie in Ballstaat, aus dem Wagen klettern sehn; famose Ladies, sehr interessant. An Hermann Schweitzer nach Brighton geschrieben und mich angemeldet.

Am 27ten

Vanity Fair gelesen. Mittagbrot: Brandy and water, dazu Biscuit. Am Abend bei Rob. Pries zwei junge Rostocker. Die reizenden Kinder. Sehr angenehm und sehr lange geplaudert. Alles anti-englisch von Gesinnung: in Politik und Handel groß, sonst Kaff nach allen Seiten hin.

Am 28ten.

Vanity Fair gelesen. Am Abend zu Miß Jane Wight, 10 Angel-Terrace, Pentonville. Es ist eine englische Kaufmannsfamilie, die 27 Jahr in Deutschland gelebt und trotz schließlichen Bankrutts – es über alle Maßen lieb gewonnen hat. Deutschland ist der Himmel auf Erden. Die Mutter und eine Tochter leben in Bonn, weil jene leidend ist und sich bei einem dortigen Arzt wiederholentlich

Operationen unterziehen muß; der Vater und Miß Jane sind vor Jahr und Tag nach London gegangen, um, jeder auf seine Art, soviel Geld zu verdienen, wie zum Unterhalt der Familie nöthig ist. Er der Alte ist in seinem 60ten Jahre »Comptoirist« mit 100 £ St. Gehalt, Miß Jane verdient als Lehrerin im Deutschen und in der Musik ebensoviel. Beide Leute, namentlich aber die Tochter, von einer intensiven Liebenswürdigkeit. Diese zarte Rücksicht gegen den Vater, und die Liebe, Verehrung und Sehnsucht zur fernen Mutter, was sich alles so natürlich und frei von jeder Affektation gab, konnten Einen wieder mit Neigung gegen jenes Erdebewohnende Pack erfüllen, das sich kurzweg »Menschheit« nennt. Uebrigens glaub' ich's wohl, daß sie sich nach Deutschland zurücksehnen: sie haben dort viele Jahre lang in guten Verhältnissen gelebt und bewohnen hier 3 Stübchen: zwei Schlafcabinets und 1 Wohnzimmer. Sie entbehren all und jedes Umgangs und luden mich mit einer liebenswürdigen Dringlichkeit ein, wieder ihr Gesellschafter beim Thee zu sein. Miß Jane hielt mit Mühe ihre Thränen zurück, wenn sie von dem deutschen Gemütlichkeitsleben auf der einen Seite und von ihrer völligen Isoliertheit (trotz vieler Verwandten) hier in England sprach. – In nächster Woche werden wir gemeinschaftlich eine Zeitungs-Annonce abfassen; sie meinte: unter »*Gegenseitigkeit*« (reciprocal conditions) würd' ich jedenfalls in eine Familie eintreten und Wohnung, Essen und Trinken mit Unterricht im Deutschen bezahlen können. Glückt es, so ist die Ersparnis groß und giebt Raum für manche andre Hoffnung. Meinem Uebersiedlungs-Plan wurde nichtsdestoweniger ein starker Dämpfer aufgesetzt: die Möblirung eines Hauses kostet 700 Thaler und die Miethe und Taxe (Abgaben) jährlich mindestens 30-35 £ St., also 200-250 Thaler. Hieran ist also gar nicht zu denken und es bliebe nur noch die erweiterte Chambre-garni-schaft übrig, aber 15 Shilling die Woche (für 3 Stübchen) macht auch 250 Thaler jährlich und dann fehlt die Küche. Wir müßten monatlich mindestens 60 Thaler

Gehalt haben um einigermaßen mit Courage an die Ausführung dieses Plans zu gehn. – Beim Nachhausekommen eine freundliche Einladung von Hermann Schweitzer in Brighton (auf Pfingst-Sonntag) vorgefunden. Von Bunsen kein Lebenszeichen; – »es ist etwas faul im Staate Dänemarck« – o, meine Ahnungen!

Am 30ten (Pfingstsonntag).
Um 5 Uhr aufgestanden um nach Brighton zu fahren. Den alten Bahnhof (von wo auch ich vor 8 Jahren dieselbe Tour machte) aufgesucht und erst dort erfahren, daß die Züge nicht mehr von Bricklayers-Arms sondern von London-Station aus gehn. Hingetrabt; dennoch zu spät gekommen. – Morgenpromenade durch die City; kein Lokal geöffnet und die Unmöglichkeit eingesehn dort bei Kaffee oder Thee den nächsten Zug abzuwarten. Zurückgeschlendert nach Burton-Street. Um 10 mit dem Steamer von Vauxhall-Bridge aus, mein Heil nochmal versucht; – wieder zu spät gekommen. Brighton aufgegeben und mit dem Omnibus nach Richmond. 4 Deutsche (einer von der Truppe Emil Devrients) neben mir auf dem Wagendach; nachher mit 3 andern (dem Anschein u. der Sprache nach süddeutsche Demokraten) zusammen gegessen. Die Zahl der Deutschen ist so enorm groß, daß man mitunter auf heimathlichem Boden zu sein glaubt und sich wundert, daß nicht auch die Schilder der Kaufläden deutsche Inschriften tragen. Fast nur die Kinder und die Constabler, allenfalls auch noch die Kutscher sprechen englisch; wogegen man jeden Kellner, jeden Commis, jeden Handwerker – namentlich bestimmte Professionen – und jeden Menschen mit unrasirtem Kinn (dies ist das Hauptkennzeichen) deutsch anreden und einer deutschen Antwort gewiß sein kann. Die City ist eine deutsche Handelsstadt wie Hamburg oder Bremen, die eine Hälfte *ist* deutsch, die andere *spricht* es wenigstens. Wer heut zu Tage ein gereister Mann sein will, muß in

China Thee getrunken und ächte Nanking-Hosen getra gen haben; muß in Australien Goldbuddler und in Cali fornien ausführendes Mitglied der Lynchjustiz gewesen sein; muß die Größenunterschiede eines Patagoniers und Lappländers aus Anschauung kennen und die Guano-Inseln im stillen Ocean durch einen tüchtigen Beitrag bereichert haben. Wer weniger gesehn hat, kann gleich lieber ruhig zu Hause bleiben und wenn mal renommirt werden soll, sich umgekehrt damit brüsten: nie über Rixdorf hinausgekommen zu sein. – Doch zurück nach Richmond. Erst im »Greyhound« gegessen; der Wirth heißt Furz, was im Englischen hoffentlich weniger besagen will als im Deutschen. Bei uns wäre der Mann verloren, denn einmal untergräbt es den Appetit, zweitens könnte man auf die Frage: »bei wem essen Sie?« nie Antwort geben. Nach Tisch in den Park. Ganz wundervoll: der Park liegt hoch und man blickt von ihm in die schönste Landschaft hinab, die sich denken läßt: prächtiger Wiesengrund, durch den sich inselreich und boote-bedeckt die schöne Themse schlängelt, Laubholz rechts und links und hinaufsteigend zum Gipfel auf dem wir stehn, roth- und weißblühender Weißdorn, Flieder und Goldregen. Dazwischen tausend geputzte Menschen, Vogelsang in der Nähe und Musik in der Ferne – es ist zauberhaft. – Um 6 mit dem Steamer von Kew-bridge zurück. – Sehr müde, früh zu Bett.

Am 31ten Mai.

An Schweitzer geschrieben und mich entschuldigt. Gooseberry-tarts (Stachelbeertorten) aus der Fleet-Straße. Traurige Betrachtungen über die englische Kuchenkunst. Letzter Abend am Kamin. Burton-Straße No. 14. Wie wird mir's in Tavistock Square ergehn *ohne* Kamin?! Ein englisches Zimmer ohne glimmende Kohlen ist Wassersuppe ohne Salz; es fehlt das Einzige was die Sache genießbar macht!

Am 1ten Juni (Dienstag).

Gepackt. Abschied von 14. Burton-Street, Einzug in 1. Tavistock-Square. Empfang und Zimmer freundlich; die Aussicht auf und über den Square fast reizend. Dinner gut und preiswürdig, Unterhaltung nicht allzu lebhaft. Mr. May ein gutes Haus wie's scheint, nur Talglicht im Gehirn noch dazu mit Schnuppe, doch was ihn mir werth macht: »genuine english.« Beim Tea leidlich ennuyirt. Eine Stunde spatziren gegangen; nach Haus, das 1te Capitel vom 1ten Buch Moses gelesen; zu Bett.

Am 2ten Juni.

Um 9 pünktlich beim Breakfast erschienen, sehr freundliche Begrüßung, lebhafte Conversation. Einen Brief von Emil Devrient vorgefunden: verbindliche, etwas eilige Worte – dazu ein Billet und eine Einladung. – Nach Hyde-Park zur Review of the Pensioner's. Alte halbinvalide Soldaten mit Orden und schiefen Beinen; der Jugend gehört die Welt, – *sie* werden England nicht retten. Prinz Albert und Lord Hardinge. Am Abend in »Egmont«. Die Königin und Prinz Albert zugegen; auch Bunsen nebst Familie. Devrient – Egmont; Frau Stolte Clärchen; Kühn (von Darmstadt) – Alba; Birnstill (ein Unbekannter) – Vansen. Das Publikum meist deutsch; Empfang und Aufnahme überaus günstig. Mein Urteil: Devrient gut, wiewohl nicht ganz frei von Manier; die andern alle brauchbar, aber auch nicht viel mehr. Frau Stolte hat zuviel Busen und zu wenig Mädchenhaftigkeit für ein Clärchen. Alba und Vansen – gute lebende Bilder, Modelle für einen Maler: Costüm, Maske, Haltung gelungen, aber wiewohl nicht zu leugnen ist, daß sie ein Charakter*bild* geben, so geben sie doch auch nicht mehr – sie verschlucken so zu sagen den Dichter, von den Worten geht die Hälfte verloren, namentlich gilt das vom Alba.

Am 3ten Juni.

Am Abend zu Miß Jane Wight. Dieselbe gemütliche Plauderei wie bei meinem ersten Besuch; auch der Alte eigentlich ein Prachtkerl. Hauptkapitel: das schofle England und das liebe Deutschland. Vater und Tochter sind blind in ihrem Haß wie in ihrer Liebe. Jeder sieht die Sachen immer durch die trübe Brille der eignen zufälligen Erfahrungen.

Am 4. Juni.

Abends zu Rob. Pries. Wieder einen Rostocker mit einer englischen Lady kennen gelernt. Netter Kerl, begeisterter Engländer, das volle Gegenstück zur Familie Wight. Lange geblieben, tapfer Brandy und Water vertilgt, erst nach 2 Uhr zu Haus. Die Pries'sche Frau ist doch wunderhübsch; sie hatte gerade Diarrhöe, aber doch hübsch. – Vormittags Visite bei Emil Devrient gemacht; sehr freundliches Entgegenkommen; Dr. Künzel kennen gelernt.

Am 6. Juni.

Brief und Billet (für 2 Personen) von Devrient. Am Abend mit Dr. Klosky in's Theater (Don Carlos). Nicht ganz gefüllt; die Aufführung fast gelungener als die des »Egmont«. Posa wirklich vortrefflich; auch Kühn's Philipp besser als sein Alba 3 Tage vorher. Die *Erscheinung* wiederum brillant. Auch Frau Stolte als Königin sehr brav. Die Princessin Eboli schmeckte zeitweilig zu wenig nach Madrid und zu viel nach Meißen: sie sagte stets »mein Brinz« und »o Brinz Carlos« u. dgl. m.

Am 8ten Juni.

Mr. Owen, ein Hausgenosse, von seiner Reise zurückkehrend; ächt-englischer Gentleman. Mehr Kälte von Seiten der Familie gegen mich, mindestens von Seiten Miß Emily's.

Am 9ten

Gearbeitet; die Aufsätze copirt. Einen Besuch Emil Devrients empfangen. Zum ersten Mal nach Tisch im Drawing-Room, und nach dem Thee am Whisttisch Platz genommen. So muß man lernen; alles selbst durchleben, sonst wird es nichts. Könnt' ich nur in Küche u. Keller, in Werkstätten und Kaufläden mich ebenso umthun!

Am 10ten.

Am Abend Mr. Trollope kennen gelernt, einen Cousin der bekannten Schriftstellerin gleichen Namens. Wunderbares Subjekt, für mich höchst interessant, eine ächt-englische Lustspielfigur à la Mengler in »Endlich hat er's doch gut gemacht.« Dazu hatte er so viel unbefangen menschliches, das neben dem Lächerlichen zugleich auch wohlthuend wirkte. Die Engländer sitzen immer steif wie Puppen, von einem liebenswürdigen sich gehen lassen ist in Gesellschaft, noch dazu von Damen, nie die Rede; Mr. Trollope hingegen schien diesen beschränkten Standpunkt hinter sich zu haben: er kratzte sich wo's ihn juckte und schrubberte bei der Gelegenheit, mit sichtlichem Vergnügen, Stellen seines Körpers, die nicht zu den anständigen gehören. Auch pöterte er in den Zähnen herum und war ein Nasenpopler ersten Ranges. Mir schlug das Herz vor Freuden, als ich sah, daß England dieser Kunst nicht ganz verschlossen geblieben ist. – Die Damen fühlten sich durch die Gegenwart Trollope's – wohl namentlich meinetwegen – ein wenig genirt; ich sagte ihnen aber, wie wohl er mir getan. Am Abend Whistparthie.

Am 12ten.

Nach »*Paternoster-Row*« um bei Longman, Brown and Green (Buchhändler) Mac-Cullochs »London« zu kaufen. Paternoster-Row ist eine schmale, finstere und nicht allzu saubere Gasse, die mit Ludgate-Street parallel läuft und auf St. Paul's Church-Yard ausmündet. Diese Gasse ist dadurch interessant, daß Buchhandlung neben Buchhandlung ist, lauter lichtlose, traurige Gewölbe. – Von da in die Fleet-Street und ein Luncheon genommen. Der redselige, moralisch-kirchliche Franzose mir vis-à-vis; – welch räthselhafter Unterschied zwischen diesen 2 Nationen, die nur durch einen schmalen Wasserstreifen von einander getrennt sind! Nach Haus. Bradshaw's Eisenbahnbuch studirt; eine *See*-Reise nach Edinburg (die Fahrt kostet nur 12 Shillinge) projektirt.

Am 13ten (Sonntag).

Nach dem Dinner mit dem King's Croß Omnibus bis Kennington-Gate gefahren. Von der Brixton-Road hinunter zu Rob. Pries. Seinen *dritten* Schwager nebst Frau, so wie den Mr. Krüger aus Rio de Janeiro kennen gelernt. Letzterer, der sowohl in Rio wie in Buenos Ayres 5 Jahre gelebt, sehr liebenswürdig, gemüthlich und wohlunterrichtet. Auf dem Heimwege interessante Notizen über das noch natürwüchsige, patriarchalische Leben in Buenos Ayres (heißt »schöne Lüfte«). Rio hingegen ist eine europäisch-civilisirte Großstadt; Sprache: portugiesisch; Lebensweise: der englischen sehr verwandt. Der Kaiser Don Pedro II. (seine Mutter war eine österreichische Princessin) soll völlig die charakteristische Physiognomie der Habsburger haben.

Am 14ten

Klein-George's Geburtstag. In die National-Gallerie. An der Spitze: die Murillo's; lieblicheres als der Knabe (Johannes?) mit dem Lamm ist nicht zu sehn. Raphael (Porträt des Pabst Julius II und die heilige Catharina von Alexandria) ist mit Ausnahme dieser zwei, noch durch den »bethlehemitischen Kindermord« und die »Vision des heiligen Georg« vertreten. Die Schönheit der letztgenannten beiden, namentlich der Mordscene, vermag ich nicht zu fassen. – Correggio's »Mercur den Cupido unterrichtend in Gegenwart der Venus« ist wundervoll; noch schöner erschien mir »die heilige Familie« (»la vierge au Panier«) das Gesicht der Maria ist um sich zu versenken in diese Fülle von Lieblichkeit. Andre Sachen (wie bei Raphael) gehn mir über den Horizont. – *Tizian* und *Michel-Angelo sind mir unverständlich*; ich kenne sie zu wenig, und wie sich das Ohr an schwere Musik erst gewöhnen, und sie studieren muß, so ergeht es dem Auge diesen Malern gegenüber. – Dagegen versteh' ich den *Guido Reni* und habe den Kopf des »heiligen Hieronymus«, »Loth und seine Töchter« und »die keusche Susanne« mit höchstem Interesse betrachtet. – Das Porträt des »Dogen Loredano« von *Gian Bellini* ist wundervoll. – Auch *vier* neue Meister hab' ich kennen gelernt: Claude Lorrain, die Poussin's (Nicolas scheint mir bedeutender als Gaspar, der Landschafter) Canaletto und – in der *christlichen* Kunst – Francesco Francia. – Über die Niederländer ein andermal. – Die Clubhäuser in Pall Mall, James- und King-Street äußerlich gemustert. St. James Pallast ziemlich genau in Augenschein genommen; freilich ein alter etwas geschmackloser Bau, aber mit jenem Interesse umkleidet, das Zeit und Geschichte verleihn, und *nur sie*; Amerika *muß* drum, nach gewisser Seite hin, langweilig sein. Eine einzige Locke der Maria Stuart, ein alter Fries-Unterrock der Anna Bulen ist interessanter als Buffalo und Milwaukie zusammengenommen. – Auf dem Heimwege *viermal* einer Schaafherde begegnet, – das bedeutet Glück: ich wußt' es, daß ich zu Haus einen Brief vorfinden würde. So war es denn auch: Emilie, Vater, Mutter, Max, Lepel und Witte hatten geschrieben.

Am 16ten

Einen Brief von Miß Jane Wight erhalten: Einladung zum nächsten Abend, Denmark-Street Nr. 2. – Ins britische Museum: den aegyptischen, den etruskischen und griechischen Saal vorzugsweise durchstudirt. Wie lieblich die Griechen, wie widrig die Aegypter! Spiegelte sich nicht in allem, neben dem Häßlichen, jene Großartigkeit, die in den Pyramiden ihren höchsten Ausdruck fand, es wäre nicht anzusehn. Nichts ist schön, aber alles ist imposant; wie häßlich und wie *hoch* zugleich diese Art der Bestattung; wie viel Sitte lebt nicht in diesem Todes-Cultus. Uns sind die Todten eine Last, kein Gegenstand der Verehrung mehr; ein baumwollnes Sterbehemd ist gut genug mit ihnen zu vermodern, wir ziehen ihnen die Ringe vom Finger, um sie – gelegentlich gegen Theelöffel um zu tauschen, und wär' nicht der böse Leumund, wir sparten uns auch noch das Grabkreuz mit dem Schmetterling drauf. Was entfaltet dagegen eine Mumie vor unsrem staunenden Auge! Hunderte von Ringen und werthvollen Steinen, Ketten und Statuetten – alles was der Todte geliebt hatte folgt ihm ins Grab. Manchen von uns ruinirt der Glanz des Lebens; in Aegypten ruinirte der Glanz des Todes; unsre Väter beten: »bewahre uns vor verschwenderischen Söhnen«; in Aegypten mußt' es heißen »schütz' uns vor ihrem Tod.« – Im Übrigen bewahr' uns Gott in Gnaden vor aller Mumien-Sitte, wie viel Sittlichkeit ihr auch zu Grunde liegen mag. Ein scheußlicher Gedanke *so* auf die Nachwelt zu kommen; »versunken und vergessen!« dieser Sängerfluch kann auch zum Segen werden. Ich habe unsre Nasenquetscher nie geliebt, aber ich weiß jetzt, daß sie relativ liebenswürdig sind.

Am 18ten.

Einige Zeilen nebst Einladung von Dr. G. Bunsen empfangen. Über Mittag zu ihm; uns ausgesprochen: ich ihm meine Befürchtungen mitgeteilt; er mir versichert, daß die Gesinnungen seines Vaters gegen mich unverändert die freundlichsten von der Welt wären. Bei der Gelegenheit erfahren: daß der Alte Schritte gethan haben soll mich als »deutschen Professor« (im Sinne von *professeur de la langue française*) nach Oxford oder Cambridge zu bringen. Bis jetzt erfolglos; dafür hat er mir eine Hofmeisterstelle in der Familie Sartorys ausgewirkt. Morgen soll das Weitere persönlich betrieben werden. – Um 6 Uhr zu Miß Catherine Whitelaw, 49 Crescent-Street, Euston-Square. Ich werde schließlich noch der Pflegebefohlne aller möglichen Gouvernanten. Miß Catherine ist vielleicht 28 Jahr, ihr Gesicht, recht nett und freundlich, stellt ihr sogar einen Taufschein von jüngrem Datum aus, aber in ihren Bewegungen ist etwas, was auf die Grenzscheide zwischen jungem Mädchen und alter Jungfer hinweist. Ich fand sie in einem Zimmerchen von der Größe eines altmodischen Kleiderschranks oder Himmelbetts; – dieser Vergleich ist kaum übertrieben. O englischer Comfort! wer dir Loblieder singt, hat nie die City-Comtoire gesehn, oder in Westend Chambre-garni gewohnt. Miß Whitelaw wie Miß Wight ist ungleich mehr eine Deutsche als eine Engländerin, beide sind eigentlich hier nur geboren. Auch sie will helfen, aber ich fühle doch sehr, daß es aller Wahrscheinlichkeit nach nur beim *Wollen* bleiben wird. Aecht weiblich geben sie einem hundert Rathschläge, gute und schlechte, alles bunt durcheinander und verweisen einen an obscure Personen, die sie eigentlich selbst kaum kennen. Auf der andern Seite muß man nichts von der Hand weisen; mein Aufenthalt hier hat mich gelehrt, daß Einem das Gute oft von einer Seite kommt, von der man es am wenigsten erwartete. Nur in Einem versehn sie's alle: jeder spricht zu mir, als sei ich hier wie ein junger hungriger Studio angelangt, dem schon geholfen sei, wenn man ihm das dürftigste Stückchen Brot reiche. Sie vergessen alle, daß ich 32 Jahre alt und verheiratet bin und daß ich in Deutschland, gleichviel ob gut oder schlecht, doch immer eine Stellung habe, die *dem* mindestens gleichkommt, was man nicht ansteht, mir hier zu bieten. Dies gilt mehr oder minder auch von Bunsen. Gott besser's.

Am 19ten

Früh um 11 zu Dr. Georg Bunsen. Mit ihm zur Mrs. Sartorys, Eaton-Place. Auf der Treppe hörten wir schon wundervollen Gesang; sie war früher eine der gefeiertsten Sängerinnen an Covent-Garden oder Drury-Lane. Sie gehört einer Künstlerfamilie an, wie bei uns in Deutschland die Devrients, die Mendelssohn u.s.w. Ihr Vater ist der berühmte *Kemble* und ihre Tante die nicht minder berühmte *Siddons*; von letzterer sah ich zwei Gemälde, ein's: Kniestück in Oel, lebensgroß, das andre: Miniatur; beide gleich vortrefflich. – Die Schwester der Mrs. Sartorys ist *Fanny* Kemble, als Dichterin und Schauspielerin gleich beliebt. – Ich wurde vorgestellt; gleich die ersten Worte überzeugten mich, daß ich etwas Apartes vor mir hatte. Es giebt in der That einen Künstler-Adel. – Die Hofmeisterschaft ging gleich zum Schornstein hinaus; von dem Moment ab, wo ich mich als einen »Verheiratheten« declarirt hatte, war es vorbei damit. Man hatte wieder einen deutschen Studenten erwartet, der über 30 oder 40 Pfd. St. pro Jahr selig sein würde. Mich ließ die Scheitrung ganz kalt, denn eine Hofmeisterstelle würde unter allen Umständen ein Rückschritt gewesen sein und nur *viel* Geld und große Vortheile für die Zukunft, hätten mich mit dem dicken Schlagschatten solcher Stellung aussöhnen können. – Dem Geschäftlichen folgte eine Unterhaltung über die Aufführung des *deutschen* »Hamlet« im St. James Theater. Ich hörte nur zu, konnte aber vortrefflich folgen, da sie eben wie eine vornehme Dame mit richtigster Accentuirung sprach. Die ganze Unterhaltung bewies mir, daß es auch geistreiche Engländerinnen giebt; es ging Schlag auf Schlag; die Parallelen, die sie zwischen der Devrient'schen Auffassung des Hamlet und der ihres Vaters (des alten *Kemble*, eines berühmten Hamletspielers) zog, waren im höchsten Maaße interessant; sie nahm die Art und Weise ihres Vaters oft in Schutz, aber durchaus nicht immer und war im großen Ganzen »highly satisfied«. Der *deutsche* »Polonius« wurde fast unbedingt gelobt und ich glaube mit Recht; die Engländer geben gemeinhin einen alten Narren, Polonius ist aber nur ein alter, und noch dazu sehr *lebensweiser* Hofmann; er ist nur da ein Narr, wo er glaubt »daß es seine Stellung so mit sich bringt«. Aufs höchste interessirte es mich auch zu erfahren, daß der alte Kemble (jetzt 70 Jahr alt) nebst einem andren berühmten Hamletspieler (ich glaube Charles Young) im Theater gewesen sei, um sich auf ihre alten Tage zu überzeugen, ob es mit dem deutschen Rivalen was auf sich habe oder nicht. Wir blieben wohl ¾ Stunden. Der junge Bunsen malte mir beim Nachhausegehen die Stellung eines englischen teacher nicht im rosenfarbigsten Licht. Auch von andrer Seite hör ich: wen der Engländer bezahlt, den erachtet er nicht als seines Gleichen und wenn's selbst ein berühmter Maler wäre, dem er 1000 Pfd. St. für sein Portrait zahlen muß. G. Bunsen's Meinung war: 5 Jahre sich placken, arbeiten wie ein Vieh, Täuschungen, Kränkungen und in erster Zeit auch *Entbehrungen* tragen, dann pflegt es *nachher* zu glücken. Nette Schilderung! und ich zweifle nicht, daß sie richtig ist. – An anderweitigen Mittheilungen mehr erquickt z. B. an Schilderung seiner nächtlichen Wanderungen (in Begleitung eines berühmten Polizisten und Diebsfängers) durch die Kabachen, Mordhöhlen und Vergnügungslokale der Londoner Verbrecher. Das Schlafzimmer der Irländer: 35 Personen (7 Familien) in *einer* Kammer; jede Familie unter einer gemeinschaftlichen Decke; alle fasernackt, weil sie zu den Guten und Reinlichen gehörten, die allabendlich ihr einziges Hemde waschen. Der Geruch in diesem Zimmer, trotz schützender Cigarren-Wolken, pestilenzialisch; einer der Besucher stand auf dem Punkt ohnmächtig zu werden. – Nicht minder interessant der Besuch in der Diebs-Spelunke: 2 Constabler vorn, 2 hinten, und zu jeder Seite einer. Freundschaftliche Begrüßung: »was seid ihr für ungebildete Kerle, bleibt sitzen, wenn ich Euch einen Gentleman vorstelle! verfährt man so mit Besuch?« Allgemeiner Jubel. »Wo ist der Graf?« (der Führer der Bande, dem sie blindlings gehorchen, nennt sich Graf *Warwick*). Alsbald erschienen Seine Hochgeboren und machten die Honneurs. Dieser *außer-dienstliche* Verkehr zwischen den beiden feindlichen Partheien: Dieb und Diebsfänger – ist durch seine Cordialität höchst merkwürdig. Von da in die Matrosen-Kneipe. Der Matrose hat *immer* Geld: 10 Monate ist er auf See und kann nichts ausgeben. Daher die höchste Pracht in ihren Kneipen: sie können's bezahlen. In dem Lokal, wo Bunsen war, hingen Seestücke der berühmtesten Marine-Maler an den Wänden. Kein Matrose war da, ich weiß nicht mehr aus welchem Grunde, überhaupt nur 3 oder 4 Männer, dagegen 36 Mädchen, von denen 25 unter 15 Jahren waren. (Die Zahl der Prostituirten in London soll 52,000 sein, darunter 5000 Kinder unter 15 Jahren). Aber auch solche Bande ist, aller Verworfenheit zum Trotz, immer noch national-englisch und hierin ruht die gewaltige Kraft dieses Landes, die *zunächst* wohl gedehmüthigt, aber noch nicht gebrochen werden kann; wird aber kommen; der Höhenpunkt ist überschritten; England stirbt am Erwerb und Materialismus. Einer der Kerle (während die 36 Mädchen mit türkisch untergeschlagenen Beinen, auf Polstern und Brandy and Water trinkend um ihn herumsaßen) hob an das berühmte Volkslied auf den Tod des General Moore (gefallen im Peninsula-Krieg) zu singen: »Not a drum was heard« (Keine Trommel ward gehört) und siehe da, die eben noch so wilde Bande ward still und stiller von Minute zu Minute und folgte, fast mit verhaltnem Athem, dem Vortrag eines wohl 20 Strophen langen Gedichts. So verworfen und so feinfühlig, so gemein und so pathetisch, so geldgierig (natürlich nur, um es gleich wieder mit Händen weg zu werfen) und so sentimental. *Das Laster macht natürlich*: alles tritt an's Licht, Himmel und Hölle, – in vielen von uns wie Oel und Wasser gemischt, so daß man keins als *das* erkennen kann was es ist – scheidet sich wieder bei diesen Naturen die gewöhnt sind den Augenblick walten zu lassen und lachen und weinen, stehlen und verschwenden unbekümmert darum was in der letzten Minute war und was in der nächsten sein wird. – Was jenes Volkslied betrifft (wie man später erfuhr von einem Landgeistlichen geschrieben) so hieß es damals: das kann nur Thomas Moore oder Lord Byron geschrieben haben. Der ehrliche Moore erklärte: so was könne er nicht schreiben, das ginge weit über seine Kraft; der eitle Byron *schwieg*, bis endlich jene Aufklärung kam.

Am 20ten (Sonntag).

Am Abend zu Rob. Pries. Mittheilungen über die Familie Bunsen, zum Theil aus partheigetrübter Quelle (Dr. Freund; deutsches Krankenhaus; Freund mehr oder minder der *Gründer*; Bunsen der 400 Pfd. im Namen des Königs und 400 Pfd. aus eignen Mitteln zahlt, mehr oder minder der *Vorstand*; Streitigkeiten zwischen beiden; Bunsen wollt es auf *bethanischen* Fuß einrichten, mit überwiegender Beterei; Freund, wie immer die Aerzte, eiferte dagegen und ward schließlich aus seiner Schöpfung verdrängt; – daher viel Gift auf seiner Seite.) – Gegen 10 erschien Mr. Passow mit seiner freundlichen, liebenswürdigen Frau; sonderbar, alle diese, an Deutsche verheirathete Engländerinnen sind von einer außerordentlichen Umgänglichkeit, natürlich und frei von all und jeder Steifheit. *Ihn* hab' ich ebenfalls sehr gern, weil er in den 16 Jahren seines Aufenthalts hier, so recht mit Leib und Seele Engländer geworden ist. Und seine Zuneigung stützt sich auf was, sie ist nicht blos Geschwafel, er hat Gründe für alles und schleppt sie herbei. Nur über *Kunst* muß er nicht sprechen wollen, dann hört Mehres auf. Als er eine lange Pauke gegen Benutzung der biblischen Stoffe hielt, hätt' ich ihm fast in's Gesicht gelacht. Ich wünsche unsren modernen »Tendenz-Malern« bessre Advokaten, oder richtiger, da ich sie nicht leiden kann, ich wünsche ihnen nur solche. – Um 1 Uhr aufgebrochen, um 3 zu Haus.

Am 22ten

In die Gemälde-Ausstellung. Ein *Gegenstück* zur Genter: kritiklos jede Schmiralie angenommen und das schlechteste neben das gute und beste gehängt. Da ist eine schwimmende »Ophelia«, ein »Daniel in der Löwengrube«, eine »Zerstörung von Sodom und Gomorrha« die wirklich alles überbieten, was kontinentale Tuschkasten bisher gesündigt haben. – Die Portraits hingegen, die sowohl der Zahl wie ihrem künstlerischen Werthe nach die Hauptsache bilden, sind fast durchgängig von höchstem Interesse und man weiß oft nicht, ob man sich über die Schöpfung der Kunst oder der – Natur begeisterter zu äußern hat. Ueber solche englische Lady geht doch keine andre Schönheit der Welt; die Italienerinnen haben mehr Fleisch und mehr Leidenschaft – beides vielleicht für einen *Maler* das Wahre; aber sie haben nichts von dem Seelischen, das den Beschauer zu einem Seligen macht. »Doch brrrr Freund! Sie sind verheirathet.« Sehr interessant sind die Zeichnungen in Wasserfarben, meist Schlösser, Kirchen und Krankenhäuser, moderne, zum Theil noch in Bau begriffene Schöpfungen, in denen die Engländer excelliren; – ihre neuen Kirchen – und ihre Zahl ist Legion – sind ausnahmslos in einem noblen und ansprechenden Styl gebaut. Es ist die kleine Münze der gothischen Goldbarren; es sind die Söhne eines berühmten Vaters; – der Alte ist es freilich nicht, aber doch haben sie alle was von ihm; sein Blut ist schwächer geworden, nicht verunreinigt durch Mesalliancen. Die neuen englischen Kirchen sind sämtlich sehenswerth; unsre derartigen Neubauten bleiben weit zurück, sie wollen zum Theil was sein und sind nichts. – Landschaften und Seestücke schwach vertreten; unter den Genre-Bildern: »Pope makes love to Lady Mary Wortley Montagu« (Pope macht der Lady Montagu einen Liebesantrag) von W. P. Frith von großer Vortrefflichkeit und erinnert mich lebhaft an die verwandten Bilder unsres Menzel. – Unter den historischen Stücken, deren eine *außerordentlich* große Zahl vorhanden ist, scheint mir nur »Charlotte Corday's Todesgang« von E. M. Ward von Bedeutung zu sein. Alle Figuren: Charlotte selbst, zwei republikanische Soldaten, ein Jacobinerweib (kostbar), Robespierre (vortrefflich) Danton und Camille Desmoulins – sind sämtlich von hohem Interesse, nur ist mir der »*schöne*« Camille zu wenig das (auch im Ausdruck) was sein Beiname besagt und Danton, der geistsprudelnde Danton, hat sicherlich nicht ausgesehn wie ein kleinstädtischer Schlächter. Diese Bemerkung beeinträchtigt indeß keineswegs das geschickte Arrangement, die *Wirksamkeit* der Gruppe.

Am 26ten

Briefe von Miß Mary Whitelaw (nichts Erhebliches; diese Gouvernanten freuen sich ihr langweiliges Dasein durch eine kleine »Männer-Correspondenz in Ehren« unterbrechen zu können; und außerdem: wer spielte nicht gern den Beschützer, den Glücklichmacher!) und Bunsen. Der Brief des letztern räth mir bei Mr. James Hudson, 12 Hannover-Square meine Visite zu machen; seine Tochter gedenke Unterricht in deutscher Literatur zu nehmen. – Diese Visite gemacht; Mrs. Hudson gesprochen, eine freundliche Dame. Am Abend von Mr. Hudson einen Brief erhalten; wird mir am Montag (übermorgen) seinen Gegenbesuch machen. Kann geschehn, alter Junge! – Die beiden Misses May beziehen eine Sommerwohnung in Barnes bei Richmond; mit ihnen die hübsche Elisabeth, was jedenfalls bedauerlicher ist. – Mr. Lacy, ein alter Herr von 72 und school-fellow des Mr. May trifft auf Besuch ein. Liebenswürdiger alter Herr; bischen gereist in Frankreich und am Rhein; rechnet Antwerpen zu Preußen u.s.w., will übrigens nicht viel sagen, einem Engländer passieren noch ganz andre Geschichten. Am Abend Whistparthie mit Mr. Trollope; außer mir also 3 Stock-Engländer, jeder eine besondre Gattung repräsentirend: (Mr. *May* den verständigen geistig-unbedeutenden Philister, Mr. *Lacy* den wohlhabenden Gentleman-Farmer und Port- und Alt-England – verehrenden Lebemann, Mr. *Trollope* das verrückte Genie, die verdrehte Schraube, die gemüthliche Lustspielfigur). Als Beobachter dadrunter ist wirklich genußreich. *Es müßte mir noch sehr schlecht gehn, wenn ich dahin kommen sollte diese Reise zu bereun.* Jede Stunde ist anregend und jeder Tag giebt eine immer neue Ausbeute.

Am 27ten

Nicht zu Rob. Pries wie sonst wohl Sonntags; aber mir fällt eine Anekdote ein, die ich vor 8 Tagen zu notiren vergaß. In Rostock war ein Bauern-Doctor, ein Rindvieh mit Eichenlaub. *Bauer:* »Kommen's doch rut Doktor, min Söhn is schlecht krank: he leid all 9 Daag'.« *Doktor:* »Föhr man wedder rut; ick wärd' gliks kommen.« – Er vergißt es; erst am andern Tag tritt er in die Stube des Bauern; lang ausgestreckt und leblos liegt des Bauern Sohn auf dem Bett. *Bauer:* »Yuk kom so spät Doctor, min Söhn is all dod. –« Der Doctor wirft einen Blick auf den Leblosen und sagt mit jener Ruhe die nur ein Doctor hat: »Hebbe nischt versühmt! Dem seh ick et an, *de* kunn doch nich wedder weren.« *Bauer:* »Ne, Doctor, dat is man min zweten Söhn, *de* schläppt man blos.« *Doktor:* »Ja so, dat's en anner Ding!« Unvergleichlich. Auch noch einen hübschen Schlußsatz, mit dem Pries ein Gespräch über England und Deutschland abschloß, hab' ich nachzutragen. »England« rief der exaltirte Gegner »is the first nation of the world!« – »Yes!« setzte Pries ruhig hinzu »but Germany yet a little before it.«

Am 28ten

Einen Besuch Mr. Hudsons empfangen. Morgen beginnen die Stunden. Zahlung: eine halbe Krone; etwas wenig, doch ich wollte nicht gleich glupsch in den Tag hinein fordern. – Am Abend unvergleichliche Whistparthie mit Mr. Lacy und Mr. Trollope. Letztrer (ein Neffe des bemten Sir Henry Trollope, der bei Camperdown focht und ich glaube als Admiral starb) war in seinem Glanz: Sherry hatte das Seine gethan. »Thou old greedy, beggarly fellow« war seine höfliche Anrede an Mr. Lacy. Ueberhaupt haben wir von einem englischen Geschimpfe gar keine Vorstellung; die beleidigenden Worte überstürzen sich förmlich und der Gentleman, der mit seinen weißen Vatermördern noch eben aussah, als könn' er nur Elegieen von Hölty deklamieren, wird plötzlich zum Rivalen einer Berliner Hökerin.

Am 29ten.

Erste Stunde bei Miß Hudson. Ein nicht ganz erwachsener, schwarzköpfiger, sehr einfacher (im Benehmen), aber gescheudter Backfisch. – Von dort zu Dr. Georg Bunsen; von ihm zu Verrey. Dort von Dr. Klopski aufgegabelt und mit nach Barnes (½ Meile von Richmond) herausgeschleppt, wo die beiden Miß May eine Sommerwohnung haben (oder richtiger, da hier das utile immer mit dem dulce Hand in Hand geht) einem Sommer-Familienhaus vorstehn, so daß jetzt 2 Wirtschaften geführt werden, eine von der Mutter in Tavistock-Square, die andre von den Töchtern in Barnes. – Sehr freundlich empfangen. Die dicke Lady: »I suppose you cannot walk!« Dr. Klopski auf der Höhe guter Laune. Spatziergang an der Themse. Das Haus Coombes (des ersten *Ruderers* in England) und das alte Ziegelhaus Oliver Cromwells, des ersten Steuerers in England, dicht neben einander (in Mortlake, das sich unmittelbar an Barnes anschließt). Das Haus Cromwells höchst interessant; es trägt die Historie an der Stirn und steht unter den andern Häusern da, wie die Eisenkappe des großen Kurfürsten unter einer Auswahl von Schlafmützen. – Besuch bei der Familie Harper; die älteste und jüngste Tochter mager wie eine Stange und etwas schwindsüchtig, dabei aber so interessante Gesichter wie sie eben nur die Schwindsucht macht. Die älteste –, Braut eines Deutschen, sprach, nach einem nur 1 jährigen Aufenthalt in Hannover das Deutsche so gut, wie ich es nie bisher von einer Engländerin gehört. Das Häuschen reizend; der Garten wächst gleichsam in alle Fenster hinein, überall klettern Rosen und Epheu am Spalier in die Höh und – solche Einbrecher läßt man sich gefallen.

Am 30ten.

Ein Brief von Emilien; freundlich, aber ungerechte Bedenken, respektive Anklagen. Es ist leicht zu tadeln, wenn man die Handelweise eines Menschen unter die Lupe nimmt; Angriffspunkte bietet jeder dar; Toleranz! Das ist die Seele. Nicht Toleranz dem *Vergehn*, aber dem zufälligen winzigen *Versehn* gegenüber, das dem Tadler morgen so gut passiren kann, wie dem Getadelten heut. – Stunde bei Miß Hudson. – Den jungen Th. Bunsen in Regent-Street getroffen. Nach Trafalgar-Square in die Gemälde-Ausstellung. Nichts Neues bemerkt, eben so wenig Gelegenheit gefunden meine frühren Urtheile zu ändern: Charlotte Corday bleibt, (neben Pope und Lady Montagu,) das Einzige an dem ich Genialität wittern konnte. Winterhalters »Florinde« ist famos, aber nichts wie meisterhafte Technik; diese Leiber sind zum Anbeißen und es ist was drin von der Sinnlichkeits-Poesie der Troubadours, aber ich stelle diese Poesie nicht hoch und die Malerei, wenn sie nur das *der Art* Gegebene widergiebt nicht höher. Das Bild erinnert sehr an das bekannte »Decamerone« von, ich weiß nicht wem; doch ist mir »Florinde« lieber. Der Lauscher hinter Myrthenhecken ist jedenfalls beneidenswerth, insbesondre da die belebende Kraft Pygmalions unsrem Zeitalter verloren gegangen ist. – Bei Tisch ein wenig geärgert über Mr. Walpy; das fehlt nur noch, daß diese armen Jungen die überlegnen spielen wollen! Am Abend zu Very. Mit Devrient getroffen; mit ihm und Dr. Küntzel eine Stunde geplaudert. Er ist entzückt – und mit Recht – von seinen über alle Erwartung hinausgehenden Erfolgen: Hof, Publikum und englische Collegenschaft (namentlich Young, Kemble und Charles Kean) haben gewetteifert ihn auszuzeichnen. Einladungen zu bleiben, oder auch in *Manchester* die Sache noch mal durchzumachen. Er will aber nicht, aus allen möglichen Gründen, namentlich aber, weil er von der ungeheuren Anstrengung ganz kaput ist. Bei Prinz Albert hat er eine Privat-Audienz gehabt; der Prinz von einer unendlichen Liebenswürdigkeit und Mittheilsamkeit. Morgen oder übermorgen wird er noch im engsten Zirkel vor der Königin eine Vorlesung halten, namentlich den I^{ten} Akt des »Faust«. – Ich sollte ihn in's französische Theater begleiten, lehnte es aber ab. Die »french actors« (nur 10 Mann) sollen eine rüde Bande sein, talentvoll nur Levassor. In Bezug auf Weiber herrscht Gütergemeinschaft; die Nächte hindurch wird gespielt und gesoffen, gesungen und gekeilt – es sind immer noch die alten Franzosen, la grande nation – perdue, über kurz oder lang holt sie doch der Teufel, sie sind fertig. –

[1855]

[Tagebuchbrief an Ludwig Metzel]

London d. 11ten September 55.
Seyd's Hotel, Finsbury Square.

Sehr geehrter Herr Doctor.

Seit gestern Mittag bin ich hier und habe mich von den, aller Schilderung sich entziehenden Strapatzen einer Seereise wieder in so weit erholt, als es mit Hülfe einer einzigen Nacht in einer noch dazu verwanzten Schlafhöhle (bedroom genannt) nur irgend möglich ist. – Es werden natürlich noch 14 Tage vergehn, bevor ich im Stande bin Ihnen dienstlich zu schreiben und Meldung zu machen und so mögen Sie es mir nicht als Zudringlichkeit auslegen, wenn ich bis dahin eine Art Tagebuch für Sie führe und in demselben aufzeichne, was, in Ernst und Scherz, entweder wissenswerth oder doch einigermaßen unterhaltend für Sie sein dürfte. Wenn es auf der einen Seite wahr ist, daß die Urtheile eines Fremden leicht schief ausfallen und 99 mal von 100 der wünschenswerthen Gründlichkeit entbehren, so ist es doch andrerseits ebenso richtig, daß zur Beurtheilung der meisten, auf flacher Hand liegenden Dinge gar keine Gründlichkeit gehört und daß umgekehrt, die nur dem Fremden zu Gebote stehende *Unbefangenheit* im Stande ist den Nagel auf den Kopf zu treffen. Insoweit glaub ich auch meine Beobachtungen für nicht ganz werthlos halten zu dürfen. Ich bin dabei noch außerdem in der glücklichen Lage, das gegenwärtige London mit dem vor 3 Jahren vergleichen zu können und habe in der That auf einem dreistündigen Spatziergang bereits Gelegenheit gehabt Parallelen zu ziehn und in die Augen springende Unterschiede wahrzunehmen.

Natürlich dudeln die scheußlichen Savoyarden (die alle verdienten unter La Marmora an der Tschernaja zu stehn) nach wie vor; natürlich wird man von Bootsführern und Cabkutschern nach wie vor betrogen; natürlich schachert man in der City und fährt spatziren in Westend, aber nichtsdestoweniger hat sich die Physiognomie der Stadt nicht unwesentlich verändert und wie ein Freund, den man 3 Jahre lang nicht gesehn, durch einen Zug, eine Runzel Einem halb fremd geworden sein kann, so gewahr' ich auch an London einige befremdende, übrigens pikante und das kaufmännische Ledergesicht angenehm belebende Züge. *England führt Krieg* und dieser Krieg ist es, an den man auf Schritt und Tritt erinnert wird. Ich sah das schon als wir gestern früh die Themse passirten. Sonst lag das Arsenal von Woolwich in aller Friedfertigkeit, ich möchte sagen in aller Unthätigkeit und Stille vor einem, gestern schwärmte es dort wie um einen Bienenstock. Sonst waren es die unzähligen Flußdampfer, die, wie Pfeile vorbeischießend, die Aufmerksamkeit und das Staunen des Fremden erregten, gestern hatte Niemand Augen dafür und alle Blicke richteten sich auf die zahllosen Transportschiffe, die in langer, kaum unterbrochner Reihe zwischen Woolwich und Greenwich lagen. Sie führten nicht Namen, sondern *Zahlen* und ich las 185, 189 u. s. w. Einen Augenblick stieg der Verdacht in mir auf, daß es die Admiralität gemacht haben könne wie manche Damen, die ihre Strümpfe und Taschentücher mit N° 37 oder 49 zu zeichnen beginnen, aber kurz vor Greenwich lag N° 3 und – ich war beschämt.

Ich wohne also Finsbury Square (natürlich nur auf 2 Tage) und es scheint fast als hätt' ich's in gewissem Sinne gar nicht besser treffen können. Es wimmelt hier nämlich von neugeworbenen Soldaten und ich habe bereits Gelegenheit gehabt die englische *Linien*-Infanterie in nächster Nähe kennen zu lernen. Sonst hatt' ich, als ehemaliger Kaiser-Franz-Grenadier, mit geheimem Neide auf die schottischen Füsilire, die Coldstream-Garden und vor allem auf die prächtigen Life- und Horse-Guards geblickt, wenn sie in Pracht und Glanz an mir vorüberzogen und ich hatte dabei das bittre Gefühl nicht los werden können, daß diese verd- Englishmen doch schöner und muskulöser und martialischer seien als die 15 pommersch-brandenburgischen Grenadiere die ich selber 'mal commandirt habe. Aber gestern ist es mir wie ein Stein vom Herzen gefallen. Ich habe jetzt Kerle gesehn, die von ihren respektiven Vätern eigens dazu gemacht sein müssen, die berühmten Gestalten des Warze, Schimmlich und Bullenkalb wieder aufleben zu lassen. Dazu diese schmutzig-rothen Uniformen, fipprig, schäbig, geschmacklos – man kann nichts tolleres sehn. Wenn die Röcke zu alt sind, so sind die, die drin stecken, zu jung; meist schmächtige Bürschchen von 18 Jahren. Die meisten sehn harmlos aus; aber einen sah ich, einen Schielbock, der Carrière machen muß wenn er nur halb so furchtbar schießen kann wie seine Augen und dessen Anblick unwillkürlich ein halbes Dutzend Wörter wie Jack Sheppard, Newgate, Van Dimensland u. s. w. in mir wachrief. Er stand Schildwacht vor einer Art Kaserne und durch ein Gitterthor hindurch sah ich dem Ecercitium (drilling) von 12 bis 20 Rekruten zu. Es war sehr komisch und gab dem berühmten preußischen Balancirschritt wenig nach. Sie schienen nämlich (alle ohne Waffen) schwedische Heilgymnastik zu treiben und mußten 5 Minuten lang den rechten Arm abwechselnd anziehn und ausstrecken, bei welcher Gelegenheit dem commandirenden Unterofficier immer 12 geballte Fäuste dicht unter die Nase fuhren, was einen prächtigen Effekt machte.

In der Nähe von Westend begegnete mir ein breitschultriger Sergeant von der schottischen Füsilirgarde, er zog den linken Fuß etwas nach und hatte die ganze, breite Brust voll blanker silberner Denkmünzen – das war ein Anblick, der Einen freilich wieder versöhnen konnte. – Heut will ich Ihnen nur noch einen charakteristischen Zug erzählen. Gestern morgen wurde die Einnahme des Malachow bekannt und die Abendblätter bestätigten es. Dennoch war an der table d'hote *niemand*, der das Faktum für verbürgt und unzweifelhaft hielt und alle erklärten »die nächsten Nachrichten abwarten zu wollen«. Ich lachte hell auf über dies Maaß von Mistraun, das durch die Sweaborger Affaire aufs neue genährt zu sein scheint.

Mittwoch d. 12.

Ich bin gestern und heut tüchtig umher gewesen und habe von der Omnibushöhe herab die übliche Parade über London abgenommen. Mit einer Art Schrecken hab' ich dabei wahrgenommen, wie kalt und gleichgültig mich dies Riesentreiben läßt. Es ist fast, als hätt ich vor 3 Jahren das Capital meiner Bewunderung bis auf den letzten Pfennig ausgezahlt. Ich habe nun wohl schon zehnmal die großen Verbindungs Adern zwischen City und Westend passirt, und meine Empfindung bleibt stets dieselbe –

Langeweile und Unbequemlichkeit. Heut früh, wenige Schritte von St Paul's wo immer die tollste Wirthschaft ist, sah ich hinter einem Gitter in einer Art Aula 10 bis 12 Tertianer Zeck spielen und ich darf auf Ehre bekennen, daß mir dieser Anblick wohler gethan hat, als das vorüberfluthende, unermeßliche Treiben. Sollt' ich London symbolisch darstellen, so würd' ich einen Windhund malen, dem die rothe, lechzende Zunge handbreit zum Maule heraushängt. Man lernt hier begreifen, daß dem Londoner eine stille, ländliche Sommerwohnung über alles geht.

Gestern und heut hab' ich mir denn auch die Statue Robert Peel's angesehn (dicht bei St. Pauls). Die Engländer haben entschiednes Unglück mit ihren öffentlichen Denkmälern. Der Platz ist über alle Maaßen schlecht gewählt. Als *Redner*, in der üblichen Orator-Position, steht er da und spricht in die Straße Cheapside hinein. Aber gerade hier tobt ein so kolossaler Lärm, daß kein Redner der Welt an dieser Stelle gehört werden könnte und so paßt das Ganze wie die Faust auf's Auge. Was, abgesehn von diesem Fehler, die Statue selber angeht, so kann sie mir auch nicht gefallen; die Röcke, die er anhat, klaffen vorn weit auseinander wie zwei geöffnete Schrankthüren und seine Hosen sehen wahr und wahrhaftig aus wie Tricots von Cautchouc, die man dem alten, magern Herrn mit Gewalt übergezogen hat. Ich verwahre mich an dieser Stelle feierlich dagegen, als schrieb' ich in diesem Style nur, um etwa mit dem Kladderadatsch zu concurriren; es ist alles die einfache, blanke Wahrheit.

Donnerstag d. 13ten

Auf dem Lesetisch meines Hotels liegt unter andern auch »das Londoner Deutsche Journal«. Solch Wisch vertritt nun hier die deutsche Publicistik; da ist es freilich kein Wunder wenn die Engländer hochmüthig werden und ausrufen: ich danke Dir Gott, daß ich nicht bin wie ihrer einer. – Ich habe dies Blatt gestern durchgelesen (vielleicht find' ich Gelegenheit Ihnen ein paar Nummern mitzuschicken) und nichts andres daraus gelernt als die Bestätigung der alten Wahrheit: daß man auch von dem dummsten Buche noch immer profitiren könne. Ein Aufsatz schließt nämlich mit den Worten ab: »so sehen wir denn in der englischen Tagespresse – einige glänzende Beispiele abgerechnet – au fond nichts weiter als einen abermaligen Ausdruck jener Fabrikthätigkeit, die das ganze Land charakterisirt.« Das ist gewiß sehr wahr. Je länger ich die Times lese, je mehr fühl' ich, daß jener Ausspruch auch auf sie paßt. Die Fabrikanten dieser jährlichen 4 × 300 Leitartikel sind zwar ausgezeichnete Stylisten und grundgescheidte Leute, aber nichtsdestoweniger ist alles was sie schaffen (glänzende Ausnahmen zugegeben) *Waare*. Es klingt das hart und hochmüthig zugleich, ist aber gewiß richtig. Es ist in der Politik nicht anders wie in der Poësie. »Doch werdet ihr nie Herz zum Herzen schaffen, wenn es euch nicht vom Herzen geht.« Die Times Artikelschreiber gleichen jenen Poëten, die im Stande sind einen guten Einfall, einen überraschenden Gedanken in den glattesten Ottaverimen auszusprechen. Und doch stehen solche »Künstler« tief unter dem gott begnadeten Schneidergesellen, der für die ächte Empfindung das rechte Wort trifft. Kurz gesagt: jedes Geistesprodukt ohne Begeistrung entbehrt des zündenden Funkens und bleibt eine matte Limonade auch in dem glattgeschliffensten Glase.

Freitag d. 14.

Heut Mittag hatten wir einen Berliner zu Tisch, einen Dr. Boltz, nicht den aus den Freytag'schen »Journalisten« sondern einen Lehrer der slawischen Sprachen etc. Diese Berliner (ich bin freilich selbst einer) verleugnen sich doch nie. Wir saßen noch nicht zehn Minuten, so mischte sich Boltz (der eben erst in London eingetroffen war) etwa in folgender Weise in die Unterhaltung »... à propos Rußland! o, ich kenn' es, ich war 7 Jahr dort, ich darf sagen ich hab' es studirt.« »Da kennen Sie auch wohl unsre polnische Literatur?« »O gewiß, ich spreche böhmisch, polnisch, serbisch und treibe jetzt die Zigeunersprache; aber russisch sprech' ich am besten und liebsten; ich habe den Turgheniew übersetzt; ich bin Professor der slawischen Sprachen in Berlin, mein Name ist Boltz; wenn Sie nach Berlin kommen, es soll mich freun Sie bei mir zu sehn.« Ich wollt' ihn erst ansprechen, denn ich kenne seine Bücher und seine wirklichen Verdienste, aber dies ging mir über den Spaß und ich hatte für meinen Landsmann nichts als ein beständiges Schmunzeln. – Am Abend als ich aus einem Theater 3ten Ranges kam, wo mir eine Aufführung Richards III. viel Amüsement gemacht hatte, traf ich 2 Legions-Officiere im Gastzimmer. Der eine (ein ehemalig preußischer, dann östreichischer Officier) Baron v. Rosenberg-Lipinski mit Namen; der andre ein Leutnant Hoelcke, ein geborner Hesse und Officier in der schleswig-holsteinischen Armee. Der erstre schien ein halbwegs mauvais sujet zu sein; seine letzte That in London (wie mir der Oberkellner erzählte) war der Besuch von drei Frauenzimmern; von der letzten stieg er direkt auf's Schiff. Ist er in der Schlacht ein ähnlicher Draufgänger, so kann es ihm nicht fehlen. – Der andre war eigentlich ein reizender Mensch; ich war mit ihm von Hamburg aus gekommen und fand ihn nun hier, in seiner hübschen knappen Jägeruniform (genau wie die Braunschweiger) wieder. Diese Sorte Menschen kommt nur in Deutschland vor: harmlos, kindlich, tapfer, begeistert für irgend eine verrückte Idee, splendid *mit* Geld, fidèl *ohne* Geld, liebenswürdig verbummelt und voll selbstironischer Renommisterei. Am Tisch saß noch ein feister Deutsch-Amerikaner (aus Rathenow, der ehrlich bekannte, er wisse noch immer nicht recht was ihm besser gefiele: die nordamerikanische Verfassung oder das Kürassier-Regiment in Brandenburg an der Havel; der Herr v. Bredow sei doch ein zu liebenswürdiger Mann gewesen; er habe in Rathenow 'mal mit ihm Whist gespielt); dieser harmlose

Yankee also, in dem die Republik keine wesentliche Stütze zu haben scheint, fragte in seiner naïven Weise den eben eingekleideten Hoelcke: »nun, werden Sie auch tüchtig anbeißen?« Der Leutnant verzog keine Miene, sondern antwortete mit unnachahmlicher Komik: »mein Herr Jonathan, der Deutsche schlägt sich immer gut; er schlägt sich auch mitunter schlecht, aber darüber schweigt man und behauptet nach wie vor: der Deutsche schlägt sich immer gut. Kennen Sie die deutsche Geschichte? wir waren immer Landsknechte, das ist unsre welthistorische Aufgabe. Sein Sie versichert, nächstes Jahr frühstücken wir in Petersburg.« Der Bruder Rathenower schwur hoch und theuer, daß er an demselben Tage, zu Ehren der Fremdenlegion, eine Flasche Champagner trinken wolle. »O theurer Mann, jetzt erst erkenn ich Ihre deutsche Gesinnung! warum so lange noch warten? trinken Sie die Flasche gleich, ich bin Ihr Gast, ein Hundsfott wer sich weigert mit zu trinken; Petersburg ist unser, ob heut oder über's Jahr ist gleichgültig; Kellner, der Herr wünscht eine Flasche Champagner.« Dieser junge Kurhesse war eine wirklich liebenswürdige Natur und mir that das Herz weh, ihn für ein paar lumpige £ verkauft zu sehn. Aber die Hessen sind noch immer die blinden Hessen und es scheint ihre Bestimmung zu sein, für Alt-England ihre Haut zu Markte zu tragen.

Mittwoch d. 19ten

Ich war ein paar Tage krank und bin noch nicht recht wohl. Die total veränderte Lebensweise, bei Tage kein Schlafrock, bei Nacht kein warmes Bett und erbärmlich dünnen Thee statt starken Kaffes – da wird das deutsche Herz krank und der Magen dazu. Ich kenne diesen Zustand übrigens schon von früher; er ist eine Art Staupe, die man nothwendig durchmachen muß. Seit Montag wohn' ich nun hier am entgegengesetzten Ende der Stadt, circa 6 englische Meilen von der City, in einer beinah ländlichen Zurückgezogenheit. Gegend und Wohnung ist sehr hübsch, aber das Ganze doch »intolerable dull and tedious«. In Folge einer Wohnung-suchenden Times-Annonce, erhielt ich 85 Briefe (alle ehrlich gelesen) und die Auswahl die ich traf, hat mich hieher geführt. Zwei alte Jungfern sind die Herrinnen des Hauses und nennen sich Miss Canker. Ich kann nicht sagen, daß medicinisch betrachtet dieser Name etwas verlockendes hat und auch meinem Aberglauben hat er seit 2 Tagen einigen Kummer bereitet. Nomen est omen! Der Krebs, der vor-constitutionelle Abgeordnete des Rückschritts, hat mich unter seine Scheeren genommen. Rückwärts! also. Sei's Leichtsinn indeß, oder Geistesgegenwart – ich habe mir zu helfen gewußt und einen Doppelsinn erfunden. Rückwärts von *England,* oder rückwärts von *Deutschland?* that is the question. – Außer den beiden Herrinnen leben noch drei alte Jungfern im Hause, so daß ich wie in einem Harem stecke, dessen Blumen zu Anfang dieses Jahrhunderts blühten. Ich bin schon hunderterlei gewesen und werde nun auch noch eine Art »Oberster der Eunuchen.« Das Schlafzimmer das ich bewohne, ist außergewöhnlich comfortable eingerichtet, und seine größte Zierde ist ein riesiges Mahagony-Paradebett mit Schnitzarbeit und einem himmelblauen, etwas verschossenen Baldachin. Es ist so breit, daß ich auch der Quere nach drin schlafen kann. Am ersten Abend bestieg ich es mit einigem Grauen. Es war mir gar kein Zweifel, daß der alte Canker in diesem Bett gestorben sei und wenn ich dann wieder auf der andern Seite dachte, daß, bei dem hohen Alter dieses Kunstwerks, vielleicht das ganze Geschlecht der Canker aus dieser Riesenwiege hervorgegangen sei, so wurde mir fast noch banger und ängstlicher. Uebrigens hab ich gut drin geschlafen. – Es ist heut ein sonniger Tag und unter seiner stillen, warmen Freundlichkeit wird mir um vieles wohler. Zehn Schritt vor mir liegt Holland's Park, ein reizendes, ehemaliges Besitzthum von Lord Holland (Fox). Ein Spatziergang zwischen den Rasenplätzen sollte mir gut thun. – Gestern wurd' ich in ein deutsches Kaffehaus (in der City) eingeführt und fand muntre, angenehme Gesellschaft. Man politisirt überall, aber doch weniger und minder ausschließlich als in Deutschland. Die unmittelbaren, eignen Angelegenheiten beschäftigen jedermann zu sehr und lassen die breite Behandlung politischer Fragen nicht aufkommen. »Austria and Prussia, what will they become to do?« das ist der Punkt, der am meisten verhandelt wird. Ein richtiger Instinkt lehrt jeden, daß in der Beantwortung dieser Frage die Zukunft liegt. Uebrigens ist unser König doch eigentlich der Held des Tages und in gewissem Sinne (neben Louis Napoleon) die allerpopulärste, am liebsten besprochne Persönlichkeit. Er muß eigentlich alles ausbaden; man überschätzt seine Macht und seinen Einfluß und sieht in der russischen Politik (seit dem Tode Nicolaus') einen mehr oder minder bestimmten Ausdruck seiner Rathschläge. Der Prinz von Preußen ist noch immer ein Gegenstand der Hoffnung und der Verehrung, vor allem aber – *Bunsen.* Ich habe nicht geglaubt, daß die Popularität des letztern dies übervolle Maaß gehabt hat. – Hier schließ' ich für heut meine Mittheilungen und behandle die Hauptsache, den Zweck meines Hierseins, noch in einem besondren Briefe, den ich pflichtschuldigst, als Introduktion, diesen Zeilen beilege.

London d. 19. September 55.
3. Campden House Road
Kensington

Sehr geehrter Herr Doctor.

Da mir 5 Wochen Zeit bis zu Einreichung eines ausführlichen Berichtes vergönnt worden sind, so wird es hoffentlich nicht auffallen, wenn heut, nach Ablauf *einer* Woche, meine geschäftlichen Mittheilungen noch etwas mager ausfallen. Sie werden mir glauben wenn ich Ihnen sage, daß ich unablässig den wahren und eigentlichen Zweck meines Hierseins im Auge gehabt habe und zwar so völlig, daß mit Ausnahme eines 2maligen Theaterbesuchs (Shakespeare) von den üblichen Vergnügungen bei mir gar nicht die Rede gewesen ist. Nicht als ob ich nicht die Zeit dazu gehabt hätte, gegentheils! aber was mir völlig fehlte war die *Stimmung;* – diese wird sich nicht eher einfinden, als bis ich im Stande gewesen bin, Ihnen die nöthigen Mittheilungen von hier aus zu machen. – Die Sache stünde bereits günstiger, wenn mir das Glück in einer Beziehung holder gewesen wäre. Ich hatte hier vor allem auf den Rath und die Unterstützung eines feinen, literarisch-gebildeten und selbst schriftstellerisch-täthigen Mannes gerechnet, eines gewissen James Hudson, an den ich vor 3 Jahren durch Bunsen empfohlen und auf 6 Wochen zum Lehrer seiner Tochter (natürlich im Deutschen) kreirt worden war. An diesen hab ich mich nun brieflich mit einigen Vorfragen gewandt, leider aber noch keine Antwort erhalten, weil er – wie ich mich seitdem überzeugt habe – verreist ist, wahrscheinlich nach Paris. Die Abwesenheit dieses Mannes hat mir einen häßlichen Strich durch meine Rechnung gemacht, doch mich keineswegs decontenancirt. Andre, kaum minder schlechte Rather und Helfer sind engagirt und meine Lage ist eine ähnliche wie die Napoleons bei Marengo, dessen Dispositionen so getroffen waren, daß er *enfin* nothwendig siegen mußte auch wenn er bei Marengo unterlag und Desaix nicht erschien. Halten Sie mir diese Renommisterei zu gut; sie soll nur ein Ausdruck der Ueberzeugung sein, daß ich binnen Kurzem über alles im Klaren sein werde, was hier überhaupt klar zu machen und abzuwickeln ist. Das wird freilich nur die Hälfte der Arbeit sein, vielleicht die kleinere. Die große Hauptsache bleibt das Ausfindig machen eines Mitarbeiters und einen solchen *hier* zu suchen, habe ich aufgegeben. Ich hoffe aber auf's bestimmteste, daß er sich in Berlin finden soll. Gleichzeitig mit diesen Zeilen geht ein Brief ab, der diese Angelegenheit auf's ernsteste in's Auge faßt.

Nun noch einige Worte über meinen Besuch auf der Gesandtschaft. Es war was es sein konnte. Graf Brandenburg freundlich, wohlwollend und mich bittend meinen Besuch zu wiederholen, wenn er werde Muße gefunden haben das Schreiben durchzulesen (mehre Personen warteten bereits im Vorzimmer). Ich sah, daß er pressirt war und brach auf. Ehrlich gestanden war mir's lieb, daß das ganze Geschäft nicht länger als eine halbe Minute dauerte. Es sind vielleicht Fälle denkbar, wo ich des *Schutzes* der Gesandtschaft werde bedürftig sein, aber bei Herrichtung, bei Einfädlung dieser durchaus literarisch-geschäftlichen Sache, glaub' ich nicht, daß man im Stande sein wird, mir irgendwelchen Dienst zu leisten. *Bunsen* konnte das, weil er nicht blos ein Gesandter sondern auch ein Schriftsteller und – ich muß es sagen – drittens vielleicht auch ein Kaufmann war. Aber diese beiden letztern Eigenschaften fehlen der gegenwärtigen Gesandtschaft. – Ich werde abwarten, ob ich über kurz oder lang eine Einladung erhalte und bleibt sie aus, so werd' ich mich (es sei denn Sie wünschten es anders) nur dann in Carlton House blicken lassen, wenn ich etwas bestimmtes zu fragen oder zu erbitten habe. Nun farewell! bitte, grüßen Sie die Collegenschaft in all den weiten Räumen von Leipzigerstraße 110 und seien Sie schließlich nochmals versichert, daß es an meinem Eifer und guten Willen bei keiner Gelegenheit fehlen soll.

Meine ergebenste Empfehlung an Geh. R. Hegel und nun wie immer your most humble and obedient

Th. Fontane.

Wenn Sie es nicht unpassend finden und meiner Frau eine *große* Freude machen wollen, so schicken Sie ihr wohl die Tagebuchblätter, die diesen Brief begleiten, zur Durchsicht. Einige Stellen darin sind etwas zweideutig, doch das thut nichts, wir sind nicht prüde.

Adresse: Frau Emilie Fontane (per adresse der Frau Treutler) Neuhof bei Liegnitz.

7. - 9. September 1855

[Aus dem verschollenen Tagebuch]

7. September 1855

Emilie und Eggers begleiten mich auf den Bahnhof. Abschied. Die Gesellschaft im Coupé: Mad. Oppenheimer aus Hamburg, eine dänische Familie und ein schwedisches Ehepaar. Die Schwedin eine braunäugige, kokette, reizende Person mit einem unwiderstehlichen Herzmund. Ankunft in Hamburg 3½. Gekapert für »Stadt Wismar«. Reizender Gang durch die Stadt. Gasthauspublikum; der Dolmetscher von der »Navy«. Um neun an den Hafen gefahren und zum Mentor zweier Damen kreiert. Erst nach Mitternacht an Bord. Wüstes Treiben da: Koffer, Kühe, Damen, hanseatische Offiziere (halb betrunken von einem Abschiedssouper), Teerjacken, Stewards usw., alles bunt durcheinander.

8. September 1855

Um 1 Uhr nachts Abfahrt. Der Steamer (The Counteß of Lonsdale); Kapitän Little, gut gebaut, aber zu klein und voller Wanzen und Flöhe. Die erste Nacht mit dem stark angerissenen Leutnant Hoelcke, ehemalig schleswig-holsteinschem Offizier verplaudert. Ein vives Kerlchen, aber in der Tat doch nur Kanonenfutter und dazu prädestiniert zu kneipen, zu bummeln, für 50 £ sich zu verkaufen und totgeschossen zu werden. – Um 8 Uhr Cuxhaven passiert und von da ab 24 Stunden lang Galle gebrochen.

9. September 1855

Ohngefähr um 11 Uhr vormittags die englische Küste (Lowestoft in Norfolk) gesehen. Von da ab Rekonvaleszent. Plaudereien auf dem Schiff; um 9 Uhr abends Sheerneß passiert und in die Themse eingelaufen. Durch Nebel aufgehalten und die Nacht über zwischen Sheerneß und Gravesend vor Anker gelegen.

10. September 1855

Um 8 Uhr stromaufwärts. Ein schöner Tag. Bei Gravesend die Steuerbeamten an Bord. Um 11 Uhr in London-Bridge. Gang in die Stadt. Englische Rekruten und ihr wenig heldenhaftes Aussehen. Die Bevölkerung in Aufregung wegen des Falles von Sebastopol. Um 7 Uhr zu Bett gegangen, aber vor Leierkasten und Wanzen kein Schlaf.

11. September 1855

... An James Morris geschrieben. Eine Art Tagebuch für Dr. Metzel angefangen. Gang in die Stadt. Very; die alten unbezahlbaren Preise. Goldsmiths und Grays Gedichte für einen Schilling gekauft. Omnibusfahrt von Charing Croß bis zur Bank. Die neu errichtete Statue Robert Peels (am Eingang von Cheapside) gemustert. Die Engländer haben nun mal kein Glück mit ihrer öffentlichen Skulptur; ich finde auch diesen Robert Peel wieder lächerlich. Er steht da, als trüg' er statt der Hosen Trikots von Kautschuk. – ...

12. September 1855

Wieder von Wanzen gequält und verstimmt aufgestanden. Nach Printing-House-Square und eine Annonce in die Times gegeben. Müd und matt nach Haus. Das Zimmer gewechselt und zwei Stunden geschlafen. Am Abend zu James Morris; ihm allerhand Fragen in betreff der »Korrespondenz« vorgelegt, aber leider nur sehr ungenügende Auskunft erhalten. Ich seh' immer mehr ein: »Nur ein *Printer* kann mich retten«; ich bedarf eines Sachverständigen.

13. September 1855

An James Hudson geschrieben und seinen Rat erbeten. Gang durch die City; die schönen Schaufenster der Buchhändler lüsternen Auges gemustert. Diniert bei

Simpson. Great Russell Street. Henry Schirges aufgesucht, aber bei dem scheußlichen Very hängengeblieben. Ins Prinzeß-Theater. Aufführung eines einaktigen Lustspiels (nach dem Französischen) »How stout ye're getting« und von Shakespeares »Heinrich VIII.«. Das Lustspiel, ein ziemlich albernes Ding.

14. September 1855

... Dr. Boltz an der Table d'hôte mir vis-à-vis. Diese Berliner verleugnen sich doch nie: »Oh, ich kenne Rußland; ich war sieben Jahre dort, ich beschäftige mich mit den slawischen Sprachen; ich habe den Turgenjew übersetzt; ich spreche Russisch, Polnisch, Serbisch, Böhmisch, auch treib' ich jetzt die Zigeunersprache – ich bin Professor der slawischen Sprachen in Berlin.« So ging das in einem fort; ich schämte mich in die Seele des Mannes hinein. Diese Leute sind es, die das Berlinertum mit Recht in Mißkredit bringen. Merkwürdigerweise ist die Steifheit einer Table d'hôte so unerträglich, daß die Mehrzahl der Menschen *jede* Art der Unterhaltung dankbar hinnimmt und sich nicht den Kopf darüber zerbricht, ob der Sprecher bescheiden ist oder nicht. Dr. Boltz wurde allgemein bewundert. – Das Soho-Theater aufgesucht, um Richard III. zu sehn. Nutzlos, die Vorstellung ist erst morgen ...

15. September 1855

... Im Lauf des Tages, als Antwort auf meine Times-Annonce, 82 Briefe erhalten. Sie durchzulesen war eine harte Arbeit für einen kranken Menschen.

16. September 1855

Mit den besten Briefen in der Tasche auf Inspektion ausgegangen. Zuerst nach Shaftesbury-Crescent, Pimlico: Haus, Gegend und Leute erträglich, aber »the nice, airy and comfortable bedroom« ein bißchen schmuddlig. Von da nach 3 Campden House Road, Kensington und daselbst ein sauberes Haus, eine feine Dame und ein fast nobles Schlafzimmer vorgefunden. Den Pakt sogleich abgeschlossen. Mög' es mich nicht reuen ...

17. September 1855

Übersiedlung in die neue Wohnung. Beim Tee die ganze Besatzung des Hauses, fünf alte Jungfern, von 70 bis 35, kennengelernt. Auch ein political author, ein Biograph Disraelis, und natürlich ein »clever man« als Gast zugegen ...

7. Oktober 1855

... Meinen Umzug beschlossen; bin doch zu alt, um mich andauernd zu genieren ...

9. Oktober 1855

... Gegen Abend Besuch von Max Müller und einem seiner Oxforder Freunde. Mit beiden in die Stadt und ins Coal-Hole-Theater, eine Kneipe, die stark an Vater Gräbert erinnert.
Zuerst Tableaux vivants, einzelnes recht gut, eins der Frauenzimmer sehr schön. Dann zu Simpson und Abendbrot gegessen. Zurück nach Coal-Hole-Tavern. Wir kamen gerade zur rechten Zeit, um Nicholsons »Judge und Jury« zu sehen. Die Kneipe war ziemlich gefüllt, vor jedem stand ein Glas Gin and Water; ein dickköpfiger, gesichterschneidender Zwerg bediente die Gäste. Diese bildeten zugleich die Jury. An einem Ecktisch saßen drei Advokaten, der anklagende, der verteidigende und noch ein dritter. Ein Usher trat ein und kündigte an, der Lord-Justice werde erscheinen. Alles erhob sich zum Zeichen der Ehrfurcht. Mr. Nicholson, ein dicker, klug aussehender, imposanter Mann trat ein und nahm Platz auf seinem erhöhten Richterstuhl. »Waiter, a glass brandy and water« waren seine ersten Worte. Er sowohl wie die Advokaten

waren ganz ihrer Rolle gemäß gekleidet: Perücken, weiße Bäffchen usw. Darauf begann der Ankläger eine nicht ganz witzlose, schmierige Auseinandersetzung zu machen in betreff der Mrs. Pike, die mit dem Neger Jim, dessen Herz so schwarz war wie seine Haut, ein zartes Liebesverhältnis unterhalten hat. Dann werden Zeugen vernommen – nachdem sie beeidigt sind –, und endlich beginnt der Verteidiger sein Plädoyer. Zuletzt ergreift der Lord-Justice das Wort, resümiert und läßt der Jury (dem Publikum) die Entscheidung. Wir warteten das nicht ab; bald nach elf wurden wir alle drei müde und gingen. – Die ganze Sache ist unleugbar höchst interessant. Das Wichtigste ist, daß England eine solche Persiflierung seiner obersten Gewalten und seiner ältesten Institutionen ertragen kann. Dabei gibt diese Komödie dem Fremden eine ungleich bessere Gelegenheit, den Verlauf einer englischen Gerichtssitzung kennenzulernen als der Besuch eines wirklichen Court. Diese Persiflage (man kann kaum sagen »Karikatur«) ist um so instruktiver, als – wie ich höre – die ganze Szene von ehemaligen Advokaten, die wegen irgendeines schlechten Streiches aus der Korporation ausgestoßen sind, aufgeführt wird. – Zudem ist es eine treffliche Gelegenheit, ein gutes Englisch in nächster Nähe und gespickt mit Wortspielen jeglicher Art sprechen zu hören.

14. Oktober 1855

... Umzug nach 23 New Ormond Street (am 13. X.). Erbsengelber, echter London Fog; unerträgliche Dämmerung und noch traurigeres Frühstück, alles alt, schmutzig, verdorben. Die Laden geschlossen, zwei Lichter angezündet und voll guten Humors an die Arbeit gegangen.

18. Oktober 1855

Zu James Morris; am Kamin politisiert; – auch die gescheitesten Engländer (wenn sie nicht Politiker von

Fach sind und einer bestimmten Partei angehören) sind nichts weiter als die hunderttausend Echos der Times.

20. Oktober 1855

Mit Mr. Dinkel (einem Zeichner aus Wien, der schon seit 20 Jahren in Paris und London lebt) geplaudert; namentlich auch über einzelne Flüchtlinge. So erzählte er z. B., daß Göhringer – früher Gastwirt in Baden-Baden – lediglich durch seine Gutmütigkeit und Eitelkeit in London ruiniert worden sei. »Ich habe Hunger, General; Sie werden mir ein Beefsteak nicht abschlagen!«, so nasführte man ihn und zog ihn aus. Er war übrigens ein famoser Kerl und gewann folgende Wette: sechs Flaschen Champagner in einer Stunde trinken, dann in den Sattel und in einer Stunde nach Richmond hin und zurück. Er gewann sie, namentlich dadurch, daß er in Richmond *noch* eine Flasche Champagner trank. – Interessanter als Göhringer ist »Herr Bran«, wie er sich selber zu nennen pflegt. Es geht ihm traurig, aber er versichert stets, es ginge ihm gut. Seinen Versicherungen nach hat er ein unfehlbares Mittel, sich Geld zu verschaffen. Er schreibt nach Wien an den Grafen Buol: »Exzellenz, ich bin gesonnen, in nächster Woche eine Broschüre über die österreichischen Zustände zu schreiben.« Sowie Buol das erfährt, siegelt er eigenhändig 10 £ ein und schickt sie an »Herrn Bran«. Österreich ist in einer beständigen fieberhaften Angst vor einer Branschen Broschüre. Glücklicher Mensch das!

27. Oktober 1855

... [*Surrey Theater, Blackfriars Road: Othello*] Sehr interessant und lehrreich. Das Haus neu, geräumig und nicht ohne Eleganz. Aber es ist die Eleganz und Schmuckheit einer Kneipe, deren Besitzer reich geworden ist und nun Miene macht, ein Stück Kunst in seinen Branntweintempel einzuführen. Dies bezieht sich nur auf das *Haus*;

die Truppe ist sehr gut. Ich habe nirgend bisher (auch hier in London nicht) ein solches Mißverhältnis zwischen der künstlerischen Leistung und dem Publikum wahrgenommen, als heut im Surrey-Theater. In Berlin darf man meistenteils behaupten: die Bühne bleibt hinter dem Publikum zurück (was freilich auch ein Unglück ist); im Surrey-Theater sind die Schauspieler dem Publikum um eine Welt voraus. Die ganze Welt der Schule, Bildung und des Anstandes liegt zwischen ihnen. Vielleicht war der »Sonnabend« nicht ohne Einfluß geblieben. Dann ruht die Arbeit, dann gibt es Wochenlohn und der bessere Teil der Arbeiter, statt direkt ins Gin-Haus zu gehen, zahlt zuvor einen Schilling fürs geistige Bedürfnis. Hinterher kommts geistige Getränk. Das Parterre wies ein Publikum auf, wie man es bei uns in *keinem* Theater zu sehen kriegt, wenigstens in keinem Theater, das Künstler ersten Ranges zu seinen Mitgliedern zählt. Man könnte das alles loben, man könnte von einem wirklichen Volkstheater sprechen, von einer nationalen Volksbühne, die nicht nur dumme, erbärmliche Schnurren, sondern den leibhaftigen Shakespeare und teils die historischen Stücke des Altmeisters selbst, teils die vaterländischen Dramen seiner Schule bringt, – man könnte das alles loben und *muß* es sogar loben, aber man muß auch zugleich zum guten Teil an der Bildungsfähigkeit der Massen verzweifeln. Es ist wahr, das Stück (Othello) ermangelte nicht, auch *dies* Parterrepublikum zu elektrisieren, aber diese Wirkung stellte sich, wie halb und halb zum Trotze, bei ihnen ein. Die Unsitte des beständigen Verkaufs von Früchten, Sodawasser, Eis und auch Brandy vermutlich, kommt hinzu. Ein langer weißjackiger Kerl treibt sich zwischen den Bänken umher und überschreit mit seinem »penny each!« die Klänge des Walzers, der heruntergefiedelt wird. Plötzlich rollt der Vorhang in die Höh. Das Parterre ist wie eine unruhige See; der Sturm des Zwischenakts ist vorüber, aber die Wellen gehen hoch trotz alledem. Die erste Szene jedes neuen Akts ist immer zur Hälfte verloren. – Ich suche hin und her, um mir diese Erscheinungen zu erklären, ja noch mehr, um sie zu rechtfertigen. Der Grund, daß es so ist, wie es ist, liegt wohl in dem mehr öffentlichen Leben der Nation. Man wird entweder durch diesen Lärm nicht gestört, oder wenn man gestört wird, so schadet's nicht viel. Oben auf der Galerie wurde während des zweiten Aktes gestohlen; man schrie, man hieb drauflos, man schmiß raus und verhaftete. Die Schauspieler spielten ruhig weiter und im Parterre richtet sich kein einziger Kopf nach oben, um die Ursache des Lärms kennen zu lernen. Man ist an solche Szenen völlig gewöhnt. Es ist wie in den katholischen Kirchen Süd-Europas, oder wie in den hiesigen Gerichtshöfen; ein beständiges Laufen und Rennen und Türenwerfen, aber wer beten will, betet doch, und die Jury fällt ihr Urteil ungestört durch einige knarrende Stiefel. Das *erklärt* diesen Lärm. Die zweite Frage ist: sollen wir uns daran gewöhnen? Ich bin in Verlegenheit, darauf zu antworten. Schon jetzt, wo ich diesen Trubel noch mit Ärger beobachte, kann ich doch andererseits nicht leugnen, daß die Stücke trotz alledem zu voller Wirksamkeit kommen, ja die Unterbrechungen erhalten einen frisch, und wenn man einzelnes dadurch einbüßt, wird man gleichzeitig befähigter, den Rest in seiner ganzen Schönheit zu genießen. Ich habe diese Erfahrung wie heut im »Othello« so neulich im »Hamlet« gemacht, wo die Haltung des Parterre eine sehr ähnliche war. Wenn ich nicht irre, kannte das klassische Drama der Franzosen keine Zwischenakte; kurze Pausen bei offener Szene traten ein. Es ist gar kein Zweifel, daß dies Verfahren auf höherer Stufe steht; unzerstückelt gibt sich das Kunstwerk und unzerstückelt verlangt es Sinn und Seele des Beschauers. Aber diese Ganzheit, diese Konzentration ist nicht jedermanns Sache, und ich selber muß eingestehen, daß ich fünf Akte ohne ein Stück Kuchen oder eine Flasche Sodawasser kaum aushalten kann. Die Sache stellt sich vielleicht so: diese Mischung von Bierhaus und historischer Tragödie ist durchaus unideal und unkünstlerisch, aber – praktisch, in Erwägung der gemeinen Menschennatur.

Nun die Aufführung des »Othello«. Mr. Creswick in der Titelrolle, wiewohl sehr brav, schien mir doch nur eine Kopie des Ira Aldridge zu sein. Er gab die Gegensätze des harmlosen und tigerhaften Naturmenschen, die hinschmelzenden Weichheiten und die afrikanische Wut, das noble Vertrauen und den rasch wachsenden Verdacht – alles sehr gut, aber es berührte mich, als fehle doch die eigentliche Gewalt, die entweder aus der Natur entspringen muß oder sich von selbst einstellt, wenn mein Geist selbständig Herr über einen vom Dichter gezeichneten Charakter geworden ist. – Der Jago war ein wenig farblos (nur seine blasse Galgenphysiognomie in der letzten Szene vortrefflich) und brachte in meinen Augen den so hart getadelten Jago unseres Döring wieder zu Ehren. Das ist doch ein scharf gezeichnetes Bild. – Der *Cassio* gut; die Szene im zweiten Akt, wo er sich betrinkt, und schließlich das Dazwischentreten des Mohren zwischen die Fechtenden, überhaupt von großer Wirkung. – Der *Roderigo* ein völliger Narr und nicht ohne Komik; trotzdem auf einer guten deutschen Bühne kaum möglich. – *Desdemona* von großer Lieblichkeit; die Partie ist überwiegend passiv, und es handelt sich für die Schauspielerin zumeist darum, alles mit Grazie ertragen zu können. Miß Conway war ganz vortrefflich. – Die *Emilia*, sonst eine Rolle, die man hinnimmt, weil man muß, wurde in einer Weise gespielt, daß sie im vierten und fünften Akt alles andere in den Schatten stellte. Miß Mariott (vom königlichen Theater in Exeter) debütierte in dieser Partie. Eine stattliche Person, schöner Teint und eine Stimme wie ein Wachsoldat, aber nicht ohne Wohlklang. Alles, was sie in den letzten zwei Akten sprach, war wie ein Sturmläuten gegen hereinbrechenden Verrat. Mir wurde hier erst klar, was es mit dieser Rolle auf sich hat. Sie ist nicht nur die Gesellschafterin Desdemonas, sie ist vielmehr deren Gegenstück, deren Ergänzung. Sie hat den

Mut der Treue wie eine noble Dogge und geht unter in diesem schönen Kampf.

14. November 1855

Mit Wentzel ins Panoptikum. Betrachtungen über die Nationaleitelkeit der Engländer bei Gelegenheit der textbegleitenden Bilder von Sebastopol. Patriotismus und Borniertheit mischen sich so innig, daß es schwer ist, zu sagen, wo der eine aufhört und die andere anfängt.

22. November 1855

Kauffmann (Herausgeber der andern Deutsch-englischen Korrespondenz) getroffen und mit ihm in freundschaftlicher Weise geplaudert. Auch über deutsche und englische Eigentümlichkeiten und die Neigung unsrer lieben Landsleute, jeden englischen Fleischergesellen, der auf dem Kontinent reist, nach dem Stande der Politik und nach seinen Ansichten über free-trade, Reformbill, Judenemanzipation usw. zu fragen.

23. November 1855

... Am Abend nach Covent-Garden und eins von Juliens Monstre-Konzerten gehört. Hauptstück: The Fall of Sebastopol. Die musikalische Leistung möglicherweise nicht auf künstlerischer Höhe; aber der Eindruck des Ganzen, das große Haus, die Tausende von Zuhörern, die vielen hundert Musici – doch bedeutend. Das Beste waren Variationen auf der Flöte von einem jungen Deutschen (ich glaube Reicherdt) vorgetragen. Als er auftrat und seine linkische Verbeugung machte, sah er aus wie ein Schuster, als er aber in Zug kam und der laute Beifall des Hauses auf ihn zu wirken begann, fiel der Schuster von ihm ab, und das Künstlertum, das immer den Stempel des Adligen leiht, gab ihm ein völlig verändertes Ansehen. Er trug Variationen auf »Du, du, liegst mir im Herzen« vor. Als er zuerst in allereinfachster Weise das einfache Thema spielte und die tausendmal gehörten Klänge durch das riesige fremde Haus schallten, kamen mir unwillkürlich die Tränen in die Augen.

9. Dezember 1855

Zum Grafen Bernstorff. Überaus liebenswürdiger Empfang und anderthalbstündiges Gespräch über politische Fragen im allgemeinen und unsere Korrespondenz im besonderen. Graf B. glaubt an den vollen Ernst der englischen Rüstungen und Bestrebungen überhaupt; ja, hält es für möglich, daß England auch ohne Frankreich den Kampf fortsetzt und durch Einnahme Kronstadts den Krieg glorreich und seinen eigentlichen Zwecken entsprechend abzuschließen trachtet.

13. Dezember 1855

Mit Kauffmann in den Discussions-Room von Temple-Forum. Das Thema der Debatte war: der *Fall* von *Kars*. Viel Geschrei und wenig Wolle; Strohdrescherei; Leitartikel-Rekapitulation – dennoch ist die Sicherheit und die Gewandtheit beneidenswert, mit der die Leute ihre 5000 Worte herauszurollen verstehen. *Unsre* Redner dieses Schlages sind wenig klüger, aber um vieles ungeschickter.

14. Dezember 1855

[*Surrey Theater: Heinrich IV. Erster Teil*] Die Aufführung hatte einen unbestreitbaren Vorzug vor der Berliner, nämlich den, daß die historische Seite des Stücks die Hauptsache blieb und die Falstaff-Szene nur als Ornament, wenn auch gelegentlich als ein überreiches erschien. Der Percy war wirklich ein Percy und nicht eine Dessoirscher malkontenter Privatdozent, der es nicht verwinden kann, daß König oder Regierung seiner Professorschaft im Wege sind. Die Szenen mit der Lady Percy und mit dem Owen Glendower wurden meisterhaft gespielt; es war ganz außerordentlich, wie Mr. Creswick (Percy) die wachsende Ungeduld zu malen verstand. Der Zweikampf zwischen Heinrich Percy und Heinrich Monmouth war wieder herrlich und es machte wirklich einen Eindruck, als jener endlich zusammenstürzte. Der Falstaff war sehr gut, aber doch nicht besser als der Döringsche. Die Art des Sprechers, das Heulen und Grunzen, erinnerte an unsern Gern. Dadurch wurden gelegentlich komische Wirkungen erzielt, aber der *Kavalier* ging gänzlich verloren. Döring gibt diese Rolle feiner; sie ist vielleicht eine seiner besten. Die Szene, wo Falstaff und Prinz Heinrich hintereinander den König spielen, fiel leider fort. – Der Prinz war in der Intention nicht schlecht; aber mangelhaft in der Ausführung. Die Nebenrollen schlecht wie überall; nur *Franz* (Mr. Widdicombe) ganz ausgezeichnet. Der Humor dieser Szene ging mir erst durch die Darstellung der Rolle auf...

[Original-Tagebuch]

[14. Dezember 1855]
kommt nach fünf Jahren zurück. Er sieht allerliebst aus; das Matrosenkostüm steht ihm prächtig. Er möchte Madelon wiedersehn und da er ein guter Mensch ist, so denkt der Himmel: »warum sollst du ihm diese Freude nicht machen!« und das Blumenmädchen läuft ihm zum zweiten Mal in die Arme. Sie hat ihre Zeit im Gefängniß abgebüßt und verkauft nun wieder Blumen. Sie ist blaß geworden und ein klein bißchen wahnsinnig, aber ihre Tugend ist noch ebenso fest wie in der ersten Scene des ersten Akts. Der Matrose verschafft ihr ein Unterkommen bei anständigen Leuten und besucht dann, spät Abends, seinen Onkel Le Beau, vorgeblich um ihn vor dem Marquis Philippeau zu warnen oder ihm sonst einen Dienst zu leisten, eigentlich aber um eine Gelegenheit zur Besitzergreifung bestimmter Papiere zu erspähn. Dann wird es Nacht. Der Matrose empfiehlt sich, nachdem er zuvor ein

Fenstereisen aufgemacht hat. Unmittelbar darauf, steigt der unanständige junge Mann, der seit dem ersten Akt vollauf Zeit gehabt hat ein Dieb zu werden, durch's Fenster, schleicht mit seiner Blendlaterne in allen Winkeln umher, öffnet einen Arnheim'schen Geldschrank und wirft Papiere heraus, da er nach was Besserm sucht. Diese Papiere sind aber die Hauptsache und just das, was der Matrose, der eben durch's Fenster kommt, einzig und allein gebrauchen kann. Der Mann mit der Blendlaterne wird bei der Gelegenheit natürlich erschossen, weil es doch einen Knall giebt und der papierbeladene Matrose verschwindet durch's Fenster, durch das er gekommen. Zweite Scene. Ballsaal. Wieder große Gesellschaft. Das Blumenmädchen wieder in blauem Atlas. Der Marquis, der jetzt, ich weiß nicht welchen Standes und Namens ist, überreicht seiner Schwester dasselbe Halsband, das ihr, vor eben dieser Gesellschaft, auf eine falsche Anklage hin, abgenommen wurde. Dann erscheint Le Beau, wieder mit dem Polizei-Officier, der ihn beständig zu begleiten scheint, wie der Scharfrichter den König Wenzel, und fordert die Verhaftung des Marquis', der kein andrer sei, als der vor Jahren entsprungene Gefangene. Der Marquis lacht und zeigt ein Papier vor; der Polizist faßt sofort an den Hut und nimmt eine stramme Haltung an. Le Beau wird entlarvt; das Blumenmädchen entpuppt sich als Schwester; der Kapitän von der kaiserlichen Armee scheint nicht abgeneigt eine gute Parthie zu machen und der Vorhang fällt unter dem rauschenden Beifall des Publikums. – So schreibt man Zug-Stücke in London, 250 Jahre nach Shakespeare.

Sonnabend d. 15. Dezember

Alte Leier. – Einen Klagebrief an Mrs. Vilmot geschrieben und ihr Vorstellungen gemacht ü[ber] die unerträglich unordentliche Wirthschaft. – Von Appel in den »Wellington« Piccadilly. Nobles Lokal, in einzelnen Beziehungen besser als Simpson, namentlich ein besseres Publikum, im Ganzen aber doch hinter dem Hinkefuß am Strand zurückbleibend. – Im Café Divan Briefe geschrieben. – Zu Haus, in Folge meines Briefs, ein Paradies von Ordnung vorgefunden.

Sonntag d. 16. Dezember.

Lange geschlafen. Geplaudert. Mit Dr. Wentzel in's Westend (Belgrave- und Eaton-Square; dann über Cadogan Place und Sloane Street in den Hyde Park). Ein Blick auf den Serpentine-River. Durch den Park bis zum Achilles und Hyde-Park-Corner. – Unsre »Correspondenz« auf der Gesandtschaft abgegeben. Simpson. Café Divan. An Schweitzer und an Emilie geschrieben. Nach Haus.

Montag d. 17. Dezember

Gearbeitet. Bei Schweitzer Thee getrunken. Simpson. Café Divan. Briefe geschrieben. Mit Schlesinger über Auerbach geplaudert. Mit Kauffmann in den Debating-Club (Temple Forum) Gegenstand der Debatte war: Is there any cause for us to congratulate ourselves in reference to the *events* of the war? Viel Salbaderei, aber beneidenswerthe Sicherheit und Gewandtheit.

Dinstag d. 18. Dezember.

Portier Eppelein zeigt mir an, daß auf der Gesandtschaft Briefe und ein Packet für mich angekommen seien. Nachmittags in Empfang genommen: verschiedne Briefe von Dr. Metzel (darunter ein Dokument: die Antwort Mr. Marcy's auf die Einladung Dänemarks, an den Sundzoll-Conferenzen theilzunehmen) eine Weihnachts-Gratifikation von 40 Rtr. und ein Packet aus Ruppin, enthaltend: George'chens Bild, eine Börse, ein gesticktes Taschentuch für James Morris und einige Zeilen von Emilien. Bei Simpson alles ausgepackt und durchmustert. Um 9 nach Haus. Einen Weihnachtsbrief in Versen geschrieben:

18. Dezember 1855

Im Café Divan wieder einmal
Starr' ich still in die flammenden Leuchter,
Das Herz wird weihnachts-sentimental,
Und die Wimpern werden feuchter;
Doch zwischen die Thränen tritt Freund Humor
Ein gemüthlich-lustiger Lerse,
Und nur ein leiser Trauerflor
Legt sich um die lachenden Verse.

Ich seh im Geist ein rumpliches Haus
Und eine rumpliche Stube,
Drei Frauen gehen ein und aus,
Und der vierte ist mein Bube;
Die älteste Frau hat schwarzes Haar
Und die jüngste hat es nicht minder,
Das macht, es ist wie's immer war·
Es ähneln sich Mutter und Kinder.

Die dritte sieht ihren Knaben an
Unter Lachen und unter Weinen,
Sie denkt: ich hab' eine Art von Mann
Und hab' auch wieder keinen.
Der Junge spielt und fährt über See
Um seinen Vater zu suchen,
Er ruft: »lieb Mutter mein, Ade,
Ich hole den Butterkuchen.«

Der Vater ach, ihm ist nicht nett,
Er muß sich wehren und stemmen,
Er säß' viel lieber im Kabriolett
Und passirte Friesack und Kremmen;
Er spränge gern zum Wagen hinaus
Am Kanal und der Kirchplatz-Ecke
Und schleppte gern in das rumpliche Haus
Den besten der Ruprecht-Säcke.

Es kann nicht sein; am Londoner Strand,
In Simpson's stolzer Taverne,
Legt an die Stirn er seine Hand
Und träumt sich ferne, ferne;
Er sieht, durch Nebel und über das Meer,
Eine Fülle lieber Gesichter
Und heimisch wird es um ihn her,
Als brennten die Weihnachtslichter.

Mittwoch d. 19. Dezember.

An die Times geschrieben wegen des Sundzoll-Dokuments. – Von Appel zu Very; dort ein Kästchen mit Kuchen und Zuckerwerk füllen lassen und auf die Gesandtschaft gebracht. In's Café Divan. An Mr. Eppelein geschrieben. Briefe an Metzel und Burow abgeschickt. – Am Abend mit Wentzel die Sundzoll-Note übersetzt.

Donnerstag d. 20. Dezember.

Verbindliche Antwort von der Times; das Sundzoll-Dokument erbeten, gegen Bewilligung von 5 £ St. – Schweitzer überbringt es und nimmt die Summe in Empfang. Thee getrunken 17 Bloomsbury Square. Simpson. Divan. Briefe geschrieben an Schweitzer und Wood.

Freitag d. 21. Dezember.

Die Times bringt die Sundzoll-Note und zugleich einen Leitartikel über dieselbe. – Wentzel fliegt aus (weil nur 2 Spalten zu füllen sind) und genießt London bei Tageslicht. – Simpson. Divan. Weihnachtseinkäufe. – Wentzel kommt aus dem Shoe-Lane Debating-Club entzückt nach Haus; Lord Vane Tempest war zugegen und mußte einen ›high-bred scoundrel‹ einstecken. Die Debatte hatte sich großentheils um die Schuld oder Nicht-Schuld Sr. Lordschaft gedreht.

Sonnabend d. 22. Dezember
Brief vom Reg. Rath Zitelmann aus Frankfurt a. M. Wohlwollende Rathschläge und Aufforderung zur Mitarbeiterschaft an der Minerva. – Miß Miriam kennt weder Trafalgar-Square noch Whitehall. – Verabredungen mit Schweitzer wegen des Weihnacht-heilig-Abends. Nach Haus.

AM KAMIN.

Ein neues Buch, ein neues Jahr –
Was werden die Tage bringen?!
Wird's werden wie es immer war,
Halb scheitern, halb gelingen?

Wird es mit Sammt mir streicheln die Haut,
Oder wird es in Lohe mich gerben?
Gleichviel was es im Kessel braut,
Nur wünsch' ich nicht zu sterben.

Ich mag noch nicht von hinnen gehn,
Wie's oft die Kämpfenden müssen;
Ich möchte mein Weib noch wiedersehn
Und meinen Jungen küssen.

Ich möchte noch wieder im Vaterland
Die Gläser klingen lassen
Und möchte noch wieder des Freundes Hand
Im Einverständniß fassen.

Ich möchte noch wirken und schaffen und thun
Und athmen eine Weile,
Denn um im Grabe auszuruhn,
Da ist nicht Noth, nicht Eile.

Ich möchte leben, bis all dies Glühn
Rückläßt einen leuchtenden Funken
Und nicht vergeht, wie die Flamm' im Kamin,
Die eben zu Asche gesunken.

Sonntag d. 23. Dezember

Kauffmann holt uns aus dem Bett und frühstückt mit uns. Den Nachmittag über bei Schweitzer. – Simpson. Café Divan. Die Sonntagsblätter durchsucht, um ihre Stellung zur Marcy'schen Sundzollnote zu erkennen. Nur im Observer eine ziemlich gleichgültige Notiz gefunden. – Kauffmann zum heiligen Abend eingeladen. – Nach Haus. An Metzel geschrieben und ihm die Geschichte des »Dokuments« erzählt, d. h. die Anknüpfungen mit der Times und die Stellung der englischen Blätter zur Note.

Montag den 24. Dezember.

Weihnachts-heilig-Abend. Den Brief an Metzel beendet und abgeschickt. Auf's General Post office. Noch einige Weihnachts-Einkäufe gemacht für Mrs. Wilmot, Mrs Morris, Mr. Wood und Schweitzer. Um 7 ½ Uhr bei letztrem eingetroffen, nachdem 2 lachende kleine Mädchen, mit denen ich im Omnibus fuhr, mich um meines Pelzes willen augenscheinlich für den leibhaftigen Weihnachtsmann gehalten hatten. Um 8½ Uhr Bescheerung. Zugegen: Mr. Dinkel, (ein Süddeutscher) Mr. Wood, Wenzel, Schweitzer und ich. Ein deutscher Weihnachtsbaum stand auf dem Tisch; an Kuchen und Früchten und Lichtern kein Mangel. Nur Kinder fehlten und konnten in der Eile nicht beschafft werden. Die Beschenkung war stattlich genug. Schweitzer versorgte die ganze Gesellschaft mit Pasten, Pomaden und Parfums; von Wood erhielt ich ein reizendes Schreibzeug und von Wenzel ein sehr hübsches Pokal-Glas. Dazu, unter der Aufschrift: »*Zur Erinnerung an die November- und Dezember-Nächte von 1855*« folgende allerliebste Verse:

24. Dezember 1855

Motto:

Selig, wer sich vor der Welt
Ohne Haß verschließt,
Einen Freund am Busen hält
Und mit dem genießt,

Was, von Menschen kaum gewußt
Oder nicht bedacht,
Durch das Labyrinth der Brust
Wandelt in der Nacht!

Were I the Shah, Thou wert Firdousi,
I surely would not be so niggard
As yonder type of Thomas Lousy,
Whom Shakespeare's mastership defigured;
But if, like Thou, I'm no great storer
Of that so-called realities,
So much the more I am adorer
Of Thy most noble qualities.
I'll ne'er forget in all my life
The thoughtful nights, which from November
Of thousand hundred fifty fiv
I passed with Thee, – and, pray, remember,
When from this cup Thou drinkest smart,
Sometimes of him, that soon must part.

On Christmass-Evening of 1855.

Um 10 setzten wir uns zu Tisch. Ich war Chairman und hatte vorzulegen und Toaste zu proponiren. Als wir den Gebeinen der Gans die letzte Ehre anthaten, kam Kauffmann. Ihm auf den Fersen folgte der brennende Plumpudding. »Der Gast« und »die Frauen« kriegten ihren Toast. Mitternacht war da und der Punsch trat an die Stelle des Wein's. Unter Geplauder, guten und schlechten

Anekdoten, gutem und schlechten [*sic!*] Englisch verging der Abend, dazwischen klang von Zeit zu Zeit Mr. Dinkels Flöte mit einem Schweizer- oder Tyroler-Lied. Gegen 3 trennten wir uns. Das war ein Weihnachten in London! Erträglich genug, aber doch ohne das beste Salz des Lebens. Ein Nothbehelf. Möge das nächste Weihnachtsfest wieder sein, was es sein soll.

Dinstag d. 25. Dezember.

Sehr spät aufgestanden. Durch einen Brief Emiliens erfreut, aber zugleich durch den Anblick des alltäglichen Zeitungsstoßes erschreckt. Die englische Presse und die englische Post kennen keine Feiertage und so ging es denn auch heute wieder an die Arbeit. Ich hatte ausruhn wollen und war sehr verstimmt. Wir wurden spät fertig wie immer. Im Cab zu Appel und mit diesem (kein Arbeiter war da) den Druck besorgt. Auf die Post gefahren; eine Minute zu spät gekommen; also den schönen Ruhetag um nichts und wieder nichts eingebüßt. − Simpson, Café Divan, − alle Lokale geschlossen. Müd und matt und hungrig wieder nach Haus. Mit Müh und Noth ein Dinner aufgetrieben. − An Emilie geschrieben und an Dr. Metzel, in Betreff des Zitelmann'schen Briefes.

Mittwoch d. 26. Dezember.

Briefe von der Kölnischen und von der Düsseldorfer Zeitung. Die letztre abonnirt; jene lehnt ab. Die Briefe an Metzel und Emilie abgeschickt. Mit Wentzel bei Simpson gegessen. Schweitzer'n nicht zu Haus getroffen. − Nach Haus. Gearbeitet. Briefe geschrieben.

Donnerstag d. 27. Dezember.

Einen liebenswürdigen Brief von Papa aus Freienwalde erhalten. − Wieder sehr spät fertig. Im Cab auf die große Post. Simpson. Nach Haus. Gearbeitet. Wentzel macht Sonette, zur Geburtstagsfeier der Frau Justiz-räthin Burchardt, was in London, für einen 48jährigen Familienvater, wirklich das mögliche ist. – Papa's Brief beantwortet.

Freitag d. 28. Dezember

Keine Briefe; die Ungewißheit wird peinlich. – Zu Schweitzer und Wood; die Weihnachtsschulden bezahlt. Mit Wood debattirt; ist doch ein gescheidtes Bürschchen! Simpson. Café Divan. Nach Haus. Ein paar Seiten im Lessing gelesen (über einzelne Dichtungen von Ewald v. Kleist)

Sonnabend d. 29. Dezember.

Alte Leier. Simpson. Café Divan. Mit Schlesinger ein langes Gespräch über die Kosten einer englischen Haushaltung. Er braucht 4000 Thaler; was soll mir da die Hälfte! Bei Very Thee getrunken. Von da nach Haus.

Sonntag d. 30. Dezember.

Die Geburtstagsfeier diesmal um Mitternacht begonnen. Wentzel baut mir sein Geschenk auf, (kleine Blumenvasen mit Holly) und liebenswürdige Briefe von Mutter und Emilie. Heiter in's neue Lebensjahr hineingeplaudert. Zu Bett. Geschlafen bis 12 Uhr Mittag. Besuch von Kauffmann. Nachmittag reizende Fahrt nach Hampstead, prächtige Winterlandschaft im Sonnenuntergang. Simpson. Divan. Kauffmann, etwas fißlich aus Blackheath zurückgekehrt, hält einen unerschöpflichen Vortrag über die Times und den englischen Philister.

Montag d. 31. Dezember 1855.

Brief von Metzel; noch immer nicht zufrieden. Anmeldung einzelner Abonnenten, wahrscheinlich sammt und sonders gepreßt. Simpson. Divan. An Metzel geschrieben. Nach Haus. Mit Wentzel einen Punsch gebraut und lustig in's neue Jahr hinein getrunken. Glück auf!

[1856]

Dinstag d. 1. Januar 1856.

Scheußlicher Tag, nichts wie Aerger und Verstimmung. Den ganzen Tag Orgeldreher in der Straße, wenigstens 12, und jeder 12 Stücke, macht 144. Mir thut der Kopf noch weh. Simpson. Nach Haus. Eine Nachschrift an Metzel geschrieben; schließlich, auf Wentzel's Rath, Brief und Nachschrift verworfen. Einige Zeilen an Graf Bernstorff. Einen gegen Preußen gerichteten Artikel der M. Post übersetzt.

Mittwoch d. 2. Januar

Die Uebersetzung des M. Post Artikel an Dr. Metzel, nebst einigen Zeilen, abgeschickt. – 12 Nummern unsrer Correspondenz an Graf Bernstorff abgegeben. Einen Brief an Vater (durch Gesandtschafts-Gelegenheit) abgeschickt. Simpson. Café Divan. Nach Covent-garden in die Weihnachtspantomime. Gegenstand: die Begegnung Heinrichs VIII und Franz I auf dem Camp de drap d'or, mit Rücksicht auf die englisch-franz. Allianz zurecht geschneidert. Harlequin, Columbine, Pierrot, Pantalon vortrefflich, das Ganze gepfeffert mit Prof: Anderson'schen Kunststückchen. Dekorationen, Kostüme etc. reich und glänzend wie immer.

Donnerstag d. 3. Januar.

Brief von Emilie aus Berlin. »Sie kommt, des Mittags stolze Flotte!« Hurrah. – Simpson. Divan. Emilien's Brief beantwortet. Mit Wentzel und Kauffmann nach Temple Forum. Thema der Debatte: »ob England dem projektirten Friedens-Congreß zuzustimmen hat oder nicht?«

Freitag d. 4. Januar.

Keine Briefe. Meine Zeilen an Emilie abgeschickt. Simpson. Divan. Herr Lebenheim aus Berlin, ein Schwager vom Doctor Lazarus, übrigens seit schon 30 Jahren in London, mein Tischnachbar. – In der Kölnischen Ztng eine Reihe unsrer Artikel gefunden. Zu Schweitzer. Nach Haus. Unterredung mit Mrs. Wilmot in Betreff einer zu miethenden Wohnung. An Mutter geschrieben.

Sonnabend d. 5. Januar.

Die »Patriotische« schickt Gelder ein. Simpson. Divan. In's Adelphi-Theater; das Ganze ein bischen knotig und der Art, daß man merkt »*Nell Gwyn*« ist die Schutzpatronin des Orts. Nichtsdestoweniger eine reizende Columbine und ein allerliebster Harlequin (Miss Wyndham und Mad: Cèleste). Die verschiednen Tableaux sehr hübsch arrangirt.

Sonntag d. 6. Januar.

Lange geschlafen. Besuch von Schweitzer. Auf die Gesandtschaft. Langes Gespräch mit Graf Bernstorff, besonders über den M. Post Artikel vom 31. Dezember und über die Partheistellung der engl: Blätter überhaupt. Neue 50 £ erhalten.

Montag d. 7. Januar.

Die Mittheilung Graf Bernstorff's benutzt. – Simpson. Café Divan. An Dr. Metzler einen Rechtfertigungsbrief geschrieben. Einige Zeilen an Crüvel und an Mutter Fontane.

Dinstag d. 8. Januar.

Neue Artikel gegen Preußen in Post und Globe. Bei Graf Bernstorff angefragt, wie wir uns verhalten sollen. Simpson. Divan. Zu Schweitzer. Den Brief an Metzler vervollständigt. Auch an Lepel (wegen Voß und Spener) so wie an Emilie nach Luckenwalde geschrieben.

Mittwoch d. 9. Januar.

Die Times bringt meine Annonce. – Die Briefe an Graf Bernstorff, an Metzler und Crüvel abgeschickt. – Ein halbes Dutzend Briefe an T. F. geht ein; nichts davon zu gebrauchen. Simpson. Divan. Mrs. Wilmot erklärt sich bereit eine Zahl von Zimmern abzutreten. Dr. Wentzel befürwortet es; ich will nicht recht heran.

Donnerstag d. 10. Januar.

Weitre Adressen. Ein liebenswürdiger Brief von Emilien. Zwei Zeilen vom Grafen Bernstorff. Auf die Gesandtschaft. Ich erhalte Erlaubniß in der »Correspondenz« auf den Widerspruch aufmerksam zu machen, der in der mündlichen Erklärung Lord Clarendon's und in der Haltung seiner oder doch der ministeriellen Presse herrscht. Simpson. Divan. Drei Stunden fest geschlafen. Zu Haus einige neue Adressen gefunden. An Schweitzer geschrieben.

Freitag d. 11. Januar.

Liebenswürdige, aussöhnende Zeilen von Metzel. – Nicht recht wohl; nach der Arbeit wieder geschlafen. Zu Schweitzer. Mrs. Morris empfiehlt, nach stattgehabter Inspektion, eine Wohnung in Berner Street. Nach Haus. An Emilie geschrieben; ein Verzeichniß alles dessen was sie mitbringen soll, beigelegt.

Sonnabend d. 12. Januar

Den Brief an Emilie zur Post. Simpson. Divan. In's Drury-Lane Theater. Weihnachtspantomime; fast noch reicher, prächtiger und mannigfaltiger als in Covent-garden. Die stereotypen Carneval-Gestalten traten doppelt auf: *zwei* Harlequins, zwei Colombinen, zwei Pierrot's, zwei Pantalons und zwei eidechsen-glitzrige, wunderbargeschickte Inder als eine Art von Clowns. Durch diese Gedoppeltheit wurde das Spiel noch muntrer und belebter. Die Colombinen waren reizend; die humoristischen Scenen wirklich voll Humor.

Sonntag d. 13. Januar.

Schweitzer holt uns aus dem Bett. Mit ihm nach 38 Berner Street. Kurze Unterredung mit Mrs. Tucker. Das Haus gemiethet pro 100 £ jährlich. – Mit Wentzel und Schweitzer nach Greenwich. Den Nachmittag über in der Bilder-Gallerie. Mit Interesse den Nelson-room gesehn, der 5 oder 6 kleinere Bilder enthält, die Bezug auf Nelson nehmen. a) Nelson, als Midshipman, bindet mit einem Eisbären an, um seinem Vater das Fell mit heim zu nehmen b) Nelson verliert den Arm bei Teneriffa c) Nelson an Bord des geenterten San Jose (bei St. Vincent) d) Nelson als Volontair bei einer gefährlichen Fahrt und e) Nelson im Amputir-Raum des »Victory« (Trafalgar). Die Sachen sind sammt und sonders ohne großen künstlerischen Werth aber charakteristisch und wirkungsvoll gemacht. In Trafalgar-Tavern (reizende Aussicht auf die Themse) gut und theuer gegessen. Geplaudert am Kamin bis gegen 8. Dann zurück zur Eisenbahn-Station. Unterwegs einen schwäbischen Landsmann getroffen, der uns bis London begleitet. Nach Haus. Einige Strophen für Kugler geschrieben; dann Briefe an Mrs. Wilmot, Emilie, Customhouse und James Morris.

Montag d. 14. Januar.

Rußland lehnt ab; die politische Situation immer bedenklicher. – Mrs. Tucker lehnt auch ab; die persönliche Situation immer bedenklicher. Zu Schweitzer. Mit Mrs. Morris gesprochen. Sie macht der Tucker einen Abendbesuch und mit Hülfe von 2 £ 5 Sh. wöchentlich (statt 100 £ jährlich) wird alles wieder eingerenkt. Nach Haus. An Emilie geschrieben.

Dinstag d. 15. Januar.

Alte Leier. Simpson. Divan. An Emilie geschrieben. Den Toast zu Kugler's Geburtstag beendet und mitgeschickt. Er lautet:

>Und wäre die Weite weiter noch
>Zwischen hüben Freund und drüben,
>Ich käm' an diesem Tage doch
>Um meines Amts zu üben;
>Ich bin ein toastender Fridolin,
>Und in der Näh und Ferne
>Ergeben der Gebieterin
>Der Gräfin von Saverne.
>
>Ich komme direkt von London her,
>Vom Tower und von Westminster,
>Dies London ist ein sich thürmendes Meer
>Und ein Abgrund tief und finster;
>Die Wellen kennen kein wo und wann,
>Und endlos sausend und brausend
>Zu tausend mal tausend wachsen sie an
>Die ewigen hunderttausend.
>
>Wohl wenn mich's die Themse hinab geführt
>Oder nur hinab auf die Gasse,
>Hat mich der mächtige Zauber berührt,
>Der Zauber der *bloßen Masse*,
>Wohl trat *lebendig* vor mich hin,
>Was nur *Zahl* ist in andern Zonen,
>Wohl hab' ich geschwelgt mit trunknem Sinn
>In dem *Bilde* von Millionen.
>
>Wohl hab' ich geschwelgt – bis doch zuletzt
>Ein Grauen mich überkommen,
>Und ich mich vor der Masse entsetzt,
>Die einst mich gefangen genommen;

Da lag sie, wie vor dem Vergrößerungs-glas
Ein Stück infusorische Erde,
Und es fehlte jenes unnennbare *was*,
Daß die Masse zur *Schönheit* werde.

Ich forsch' und suche: was ist dies was?
Und ich forsche und suche vergebens;
Es ist nicht dies, es ist nicht das,
Es ist eine *Fülle* des Lebens,
Es ist die Entfaltung, hundertfach,
Jener Keime die in uns liegen,
Jener himmlischen Keime, die, einmal wach
Nur noch wachsen können und siegen.

Und diese Keime, die ungepflegt
Dort sterben und verderben,
Du hast sie wie ein Gärtner gepflegt
Auch in dem zerbrochensten Scherben;
Der Liebe, der Ehre, dem Wissen, der Kunst
Hast du einen Herd gegeben,
Drum, liebe Gäste, mit Vergunst,
Ich denke, wir lassen ihn leben!

Mittwoch d. 16. Januar.

Zeit und Kreuzzeitung treffen ein. – Brief von Emilien; gute Nachrichten in Betreff unsrer selbst, traurige in Bezug auf unsre Jenny (der kleine Felix in der Sylvesternacht gestorben) und Clara Baeyer. – An Emilie, James Morris und Jenny geschrieben. – Wentzel ins Prinzeß-Theater (Charles Kean als Hamlet). Sein Urtheil völlig übereinstimmend mit dem meinigen über Phelps. – Mitternächtige Studien in der Kreuz-zeitung. Endlich mit Augen gesehn, daß wir nicht völlig für den Papierkorb gearbeitet haben.

Donnerstag d. 17. Januar.

Rußland acceptirt rückhaltlos die östreichischen Vorschläge. »Eure Aufgabe ist jetzt erfüllt; ihr könnt nun wieder gehn,« sagte Schlesinger gutgelaunt. An Mrs. Wilmot geschrieben und ihr unsren nah-bevorstehenden Umzug angezeigt.

Freitag d. 18. Januar.

Simpson. Divan. Den Plan gefaßt, Emilien bis Dover entgegenzureisen. Mit Wentzel in's Olympic. Eine Art komisches Zaubersingspiel gesehn: »the discreet Princess oder the three glass-distaffs«. Recht nett. Mr. Robson, ein berühmter Komiker, spielte den Prinzen Richcraft. Er war allerdings bewundernswerth, gab aber doch zu viel des Guten und das Ganze war mehr erstaunlich als erbaulich. Sein Spiel glich einer Wiener Torte aus Pfefferkuchen, Mostrich, Pumpernickel, Schlagsahne mit Ingwer und Blätterteich, alles schichtweise übereinander und alles, einzeln genommen, vortrefflich. In der Zusammenstellung aber wurde das Ganze doch zu einer Geschmacklosigkeit. – An Emilie geschrieben.

Sonnabend d. 19. Januar.

Simpson. Divan. – Coal-hole. Tableaux vivants. Zurück in den Divan und ein paar Seiten in Macaulay gelesen (the mutiny in Ipswich und die mutiny-Bill als Folge). Wieder Coal-hole. Judge und Jury (the case of Alice Gray).

Sonntag d. 20. Januar.

Die Mittagsstunden über ruhig zu Haus. – Nach Bloomsbury-Square. Schweitzer als Pascha am Kamin, mit 3 Putzmamsells um sich her. – Zum Grafen Bernstorff. Sein Urtheil über die Kreuzzeitung, Gerlach und die ganze Parthei. Simpson. Divan. Kauffmann wieder elevated. An Emilie einige Zeilen geschrieben.

Montag d. 21. Januar

Brief von Emilie; Anzeige, daß die Sachen in den näch sten Tagen abgehn werden. Simpson. Divan. Rücksprache mit Mrs. Morris wegen George'chens Bett und allerlei andrer wirthschaftlicher Sachen. Schlesinger begleitet mich, um seinerseits einen Besuch auf dem Bureau der Morning Chronicle abzustatten »wo man die schlechteste Zeitung und – den besten Kaffe macht.« – Nach Haus. Kreuzzeitung gelesen.

Dinstag d. 22. Januar.

Brief von Emilien; einige Worte über Kugler's Geburts tag. – Posener zu Ball. Simpson. Divan. Studien im Brad shaw. – Umzugs-Vorbereitungen.

Mittwoch d. 23. Januar.

Abreise-Tag Emiliens von Berlin. – Simpson erfüllt seine letzte Pflicht. – Im Divan Schweitzer getroffen; Mrs. Morris hat ein Mädchen engagirt. – Einige kleine Ein käufe. – Wentzel nach Saddlers-Wells (Tempest). Gepackt.

Donnerstag d. 24. Januar.

Gepackt. Abschied von der Familie Wilmot und Ueber siedlung von New Ormond Street nach Berners Street. Antritts-Visite bei Mrs. Tucker. Mit Hülfe der Mrs. Morris alles in bester Ordnung vorgefunden: Luise, Hammel keule, Feuer und Theekessel. An Schweitzer geschrieben.

Freitag d. 25. Januar.

Kleine Reisevorbereitungen. Den Hermit von Gold smith gelesen. Um 8 Uhr auf den Dover-Bahnhof. Abfahrt 8½. Gesellschaft: 1 Engländer und 2 Franzosen. Beschäf tigung: Schlaf. 11 Uhr in Dover. Im Dover-Castle-Hôtel

Zimmer bestellt. Gegen 12 Ankunft des Dampfers. Emilie, Lischen, George sind da. Soupirt und geplaudert.

Sonnabend d. 26. Januar.

Frühstück en famille. Briefe von den Berliner Freunden, von Lepel, Kugler, Zöllner, Lucä und Lübcke. Mit George einen Spatziergang gemacht; Panorama von Dover.

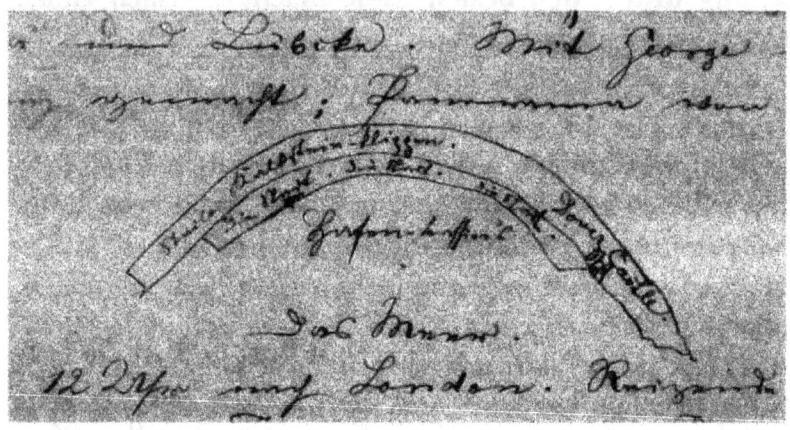

Um 12 Uhr nach London. Reizende Fahrt von Dover nach Folkestone; Meer und Sonnenschein. Um 3¼ in London eingetroffen, um 4 in Berners Street. Schweitzer und Mrs. Morris zugegen.

Sonntag d. 27. Januar.

Plaudereien. Dr: Wentzel als Gast beim ersten Braten. Nachmittagsbesuch von Schweitzer. Zu Bernstorff. Interessante Gespräche über die politische Situation (Preußen soll von den Pariser Conferenzen ausgeschlossen bleiben) die Kreuz-Zeitung, Bunsen, Usedom etc. Am Abend en famille. Anmeldung bei Mrs. Tucker.

Montag d. 28. Januar.

Brief von Dr. Metzel. Emiliens erste Versuche im Englischen. Besuch von Mrs. Tucker. Emilie und Lischen mit ihr in den Bazar. Geburtstagsfeier zu Ehren der Frau Dr. Wentzel. Bei Punsch und Kings-cake bis Mitternacht geplaudert.

Dinstag d. 29. Januar.

Emilie und Lischen nach Oxford-Street; erste Einkäufe. An Dr. Metzel geschrieben und ihm gedankt. Auf die Post. Plaudereien am Kamin.

Mittwoch d. 30. Januar.

Abendpromenade mit Emilie, Lischen und George durch Oxford-Street, Regent-Street, Pall-mall und wieder zurück. – An Schweitzer und Dr. Metzel geschrieben.

Donnerstag d. 31. Januar.

Eröffnung des Parlaments. Ueber Mittag auf die Times, um die Thronrede so früh als möglich zu haben. Abendpromenade mit Emilie durch Oxford Street, Martins Lane, Trafalgar-Square, Strand, Wellington und Bow-Street und wieder nach Haus. Plaudereien mit Onkel Schweitzer und Onkel Wentzel.

Freitag d. 1. Februar.

Zu Haus geblieben. Kleine Affaire mit Mr. Tucker. Den Brief an Dr. Metzel beendigt.

Sonnabend d. 2. Februar

Zu Haus geblieben. Den Abend am Kamin verplaudert.

Sonntag d. 3. Februar.

An Graf Bernstorff geschrieben. Um 4 Uhr, mit Frau und Kind zu Schweitzer, zum Thee. Den Abend über zu Haus.

Montag d. 4. Februar.

Abendspatziergang mit Emilie. Zu Very und Mr. Helbronner. Vergebliche Bemühungen um Berlin wool. Nach Haus. Emilie schreibt an Frau Ritter. Brief an Dr. Metzel. Mary erscheint als Nachtgeist und bittet um möglichste Ruhe; »he is so very poorly«.

Dinstag d. 5. Februar.

Einige Zeilen von Graf Bernstorff. – Mrs. Morris rettet die Ehre der engl. Kochkunst durch eine apple-pie. – Auf die Gesandtschaft. Geld empfangen (die letzten 30 £). Rücksprache wegen der Morning Chronicle. Einige Zeilen an Mr. Elliot und Mr. Wheatley (Leadenhall-Street). An Kauffmann geschrieben.

Mittwoch d. 6. Februar.

Besuch von Kauffmann. Kein Wort über M. Chronicle und meine Anfrage in Betreff desselben.

Donnerstag d. 7. Februar.

Mit Emilie auf die Gesandtschaft. Eppelein entwickelt seine Ansichten über England. – Graf Bernstorff en famille. Einladung zu Tisch abgelehnt. Bericht über meine gescheiterten Versuche (Kauffmann & M. Chronicle) und Rücksprache in Betreff Mr. Macknight's. Graf B. erzählt von seinen Anknüpfungen mit Mr. Disraeli und über die neuste Haltung des M. Herald in Bezug auf Preußen. – Besuch von Schweitzer. – An Miss Conquer und Mr. Macknight geschrieben.

Freitag d. 8. Februar.

Die Sachen kommen an und werden mit Jubel ausgepackt. In Storm und Heine's »Romanzero« gelesen. An Mrs. Tucker und James Morris geschrieben.

Sonnabend d. 9. Februar.

Briefe von der Patriotischen Zeitung und von Miss Conquer. Sie bedauert über Mr. Macknight, der sich inzwischen von seiner Frau getrennt hat, keine Auskunft geben zu können. An Graf Bernstorff geschrieben. Besuch von James Morris. Die Damen nur halbwege befriedigt.

Sonntag d. 10. Februar.

In: »Rosen und Golem-Tieck« von Otto v. Skepsgardh gelesen. Mal wieder ein Buch von der Sorte, wie sie nur in Deutschland geschrieben werden. Der Verfasser eins jener Ebenbilder der Gottheit, die um eine tadelnde Rezension und eine unbezahlte Schneiderrechnung in beständiger Wuth und Sorge sind. Talentvoll, krankhafteitel, voll Verachtung gegen die gemeine Welt und zuletzt im Leser doch nur das Gefühl erweckend: Gott sei Dank daß die Welt ist wie sie ist und nicht so, wie sie Skepsgardh machen würde. – Bei Schweitzer zu Tisch. – Zu Graf Bernstorff; weniger freundlicher Empfang als sonst wohl.

Montag d. 11. Februar.

Mäusejagd. »Man spricht von drei«. Die einäugige schwarze Katze kommt zu Ehren. Brief an den Rütli geschrieben. – Mr. Wheatley, der Spediteur, schickt seine Rechnung – 3 £ 6 s.

Dinstag d. 12. Februar.

Mit Emilie zu Appel; dann zur Post. Das Treiben dort um 6 Uhr. Durch Cheapside nach der Bank, Börse und dem Mansion-house; dann nach Guildhall. Die Läden hinter der St. Paulskirche bewundert. Zu Purssel. Durch Farringdon Street bis Holborn-Hill. Zu Bainbridge, dem berühmten No cough more. Kleine Einkäufe gemacht. Nach Haus. Schweitzer; erste englische Stunde; nach Diktat geschrieben.

Mittwoch d. 13. Februar.

Vergeblicher Versuch auf dem nächsten post-office die Summe für Mr. Wheatley einzuzahlen. Nur die Hauptpostämter (Charing-Cross, Cavendish Street etc.) nehmen Zahlung an. An Mr. Wheatley geschrieben. Fortsetzung des Rütli-Briefes.

Donnerstag d. 14. Februar.

Zum Fishmonger; Spatziergang mit Emilien. An Dr. Metzel und an die Ellora geschrieben. Audienz bei Mrs. Tucker; neue Klagen über so very much noise. Schweitzer; zweite englische Stunde.

Freitag d. 15. Februar.

An Graf Bernstorff, wegen einer Notiz im M. Advertiser, geschrieben. Emilie mit einem Dutzend Briefe auf die Gesandtschaft. An Mrs. Tucker, James Morris und Mr. Elliott geschrieben. Antwort vom Grafen Bernstorff. Vorarbeit für die Sonnabend-Correspondenz.

Sonnabend d. 16. Februar.

Brief von Frau v. Merckel. – Großer Zug durch London mit Emilie und Lisen. (Regent Street, James Park, Whitehall, Horse-Guards, Westminster-Abbey, Parlament, Vauxhallbridge, Londonbridge, Lower-Thames Street, Billingsgate, Customhouse, Tower, Purssel, Strand, Coventgarden Markt und wieder nach Haus[.)] Besuch von Schweitzer und Morris. Plaudereien beim Thee. Was ist Humor? »Die Deutschen und Schotten haben keinen Humor.« Schlußscene mit Mrs. Tucker. Gekündigt.

Sonntag d. 17. Februar.

In der Kreuzzeitung Kammerdebatten studiert (Reden von Gerlach und Wenzel). Besuch bei Schweitzer. Englische Exercitien. Die große Frage: house or lodgings? erörtert. Ein Advertisement gemacht.

Montag d. 18. Februar.

Nothschrei um Geld, an Dr. Metzel. Mit Emilien nach New Ormond Street, zu Mr. Palmer und Mr. Elliott.

Dinstag d. 19. Februar.

Abendbesuch von Schweitzer. Englische Stunde.

Mittwoch d. 20. Februar.

Brief aus Berlin, aber kein Geld. Zur Strafe, wegen eines nicht rechtzeitig eingesandten Rechnungsberichts, sollen wir in Geldverlegenheit kommen und die Einrichtungen des Londoner Leihhauses kennen lernen. Die sämmtlichen Zumuthungen theils confus, theils unausführbar und – Knickerei dazu. Wird nichts. Wenn man nicht ordentlich will, so lasse man's ganz bleiben. – Einen Brief an Dr. Metzel angefangen.

Donnerstag d. 21. Februar.

Neuer Aerger mit der würdigen Mrs. Tucker. Krank vor Wuth, Aufregung und Ueberanstrengung. Abendbesuch von Schweitzer; etwas getröstet. Fortsetzung meines Briefes an Dr. Metzel.

Freitag d. 22. Februar.

Brief und Geldanweisung aus Berlin. Rechnungsablegung und Etats-Entwurf gemacht. – Brief an Dr. Metzel beendet.

Sonnabend d. 23. Februar

Besuch von Schweitzer. En famille durch Oxford-Street promenirt. Nach Haus. Plaudereien mit Dr. Wentzel.

Sonntag d. 24. Februar.

Zu Graf Bernstorff. Eine Anweisung auf Rothschild, New-Court, St. Swithin's Lane, erhalten. – Spatziergang mit Emilie u. Lischen durch James- und Hyde-Park, Cadogan-Place, Eaton Square etc. Im Royal Blue bis Wellington-Street. Zu Schweitzer. Abgespannt. Zum letzten Mittel gegriffen und – Räthsel gemacht.

Montag d. 25. Februar.

Zu Rothschild. 75 £ St. in Empfang genommen. An Dr. Metzel geschrieben. – Zur Post mit Emilie und Wentzel. – City-School in Milk-Lane, Paternoster-Row, Temple. – Gearbeitet.

Dinstag d. 26. Februar.

Brief von Frau Nanni Ritter, die auf Donnerstag ihren Besuch anmeldet. – James Morris schreibt freundliche Zeilen und schickt Fricke's englische Fibel. – Abendbesuch von Schweitzer. Gearbeitet. Briefe an Morris und Herrmann Schweitzer in Brighton geschrieben.

Mittwoch d. 27. Februar.

Gearbeitet bis gegen 11. Dann Abendspatziergang mit Emilien durch den nördlichen Theil von Regent-Street bis in die Nähe von Regent-Park. Auf dem Rückwege Posto gefaßt am Prinzeß-Theater und auf englische Schönheit im Anschlag gelegen; aber – vergeblich.

Donnerstag d. 28. Februar.

Liebenswürdiger Brief von Max. Das Examen glücklich überstanden und bei Hamscher in Küstrin engagirt. – Besuch von Frau Ritter. Am Nachmittag Einladung von ihr auf Sonntag Mittag. – Ein paar Verse gelesen. Gearbeitet. An Mr. Eppelein geschrieben.

Freitag d. 29. Februar.

Emilie mit Lise und George zur Musik in James-Park. – Abendbesuch von Schweitzer. Omnibusfahrt (outside) mit den Damen in Mannskleidern projektirt. Schweitzero, voll stillen Entsetzens, malt mit lebhaften Farben die einschreitende Polizei.

Sonnabend d. 1. März.

Briefe aus Letschin von Mutter, Jenny und Sommerfeldt. – Besuch von Lehrer Meyer, der bereits bei einem Advokaten als Schreiber engagirt ist. Sonntags verrichtet er eine Art Küster-Dienst in einer der hiesigen deutschen Kapellen. Nach seinen Angaben existieren hier 5 deutsche Kapellen und zwar 1) in Savoy-Street am Strand 2) in Whitechapel 3) in Trinity Lane 4) in Camberwell und 5) in der Nähe von St. Paul. – Gebrüder Schweitzer (der Petersburger Bruder war angekommen und hat vor sich hier zu etabliren) Abends zum Thee.

Sonntag d. 2. März.

Gelesen. Nachmittags zu Herrn Kaufmann Ritter, Denmark-Hill Camberwell. Außer uns ein Fräulein v. Schmettau, Herr Prediger Meyer nebst Frau und ein namenloser Deutscher mit einem verkniffnen Gesicht zugegen. Die ganze Geschichte eher langweilig als interessant und nur durch den norddeutschen Humor Pastor Meyers (eines Flensburger's, der auch unsern Woldzen-Storm kannte) passabel gemacht. Dieser erzählte von den Jungens des Flensburger Pastors Peters, deren einer als Famulus von Johannes Müller (ich glaube *nach* Wilms) Carrière gemacht hat. Herr Ritter sehr Kaufmann; Frau Ritter sehr angegriffen und Denmark-Hill sehr weit. Viel Connex steht nicht in Aussicht.

Montag d. 3ten März.

Mit Emilie kleine Einkäufe in Oxford-Street. Um 9½ nach Temple-Forum. Mr. Laurie, wie immer, eröffnete den Reigen. Thema: What are the prospects of the present affairs? Alle Redner wie immer voll oratorischem Geschick und ohne – Kenntniß. Mr. Laurie ließ sich die Wolga in's Asow'sche Meer ergießen und beschwor das Ministerium, das in der lebenslänglichen Pairschafts-Frage bereits zum Rückzug geblasen hat, um keinen Preis den Anmaßungen des Oberhauses gegenüber (»a body of imbeciles and incapables«) nachzugeben. Diese Redner sind ohngefähr das, was man bei uns einen »guten Briefschreiber« nennt. Gott bewahre jeden vor den sogenannten »schönen Briefen« einer empfindungsreichen Dame. Und doch pflegen solche Briefe in formeller Beziehung, in Eleganz des Styls mindestens tadellos zu sein. Eben so ist es mit diesen Clubrednern. Es fließt glatt hin, aber man hat nichts davon, nichts wie Phrasen, Irrthümer und Böcke.

Dinstag d. 4ten März.

Brief von Papa aus Letschin. Abendbesuch von Gebrüder Schweitzer. Der ältre legt eine Reihe von zum Theil trefflichen Lithographieen vor, die sämmtlich von russischen Künstlern herrühren, Scenen und Persönlichkeiten des letzten Krieges darstellen und wenn ich nicht irre, als Bilder-Beilage einer russischen Zeitschrift erschienen sind. Die Erzählungen Schweitzers die diese Bilder-Revue begleiteten, waren noch interessanter als die Bilder selbst. Alles was er mit Bezugnahme auf den letzten Krieg mittheilte, machte mir es klar, daß wir guten Grund haben vor unsren Nachbarn auf der Hut zu sein. Da ist mehr als blos Corruption, Rohheit und Knuten-Regiment; der Czar ist verehrt (der vorige angebetet) und die griechische Kirche dazu; Adel und Honoratiorenschaft vertreten Kunst und Wissenschaft und sind reich an feinen Köpfen und festen Charakteren; das Volk ist friedlich, aber zäh, fromm, schlicht, gesund und voller Vaterlandsgefühl. Das giebt ein Ganzes, das trotz Alma und Inkermann respektirt sein will.

Mittwoch d. 5. März.
Früh 5 Uhr durch Feuerschein und Spritzenlärm geweckt. Das Coventgarden-Theater brannte. Die letzten Gäste des Bal masqué wurden durch Flammen hinausgetrieben. Das ganze, schöne Haus ist zerstört. – Mit Emilie, Lischen und George einen Abendspatziergang über den Trafalgar Square, Strand und Coventgarden-Market (Bow Street abgesperrt) nach Haus. In der Oxfordstraße Berliner Pfannkuchen gekauft. – An Max geschrieben.

Donnerstag d. 6. März.
Freundliche Worte von Dr. Metzel. Am Abend nach Temple Forum. Gegenstand der Debatte: the current events. Mr. Laurie spricht über den Fall von Kars, tadelt Omer Pascha, beschuldigt vor allem Lord Stratford und rechtfertigt das Ministerium. Dann einige Worte über Mr. Anderson. Er sei in so weit Schuld an der Zerstörung von Coventgarden, als er reich gewesen sei und nicht nöthig gehabt hätte, mit seinen Zauberkünsten nochmal vor das Publikum zu treten. Hierauf erwidern einige, daß Mr. Anderson *um des Publikums willen,* seinen Hocuspocus wieder ausgekramt habe. Dann sprach der salbungsvolle Schulmeister mit dem Hals- und Brusttuch von dünnstem Muslin. Er bekämpfte die neue Police-Bill von Sir G. Grey, eiferte gegen die Centralisation, klagte über die let us alone Leute und nannte jene Bill das Grab der englischen Freiheit. Ein Fabrikarbeiter aus Manchester antwortete und war, wie die meisten Radikalen, *für* Centralisation. Die municipale Vetternherrschaft, the bigdom of the masters and wealthy citizens ist den Fabrikarbeitern vor allem verhaßt. Nach ihm sprach ein Schotte, Mr. MacIntosh, wie Kauffmann (der sich 11½ Uhr einfand) ver-

muthet ein Mitarbeiter an einer der hiesigen Zeitungen. Alles war übertrieben, polemischer, auf Effekt berechneter Zeitungsstyl – nichtsdestoweniger bleibt diese Gabe des Vortrags, dieser immer klare, nie stockende Redefluß beneidenswerth. Ich hatte wieder ein Gefühl davon, wie fein heutzutage die Unterschiede zwischen dem Meisterhaften und dem blos Mittelmäßigen sind; nur der Eingeweihte, nur wer selber ein gut Theil Sachkenntniß mitbringt, fühlt diese Unterschiede sofort heraus. Wie fein die Unterschiede zwischen einem guten und einem mediocren lyrischen Gedicht! wie fein die Unterschiede zwischen einer Parlaments- und einer Club-Rede!

Freitag d. 7. März.

Zu Appel wegen der Klebstreifen. – Emilie und Lischen nach Poets Corner. – Brief von Frau Nanni Ritter. – Am Abend an Dr. Metzel geschrieben; Briefe und Quittungen eingeschickt. Zwei niedliche Geschichten. Die eine spielt in Ruppin. Assessor Göhring verlobt sich in seinem 27ten Jahre mit Lischen Strietz. Sehr bald nach der Verlobung findet er, daß sie, bei aller Bravheit, doch über die Maßen langweilig und geradezu heirathsunfähig ist. Er erklärt ihr darauf seinen Entschluß eines ewigen Brautstands, ist 20 Jahr verlobt, und stirbt dann, nachdem er ihr zuvor sein ganzes Vermögen vermacht. Leider sind solche Fälle selten. – Die andre Geschichte ist die: eine Magd wird im Kuhstall erhängt gefunden. Man begräbt sie außerhalb der Kirchhofsmauer. Neben dem Grabe, aber an der innern Seite des Kirchhofs, steht ein alter Birnbaum, der seit Jahren weder Blatt noch Blüthe getragen hat. Der Frühling kommt und jener eine Zweig, der über die Mauer und das Grab der Unglücklichen hinausragt, fängt an zu grünen und zu blühen. Dabei bewegt er sich, auch wenn kein Lüftchen sich regt. Das macht stutzig, das Volk dringt auf Untersuchung und es ergiebt sich endlich, daß kein Selbstmord sondern ein Mord vorliegt.

Sonnabend d. 8. März.

Brief an Dr. Metzel abgeschickt. Kurzer Besuch von Schweitzer. Spatziergang durch Regent-Street, New-Road, Upper-Fitzroy Street, Goodge Street und wieder nach Haus. Ein wenig in der »Argo« gelesen: Gedichte von Storm und Paul Heyse, Lepels Thomas Cranmer und Bruchstücke aus dem Frack des Herrn von Chergal.

Sonntag d. 9. März.

Zur Kirche, (Episcopal Chapel in West-Street, Dudley Street, St. Giles). Der Erzbischof von Canterbury (Erzbischof von Cant sagen einige) der drei Füchse mit der Devise »be vigilant« im Wappen führt, hielt die Predigt. Er sprach über die Stelle im Exodus, wo Moses den brennenden Busch sieht, den die Flamme nicht verzehrt. Die Predigt, zahnlos, unverständlich und mit einer gewissen Manier vorgetragen, schien mir nicht bedeutend. Der Gedanke war der, daß Gott dem Moses nicht blos ein Zeichen habe geben, sondern überhaupt habe darthun wollen, daß die göttliche Flamme läutre aber nicht verzehre und daß der gläubige Christ den Fortbestand seines besten und eigensten Wesens daraus erkennen möge. Fast interessanter als der Erzbischof selbst, war sein Perrücken-Kutscher der draußen hielt und auf dem hohen Kutschenbocke halb verblüfft halb ärgerlich darüber dasaß, daß sein Wagen mit dem 3-Fuchs-Wappen in einer so erbärmlichen Straße halten und sein Herr in dem berüchtigten St. Giles predigen müsse. – In der Mittagsstunde Besuch von Kauffmann. – En famille zu Schweitzer und dort gegessen. Englische Exercitien. Gegen 10 zu Haus.

Montag d. 10. März.

Im Rainbow Kaffe getrunken. Verunglücktes Rendezvous mit Wentzel. – Websters Redbook und Knight's Cyclopaedia of London (jedes à 4 Shilling) gekauft. – Nach St. Martins Hall und einem großen Meeting (mehr als 2 000 Personen) der National Sunday-League, die auf Oeffnung des britischen Museums etc. dringt, beigewohnt. Wenig verstanden, theils wegen der großen Entfernung von den Sprechern, theils wegen des herrschenden Lärms. Sir Joshua Walmsley und andre Parlamentsmitglieder zugegen. Von St. Martins Hall nach Temple Forum. Gegenstand der Debatte: Is the government of Lord Palmerston worthy to be supported? Viel Klugschmuserei und doch lehrreich und interessant. Es ist falsch, die Reden dieser Debating-Clubs nur wie Styl-Uebungen von Tertianern anzusehn. Es wird viel geschwafelt; aber es äußert sich auch viel ehrliche und beherzigenswerthe Meinung. Ich werde die Aufgabe haben, beides von einander zu scheiden; ich bilde mir ein, daß ich es kann. Die Debatte drehte sich wieder um Sir George Grey's »*Police*« und um eine, wenn ich nicht irre »*Educational-Bill*«. Die eine fordert *Centralisation der Polizei*, die andre das, was wir *Schulzwang* nennen. Die alten John Bull's fochten gegen beides; die feiner-gebildete, moderne Jugend sprach reaktionär wie überall. Die Färber sollen am Sonnabend Nachmittag ihren Arbeitern (oder den Kindern, die bei ihnen beschäftigt sind) frei geben; – so ist die Verordnung. John Bull ist außer sich darüber und schreit: What shall the dyers do? aber ein reaktionärer Student antwortet trocken und unter allgemeinem Gelächter »dye!« Ich glaube die Alten haben Recht. Es heißt zwar jetzt: nicht die Regierung thut's, sondern das Parlament, die Volksvertretung, drängt der Regierung solche Maßregeln auf. Gewiß. Aber was beweist es? Entweder daß Bucher Recht hat und daß Gouvernement und Parlament die Reaktion wie ein Compagnie-Geschäft betreiben, oder daß – da meinem Ermessen nach von solchem Complott vernünftigerweise nicht die Rede sein kann – unsre gepriesne Civilisation das Selfgovernment nicht mehr ertragen kann und Louis Napoleon der große Gesetzgeber ist, der der europäischen Zukunft ihre Wege anweist. Adieu dann Freiheit! die Zeit der äußersten Arbeitstheilung ist gekommen und auch die Arbeit des Regierens erfordert ihre besondren Leute.

Dinstag d. 11. März.

Brief von Dr. Metzel; er trifft spätestens am 19ten hier ein. Gottlob! – Die Times hat eine telegraphische Depesche: »Herr v. Hinkeldei wurde am Montag Morgen, d. 10ten in einem Duell mit Herrn v. Rochow durch diesen erschossen.« Große Aufregung im Redaktions-Lokal der D. E. Correspondenz. Metzels Brief beantwortet. Zur Post. Timbs »London« gekauft (12 Shilling). – Abendbesuch von Hoehne und Schweitzer. – Unwohl. Brustschmerzen; Fieber.

Mittwoch d. 12. März.

Noch einige Zeilen an Dr. Metzel. – Hoehne führt Emilien und Lischen in die National- und Vernon-Gallerie. Sie sehn bei der Gelegenheit ein Stück von dem Lever in St. James Pallast. – Mit Hoehne auf morgen (Donnerstag) eine Parthie nach Shornecliffe, wo sein bester Freund als Regimentsarzt fungirt, verabredet. Nachmittags so unwohl, daß ich abschreiben muß.

Donnerstag d. 13. März.

Emilie und ich unwohl. Lischen mit Dr. Wentzel nach Hanover-Square-Rooms in's Concert. (Clavierspieler Tedesco aus Prag; Entrée 15 s.). Mit Schweitzer den Abend verplaudert; namentlich viel über Hoehnes Freund den Dr. Schultz gesprochen, der sich jetzt, als Regimentsarzt in Shorncliffe, von seinen ehelichen Strapatzen (eine einzige Winterkampagne mit einer Mulattin, der Tochter vom Mohren des Prinzen Karl) erholt.

Freitag d. 14. März

Emilie krank. Lise und George zu Dr. Morris. Besuch des letztern und ärztliche Verordnungen. Abends Briefe geschrieben an: Vater, Mutter, Frau Kugler und Frau v. Merckel.

Sonnabend d. 15. März.

Lischen und George mit den Briefen auf die Gesandtschaft; von da nach Coventgarden-Market und Einkäufe gemacht. – Ins Office der »Morning Chronicle« und die Freitags-Nummer gekauft, die einen preußenfreundlichen Artikel hatte. – Brief von Max, der 100 Rthr. wünscht. Ge antwortet. Emilie unwohl und sehr verstimmt. Abendbesuch von Schweitzer und Gerichtssitzung über Emiliens Charakter.

Sonntag d. 16. März.

Nachmittag mit Schweitzer, Hoehne, Lischen und George durch Portland-Place nach Regent-Park. Unterwegs mit Hoehne lebhafte Debatte über Polizei und Junkerthum, veranlaßt durch das Hinkeldey-Duell. Mittheilungen Hoehne's über das Lager in Shorncliffe. Die Offiziere gewandt, intelligent, aber etwas bummelhaftverwogen; die Leute zum Theil stüpid, zum Theil Gesindel. Die Hütten doch nur ein mangelhafter Schutz gegen Wetter und Wind; jetzt Kälte und im nächsten Augenblick, mit Hülfe eines eisernen Ofens, unerträgliche Hitze. Vier Offiziere in jeder Hütte, die durch Scheidewände in vier Viertel getheilt ist. In Sandgate und namentlich in Folkestone ein muntres Leben. – Den Abend mit Schweitzer verplaudert; Wentzel erzählt einen Angriff auf seine Unschuld, noch dazu an heiliger Stätte (Ein mittelalterliches Weib in St. Helen's Church hatte ihm am Altar Avancen gemacht(?)

Montag d. 17. März.

Brief von Frau v. Merckel. *Telegr: Dep:* »Sonntag d. 16ten März 3 Uhr früh ein Kaisersohn in Paris geboren.« – Nach Temple Forum. *Thema*: The prospects of the Bonaparte-dynastie. Kauffmann getroffen. Die Debatte lahm und bedeutungslos.

Dinstag d. 18. März.

Der alte Schlendrian. Das einzig neue: ein wohlgerathener Rhabarber-Pudding. – Minister Eichhorns Biographie gelesen; die Darstellung langweilig und ungeschickt, aber die Dinge selbst doch theilweis von großem Interesse, z. B. die von Eichhorn selbst herrührenden Bemerkungen über die schlesische Landwehr.

Abendbesuch von Schweitzer. Plaudereien über deutschen und englischen Charakter. Englische Chemiker und der Gang ihrer Ausbildung.

Mittwoch d. 19. März.

Abends nach Drury-Lane. Abendvorstellung Mr. Emery's vom Olympic-Theater. Drittehalb Stunden lang derselbe Mann auf den Brettern, nur von Zeit zu Zeit eine halbe Minute abwesend um sich umzukleiden. Die Vorstellung bestand aus 3 Abtheilungen. Zuerst eine Scene im Wartezimmer eines Bahnhofs. Mr. Emery spielte dabei: einen alten Junggesellen, einen feinen Bummler (swell), einen Kofferträger, eine dicke alte Lady, einen jüdischen Reisenden, einen mir unklar gebliebenen Esquire und einen ganz alten, bereits geist- und gedächtnißschwachen Garçon. Das Ganze war durch einen losen Faden zu einer Art Lustspiel verwebt. Dann kamen lebende Bilder: Oliver Cromwell am Sarge Karl's I; Napoleon auf der Höhe der Alpen; Napoleon in Fontainebleau; Napoleon am

Strande von St. Helena; Friedrich der Große auf der Brunnenröhre nach der Schlacht bei Kollin; Marcus Curtius in die Erdspalte springend; »the battle-field« nach einem Bilde von der Princess royal Viktoria; und Nelson am Abend vor der Schlacht von Trafalgar. »Napoleon in Fontainebleau« war sehr gut; Friedrich der Große schlecht. Er trug eine Art blauen Husaren- oder Dragoner-rock und hielt einen entsprechenden Säbel in der Hand. Auf dem Zettel stand: »Friedrich der Große nach seiner Niederlage bei Kunersdorff 1795.« Das 1795 möchte gehn, aber das Kostüm war, so viel ich weiß, unhistorisch und die Situation auf der Brunnenröhre gehört nach Kollin. Das Pferd Napoleons und des Marcus Curtius war von Pappe. Zum Schluß eine Scene im Hafen von Balaclava. Mr. Emery als britischer Matrose, Marine-Officier, Kriegs-Commissär, russischer Spion, Marketenderin von Malta, Linien-Offi cier und Zouave. Das Ganze war wieder ein Beweis, daß es die bloße Virtuosität nicht thut; man kam zu keiner rechten Bewunderung der Geschicklichkeit, da sich jeder sagen mußte, wenn der Mann in einem vernünftigen Stück statt in einer zurecht geschneiderten, au fond doch langweiligen Gelegenheits-Scene auftreten wollte, so würde das Vergnügen größer sein. Das Publikum entsprach der Unvornehmheit der künstlerischen Leistung und bestand im Parterre aus alten Weibern mit Kindern auf dem Arm, Arbeitern und Soldaten.

Donnerstag d. 20. März.

Kamin-Brand; Mrs. Tucker in einer, ihrer Dicke hohnsprechenden Aufregung. Abendbesuch von Schweitzer. Englische Stunden. Märchen-Erzählung.

Freitag d. 21. März.

Stiller Freitag. Gelesen. Spatziergang en famille nach Kensington; im Omnibus zurück. Geplaudert; Märchen erzählt.

Sonnabend d. 22. März.

Mit Elisen Einkäufe gemacht in Tottenham-court-road (brushes, sauce-pan's, graters etc). Spatziergang den New-Road entlang. Abendbesuch von Dr. Morris.

Sonntag d. 23ten März.

Mit Wentzel nach *Bristol,* an Windsor, Reading und Bath vorbei. Das alte Bristol einer niederländischen Stadt mit Giebeln und Vorbauen sehr ähnlich; der neue Stadttheil Clifton (weil auf einer Klippe gelegen) sehr schön. Ausflug nach den in unmittelbarer Nähe befindlichen Felsparthieen am Avon. Auf dem Rückweg die alte Kathedrale (vermuthlich dieselbe wo Chatterton seine Balladen-Schätze gefunden haben wollte) besucht. Im Gasthaus die verfrühte Mittheilung von Unterzeichnung des Friedens erhalten.

Montag d. 24. März.

Papa's Geburtstag. – Früh am Morgen Direktor Metzel's Ankunft. Am Abend in Coal-hole und Evans Keller. Abschied von Herrn Hoehne.

Dinstag d. 25. März.

Einkäufe bei Moses und Son. Am Abend mit Metzel, Wentzel und der ganzen Familie im Panoptikon.

Mittwoch d. 26. März.

Der Correspondenz wird das Todesurtheil gesprochen. Wie ihr Leben ohne Freude war, so ihr Tod ohne Schmerz. – Am Abend in die Tunnel-Taverne (Hungerford Market) und in Evans Keller; – vorher nach Exmouth Street, wo Ludwig Kossuth in einem dichtgedrängten Saale eine Vorlesung über das östreichische Concordat hielt. Sein Englisch mangelhaft, sein Vortrag rhetorisch und bestechend, seine Gedanken für den großen Haufen berechnet.

Donnerstag d. 27. März.

Nach Hungerford-Market. Themsefahrt von dort bis zum Tunnel. Besuch desselben mit Dr. Metzel. Ueberrascht durch den außergewöhnlich freundlichen Anblick der heut (es war Easter-fair gewesen) mit grünen Guirlanden geschmückten Bogengänge. Durch die Straßen von Wapping zurück. In einer ächten Matrosen-kneipe gefrühstückt: Porter, Brot und Chesterkäse und 4 Bilder der Schlacht von Abukir an den Wänden um uns her. – Dann in den Tower und nach Billingsgate; von dort im Omnibus nach Haus. – Am Abend mit den Damen in's Prinzeß-Theater (König Heinrich VIII und ein hübsches 1 aktiges Lustspiel: The victor vanquished.)

Freitag d. 28. März.

Die vorletzte Correspondenz. Metzel und Wentzel im Westend von London. Am Abend kurze Besuche im Casino de Venice (Oxford Street) und in Eagle-Tavern (City-Road). Beide Kneipen charakteristisch-englisch: Pracht, Reichthum, aber ein ungraziöses, beinah widerwärtiges Treiben in diesen glänzenden Räumen. Die Männer tanzten mit schmutzigen Stiefeln und die Weiber in langen, graukarrirten Umschlagetücher [*sic!*] Der Tanz selbst war ein Jammer und sah aus als ob Schlaftrunkene im Saal umhertaumelten.

Sonnabend d. 29. März.

Zu Graf Bernstorff. Anweisung auf Rothschild empfangen; zu gleicher Zeit auf Sonntag eingeladen. Am Abend in's Wachsfiguren-Kabinet der Mad. Tussaud. Nach Haus. Bei Punsch und Kuchen die D. E. Correspondenz zu Grabe geläutet.

Sonntag d. 30. März.

Den Tag über von den Strapatzen des gestrigen Abends erholt. Am Abend zum Diner bei Graf Bernstorff. Zugegen: die Gräfin, Graf Brandenburg, Herr v. Katt und zwei preußische Offiziere – die Herrn v. Stein und v. Bonin. Graf Bernstorff (*nach* Tisch) liebenswürdig wie immer und als sein Gespräch mit mir auf Neapel und Sorrent führte, voll rührender Sehnsucht und Begeisterung. »Dort athmen können, ist schon das höchste irdische Glück. Mein Wunsch ist – dort zu leben und zu sterben.« Zum Thee erschienen Graf Kielmannsegge und Graf Vitzthum. Jener machte völlig den Eindruck eines eingeweihten alten Hausarztes und bestärkte mich in diesem Glauben (ich hatte keinen Namen gehört, wie er angemeldet wurde) als er dem Hunde der Gräfin Bernstorff Schwefelpillen verordnete. Graf Vitzthum war völlig der feine Mann und auch das letzte Kennzeichen der Vornehmheit fehlte nicht: er nahm den rechten Fuß in beide Hände und manövrirte mit dem glanzledernen Stiefel unter der Nase der Gräfin, die lachend und plaudernd vor ihm saß. Was feine Leute nicht alles thun dürfen! Ich hätte wohl Wenzeln sehen mögen, wie es sich ausgenommen hätte, wenn er mit seinen schiefgetretnen Gummischuhen ähnlich operirt hätte. Gegen 10 Uhr fuhren wir erschreckt auf; fast unter den Fenstern der Gesandtschaft fiel ein Kanonenschuß. Noch 100 Schüsse folgten, Glockenklang gesellte sich hinzu – der Friede war da. Metzel und ich brachen auf und eilten in den James-Park. Tausende drängten sich zu dem Platz, wo die Geschütze standen, deren Feuerstrahl von Zeit zu Zeit die Nacht erhellte. Aus der Ferne hörte man die Kanonen, die im Tower gelöst wurden. Der Jubel des Volks war im Allgemeinen mäßig.

Montag d. 31. März.

Auf die Gesandtschaft; Herr Paul Roux; drei Karten zur Unterhaus-Sitzung empfangen. Am Abend im Parlament.

Palmerston zeigte dem Hause an, daß der Friede geschlossen sei. Das Haus schwach besetzt; die Debatte anständig aber langweilig. Keine Notabilität engagirt. Interessant die Beleuchtung des Hauses durch Gasflammen, deren Licht von oben durch ein Dach von mattem Glase fällt und deren Effekt dem Tageslichte täuschend ähnlich ist.

Dinstag d. 1. April.

Nach Windsor. Billet bei Ackermann genommen. Um 12 Uhr 15 Minuten von Waterloo-Station abgefahren. Vorher Scene mit dem Billeteur, der mein Pfundstück für ein halb-Pfundstück gehalten hatte und bei seiner Meinung blieb. Gegen halb zwei in Windsor. Köstlich gelegen. Die *Stufen zum Schloß hinan.* Zuerst auf den Schloßhof, dessen eine Seite die Königin bewohnt.

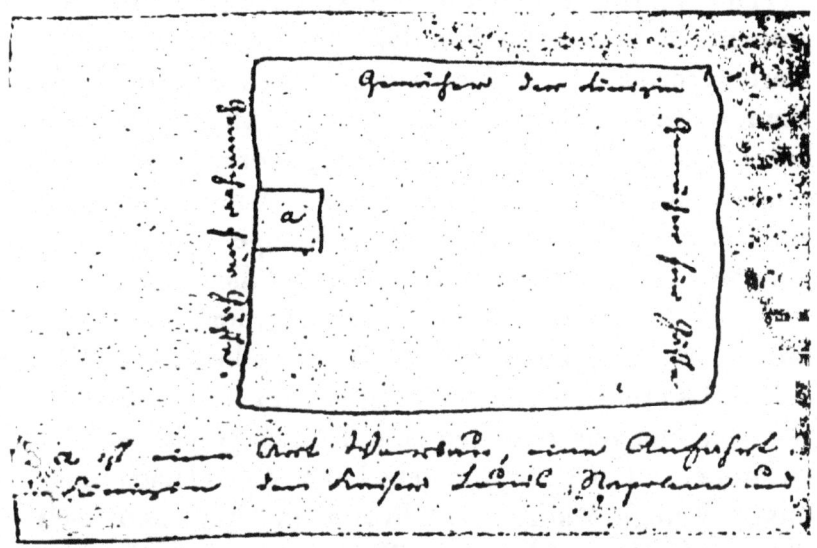

a ist eine Art Vorbau, eine Anfahrt. An dieser Stelle empfing die Königin den Kaiser Louis Napoleon und später den König von Sardinien.

Auf dem andren Hofe befinden sich die Wohnungen verschiedner Hofbeamten z. B. des Oberstallmeisters der Königin [*Leerstelle im Manuskript*] und des Oberstallmeisters des Prinzen Albert – Colonel Phips. Auf diesem Hofe befinden sich auch die Aufgänge zum round-tower und zu den Staatsgemächern; ferner die St. Georgs Kapelle. Die letztre (in der unter andern die Körper Karl's I und Heinrichs VI ruhn) sehr schön; aber doch zugleich ein rechter Beweis dafür, daß der Tudor-Styl und die Uebergänge zu ihm der Verfall der erhabenen, himmelanstrebenden Gothik sind. Das Ganze gleicht einer Begeisterung, der man einen Dämpfer aufgesetzt hat. – Der round-tower bietet nichts als eine prächtige Aussicht von seiner Höhe. Wir trafen daselbst einen breitschultrigen Artillerie-Sergeanten, der die Flagge aufzuhissen hat wenn die Königin kommt und in Windsor verweilt, und der sie einzieht, wenn sie das Schloß wiederum verläßt. Wir sahen ferner das Gitterfenster, hinter dem die aufrührerischen Barone den König Johann gefangen hielten. – Die Staatszimmer sind sehr prächtig und die St. Georgs-Halle von großen Dimensionen. Die Gemälde an den Wänden der verschiednen Zimmer sind großentheils interessant: Van Dyk'sche Portraits von Karl I, Marie Henriette, Lord Digby etc. dann neure Portraits der Hannoveraner, der Fürsten der heiligen Allianz, Hardenbergs, Lord Castlereagh's etc. In einem andren Zimmer reizende Landschaften von Zuccarelli. – In Windsor selbst, in einer ächt-englischen, allerliebsten Kneipe ein lunch genommen. Um 3 ½ Uhr auf dem Bahnhof die Königin und Prinz Albert gesehn; dieser etwas vergrämt, jene nicht hübsch aber glau und einnehmend. Sie stellte sich absichtlich an das große Fenster des Waggons, um, im Vorüberfahren, von dem versammelten Volk deutlich gesehn werden zu können. – Um 4 Uhr mit Metzel und Wentzel nach Richmond. Wenige Minuten auf Richmond-Hill; dann nach Star and Garter und Portwein (Wentzels verlorene Wetten) getrunken. Lebhafte Debatte. Gegen 8 nach London zurück. Abermaliges Gespräch mit dem Billeteur zur Rettung meiner 10 Shillinge. – Den Abend über in Argyll-Rooms. Die Lokalität noch glänzender als das Casino de Venice und die Dämchen noch geputzter; im Uebrigen aber dieselbe Wirthschaft: freches Benehmen und schlechter Wein.

Mittwoch d. 2. April.

Spatziergang mit Emilie; Briefe auf die Gesandtschaft. In den Divan. Rendez-vouz mit Schlesinger und Kauffmann. Den Abend über zu Haus.

Donnerstag d. 3. April.

Einkäufe mit Emilie für Dr. Metzel in Southampton-Row. Am Abend bei Herrn Alberts in Seymour-Terrace, West Brompton. Ziemlich gut amüsirt. Beim Whiskey dies und das gehört. (Die Berichte des ordens-durstigen, unermüdlichen Greiff. – O, ihr ewigen Berichte!)

Freitag d. 4. April.

Mit Emilie Einkäufe besorgt in Oxford-Street. Den Abend beim Grog verplaudert.

Sonnabend d. 5. April.

Brief von Max. Geantwortet. Auf die Gesandtschaft und Briefe und Packete (Metzels) abgegeben. Besuch im Inner und Middle Temple. Von Blackfriars-Bridge bis Westminster-Bridge per Steamboot. Nach Haus. Abschieds-Dinner. Um 7 mit Metzel nochmals auf die Gesandtschaft; dann nach dem Dover-Bahnhof. Mit Wentzel nach Haus. Dr. Morris getroffen. Lebhafte Debatte über Scott, Dikkens, Thackeray, Hogarth etc.

Sonntag d. 6. April.

Gearbeitet. Wentzel nach Brighton. Mit Emilie nach Bloomsbury-Square; Schweitzer nicht zu Haus. Den Abend über en famille am Kamin. Emilie heimweh-krank wie immer.

Montag d. 7te April.

Shopping. Einkäufe für Lischen in Tottenham court Road. Spatziergang bis Kings-Croß.

Dinstag d. 8. April

Eine Gemälde-Ausstellung (die am andern Tag verauktionirt werden sollte) in Pall-Mall besucht. Von da mit Emilien in die Vernon-Gallerie. Außer Hogarth und David Wilkie noch immer nicht viel Bemerkenswerthes. Abendbesuch von Schweitzer.

Mittwoch d. 9. April.

Eine Wohnungs-Annonce auf die Times gebracht. Am Abend mit Wentzel in's *Standard-Theater*, Shoreditch. Stück: Antonius und Cleopatra. Entrée (Parterre) Sixpence. Die Aufführung roh und matrosenhaft, aber immer noch abgerundeter, reicher und besser als man sie einem ähnlichen Publikum in Deutschland geboten haben würde. Auch *diese* Aufführung war mir wieder lehrreich; vielleicht lehrreicher als irgend eine andre. Man spricht immer von einem »Volkstheater« und bildet sich ein ein solches geschaffen zu haben, wenn man allerhand trivialen Unflath oder scheußliche französische Marquis und edle Droschkenkutscher (»Väter und Mütter aus dem Volk«) auf die Bühne bringt. Das aber ist so wenig ein Volkstheater, wie die Cavallerie-Poësieen eines alten Rittmeisters aus der Scherenberg-Schule ein Volkslied sind. Der Umstand, daß ich von König und Vaterland, von Landwehr und Dennewitz spreche, macht noch keine Volkspoësie und die Carrikaturen von »Gevatter Schneider und Handschuhmacher«, gleichviel nach welcher Seite hin outrirt, schaffen noch kein Volkstheater. Ich mag nicht behaupten, daß Schiller immer Recht gehabt hat und daß kein andrer Weg nach Rom führt als der seine, aber es bleibt eine ewig beherzigenswerthe Lehre, daß *seine* Dramen und *seine* Dichtungen das Eigenthum unsres Volks geworden sind. Der ächte *Dichter* des Volks ist zugleich ein *Lehrer* des Volks; er steigt nicht herab, er zieht zu sich hinauf. Und seine Kunst ist die, daß er das alles nicht zeigt, daß er lehrt ohne die Miene des Lehrers, daß er zu spielen und leicht zu unterhalten scheint, wo er bildet und die Samenkörner guter Gedanken und guter Thaten streut. Daß Schiller in diesem Sinne ein Volks dichter gewesen sei, wird kaum noch bestritten; aber Shakespeare gilt noch immer als etwas Apartes, als caviar for the people. Ein Häuflein Gebildeter bildet sich ein, einzig und allein im Schoß des allein-seligmachenden Shakespeare Platz zu haben. Bei uns haben sie Recht; aber auch *nur bei uns*. Woran liegt das? Es liegt daran, daß man bei uns den Shakespeare nur für *die Gebildeten spielt*. Das klingt sonderbar und ist doch klar und verständlich für jeden, der Gelegenheit gehabt hat eine deutsche Aufführung des Shakespeare mit einer englischen zu vergleichen. Wir sind beständig darauf aus abzutönen, die krassen Stellen wegzuschneiden, nirgends Anstoß zu geben weder durch die äußersten Schrecken noch durch den äußersten Humor; wir sind in beständiger Furcht, was unsre Neunmalklugen dazu sagen werden, wir finden die Kampf- und Schlachtscenen absolut lächerlich und Schauspieler und Zuschauer gratuliren sich gegenseitig, wenn der Waffen- und Trommel-Lärm vorüber ist. Wir sind so sehr »jeistreich« und weil Direktion und Schauspieler doch nicht gern das Gegentheil davon sein möchten, so destilliren sie den Shakespeare um nicht zu sagen, sie kastriren ihn. Dieser entmannte Shakespeare, der gar kein ordentlicher Shakespeare mehr ist, taugt freilich nicht für's Volk; die Feinheiten des Dialogs werden überhört oder nicht verstanden und was man an derber, alleräußerlichster Aktion dem Stück gelassen hat, das vermag in seiner kläglichen Halbheit nur lächerlich zu wirken. Wie anders hier. Man hat hier den Muth (ein abermaliger Segen alt-englischer *Tradition*) den *ganzen* Shakespeare zu geben, unbeschnitten und unverstümmelt. Die *Mittel* die man dabei in's Werk setzt, sind in den verschiednen Theatern verschieden; die guten Bühnen wirken durch *historische* Treue, die schlechten durch genrehafte Derbheit, aber das Prinzip, so zu sagen der Nicht-Intervention eines überfeinerten Geschmacks, bleibt in allen Theatern dasselbe. Wenn Heinrich Percy und Heinrich Monmouth im Kean'schen Theater fechten, so fechten sie wie die beiden Helden einst wirklich gefochten haben mögen; wenn dieselben Helden im Soho- oder Standard-Theater auf einander losschlagen, so ist es kein ritterliches Fechten mehr, aber es ist zum wenigsten noch ein tüchtiges, herzerquickendes Boxen; wenn indessen in Berlin Herr Liedtcke und Herr Dessoir auf einander losgehn, so geschieht es nur aus Gefälligkeit und alle Welt – die beiden Herrn an der Spitze – ist froh, wenn die Komödie vorüber ist. Dieser Unterschied zwischen deutscher und englischer Aufführung des Shakespeare ist von allergrößtem Belang. Jeder, der seinen Shakespeare gelesen hat, weiß, daß namentlich die historischen Stücke reich sind an Scenen, die unsre Direktionen in Verlegenheit und hinterher unser Publikum in Langeweile versetzen. Dieselben Scenen sind hier das gaudium des Publikums. Diesen Zustand der Dinge muß man bei uns wiederherzustellen suchen, oder man muß den Shakespeare ganz fallen lassen. Wir sind zu fein und haben nichts andres von dieser Feinheit, als Einbuße an künstlerischem Genuß. Shakespeare ist ein Volksdichter, ein Dichter für *alle* Schichten des Volks. Verlieren wir das nicht aus dem Auge und sorgen wir dafür, daß unsre Hamlets nicht nur ihre Monologe (bei denen sich die Gallerie langweilt) deklamiren sondern im 5ten Akt mit dem französischen Rappier auch fechten können. Und nun zurück zu Antonius und Cleopatra. Kann einem Arbeitsmann von den Werften und einem Grenadier von der schottischen Füsilir-Garde (zwischen beiden saß ich) irgend etwas auf der Gottes Welt fremder und gleichgültiger sein als das Schicksal des Antonius und der Cleopatra? Sicherlich nicht. Und doch enthält das Stück die Elemente, die bei richtiger Benutzung, zunächst in alleräußerlichster Weise den Arbeiter oder den Soldaten damit befreunden müssen. Die Sphinxe, die beiläufig bemerkt überall umher liegen wie Kiesel oder Hausgeräth, beschäftigen entweder seine Einbildungskraft oder sind ihm liebe Bekannte vom aegyptischen Museum her; die Trinkscene wo er die Großwürdenträger Rom's wie englische Matrosen umherstolpern und unter den Tisch fallen sieht, erinnert ihn an seine eigne Gebrechlichkeit und führt ihn die alten Triumvirn »menschlich näher«; die Coquetterie Cleopatra's die den zürnenden Geliebten gefügig macht, mahnt ihn an die verschiednen Niederlagen seiner eignen Mannhaftigkeit und das Körbchen züngelnder Schlangen im 5ten Akt und endlich der Giftwurm an der weißen Brust Cleopatras geben ihm ein Bild, das er sobald nicht wieder los wird und das, wenn irgend was von geistigem Leben in ihm steckt, ihn andren Tages treibt nach dem »wie« und »wo« zu fragen und zur Brücke für ihn wird, die ihn zur Kenntniß und wenn die Götter ihm wohl wollen, zur Erkenntniß führt. Warum also ein solches Stück nicht aufführen? warum sich damit entschuldigen, daß die große Menge keinen Sinn und kein Verständniß dafür habe? Es ist Aufgabe des Theaters diesen Sinn zu wecken; das Verständnis wird dann folgen. Die Schwierigkeit ist nur *die*, nicht fehlzugreifen, wenn es sich um die Erweckung jenes Sinnes handelt. Was noth thut, das *ist ein kühner Griff*. Wer ängstlich und zaghaft verfährt, macht sich und die Sache lächerlich, wer tapfer zufaßt, der hat's. Es ist deshalb sehr wohl möglich, daß Shakespeare noch mehr auf die Vorstadt-Bühnen als auf die Königlichen Theater gehört. Dreist gespielt, mag er gelegentlich zu derb sein für Plüschsitze und hundertarmige Kronleuchter und an unrechter Stelle mag komisch wirken was auf Tragik berechnet ist; aber unter natürlichen Menschen schweigt wie von selbst ein überfeinerter Geschmack und wir lernen Theil nehmen an einer Freude, die uns an andrem Ort und unter andrer Umgebung versagt geblieben wäre. – Gespielt wurde entsetzlich. Ein Kind, hinter den Coulissen, hatte den Keuchhusten und wurde nur dann nicht gehört, wenn die Schauspieler an einer Effektstelle ihr äußerstes thaten. Mir kam das hustende Kind vor wie ein engagirter Stimmmesser, eigens aufgestellt um die Mitspielenden auf äußerster Stimm höhe zu erhalten. Miss Glynn, eine berühmte Schauspielerin, die als Cleopatra gastirte, stand da wie Demoiselle Rachel unter ihren Kofferträgern. Die Scene mit den Schlangen, von der ich nie und nimmer gedacht hätte daß sie tragisch wirken könne, machte einen außerordentlichen Effekt.

Donnerstag d. 10. April.

Vergeblicher Gang nach Chelsea. Nachmittags mit Lischen und George in den Regent-Park. Am Abend Besuch von Schweitzer.

Freitag d. 11. April.

Brief von Frau Clara Kugler. Nach Chelsea. Eine Stunde lang den Verhandlungen der Krim-Commission (rechts in der großen Halle des Hospitals) beigewohnt. Oberst Douglas von den 11ten Husaren war »under examination«. Nachmittags zu Simpson. Gearbeitet.

Sonnabend d. 12. April.

Mit Emilie und Lischen bis Westminsterbridge; dann per Steamer nach Chelsea. Eine halbe Stunde der Sitzung beigewohnt, dann das Hospital selbst (d. h. äußerlich) in Augenschein genommen. Emilie nach Camberwell, um bei Frau Ritter einen Besuch zu machen. Zu Simpson. Am Abend Schweitzer und Morris.

Sonntag d. 13. April.

17 Bloomsbury-Square dinirt. Dann en famille (mit Schweitzer) nach Greenwich. Thee mit shrimps. Greenwich-Park und Greenwich-Hill.

Montag d. 14. April.

Der große Tucker-Krieg beginnt. Erste Charge: Kündigung; zweite Charge: Engagement des Tucker'schen Mädchens. – Zu Simpson. Am Abend nach Temple-Forum. Gegenstand der Debatte: Can the Western Powers do anything for the regeneration of Italy? Mr. Hart unterbrochen durch die Exclamationen seines irisch-katholischen und vor allem total betrunkenen Freundes. Der ganze Abend höchst interessant.

Dinstag d. 15. April.

Musterung der Clubhäuser in Pall-Mall, St. James Street und St. James Square. Lever bei der Königin; das Treiben vor St. James Palace. – Nachmittags zu Simpson. Am Abend Schweitzer; englische Exercitien.

Mittwoch d. 16. April.

Acht Briefe in Wohnungs-Angelegenheiten zur Post gegeben. An Herrn Baensch in Magdeburg geschrieben. Auf die National-Gallerie (einen schönen Zurbaran, der früher nicht da war, kennen gelernt). Mit Emilie zu Herrn Alberts und Frau, Seymour Terrace, Brompton. Unsre halb scherzhaften Vermuthungen werden bestätigt: A. ist in der That der wenn auch nicht regelmäßige so doch gelegentliche Verfasser der Bunsen'schen Gesandtschaftsberichte gewesen. O ihr seligen Berichte! – In unsrer Abwesenheit Besuch von Mrs. Jackson.

Donnerstag d. 17. April.

Mit Emilie nach Bayswater; zwei Wohnungen in Augenschein genommen. – Nach Sydenham-Palace; Rendezvous mit dem Ritter'schen Ehepaar. Am Abend Schweitzer. Wentzel reist nach Edinburg.

Freitag d. 18. April.

Jenny's Geburtstag. Großer Pfefferkuchen zur Feier des Tages gebacken. Nach Bayswater. Bei Mrs. Jackson, 23 Chepstow Place, Westbourne Grove gemiethet. – Briefe an Morris, Alberts und Dr. Metzel. Am Abend nach London-

Tavern und eine Wiederholung des *Kossuth'schen* Vortra
ges »über das östreichische Concordat« gehört. Mein früh
res Urtheil bestätigt gefunden. Ludwig Kossuth macht
nicht den Eindruck eines großen Mannes. Er ist nicht einmal ein großer Redner; er durchdringt und erschöpft die
Dinge nicht, er gleitet nur mit poëtischen Bildern, mit ein-
gestreuten (vortrefflich vorgetragnen) Anekdoten und mit
entschiednen Trivialitäten über die Dinge hin. »Die Türken waren immer tolerant«; »die Priester wissen, daß es
kein ihnen gefährlicheres Buch giebt als die Bibel«; »dieser
hochherzige junge Kaiser, wie ihn Lord Aberdeen nannte«;
»und Oliver Cromwell war ein großer Mann, wiewohl er in
Westminster fehlt« – diese und noch dürftigere Aussprüche
waren zwar wie gemacht, um beklatscht zu werden, aber in
letzter Instanz schmeckt all dergleichen doch mehr nach
Vater Karbe als nach einem Cicero. Die Klubrednerschaft
bedeutet nicht viel. Ludwig Kossuth mag ein Agitator sein;
ein Regierer, meinetwegen ein Cromwell, ist er nicht. Im
günstigsten Fall glaubt er ehrlich an sich und seine Sache.
Aber nicht jeder steht auf der Stufe eines Czikosen oder
Mausefallenhändlers und nicht *jede* Begeistrung ist durch
rhetorische Kunststücke wachzurufen. John Bull war klas-
sisch wie immer. Nachdem Ludwig Kossuth als die »Inkar-
nation der Freiheit« erklärt worden war, brüllte eine dicke,
6 Fuß hohe Gestalt mitten aus der Menschenmasse heraus:
»Mr. Chairman, give us some cheers.« Das geschah denn
auch, und unter Hurrah und Hüte-schwenken verließ man
den Saal. – Am Vormittag Besuch vom herrlichen Posener.
Er theilt mit, daß Herr v. Corvin-Wierbitzki hier eingetroffen und ein Mitbewohner seines Hauses sei. Kinkel habe
ihn empfangen.

Sonnabend d. 19. April.

Brief an Dr. Metzel angefangen. Nachmittags nach Holborn (236?) zum Parliamentary-Bookseller und von da
nach Great-Turnstile um das vorjährige Newspaper-Stamp-
Gesetz zu kaufen. Nach Fetter-Lane zu »the Queens Prin-

ter« verwiesen. – Zu Simpson; Sonnabendsblätter gelesen, besonders Examiner. – In meiner Abwesenheit Besuch von Mr. Alberts nebst Frau. Am Abend Schweitzer.

Sonntag d. 20. April.

Briefe geschrieben. Zu Mittag bei Schweitzer. Nachmittags zum Concert in Kensington-Garden.

Montag d. 21. April.

Brief an Dr. Metzel zur Post gebracht. Bezahlt (1 £ 16 s) bei Cowie & Son. Vergebliches Suchen (mit Emilien) nach einem thimble. In Fetter Lane bei the Queens Printer das vorjährige Newspaper-Stamp-Gesetz gekauft. Einkäufe für George (scotch plaid) an der Ecke von Strand und Upper Wellington Street. Zu Simpson. Von dort nach Temple-Forum. Gegenstand der Debatte: »Is there any cause for an opposition to the City-Corporation-Reform-Bill?« Mr. Hart eröffnete die Diskussion, gewandt wie immer. Kauffmann zugegen. – Wentzel kommt von Edinburg, Liverpool, Stratford und Oxford zurück. [*Am Rand:*] Ueber Mittag mit George'chen in den zoologischen Garten.

Dinstag d. 22. April

Briefe an Lepel und Eggers geschrieben und auf die Gesandtschaft gebracht. Thimble und gloves in Regent-Street gekauft. Mit Wentzel (für die Familie) große Cattun-Einkäufe in Southampton-Row gemacht.

Mittwoch d. 23. April.

Lischens Geburtstag. Umzug und Abschied von der Tuckerei. Viel Aerger und doch weniger als ich fürchtete. Tag der großen Naval Review in Portsmouth. Nachmittags in Chepstow Place für Lischen aufgebaut. Am Abend

Besuch von Schweitzer und Wentzel; letztrer erscheint mit einem Geburtstags-Cactus, den er von Coventgarden-Market aus getragen hatte. Abschied von Rudolph Wentzel, der seufzend rückkehrt an den heimathlichen Herd.

Donnerstag d. 24. April.

Scheußliche Nacht; der muthmaßliche burglar erweist sich schließlich als Mrs. Jackson's weißer Kater. – Gearbeitet. In die Stadt. Zum Antiquar. Zu Schweitzer. Am Abend nach Temple Forum. Gegenstand der Debatte: The treaty of Peace. Mr. Hart eröffnet die Diskussion. »Kein Prophet aber ein Sophist« nannte ihn einer seiner Gegner und mit Recht. Die Debatte wird nächsten Montag fortgesetzt.

Freitag d. 25. April.

In die Stadt. Einem Meeting im Mansion-House (in »the Egyptian Hall« die durchaus nichts Aegyptisches aufweist) beigewohnt. Der Lord-Mayor präsidirte. Gegenstand: the Reformatories and Refuges in the Metropolis. Unter den Sprechern war der Earl of Shaftesbury. Ich erkannte ihn gleich. Dieser schlanke, mittelalterliche Mann mit dem noblen Kopf und dem Auge voll Demuth, Liebe und Frömmigkeit mußt' es sein, und ich hatte mich nicht geirrt. – Harts Army-List gekauft. – Brief an Eggers geschrieben, in Beantwortung eines am Donnerstag erhaltenen.

Sonnabend d. 26. April.

Briefe an Vater und Dr. Metzel. Mit Emilie auf die Gesandtschaft. Langes Gespräch mit Eppelein und kurzes mit dem Grafen Bernstorff. Durch James-Green und Hyde-Park bei kostbarem Wetter nach Bayswater zurück.

Sonntag d. 27. April.

Schlechtes Wetter. Den ganzen Tag über zu Haus. Gearbeitet. Besuch von Schweitzer. Geplaudert; einige deutsche Lieder gelesen.

Montag d. 28. April.

Gearbeitet. In die Stadt. Bei Schweitzer zum Thee. Mit ihm flanirt; dann zu Purssell. Von da nach Temple Forum. Gegenstand der Debatte: »What is to be done against the intention of the french Government (Graf Walewski) to extinguish the liberty of the Press in Belgium.« Mr. Freeman *gegen* die franz: Regierung, Mr. Carpenter *für*. Letztrer sehr gut gesprochen.

Dinstag d. 29. April

Gearbeitet (Reformatory Schools). Friedensproklamation in althergebrachter Weise, durch Sir Charles Young the Garter-King of Arms.
In die Stadt. Café Divan. Um 7 nach Barbican-Chapel (Barbican – was so viel bedeuten soll wie Wachtthurm o. dgl. – ist eine Querstraße von Aldersgate Street) um den berühmten Pater Gavazzi über »die alte und die moderne Inquisition« sprechen zu hören. Um halb 8 erschien ein Gentleman auf der Platform unter der Kanzel, um die Erwartung auszusprechen, daß die gegenwärtige Versammlung dem Vortrage Pater Gavazzis ein aufmerksameres Ohr schenken würde, als derselbe neuerdings in Oxford (wo die Puseyiten ihn auszischten und trommelten) gefunden habe. Unter Beifallklatschen trat endlich der Pater selbst auf, in einer langen schwarzen Robe halb Toga halb Talar, wenn ich nicht sehr irre ein kleines Bibelexemplar, aufgeschlagen und angeheftet, wie einen Orden oder einen Talisman auf der Brust tragend. Das Ganze war eine anderthalbstündige, erheiternde Komödie, am lustigsten da, wo er durch die Schrecken der Inquisition (die er darstellte und mehrere Todeskämpfe zum Besten gab) rühren wollte.

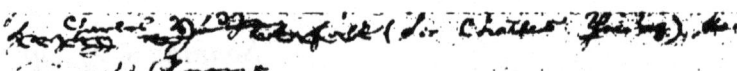

Alles auf erbärmlichen Effekt berechnet: die Stellung (oft genau die von John Knox auf der Kanzel), das häufige über die Schulter werfen des Toga-Talars, die Vortragsweise, mal ernst mal spaßhaft, mal rasch mal langsam, mal Baß mal Kastraten-Sopran – alles war Komödianterei und au fond nur geeignet, jeden vernünftigen Menschen mit Hochachtung und nicht mit Abscheu vor der katholischen Kirche zu erfüllen. Es drängt sich einem der Verdacht auf, daß Pater Gavazzi die Mission hat, durch *seine* Reden gegen den Katholizismus, diesem allen möglichen Vorschub zu leisten. Das interessanteste war, was er über den Puseyismus (Tractarianismus) sagte, den er in Verdacht hat zur römischen Kirche zurück zu wollen. – Von Barbican-Chapel nach Shoe-Lane, in »the original Discussion Hall« (größer als Temple Forum). Gegenstand der Debatte: »Is Mr: Spooner's Bill against the Maynooth-grant (30,000 £) to become a law?« Sehr interessante Pro's und Contra's. Es sprachen: Mr. Hart, Mr. May (»no stopping at all«) ein blasser fanatischer Katholik (»stopping at every word«), Mr. Milo (»whose ancestors in heaven have been kings of Ireland and expect to hail their dear grand-child as true a roman-Catholic as they have been themselves«) und ein genialer Süffel (wie ein 'runtergekommener Major a. D.) der endlich mal alt englischen Humor würdig vertrat.

Mittwoch d. 30. April.

Brief aus Luckenwalde. Ein kleines Mädchen am 27. angekommen. Abendbesuch von Schweitzer. Englische Stunde.

Donnerstag d. 1. Mai.

Gearbeitet. An Dr. Metzel geschrieben, ebenso an Mr. Nutt, James Morris und Kauffmann. In die Stadt. Früh zurück. Englische Stunde.

Freitag d. 2. Mai.

Gearbeitet. Streit mit Mrs. Jackson. Allgemeine Entrüstung über english people und Emilie entschlossen nach Deutschland zurück zu gehn. Beruhigungs-Gespräch mit Mrs. Granville.

»Vernunft fängt wieder an zu sprechen
Und Hoffnung wieder an zu blühn[«]

und – man bleibt und probirt aufs Neue. In die Stadt zu Schweitzer. Debatte mit Mr. Wood über den Werth oder Unwerth der Charles Kean'schen Inscenirung von »Winters Tale«. Ich bemühe mich ihm auseinanderzusetzen, daß es ein Unterschied sei ob man ein *historisches* Stück oder ein Stück das das volle Gegentheil der Historie sei und sein wolle, auf die Bühne bringe und daß historische Treue die im erstren Falle ein Lob sei, im letztren philiströs, ungehörig, abziehend und durchaus tadelnswerth gefunden werden müsse. – Mit Schweitzer zu Purssel, um dem Times-Correktor einige Zeitungsfragen vorzulegen.

Sonnabend d. 3. Mai.

Gearbeitet. Briefe von Mr. Nutt (dem Sekretair der Reformatory-School Union) und Herrn Kauffmann. Spatziergang mit George nach Kensington-Palace. Brief von Schweitzer. Abendbesuch von Schweitzer und James Morris.

Sonntag d. 4. Mai.

Gearbeitet. Emilie und Lischen in die deutsche Kirche (Camberwell) und zu Frau Ritter. Die Predigt verpaßt. Nur halb-befriedigt durch die Visite. Strapatziöser Rück marsch. Schweitzer zu Tisch. Gespräche. »Dem weiblichen Geschlecht gegenüber schweigt mein Instinkt.« Er schien den Instinkt für etwas unanständiges zu halten.

Montag d. 5. Mai.

In die Stadt. Penny-Zeitungen gekauft. Zurück. An meinem Bericht (über die Penny-Blätter) gearbeitet. Abends nach Temple Forum. Gegenstand der Debatte: Is England to be satisfied by the Treaty of Peace? Mr. Hart verneint es natürlich.

Dinstag d. 6. Mai.

Gearbeitet. Schlechtes, rauhes Wetter. *Nicht* nach Shoe-Lane, wo die vertagte Debatte über die Maynooth-Bill wieder aufgenommen werden sollte.

Mittwoch d. 7. Mai.

Gearbeitet. Regenwetter, rauh und kalt. Meinen Bericht über die Penny-Blätter abgeschrieben. Erst nach 2 zu Bett.

Donnerstag d. 8. Mai.

Auf die Gesandtschaft. Einladung vom Grafen Bernstorff zur Matinée musicale. Das diplomatische Corps großentheils zugegen: der französische, schwedische, dänische, bairische und hannöversche Gesandte; – außerdem viel englische Aristokratie, unter andern Earl Perth. Die Gebrüder Ganz spielten; Frau Rudersdorff und Herr v. d. Osten sangen. – Zu Simpson. An Dr. Metzel geschrieben.

Freitag d. 9. Mai.

Abermaliger Entschluß Frau und Kind nach Haus zu schicken. Es wird Ernst. Mittwoch über 8 Tage zur Abreise festgesetzt. – Zu Schweitzer. Thee genommen. Zu Purssel. Geplaudert. Nach Shoe-Lane. Die Debatte der in Temple Forum, vom Montag vorher, sehr verwandt. »Is there any cause for an opposition to the Treaty of Peace?« Mr. Hart abermals dagegen.

Sonnabend d. 10. Mai.

An Knochenhauer nach Luckenwalde und an Crüvel nach Dortmund geschrieben. In die Stadt und beide Briefe abgegeben. Am Abend Besuch von Schweitzer und James Morris.

Sonntag d. 11. Mai (Pfingsten.)

Den ganzen Tag über zu Hause. Einen langen Brief an Dr. Metzel angefangen. Gespräche über Reise, Heimath, Zukunft. Schweitzer zu Tisch.

Montag d. 12. Mai.

Freundliche Briefe von Direkt: Metzel und Dr. Wenzel. Die Vossische zeigt ein menschliches Rühren und bringt einen meiner Artikel (Chelsea-Hospital und die Krim-Commission). Mit Emilie und Lischen durch die Parks nach Westminster-Bridge. Von da per Boot nach London-Bridge. Furchtbares Gedränge auf dem Perron. London auf der Wanderschaft nach Sydenham; selbst der Crystall-Pallast wird überfüllt. Im Transept Marochetti's Friedensgöttin und Friedensobelisk. Beides nichts Besondres. Nach Haus. Fortsetzung meines Briefes an Metzel.

Dinstag d. 13. Mai.

Den Brief beendet. Zum Gesandten wegen meines Aufsatzes über die Penny-blätter. Kleiner Rüffel wegen meiner Notiz in der Kreuz-zeitung. Bei Simpson zu Tisch. Zu Schweitzer. Nach 23 New Ormond Street; Mrs. Wilmot nicht zu Haus getroffen. In meiner Abwesenheit Besuch von Maler Hermann (24 London Street, Fitzroy-Square). Einen Brief Ida v. Wangenheims durch ihn erhalten.

Mittwoch d. 14. Mai.

An Mr. Wheatley (150 Leadenhall Street) und Mrs. Wilmot, auch an Marie Flender und Ida v. Wangenheim geschrieben. Mit George'chen in die Stadt. Schottische Mütze gekauft. Beim Nachhausekommen Schweitzern vorgefunden.

Donnerstag d. 15. Mai.

Mit Emilie und Lischen in die St. Paul's Kirche. So ziemlich alles gesehn: die Kirche selbst, die Statuen, die Crypt (Nelson's Sarkophag; Wellingtons fehlt noch; die Grabsteine von Sir Joshua Reynolds, Lawrence und Turner etc.) die Bibliothek, den Trophäensaal, die große

Glocke, das Uhrwerk, die riesigen Zeiger, die Flüstergallerie, den Außengang am Fuß der Kuppel (prächtiges Panorama) und die goldne Gallerie. Von St. Paul zu Purssel. Nochmals eine glückliche Kaffestunde. Von da in den Tower. Einiges Neues gehört und gesehn. In dem Thurm neben der Jewellerie, also in selber Linie mit der Kapelle aber am entgegengesetzten Ende, soll Anne Bulen gesessen haben. Die rostige »beheading axe« neben dem Block, drauf das Haupt der 3 schottischen Lords fiel, soll zur Hinrichtung Anne Bulens und Jane Grey's gedient haben. Ich glaub' es nicht recht. Die beef-eater machen sich mitunter einen Spaß und entzücken einen romantischen foreigner durch allerhand Stegreif-Dichtungen. Ein Faktum aber sind die *Revolver*, die mir der beef-eater in der Waffensammlung zeigte; genau so wie die Colt'schen und doch wenigstens 200 Jahre alt. – Vom Tower durch Whitechapel bis zur Bank. Im Omnibus nach Haus. Gelesen.

Freitag d. 16. Mai.

Bis zum Regent-Circus mit beiden Damen gefahren. Dann auf die Gesandtschaft. Von da nach Westminster-Abbey. Fiel nach den gestrigen, noch frischen Eindrükken von St. Paul etwas ab. Garrick, Kemble, die Siddons. Lord (eigentlich *Marquis*) *Castlereagh*, war vorher Lord *Londonderry*; Familien-Name: Vane. Die sogenannte Kapelle Edwards des Bekenners ist aus der Zeit. Halbverhungert in die Conditorei am Trafalgar-Square. Für 1 Rthr. Erdbeer-Eis. Kleinigkeiten. Zu Schweitzer. 7 £ als seine Einzahlung zur Pariser Reise empfangen. Nochmals auf die Gesandtschaft. Nach Haus. Ein liebenswürdiger Brief und ein Geschenk (eine Zeichnung in Wasserfarben, Gegend um Warwickshire) von James Morris. Große Pakkerei bis nach Mitternacht. Gelesen (William Palmer's Trial).

Sonnabend d. 17. Mai.

Einladung vom Grafen Bernstorff. Geschrieben. In die Stadt. Nachfrage wegen des Antwerpner Dampfers, Oxfordstreet 314 a. Besuch von Morris und Schweitzer. Unwetter. Um 11 zum großen Rout in Prussia House. Gesehn daselbst: Ali Pascha, Musurus, d'Azeglio, Hochschild, Oxholm, Lord Wodehouse, den Lord Mayor etc.

Sonntag d. 18. Mai.

Früh auf. Meine Sachen gepackt. Abschied von Mrs. Jackson, Margret und der kleinen Lady. Nach Katharine's Wharf. Schweitzer schon da. Scheußliches Wetter. Abschied. Mit Schweitzer lautlos nach Bloomsbury Square

»Sie ritten vierzig Meilen fast
Und sprachen Worte nicht vier.«

Gegessen. Beim Marsala wieder lebendig geworden. Geschlafen. Thee. Café Divan. Nach Haus und die müden Gebeine wieder mal in 23 New Ormond Street schlafen gelegt.

Montag d. 19. Mai.

Einen Bericht über die Sonnabends-Festlichkeit für das Löschpapier der Vossischen Zeitung geschrieben. Eine Notiz für die N. Preußische; einen Brief an Metzel. Café Divan. Früh nach Haus. Gelesen. Müd und matt und morose in's Bett.

Dinstag d. 20. Mai.

Briefe geschrieben an Mr. Wheatley, Cowie & Son und Mrs. Jackson. Einige Zeilen (datirt: an Bord des »Baron Osy« Montag früh 6½ Uhr) von Emilien erhalten. Alles überstanden, »aber frag mich nur nicht *wie*«. Gleich geantwortet. Zu Simpson. Café Divan. Macaulay gelesen. Einkäufe bei Moses & Son; Pelissier 26 s. Beinkleider

24 S. Nach Haus. Briefe vorgefunden von: Knochenhauer, Max, Lepel und Posener. Den Knochenhauer'schen Brief gleich zur Post gebracht. Um 9½ zur Conversazione, Bloomsbury Square. Ganz interessant; schöne Photographieen, neue Präparate und Instrumente u. dgl. m.

Mittwoch d. 21. Mai.

An Posener, Mr. Wheatley, Franz Duncker und Emilien geschrieben. Gearbeitet. Simpson. Divan. (Macaulay). Flanirt. Verstimmt nach Haus. Früh zu Bett. Wanzennacht.

Donnerstag d. 22. Mai.

Gearbeitet (Krystallpallast-Bedenken). Simpson. Nach Chepstow Place wegen der Kiste. Mrs. Greenford voll Wehmuth und Brandy. Divan. Nach Temple Forum. Ought Sir Benjamin Hall to leave the Ministry? Unter den Sprechern Mr. Hart, ein Schotte und ein Irischman. Der Schotte, ein Puritaner comme il faut, erklärte, »Schottland werde keine Sabbaths-Entheiligung dulden«, gab zu verstehn daß man nöthigenfalls über den Tweed kommen würde und wurde natürlich – ausgelacht. Der Irishman faselte allerhand Zeug, gab aber einige gute Notizen z. B. daß man beständig von »irischen Stadtvierteln« in London und den großen Fabrikstädten spräche. In diesen »irischen Stadtvierteln« wohnte aber allermöglicher Mob, das Gesindel aller drei Königreiche brüderlich vereint und die wirklichen Irländer seien weder die zahlreichsten noch die schlimmsten. Aus den Polizei Listen ließe sich ersehn, daß zwischen England und Irland die Waage schwanke, was aber das fromme, fleißige, nüchterne Schottland angehe, so wisse jeder Polizeirichter daß das schottische Gesindel das verhältnismäßig zahlreichste und gefährlichste sei.

Freitag d. 23. Mai.

Gearbeitet. (Sonntagsmusik). Simpson. Divan. (Macaulay). St Martins Hall. Großes Meeting der Sunday League. Sir John Shelley in the chair. Außer ihm zugegen: Sir de Lacy Evans, Sir Joshua Walmsley, Mr. Slack, Redakteur des Atlas.

Sonnabend d. 24. Mai.

Franz Duncker schickt mir den Rütli-Collektiv-Brief. – Gearbeitet. An Direkt: Metzel und Emilie geschrieben. Simpson. Schweitzer. Café Divan. Geplaudert.

Sonntag d. 25. Mai.

In die Kirche (›St. Giles in the Fields‹, ein Bau nach Wren'schem Muster, wenn ich nicht irre von einem seiner Schüler.) The Reverend Mr. Welsh sprach über die Erfolge der protestantischen Mission in Irland und gab einige interessante Notizen. Nach Angabe des kathol: Erzbischofs von Dublin – hob er hervor – träten alljährlich, *blos in Dublin selbst,* 5000 Katholiken zum Protestantismus über. Ganze Distrikte von 50 (engl.) Meilen Länge und 25 Meilen Breite seien, seit 10 oder 20 Jahren, protestantisch geworden. In aller neuster Zeit habe der Eifer für die Sache nachgelassen, es fehle an ausreichenden Mitteln und ihm läge es ob, diesen Eifer nach seiner Kraft wieder anzufachen. – Bei Schweitzer gegessen. Eine Omnibusfahrt nach dem Victoria-Park beabsichtigt, aber durch Regenwetter abgehalten. Café Divan. Franz Duncker daselbst getroffen. Macaulay gelesen. Gegen 10 mit Schweitzer zum Drury-Lane Simpson. Geplaudert.

Montag d. 26. Mai.

Gearbeitet (Krystallpallast-Bedenken). Brief von Eggers durch Güte des Direkt: Waagen. An Dr. Metzel und

Emilie geschrieben. – Palmer's Prozeß; Lord Campbel giebt ein Resumée. – Simpson. Café Divan. Macaulay. – Tempel-Forum. Gegenstand der Debatte: Is Lord Palmerston to be blamed, that he yielded to the desire of the Archbishop of Canterbury? Mr. Hart wie immer am besten. Er wies nach, daß für die Strenge des englischen Sonntags nicht die Aristokratie sondern umgekehrt die Demokratie verantwortlich zu machen sei.

Dinstag d. 27. Mai.

Prayer-book gekauft. Nach Old-Bailey und dem Central-Criminal-Court. – Auf die Gesandtschaft. Prinz Friedrich Wilhelm gerade anwesend. Mr. Alberts gesprochen. – Palmer verurtheilt. Globe (2^d edition) mit der Schlußrede Lord Campbel's nach Berlin geschickt. Nach Haus. Brief von Mr. Wheatley vorgefunden; das Colli ist spedirt. – Folgende Notiz giebt über die Reformatories einige Auskunft.

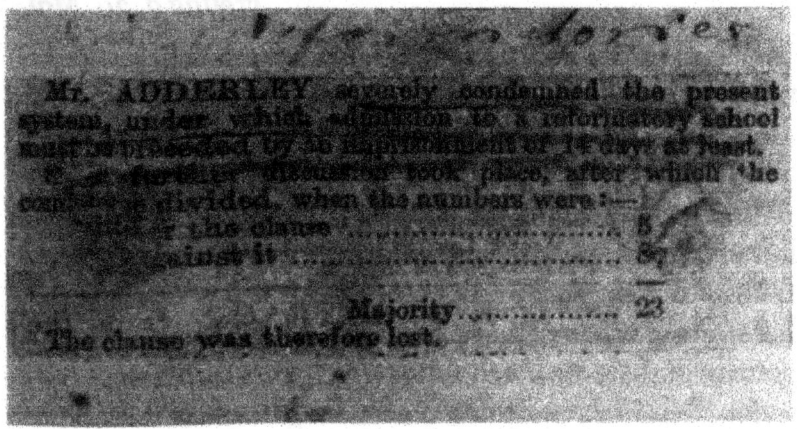

Mittwoch d. 28. Mai.

Derby-Tag. Durch Regen an einem Abstecher nach Epsom verhindert. Simpson. Gang durch die Stadt zur Besichtigung der hier und dort bereits auftauchenden Transparente. Wenig Witz. Bei Schweitzer zum Thee. Nach

Haus; einen Brief von Emilie vorgefunden. Gegen 10 nach Vauxhall (mit Wood und Schweitzer). Leidlich amüsirt, aber doch nur für einmal. Das Ganze schlimmer als ordinär – shabby-genteel. Um 2 aufgebrochen und zu Fuß nach dem Coventgarden-Market, wo es bereits anfing lebendig zu werden.

Donnerstag d. 29. Mai.

Illumination. Gearbeitet. (W. Palmer. Illumination. Transparente). An Emilie geschrieben. Simpson. Viel country-people und furchtbares Gedränge. Mit Mühe einen Bissen Fleisch erobert. Franz Duncker getroffen. Zu Schweitzer; mit ihm durch Oxford-Street, Regent-Street, Trafalgar Square und wieder nach Haus. Vom Dach aus das erste Drittheil der Feuerwerke in Green-Park, Hyde-Park, Victoria-Park und Primrose Hill gesehn. Schön aber langweilig. Früh nach Haus.

Freitag d. 30. Mai.

Brief von Direkt: Metzel; freundliche Rüffel. Gearbeitet. Simpson. Divan. Gelesen.

Sonnabend d. 31. Mai.

Gearbeitet (Illumination). Briefe geschrieben. Simpson. Divan. Am Abend zu James Morris. Allerhand Fragen in Betreff des englischen Rechts-Studiums an ihn gerichtet. Das Geschlecht der Lawyer zerfällt in 2 Hauptabtheilungen in Solicitors (auch Attorneys geheißen) und Barristers. Beide unterscheiden sich in gewissem Sinne wie Doktor und Apotheker. Der eine ist das höhre und wissenschaftlichere, der andre das geringere und praktische. Das Office eines Solicitors gleicht dem Office eines Kaufmanns. Beide nehmen junge Leute in die Lehre und bilden sie zu Clerks aus. Der eine lernt das kaufmännische, der andre das advokatische Geschäft. – Wer Barrister werden will, muß nicht blos praktisch arbeiten, sondern english law *studiren*. Junge Leute machen die Schule durch und begeben sich dann, *um Jura zu studiren*, an die Inn's of Court. Hier war ihr Studium früher privater Natur; sie lasen viel und besuchten die Law Courts. Jetzt hält man ihnen außerdem *juristische Vorlesungen*, denen sie beiwohnen. Nach einer bestimmten Zeit werden sie zur Barre gerufen und sind nun barristers. So sehen wir denn, daß der advokatische Clerk ein Solicitor und der Studiosus juris ein Barrister wird. Mit beiden hat es oft wenig auf sich. Niemand wird dadurch beeinträchtigt. Ein Solicitor und ein Barrister die ungeschickt sind, werden natürlich keine Praxis haben. Der Gang, im Fall ich Kläger oder Angeklagter bin, ist nun folgender. Ich bedarf zugleich eines Barrister und eines Solicitor. Der letztre arbeitet meine Sache aus, fertigt die Akten an und macht den *brief* d. h. eine schriftliche Aufzählung der Punkte, um derentwillen ich Recht habe. Diesen brief giebt er dem Barrister, der nun die Aufgabe hat mich an der Barre zu vertreten (zu plaidiren). Mein Gegner thut dasselbe. Der Richter entscheidet dann, oder er resumirt beides, Anklage und Vertheidigung, und erwartet das Verdikt der Jury. Dem Wort »barrister« begegnet man in Prozeßverhandlungen selten; es ist immer von dem counsel (Berather, Vertreter) des Klägers und des Angeklagten die Rede. Meist ist die Krone der Kläger und so spricht man denn gemeinhin von einem counsel for the crown or queen (Q. C.) und von einem counsel for the prisoner. Vor gewissen Höfen und in besondren Fällen ist der Q. C. (counsel for the Queen) nicht ein simpler barrister, sondern eine höhre Justizperson, die dann den Namen Solicitor general oder Attorney general führt. – So weit die Mittheilungen von James Morris, die wenigstens theilweis richtig sein werden.

Sonntag d. 1. Juni.

Gelesen (St. Mary Overie oder St. Saviour). Bei Schweitzer gegessen. Nachmittag mit ihm nach Highgate. Divan.

Nach Haus. Briefe geschrieben an Max Müller, Alberts und James Morris.

Montag d. 2. Juni.

Brief von Dr. Metzel. Gearbeitet (Sonntagsmusik). Geschrieben an Dr. Metzel und Emilie. Simpson. Divan. Zur Post. Abendbesuch von Herrn v. Borges. Mit ihm nach Temple Forum. »Which steps ought to be taken to avoid a conflict with America?«

Dinstag d. 3. Juni.

Gearbeitet (Amerika). Simpson. Divan. Macaulay gelesen. Zur Post. Nach Haus. Mit Mr. Wood und Schweitzer nach Shoe Lane. »A Review of Palmers Trial«. Mr. Hart natürlich Palmerianer. Gut widerlegt durch einen der Reporter, die bei der Sitzung gegenwärtig waren.

Mittwoch d. 4. Juni.

Gearbeitet (William Palmer). In's Royal-Hotel an der Blackfriars-Brücke. Mit Herr v. Borges, einem alten belgischen Obersten (dem Direktor der Lütticher Gewehrfabrik) und Herrn Gurlt zusammen gegessen. Am Abend nach Bloomsbury Square. Meeting der members of the pharmaceutical Society.

Donnerstag d. 5. Juni.

Brief von Emilie. Nach St. Pauls. *Anniversary* of assembling the Charity-children there. (Immer am ersten Donnerstag des Monats Juni). Gearbeitet. Simpson. Divan. An Emilie geschrieben. Zur Post. Von da nach Brompton zu Herrn Alberts.

Freitag d. 6. Juni

Gelesen. Meinen Brief an Panizzi im Britischen Museum abgegeben. Lunch bei Schweitzer. Mit ihm in die City und meinen Wechsel (nach unerträglich viel Lauferei) versilbert. – Herr v. Borges mein Gast bei Simpson. Geplaudert im Divan.

Sonnabend d. 7. Juni.

Gearbeitet (Armee-Reform). Simpson. Divan. Zinkgießer Pohl getroffen. Zur Post. Im Vorübergehn Schweitzern bei Purssel begrüßt. Zu James Morris. Einer seiner medicinischen Freunde zugegen.

Sonntag d. 8. Juni.

Geschrieben an Max. – Bei Schweitzer zu Tisch. Spatziergang durch Green-Park. Nach Trafalgar-Square und auf dem Steinrand der Springbrunn-Bassins geplaudert und mit den Beinen gebammelt. Um 5 Uhr (wo sich endlich die Himmelspforten des Divan aufthun) zu Simpson. Gelesen.

Montag d. 9. Juni.

An John Timbs geschrieben, auch einige Zeilen an Dr. Metzel und Emilie. Lunch beim Drury-Lane Simpson. *Toilette-machende Kellner,* – lebendes Bild in Dreckfarben. – Nach Regent-Street 316; eine Ausstellung meist mittelmäßiger Oelbilder. – In den Divan. An Schulrath Bormann geschrieben. Pohl gesprochen. Zur Post. Nach 232 Piccadilly und in einem großen, mit Löwen- und Tigerfellen geschmückten Saal, dem Vortrage Roualeyn Gordon Cumming's des berühmten Scotchman and Sportsman zugehört.

Dinstag d. 10. Juni.

Gearbeitet. Geschrieben an Direkt: Metzel und Emilie. In die große Gemälde-Ausstellung (Trafalgar Square, National Gallery). Köstliche Weiberportraits; außerdem Lord Raglan, Lord Lucan, Sir Colin Campbel, Dr. Sandwith, der Lordmayor etc. theils in ganzer Figur, theils Brust-stück. Ein guter Ward (Marie Antoinettens Abschied von ihren Kindern) und ein herrlicher Landseer (»Saved«! Ein

Neufundländer der eben ein Kind gerettet hat). – Simpson. Divan. An Schulrath Bormann geschrieben. Zur Post. Shoe-Lane. Gegenstand: »Is the difference of the medical opinion with respect to the death of Cook a cause for mitigating William Palmer's sentence?«

Mittwoch d. 11. Juni.

Brief von Emilien; George krank. An Dr. Metzel geschrieben, Emiliens Brief eingeschlossen. An Emilie geschrieben. Den Brief an Bormann beendet und abgeschickt mit Ausschnitten aus der Kreuz-Zeitung (»der Fremde im grünen Baum« von Smidt) und der Times; letztre für Eggers. – Simpson. Divan. Gearbeitet. Pohl getroffen. Zur Post. Nach Piccadilly; Mr. Albert Smith's Ersteigung des Mont-Blanc.

Donnerstag d. 12. Juni

Gearbeitet (Albert Smith und Gordon Cumming). Simpson. Divan. Gearbeitet. Zur Post. Mit Schweitzer und Wood nach Temple-Forum. »Is there sufficient cause to postpone the execution of William Palmer?« Mr. Hart und Mr. O'Brien. Alles zu Gunsten Palmers.

Freitag d. 13. Juni.

Unruhige Nacht, geängstigt um George. – Gelesen. Lunch bei Schweitzer. Nach Regent-Park in den botanischen Garten. Einer mittelmäßigen Vorlesung Prof. Bentley's beigewohnt. Prächtige Rhododendron Ausstellung. Nach Haus. Mit Schweitzer und Hegewald nach Shoe-Lane. »The american question.«

Sonnabend d. 14. Juni.

William Palmers Exekution. – Ein Brief von Emilien; George wieder munter. Gelesen. Auf die Gesandtschaft.

Dr. Schulz's Paß visiren lassen. Auf die National-Gallerie. Schöne Sachen von Rudolf Lehmann. Simpson. Divan. An Emilie. Zur Post. Purssel. Den Abend über bei James Morris.

Sonntag d. 15. Juni.

Schweitzer's Geburtstag: Morgenbesuch von ihm. Mit Hegewald bei ihm zu Tisch. Von Fenchurch-Street mit der Eisenbahn nach Blackwall. Auf dem Dach der Taverne geplaudert. Einiges, wenigstens *ziemlich* Verbürgtes über Freiligrath und Techow gehört. Freiligrath soll wie der schriftstellern und seine Stellung in einem Handels hause (ich habe den Namen vergessen) aufgegeben habe[n]. Techow versuchte hier allerlei, aber alles erfolglos. Schließlich war er cab-driver, entweder wirklich nur Kutscher oder Besitzer und Kutscher zugleich. In Ame rika oder Australien (New York oder Melbourne) ging es ihm nicht besser. Er hatte ein Fuhrwerk aber Unglück da mit. Jetzt soll er in Melbourne in einem großen Handels hause als Rechnungsführer oder Aufsichtsbeamter ange stellt sein und sich verhältnismäßig wohl fühlen. Armer Techow! Zurück bis Stepney; von da auf der Junction-Bahn, bis Hampstead Road. Divan. Observer und Macaulay gelesen. Früh nach Haus.

Montag d. 16. Juni.

Gearbeitet. (Kunstausstellung) Ein [paar?] Zeilen an Emilie. Simpson. Divan. Pohl getroffen; Gespräch mit ihm über Hegewald und über die guten Gründe des letztren nicht nach Deutschland zurückzugehn. Auf die Post. Temple Forum. »Is it compatible that the dismissal of Mr. Crampton should lead to a war with America?« Verschiedne gute Sprecher: Msrs. Hart, Edwards (Sekretär der Cobdeniten) Laurie und Henlie, jener ältliche, früher katholische Irländer, der nur spricht wenn er angerissen ist und Thränen zum Besten giebt, wenn das Maynooth-Capitel zur Verhandlung kommt. Mr. Carpenter verliest seinen Brief (der einen Aufschub der Palmer Hinrichtung im Namen von – *Temple Forum* gefordert hatte) an Sir George Grey. Antwort war natürlich nicht erfolgt.

Dinstag d. 17. Juni.

Gearbeitet. Geschrieben. Simpson. Divan. Macaulay gelesen (über die coffee-houses im alten London) Zur Post und zum Antiquar. Drei Bücher gekauft: Guide through Paris (für Schweitzer) Guide through Scotland und Guide through Edinburgh. Zu Schweitzer; mit ihm nach Tom's Coffeehouse Oxford-Street. Sehr langweilig. Dann nach Fleet-Street in eine Austern- und Lobster-Kneipe.

Mittwoch d. 18. Juni.

Brief von Emilie. Alles wohl. Gearbeitet. Simpson. Divan. An Emilie und Metzel geschrieben. Zur Post. Schweitzer. Nach Haus. Aus der Press eine humoristische Scene (eine Satyre auf die italienische Politik Lord Clarendons) übersetzt unter der Ueberschrift: Jason und Medea.

Donnerstag d. 19. Juni.

Brief aus Letschin und dienstliches Schreiben aus Berlin, von Geh. R. Hegel unterzeichnet. Man wünscht mein Verbleiben hier bis wenigstens Weihnachten. Gearbeitet. An Dr. Metzel und Emilie geschrieben. Simpson. Post. Zum Antiquar. Nach Haus. Reise (auf dem Plan) durch Schottland.

Freitag d. 20. Juni.

Briefe geschrieben an Mr. Collins, Mutter, Lischen und Lepel. Simpson. Café Divan: Gelesen. Gearbeitet. Das Aeußre der ›Scotch Chapel‹ auf einem Hofe bei Drury Lane gemustert. Schweitzern abgesagt in Betreff der Erith-Excursion. Nach Haus. Shoe-Lane. Die amerikanische Frage abermals verhandelt.

Sonnabend d. 21. Juni.

Brief von Emilie, mit Einlagen von Max und Francke. Emilie bei Metzel gewesen. Mein Hierbleiben gewünscht. Gearbeitet. An Eggers, Emilie und Dr. Metzel geschrieben. Fünf Briefe und 2 Aufsätze expedirt. Simpson. Divan. Zu James Morris. Einen gemeinschaftlichen Besuch im Sir John Soane's Museum Lincoln's Inn Fields verabredet. Fortsetzung unsres Gesprächs über das Studium der verschiednen Fakultäten. Wie Jura hauptsächlich in den Inn's studirt wird, so Medicin hauptsächlich in den Hospitälern. Man kann auch Medicin an Kings- oder University-College in London, ja so gar in Oxford oder Cambridge studiren, aber die betreffenden Studenten, ganz besonders an den beiden zuletzt genannten Orten, lernen nichts. Im Wesentlichen sind immer noch die Hospitäler die großen medicinischen Lehranstalten also in London:

   London Hospital
   Guy   "
   St. George "
   Middlesex "
   Bartholomew "

Beim Nachhausekommen einen Brief von John Timbs vorgefunden. Er empfiehlt mir Hunt's »fourth Estate« als bestes historisch-statistisches Buch über english news-papers.

Sonntag d. 22. Juni.

Wie immer die Zeit verschlafen. An Vater geschrieben. Gearbeitet. Temple-Church. Von da nach Savoy-Chapel (St. Mary's Church früher St. John) und einem Nachmittagsgottesdienst beigewohnt. Simpson. Divan. Gelesen im Wochenblatt: Leader. Ein Palmer-Artikel schloß mit folgenden, ernsthaft-variirten Zeilen ab:

No useless coffin confines his breast
Nor in sheet nor in shroud they wound him;
But he lies like a felon taking his rest
With *quick-lime* all about him.

Mit Schweitzer einen Spatziergang über Russel-Tavistock- und Euston-Square gemacht. Zum Drury-Lane Simpson.

Montag d. 23. Juni.

Briefe von Eggers und Merckel; letztrer von besondrer Liebenswürdigkeit. Gearbeitet. An Direktor Waagen geschrieben. Simpson. Café Divan. An Dr. Metzel, Emilie und Eggers geschrieben. Zum Antiquar. Auf die Post. Interessanter Spatziergang durch St. Martin le Grand, Aldergate-Street, Smithfield etc bis nach Haus. Zwiegespräch mit Mrs. Wilmot über Baptistenthum. Gelesen.

Dinstag d. 24. Juni.

Gearbeitet. (Herrn Marcus' Bilderladen). Mit James Morris in's Soane-Museum. Viel Quackelei, überflüssiger Raritätenkram und jene Absichtlichkeit die verstimmt; nichtsdestoweniger *sehr* interessant. Es ist kaum alles aufzuzählen, was mit Recht die Aufmerksamkeit in Anspruch nimmt. An der Spitze 12 Bilder von Hogarth (4 »the Election« und 8 the Progress of the Rake) zwei wunderschöne Canaletto's, ein berühmter Reynolds ⟨Sir Joshua⟩* (the snake in the grass) ein riesiger aegyptischer Alabaster-Sarg, kostbare handschriftliche Bücher mit Titelbildern von der Hand großer Meister, mächtige Entwürfe Sir John Soane's** selbst etc. Simpson. Café Divan. Geschrieben. Zur Post. Shoe-Lane. Langweilig bis zum Exceß. Bald nach Haus.

* Das Bild will an Jo und Leda erinnern, zu gleicher Zeit aber sehr anständig sein, wodurch aller Reiz verloren geht und nur eine Art Impotenz übrig bleibt.

** Die Bank ist nach einem Plane Sir John Soane's gebaut.

[*Am Rand:*] Besonders interessirte mich noch ein *Steigbügel*, gefunden auf dem Schlachtfeld an der Boyne und eine große aus Trommel, Fahnen, Schwertern etc. bestehende Tuchnadel Karl's I, die nach der Schlacht von Naseby unter der Beute gefunden wurde.

Mittwoch d. 25. Juni

Gelesen. Auf die Gesandtschaft. Kurzes Gespräch mit Graf B. Er beauftragt mich Sorge zu tragen daß ein Sundzoll-Artikel (der dem preußischen Plane der Amortisation in 18 Jahren, Vorschub leistet) in eins der großen Morgenblätter kommt. Schweren Herzens von dannen. Simpson. Divan. Mit Schlesinger geplaudert. (Sein Buch scheint einige pikante Aufschlüsse über die Times zu geben). An Merckel geschrieben. Zur Post. Nach Haus. Briefe von Waagen und Hauptm: Burow, der seine Absicht ankündigt einen Abstecher (von Paris aus) nach London zu machen. Die Adresse seines Briefes lautete: »Th. F. Ormond Street, *Queens-Bench*, Deutsch-Englische Correspondenz«. Nach London-Bridge-Wharf und einige Zeilen für Burow abgegeben. Nach Haus. An Serjeant Glover, the proprietor of the M. Chronicle, geschrieben. Gott gesegne es!

Donnerstag d. 26. Juni.

Briefe geschrieben an Leutnant Hoelcke (Aldershot-Camp) Dr. Metzel, Emilie und Merckel. Simpson. Divan. Gearbeitet (Der amerikanische Attaché beim Lever). Zur Post. Nach Haus. Brief von Mr. Glover vorgefunden. Es scheint, er beißt an. Zu Schweitzer; nur Wood getroffen. Früh nach Haus.

Freitag d. 27. Juni.

Früh auf. Um 9 zum Gesandten; angefragt wegen Glover. Um 10 zu Direktor Waagen 7 Fitzroy-Square. Freundlicher Empfang; Vortrag mehrerer guter aber alter Anekdoten. Die Gefahr der Lady Eastlake und ihrem Gemahl vorgestellt zu werden, geht glücklich vorüber; – beide sind nicht zu Haus, oder finden es für gut nicht zu Hause zu sein. – Um 11 zu Mr. Glover. Die diplomatische Conversation wird *schreiend* geführt; was entweder charakteristisch für den *Werth* der Unterhandlungen, oder für das *Geschick* der Unterhandelnden oder aber für ihre *Unverschämtheit* ist. Mr. Glover nannte sich »exclusively a man of business« und das scheint er in der That zu sein. »Patriotismus« ist überwundner Standpunkt und bindet seine Hände nicht. Sein Tendre sind Aktien aller Art. Für Aktien alles. Preußen gilt ihm als Vorhalle zum Allerheiligsten – Rußland. Er hat nicht »the slightest objection« dem einen oder andern zu dienen, nur wacker – Aktien. Nun wir wollen sehn. In Berlin wird man denken: da könnte jeder kommen. – Wegen Burow nach London-Bridge-Wharf. Vergeblich. Nach Haus. Brief von Mr. *Collins* (civil engineer. Berlin. Hôtel de Russie) vorgefunden. Simpson. Divan. Macaulay gelesen. (Ueber die Täuschung »daß die *alten* Zeiten die *guten* seien« und über den Argyle-Aufstand in Schottland). Nach Haus. Ein paar Zeilen von Burow vorgefunden, der 60 Haymarket Quartier gefunden hat. Nach Shoe Lane. »Is there to be expected any goods from the new leaders of the Administrative Reform Association?«

Sonnabend d. 28. Juni.

Brief von Emilie. Nach 60 Haymarket zu Burow. Mit ihm durch Whitehall nach den Parlamentshäusern und Westminster-Abbey – beide besichtigt. Dampfschifffahrt [sic!] bis Chelsea. Zurück bis Waterloo-Bridge. Simpson. Divan. Plaudereien über Königsberg. Burows Stellung zur Junkerparthei und zu General von Plehwe und Dr. Thaddaeus Lau in specie. Einige Zeilen an Emilie und Dr. Metzel geschrieben. Zur Post. Zu Cowie & Son. Burow unwohl; kurirt mit Ingwer und Chinin. Um 9½ getrennt; er nach Argyle-Rooms zum »ewig-Weiblichen«; ich zu James Morris. Nicht getroffen. Wieder nach Haus.

Sonntag d. 29. Juni.

Geschrieben. Zu Burow. Mit ihm von Hungerford-Bridge bis Greenwich. Die Bildergallerie und mit Hülfe von Trinkgeldern auch die Speisesääle, Küchen, Schlafsääle (jeder führt den Namen eines Schiffes) etc in Augenschein genommen. Die alten Seehelden daselbst sind keineswegs blos Engländer; man findet alle Nationen vertreten. Unser Führer erzählte uns: Verwundete können gleich aufgenommen werden, andre erst nach 10jähriger Dienstzeit. Wöchentlich erhält jeder Mann 1 Shilling. Alle diejenigen die in Küche, Badezimmer, Waschhaus, Rasirsaal usw. beschäftigt sind, erhalten dafür kleine Extra's von einigen pence täglich. Die verheiratheten wohnen in der Stadt, können ihre Verpflegung die sie erhalten mit nach Haus nehmen und sich nach ihrem Belieben Geld zuverdienen. – Dinirt in Trafalgar-Tavern; Burow, wenig befriedigt, findet nur die Rechnung seinen Erwartungen entsprechend. – Nach Blackwall. Auf dem Dach der Blackwall-Taverne geplaudert. Mit der Eisenbahn zurück. Auf dem Royal-Blue nach Haymarket in Burow's Hôtel. Bis nach Mitternacht überm Claret geschwatzt.

Montag d. 30. Juni.

Gearbeitet. Zu Burow. Abfahrt. Auf die Gesandtschaft. Graf B. (in Folge meines Erfolgs bei Mr. Glover) liebenswürdig; Geld in Empfang genommen. Simpson. Divan. An Dr. Metzel und Emilie geschrieben. Zur Post. Mit Burow nach Coal-hole. »The case of Maloni the Irishman« – die alten Witze. Neu nur: »der Minister des Innern« und »der Präsident der vereinigten Staaten«.

Dinstag d. 1. Juli.

Brief von Leutnant Hoelcke aus Aldershott, mit hübschen Mittheilungen über den Conflikt zwischen englischen Riflemen und den 2ten Jägern. – An Hoelcke und Direktor Waagen geschrieben. – Zu Purssel. Burow getroffen. Nach dem Tower. Dort den Cicerone (an Stelle des beefeater) gespielt. Mein Publikum: Burow, zwei Baiern und ein Westfale. Conversation mit einem Unteroffizier von den Coldstreamern. Eine gewisse Gereiztheit gegen die Franzosen, die ihnen den Ruhm von Alma und Inkermann vor der Nase weggefischt haben, überall ersichtlich. – Zu Simpson. Divan. Herrn Wendt getroffen. Ueber Pries gesprochen, der bald frei zu sein hofft. Zur Post. Nach Haus. Wieder in den Divan. Rezension über Riehl's Bücher in der »Westminster-Review« gelesen.

Mittwoch d. 2. Juli.

Gearbeitet. Purssel. Burow getroffen. Nach dem Crystall-Pallast. Der alte Hauptmann über die Maaßen entzückt. Ich bald zurück und ihn mit seiner Bewunderung allein gelassen. – Globe. Zur Post. Nach Haus. Gearbeitet (»Pam an die Italiener«).

Donnerstag d. 3. Juli.

Gearbeitet. (Die Administrativ-Ref: Association). Auf die Gesandtschaft. Der Courier schon fort. Simpson. Divan. Gearbeitet (Die Vorläufer der Garden) Burow erzählt seine Abenteuer auf dem Redaktions-Lokal der Times. Mehr lächerlich als erhaben. Nach Haus. Gearbeitet.

»Harrison, Du zitterst!«
Ja.
Ich zittre nicht von verlornem Muth,
Ich zittre von dem verlorenen Blut,
Von all dem Blute das ich verlor

Bei Naseby, Dunbar und Marston-moor,
Das ich verlor im *Sieg über Euch*,
Ich fürchte nicht den letzten Streich.

Freitag d. 4ten Juli.

Gelesen (Canterbury). Burow nach Burton-Crescent zu Herrn Pollack begleitet. Simpson. Divan. Briefe geschrieben an James Morris, Francke und Kugler. Nach Haus. Gelesen in Blacks Reisehandbuch durch Schottland.

Sonnabend d. 5. Juli.

Liebenswürdiger Brief von Emilie; Georgechen das kalte Fieber. Ein Brief für Burow aus Königsberg. Gearbeitet (Lord Palmerston und die italienische Frage; die verurtheilte Times) Simpson. Divan. Geschrieben an Emilie und Dr. Metzel. Zur Post. Purssel. Nach Haus. Gearbeitet.

Sonntag d. 6. Juli.

Zu spät geweckt; nicht nach Canterbury. Schweitzer abgeholt. Nach Bishopsgate oder richtiger Shoreditch-Station. Kein Zug. Mit dem Omnibus nach Tottenham. Reizende Fahrt durch lange Reihen von Landhäusern hin. Gefrühstückt in Tottenham. Von dort per Bahn nach Waltham-Station. Zu Fuß nach Waltham-Abbey. Sehr reizend. Die Kirche äußerlich ein Mischmasch aller Baustyle vom Gothischen an; *innerhalb* aber ein prächtig erhaltenes Specimen normannischen Baustyls. Rundbögen mit höchst einfachen Verzierungen, die Säulen furchtbar dick (noch plump) mit eigenthümlichen Capitälen; über der untern Reihe, ein zweites kleineres Säulen-Stockwerk, noch roher als das untre. Kaum minder interessant der Kirchhof; eine Ulme von unglaublicher Dicke, vielleicht 800 Jahre alt, wie es heißt: »der dickste Baum in England.« Ueberhaupt alles alt. Die Grabschriften sprechen alle von 79 und 83 Jahr. Wer lange leben will, der gehe nach Waltham. Der Ort selbst ist ein Dorf oder Flecken von rheinischem Charakter. Per Bahn zurück nach London. Café Divan. Geplaudert. Früh nach Haus. In Knight's Reisehandbuch gelesen. (Arundel; Isle of Thanet etc.)

Montag d. 7. Juli.

Brief von James Morris. An James Morris und Sir Charles Eastlake geschrieben; meinen Empfehlungsbrief eingeschickt. Simpson. Burow getroffen. Divan. Gearbeitet. Zur Post. Mit Burow in's Haymarket-Theater: »Twelfth Night, or what you will.« Sehr gute Vorstellung, doch zu spät gekommen und zu wenig verstanden vom Dialog, um ein motivirtes Urtheil fällen zu können. Nach dem Stück Perea Nena mit den landesüblichen Castagnetten und mehr als landesüblichem Busen. Zum Schluß »Mr. Hughes at home« ein 1 aktiges kleines Conversationsstück.

Dinstag d. 8. Juli.

Gearbeitet (Waltham-Abbey). Besuch von Mr. Glover; das alte Lied, für Aktien alles. Simpson. Divan. Gearbeitet (Auszüge aus dem Directory). Mit Burow nach Shoe-Lane »Is this time fit for an extension of the franchise«? Mrsrs: Henriett[e], Hart und Mackintosh.

Mittwoch d. 9. Juli.

An Emilie geschrieben. Um 11 nach Haymarket um Burow abzuholen. *Einzug der Garden.* Simpson. Divan. Gearbeitet (Der Einzug der Garden.) Zur Post. Nach Haus. Spät zu James Morris. Nur kurze Zeit geplaudert.

Donnerstag d. 10te Juli.

Gearbeitet. (Waltham-Abbey): Simpson. Divan. Geschrieben (Historisch-statistische Notizen über die englischen

Garden). Zur Post. Nach Haus. Briefe geschrieben an Schweitzer, Burow, Emilie und Frau v. Merckel.

Freitag d. 11. Juli.
Liebenswürdiger Brief von Emilien; einige Zeilen von Lepel aus Wieck und ein Ellora-Toast vom alten Eggers. – Um 11 per Steamer, an Gravesend, Sheerneß, Herne-Bay und Reculver vorbei, nach Margate, der Schwester-Hauptstadt der Isle of Thanet. Diesen Namen einer Insel führt ein 40 (engl.) ☐ Meilen großes Stück Land an der Nordostküste von Kent, das im Norden und Osten von der Nordsee bespült und durch den Stour Fluß, der so zu sagen 2 Mündungen hat, in der That zu einer Insel gemacht wird. Dies Stückchen Land wurde von den Angelsachsen und später auch von der christlichen Mission (der heilige Augustin) zuerst betreten und spielt deshalb in der frühren Geschichte des Landes eine wichtige Rolle. Auch die Römer faßten hier zuerst festen Fuß, wenn sie auch ihre erste Landung vielleicht an andrer Stelle (in Sussex) machten. Margate und Ramsgate sind die beiden Hauptstädte, jenes mit 12,000 dieses vielleicht mit 14,000 Einwohnern. Letztres gilt für etwas feiner und gewählter (»a more fashionable place«). – Bald nach 4 legte der Steamer am Pier von Margate an. Man unterscheidet hier »Pier« und »Jetty« und versteht unter erstrem einen aus Quadern aufgeführten Hafendamm, während man die lange, weit in's Meer hinauslaufende, geradlinige Brücke »Jetty« nennt. Darnach hätte der Brighton-*Pier* seinen Namen zu ändern und sich Brighton-*Jetty* zu nennen. – Promenade auf Pier und Jetty. Sehr windig. Beim Eintritt in die Stadt von einem Pferde niedergerannt und nicht unerheblich verletzt. Hinkend weiter marschirt. Auf der »Promenade« die Bekanntschaft eines Engländers gemacht, der sich später als Thomas Single Esq. in mein Notizbuch einschrieb. Ein sonderbarer Mann, Geschäftsmensch, nachdenklich, beobachtend, selbstständig, vorurtheilsfrei gegen Fremde

und doch voll unbeabsichtigter Komik. Nach längrem Gespräch stellte er mich seiner Frau vor und lud mich dann zum Thee. Ich acceptirte. Das Gespräch drehte sich um Erziehung, die Ueberlegenheit deutschen Geistes (worauf er immer wieder zurückkam und meine Ansicht verlangte, ob er seinen Sohn nach Deutschland schicken solle oder nicht) und moderne englische Literatur. Er pries de Foe [sic!], Fielding, Goldsmith, Dr. Johnson und Cobbet [sic!], sprach aber mit der äußersten Verachtung von Dickens »he is a liar; he makes money by hunting poor people against the rich; what miserable stuff that! all is written in the vindictive spirit of a low-bred Englishman.« Um halb acht meinen Weg nach Ramsgate angetreten. Weizenfelder zu beiden Seiten, wiewohl die Erdschicht über dem Kalksteinfels keinen Fuß hoch ist. Eine Zigeuner-Gruppe. Der Abend schön und die Luft voll Seeduft. St. Peter, (der Name eines alten Dorfs und einer noch ältren Kirche,) halber Weg nach Ramsgate. Gegen 9½ in Ramsgate. In's Royal Albion Hôtel. Nach dem Supper ein paar Minuten noch am Quai. Unwohl. Fieberschlaf.

Sonnabend d. 12. Juli.

Früh auf. Marsch nach Pegwell-Bay, dem berühmten Shrimp-Dorf; dann wieder zurück. Die beiden Pier's von Ramsgate in Augenschein genommen. Auf den Bahnhof. Um 1½ nach dem Dorfe Minster, wo sich die zweitälteste englische Kirche befindet. Nur St. Martin in Canterbury (ohngefähr um 670 gebaut) ist um einige Jahre älter. Lunch genommen, dann die Kirche besucht. Aeußerlich eine alte Kirche wie tausend andre; im Innern aber giebt sie treffliche Gelegenheit alt-sächsischen, normannischen und gothischen Baustyl neben einander zu sehn. Der Taufstein aus der Sachsenzeit existirt noch; er liegt zerbrochen in einer Ecke. Man fand ihn vor nicht allzulanger Zeit, nachdem er vielleicht ein paar Jahrhunderte hindurch als Kirchthürschwelle gedient hatte. Es ist nichts wie ein ausgemeißelter großer Feldstein. Im Gasthaus an Emilie geschrieben. Um 4 ½ Uhr über Canterbury, Ashford, Tunbridge, Red-Hill und Sydenham zurück nach London. Viele Meilen lang ging die Fahrt durch lauter Hopfenfelder. Um 7 ½ an London-Bridge. Nach Haus. Einen wenig erbaulichen Brief von Dr. Metzel vorgefunden. Krank. Bald zu Bett.

Sonntag d. 13. Juli.

Krank. An Schweitzer ein paar Absage-Zeilen geschrieben. Den ganzen Tag zu Haus, in gleich erbärmlicher Verfassung des Geistes und des Leibes.

Montag d. 14. Juli.

Nicht viel besser. Einige Zeilen an Schweitzer. An Dr. Metzel geschrieben, 2 Briefe verworfen, den dritten endlich abgeschickt. Besuch von Schweitzer und Morris. Einen französischen Brief aus Jassy für »Presse« und »Presse Belge« kopirt.

Dinstag d. 15. Juli.

Zu Serjeant Glover; nur seinen Bruder vorgefunden. Auf die Gesandtschaft; Max Müller daselbst getroffen. Einladung nach Oxford. Simpson. Divan. An Dr. Metzel und Emilie geschrieben. Zu Schweitzer. Nach Haus.

Mittwoch d. 16. Juli.

Zu Serjeant Glover. Den Handel vorläufig (für 2000 Rthr. jährlich) abgeschlossen. Simpson. Divan. An Dr. Metzel geschrieben. Nach Haus. Brief von Herrn Alberts vorgefunden; zum Gesandten citirt. Den Jassy-Brief in's Englische übersetzt.

Donnerstag d. 17' Juli.

Gearbeitet. Auf die Gesandtschaft. Dem Grafen B. die erforderlichen Mittheilungen wegen Glovers gemacht.

Dem Grafen Brandenburg vorgestellt. Alberts hält mir einen Vortrag über meinen muthmaßlich schlechten Charakter als Ehemann. Zu Verey. Den alten Lebenheim getroffen. Nach Burlington-Arcade. Dr. Morris daselbst getroffen und mit ihm nach der Exhibition of german painters, um daselbst ein großes figurenreiches Oel-Bild »die Generale der Alliirten in der Krim« (von dem Engländer Barker gemalt) in Augenschein zu nehmen. Erinnert an Cunninghams »Letzte Revue bei Sanssouci«, ist aber im Allgemeinen besser; nur »der alte Fritz« fehlt. – Simpson. Divan. Gelesen. Nach Haus. Gearbeitet.

Freitag d. 18. Juli.

Brief von Papa. An Dr. Metzel geschrieben. Auseinandersetzungen wegen des Globe und Darlegung, daß ich mit 100 Rthr. in London nicht leben kann. An Eggers geschrieben und Ausschnitte aus Times (Waagens Brief über den angekauften Benvenuto Cellini) und Globe beigeschlossen. Simpson. Divan. Den Jassy-Brief im »Chronicle« gefunden. Noch einige Zeilen an Dr. Metzel. Zu spät auf die Post. Zu spät auf die Gesandtschaft (Courier am Tag vorher abgegangen). Nach Haus. Shoe Lane. Mr. Hart über die englische Intervention in Italien.

Sonnabend d. 19. Juli.

An Emilie geschrieben. Die Briefe an Eggers und Metzel zur Post. Auf's Britische Museum, Reading-Room. In Hunt's »Fourth Estate« gelesen. Simpson. Divan. Mit Kauffmann geplaudert. Zu James Morris. Ueber englisches Familienleben und Weihnachtsunterhaltungen (Pfänderspiel – game of forfeits) gesprochen. Nach Haus.

Sonntag d. 20. Juli.

Gearbeitet. Zu Schweitzer. Nach Bow und Stratford gefahren. In Bow eine sehenswerthe alte Kirche. Ueberrascht wiederum von der englischen Weiberschönheit, die wirklich nicht nur auf dem »Sklavenmarkt in Haymarket«

sondern überall zu Hause zu sein scheint. In Bow Mädchen am Fenster gesehn (knappzu »Bürgertöchter«) wogegen die Schönheit und der Anstand der Lepelschen Gräfin Haugwitz nichts weiter ist als ein Mixtum von Nähspuz-Affektation und Puppenkopf-Stupidität. Die ganze Race (widerstrebend muß ich es einräumen) ist feiner und nobler als die unsre und wenn da wirklich nahe Beziehungen zwischen Leib und Seele sind und die Schönheit des Leibes ein gewisses Maaß geistiger und moralischer Gaben bedingt, so ist es ein Skandal, daß die englischen Staatsmänner aus diesem Material nicht mehr gemacht haben. Wenn unser Land, in Folge seiner Trainirung, nicht ganz mit Unrecht das Land der Unter-Offiziere heißt, so ist England, um seiner Race willen, das Land der »Offiziere von Gottes Gnaden.« Die meisten gehn freilich über Bord und spielen Zeitlebens die Rolle des würfelnden und besoffnen Capitäns. Aber *doch* Capitän! – Café Divan. Geschrieben. Nach Haus.

Montag d. 21. Juli.

Brief von Dr. Metzel betreffs der Chronicle Angelegenheit. Geantwortet. An Herrn Alberts geschrieben. Simpson. Divan. Gelesen. An Mr. Glover geschrieben. Nach dem Haymarket-Theater. Shakespeare's »Twelfth Night«. Im Allgemeinen sehr gut gespielt. Die Scenen zwischen Sir Toby, Sir Andrews und dem Narren (namentlich im 2ten Akt wo sie ihr Convivchen halten) ganz vortrefflich. Schade, daß vom Dialog so viel verloren geht; diesen Schlag auf Schlag kommenden Witzen und Wortspielen kann wirklich kaum ein Engländer folgen. Nach dem Stück aufgebrochen, trotz der Aussicht auf 2 Lustspiele und Perea Nena's 3 Pfund Busen. Nach Temple Forum. Tutti frutti; eine kurze Besprechung der Vorgänge in England und auf dem Continent. Mr. Hart spricht mit Witz und Geist; das Ganze macht aber doch einen traurigen Eindruck und unterhält kaum, weil man in jedem Augenblick den Mißbrauch dieser hübschen Kräfte aufrichtig bedauert. Es ist, wie wenn jemand ein ausgezeichneter Kupferstecher sein könnte und sich damit begnügt, falsche Kassenscheine zu machen. Er giebt sie nicht ernsthaft aus, er spielt nur mit dem Feuer; aber es wird Einem doch unbehaglich bei dieser gefährlichen, übel-angewandten Kunst. – Zwei Exemplare von Presse Belge zu Hause vorgefunden.

Dinstag d. 22. Juli.

Conversation mit einer kleinen 10-jährigen Deutsch-Engländerin, der Tochter einer im Hause wohnenden verwittweten Engländerin, deren Mann ein würtembergischer Missionär war und in Ostindien starb. Ein allerliebstes Kind mit etwas schwäbischem Accent. Besuch von Mr. Glover. Nichts Neues, außer Geldanerbietungen für die Zukunft. Ich dachte, daß es so kommen würde. Simpson. Divan. – Gearbeitet. Geplaudert mit Herrn Lebenheim, der mir von der Vortrefflichkeit und der verhältnismäßigen Ungekanntheit der englischen Privat-Sammlungen erzählte. Nach Haus. Eine Predigt des Rev. Mr. Spurgeon eines 21 jährigen, frühreifen, schwindsüchtigen Baptisten-Predigers, über die Worte: Look unto me and be ye saved, all the ends of the earth: for I am God and there is none else. Isaiah XIV.22. Poëtisch-rhetorisch; aber kein Inhalt.

Mittwoch d. 23. Juli.

An Dr. Metzel und Emilie geschrieben. Simpson. Divan. Macaulay gelesen (Sir George Jeffreys ⟨famos⟩, John Churchill, William Penn). Zu Schweitzer; mit ihm und Wood geplaudert. Eine Picknick-Parthie nach Hampton Court verabredet. Nach Haus. Zwiegespräch mit Mrs. Wilmot und der fremden Lady.

Donnerstag d. 24. Juli.

Liebenswürdiger Brief von Emilien. Die fremde Lady lädt mich ein, sie nach Sydenham, wo zwei ihrer Söhne eine Schule besuchen, zu begleiten. Acceptirt. Auf die Gesandtschaft und Geld geholt. Bei Schweitzer geluncht. Um 2 mit der widow-lady nach London-Bridge und Sydenham. Von da zu Fuß nach der boy-school in Norwood. Reizendes Haus in reizender Gegend. Einladende Sauberkeit auf Schritt und Tritt. Eine junge Lady (unverheirathet und zugleich die Lehrerin im Lateinischen, besonders Virgil) steht an der Spitze des Instituts, assistirt durch Vater und Schwester. 24 Knaben von 5 bis 14 Jahren pflegen dort erzogen zu werden. Die Ferien hatten eben begonnen und die junge Welt war bereits nach allen Seiten hin zerstoben, nur die 2 Söhne meiner widow-lady, allerliebste Jungen, waren noch da. – Die Mutter kam eben, um sie auf 6 oder 7 Wochen nach London zu nehmen. Spatziergang über das Hügelland von Norwood. Dann Theestunde: fein, liebenswürdig, voll Haltung, etwas Gebet und – langweilig wie immer. Unsre ganze Lebensweise hat etwas Knotiges im Vergleich damit, ist mir aber doch lieber. Was thu ich zuletzt mit aller dieser »Haltung«! Das Menschenherz hat an einer einzigen wackren Zote unendlich mehr. – Um 6 nach Sydenham und London zurück. Mit dem Steamer von Londonbridge bis Chelsea. Dann nach 2 Seymour Terrace zu Herr und Frau Alberts. Beide recht nett und liebenswürdig. Nur eins empfunden: Carrière machen, auf außergewöhnlichem Wege, darf nur das Genie. Der größte Esel kann Gesandter oder vortragender Rath oder Minister werden, wenn er mit dem Geh. Expedirenden oder mit dem Legationssekretär beginnt; – ist er noch dazu von Familie, so findet man alles in der Ordnung und sagt höchstens mal »er ist ein Schafskopf.« Das hat indeß nicht viel zu bedeuten, es soll kein Vorwurf sein, gegentheils. Der Mann von Gaben aber, wenn diese Gaben nicht ganz eminent und mit großer Reinheit des Charakters gepaart sind, spielt als Parvenü ewig eine erbärmliche Rolle. Alle Welt und zumeist seine Untergebenen sehen nichts in ihm wie einen Intriguanten, einen Flausenmacher, einen Eindringling und bejubeln seinen Fall. Was hab' ich über *Bunsen* hören müssen?! Alle diese Angriffe mögen verdient sein, ich glaube daß sie's sind, aber wenn er statt als Bauer als Graf geboren und Attaché statt Hauslehrer gewesen wäre, so würden die Urtheile über ihn doch milder lauten. Der Emporkömmling ist immer gehaßt oder verachtet, je nachdem. – Spät nach Haus.

Freitag d. 25. Juli.

An Emilie geschrieben. Simpson. Divan. Macaulay gelesen (die Armee unter Jacob II; Lady William Russels Brief an Dr. Fitzwilliam; Graf Tyrconnel) Nach Haus. Zwiegespräch mit Mrs. Wilmot über die Möglichkeit eines Engagements ihrer ältesten Tochter in Deutschland. Vielleicht eine paßliche Gesellschafterin für Emilie.

Sonnabend d. 26. Juli.

An Merckel geschrieben. Den Brief zur Post. Bei Simpon plötzlich eine deutliche Erinnerung, daß der Brief falsch adressirt und Metzel's Wohnung statt Merckel's darauf angegeben sei. Fortgestürzt. Zur Post; darauf von Pontius zu Pilatus; alles umsonst. Bei Purssel in aller Eil einen zweiten Brief (an Metzel) geschrieben und an Merckel eine telegraphische Depesche geschickt (17 s. 6 d). Sehr kleinlaut in den Divan. Mit Herrn Lebenheim geplaudert. Nach Haus. Gelesen.

Sonntag d. 27ten Juli.

Früh auf. Bei Schweitzer gefrühstückt. Um 10 aufgebrochen zum abermaligen Picknick in Hampton-Court. 9 Personen: das Morris'sche Ehepaar und die Tochter, Miß Phillipps, Miß Pew (»I would rather like to have a seat in that pew«), Schweitzer, Wood, ich und ein Groom. Um 12 Uhr dort. Auf derselben Wiese, fast an derselben Stelle ein Lunch genommen und Sherry getrunken, wo ich 4 Jahre zuvor mit May's und ihren Hausgenossen zusammen war.

Wie viel ist seitdem anders geworden, Gott sei Dank – besser! Alles ganz nett. Schweitzer sehr ausgelassen. Ich rühriger und rüstiger als ich's überhaupt und in specie bei meiner pech-verdorbenen Stimmung vom Tage vorher, erwarten konnte. Kurzer Besuch der Bildergallerie. Um 6 nach Haus. Fortsetzung des Vergnügens in Morris kleiner Stube bis gegen 10, wodurch des Guten etwas zu viel wurde. Nach Haus. Invitirt am Supper der Familie Wilmot Theil zu nehmen. Miß White zugegen, ein sehr schönes Mädchen die binnen wenigen Tagen als Missionärin nach Beludschistan geht. Gespräch über religiöse Gegenstände, speciell über die Predigten des Rev: Mr. Spurgeon, eines Baptisten-Predigers.

Montag d. 28. Juli.

An Merckel und an Emilie geschrieben. Simpson. Divan. Wochenblätter gelesen (Examiner, Economist, John Bull etc.) Zu Elliott. Zwiegespräch mit dem Alten; er erklärt sich als »conservativ-radikal«, wodurch er seine Eselschaft beglaubigt. Nach Haus. Gelesen in Hunt's »fourth Estate«.

Dinstag d. 29. Juli.

Gearbeitet (Wochenblätter). Besuch von Mr. Glover. Er bringt mir den Sundzoll-Comitébericht; im Uebrigen die alten Themata. Für meine Aufsätze über »die englischen Zeitungen« empfiehlt er mir Mitchells Newspaper Directory (Red Lion Court, Fleetstreet) als Material. Der Economist ist Mr. Wilson's Organ. Wilson war Hutmacher, wurde bankrutt, warf sich auf's Regieren und ist jetzt die rechte Hand von Sir Cornewall Lewis, die Seele des Finanzministeriums. »London Illustrated News« ist ein Unternehmen Mr. Ingram's. Als Seitenstück entstand Illustrated Times, zu einem ungleich civileren Preis. Ingram kaufte die Mehrzahl der Aktien und ist nun gedeckt, welches der beiden Blätter auch siegen mag. – Simpson, Divan. Macaulay gelesen (Rochester, Sunderland, Catherine

Sedley (die Geliebte Jacobs II) und die Geburt des spätren »Prätendenten«) Nach Haus. Shoe-Lane. »The Queens Speech.« Mr. Henriette. Ein alter Kahlkopf (ein haberdasher oder linen-draper) hält eine staatsmännische Rede zum Todtlachen. »We have only Palmerstons now, no Pitt, no old and noble-hearted Chatham. We want genius and have nothing besides expediency, low, mean, miserable expediency. Old Chatham he was the man fit for a great and noble country, fit for a great and noble people like this. But the days of old and noble-hearted Chatham are gone.« Die ganze Rede drehte sich um die 3 Worte: noble, Chatham und expediency. Mr. Hart erwiederte. Sein Takt überraschte mich. Es wär' ihm ein Leichtes gewesen, den alten Herrn über alle Maaßen lächerlich zu machen; aber er ging mit einer kurzen Bemerkung »daß er nicht eben ergriffen sei« über den Chatham-Blödsinn hin. Dann sprach er in seinem gewöhnlichen Styl, mit apart guter Laune. »We live in the period of successful scoundrelism.« »People have no want of liberty any longer and the proceedings of our government are only in accordance with it. We have a County-Police Bill etc; well, I hope we will have some more of them. We get only what we want.«

Mittwoch d. 30. Juli.

Liebenswürdige Zeilen von Herr und Frau v. Merckel. Die Briefgeschichte in Berlin scheint erträglich abgelaufen. Besuch von Mr. Glover. Er bringt mir Billets für das letzte (Freitag) Krystall-Pallast-Concert und theilt mir mit, daß er einen neuen Sundzoll-Artikel geschrieben habe. Ich erbitte mir eine Fahne (slip). An Dr. Metzel geschrieben. Simpson. Divan. Zur [sic!] Mr. Glover: »Give me the slightest encouragement from the other side of the water and I will communicate a plan satisfactory to all parties, Denmark as well as her opponents.« Der Lord-Advokat Villiers (Chelsea-Untersuchung) ist ein Bruder von Lord Clarendon. Die schöne Lady Clementine Williams aber, die ich bei Graf B. und später im Porträt auf der Ausstellung sah, ist keine Schwester oder Schwägerin Lord Clarendons, sondern eine Tochter des Earl of Jersey. Dieser heirathete eine Tochter des Banquier Child (Temple Bar) die vorher eine Geliebte des übrigens bereits impotenten Georgs IV gewesen war. Er begnügte sich, wie mir Glover erzählte, mit wenig und zählte es zu seinen Hauptvergnügungen den schönen fleischigen Arm der Marquise v. ... (Namen überhört) zu streichen. – Am Abend nach Surrey-Garden's in's Jullien'sche Concert. Die Freischütz-Ouvertüre sehr schön; auch ein musik: Schlachtgemälde des zieraffigen Jullien von großer Wirkung. George würde gerufen haben »mehr, mehr!« und das Panoptikon hätte in seinem Herzen einen Rivalen gehabt. Die Rudersdorff sang; das alte B... präsentirte sich im höchsten Glanz und ihre Stimme war wirklich immer noch die beste.

Donnerstag d. 31. Juli.

An James Morris geschrieben. Gearbeitet. James Morris holt mich ab, um im University-College (Gower Street) der Vertheilung von Preisen durch Sir William Fenwick Williams, Baronet of Kars, beizuwohnen. Ein großer amphitheatralisch-arrangirter Saal; Sir William wird mit Jubel empfangen »and takes the chair«. Ein soldatisches Gesicht mit etwas verdächtigem (lauernden) Augenzwinkern, das nach Orient und Kopfabschlagen schmeckt. Sonst aber *kein* bedeutender Kopf. Für ihn spricht auf der andern Seite, daß er ein schlechter Redner ist. Auch Dr. Sandwith, der an University College Medicin studirte und dadurch mittelbar das Erscheinen Sir Williams an dieser Stelle herbeiführte, war zugegen. Die Festlichkeit sonst wie man sie überall sieht; ein paar mal war mir als spiele die Scene in Berlin. Nach dem Akt, Promenade durch die kühlen Gänge und Hallen des Hauses. Medizin scheint vorzugsweise gelehrt zu werden; ich sah anatomische Sammlungen (z. B. eine Sammlung von Harnsteinen, einzelne von dem Umfang einer Frauenfaust) Modelle, Laboratorium, Sektionssaal etc. Die Rotunde und die daran anstoßenden Räume zeichnen sich durch eine reiche Sammlung Flaxmann'scher Arbeiten: Basreliefs, Statuen und Statuetten aus. Er selbst präsentirt sich in Marmor auf der großen Aufgangstreppe; Simpson. Geärgert; die Kneipe wird schweren Herzens aufgegeben. Divan. Bucher's hübschen Artikel über »Oxford« gelesen. Nach Bloomsbury Square; mit Wood und Schweitzer geplaudert. Nach Haus. Gelesen.

Freitag d. 1. August.

Gearbeitet. London-Bridge; James Morris getroffen. Mit ihm nach Sydenham in's Concert, das letzte dieser Saison. Ouverture zu Fidelio und Wilhelm Tell. Es sangen die Damen: Grisi, Didie [...] Bosio (das reizende Duett aus dem »Liebeselixier« mit Signor Ronconi zusammen) und Devries, und die Herrn Gardoni, Mario, Graziani, Formes, Ronconi u.s.w. Sehr hübsch aber langweilig; 3 Stunden kann man das nicht aushalten. Kurzer Besuch in der Bildergallerie. Dann, in den Parkgängen von Sydenham, mit Morris über den Verfall Englands gestritten.

Um 8 nach Haus. Gelesen. Berechnung gemacht, daß die schottische Reise unter 100 Rthr. unausführbar ist.

Sonnabend d. 2. August.

Brief von Emilien; ein Kunstblatt-Exemplar von Eggers. An Emilie, Eggers und Frau v. Merckel geschrieben. Beim Drury-Lane-Simpson gegessen. Divan. Gelesen. Nach Red Lion Court, Fleet Street, zum Buchhändler Mitchell. Alles geschlossen. Nach Haus. Gearbeitet.

Sonntag d. 3. August.

Einige Zeilen an Mr. Wilmot und Mr. Glover. Einen langen Brief an Lepel geschrieben. Drury-Lane-Simpson.

Immer Hammel; ich kann es kaum noch aushalten; ich gäbe 1 Rthr. für eine Portion Schoten und Moorrüben oder für eine Satte saurer Milch. Mein Magen ist hin; und bis Weihnachten ist noch eine Ewigkeit. – Divan. An Scherz geschrieben. Macaulay gelesen (das Immer-näher kommen an den Abgrund, Tyrconnel in Irland, der Sturz der Hyde's ⟨Lord Clarendon's des Vicekönigs von Irland und Lord [Rochester's] des ersten Lords des Schatzes⟩) alles großartig. Vielleicht mehr ein Kunstwerk als ein Geschichtswerk (im gemeinen Verstande) aber eben deshalb so groß. Nach Haus. Auf der Karte von Schottland nach Selkirk, Jedburgh, Kelso, Abbotsford und Melrose gereist.

Montag d. 4. August.

Ein Brief von Dr. Metzel. Nicht viel Neues. Ich soll wieder an die Vossin schreiben. Die Hauptstellen des Briefs für Mr. Glover übersetzt. Gearbeitet. Schuhsohlen – Beefsteak in Tom's Coffeehouse. Divan. Mit Schlesinger geplaudert. Seine Ansichten über Bucher ganz die meinigen: »alles ist nett, alles liest sich gut, [*Ab hier in Emilies Handschrift*] witzig, geistreich, kenntnißreich aber was soll das Ganze? Nennen Sie mir eine einzige positive Idee die er vertritt. Er will common law für Statute law haben und altsächsische Gemeindeverfassung; ist ein größerer Unsinn denkbar? alles sehr schön, aber schief gewickelt.« Ich kam in die sonderbare Lage Buchern, nicht gegen das Vorstehende, sondern gegen zu weit gehenden Tadel in Schutz nehmen zu müssen. Nach Bloomsbury Square. Mit Schweitzer nach Hampstead gefahren u. zu Fuß zurück. Reizender Abend; nett geplaudert.

Dienstag d. 5. August.

Gearbeitet. Besuch von Mr. Glover. Bringt mir seine Eintrittsmarke für Her Majestys Theater. Langes Zwiegespräch. Divan. Drury-Lane-Simpson. An Venison erquickt, aber – 5 s. 3 d. Nach Haus. Ein lächerliches fulldress Kostüm angelegt. Nach Her Majesty's Theater. Mad. Piccolomini als la figlia del Regimento. Recht nett, doch glaub' ich daß die ganze Oper was Darstellung angeht (nicht Gesang) viel, viel besser zu geben ist. Das Haus mit seinen sechs Rängen macht einen imposanten Eindruck. Ich selbst, mit meiner weißen Kravatte (die so saß daß ich selber lachen mußte, als ich mich beim Nachhausekommen im Spiegel sah) der Gegenstand allgemeiner Aufmerksamkeit und Erheitrung. O Lion-schaft! – Um 10 nach Shoe Lane. Ueber die Erweitrung des Franchise. Mr. Henriette spricht zu Gunsten der »working classes« auf Kosten der Häuserbesitzer und Tax-payer. Mr. Hart weniger brillant als gewöhnlich.

Mittwoch d. 6. August.

An Wentzel geschrieben. »Es herrschen hier mehr Mißbräuche als irgend wo anders, aber das Volk lebt trotz alledem glücklicher u. behaglicher als irgend wo anders. Dies Behagen ist eine Folge des Gefühls persönlicher Freiheit. Die Mißbräuche andrerseits sind schreiend geworden und verlangen Heilung. Die Frage ist *wie?* Es scheint, daß das Selfgovernment daran scheitern wird, nicht weil es nothwendig daran scheitern muß, nur weil der gute Wille des Selbstregierens immer mehr u. mehr zu schwinden beginnt. Wer soll helfen? Das Volk steht bei Seite, mit sich selbst u. seinen nächsten Interessen beschäftigt. Geholfen aber *soll* werden, geholfen *muß* werden; so hilft denn die Regierung. Das ist das Grab der alten Freiheit.« – Auf die Gesandtschaft. Alberts u. Frau begegnet. Mit ihnen in die Conditorei. Berliner Windbeutel gegessen. Zu Tisch geladen. Acceptirt. Vorher zu Glover; ihm die nöthigen Mittheilungen über Paß, russische u. dänische Gesandtschaft gemacht. Nach Seymour-Place. An deutsch zubereiteten Bohnen u. Kalbskarbonaden ordentlich wohl gethan u. am Rheinwein fast noch mehr. Ueber »von« »de« u. »of«. Die Karikatur des Adels, seine Kleinlichkeit u. seine Kränkungen. Nach Tisch Inspection des neugemietheten Hauses. Eine halbe Stunde im Garten. Beim Thee eine Pariser Reise verabredet. Sechs und sechzig gespielt. Whisky. Geplaudert bis halb 2 Uhr. Um 3 todtmüde in's Bett.

Donnerstag d. 7. August.

Ein Beruhigungsbrief von Frau v. Merckel, der mich erst völlig unruhig macht. Gelesen in Alfred Meißner's Buch über Heine. Auf die Gesandtschaft. Unterredung mit Graf Brandenburg. Sehr liebenswürdig, lehnt es aber staatsmännisch ab Mr. Glover an die dänische Gesandtschaft zu empfehlen. Drury-Lane-Simpson. Divan. Macaulay gelesen (William III u. Bentinck.) Bloomsbury-Square. Schweitzer nicht mehr da; Mrs. Morris in Thränen. Nach Haus. Zwiegespräch mit Mrs. Wilmot. Um des Umzugs halber einen Ausflug nach Oxford intendirt. An Max Müller u. Schweitzer geschrieben.

Freitag d. 8. August.

Brief von Schweitzer. Gearbeitet. An Dr. Metzel geschrieben. Drury-Lane-Simpson. Divan. Gelesen. Nach Haus. Gearbeitet. Gelesen in Meißner's Buch über Heine.

Sonnabend d. 9. August.

Briefe von Emilie u. Max Müller. Geschrieben an Alberts, Schweitzer, Müller u. Emilie. Auch die Briefe an Lepel, Metzel, u. Wentzel abgeschickt. Purssel. Simpson. Zu James Morris. Nach 92 Guilford Street. Ein Chaos vorgefunden. Geschlafen in der neuen Wohnung.

Sonntag d. 10. August.

Früh auf. Nach Paddington-Terminus. Der Zug (Sonntags 40 Minuten früher) schon fort. Nach London-Hospital. Schweitzer nicht getroffen. Zurück nach Paddington. In einer Kneipe Lunch genommen. Zugegen ein Soldat vom 28: Reg: mit seiner Liebsten; ein Franzose mit seiner Frau u. Mrs. O'connell, Frau eines alten irischen Capitains, der bei Vittoria den Arm verlor. Fabelhaftes Weib; halb Hebamme, halb Marketenderin, dabei straff irisch u. katholisch. »Take care Mr. Soldier, I tell you you mustn't leave your sweetheart; l know them, they are only constant as long as you see them.[«] Um 2 Uhr nach Oxford. Gegen 5 dort. Nach 55 St. John Street. Herzlicher Empfang. Zu Tisch. Alles reich u. nobel. Zugegen: Müller, seine Mutter, sein Freund Wallrond u. ich. Sehr heiter u. belebt u. endlich mal mit Appetit gegessen. Gegen Abend erster Gang durch die Stadt. Broad Street u. High-Street sehr schön, aber doch auszuhalten. Ungleich reizender die zweiten Höfe u. die parkartigen Gärten der Collegien. Geschlafen 56 St. John Street bei Nachbarsleuten in einem reizenden Stübchen.

Montag d. 11. August.

Mit Müller nach Exeter-College.

a ein riesiger Kastanienbaum am rechten Flügel des Erdwalls. Unter dieser Kastanie pflegen die fellows mit ihren Gästen zu sitzen und ihren Kaffe zu nehmen.

Der stille Garten von Exeter-College, nach meinem Geschmack der reizendste Platz in ganz Oxford. Die große

Halle der, nach links hin, eine Grenz-Wand bildenden Bodleyanischen Bibliothek, diente unter Karl I und II als Versammlungsplatz der Parlamente. Die Bibliothek selbst befindet sich im ersten Stock. Die Wände und Pfeiler (nach dem Garten von Exeter College hin) ganz von Epheu umrankt. – Von Exeter-College nach der Zeitungshalle; dann nach All-Souls-, Wadham-, Pembroke-, Brasenose-, Christ-Church-, Magdalen- und Queens-College. Wolsey studirte in Magdalen-College und gründete Christ-Church-College. Letztres ist unter allen Colleges das größte. Die Bezeichnungen, die in Christ-Church gelten, unterscheiden sich von denen der andren Collegien und sind meist kirchlicher Art. Das Ganze repräsentirt eine Kathedrale mit Zubehör (*Kirche* und Schule). Die fellows von Christ-Church heißen students; und die Verwaltung wird statt von einem [*Leerstelle im Text*] und fellows (students) von einem Dean und chapter (canons) geleitet. – Nach Haus. An Georgechen geschrieben und zum Geburtstag gratulirt. Dinner. Nach Tisch Abendspatziergang und Besuch von New-College, das einen besonders schönen Garten und eine schöne Kapel[le] hat.

Brief an George'chen

(d. 11. August.)

Hier im Gasthof zum Robin Roy
Schreib' ich Dir dies, mein süßer boy,
Und wünsche daß es am rechten Tag
Dich froh u. munter treffen mag.
Es sind nun fünf Jahre daß deine Mama
Mich wissen ließ: »Du seiest da;«
Ich erinnre mich dessen als sei es heut
Und habe mich sehr über Dich gefreut.
Du warst nicht schön, weder fleischig noch rund
Und hattest nur einen tüchtigen Mund,
Einen Mund der ohne allen Spaß
Dir genau zwischen beiden Ohren saß;

11. August 1856

Doch sei dem allem wie ihm woll'
Wir waren ganz Deines Ruhmes voll.
Nur in Einem schuf uns zu jener Zeit
Dein Mündchen doch Bedenklichkeit,
Das machte, wir hatten selbst nicht satt
Und dachten »ach wenn er Hunger hat,
Einen Hunger der diesem Mund entspricht
So können wir ihn sättigen nicht,
Denn Mutter's Vorrath ist sehr gering,
Hilf Himmel, es ist ein schlimmes Ding.«
Und der Himmel that was er immer thut,
Er *half*, u. alles wurde gut,
Und wurde besser als in der Nacht
Wo Gott Dich schickte, wir je gedacht.
Es fanden sich Milch u. Mayer'sche Flaschen
Zucker-Biskuite davon zu naschen,
Es fand sich manches u. allerlei
Und so ging das erste Jahr vorbei.
Das zweite auch; – im dritten Jahr,
Als eben Mama's Geburtstag war
Da hatten Deine Eltern beid'
Um Dich kleinen Kerl großes Leid.
Du wurdest uns bis zum Tode krank,
Doch der Himmel half wieder, Gott sei Dank.
Zu Weihnachten als Du eben genesen,
Sind wir voll Dank u. Freude gewesen,
Aber die Freude war kaum gethan,
Da fingst Du zu hinken u. humpeln an
Und die Leute sagten: »Das arme Kind!
Und wie traurig seine Eltern sind!«
Wir rieben mit allerhand Salben Dich ein,
Doch die Hülfe sollte wo anders sein,
Gott nimmt es dabei nicht eben genau
Und er wählte für Dich eine alte Frau,
Sie rieth uns Ulmenbäder an,
Und in vier Wochen war es gethan.
Seitdem mein boy gleich einem Alten,

Hast Du Dich brav u. wacker gehalten
Und hast durchzogen wie ein Held
Zu Wasser u. Lande die halbe Welt.
Du hast gespielt auf grüner Halde
Am Ufer der Nuthe in Luckenwalde,
Du hast an der Katzbach Dich 'rum geschlagen
Wie Vater Blücher in alten Tagen
Und bist ohne langes Federlesen
Ein Gast im großen London gewesen.
Deine Mutter schreibt mir von zu Haus:
Du zögst dich jetzt selber an u. aus,
Ausziehen ginge eins, zwei, drei,
Aber anziehn immer noch schwierig sei
Und Du dächtest: »wenn ich das erst kann
So reis' ich nach London u. bin ein Mann.«
Beim Lesen mir das gleich gefiel;
Steck' Dir bei Zeiten ein großes Ziel,
Wem Anziehn-lernen rasch gelingt,
Der auch wohl andres rasch bezwingt.
Das kannst Du heute noch nicht verstehn,
Doch fünfzehn Jahre schnell vergehn
Und wenn Dich Gott am Leben läßt
Und du feierst dann wieder Geburtstagsfest,
Dann wollen wir über die Sache sprechen
Und uns den Kopf ein bischen zerbrechen.
Heut fühl' ich von allem laufen und sehn
Sich ein Mühlrad in meinem Kopfe drehn
Und ich will Dir nur sagen noch zum Schluß:
Sei brav u. gut! Und nun einen Kuß

                      von Deinem Papa.

Dienstag d. 12. August.

Worcester-College. Dann in die große Bibel-Druckerei. Zurück. In die Bodleyanische, dann in die Radcliffe (naturhistorische) Bibliothek. Panoramen von der Kuppel der letztern. In der Bodleyana alte handschriftliche Bücher mit kostbaren Malereien (wie im Soane Museum) gesehn. Dann in den oberen Saal bestiegen. [*sic!*] Ein interessantes (übrigens nicht beglaubigtes) Portrait der Maria Stuart; schönes Model des Münsters in Calcutta; ein Panorama von London aus dem Jahre 1700 etc. Nach Haus. Lunch. Dann mit Müller nach Godstowe, eine ehemalige Abtei wo »die schöne Rosamunde« nach einigen lebte und dann entführt wurde, nach andern starb. Ruine, Epheu. Eine wilde Rose auf dem Trümmerwerk.

Mittwoch d. 13. August.

Reise von Oxford über Leamington nach Warwick, Kenilworth, Stratford am Avon und von da zurück über [*sic!*] nach London. *Warwick* (Coventry in der Nähe und Leamington; letztres 16,000 Einwohner, Warwick nur 14,000) eine hübsche, alte Stadt. Zwei eigenthümliche Kapellen, die fast wie Barbikan's (Wachtthürme) dastehn. Man fährt durch ihr gothisches Portal hindurch und darüber befindet sich der Kapellenraum. Ein altes Krankenhaus aus 1547 oder 1576, ein Fachwerkbau wie unsere mittelalterlichen Häuser. Das beste die Kirche 1370-1391; dann nach 1694 durch Wren. Schön gothisch, die andre Hälfte (nach einem Brande) von Wren wieder aufgeführt, in einem Style der das Gothische nicht direkt copirt aber sich ihm nicht ohne Geschmack accomodirt. An den gothischen Theil lehnt sich Beauchamp-Chapel 1439-60 (im Styl Heinrich VII.) Hier befinden sich die Grab-Monumente Richard Nevilles (Beauchamps) Grafen von Warwick, des Königsmachers (im Crystal-Palast nachgeahmt) Robert Dudley's Earls of Leicester und seiner dritten Gemahlin und Ambros Dudley's des »guten Grafen von Warwick«. Die *alten* Grafen von Warwick existirten nicht mehr und Ambros Dudley, war es geworden. – *Das Schloß.* Das Eingangsthor. Guy's Rüstkammer. Der Gang zum Schloß: Das Schloß. Guy's Tower. Im Hintergrund der

Keep oder Mount mit battlemented walls etc. sehr malerisch. In den schönen Sälen des Schlosses [*An dieser Stelle ist im Ms. ungefähr ein Drittel einer Seite unbeschrieben. Auf einem losen Blatt, dem Entwurf zum Eintrag vom 13. August 1856, findet sich neben dem Text noch eine Bleistiftskizze der Schloßanlage, die vermutlich in das Tagebuch übertragen werden sollte.*] befinden sich schöne Sachen von Guido, Rubens, Rembrandt, van Dyk, Holbein, Lely etc. Folgende Portraits: Karl Stuart, Henriette Marie, wie in Windsor, Strafford (zweimal als junger Mann und später) Cromwell, ein Greville oder Brooke der bei der Belagerung von Lichfield (Roundheads gegen Cavaliere) blieb. Anna Bulen (recht hübsch) deren Schwester, Luther, Loyola, Heinrich VIII, Elisabeth, Leicester, Essex. Cromwell's Helm; kilt vom Prätendenten, desselben Büffelrock auch da, prächtig erhalten. Die »Amazonenschlacht« sehr schön in Holz geschnitten. Entzückende Aussicht von den Fenstern dieser Staatszimmer auf den unten vorbeiströmenden Avon und die Landschaft am andern Ufer. – Die Vase. – Der Guy-Tower, die franz: Lilien und Inschriften.

Stratford upon Avon. Hübsches Städtchen. Zwei Kirchen. Besuch in der Kirche. In Shakespeare's Haus. Shakespeare's Hôtel. Charlecote. Squire Lucy.

Donnerstag d. 14. August.

An Emilie geschrieben. Um 3 mit James Morris nach Threadneedle Street und 3 Bilder des jüngst verstorbenen Maler Martin: 1) the last judgment 2) the day of wrath u. 3) the plains of Heaven zu sehn. Genialität an der Grenze der Verrücktheit. Mehr poetische als malerische Kraft, so daß das Dargestellte gewöhnlich hinter der Idee zurückbleibt. D. L. Simpson. Divan. Nach Haus. Gearbeitet.

Freitag d. 15. August.

An Müller geschrieben. Brief von Burow. Anträge betreffs des Globe. Geht nicht; Wilkinson läuft ihm den Rang ab. Auf die Gesandtschaft, Geld geholt. Divan. Kauffmann getroffen, der vor 2 Tagen von Devonshire (Torquay und Teignmouth) zurückgekehrt war. Nach Haus. An Burow geschrieben. Nach London-Hospital. Schweitzer, Mr. Tustin u. Miß Eburne (eine Schwägerin der Miß Margret Eburne im Saddlers Wells Theater) u. für ihre eigene Person Chorführerin in H. M. T. Recht nett. Einige altenglische Lieder (z. B. »Wapping old stairs«) gehört. Nach Haus.

Sonnabend d. 16. August.

Brief von Emilie; Beschreibung von Georgechens Geburtstag. – Gearbeitet. An Müller geschrieben u. wegen der Saturday Review u. andrer Blätter angefragt. D. L. Simpson. Nach Bloomsbury Square. Unerquickliches Gespräch zwischen Wood u. Schweitzer. Spatziergang mit letztrem. Nach Haus.

Sonntag d. 17. August.

Gearbeitet. (Die Wochenblätter.) D. L. Simpson. Nach London-Hospital. Hübsche Sammlung von photographischen Portraits gesehen. Allzu philosophische Gespräche mit Schweitzer. Nach Haus.

Montag d. 18. August.

Brief von Emilien; gute Nachrichten in Betreff Dr. Metzels. Gearbeitet. (Die Wochenblätter.) D. L. Simpson. Divan. Gelesen in der Cyclopaedia Britannica (Dr. Johnson. Sir Rob: Walpole. Georg II) In der National-Zeitung Auszüge aus Haeussers Deutscher Geschichte gefunden u. einigermaßen in Aufregung über die ziemlich nah liegende Frage: wurde Rußland was es geworden ist, wenn Preußen 1809 mit Oestreich vereint statt 1813 im Bunde mit

Rußland zu den Waffen griff? Solche Betrachtungen sind müßig u. die darauf gegebene Antwort, »daß die totale Niederlage Napoleons vermuthlich nur nach den Vorgängen des Jahres 12 erfolgen konnte« ist ziemlich schlagend, nichts destoweniger hat es großen Reiz von einem starken Deutschland u. der Beseitigung jenes unglückseligen Antagonismus zwischen Oestreich u. Preußen zu träumen. –

Dienstag d. 19. August.

Einen Plan gemacht. »*Die Marken*, ihre Männer u. ihre Geschichte. Um Vaterlands- u. künftiger Dichtung willen gesammelt u. herausgegeben von Th. Fontane.« – Die Dinge selbst geb' ich alphabetisch. Wenn ich noch dazu komme *das* Buch zu schreiben, so hab' ich nicht umsonst gelebt u. kann meine Gebeine ruhig schlafen legen. – An Dr. Metzel geschrieben über Glover, Times, Graf Reventlow, Müller etc. Gearbeitet. D. L. Simpson. Divan. Gelesen. Court Journal, Atlas, Press, Saturday Review. Nach Shoe Lane: »Are the interests of capital and labour antagonistical?« Zuletzt spricht Mr. Henley u. hält einfach, natürlich schlagend, so ziemlich die beste Rede die ich bis jetzt in Clubs gehört habe.

Mittwoch d. 20. August.

An Dr. Metzel, Emilie u. die Vossin (über libel-law u. Theater-Censur) geschrieben. Besuch von Mr. Glover. Er u. ich warten auf Bescheid. Nun speculirt er auf Rußland. In Betreff des Sundzolls in Erfahrung gebracht: daß Dänemark ihn vor Jahren schon als Garantie (security) an engl: Geldleute verpfändete u. daß mithin England das größte Interesse hat den Sundzoll fortbestehn zu sehn. Sonst wenig Neues. D. L. Simpson. Divan. Geplaudert mit Kauffmann u. Schlesinger. Die ersten Nachrichten über den schweren Menschenverlust unserer Corvette »Danzig« u. über die Verwundung des Prinzen. Nach dem Prinzeß-Th.

»Music hath charms« u. Winters Tale. Erstres ein kleines unbedeutendes Stückchen, gut gespielt, sonst ein Ding wie man's in 2 Stunden (höchstens) nach dem Frühstück schreibt. Ein verrückter Engländer ist verliebt u. humoristisch zudringlich. Weil er aber viel Geld hat u. jene Sorte von Honorigkeit besitzt die bei viel Geld nicht viel sagen will, er schließlich auch singen u. Klavier spielen kann so hat »music charms« u. der andere Liebhaber, der natürlich ein ruppiger Hund ist, wird entlassen. Nun Winters Tale. Ich folgte der Aufführung mit Vorurtheil. Nach allem was ich darüber gehört hatte, u. vorzüglich von denen die all diese Buntheit u. diese Pracht nicht genug bewundern konnten, war ich auf das entschiedenste dagegen eingenommen. Dies Vorurtheil wurde bis zum 4ten Akt hin zu einem wohlmotivirten Urtheil: »langweilig, – affektirt, – nonsense,« – brummt' ich abwechselnd vor mich hin. Aber im 4ten Akt schlug mein Urtheil um. Ich konnte nicht länger wiederstehn. Ich gerieth in dasselbe, muthmaßlich in ein größeres Entzücken wie das Parterre-Publikum (das in England ein sehr untergeordnetes ist) um mich her. Diese Bewundrung hielt an bis zum Schluß. Daß diese Bewundrung eine rückwirkende Kraft gehabt u. mit den 3 ersten Akten mich ausgesöhnt hätte, kann ich nicht sagen. Es gilt von ihnen der abgetretenste aller Göthe'schen Sprüche: man merkt die Absicht u. man ist verstimmt. Dies feierliche Weinmischen in der goldnen Schale, der Schwertertanz u. vor allem der kleine Mamilius der mit seinem Wägelchen in geziert-englischer Weise vor einem Kinderspiele aufführt, ist unerträglich. Mir wurde bald kalt, bald heiß. Gerade so unnatürlich wie die modischen englischen Kupferstiche, wo sich die Bauerjungen u. Bauermädchen mit dem Ausdruck höhren Weltschmerzes angucken. Im 2ten Akt die Scene mit dem Wikkelkind war über die Maaßen lächerlich (das trifft mehr das Stück als die Aufführung) der Schmerz der verschiedenen sizilianischen Höflinge u. Kammerfrauen in seiner Zugerichtetheit u. Drapirtheit gar nicht zu ertragen u.

auch die Gerichtsscene des 3ten Akts (die kranke Königin vor den Schranken) nur in *dem* Moment erschütternd, wo der Richter oder Priester, klar u. einfach, den freisprechenden Ausspruch des Orakels (?!) verliest. Die erste Scene des 4ten Akts, das Aussetzen des königlichen Kindes, ist langweilig u. lächerlich zugleich aber mit demselben Augenblick wo Luna am Himmelsgewölbe erscheint u. ein zauberhaftes Licht über das Theater ausgießt, ist das Stück garnicht mehr dasselbe u. Humor, sinnige Heiterkeit, unaffektirte Liebe, poetische Wunder, versöhnungsreiches Wiederfinden alles stürmt in rascher Reihenfolge auf uns ein u. unser Herz lacht u. hüpft in beständiger Freude. Die letzte Scene: Hermione als Steinbild, plötzlich Leben u. Sprache gewinnend, ist zauberhaft, aber das reizendste bleibt doch das Schäferspiel des 4ten Akts. Ich habe nie etwas Lieblicheres gesehn. Die lachende Landschaft, die Fröhlichkeit südlichen Lebens, die Buntheit u. doch die Einfachheit der Kostüme, die sorgenlose Liebe des jungen Hirtenvolks, die simplen Klänge der Musik, die schönen Handbewegungen des Mädchens die den Reihen auf u. abwärts lenkt, dann plötzlich der laute Lärm der Lust, das Hüpfen u. Springen von Satyr u. Faunen, die jubelnden Kinder, die klingenden Tamburins u. dann endlich alles tanzend, lachend, singend – zauberten den schönen Süden vor mich hin, den Süden nach dem ich jetzt mitunter eine unbeschreibliche Sehnsucht habe. Ich mag dies money-making-Volk nicht mehr sehen; es ist unerquicklich von Anfang bis zu Ende. Wie diese schlichte Scene zwischen Perdita (Miß Charlotte Leclerq) u. Florizel (Miß Heath) mich berührte! Die beiden Mädchen waren zum anbeißen. Miß Leclerq ist sonst kokett u. das hätte die ganze Scene verdorben. Aber sie hatte mit der kindlichen Rolle ein kindliches Wesen angezogen. Nichts störte den Zauber dieses lieblichen Schäferspiels. Zum ersten Mal hab' ich begreifen gelernt, daß die besten Köpfe eines ganzen Jahrhunderts sich an solchen Spielen erfreuen konnten. Man sieht eine ideale Welt u. man glaubt an sie. Man glaubt an sie, weil das Menschenherz dieses Glaubens bedarf. Wir haben am Ende doch einmal in einem Paradiese gelebt, oder wir werden wieder in einem solchen leben. Diese Sehnsucht ist entweder rätselhafte Rückerinnerung oder Ahnung. Die Leidenschaft ist nicht Glück, nur die Ruhe. Der abgehetzte Mensch denkt anders über den Himmel wie der Springinsfeld. Es geht einem in dem Wirrwarr der Welt der Glauben auf, daß es ein seliges Schauen giebt u. daß dies Schauen nicht »langweilig« ist, wie man in jungen Tagen lacht u. schwört. O Shakespeare, o Kean, o Miß Charlotte Leclerq was habt ihr angerichtet – ihr habt mir eine Predigt gehalten, besser als irgend ein Kanzelmann u. der Eindruck kann selbst durch die Vorstellung nicht verwischt werden, daß Miß Charlotte möglicherweise 3 uneheliche Kinder u. doppelt so viel Liebhaber hat. Zuletzt ist alles nichts wie Sehnsucht nach dem Süden. Und wenn ich den Süden gesehen habe, was dann?

Donnerstag d. 21. August.

Gearbeitet. D. L. Simpson. Divan. Gelesen. (Wochenblätter.) Nach Haus.

Freitag d. 22. August.

Einen englischen Brief geschrieben zur Vertheidigung der Deutsche[n] Legion u. des Prinzen Albert. Auch an Glover u. Müller. D. L. Simpson. Divan. Gelesen. (Die Zeit von Georg I bis Tod Georg II von 1715–1760.)

Sonnabend d. 23. August.

M. Chronicle bringt meinen Brief über die Deutsch. Legion u. Prinz Albert. Gearbeitet. Besuch von Mr. Glover. Fordert mich auf (20 £ Reise-spesen) ihn nach Berlin zu begleiten. An Emilie u. Dr. Metzel geschrieben. Angefragt wegen Glover. – In den Divan. Der Standard bringt einen Leitartikel über meinen Brief. Gelesen (Die Whigs: Herzog von Devonshire u. Henry Russel treten immer offner auf die Seite Wilhelms III; Dykvelt, Zulenstein, Churchill u. Sarah Jennings, Charakteristik beider.) Nach Haus.

Sonntag d. 24. August.

Gearbeitet (Wochenblätter.) Nach London Hospital; Schweitzer nicht da. Divan. Schweitzer u. Hegewald getroffen. Geplaudert. Gelesen. (Das Vorgehn Jakobs II gegen Oxford u. Cambridge, besonders gegen Magdalen-College.)

Montag d. 25. August.

Briefe von Emilie u. Burow. Gearbeitet. (Wochenblätter.) Zu Mr. Glover. Einige Notizen für ihn übersetzt. D. L. Simpson. Divan. Mit Herrn Lebenheim geplaudert. An Emilie geschrieben. Nach London-Hospital. Wood daselbst getroffen; ziemlich nette Debatte mit ihm über Winters' Tale, german Legion u. german influence. Beim Nachhausekommen telegr. Depesche von Dr. Metzel vorgefunden. Ich soll kommen. Hurrah!

Dienstag d. 26. August.

Brief von Burow. An Schweitzer u. Mr. Glover geschrieben. Unterredung mit Mrs. Wilmot über meine Reise, Miethsentschädigung, Miß Lydia etc. Gearbeitet. (Wochenblätter.) Brief von Hr. Alberts. Geantwortet. Zu Mr. Glover. Die Abreise auf Donnerstag Abend festgesetzt. An Dr. Metzel geschrieben. Divan. Eine Correspondenz aus Petersburg für Glover übersetzt.

Mittwoch d. 27. August.

Reisevorbereitungen. Auf die Gesandschaft. Geld geholt. (5 £.) Kurze Unterredung mit dem Grafen Brandenburg. Alberts durch James-Park begleitet. D. L. Simpson.

Kattuneinkäufe bei Edwards u. Dawes. Nach Haus. An Schweitzer, Morris u. Müller geschrieben. Nach 2 Seymour Terrace zu Alberts. Beide Eheleute recht nett. 66 u. Whiskey comme toujours. (M. M. hat um die älteste Bunsen vor vielleicht 4 Jahren angehalten; Korb gekriegt; sie würde jetzt mit beiden Händen zufassen, bevor sie vollends, mit Alberts zu sprechen eine »alte Morchel« wird.)

Donnerstag d. 28. August.

Gepackt. Besuch von Glover. Thee getrunken mit Familie Wilmot. Abschied. Auf die Gesandschaft. Kurze Unterredung mit dem Grafen Brandenburg. Abreise nach Dover um 8½ Uhr.

Freitag d. 29. August.

Um Mitternacht Abfahrt von Dover. Gegen 5 Uhr in Ostende. 4 ½ Uhr Nachmittag's in Köln. Mein Koffer fehlt. Den Kourierzug verpaßt. Im Wirrwarr auch Pelz u. Ueberrock, Reisetasche u. Schirm verloren. Letzteres nach unsäglichen Mühen wieder aufgetrieben. Um 9 Uhr Abfahrt von Deutz.

Sonnabend d. 30. August.

Die Reise selbst langsam u. langweilig; die Gesellschaft (Mad. Borecius u. Familie aus Königsberg) ganz erträglich. Gegen 8 Uhr Ankunft in Berlin. Frohes Wiedersehn.

Sonntag d. 31. August.

Den ganzen Tag Familie geschwelgt. Nachmittagsbesuch v. Immermann. Abendbesuch von Eggers u. Lübke.

Montag d. 1. September.

Zu Dr. Metzel. Bei Merckel's zu Tisch. Nett u. liebenswürdig wie immer.

Dienstag d. 2. September.
Zu Kugler; ihn nicht getroffen. Schilling. Zum Geh. Rath Hegel. Eggers u. Zöllner zu Tisch.

Mittwoch d. 3. September.
Ankunft von Mr. Glover. In's Hôtel de Russie. Zwiegespräch mit Glover. Besuch von Hr. Tieftrunk. Zu Kugler; wieder nicht getroffen. Zur Frau Amtmann Krüger. Den Abend über mit Wentzel bei Dr. Metzel.

Donnerstag d. 4. September.
Der verlorene Koffer wird angemeldet. Zu Glover. Mit ihm zu Dr. Metzel; dann zu Geh. R. Philipsborn. Kurzer Besuch von Wentzel u. Glover. Besuch von Kugler. Mit Georgechen zu Eggers. Am Abend Briefe geschrieben an Vater, Mutter u. Burow.

Freitag d. 5. September.
Der Koffer trifft ein. Mit Glover zu Dr. Metzel. Der Glover'sche Plan droht zu scheitern. Spatzierfahrt durch den Thiergarten zu Kugler u. Frl. Clara Baeyer. Spatziergang mit Kugler. Abendbesuch von Eggers u. Zöllner.

Sonnabend d. 6. September.
Zum Minister-Präsidenten. Zu Glover. Zu Dr. Metzel. An Glover geschrieben u. ihm den hoffnungslosen Stand seiner Affaire auseinander gesetzt. In den Rütli (bei Immermann.) Zugegen: Merckel, Lazarus, Bormann u. ich; schließlich auch Eggers. Rütli-Souper.

Sonntag d. 7. September.
Besuch von Chevallerie. Mit ihm zu Glover. Bewegter Abschied von letztrem, der jedes weitere Betreiben seiner

Angelegenheit aufgiebt. Nach Haus. Eggers, Kette u. Max getroffen. Eggers u. Max zu Tisch. Zum Kaffee bei Chevalleries. Den Abend über zu Haus.

Montag d. 8. September.

Besuch von Eggers, Gedichte corrigirt. Zu Dr. Metzel; nicht getroffen; mit Max in die Kunstausstellung. Einzelne kostbare Sachen (Frl. Viereck; eine albanische Dame von Riedel; schöne Portraits etc.) Nachmittag mit Max u. Eggers nach dem Spandauer Berg gefahren. Sehr hübsch.

Dienstag d. 9. September.

Brief von Mama. Besuch vom Buchhändler Schneider. Anträge in Betreff eines Reisehandbuch's für England. Visiten bei: Dr. Metzel, Frl. Alwine Hänel, Merckel's, Geh. R. Caspar, Dr. Koblanck, Hahn's u. Commerzienrath Krause (Frl. Margarethe v. Klöden.) Abendbesuch v. Eggers.

Mittwoch d. 10. September.

Briefe geschrieben an Vater, Mutter, Scherz, Lepel, Schweitzer u. Mrs. Wilmot. Spatzierfahrt mit Frau v. Merckel durch den Thiergarten. Mit Emilie zu Dr. Metzel. Den Abend über mit Kette (dessen »Saul« am Königl. Theater angenommen ist) u. Eggers in Dedels Keller gekneipt.

Donnerstag d. 11. September.

Besuch von Frau v. Chevallerie. – Auf's Büreau. Zum Schulrath Bormann. Mit Emilie zu Schacht's. Am Abend Besuch vom Chevalleri'schen Ehepaar.

Freitag d. 12. September.

Auf's Büreau. Zum Commerzienrath Krause; ihm zum Geburtstag gratulirt. Zu Fournier; nur Frau Consistorialräthin u. den Prediger Coste getroffen. Mit den Soldaten, die Roquette's »Druck nit so« als Militairmarsch bliesen, durch's Schloß marschirt. Eine brutale Schildwacht; allerhand Bedenken; etwas wie Abneigung gegen den Militairkram verspürt, wenigstens gegen seine besondre Berechtigung. Zu Hesse's, Frl. Emmy gesprochen. Spatzierfahrt mit Frau v. Merckel durch den Thiergarten. Ausgestiegen am Invaliden-Kirchhof. Scharnhorst's Grab (Rauch's schlafender Löwe u. schöne Reliefs von dem sonst wenig erquicklichen Friedrich Tieck.) Das »National-Denkmal«, zu Ehren u. zum Gedächtniß der 1848 u. 49 im Kampf gefallenen Soldaten errichtet, in Augenschein genommen. Die Säule nichts besondres u. der Adler auch nicht; die Relief's hübsch, aber Dutzendwaare; entlehnte Ideen in hergebrachter Weise ausgeführt. Die 3 Wände mit den Namen der gefallenen Soldaten (301 Gefallene u. 174 an ihren Wunden gestorben) einem aufgestellten Wandschirm ähnlich. – Abendbesuch von Dr. Metzel, Dr. Metzler u. Wentzel. Bis 12 beisammen.

Sonnabend d. 13. September.

Zu Eggers u. Kugler. Mit Emilie zu Kranzler. Auf's Büreau. Geld empfangen. An Max geschrieben. Rütli bei mir. Zugegen: Eggers, Kugler, Merckel, Lazarus, Bormann, Menzel. Brief von Papa.

Sonntag d. 14. September.

Geschrieben. Zu Schacht's. Lucae, Geh. Rath Bergmann u. Frl. Schneider zugegen. Sehr nett. Nach Haus.

Montag d. 15. September.

Geschrieben an Papa u. Sommerfeldt. Auf's Büreau u. zu Dr. Metzel. Zu den alten Sommerfeldt's. Nach Moritzhof. Spatziergang mit Frau Minette Harder u. Frl. Sophie Mattersdorf. Nach Haus. An Witte geschrieben.

Dienstag d. 16. September.

Brief von Mama. Besuche bei Lübcke u. Lazarus gemacht. Auf's Büreau; Geld geholt. Am Nachmittag zu Dr. Beutner, (nicht getroffen,) Flender's, u. Merckel's. Nach Haus. An. Sch. Rth. Bormann u. Dr. Metzel geschrieben.

Mittwoch d. 17. September.

Um 4 Uhr auf. Zu Papa nach Freienwalde. Sehr herzlicher Empfang. Das Leiden des alten Herrn doch ziemlich ernster Natur. Runde 12 Stunden geplaudert.

Donnerstag d. 18. September.

Um 2 Uhr von Schiffsmühle abgereist. Der Alte bewegter als sonst wohl. Um 6 Uhr in Letschin. Liebenswürdiger Empfang. Jennychen immer noch nett u. herzgewinnend wenn sie spricht; der unwiderstehliche Vortrag einer gebornen Märchen-Erzählerin.

Freitag d. 19. September.

Geplaudert mit Schwester u. Schwager u. wohlgethan an Schabebraten u. Asmannshäuser. Spät zu Bett.

Sonnabend d. 20. September.
(Prinzeß Luisens Hochzeit.)

Um 3 Uhr auf. Mit der Post (um halb fünf) nach Frankfurt. Um halb 11 eingetroffen. Kein Zug nach Berlin. Sechs Stunden im Gasthof. An Mama u. Freund Alberts geschrieben. Um halb 6 in Berlin eingetroffen. Briefe aus London. Um 7 zu Menzel in den Rütli. Zugegen: Menzel, Merckel, Eggers, Lazarus, Lepel u. ich. Gegen 10 zu Haus.

Sonntag d. 21. September.

Mit Emilie u. George zu Scherz u. Lisbeth in Kisskalt's Hôtel. Mit Scherz bei Ewest gefrühstückt. Rendezvous mit den Frauen auf der Kunstausstellung. Müller u. die schöne Julie getroffen. W. Gentz's entsetzliches Bild gesehen. Mit den Frauen u. den Kindern (Hete u. George) bei Tietz gegessen. Bei Kranzler Kaffee; den quaßlichen Mützel getroffen u. ad absurdum geführt. In die Friedrich Wilh: Stadt: Ein patriot: Festspiel: »der Traum des großen Kurfürsten« gesehn. Scheußlich. Dann Sennora Pepita u. 2 Lustspiele: »die Virtuosen« und die »Familie Rüstig«. Das erstere ganz nett; das letztere, wenigstens durch die Haltung des Publikum's, eine Profanation u. die Karrikatur eines noblen Patriotismus. Spät nach Haus.

Montag d. 22. September.

Zu Dr. Metzel. Scherz u. Frau Lisbeth bei uns zu Tisch. Mit Scherz in's Hôtel. Mit Emilie u. Frl. Gebhard zu Kranzler. Abschied von Scherzen's.

Dienstag d. 23. September.

Gearbeitet (Antonius u. Cleopatra.) Bei Merckel's zu Tisch. Ellora zugegen (Roquette.) Kleiner Toast [*Das Gedicht in Fontanes Handschrift*]:

> Das Haus, das ich vergesse nimmer,
> Mit dem runden Tisch und dem grünen Zimmer,
> Mit dem Ungarwein und den schwimmenden
>   Klößen,
> Die selber schon Respekt einflößen,
> Das Haus drin Rütli und Ellora
> Seit lange studirt die Humaniora,
> Das Lieblingshaus der aufgethauten
> Wieder flottgewordenen Argonauten,
> Das Haus, was soll ich zögern noch,
> Das *Merckel'sche* Haus es lebe hoch!

Bedrückte Stimmung, alles herbstlich geworden. Nach Haus.

Mittwoch d. 24. September.

Briefe geschrieben an Vater, Max, Tieftrunk, Schneider u. Westermann. Nachmittag's zu Müller's u. Kornek's. Den Abend mit Lepel beim Rheinwein verplaudert.

Donnerstag d. 25. September.

Gearbeitet (Antonius u. Cleopatra.) Schindler's »Emil« macht seine Aufwartung. Besuch vom verschnupften Roquette. Interessante Mittheilungen über Dresdner Ton u. Leben, Auerbach, Wolfssohn u. s. w. Besuch bei Kugler's (Gretchen Heyse, die hochbusige Jeannette etc.) Gespräch mit Kugler über Korneck. Nachmittag's mit George auf den Hamburger Bahnhof; Mutter abgeholt. Besuch von Lischen u. Wentzel. Den Abend mit Mama verplaudert.

Freitag d. 26. September.

Brief von Schweitzer; geplaudert. Zu Eggers, Francke, u. Vogel. Nachmittag's zu Dr. Beutner (Briefe zugesagt aus Paris u. London, Faucher Redakteur vom Star). Besuch von Tieftrunk, Chevallerie, Frl. Luise Krüger, Frl. Menzel u. Consist: R. Fournier. Den Abend über zu Kugler's u. junge Heyse's. Anfrage von Seiten Paul's wegen Uebernahme einer Redaktion, vielleicht der N: Münchner Zeitung (bei der übrigens, nach Metzel's Meinung, nur Katholicken das große Wort führen.)

Sonnabend d. 27. September.

Geplaudert. Zu Dr: Metzel u. Frau Prof. Heyse. Nachmittag's zu Menzel. Sein »Hochkirch« u. seine »Begegnung Kaiser Joseph's u. Friedrichs des Großen im Schloß zu Neiße« gesehn. Das erstre nachzu fertig. Ein bedeutendes Bild, das nur wieder an jenem Fehler laborirt dem man bei Menzel öfter's begegnet, – *kein eigentlicher Mittelpunkt,* weder äußerlich noch innerlich. Am meisten zeigt das sein »Friedrich auf Reisen« wo sich Bild u. Interesse des Beschauers geradezu halbiren. Dies »Hochkirch« hat eine Gruppe, deren vorderste Gestalten (räumlich betrachtet) eine Art Mittelpunkt abgeben, aber die betreffenden Personen sind nicht alle von ausreichender Bedeutung. Der alte Stabsoffizier (die 3te Figur in der Reihe) zählt zu dem Besten was Menzel gemalt hat, [*ab jetzt wieder in Fontanes Handschrift*] aber die beiden vor ihm den Hügel erklimmenden Figuren, namentlich der Offizier an der Spitze, könnten ausdrucksvoller sein. Es läßt sich rechtfertigen nicht *zu viel* geben zu wollen, aber es ist (was diese Figur angeht) doch fast zu wenig. – Von Menzel in den Rütli, bei Lepel. Zugegen: Kugler, Paul Heyse, Bormann, Merckel, Eggers, Lepel und ich. Eggers legt die neue Argo vor. Der entsetzliche Zeising taucht nochmals auf. Die Unterhaltung fließt nicht recht und schleppt sich ohne besondres Interesse bis 9 Uhr hin. Dann mit Lepel zu Hahn's. Etwas politisirt und schließlich in Rückerinnerungen an die Franz-Kaserne, Bellevue, den alten Lepel und »seine Spanier« geschwelgt. Spät nach Haus.

Sonntag d. 28. Septemb.

Briefe von »Onkel Max« und Witte. Besuch von Max v. Below, Fräulein Baeyers und Frau v. Below. Nachmittags in's Odeum; Rendezvous daselbst mit Zoellner, Paul Heyse und einem Baumeister Wachenhusen. Geplaudert. Mit Paul in die Stadt geschlendert. Zu Frau Amtmann Krüger.

Montag d. 29. Septemb.

Brief von Francke (alles zerschlägt sich wieder). Briefe geschrieben. Zu Dr. Metzel. Reimerei für Max. Zu Kriegsrath Hesse (Frau Dr. Liehss zugegen). Von da zu Wentzel. Mit Metzel und Metzler, bei gutem Mosel und Tokayer bis Mitternacht geplaudert.

Dinstag d. 30. Septemb.

Zu Dr. Metzel, Zabel und Vetter Steinke. Besuch von Kette. Mit Mutter und Emilie im »Odeum« Kaffe getrunken. Besuch von Frau v. Lepel. Zu Merckel's; erstes Abschiedssouper: Hahn's, Lepel und der junge Mühler zugegen.

Mittwoch d. 1. Oktober

Zum Geh. R. Hegel. Mit Emilie Reise-Einkäufe gemacht. Zum Kaffe nach Bethanien. Mit Schultz (der gerade in Neufchatel war, als die sogenannte Revolution ausbrach) über Elsaß, Straßburg und Louis Napoleon »von dem selbst seine Gegner zugäben, er sei *eine noble Natur*« geplaudert. – Um 7 zu Löwenstein. Abends Kneiperei bei Metzel. Spät nach Haus.

Donnerstag d. 2. Oktober.

Besuch von Frau Amtmann Krüger. Lübke berichtet über die Aufnahme der »Klytemnästra«. Zu Dr. Metzel. Nachmittag zu Kette, zur Vorlesung des »Saul«. – Den Abend mit Lepel verplaudert.

Freitag d. 3. Oktober.

Besuch von Kette und Fräulein Clara Baumeister. Zu Dr. Metzel. Unvermeidlicher Paßärger. Ellora-Kaffe; zugegen: Eggers, Lübke, Zöllner, der große und kleine Lucä. Zöllner und Lübke quatre mains gespielt (Freischütz, Iphigenie, die lustigen Weiber von Windsor) Am Abend zu Merckels. Abschiedsschmaus. Zugegen: alle Elloristen, ferner Kuglers, Heyse's, Menzel's und Lepel. Hübsche Toaste von Zöllner und Eggers.

Sonnabend d. 4. Oktober.

Besuch vom alten Tieftrunk. Abschiedsvisite bei Schacht's. Reiseweste bei Louis Landsberger und Bilder für Schweitzer gekauft. Scherz, mit den üblichen 2 Flaschen Sekt, zu

Tisch. Briefe an Frau v. Wangenheim, Metzler, Zabel, Wolfsohn und Hesekiel geschrieben. Abschied. Dem Rütli (bei Bormann) ein Lebewohl zugerufen. Um Mitternacht in Leipzig. Metzel am Bahnhof.

Sonntag d. 5. Oktober.

Früh 5 Uhr von Leipzig. Ueber Altenburg, Hof und Kulmbach (die Burg, jetzt, wenn ich nicht irre, ein Brauhaus, schön gelegen) nach Bamberg. Schöne Stadt in Form eines X. Altes Rathhaus an der Pegnitz. Die wohlhabendsten Patrizier der Stadt sind fast alle – Gärtner. Der prächtige Dom, zum Theil im Rundbogenstyl, mit 4 schönen Thürmen. Die *alte Residenz*, [*verloschen*]. Hier ermordete 1208 Otto von Wittelsbach den Philipp von Schwaben. Die neue Residenz (Marschall Berthier tödtete sich hier am 1ten Juni 1815 durch einen Sprung aus dem Fenster). Der Michaelberg und die alte Babenburg (Stammsitz der Babenberger) beide mit schöner Aussicht auf die Stadt und weit in's Land hinein. In einem Eckzimmer der alten Burg schrieb T. A. Hoffmann seine »Phantasiestücke«. Berengar, der gefangene Langobardenkönig, starb hier 966.

Montag d. 6ten Oktober

Fünf ein halb nach Nürnberg, an dem nahgelegnen-gewerbreichen Fürth (eine Art Elberfeld und Barmen) vorbei. – *Lorenzkirche*, mit dem schönen Kronleuchter von Peter Vischer, dem zierlich in Stein gearbeiteten Sakramentenhäuslein von Adam Kraft und einem Holzschnitzwerk von Veit Stoß. Das Portal zwischen den beiden Thürmen *soll* unübertroffen sein. – *Sebalduskirche*, mit dem Meisterwerke Peter Vischer's dem Sebaldus-Grabmal, nach 13 jähriger Arbeit 1519 vollendet. Beide Kirchen noch reich an katholischem Schmuck, weil der Uebergang Nürnbergs vom Katholizismus zum Protestantismus ein friedlicher war und zu keinen bilderstürmerischen Eccentricitäten führte. – Die noch jetzt katholische *Frauenkirche* am Marktplatz, mit der vielleicht schönsten gothischen Front, die ich bis jetzt gesehn. An dieser Vorderseite befindet sich auch die berühmte Uhr, an der, wenn es voll schlägt, das sogenannte »Männleinlaufen« stattfindet. Der Kaiser (Karl IV) hat einen festen Stand und die 7 Kurfürsten, die hinter der Scene sind, erscheinen nur, einer hinter dem andern, und laufen mit dem Glockenschlag an ihm vorbei. Das Rathhaus, der Marktplatz mit dem schönen Brunnen und *die alte Burg*, der Stammsitz der Burggrafen von Nürnberg. Diese alte Burg, neu eingerichtet und von Zeit zu Zeit eine Sommerresidenz des Königs Max, ist nichts weniger als schön. Durch die Instandsetzung und Wohnbarmachung mag sie auch noch verloren haben; es paßt alles wie die Faust auf's Auge. Interessant ist die alte Linde im Schloßhof, vorgeblich von der Kaiserin Kunigunde (Gemahlin Heinrichs II) gepflanzt; außerdem die Margarethenkapelle aus dem 10ten Jahrhundert mit einem vortrefflichen Holzschnitzwerk (das jüngste Gericht) von Veit Stoß. – Der Total-Eindruck Nürnbergs hat meinen Erwartungen nicht entsprochen. Es ist Unsinn das Ganze »eine schöne Stadt« oder wohl gar »*die* schönste Stadt in Deutschland« zu nennen. Nürnberg ist interessant, eine lehrreiche Studie und – das sei zugegeben – *groß im Detail.* Ein Curiositäten-Laden, in dem man immer neue, reizende Sachen findet. Hier ein Brunnen oder ein Giebel, dort ein Kirchenportal oder eine Glasmalerei; Dürer'sche und Wohlgemuth'sche Bilder, Holzschnitzereien von Veit Stoß, Gußsachen von Peter Vischer und Steinarbeiten von Adam Kraft, aber das alles ist Detail und macht keine schöne Stadt. Ein altes Gebäude, das eigentlich häßlich ist, kann durch einen Brunnen auf dem Hof, durch ein schönes Treppengitter, durch ein Van Dyk'sches Portrait im Empfangsaal und durch einen Rock-aufhänger dessen Ha ken aus holzgeschnitzten Hundeköpfen bestehn, sehr in teressant und sehenswerth gemacht werden, aber das Ganze bleibt unschön, wenn der Baumeister nun mal 'was Schlechtes gemacht hat. Nürnberg ist just nichts Schlechtes, aber auch nichts besonders Gutes; es passiert. Es macht verhältnismäßig einen kleinbürgerlichen Eindruck. Das Talent hat keinen rechten Spielraum gehabt; es machte Niedlichkeiten statt großer, imponirender Kunstwerke. Es fehlen Paläste, Kathedralen und Bogengänge; der Kleinbürger hat sein Möglichstes gethan, aber die fürstliche Munifizenz, ohne welche die Kunst ihre höchsten Aufgaben fast niemals löst, hat gefehlt. – Vor der Abreise im »Jammerthal« ein gutes Seidel Nürnberger Bier getrunken. Um 3 Uhr nach München. Ankunft 9½. Quartier genommen im bairischen Hof.

Dinstag d. 7. Oktober.

Gang in die Stadt. Parade. »Die Feldherrnhalle« (Tilly und Wrede). Die Arkaden durchwandert. Im Hôtel gegessen. Bei Tambosi Kaffe getrunken; die Bekanntschaft eines Berliner Landsmannes, eines Herrn v. Rohr, gemacht. Mit ihm und Metzel auf die Theresien-Wiese, dem Hauptschauplatz der »Oktoberfeste«. Die »Ruhmeshalle« besichtigt und die Bavaria erstiegen; mit 5 andern Personen (darunter 4 Damen) im Kopf der Bavaria Platz genommen und durch die Nasenlöcher derselben einen Blick in's Freie gethan. – In's Hofbräuhaus; vortreffliches Bier. Am Abend in's Au-Theater. »Die Braut aus Pommern« und »Sachsen in Berlin«. Fräulein Geistinger gastirte in beiden Stücken.

Mittwoch d. 8. Oktober.

Zu Geibel, Dachauerstraße N° 39. Glyptothek. Tambosi. Au-Kirche. Basilica. In's Theater; Shakespeare's »Sturm« (Frau Dahn-Hausmann als Miranda).

Donnerstag d. 9. Oktober.

Zur Post. Brief von Emilien. Nach Starnberg. Reizende Fahrt über den See. In Seeshaupt »Brenken« gegessen. Zurück nach München. Sternecker-Bräu. In's Isar-Vorstadt-Theater. »Der Zerrissene« (Herr Scholz aus Wien als »Gluthammer«).

Freitag d. 10. Oktober.

An Emilie geschrieben. Zur Post. Pinakothek, alte und neue. In's Hôtel. Tambosi. Fahrt durch die Ludwigsstraße und das Siegesthor bis in's Freie. In die Frauenkirche (schönes, imposantes Grabmal Kaiser Ludwigs des Baiern). Spatziergang durch die Maximiliansstraße. Hofbräu (weißer und brauner[)]. Unterhaltung mit einem malkontenten Eisenbahn-Condukteur. Ober-Pollinger. In's Hôtel. Brauneberger comme toujours. Gepackt.

Sonnabend d. 11. Oktober.

Abfahrt nach Ulm 5 Uhr früh. Ulm eine alte, häßliche und schmutzige Stadt, aber sehr belebt und überreich an Buchhandlungen und Kuchenläden. Die Menschen (wie überhaupt die Schwaben, im Gegensatz zu den schönen Pfälzern) auffallend häßlich. – Der [*verloschen*] Dom grandios. [*S. 158 des Tagebuchs ist leer; ursprünglich war etwas eingeklebt*] Das Schnitzwerk in den Chorstühlen von Jörg Syrlin. In der Besserer'schen Kapelle ein vortrefflliches Portrait von Schaffner. – Im Café Doebele gut gefrühstückt (Käsberger). Von Ulm nach Stuttgart. Reizende Fahrt durch das Neckar-Land. Kleine Einkäufe (Armbänder) in Geißlingen. Ankunft gegen Abend. In's Hôtel St. Petersburg (sehr empfehlenswerth). Wolfgang Menzel aufgesucht. Ins Hôtel zurück. »Rothfisch« aus der Donau und »Felchen« aus dem Bodensee gegessen; dazu »Türkheimer« und »Neuperger«, gute Neckarweine.

Sonntag d. 12. Oktober.

Von Stuttgart nach Heidelberg. Zu Esel auf den Schloßberg geritten (Don Quixote und Sancho Pansa). Die berühmte Ruine durchwandert; anfangs desappointirt, schließlich entzückt von dem Zauberanblick des in der Mitte (seiner Länge nach) durchgebrochenen Thurms. Schlechte Restauration an Ort und Stelle. Um 5 Uhr nach Mannheim. Im Europäischen Hof abgestiegen. Abschied von Direkt. Metzel.

Montag d. 13 Oktober.

Gang in die Stadt. Die Ehrenpforten passirt, durch die der Großherzog und die Prinzeß Luise ihren Einzug gehalten hatten. Um 1 Uhr 10 Minuten Abfahrt von Ludwigshafen. Ein junger Kaufmann (Herr Nauen) mein Begleiter bis Paris. Die Fahrt von Neustadt an der Hardt bis in's französ: Gebiet hinein ([*Wort verloschen*], Pfalzburg) sehr schön und erinnert einigermaaßen an das belgische Wester-Thal.

Dinstag d. 14. Oktober.

Fünf Uhr früh Ankunft in Paris. Die Douaniers so liebenswürdig wie möglich. Nach dem Hôtel du Louvre. Von 11 Uhr ab flanirt: Louvre, die Tuilerieen, Place de la Concorde, Champs Elysées, Arc de L'Etoile, an der Mauer entlang bis zum Pont d'Jena, dann per Omnibus zurück zum Louvre. Chocolade genommen. Ueber den Louvre Platz und Pont des arts bis zum Institut de France; vorher die alte Kirche St. Germain l'Auxerrois angesehn. In's Hôtel. An Emilie geschrieben. Zur Table d'hôte. Lauter Engländer, einige schöne Damen. Auf die Boulevards. Flanirt und unterschiedliche Male Kaffe getrunken.

Mittwoch d. 15ten Oktober. (Königs Geburtstag)

An Dr. Beutner geschrieben. In's Museum und die Gallerien des Louvre. Kostbare Sachen namentlich auch

> **✠ Paris, 15. October.** [Am Tage von Jena. Der Brücke von Jena. Zuavische Cavalleriet̃öpfe.] Vorgestern Nacht traf ich hier und am gestrigen Morgen eröffnete ich meine Wanderungen durch Paris mit einem Gange zum Pont d'Jena. Es war der Jahrestag der Schlacht; ein halbes Jahrhundert lag zwischen dem grauen Octobermorgen von damals und von heut. Ich nahm meinen Weg vom Louvre bis zum Arc de l'Etoile, dessen Sieges-Inschriften mit Valmy beginnen und mit Ligny schließen, und bog dann links ein bis zum Marsfelde hin und der Brücke von Jena. Lachendes Volk passirte die Brücke und unter den Hunderten, die an mir vorübergingen, war sicherlich nicht einer, der daran dachte oder auch nur gewußt hätte, daß dies der Jahrestag eines glänzenden Sieges sei. Die Siegesliste ist lang in Frankreich; was ist ihnen der Tag von Jena? ein Tag unter vielen. Wir Preußen haben für diesen Tag ein besseres Gedächtniß und es ist gut, wenn man sich bei der Freude des 15. Octobers auch des Schmerzes „vom Tage vorher" erinnert. — Am Quai entlang wandte ich mich dem Mittelpunkt der Stadt wieder zu, als plötzlich Trommelwirbel von den Champs-Elysées her herüberklang und meinem Auge und meinen Gedanken eine andere Richtung gab. Jetzt schwiegen die Trommeln und Signalhörner fielen ein, dann wieder Trommelklang und endlich volle militairische Musik. Alles wandte sich nach links und eilte den Ankommenden entgegen. Es waren zwei Compagnieen Garde-Zuaven. Da hatte ich denn diese berühmten Truppen vor mir und dem Zuge mich anschließend, der jetzt die Concordien-Brücke passirte, fand ich Zeit

der Franzosen selbst (Jean Antoine Gros, David, Gèrard [sic!], Girodet – das Sündfluthbild mit dem Geizhals und dem brechenden Ast – Gûerin, Géricault etc.). Palais royal. Auf die Boulevards. Bis zur Madeleine Kirche. Nicht voll so schön wie die Münchner Basilika. Großer Marsch von der Madeleine bis zur Juli-Säule (Bastille-Platz). Dann durch St. Antoine und Rue Rivoli nach dem Hôtel. Dinirt. Conversation mit meinem Engländer zur Linken. In Rue Rivoli flanirt; au fond alles sehr langweilig. Bücher gekauft; nach Haus.

und Muße, diese *** Krieger Frankreichs
Augenschein zu *** . Wenn, ich weiß
*** mehr wer gesagt hat: „mit diesen Leuten könne jeder Schneider die Welt erobern",
so hat er damit ein Gefühl *** , das mehr
oder weniger jeden beschleichen *** , der diesen Truppen zum ersten Mal begegnet. *** das volle Gegentheil von dem, was Falstaff (*** so viele
andere) „Kanonenfutter" genannt *** . Wenn andere
Truppen durch ihren Gesammtkörper wirken, so wirkt
hier das Individuum. Jeder Einzelne beansprucht eine
Bedeutung und hat sie. Es sind Charakterköpfe vom
ersten bis zum letzten Mann, *** die ersichtliche Leich-
tigkeit, um nicht zu sagen *** , mit der sie ihre
Waffen tragen und dem Klang *** *** im Ge-
schwindschritt folgen, muß Jeden *** , der ein
Auge und ein Interesse für militairische Schauspiele
hat. — Aber hier schließt meine Bewunderung. Wenn
ich sagen sollte, daß mir wohl geworden wäre beim
Anblick dieser „Charakterköpfe", so müßt' ich lügen.
Der schließende Unteroffizier trug einen kleinen Kara-
biner, dessen Lauf sicherlich nicht länger war als sein
rother, lang herunterhängender Bart; aber diese affec-
tirte Kleinheit der Waffe machte durchaus einen pein-
lichen Eindruck, und das Karabinerchen sah aus wie
ein spitzes Stilet unter breiten, ehrlichen Schwertern.
Diese Zouaven, was sind sie? Sie sind der Typus,
die Quintessenz des Französischen Wesens. In ihren
unbestrittenen Muth mischt sich jene glaubens- und her-
zenslose Frivolität, die sie mit *** *** oder ***
*** auf der Lippe sterben läßt, *** jene vielgelobte
*** müthigkeit", die den einen oder *** antreibt,

> Kind zu wiegen oder ihm die Flasche zu g‹…›
> Hand in Hand mit der ganzen Selbstsucht‹…›
> ‹…›chtslosigkeit des Verführers. Freuen wir uns ‹…›
> ‹…›er „Blüthe der Armee", so lange wir sie in leichtem
> eleganten Schritt über den Platz der Tuilerieen hinmar-
> schiren sehen; aber bewahre uns Gott in Gnaden vor
> ihnen, wenn die Grenze keine Grenze mehr ist und
> ‹…›iel der Schlachten unsere Würfel schlecht‹…›
> ‹…› die des Gegners.

Donnerstag d. 16. Oktober (Hochzeitstag)

An Alberts geschrieben. Auf die Post. Freundliche Zeilen von Emilie vorgefunden. In Rue Rivoli gefrühstückt; nichts besondres und doch eigentlich theurer als in London. Den Tour de St. Jacques bestiegen; sehr hoch; treffliche Aussicht über Paris und besonders über die 2 Seine Inseln. Ile de la Cité und Ile St. Louis durchstreift. Palais de Justice mit der Kapelle St. Louis. Das Hotel Dieu. Nach Notre-Dame. Die Vorderfront majestätisch und voller Be-

Frontage of the Palais de Justice.

sonderheiten; im Uebrigen aber weder durch Schönheit noch Ausdehnung hervorragend. Nun hat man gar noch angefangen das ganze Innre bunt zu bepinseln, was geradezu den Eindruck des Barbarischen macht. – Kaffe getrunken in Rue Rivoli, gegenüber vom Thurm St. Jacques. In's Hôtel. An Emilie geschrieben. Im Palais royal flanirt. Véfour, Very und les trois

> Mit achtzehn Jahr und rothen Wangen
> Da mußt Du wandern nach Paris,
> Wenn noch kein tieferes Verlangen
> Sich Dir in's Herze niederließ;
>
> Wenn unser Bestes: Lieb und Treue
> Du nicht begehrst und nicht vermißt
> Und wenn das wechselvolle Neue
> Noch Deine höchste Gottheit ist.
>
> Mir sind dahin die leichten Zeiten,
> Es läßt mich nüchtern, läßt mich kalt,
> Ich bin für diese Herrlichkeiten
> Vielleicht zu deutsch, gewiß – zu alt.

frères Provencaux nicht besucht aber doch entdeckt. Durch Rue Vivienne auf die Boulevards. Thee genommen. Nach Haus.

Freitag d. 17ten Oktober.

Nach St. Germain l'Auxerrois (dessen Glocke das Signal gab zur Bartholomäus Nacht). Dann nach dem Luxembourg (Palais du Senat). Einzelne sehr schöne Sachen von Ingres (Homère deifié), Delacroix (den ich indeß weniger bewundern konnte als ich erwartete) Delaroche (»die Söhne Eduards«; »der Tod Elisabeth's« der im Katalog steht, war nicht zu finden) Devèria (die Geburt Heinrichs IV; famos), Couture (»Romains de la décadence«), Vernet (Judith und Holofernes; Raphaël im Vatikan etc), Henry Scheffer (Charlotte Corday's Ergreifung nach der Ermordung Marat's), Gleyre (der Abend) Rosa Bonheur (Vieh-

stücke) etc. – In's Hôtel. Nach dem Montmartre gefahren; Heine's Grab. – Endlos die Boulevards auf und ab flanirt. Unzählige Tassen Kaffe getrunken; schrecklich ennuyirt. Kein Billet für's »Gymnase« erhalten. Wieder flanirt. Bei Vachette gegessen. Unterhaltung mit einem Engländer, einem ehemaligen Offizier vom 23ten (Prince of Wales Füsilire) Regiment. Wieder Kaffe; endlich nach Haus.

Sonnabend d. 18. Oktober.

Früh auf. Nach dem Versailler Bahnhof (le chemin de fer de l'Ouest). An St. Cloud und Sèvres vorbei. Die Landschaft (Weinland, Thal und Hügel) sehr lieblich. Ankunft in Versailles 10½. Die Stadt (zur Zeit Ludwigs XIV und XV gegen 100,000 Einwohner, jetzt 30,000) ist nichts, das Schloß alles. Auffahrt, Schloß, Gärten – alles im größten Styl, imposant, und in der That auch schön. Aber das Ganze, außen und innen, erhebt nicht, thut nicht wohl. Man denkt an die aegyptischen Pyramiden. In der That, es macht den Eindruck wie das Mausoleum eines modernen Pharao. Nur der Absolutismus kann so bauen. Vielleicht ist es das, was den Beschauer unbewußt verstimmt; man merkt, daß *nichts geworden* und *gewachsen*, daß alles auf *Commandowort* unerbittlich aus der Erde gestampft ist. Ähnliches gilt von der vielberühmten Versailler Gallerie. Weniger wäre mehr. Man kann es nicht bezwingen; man wünscht ein kurzgefaßtes Compendium statt dieser Ausgabe in 12 Bänden; man ist glücklich, wenn mal ein Saal kommt, wo man mit gutem Gewissen überschlagen kann. In der That, das Ganze läßt sich am besten einer großen National-Encyclopädie vergleichen, einem Werke das man nicht zum lesen sondern zum Nachschlagen hat. Jeder Künstler und Schriftsteller, jeder Kunsthandwerker wird einzelner dieser Tableaux in seinem Leben bedürfen und wird froh sein, sie ansehn und befragen zu können; der einfache *Mensch* aber, der nach Versailles, ohne Böses zu ahnen, 'rüberfährt, um einen genußreichen Tag zu haben, ist diesem Bilderreichthum gegenüber verloren; denn zuletzt schweben ihm keine Bilder mehr vor der Seele, sondern nur noch ein Ding, das einer recht verschmierten Palette ähnlich sieht. Man nimmt nicht den Eindruck mit fort: »wie schön das war!« sondern nur: »wie viel das war!« – Die Engländer die jetzt auch eine Versailler Gallerie zusammen doktorn wollen, sollten das wohl erwägen. Die Gallerie besteht aus circa 2500 Bildern, wovon vielleicht 500 wandgroß sind. Man kann allesammt in 3 Abtheilungen bringen: 1) wirkliche historische Bilder 2) bloße Tapeten und 3) Curiosa (z. B. die Schlachtordnung von Rocroy etc). Gros – wenn man die 2 großen Stücke im Louvre mitrechnet – ist der Meister, nächst ihm Lebrun und van der Meulen, David, Steuben. Vernet steht, wenigstens in diesen Schlachtenbildern, *unter* den genannten. Er wird erst groß, wenn er Wüstensand unter den Füßen hat. – Um 4 Uhr zurück. Dinirt im Hôtel. Flanirt. In's Concert Musard; das Lokal eigentlich erbärmlich. Viel schöne Weiber, so daß ich nicht recht begreife, warum man diese Pariser Straßenfeger (besonders im Gegensatz zu den Londonern) so schlecht macht. In's Palais royal. Nach Haus.

Sonntag d. 19. Oktober.

Nach St. Germain l'Auxerrois und Notre Dame, um die Messe zu hören. Etwas zu spät gekommen. Flanirt im Palais royal. Furchtbares Dejeuner à 2 Franks. Nach Haus. Briefe geschrieben an Alberts, Papa und Mrs. Wilmot. In's Café Riche. Gegessen (Suppe, Filet, Huhn und Wein) für 11 Franks. Um für 2 Rthr. 20 Sgr gut zu essen, braucht man nicht nach Paris zu gehn. Flanirt auf den Boulevards. Nach Haus.

Montag d. 20. Oktober.

Briefe geschrieben. Auf die Post. Freundliche Zeilen von Emilie. Die Quais entlang, am Corps législatif vorbei, nach dem Dom der Invaliden. Auf dem Rückwege die neue Kirche Ste Clotilde (für Paris ohngefähr das was die Au-Kirche für München ist) in Augenschein genommen. – Gegessen in einem Café vis à vis dem Thurm St. Jacques. – Nach dem Père la Chaise. Von der hochgelegnen Kapelle aus, bei untergehender Sonne, einen schönen Blick auf Paris. Die Monumente und Pyramiden so viel wie möglich vermieden und die Kleinen aufgesucht, das Pack und ihre Kinder, die nur gerade Raum genug gefunden haben ihre Gebeine niederzulegen ohne »concession à perpetuité«. Im Omnibus zurück nach dem Café Mazarin. An einem »Americain« die erfrornen Glieder wieder gewärmt. Nach Haus. An Scherz geschrieben. In's Palais royal; wieder einen Americain, dann heim und früh in's Bett.

Dinstag d. 21. Oktober.

An Emilie geschrieben. Briefe abgeschickt an Vater, Scherz und Emilie. In die Louvre-Gallerie. Bei Véfour (Palais royal) gut dinirt. Reizende Fahrt durch Rue de Rivoli, [...ps] Lisière und Bois de Boulogne zum [*verloschen*]. Ein Lokal à la Kroll, etwas schlechter, nur ein schönes großes Territorium. Nach Haus geschlendert. Gelesen. Früh zu Bett.

Mittwoch d. 22. Oktober.

Bis zum Place de la Bastille gefahren. Am Kanal entlang, über Pont d'Austerlitz, nach dem Jardin des Plantes, Hippopotami gesehn; interessante Biester. Am Quai entlang bis Ile St. Louis; über den Pont Louis Philippe, am

The Hôtel de Ville.

Quai de la Grêve hin, nochmal das Hôtel de Ville gemustert und Umschau gehalten: Tour St. Jacques, Notre Dame, Palais de Justice, die Brücke etc.

Exterior of the Madeleine.

Nochmals in die Louvre Gallerie, besonders um einiger Tizians willen. Das letzte Bild worauf mein Auge fiel war vom Maler Pipi. – Zu Véfour. Nochmals gut dinirt. In's Hôtel. Gepackt. Bezahlt (sehr billig; alles in allem für *neun* Tage 71 Franks). Noch einen entzückenden Spatziergang durch die Tuilerieen bis zum [*verloschen*]-Platz gemacht. Um 7½ Uhr Abfahrt [*verloschen*] Nordbahn.

Donnerstag d. 23ten Oktober.

Um 2½ Uhr Morgens in Calais. Um 5 in Dover (schöne Ueberfahrt, niemand seekrank); um 8 in London. Mit Wilmot's Thee getrunken. Alles in Ordnung gebracht. Einige Zeilen an Emilie geschrieben. Bei Very gegessen. In's Café Divan. Der alte Lebenheim wie gestört. Früh nach Haus. Gearbeitet. Um 10 Nachtbesuch vom alten Schweitzer.

Freitag d. 24. Oktober.

Gearbeitet. Auf die Gesandtschaft. Zwiegespräch mit der Gräfin. Lange Unterredung mit dem Grafen über Glover und Chronicle. – Simpson. Divan. Einen famosen Artikel von Titus Ulrich (über Medea – Ristori) in der National-Zeitung gelesen. Nach Haus. An Glover und Alberts geschrieben. Gearbeitet.

Sonnabend d. 25. Oktober.

Brief von Emilien. Gearbeitet. Einige Zeilen an Schweitzer und Emilie geschrieben. Zu Purssel. Simpson. Divan. Auf die Gesandtschaft. Mit Alberts nach Albert's Villa. Viel geplaudert: Bunsen, Pauli, Müller, Quehl, Metzel, Manteuffel, Hesse (der frühre Geh. Ob. Finanzrath) Die Mittheilung, daß Bunsen gegen die Zusicherung von 4000 Rthr. mit Herausgabe der »Zeichen der Zeit« inne gehalten habe, rührt von Heinrich v. Arnim her. Jetzt hat B. unter der Versicherung, daß es ihm an Geld gebräche, sein neustes, wiederum (wenn ich nicht irre) theologisches Buch zu ediren, eine Subskription, namentlich unter den reichen Quäkerfamilien in Manchester, herbeizuführen gewußt, die denn auch, ich weiß nicht mehr wie viele 1000 £ bereitwillig gezeichnet haben. Die reiche Familie Schwabe, Inhaberin einer noch unverheiratheten Tochter, steht an der Spitze und da sich's traf, daß Mutter Schwabe nebst Tochter diesen Herbst oder Sommer den Rhein und die Schweiz bereiste, hat sich der alte B. (eine Art Louis Philipp, das gäbe vielleicht eine Parallele) beeilt, seinen jüngsten Sohn als Cicerone mitzugeben. Eine Guerney und eine Schwabe, das wäre so was! – Humboldt soll vom alten B. gesagt haben: »er schreibt rascher als ein Pferd läuft«. Auch nicht übel. – Den Pauli hält Alberts für einen großen Historiker (der nur unter seinen frühren Beziehungen zu Bunsen andauernd zu leiden und Vorurtheile zu bekämpfen habe) was mir doch etwas fraglich erscheint. – Max Müller hat den 3ten Band seiner Veda's an den Grafen Bernstorff gesandt, begleitet von einem *englisch* abgefaßten Anschreiben. – Quehl und Metzel führten zu einer Prinzipienfrage. »Solche Leute gehören nicht in die diplomatische Carrière, sie verstehen nichts davon; jede Sache will gelernt sein, natürlich auch die Diplomatie; von andren wichtigeren Eigenschaften abgesehn, ist kein Diplomat denkbar ohne ausgedehnte Personal- und *Sprach*kenntniß.« Da ist viel Wahres drin, nur guckt der

Pferdefuß immer durch. Warum soll der Schriftsteller in die sogenannte »Carrière« nicht hinein? weil da wo er ist, doch nicht zugleich ein andrer sein kann und weil er mithin eine Stelle wegnimmt, auf die der Subalterne sich spitzt. – Von Manteuffel hieß es: »der König habe die alleräußerste Abneigung gegen ihn, er belege ihn (natürlich hinter seinem Rücken) mit den tollsten unsagbaren Schimpfwörtern und habe ihm, auf erfolgtem Friedensschluß, den schwarzen Adlerorden nur gegeben, weil es nun nicht anders mehr möglich gewesen sei. – – Der dicke Hesse, der seine Laufbahn unter der Polizei begonnen habe (daher vermuthlich seine Freundschaft mit St. Paul) sei ein Lump vom reinsten Wasser. – – Viel Whisky getrunken. Spät nach Haus. Erkältet. Krank.

Sonntag d. 26. Oktober.

Sehr spät aufgestanden. Besuch von Kauffmann. Angenehm geplaudert, besonders über die Slaven und Juden in Oestreich. – Gegen Abend nach London Hospital. Auch Hegewald zugegen. Alle drei einig darüber, daß der Fremde in London ein Hundeleben führe, und daß die Heimath Heimath sei und bleibe.

Montag d. 27. Oktober.

Nicht wohl. An Dr. Beutner und die Kreuz-Zeitung geschrieben. Simpson. Divan. Deutsche Blätter gelesen. Früh nach Haus. An Alberts geschrieben.

Dinstag d. 28. Oktober.

Unwohl. Den ganzen Tag über zu Haus geblieben. Gearbeitet. An Schweitzer, Dr. Metzel und Emilie geschrieben. In Shakespeare's »Timon von Athen« gelesen. Besuch von Schweitzer. An Mr. Glover geschrieben. Brief von Alberts.

Mittwoch d. 29te Oktober.

An die Kreuz-Zeitung geschrieben (die Times über Preußen und Neufchatel). Unwohl, zu Haus geblieben. Besuch von Glover's Bruder. Er findet unser Benehmen nicht »fair«. Da hat er ganz Recht. Gelesen.

Donnerstag den 30. Oktober.

An die Kreuz-Zeitung geschrieben (die Times über Sir Culling Eardley). Auf die Gesandtschaft. Simpson. Divan. Den Artikel: »The declining efficiency of Parliament« im Quarterly Review gelesen. Nach Haus. Eine Art Memoire an den Gesandten geschrieben.

Freitag den 31. Oktober.

Gearbeitet. Auf die Gesandtschaft; niemand mehr da. Simpson. Divan. Einen reizenden Artikel Buchers »die Küste von Kent. I. der Galt (Corrumpirung von marl, Mergel) bei Folkestone« gelesen. Mit Kauffmann geplaudert. Kurzer Besuch bei Wood und Mrs. Morris. Nach Haus. Schiller gelesen (Das eleusische Fest und Hero und Leander). Abendbesuch von Schweitzer.

Sonnabend d. 1te November.

Brief von Emilien; – noch nichts da. Geantwortet. Auf die Gesandtschaft. Alberts verwirft mein Memoire, was mir ganz lieb ist. Lange geplaudert mit ihm. Simpson. Divan. Nach Haus. Gearbeitet.

Sonntag d. 2. November.

Gearbeitet (the declining efficiency of Parliament). Zu Simpson. Unterwegs einige Verse gemacht.

Es äfft Dich nur dies Rennen, Traben,
Nach golden-mußevoller Zeit,
Wenn Du die Ruhe glaubst zu haben,
Dann eben ist sie doppelt weit.

Auf weichem Pfühl, auf sammtnem Kissen
Wenn Du sie häl[t]st, wenn du sie hast,
Wirst Du die Holde mehr vermissen
Als in des Tages Müh und Last.

Das Beste was uns hier beschieden,
Fällt nur in Kampf und Streit uns zu,
Nur in der Arbeit wohnt der Frieden
Und in der Mühe wohnt die Ruh.

Mit Schweitzer in den Divan. Macaulay gelesen (der Prozeß der 7 Bischöfe; ihre Petition als »libel« angeklagt; endliche Freisprechung; – Die ganze Darstellung großartig und ergreifend wie immer. Es ist ein wunderbares Buch.) – Früh nach Haus.

Montag d. 3. November.
Ein Brief von Dr. Beutner; wenig erbaulicher Inhalt. Auf die Gesandtschaft. Rücksprache mit Graf B. wegen Glovers. Geplaudert mit Alberts. Simpson. Divan. An Glover und Dr. Metzel geschrieben. Wochenblätter gelesen. Früh nach Haus.

Dinstag d. 4. November. (Wahltag in Washington)
An die Redaktion der »Illustrirten Monatshefte« nach Braunschweig geschrieben. Zu Edwards and Dawes in Southampton Row und 4 Kleider für Frau v. Merckel und Frau Amtm. Krüger gekauft. Auf die Gesandtschaft, gehört, daß Glover seinen Besuch gemacht und 75 £ empfangen habe. – Simpson. Nach Haus. Brief von Roux, der mich zum Grafen B. citirt. Nach St. Martins Hall. Ernest Jones, der Chartistenführer, hält eine Vorlesung über eng-

lische Freiheit und englische Gesetze, mit Musik- und Gesangs-Beilage. Der Saal mit grünen und rothen Fahnen dekorirt, alle mit Inschriften wie: »the Sovereignty of the people« oder »the profit of the earth is for every one«. Das Ganze machte doch einen kümmerlichen Eindruck und ich sah deutlich wie wenig die chartistischen Wünsche Wunsch und Bedürfniß des Volkes sind. Nach Haus. An die Kreuz-Zeitung geschrieben, aber wieder verworfen. Gelesen.

Mittwoch d. 5. November.

(Guy-Fawkes-Tag; Tag von Inkermann). Brief von Lischen und Mama. Zögernd erbrochen. Ein neuer boy ist seit Montag da; Gott sei Dank! – Auf die Gesandtschaft. Graf B. liest mir seinen Bericht in der Glover-Angelegenheit vor und bestandpunktet mich betreffs der schwebenden Fragen: Neuenburg, die neuen Conferenzen, Neapel etc. – Simpson. Nach Haus. An Emilie geschrieben. An Dr. Beutner einen Aufsatz über »the declining efficiency of Parliament« geschickt. Besuch von Schweitzer. Gearbeitet.

Donnerstag d. 6. November.

Früh auf. Nach London Hospital. Mit Schweitzer nach den London-Docks, um die großen Droguen-Niederlagen zu sehn (Indigo, ungeheure Massen von China-rinde, Krapp, Harze, Gummata, Castor-Oil etc.). In St. Paul's Churchyard ein Geldtäschchen für Emilie gekauft. Bei Purssel Lunch genommen. Zu Glover. Will auf Neapel nicht recht anbeißen und wünscht mit »Neufchatel« zu debütiren. Nach Haus. An Dr. Metzel und Emilie geschrieben. Gearbeitet. Divan. Kleine Scene mit Schweitzer.

Freitag d. 7. November.

An Schweitzer geschrieben. Auf die Gesandtschaft. Dem Grafen B. das Material für den Neuenburg-Artikel zur Begutachtung vorgelegt. Simpson. Zu Glover. Nach Haus. An Glover und Alberts geschrieben. Gearbeitet »Express from Naples.«

Sonnabend d. 8. November.

Brief von Lischen; alles gut. Gearbeitet. Auf die Gesandtschaft. Dem Grafen B. den neapolitanischen Brief vorgelegt. Zu Glover. Nach Haus. Brief von Schweitzer erhalten und beantwortet. An Direktor Metzel und Emilie geschrieben. Gearbeitet. Gegen 10 auf die Chronicle Redaktion; Brief abgegeben.

Sonntag d. 9. November.

Gearbeitet (Wochenblätter). Besuch von KauVmann. Geplaudert über Wolfsohn, Grün, Lenau, Karl Beck, Herwegh, Gutzkow etc; namentlich auch über Julian Schmidt und Gustav Freytag, die er beide sehr hoch zu stellen scheint. Aehnlichkeit in vielen Stücken zwischen Bucher und Julian Schmidt. – Zu Schweitzer; feierliche Versöhnung. Geplaudert über das alte Thema: Deutschland contra England.

Montag d. 10. November.

Brief von der Red: der Illustrirten Monatshefte. Gelesen. Zu Glover. Auf die Gesandtschaft. Nach Marlborough-House, um 20 daselbst ausgestellte Turner'sche Gemälde zu sehn. »Der Verfall Carthagos« allerdings eine vaporöse Nachahmung Claude Lorrain's, aber nicht, wie die Times sagt, ein geniales Ueberflügeln des großen Lothringers. In »Childe Harolds Pilgrimage« und noch mehr in »Phryne going to the Public Bath, as Venus« ist die landschaftliche Perspektive vortrefflich, aber die Figuren genügen mir so wenig, daß sie, wenn man nicht so weit zurücktritt daß eben alles verschwimmt, geradezu störend wirken. »The Burial of Wilkie« ist eine Absonderlichkeit, aber voller Poësie. – Auf dem Heimwege James Morris getroffen. Lunch im Rainbow-Coffee-house. Posto gefaßt an

THE TURNER COLLECTION AT MARLBOROUGH-HOUSE.

The following 20 pictures by the late Mr. Turner will be exhibited on Monday next at Marlborough-house:—

459 Moonlight; a Study at Millbank (1797).
466 View in Wales (about 1800).
468 View on Clapham Common (about 1802).
*476 Shipwreck (1805).
483 Greenwich Hospital (1809).
485 Abingdon, Berkshire (about 1810).
489 Cottage Destroyed by an Avalanche (about 1812).
496 Bligh Sand, near Sheerness—Fishingboats trawling (1815).

The above pictures are in Turner's first style.

*499 The Decline of the Carthaginian Empire (1817). This work belongs to his imitations of Claude.
*505 The Bay of Baiæ (1823).
511 View of Orvieto (1830).
*516 Childe Harold's Pilgrimage—Italy (1832).
*518 Apollo and Daphne (1837).
*521 Phryne going to the Public Bath, as Venus (1838).
522 The "Fighting Temeraire" tugged to her last Berth (1839).
523 Agrippina Landing with the Ashes of Germanicus (1839).

The above pictures, from No. 505 inclusive, belong to his second style.

527 Venice—the Bridge of Sighs (1840).
531 The Burial of Wilkie (1842).
535 The "Sun of Venice" going to Sea (1843).
541 Approach to Venice (1844).

The last four works illustrate the more extravagant manner of his latest period.

The pictures marked thus * are of large dimensions, are among Turner's greatest works.

der Ecke von Fleet-Street und Farringdon-Street; ein bischen von der Lordmayors-Kutsche und dem stattlichen Perrückenkutscher gesehn. Nach Haus. Gearbeitet. Einen kleinen Artikel für's Kunstblatt geschrieben. Verse gemacht. (»Ich heiße York«).

Dinstag d. 11. November.

Einen langen Brief an Emilie geschrieben. Viel Scheererei mit Glover und seinen schlechten Artikeln. Den ganzen Tag über zu Haus. Einige Geburtstagsverse gemacht.

> Ich bin ein rechter Poveretto,
> Der freilich Dir das Beste gönnt,
> Doch hat er keinen Pfennig Netto
> Wofür er etwas kaufen könnt'.
>
> Ich bin ein rechter Armer-Deibel
> Der allen Anstands sich entschlägt
> Und nicht 'mal einen Band von Geibel
> Roth-golden Dir zu Füßen legt.
>
> Ich bin ein rechtes Armes-Luder,
> Der, wenn er alles recht bedenkt,
> Dir nichts als Georgens jüngsten Bruder
> Elf Tage vor der Zeit geschenkt.
>
> Ich bin ein armer, armer Krepel
> Und will nicht länger mehr verziehn;
> Leb wohl und grüße Lepel-Zepel
> Und sag' ich schriebe bald an ihn.

Mittwoch d. 12. November.

Immer noch schnupfig; zu Haus geblieben. Durch einen sehr liebenswürdigen Brief von Emilien freudig überrascht; auch Zeilen von Mama und Lischen. – An Emilie geschrieben; einige Verse und Gedichtchen beigepackt, eingeleitet mit folgenden Strophen:

> Poësie, das liebe Hexchen,
> Lebt nicht länger mehr mit mir,
> Legt nur dann und wann ein Kläckschen
> Still vor meine Stubenthür.

Wenn ich Morgens dann erwache
Und das Kläckschen liegen seh,
Denk' ich, das ist ihre Rache
Weil ich jetzt mit andern geh'.

Dummes Ding, sie will's nicht fassen
Daß ich tu nur was ich muß;
Sollt' mich lieber laufen lassen
Ohne Vorwurf und Verdruß.

Gelesen. Gearbeitet (für die Illustr. Monatsschrift). Noch inige Verse gemacht. »Die Welt ist lustig« und »Erinnerung an Süd-Deutschland.«

Donnerstag d. 13. November.

Brief vom Grafen B. mit einer Notiz für die Berliner Blätter. Den Aufsatz über die Turner'schen Bilder beendigt und an Eggers geschickt. An Dr. Metzel geschrieben und den Neufchatel-Artikel des Chronicle beigeschlossen. Viele Verse geschrieben; unter andern eine Gratulation für Eggers.

Aus der Ferne
Diesen Wunsch:
Glückliche Sterne
Und guten Punsch!
Jene für immer,
Diesen für heut –
Und nimm nichts schlimmer
Als Gott es beut.

Lern' unterscheiden
Kunstblatt und Kunst,
Jenes thu' meiden
Mit Vergunst.
Man soll streiten,
Man soll auch fliehn,

Selbst Ratten bei Zeiten
Sich verziehn.

Solche Kerle,
Wie Du und Dein Bart
Sind eine Perle
In ihrer Art.
Du hast ein Weih-amt,
Zeige Trutz,
Perlen im Leih-amt
Sind nichts nutz.

Raffe Dich, sammle Dich,
Eins, zwei, drei,
Und verrammle Dich
Gegen Hinschlepperei;
Brich, was nicht halten will
Brich es entzwei,
Aber häl[t]st Du still –
Ist es vorbei.

Freitag d. 14. November.

Gearbeitet (einen ziemlich langen Brief für die Illustrirten Monatshefte). Gelesen. Verse gemacht. Besuch von Schweitzer und Wood.

Sonnabend d. 15ten November.

Immer unwohler; Fieber. Etwas gearbeitet. Lange Conversation mit Mrs. Wilmot über ihre Töchter und Miss Lydia ins besondre. An Max Müller und Maurice Alberts geschrieben.

Sonntag d. 16. November

Unwohl; Senna genommen; sehr flau und weh. – Gearbeitet (Wochenblätter) und gehungert. Abendbesuch von Schweitzer. Beim Plaudern etwas besser.

Montag d. 17. November.

Etwas wohler. Gute Nachrichten von Haus, alles wohl, Max verlobt und nur das arme Dickchen – elend und hinfällig. Change of air könnte vielleicht helfen; 8 Wochen still und ruhig in einem liebenswürdigen Badeort. – Gearbeitet (Wochenblätter). Brief von Glover und den 2ten Neufchatel-Artikel als Einlage. Lange Conversation mit Mrs. Wilmot, die aufs Neue den Versuch macht mich für's Baptistenthum oder wenigstens für einen straffen Calvinismus zu gewinnen.

Dinstag d. 18. November.

Brief von Max Müller; nichts neues. Gearbeitet. Die Correctur an Glover geschickt. Besuch Leutnant Hoelke's vom 2ten Jäger-Corps der Legion; wohl an die sechs Stunden geplaudert. Interessante Mittheilungen über Stutterheim und die Legion.

Mittwoch d. 19. November.

Jahrestag der D. E. Correspondenz. Auf die Gesandtschaft. Der Graf geht nach the Grove (Herts) dem Landsitz Lord Clarendons. Die preuß. Gesandtschaft übernimmt (nachdem Carini seine Pässe erhalten hat) den Schutz der neapolitanischen Unterthanen. – M. Chronicle bringt den zweiten Artikel über Neufchatel. An Direktor Metzel geschrieben. Simpson. Mr. Collins getroffen. Gegen Abend zu Wood. Lange Debatte über die Vorgänge in Nord Amerika und über die Wahrscheinlichkeit oder Nicht-Wahrscheinlichkeit eines baldigen Sieges der Anti-Slave-Staaten.

Donnerstag d. 20ten November.

An Emilie geschrieben. Gearbeitet. Zu Mr. Collins, 2 Hereford Square, Brompton. Die Berliner Wasserleitung, wie ich vermuthete, ist sein Werk. Sehr liebenswürdiger und sehr unterrichteter Mann. Große Prachtwerke gesehn: das Great-Exhibition Buch mit kostbaren Farbendrucken; die Alhambra von Owen Jones etc. In seiner hübschen deutschen Bibliothek auch Schückings Italia gefunden mit Gedichten von Lepel. Viel geplaudert; das alte Thema: England oder Deutschland.

Freitag d. 21. November.

Brief aus Braunschweig. Gearbeitet. (Wochenblätter). Auf die Gesandtschaft. Zu Alberts nach Brompton. Große Gesellschaft. Mr. Grosjean nebst Gemahlin und drei Töchtern; Herr Dittmar nebst Frau. Mrs. Grosjean eine allerliebste Frau. Spät nach Haus.

Sonnabend d. 22ten November.

Gearbeitet. Briefe geschrieben an James Morris, Emilie und Direktor Metzel. Simpson. Auf die Gesandtschaft. Der Gesandte giebt mir den Bericht der für die Neufchatel-Frage ernannten Bundes-Commission zum Uebersetzen und zur Veröffentlichung im Chronicle. Nach Haus. Den Bericht übersetzt.

Sonntag d. 23. November.

Gearbeitet (die zweite Hälfte des Berichts). Drury-Lane Simpson. Divan. Macaulay gelesen (›aut nunc aut nunquam‹ und die großen Schwierigkeiten, die Wilhelm III nach allen Seiten hin zu überwinden hatte).

Montag d. 24. November.

Briefe von Direktor Metzel und der Kreuzzeitung. Letztre acceptirt endlich. Auf die Gesandtschaft. Zu Glover. Abbruch aller Beziehungen in Folge seiner Ungezogenheit. Nach Haus. Bericht an den Gesandten über meine Unterredung mit Glover. Besuch von Schweitzer. Gearbeitet.

Dinstag d. 25. November.

Auf die Gesandtschaft. Lange Unterredung mit dem Grafen. »Abwarten wollen, nicht [...«] – mit beidem einverstanden. – Endlich [...] auf der Gesandtschaft in Empfang genommen. Simpson. Nach Haus. Ausgepackt: Argo's, Droysen's York, die Illustrirten Monatshefte und allerhand kleine Aufmerksamkeiten auch ein – Fangballspiel. An Emilie [und] Wood geschrieben. Acht Stunden lang theils Argo's gelesen, theils Ball gespielt. Paul Heyse's »König und Magier« sehr schön und Strachwitzens [...] stellenweis noch schöner.

Mittwoch d. 26. November.

An Schweitzer geschrieben. Gearbeitet (Correspondenz für die Kreuz-Zeitung). Briefe von Emilie und Dr. Metzel, letztrer mit einer mächtigen Beilage für M. Chronicle. »Du kommst zu spät«. Beide Briefe beantwortet. Abendbesuch von Schweitzer. Argo gezeigt; geplaudert.

Donnerstag d. 27. November.

Briefe geschrieben an Dr. Beutner, Direktor Metzel (über die Glover-Affaire) Emilie und Mama. Gelesen in Droysen's »York«. Sehr amüsirt. Bücher für Excellenz und Mr. Collins eingepackt; Briefe an beide Herrn geschrieben.

Freitag d. 28. November.

Brief von Leutnant Hoelke. Gearbeitet. Auf die Gesandtschaft; Geld geholt. Einen Büffelrock für 4 £ gekauft. Nach Haus. Nochmals auf die Gesandtschaft. Die Argo überreicht; langes Zwiegespräch mit dem Grafen in Betreff Glover's. Meine Proposition acceptirt. In Folge davon zu Schweitzer und diesen instruirt für die Glover-Visite. Purssel. Nach Haus.

Sonnabend d. 29. November

Unwohl. Schweitzer bringt gute Nachrichten. Telegraphische Depesche aus Berlin, betreffs der Thronrede. Gearbeitet (Wochenblätter). Gelesen. An Faucher geschrieben.

Sonntag d. 30. November.

Unwohl. Gearbeitet (Wochenblätter; endlich *Schluß*). Besuch von Schweitzer und Mrs. Wilmot; ziemlich lang[wei]lige Gespräche im Dissenter-Styl. Gelesen. An Alberts geschrieben.

Montag d. 1. Dezember.

Briefe von Metzel (Thronrede) und Emilie. Beide Briefe beantwortet. Die Thronrede und den Wochenblätter-Aufsatz auf die Gesandtschaft geschickt. An Lepel geschrieben. Gelesen (York). An Faucher.

Dinstag d. 2. Dezember.

Liebenswürdiger Brief von Emilie, 'mal mit guten Nachrichten. An die Kreuzzeitung geschrieben (Sicilischer Aufstand. Kossuth in Edinburgh). Gelesen.

Mittwoch d. 3. Dezember.

Brief von Faucher und Dr. Beutner. An Emilie geschrieben (Brief an Lepel eingeschlossen). An die Kreuzzeitung (General von Stutterheim und die Cap-Expedition). Gelesen (York).

Donnerstag d. 4. Dezember.

Ein Brief *an* Leutnant Hoelke trifft ein; eine Stunde später er selber. Gearbeitet. Drury Lane Simpson. Mr. Mannock stellt sich vor. Gelesen (York).

Freitag d. 5. Dezember.

Auf die Gesandtschaft. Lange Unterredung mit dem Grafen über die *Interessen-Politik* Englands, die immer vorgäbe, *prinzipieller* Natur zu sein und sich dadurch in die ärgsten Widersprüche verwickle. Simpson. Mr. Collins getroffen. Nach Haus. An Faucher und Mr. Mannock geschrieben. Nach 2 Hereford Square zu Mr. Collins; noch ein andrer Deutscher [...] zugegen. Viel geplaudert. Parallelen gezogen zwischen Wien, Berlin, Paris und [...] Berlin hatte wieder keine Freunde. Spät nach Haus.

Sonnabend d. 6. Dezember.

Liebenswürdiger Brief von Herr und Frau v. Merckel. Gearbeitet: Aufsatz über die Thronrede vom 29. November. Brief an Schweitzer und Mannock. Drury Lane Simpson. Nach Haus. An Eggers und Burow geschrieben. Gelesen.

Sonntag d. 7. Dezember.

Gearbeitet. Brief von Mr. Mannock einschließlich der Uebersetzung. Zu Schweitzer; geplaudert, Correcturen gemacht. Zu Glover. Nach Haus.

Montag d. 8. Dezember. (Verlobungstag)

Briefe an Consistorialrath Fournier und Dr. Metzel; einige Zeilen an Emilie; einschließlich der Briefe für Eggers und Burow. Drury Lane Simpson. Nach Haus. Gelesen. Spät am Abend ein Brief von Emilien.

Dinstag d. 9. Dezember.

Gearbeitet. Brief an die Kreuzzeitung (Mr. Spurgeon). Auf die Post. Purssel. Zu James Morris; geognostische Gespräche bei Gelegenheit von Keith Johns[t]on's Atlas.

Morris-Spiel (eine Art Mühl'spiel) gespielt. Nach Haus. Brief von Mr. Mannock.

Mittwoch d. 10. Dezember.

Auf die Gesandtschaft. Gespräch mit Graf B. Neue Klagen über Glover. Zu Mr. Thomas Glover; benimmt sich verständig und hat ein Einsehn. Zu Simpson; lange Conversation mit Mr. Collins und seinem intelligenten Compagnon. Nach Haus. Briefe an Schweitzer und Mr. Mannock.

Donnerstag d. 11ten Dezember.

Auf die Gesandtschaft. Zu Glover. Simpson. Gearbeitet. Die Uebersetzung Mr. Mannocks durchgesehn und auf der Chronicle Redaktion abgegeben. Abendbesuch von Schweitzer. An Direkt. Metzel geschrieben.

Freitag d. 12. Dezember.

Briefe geschrieben an Emilie, Herr und Frau v. Merckel. Besuch von Mr. Thomas Glover; bringt eine Nummer vom 27. November, worin die mühsam übersetzte Östreich: Depesche schon enthalten ist. Also wieder umsonst! Drury Lane Simpson. Gearbeitet.

Sonnabend d. 13. Dezember.

Auf die Gesandtschaft. Aufträge vom Grafen. Simpson. Die Briefe an Dr. Metzel, Emilie, Herr und Frau v. Merckel zur Post gebracht. An Schweitzer geschrieben. Purssel. Zu James Morris; werthvolle Mittheilungen über englische Schulen und Kirche.

Sonntag d. 14. Dezember.

Gearbeitet (ein Artikel für [Chronicle]. Einige Zeilen an den Gesandten geschrieben und abgegeben. Drury Lane Simpson. Café [Divan]. Nach Haus. An die Kreuzzeitung geschrieben (Die Entwicklungen eines anglikanischen Geistlichen.)

Montag d. 15. Dezember.

Schlimmer Brief von Frau v. Merckel: Emilie leidet an Unterleibs-Entzündung; das fehlt noch. Freundliche [...] von Max aus Cüstrin. Auf die Gesandtschaft. Alberts hält einen Vortrag über Bunsens gute Seiten, über seine Theilnahme, Hülfebereitschaft, Aufmerksamkeit und Splendidität. Wie er, so seine Alte. »Wir müssen doch dem Alberts das Nest warm machen« hatte es geheißen, als A. seine junge Frau von Berlin herüberbrachte und die Alte war immer mit Rath und Beistand in höchsteigner dicker Person zur Hand, wenn in Seymour Terrace No. 2 'was los war. *Das soll jetzt anders sein.* - Zu Simpson. Nach Haus. An Frau von Merckel und Mama geschrieben. Briefe zur Post gebracht. Gearbeitet (Metropolitan board of works). Besuch von Schweitzer. An James Morris geschrieben.

Dinstag d. 16. Dezember.

Glücklicherweise kein Brief. Zu Dawes & Edwards; 1 Kleid für Emilie und Sammt für George gekauft. Andre Einkäufe am Strand. Auf die Gesandtschaft. Geld für Mr. Mannock empfangen. Simpson. Nach Haus. Brief für die Kreuzzeitung (die Dissenter Prediger und ihr Erziehungsgang). Auf die Post. Gelesen. (Illustrirte Monatshefte). An die Great Eastern Steam Navigation Co. geschrieben.

Mittwoch d. 17. Dezember.

Gearbeitet (Vorbereitungen zu Correspondenzen). Drury Lane Simpson. Auf die Gesandtschaft. Zur Mr. Elliot (Rechnung bezahlt). Nach Haus. An Schweitzer geschrieben. Ueber Oxford, Cambridge und London-University gelesen.

Donnerstag d. 18. Dezember.

Kein Brief. Gearbeitet. An die Kreuzzeitung geschrieben (Moniteur, Times, Neufchatel); auch einige Zeilen an Mannock, Mama und Dr. Metzel (mit Einlage eines Chronicle Artikel vom 16ten). Simpson. Mr. Collins getroffen. Café Divan. Nach Haus. Gearbeitet.

Freitag d. 19. Dezember.

Brief von Frau v. Merckel; alles passabel wohl. Auf die Gesandtschaft. Instruction. Artikel für Chronicle geschrieben (Neufchatel und der Moniteur). Abendbesuch von Schweitzer. Einige Zeilen an Frau v. Merckel und Mama.

Sonnabend d. 20. Dezember.

Brief von Direkt. Metzel. In die City (Copthal Court, Troughmarton Street) und Geld geholt. Schweitzer. Mit ihm nach Millwall um den Great Eastern zu sehn. Nach Haus. Simpson. Zu James Morris; langes Gespräch über die Einnahmen englischer Geistlichen.

Sonntag d. 21. Dezember.

Ein paar Verse geschrieben; [..]; Drury Lane Simpson. Brief für die Kreuzzeitung. Gelesen.

Montag d. 22. Dezember.

Brief von Papa und Frau v. Merckel. Auf die Gesandtschaft. Allerlei Aufträge. Simpson. Nach Haus. An Emilie und Frau v. Merckel geschrieben. Exemplare des Chronicle an die Gesandtschaften von Paris, Brüssel, München, Frankfurt und an Herrn v. Sydow geschickt. An Direktor Metzel geschrieben und Artikel der Post, des Herald, der Times und des Chronicle beigefügt. – Besuch von Miß Wilmot wegen deutschen Unterrichts.

Dinstag d. 23. Dezember.

Gearbeitet. An Schweitzer, Mr. Mannock und die Kreuzzeitung geschrieben. Einen Artikel an Thomas Glover abgegeben. Simpson. Nach Haus. Gearbeitet (für die Illustrirten Monatshefte). Gelesen.

Mittwoch d. 24. Dezember.

Gearbeitet (Brief an die Illustrirten Monatshefte). Kleine Einkäufe gemacht, bei furchtbarem Regen. Um 7 Uhr nach Victoria Grove zu Alberts. Zwischen 8 und 9 Bescherung; das Kind sehr nett. Bei Tisch die beiden Schwägerinnen ohnmächtig. Von 12 bis [...] mit Alberts beim Whisky geplaudert.

Donnerstag d. 25. Dezember.

Gelesen ([...] Universities. Metropolitan Board of [...]). Nach London-Hospital. Mit Schweitzer einen Punsch gebraut und gemüthlich geplaudert.

Freitag d. 26. Dezember.

Gearbeitet. Einige Zeilen an Mr. Mannock. An Max und seine Braut geschrieben. Auf die Gesandtschaft. Excellenz bei ungewöhnlich guter Laune und sehr entgegenkommend. [...] Chronicle Artikel gefallen haben. Simpson. Nach Haus. Gelesen.

Sonnabend d. 27. Dezember.

An Frau v. Merckel geschrieben. Bei Wilmot's zu Tisch; die ganze Familie sehr liebenswürdig. Gegen 10 Uhr Abends auf die Gesandtschaft; – Excellenz über der Uebersetzung der Note vom 8. Dezember gefunden; so viel Mühe umsonst, – ich mußte ihm sagen, daß die Times bereits die Note gebracht habe. Nach Haus. Gelesen. An Dr. Koblanck geschrieben.

Sonntag d. 28. Dezember.

An Papa geschrieben. Die Mannocksche Uebersetzung des Promemoria corrigirt; furchtbare 6stündige Arbeit. Zu Glover; die Arbeit abgeliefert.

Montag d. 29. Dezember.

Geburtstagsbrief von Mama; eine Zeile von Emilie. An die Kreuzzeitung und Dr. Metzel geschrieben. (Briefe an Mama, Vater und Koblanck als Einlage). Simpson. Nach Haus. Gelesen (York).

Dinstag d. 30. Dezember.

Auf die Gesandtschaft. »Denmark and the Duchies« im Chronicle. Simpson. Mr. Collins getroffen (der gestern einer Armenschule, wenn ich nicht irre, in seinem Hause aufgebaut hatte). Zurück zum Gesandten. Theilweise Abschrift genommen von seiner (an den Ministerpräsidenten gerichteten) Darstellung des Streites zwischen Dänemark und den Herzogthümern. – Alberts bei sehr guter Laune [...] Barth (der, nach Alberts, trotz seiner Reisen langweilig und ein lederner, wenigstens unausgiebiger Mensch sein soll) zu Tische geladen. Nach Haus. Einen liebenswürdigen Gratulationsbrief Immermanns vorgefunden. Gearbeitet. Gelesen (York).

Mittwoch d. 31ten Dezember.

Geburtstagsbrief von Lepel. An Emilie geschrieben. Brief von Dr. Beutner. An die Kreuzzeitung geschrieben (Thackeray's Vorlesung und »Now you can't in« nämlich in die Schweiz). Bei Purssel in Cornhill gegessen, deutsch und schlecht. Zu Schweitzer. Beim Punsch Mitternacht und neues Jahr herangeplaudert.

1857

Donnerstag d. 1. Januar 1857.

Gearbeitet. Auf die Gesandtschaft. Eine Weihnachtsschachtel von den lieben Merckel's vorgefunden. Gratulation bei Graf und Gräfin. Die preuß. Circular-Depesche vom 28. Dezember kommt auszugsweise zu meiner Kenntniß. Mit Alberts und Frau in einem Austernladen gefrühstückt, daneben die Depesche übersetzt. Zu Glover. Gegen 7 nach Victoria Grove. Bei Arrac-Punsch den Abend verplaudert; Mr. Jaeger [...] blue beard the lady killer zugegen. Mit ihm bis Constitution-hill zurückgefahren; nach Haus.

Freitag d. 2. Januar.

Brief von Direktor Metzel mit [...] Aufträgen. Zum Gesandten. Den Metzelschen Brief vorgelesen. Die Circular-Depesche vom 28., die österreichische Depesche vom 19ten und die preußische Rückantwort vom 28. Dezember in Empfang genommen. Zu Glover. Simpson. Mr. Collins zugegen. Nach Haus. Gearbeitet. Abendbesuch von Schweitzer. An Lepel geschrieben (in Betreff des Metzelschen Antrages).

Sonnabend d. 3. Januar.

An Immermann und Frau, dann einen langen Brief an Direkt. Metzel geschrieben; mit einem Times-Artikel (über Preußen u. Schweiz) und dem Lepelschen Briefe alles zur Post. Dem Gesandten den Abdruck der Circular-Depesche im M. Chr: überbracht. Drurylane-Simpson. Nach Haus. Briefe geschrieben an Schweitzer, Kauffmann, Mannock und Cowie & Son. Gearbeitet.

Sonntag d. 4. Januar.

Gearbeitet. Auf die Gesandtschaft. Lange Unterredung mit dem Grafen in Betreff der östreichischen und preußischen Depeschen (vom 19. u. 28.); Notizen aus Neapel; sizilische Circular-Depesche zur Publikation im M. Chronicle; Gespräch über Faucher, M. Star, Graf Kreptowitsch (»der zuweilen kleine Notizen in dem Star giebt weil sich die Unterhandlungen mit dem Chronicle zerschlagen haben«.) Mr. Reeves von der Saturday Review (den der Graf dann und wann bei Lord Clarendon sieht) Press, Court Circular etc. Zu Simpson. Abendbesuch von Schweitzer. Geschrieben an die Kreuz-Zeitung, Mrs. Wilmot und die Expedition des Globe. Gelesen.

Montag d. 5. Januar.

Brief von Vetter Heinrich aus Maastricht. Auf die Gesandtschaft. Die östreich: und preußische Depesche im Chronicle. £ 20 empfangen. Nach Cornhill, um auf Metzels Wunsch den Hauptinhalt der Depeschen nach Berlin zu telegraphiren. Umsonst; der unterseeische Telegraph beschädigt. Nach Haus. Charing-Cross Post-office, 2 Briefe an Metzel abgegeben. Simpson. Mit Alberts dinirt; sparkling Moselle und ungrische Anekdoten. Nach Haus. Gelesen.

Dinstag d. 6. Januar.

Gearbeitet; an die Kreuzzeitung geschrieben (Neufchatel; Lord Napier). Briefe zur Post gegeben an Glover und Mr. Mannock (mit £ 3. 5 s.) Simpson. Anfrage in der Expedition des Globe wegen Versendung der 2^d edition. Nach Haus. Gelesen (Die Braut von Cypern). An Paul Heyse geschrieben.

Mittwoch d. 7. Januar.

Brief mit Brochüre von Direktor Metzel. Besuch von Alberts. Mit ihm zu Glover. Depesche abgegeben über die

Pariser Conferenzen und ihren gestern erfolgten Schluß. Wieder nach Haus. Brillanter Times Artikel über Preußen und die Schweiz. An die Kreuzzeitung, Direkt: Metzel und Emilie geschrieben. Um 7 auf die Gesandtschaft. Beim Diner zugegen: der Graf, die Gräfin, Dr. Barth (der Reisende), Dr. Weber (Hausarzt), Dr. Schoell (Prediger an Savoy. Chapel), Prediger Wallbaum, Rechtsanwalt Bach, Herr Roux, Herr Alberts und ich. Eine *bürgerliche* Abfütterung, aber gut, von silbernen Schüsseln und die gräflichen Wirthe von großer Liebenswürdigkeit. Mit Schreck und Betrübnis vom Untergange des Ostende-Boots gehört. Beim Kaffe Unterredung mit Dr. Schoell, namentlich über Stahl und seine Parthei. – Nach Haus. Gelesen (Ein Preußengruß an Alt-England).

Donnerstag d. 8. Januar.

Preußische Correspondenz und die sogenannte »kleine« treffen ein. Unwohl. An Emilie geschrieben. D. L. Simpson. In's Sadlers Wells Theater. »Die lustigen Weiber von Windsor.« Mr. Phelps – Falstaff; Miß Eburne – Mrs. Ford. Das ganze wieder vortrefflich, weil derb, natürlich, unaffektirt; [...] ich bei Gelegenheit von »Antonius und Cleopatra« im Standard Theater gesagt habe. Phelps' Falstaff ist zweifellos der Beste, den ich bis jetzt gesehn; [...] wiewohl der Falstaff zu seinen guten [...] zählt, fällt dann und wann aus der Rolle [...] zum bloßen *Spaßmacher* herab. Phelps nie. [...] sagten, der alte gemessen. [...] philosophische Schweinehund.

Freitag d. 9. Januar.

Brief von Kauffmann; Beta's Adresse. Auf die Gesandtschaft. Scheußlicher M. Post Artikel gegen den König, muthmaßlich von Persigny. Der »Veritas«-schreiber im M. Herald entdeckt (Mr. Ibbetson, ein Engländer dessen Mutter glaub ich eine Neuenburger Royalistin ist.). Simpson. Geplaudert mit Mr. Collins und dem muthmaßlichen

Solicitor. Nach Haus. An Kauffman und Beta geschrieben. Besuch von Schweitzer. An Direkt. Metzel geschrieben.

Sonnabend d. 10. Januar.

Briefe geschrieben an Direktor Metzel, Emilie und Frau v. Merckel. Dreistündiger Besuch von Beta. Er acceptirt vorläufig. Simpson. Gesandtschaft. Lange Unterredung über die Brochüre: »Ein Preußengruß an Alt-England« und einen dummen Artikel des Chronicle. Nach Haus. Verse gemacht.

Sonntag d. 11. Januar.

Gearbeitet. Kauffman. Mittheilungen über Mr. *Wikoff* (:) einen Amerikaner der für Palmerston schrieb und Mr. Birch den publizistischen bottle-holder Lord Clarendon's, während dieser Vicekönig von Irland war. Das Verhältnis zwischen den beiden letztern wurde endlich abgebrochen, als sich vor Gericht herausstellte, daß Mr. Birch ein Hauptgeschäft durch Androhung von zu veröffentlichenden Familiengeheimnissen gemacht habe. Er ließ irgend einem reichen Familienvater die Nachricht zugehn »daß er über die Tugend seiner Frau oder Tochter die wunderbarsten Enthüllungen in seinem Blatte »the World« machen werde, wenn der glückliche Gatte oder Vater es nicht vorzöge ihn durch eine £ 10 Note zu erfreun.« Endlich kam es zum Klappen und Lord Clarendon, dem man mit Recht vorwarf eine so schlechte Auswahl unter den Dubliner Publicisten getroffen zu haben, hatte unter der allgemeinen Entrüstung mit zu leiden. – Nach Hereford Square. Dinirt; geplaudert. Nach Haus. Gearbeitet.

Montag d. 12. Januar.

Endlich Briefe, darunter einer (von Emilie und Frau v. Merckel) der in der Nacht vom 5. zum 6ten auf den Untiefen von Goodwin-Sand gelegen hat. Gearbeitet. Auf die

Gesandtschaft. Einen Artikel daselbst geschrieben. Simpson. Gespräch mit dem leather-seller jun. Dann mit Mr. Collins und einem Freunde desselben mehre Flaschen »light and elegant« ausgestochen. Einige Zeilen an Emilien zur Post gegeben. Nach Haus. Gearbeitet (Correspondenz für Chronicle). Auf die Redaktion. Gelesen. Brief an Cowie & Son.

Dinstag d. 13. Januar.

An die Kreuzzeitung geschrieben (die Haltung der englischen Presse *nach* Beilegung der Neufchatel-Frage. Das richtige Urtheil des Chronicle über die englischen Preßzustände. Sir Robert Peel's »soft sawder«). Brief an Emilie. Simpson. Nach Haus. Gearbeitet. »Goodwin-Sands«.

Mittwoch d. 14. Januar.

Brief von Metzel; Beta engagirt. An Metzel und Merckels (mit Einlage an Paul Heyse) geschrieben. Den Brief von Goodwin-Sands mitgeschickt. Zu Beta. Einen Artikel überbracht. Simpson. Auf die Gesandtschaft. Reizende Mittheilungen von Excellenz über das Familienleben am Petersburger Hofe vor zirka zwanzig Jahren. »Der Kaiser war dann die Liebenswürdigkeit selbst, einmal im Gedräng (beim Spielen) saß ich minutenlang auf seinem Schooß. Man fühlte sich wie heimisch in diesem Zirkel. Dazu die Schönheit aller. Die Töchter waren das herrlichste was ich von Frauenschönheit je gesehn. Großfürstin Olga mochte damals 15 Jahr sein; einem verging der Atem wenn sie eintrat, alles war Jugend, Reiz, Hoheit, Grazie; sie war gewachsen wie eine Elfe.« Vom Kaiser sagte er: »mag man von ihm sagen was man will, enfin – er war ein großer Mann. Mit Ausnahme seiner Familie hat er vielleicht keinen Menschen mehr geliebt als den jetzigen Kaiser von Oestreich. Er war *wie vernarrt in ihn* und hielt ihn für's Leben an sich und Rußland gefesselt. Die politisch gebotene Treulosigkeit des jungen Kaisers hat ihn recht eigentlich in's Grab gebracht; es hat ihn [sic!] das Herz gebrochen, lange bevor an Lungenlähmung zu denken war. Oestreich beschäftigte ihn beständig und weil er selber darüber brütete, konnt' er's in den letzten Monaten nicht ertragen, daß der Name Oestreichs in seiner Gegenwart genannt wurde. Sein Leben und sein Tod sind eine Lehre«. Nach Haus. Besuch von Dr. Mentz, Schweitzer und Beta. Den Geburtstagstoast für Kugler geschrieben.

Donnerstag d. 15.

Gearbeitet. Gesandtschaft. Mittheilungen aus Neapel. Chronicle, zweite Ausgabe, bringt die erste Beta'sche Uebersetzung. Simpson. Divan. Brief an Emilie mit dem Kugler-Toast und Brief an die Kreuz-Ztng (mit Ausschnitten aus Post und Standard) zur Post gegeben. Zu Thomas Glover; den Brief des Anglo-Neuchatelois (Mr. Ibbetson) und die Uebersetzung der Brochüre »Ein Preußengruß an Alt-England« überbracht. Nach Haus. Große Gesellschaft (an die vierzig Personen, lauter junges Volk) bei Wilmots. Lebende Bilder, Sprüchwörter, Pfänderspiel (game of forfeits), etwas Klimperei und etwas Grillengezirpe unter dem Namen »Gesang«. Alles ganz wie bei uns, nur etwas schlechter. Die Engländer haben häusliche aber keine gesellschaftlichen Tugenden.

Freitag d. 16ten

Eine lange Replik auf den Post Artikel geschrieben. Simpson. Gesandtschaft. Die letzte preußische Note an das englische Cabinet, mit einem aufgemutzten »petit mais libre« (ein Ausdruck den Lord Clarendon in *seiner* Note betreffs der Schweiz gebraucht hatte) gelesen. – Dem Gesandten meinen Artikel vorgelegt. Mit Alberts durch Green-Park. Im Islington & Chelsea Omnibus bis Judd Street, New Road. Nach Haus. Gearbeitet. Brief und Artikel an Beta geschickt. Einige Verse gemacht.

Selbst der traurigste Prinzen-Lümmel
Ist noch immer ein andrer Christ,
Als der Philister der seinen Kümmel
Einfach hinter die Binde gießt. usw.

Sonnabend d. 17. Januar.

Gearbeitet. An »Zeit« und Kreuz-Ztng (Redpath etc.) geschrieben. Simpson. Unwohl. Nach Haus.

Sonntag d. 18. Januar.

Beta bringt die Uebersetzung. Geplaudert. Gearbeitet. Zu Glover. Nach Brompton zu Alberts. Nichts Erhebliches.

Montag d. 19. Januar.

Brief von Emilien. Unwohl, verstimmt. An Schweitzer und die Kreuz-Ztng geschrieben (Isolirung Englands). Simpson. Nach Haus. Gearbeitet. Gelesen. An Alberts und Morris geschrieben.

Dinstag d. 20. Januar.

Unwohl. Morris kommt und behorcht Herz und Lunge. An Schweitzer, Alberts und Beta geschrieben. Gearbeitet.

Mittwoch d. 21.

Gearbeitet. An die Kreuz-Zeitung geschrieben (Christmas parties). Briefe an Direktor Metzel, Frau v. Merckel, Emilie und Heinrich abgeschickt. Simpson. Abendbesuch von Beta und Schweitzer. Gearbeitet.

Donnerstag d. 22.

An Direkt. Metzel geschrieben; die Uebersetzung von Ein Preußengruß an Alt-England« eingesandt. An Tho-Glover geschrieben und einen Leitartikel über die

Schweizer Frage eingeschickt. Simpson. Mr. Collins. Einen Artikel über den Conflikt zwischen Dänemark und den Herzogthümern geschrieben.

Freitag d. 23.

Gearbeitet. Besuch von Dr. Morris und Alberts. Simpson. Auf die Gesandtschaft. Mit Graf B. den Artikel über die Herzogthümer durchgenommen. Unterhaltung über Herrn von Usedom und »Olympia, aus dem Geschlechte der Malcolms«. Usedom, den ich mir als einen schlanken feinen Mann im Styl eines englischen Gentleman gedacht hatte, soll nichts davon haben und einem vierschrötigen, hinterpommerschen Pachter ähnlich sehn. Der Haß zwischen beiden Männern (einst Freunde und Studiengenossen) und beiden Frauen ist für's Leben etablirt. Man sieht, man kennt sich nicht mehr. Der ganze Streit macht keinen schönen Eindruck. B. hat unbedingt Recht, sieht aber die Dinge doch noch schwärzer, gemeiner, verrätherischer als sie sind. Usedom mußte die ganze Mission nicht annehmen, um so weniger als er »Olympia aus dem Hause der Malcolm« ihre Pläne und Intriguen kennen mußte. Er scheint kein böser aber ein schwacher Mensch zu sein. Olympia hat ihn sich mit Gewalt erheirathet. »Sie will mich, aber sie kriegt mich nicht«. »»Was, ich krieg' ihn nicht? ich werd' ihn doch kriegen; was gilt die Wette!«« So sprachen damals (in Rom) Hase und Jäger. – Nach London-Hospital. Um 10 Uhr mit Schweitzer nach Shadwell, St. David's Lane. Police Inspector Alison. Besuch der Kneipen. Die ladyhafte blonde Wirthin im Schnaps- und Tanz-lokal.

Sonnabend d. 24.

Post und Briefe bleiben aus. Einen Lügenartikel der Times beantwortet. Auf die Gesandtschaft. Packet angekommen mit Bleistiftzeichnungen von George, viel und schönem Pfefferkuchen, den Ellora-Geschenken (Storm's »Hinzelmeier«; Roquette's Hans Haidekuckuk etc.) einem

25. – 27. Januar 1857

Briefe des Herrn Bachmann in Betreff einer 2ten Auflage meines Albums und ähnlichen guten Dingen mehr. Von Metzel ein halbes Dutzend Exemplare meiner als Brochüre erschienenen Arbeit über »die Londoner Wochenblätter«. Von Herrn Witting (Musik-Direktor in Lippstadt) die Composition dreier Lieder von mir. – Mit Alberts und Roux in St. James Coffeehouse gegessen; mittelmäßig. Von Alberts £ 15 für Auslagen empfangen. Nach Haus. Das Packet noch 'mal gemustert. Hinzelmeier gelesen. Ist doch sehr hübsch; die allerletzten Zeilen könnten besser sein.

Sonntag d. 25.

Gearbeitet. Brief an die Times. Besuch von Kauffman; geschwatzt über Paul Heyse, Storm, Mr. Hart, Carpenter, die Clubs etc. Zu Beta. Seiner niedlichen Frau vorgestellt. Simpson. Nach Haus. Den Abend mit Schweitzer verplaudert. An Herrn Buchhändler Bachmann, B. v. Lepel und George Fontane geschrieben.

Montag d. 26.

An Emilie und Direkt. Metzel geschrieben. Brief von Beta und die Uebersetzung des Briefes an die Times. Café Divan. 5 Chronicles zur Post gegeben. Simpson. Nach Haus. Den Times Brief corrigirt. Nach Printing House Square. An Wood geschrieben. Den Artikel über »Dänemark und die Herzogthümer« neu redigirt.

Dinstag d. 27.

Gearbeitet. Gesandtschaft. Gespräche mit Excellenz über Graf Buol, den er als einen gelehrigen aber verächtlichen Schüler Schwarzenbergs verurtheilt, welcher letztrer doch au fond nobler und minder intriguant gewesen sei. In der Schweizer Frage würde er (Schwarzenberg) unbedingt anders, consequenter und prinzipieller gehandelt haben. Buol sei alles nur nicht »chevaleresque« (so hatt' ich ihn genannt); seine Frau sei die Geliebte andrer, er wisse es und sei einverstanden damit. Von Schwarzenberg her datire sich die Auffrischung des alten Preußenhasses in »jener Clique« von der Oestreich regiert werde. Es sei Schade um den jungen Kaiser; er sei jetzt, durch seine Umgebung, antipreußisch, was um so bedenklicher erscheinen müsse, als er noch 50 Jahre regieren könne. »Wir sind doch nun mal da!« warum bequemt man sich nicht dazu an das Recht, ja nur an das Faktum unsrer Existenz zu glauben. Kaiser Nicolaus haßte den Buol, wie bekanntlich auch den Stratford de Redcliffe. Buol's erste Audienz (als östreich: Gesandter am Petersb: Hofe) begann wie folgt:

Buol: Mon Gouvernement m'a chargé

Kaiser Nicolaus (ihn unterbrechend): Je ne connais pas votre Gouvernement; je ne connais que l'Empereur d'Autriche.

So was vergäße sich nicht. Die ganze Familie tauge nichts und die Buol'schen Schwestern z. B. seien berühmt durch ihre Intriguen. – Simpson. Beim Portwein mit Mr. Collins geplaudert. Gearbeitet. An die Kreuz-Ztng geschrieben.

Mittwoch d. 28.

Brief von Emilie, alles wohl; Beilage (von Merckel's Hand): George als schoolboy. An Direkt. Metzel, Emilie, Alberts und Thomas Glover geschrieben. Simpson. Nach Haus. Gearbeitet. Abendbesuch von Beta; geplaudert über die neusten Romane von Dickens: Little Dorritt (»Circumlocution-office« kommt wahrscheinlich im ersten Kapitel von Little Dorritt vor, doch war Beta nicht sicher) Hard Times, Dombey & Son, Bleakhouse etc.

Donnerstag d. 29.

Gearbeitet. Besuch von Thomas Glover; will den Brief an die Times nicht publiciren. Zu Edward's & Daws; drei seidne Kleider gekauft. Gesandtschaft. Mit Alberts nach Victoria Grove. Schweinskopf, Erbsen und Sauerkraut. Gegen 6 Uhr Herr Feldjäger Borchmann. Whist en trois. Den üblichen Whisky vertilgt; ziemlich heiter. Spät nach Haus; Klagebrief von Beta (über Verunstaltung seiner Correspondenzen in der »Zeit«) vorgefunden.

Freitag d. 30.

Früh auf. Zum Gesandten. Den Schleswig-Holstein Artikel mit ihm durchgenommen. Simpson. Café Divan. An Faucher geschrieben. Schlesinger gesprochen. Nach Haus. Gearbeitet. An Beta, Schweitzer und die Kreuz-Ztng geschrieben. (Nochmals die englischen Demokraten)

Sonnabend d. 31.

Gearbeitet; ein Brief von Beta; geantwortet. Gummischuhe gekauft. Simpson. Nach Haus. Gearbeitet (Leitartikel über die Herzogthümer). Zu Mr. Mannock 7 Belvedere Crescent. Eine Stunde mit Schweitzer geplaudert.

Sonntag d. 1. Februar.

Das ist der liebe Februar
Der nicht mit 31 quält,
Der einzge Mond im langen Jahr
Der richtge 28 zählt.

Ich brauch nur 28mal
Zu meinem teuren Simpson gehn,
Und kann den boy und mein Gemahl
Drei Tage früher wiedersehn.

An Emilie und Graf B. geschrieben. Auf die Gesandtschaft. Packet (Seidenkleider) und Briefe abgegeben. Zu Alberts. Nach Tisch mehrstündiger Besuch der Herrn

Stallmeister Meyer und Kfmann Jaeger. Dann geplaudert, Arrac-Punsch und 66.

Montag d. 2. Februar.

Brief von Bachmann und Emilie; George unwohl. Gearbeitet. An Direkt. Metzel, Buchhändler Bachmann und Emilie geschrieben. Mannock schickt die Uebersetzung des Artikels über die Herzogthümer. An Thomas Glover eingeschickt. Simpson. Nach Haus. Besuch von Beta. Die alte Leier: jeder Engländer ist ein Lump oder ein Heuchler oder ein Feigling. Die armen Flüchtlinge, sie haben alle den Verstand verloren.

Dinstag d. 3ten

Brief an Emilie, George wieder wohler. Die Zeit hat eine ächt-Klein'sche Rezension über Kette's »Saul«. Chronicle bringt den Leitartikel über Dänemark und die Herzogthümer. Auf die Gesandtschaft. An Faucher, Mr. Mannock (mit einer money-order über 2 £ 15 s) und Emilie geschrieben. Simpson. National-Ztng gelesen. Mit Schlesinger, Kauffman und Lebenheim geplaudert. Nach Haus. An die Kreuz-Ztng geschrieben (die Bucher'sche Schule). Einige Zeilen an James Morris. Verse gemacht.

ENGLAND.

Du Land der Times und Land der Großen Charte,
Du Land voll Löwenherz in jedem Strauß,
Besiegrin du des Kaisers Bonaparte,
Erbweisheits-Land, der Freiheit Hort und Haus
Ach, frag ich mich was schließlich ganz aparte
Du hast vor uns und andrem Volk voraus,
So ist es das: Es fehlen dir die Semmeln,
Doch bist du groß in Rindfleisch und in Hämmeln.

Mittwoch d. 4.

Die Times (nach gestriger Eröffnung des Parlaments) bringt 36 Spalten Stoff. An die Kreuz-Ztng geschrieben (Zusammenstellung der Auslassungen Derby's, Clarendon's, Disraeli's und Palmerston's über die Neufchatel Frage). Simpson. Auf die Gesandtschaft. Graf B. klagt über die 36 Spalten; glaub's ihm. Nach Haus. Gelesen. Briefe geschrieben an Herrn Musik-Direktor Witting und Freund Storm.

O Heilgenstadt du heilge Stadt
Die Dichter in den Mauern hat,
Nicht bändereiche, nicht enorme,
Doch Storm und seine kleinen Storme,
Die wenn sie naht die Weihnachtszeit
Gelesen werden weit und breit
Am Ofen und am Flackerfeuer
Die »Immensee«, die »Hinzelmeier«
O Heilgenstadt beschütz den Mann,
Daß er noch vieles dichten kann.

Donnerstag d. 5.

Gearbeitet. An die Kreuz-Ztng geschrieben (Die Coalition Gladstone – Disraeli). M. Post Exemplar an den Minister Caraffa geschickt. Simpson. Nach dem Haymarket-Theater. »The school for Scandal.« Brillant. Ich kann mich nicht entsinnen jemals und irgendwo einer so abgerundeten und meisterhaften Darstellung beigewohnt zu haben. Einzelne untergeordnete Parthieen (z. B. Lady Sneerwell) wären um ein weniges besser zu geben gewesen, aber das Ganze war doch aus einem Guß und hatte nichts gemein mit unsren miserablen Hofbühnen-Vorstellungen, wo neben einem tüchtigen Kerl sicherlich immer zwei Stümper stehn. Sir Peter Teazle (Mr. Chippendale, derselbe von dem ich den Malvoglio sah) und Lady Teazle (Miß Reynolds, die in »twelfth night[«] das Kammermädchen spielt) ganz vortrefflich.

Crabtree – Mr. Compton (in twelfth night – der Narr)
Sir Benj: Backbite – Mr. Buckstone (dto Sir Andrew Aquecheek)
Sir Oliver Surface – Mr. Rogers (dto Onkel Toby).

Miß Ellen Sabine als Maria spielte allzu légère, fast wie ein ungezognes Kind, sah aber mit ihrem langen schwarzen Lockenhaar und ihrem blendenden Teint so reizend aus, daß man ihr nicht böse werden konnte. Der Anzug war ungemein kleidsam: ein weißes Atlaskleid, hier und da ein schwarzes Schleifchen und ein schweres, schwarzes Cravattenband von Moirée. Das war alles, aber äußerst effektvoll.

Freitag d. 6.

Gearbeitet. Auf die Gesandtschaft. Mit Alberts und Roux in St. James Street gegessen. Mit Alberts, Piccadilly ent lang, bis Brompton Road geschlendert; das übliche Quantum Liebesgeschichten gehört und geduldig 'runterge schluckt. Zurück, auf New Bond Street etc. bis zu Very. In's Prinzeß-Theater. Midsummernights-Dream.

Sonnabend d. 7.

Gearbeitet. Gesandtschaft. 15 £ empfangen. Alberts bis Brompton-Road begleitet. Mittheilungen aus seinem Schauspieler- und Rezensenten-Leben, von Breslau über Teschen und Olmütz bis Wien. Simpson. Der Lederhändler theilt mir zu meinem Entsetzen mit, daß Mr. Collins meinen »Sommer in London« gelesen und nunmehr vorhabe ihn zu übersetzen. Café Divan. Zu Elliot. Nach Sadlers Wells. Phelps als Coriolan; Mrs. Marston (die au fond doch noch besser ist als Phelps) als Volumnia.

Sonntag d. 8ten

An die Kreuz-Ztng geschrieben (Coriolan und das Volk von Islington). Simpson. Den Abend mit Schweitzer verplaudert.

Montag d. 9ten

Brief von Emilie; Amme weggejagt, alles krank. An Direkt. Metzel und Emilie geschrieben; die Briefe an Witting und Storm als Einlage. – Simpson. Nach Haus. Brief von Reg. R. Zietelmann. An Mama (nach Herzberg), Beta, Dr. Mentz und Mr. Collins geschrieben.

Dinstag d. 10.

Gearbeitet. Auf die Gesandtschaft. Langes Gespräch mit Excellenz über die einzig mögliche preußische Politik. Im großen Ganzen einverstanden mit ihm, nur nicht darin, daß wir jetzt *kleiner* dastånden als unterm hochseligen Könige. Gehaßter und beargwöhnter, das würd' ich zugeben und erklärlich finden, denn viel Grund zum Vertrauen haben wir nicht gegeben; aber dennoch nicht »kleiner«. Wir waren damals gar zu sehr bloßer Anhängsel. Außerdem ist unser bischen Parlamentarismus doch auch was werth. Daß die alten Zustände nichts taugten, ist ja bewiesen; sie wären sonst nicht so ohne weiteres zusammengefallen. Unsre Kammern sind, wenn auch sonst nichts, doch die Sicherheitsventile des Staatslebens und das ist nicht hoch genug anzuschlagen. – Simpson. Café Divan. Kauffmann und Schlesinger. National-Zeitung gelesen. Bucher schwört wieder auf ein englisch-russisches Complott seit Iwan dem Schrecklichen her. Nach Haus. An Reg. Rath Zietelmann geschrieben. Gearbeitet (Coriolan. Sommernachtstraum.)

Mittwoch d. 11.

Gearbeitet. An die Kreuz-Ztng geschrieben (Der geheimnißvolle »geheime Vertrag«). Freundliche Zeilen von

Mr. Collins, der am Sonnabend nach Berlin reist. Simpson. Lyceum-Theater (Othello)

Donnerstag d. 12.

Gearbeitet. Auf die Gesandtschaft. Excellenz verreißt einen Artikel (Brief aus Pontarlier) im Chronicle. Zu Glover; die Sache ins Klare gebracht. Simpson. Kurzes Gespräch mit Mr. Collins. Café Divan. Nach Haus. Gearbeitet (the merry wives of Windsor). Besuch von Schweitzer und Beta.

Freitag d. 13.

Gearbeitet. Die Kreuz-Ztng hat eine sehr gute Kritik über Geibel. Geschrieben an Kette, Emilie und Direkt. Metzel. Brief an Mutter eingeschlossen. Simpson. Nach Haus. An Dr. Beutner und die Kreuz-Zeitung geschrieben (Sir Robert Peel noch einmal; der geheime Vertrag). Den Aufsatz über den »Sommernachtstraum« eingeschickt.

Sonnabend d. 14.

Gearbeitet. Gesandtschaft. Mit Alberts bis Constitution-Hill. Simpson. Café Divan. A. A. Ztng gelesen (Jacob Burckhardts Geschichte der Zeit Constantin des Großen). Zu James Morris. Ueber Goethe und Goethe's »Faust« disputirt. Nach Haus. Gelesen.

Sonntag d. 15.

Gearbeitet (the Schools and Colleges). Simpson. Zu Beta; nicht getroffen. Nach Haus. Besuch von Schweitzer. Geplaudert. Gearbeitet. Briefe geschrieben.

Montag d. 16.

Gute Briefe von Emilie und Eggers. Auf die Gesandtschaft. Simpson. Café Divan. Nach Haus. Spät Abends Besuch von Beta.

Dinstag d. 17.

Gearbeitet. Gesandtschaft. Die Packete angekommen (Mahon's Geschichte; Macaulay's Essays, Stein's Leben, das Album und allerhand Geschenke von Emilie). Moneyorder über 5 £ an Beta geschickt. Simpson. Divan. An die Kreuz-Ztng geschrieben (das Hungerparlament. Der Zorn des Globe über die »treachery of Prussia« in der Neufchatel Frage). Nach Haus. Gelesen im Mahon (Einleitung. St. John Bolingbroke. Robert Harley Graf von Oxford. Marlborough.

Mittwoch d. 18.

Gearbeitet. An die Kreuz-Ztng geschrieben (der voreilige Triumph der ministeriellen Presse). Brief von Beta. Geantwortet. Simpson. Auf die Gesandtschaft. Kurze Unterredung mit Graf und Gräfin. Gräfin Helene v. Kielmannsegge Vermählung mit Lord Arthur Hay am Tage vorher. Nach Sadlers-Wells. »Die beiden Edelleute von Verona«. Nach Haus. An Emilie geschrieben. Einige Zeilen an Alberts.

Donnerstag d. 19ten

Gearbeitet. Um 1 zu Beta. Erbsen, Sauerkraut und Pökelfleisch. Bis gegen 7 geblieben. Nach Haus. Besuch von Schweitzer. Gearbeitet (»die beiden Edelleute von Verona«)

Freitag d. 20.

Brief von Excellenz; die Gräfin von einem Töchterchen entbunden. Die Kreuz-Ztng bringt interessante Auszüge aus den »Memoiren eines Flüchtlings« von L. Simon (Trier). Karl Vogt sagte zu seinen Begleitern als er Dahlmann und Gervinus zum ersten Mal wiedersah: »seht, wie wohl sie aussehn, *der Gervinus hat ordentlich Kammerspeck angesetzt.*« An Emilie geschrieben. Auf die Times; für die gräfliche Entbindungsanzeige (2 Zeilen) 6 Shillinge bezahlt. Auf die Gesandtschaft. Simpson; Unterhaltung mit dem jungen Lederhändler (eine Ochsenhaut kostet 40 s. früher nur 10 s; ihre Gerberei – die einzige in der *Stadt*, alle andern in Bermondsey – ist Lincoln's-Inn Fields; der bad smell wird durch hohe Schornsteine weggeführt; Simpson hat eine Farm 10 engl. Meilen von London und entnimmt die ammoniakalischen Abgänge der Gerberei als Dünger). Café Divan. Guter Artikel in der Nat: Ztng über Palmerston und Disraeli. In der A. A. Ztng Auszüge aus Th. Mundts Kaiserbriefen, die ich nun mal – ein paar gute Gedanken zugegeben – im Ganzen für unerträgliches Gewäsch halte. Der Kritiker und seine Anmerkungen schienen mir viel klüger als Herr Mundt zu sein. Nach Haus. Gearbeitet (die beiden Edelleute von Verona). An Eggers geschrieben.

Sonnabend d. 21.

Gearbeitet. Auf die Gesandtschaft. Gratulation beim Grafen. An die Kreuz-Ztng geschrieben (Entbindung der Gräfin – Explosion in den Kohlenbergwerken). Simpson. Café Divan. Sadlers-Wells Theater. »Macbeth.« (Phelps – Macbeth; Miß Atkinson – Lady Macbeth). An Miß Atkinson geschrieben.

Sonntag d. 22. Februar

Besuch von Kaufmann. Geplaudert. Simpson. Nach Victoria Grove zu Alberts. Manche interessante Mittheilung über die Stellung des Grafen zur englischen Aristokratie; er sei »stiff, pompous, always offended; always anxious to be the first, the most honoured, the nearest to the queen«. Ferner, anerkennende Worte über die frühren Attachés Bethmann-Hollweg und Graf Flemming, die beide perfekte Gentlemen seien; außerdem kleine Anekdoten über das Verhältniß des Marquis d'Azeglio zur Lady Shaftesbury (Tochter der Lady Palmerston; »a very distressing case«). Schließlich eine Notiz, die, wenn sie wahr ist, das Machtverhältniß der Königin prächtig charakterisirt. Diese soll, als sie gezwungen wurde Palmerston zum Premier zu machen, die *eine* Bedingung gestellt haben: »*er wird es nur dann, wenn er sich verpflichtet, unter allen Umständen auf keine Kriegserklärung gegen Preußen zu dringen*[«]. Ist dies wahr, so wäre es ein Beweis, daß die Krone doch noch dies und das vermag. Nach Alberts Mittheilungen giebt es in der That eine Hofpolitik und das Geschrei über den »Germanismus« ist nicht ganz grundlos. Baron von Stockmar (früher Apotheker) ist erster Rathgeber des Prinzen und macht Politik, natürlich nicht laut und auffällig, aber still und unermüdlich. Wie viel davon wahr ist, mögen die Götter wissen. Alberts Gewährsmann ist wenigstens zuverlässig.

Montag d. 23.

Brief von Emilie; alles wohl. An Schweitzer, Beta und Bachmann geschrieben. Simpson. Alberts und Roux daselbst getroffen. Café Divan. Zu Thomas Glover; eine Nummer vom 19ten empfangen, die den Auszug aus der Moriarty'schen Brochüre enthält. Nach Haus. Gearbeitet. Besuch von Beta. Politisirt.

Dinstag d. 24.

Gearbeitet. Auf die Gesandtschaft. Große Aufregung über einen Post-Artikel gegen Neapel und uns. Graf B. wünscht ein Verzeichniß unsrer im M. Chr. erschienenen Artikel. Simpson. Nach Haus. In Heine's »Reisebilder« gelesen. An Alberts und Schweitzer, auch an die Kreuz-Ztng geschrieben (die Preß über Lord Palmerston). Gearbeitet (Lady Macbeth).

Mittwoch d. 25.

Gearbeitet. An Emilie geschrieben. Auf die Gesandtschaft. Alberts mein Gast bei Simpson. Begleitet mich nach Haus und erzählt Jugend-Aventüren beim Thee. Gearbeitet (Macbeth).

Donnerstag d. 26.

Brief von Direktor Metzel. Sehr freundlich, wünscht aber mein ruhiges Verbleiben hier bis Juli oder August. Sehr nett. An Metzel geschrieben; einige Zeilen an Emilie. Auf die Gesandtschaft. Simpson. Nach Sadlers Wells, um die »Komödie der Irrungen« zu sehn. Kein Platz. Nach Haus. »Heine's Reisebilder« gelesen; manches sehr schön, hochpoëtisch und politische Urtheile mitunter tief und zutreffend wie durch Inspiration, das Ganze aber doch unerquicklich. Es fehlt das hohe, noble Fühlen, ohne das kein wahrer Dichter existirt. Die Angriffe gegen Platen sind das widerlichste was man lesen kann.

Freitag d. 27.

An Beta geschrieben; den Redaktionsbrief der »Zeit« beigeschlossen. Auf die Gesandtschaft. Braf B. um Urlaub gebeten und ihn zugesichert erhalten. Simpson. Café Divan. Gearbeitet (Macbeth). Nach Sadlers Wells. Sheridan's »the Rivals« und die »Komödie der Irrungen« gesehn.

Sonnabend d. 28.

Durch die Herrn Löffler und Ravené (erstrer überbringt eine Karte von Eggers) aus dem Bett geholt. Liebenswürdiger Brief von Mama aus Herzberg. An Löffler und Schweitzer geschrieben. Auf die Gesandtschaft. Excellenz theilt mir das Urlaubsgesuch mit; £ 25 in Empfang genommen. Simpson. Café Divan. An die Kreuz-Ztng geschrieben (die Opposition und der chinesische Krieg). Zu James Morris. Ueber die Erhardtsche Brochüre (gegen Toynbee) seinen Rat eingeholt. Nach Haus. Gearbeitet.

Sonntag d. 1. März.

Gearbeitet. An Beta geschrieben. Zu Tisch bei Alberts. Dr. Schmidt aus Würzburg, ein sehr liebenswürdiger und unterhaltender Mann, zugegen. Viel geplaudert. Spät nach Haus.

Montag d. 2. März.

Brief von Emilie. Gearbeitet. Auf die Gesandtschaft. Simpson. Divan. An die Kreuz-Ztng geschrieben (die Coalition Gladstone – Disraeli). Mit Kauffmann und Schlesinger geplaudert; eingeladen zum Freitag. Nach Haus. Abendbesuch von Schweitzer. Gearbeitet.

Dinstag d. 3. März.

Brief von Dr. Metzel (Urlaub gestattet). An die Kreuz-Ztng geschrieben (Chinesische Frage). Zu Haus Dinner genommen. Um 7 Besuch von Alberts. Beim Thee geplaudert: Mittheilungen über seine Mutter die schöne Henriette Fromme, die 15 Jahr alt vom Prinzen Louis Ferdinand entführt wurde und 3 Kinder von ihm hatte, 2 Jungens und 1 Tochter. Die Tochter bei Breslau verheiratet; der eine Sohn Generalmajor v. Wildenbruch; der andre todt. Um 9 zu Dr. Schmidt, 63 High Holborn. Gegen 10 erst nach dem Casino de Venice, dann nach Argyle Rooms; einige schöne Paare. Gegen 1 nach Haus.

Mittwoch d. 4. März.

Gearbeitet. Auf die Gesandtschaft. Simpson. Mr. Collins und Dr. Schmidt gesprochen. Divan. An Emilie geschrieben. Auf die große Post. Ueber Smithfield nach Sadlers-Wells. »Heinrich IV, erster Theil.« Phelps (Falstaff) vortrefflich; Mr. Rayner (Heinrich IV) und Mr. Robinson (Prinz Heinz) ausreichend; die komischen Scenen (Bardolph usw.) gut. Alles andre schlecht, besonders Mr. Marston als Percy.

Donnerstag d. 5.

An Direktor Metzel, Eggers und Emilie geschrieben. Brief von Beta, dem das Post office, wegen eines falschen

Vornamens den ich ihm gegeben, die Auszahlung von 5 £ verweigert. Simpson. Mr. Collins. Auf die Gesandtschaft. Nach Haus. An Max geschrieben. Gearbeitet.

Freitag d. 6.

Brief von Vetter Heinrich; Einladung nach dem Haag. Gearbeitet. Auf die Gesandtschaft. Excellenz giebt mir Bücher über die »Bernstorffs«. Simpson. Politisirt mit Messrs. Collins und Crampton über Lord Palmerston. »I never gave a vote, but this time I would go 500 miles to give my vote for Lord Palmerston.« Nach Haus. Biographie (von Kammerrath Sturz geschrieben) des Grafen Johann Hartwig Ernst von Bernstorff gelesen; ein vortreffliches Buch. Um 9 zu Schlesinger. Alle Nationen und politischen Partheien vertreten: Herzen, Meyen, Gebrüder Althaus und einige andre Lichter; von Damen: die Schwestern der Hausfrau und diese selbst, außerdem Mrs. Wenckstern, sehr hübsch aber verdächtig.

Sonnabend d. 7.

An die Kreuz-Ztng geschrieben (Lord Palmerston besiegt und – Sieger). Einige Zeilen an Vetter Heinrich, Schweitzer und den Controller of the money order office. Simpson. Café Divan. In der A. A. Ztng eine Rezension über Lingg's Gedichte, von denen einige doch sehr schön und sehr eigenthümlich zu sein scheinen. Endlich zum Friseur (Southampton-Row). Nach Haus. Gearbeitet (Shakespeare-Aufsatz).

Sonntag d. 8.

Gearbeitet (Heinrich IV). Simpson. Bekanntschaft angeknüpft mit dem kleinen Juden an unsrem Tisch; Namen noch unbekannt. Nach London-Hospital. Große Gesellschaft bei Schweitzer; viel Zug und noch mehr Hitze; die natürliche Folge »caught a cold«. Geplaudert, geklagt.

Montag d. 9.

Einladung von Mr. Collins. Gearbeitet. An die Kreuz-Ztng geschrieben (die Stimmung und die Wahlen). Brief von Emilie; alles passable wohl. An Graf B. und Mr. Collins geschrieben. Gearbeitet. Besuch von Beta. Geplaudert. Quittung über 100 Rthr empfangen.

Dinstag d. 10.

Gearbeitet. An die Kreuz-Ztng geschrieben (Opium-Handel und Times-Logik). Unwohl; zu Haus geblieben. Brief von Mr. Collins. Geschrieben an: Beta, Collins, Alberts, Eppelein, Schlesinger und Emilie. Gelesen.

Mittwoch d. 11.

Gearbeitet (Dänische Antworts-Note nach Wien und Berlin). Alberts auf dem Wege zu mir begegnet; bringt mir »un mot sur la question napolitaine« und Briefpackete aus Berlin (Kunstblatt; Mrs. Neßlers boarding school at Berlin). Simpson. Nach Haus. Gearbeitet (Heinrich IV).

Donnerstag d. 12.

Gearbeitet. Auf die Gesandtschaft. Simpson. Mit Mr. Collins nach Buckingham-Street und Hereford-Square. Geplaudert. Spät nach Haus.

Freitag d. 13.

Gearbeitet. Simpson. Nach 15 Pratt Street. Thee und deutsche Geburtstags-Torte mit »Mathilde« in Zuckerguß. Später Herr Bühring, ein verrücktes Genie aus Mecklenburg, aufgeweckt aber mit der Grammatik zerfallen. Nach Haus. Gelesen (Sir John Bowring über China).

Sonnabend d. 14.

Gearbeitet. Auf die Gesandtschaft. Simpson. Café Divan. An James Morris und die Kreuz-Zeitung geschrieben (Lord Elgins Ernennung). Nach Haus. Geschrieben an Faucher und Graf Bernstorff. Einen Neufchatel-Artikel für M. Chronicle übersetzt.

Sonntag d. 15.

Gearbeitet. Auf die Redaktionen von Star und Chronicle. Auf die Gesandtschaft. Nach Brompton zu Alberts. Leutnant Borgmann zugegen; ganz nett.

Montag d. 16.

Gearbeitet. An Direkt. Metzel geschrieben. Besuch von Herrn Maler Herrmann; etwas fabelhafte Figur. Simpson. Mit Mr. Collins Billard gespielt. Nach Haus. Brief und Zeitung von Glover. An Papa nach Freienwalde geschrieben. Besuch vom alten Schweitzer.

Dinstag d. 17.

Brief von Emilie und Max; letztrer hat im Warthebruch eine Apotheke gekauft. Gearbeitet. Auf die Gesandtschaft. Simpson. Nochmals zu Excellenz. Nach Park Street zu James Morris; nicht getroffen. Nach Haus. Briefe von Eggers und Dr. Erhardt vorgefunden. Einen Aufsatz Fallmerayers (in der A. A. Ztng) über Graf Ostermann-Tolstoi gelesen. Geschrieben an James Morris, Mr. Elliot, Mr. Levin und Onkel Max. Gearbeitet (die lustigen Weiber von Windsor).

Mittwoch d. 18.

An Emilie und die Kreuz-Ztng (der Standard über Palmerstons auswärtige Politik) geschrieben. Simpson. Auf die Gesandtschaft. Zu Faucher. Genial, unterrichtet, guter Redner, aber doch ein bischen verkommen. Mit ihm und Dr. Mosabini, einem Griechen aus Smyrna, in einem Alehouse geplaudert. Faucher zieht kostbare Parallelen zwischen der Westpriegnitz und den Abruzzen.

Donnerstag d. 19.

Brief von Frl. Lina Ramdohr. Besuch von Herrn Levin und James Morris. Simpson. Nach Haus. Gearbeitet (die Ibbetson'sche Neufchatel-Brochüre). An Direktor Metzel, Glover, Beta, Alberts und Faucher geschrieben.

Freitag d. 20.

Gearbeitet. Besuch von Maler Herrmann. Er zeigt mir die ersten Blätter seiner »englischen Geschichte in Bildern«. Simpson. Nach dem Lyceum Theater. »Hamlet«. Sehr langweilig. Nach dem ersten Akt nach Haus. Besuch von Schweitzer. Gearbeitet. An Beta geschrieben.

Sonnabend d. 21.

Brief von Herrn Dr. Keipp, mit Anträgen wegen der »Berliner Revue«. Gearbeitet. Gesandtschaft. Hitziges Gefecht mit M. Alberts über Brüssel-Carpet und Polsterstühle. Simpson. Mr. Collins und Mr. Essex (the leather seller) zugegen. Café Divan. Nach Haus. Besuch von Beta.

Sonntag d. 22.

Gearbeitet (Artikel über Dänemark und die Herzogthümer); Besuche von Kauffmann (Bemerkungen über die *peelitische* Saturday Review; Organ des Herzogs von Newcastle). Mit Schweitzer zu Simpson und dann zu Beta. Heftige Debatte (fast bis zum Bruch) über die Tugend oder Nichttugend Goethes und die volle Berechtigung der letztern – nach Beta's Meinung.

Montag d. 23.

Brief von Dr. Abel und Emilie. Gearbeitet. Auf die Gesandtschaft. £ 22 empfangen. Versöhnliche Gespräche mit Alberts. Bis Constitution-Hill. Im Wellington gegessen. Nach 2 Hereford Square. Mit Mr. Collins geplaudert. Nach Haus. Briefe von Faucher und Max Müller.

Dinstag d. 24. (Papa's Geburtstag)

Brief von Direkt. Metzel. An Emilie, die Kreuz-Zeitung, Dr. Keipp und Dr. Abel geschrieben. Einige Zeilen an Max Müller. Simpson. Zu Faucher. Café Divan. Mit Kauffmann und Max Müller geplaudert. Nach Haus. Briefe geschrieben an Thomas Glover, James Morris, Michael Mannock, Beta und Schweitzer. Gearbeitet.

Mittwoch d. 25.

Brief an die Kreuz-Ztng. Zu Mr. Elliot. Money-order (£ 3) an Mannock. Zu Cowie & Son. Auf die Gesandtschaft. Brief von Reg. R. Zietelmann. Mit Alberts und Roux im Albany gegessen. Zu Clowes & Son, Charing Cross. Nach dem Victoria Tower und Lord Cranworth's Divorce Bill im Parliamentary-Paper-Office gekauft. Am Strand einige Kleinigkeiten (Photographieen) gekauft. Zu Glover. Nach Haus. Besuch von Beta und Schweitzer. Gearbeitet: Kranz-Gedicht für die silberne Hochzeit von Maxens Schwiegereltern; – sehr sauer geworden.

Donnerstag d. 26.

Gepackt. Simpson. Wieder gepackt. Bei Wilmots Thee getrunken. Abschied. Auf die Gesandtschaft; Alberts in dienstlicher Rage. Unterredung mit dem Gesandten. Nach dem Dover Bahnhof. Abfahrt 8½; Ankunft in Dover 11 Uhr – um 12 Ueberfahrt nach Calais.

Freitag d. 27.

Von Calais über Lille nach Gent. Reisegesellschaft ein junger Schwede und ein Leipziger Jude. Gegen 3 Uhr Ankunft in Köln. Auf dem Deutzer Bahnhof Frau Schönberg und Maler Löffler getroffen. Die Prinzen Karl und Friedrich Karl mit auf dem Zug.

Sonnabend d. 28.

Um 7½ Ankunft in Berlin. Wiedersehn; alles wohl und munter vorgefunden. Nach Tisch Besuch von Eggers. Mit ihm zu Merckels; von da, in den Rütli zu Menzel. Besuch in Menzel's Atelier. »Bon soir Messieurs« auf der Staffelei. Rütli – Plaudereien. Nach Haus.

Sonntag d. 29.

Lepel referirt über seine Herodes-Vorlesung (am Abend vorher) beim König. Ueber Mittag Visite bei Dr. Metzel. Den Dramaturgen Dr. Pabst so wie Herrn Julius Bacher getroffen. Nach Haus. Nachmittags zu Steinke's, dann in den Tunnel. Geheim Rath Schüller liest mediokre Sachen. Zu Merckels; Hahn's, Lepel und der junge Mühler zugegen.

Montag d. 30.

Zu Landsberger; Sachen bestellt. Zum Schuhmacher Vogel. Spatziergang mit Zöllner, Lübke und Kugler im Thiergarten. Abends Zöllner, Lübke und Eggers bei uns zum Thee.

Dinstag d. 31.

Zu Geh. Rath Hegel. Auf dem Bureau das Handwerk begrüßt. Nachmittagsbesuch bei Wangenheims und junge – Kette's. Am Abend mit Wentzel und Metzler beim Direktor Metzel.

Mittwoch d. 1. April.

Zum Minister-Präsidenten. Gnädiger Empfang. Toast für Max gemacht. Lepel, Eggers, Lübke bei uns zu Tisch; später der große und der kleine Lucae. Abends zu Dr. Neßler's.

Donnerstag d. 2. April.

Allerhand Schreiberei. Besuch von Dr. Koblanck. Zu Tisch zu Merckels. Ellora-fest; außer den Elloristen, Lepel und Kugler zugegen.

> Und wieder mal im grünen Zimmer,
> Im grünen Zimmer, das nun grau,
> Sitzt der Ellora-Blüthen Schimmer
> Bei Immermann und Immerfrau,
> Und wieder gab's die liebe Suppe,
> Beinah auch Chocoladen-Speis,
> Und auf des Musenpferdes Kruppe
> Hopst wieder alles nach dem Preis.
>
> Derselbe Raum, dieselben Spiele,
> Dasselbe was die Köchin briet,
> Auch Lepel ganz im alten Style
> Und ich – mit altem Appetit.
> Doch um es grad' herauszusagen,
> Conservativ wie Stein und Erz
> So macht uns nicht ein treuer Magen,
> So macht uns nur ein treues Herz.
>
> Das woll der Himmel uns erhalten!
> Durch wechselvoller Zeiten Lauf
> Des Werkeltages sich Zerspalten
> Hier geh's in höhre Einheit auf,
> Hier steh des Dichters höhre Warte,
> Ellora's liebster Tempelbau
> Und unsre Fahne und Standarte
> Bleib Immermann und Immerfrau!

Den Abend zu Haus verplaudert. Besuch bei Fräulein Pankow.

Freitag d. 3. April

Sachen von Landsberger. Den Brief an Prof. Gn. [Punkte von Fontane] corrigirt. Visiten gemacht. Am Nachmittag zu Baeyers. Besuch von Lepel und Chevallerie. Einladung von Wangenheims. Briefe geschrieben an Vater, Jenny und Frau v. Wangenheim.

Sonnabend d. 4. April

Zu Metzel. Nachmittags zu Tante Lottchen. In den Rütli zu Lepel. Argo-Debatte; Kugler lehnt ab als Herausgeber genannt zu werden.

Sonntag d. 5. April.

In Gneist's Buch gelesen. Zur Frau Schacht. Zum Diner zu Wangenheims. Kurze Visite bei Frau Haevecker. Gearbeitet.

Montag d. 6. April

Zu Eggers, dann zum Geh. R. Hegel Eggers zu Tisch bei uns. Commissionen besorgt. Emilie zu Graefe. George und ich zu d'Heureuse; Unter den Linden Greif gespielt. Am Abend zu Dr. Langbein. Metzel und Wentzel zugegen.

Dinstag d. 7. April

Auf's Bureau. Metzel's Bedenklichkeiten gegen »den letzten Censor«. Zu Eggers. Am Nachmittag zu Lazarus.

Mittwoch d. 8. April.

An Scherz geschrieben. Gefrühstückt bei Schilling. Zu Bormann, Hahn's, Frau Prof. Beyrich und Frau v. Lepel. Inzwischen Besuch von Herrmann und Thilde. Nachmittagspromenade mit Kugler, dann mit Herrn Schacht. Argonautensitzung bei Schulzendorff unter den Linden; sehr langweilig; Herr Trewendt zugegen.

Donnerstag d. 9. April.

Zu Eggers. Auf's Bureau. Unterredung mit Direktor Metzel. Herrmann und Thilde zu Tisch bei uns. Abends gemüthlich bei Merckels.

Charfreitag d. 10. April.

Um 7½ erscheint Eggers und trinkt Kaffe mit uns. Später Herrmann zum Lunch. Herrn Bachmann's Associé stellt sich vor und lenkt wieder ein. Nachmittags zu Mr. Collins und Frau Professor Begas. Bald wieder nach Haus.

Sonnabend d. 11. April.

An Beta geschrieben. Mit Collins zu Frau Scabell. Dann gefrühstückt im Hôtel de Russie (exquisiten alten Port). Um 5 Uhr zu Lazarus in den Rütli. Um 10 nach Haus. Gearbeitet für's Kunstblatt; Correktur usw.

Sonntag d. 12. April. (Ostern)

Scherz besucht uns. Zu Tisch zu Hahn's; Lepel zugegen (Gott sei Dank). Um 6 zu Kranzler; Rendez-vous mit Scherz. Spatziergang im Thiergarten, dann bei uns geplaudert. Früh zu Bett.

Montag d. 13. April.

Scherz frühstückt bei uns. Mr. Collins macht seine Visite und führt uns dann zum Diner bei Schacht's. Frau Anna und ihre Käte zugegen; beide sehr nett. Um 7 nach Haus; gearbeitet.

Dinstag d. 14.

Zu Eggers. Visiten bei Rose's, Fournier und Hesse's. Um 3 Uhr zu Tisch zu Merckels; nur Eggers zugegen. Um 7 nach Haus; den alten Tieftrunk vorgefunden. Später Besuch von Lepel. Gearbeitet (Gneist.).

Mittwoch d. 15.

Gearbeitet. Mit Emilie aufs Bureau. Einkäufe für Vater gemacht. Um 3 zu Tietz zum Diner: Dr. Beutner (als Wirth), Hesekiel und die Doktoren Abel und Sommer zugegen. Um 6 in »Macbeth«. (Hendrichs. Döring. Frl. Häußer). Gearbeitet (Gneist).

Donnerstag d. 16.

Früh zum Minister-Präsidenten. Vom alten Diener im Vorzimmer einiges über die Lebensweise seines Herrn erfahren. Gegen 1, nach jedesmaliger Abarbeitung aller laufenden Geschäfte, ins Bett. Um 5 auf. Dann meditirt. Um 7 eine Tasse Haferschleim. Um 10 eine Tasse Chocolade. Um 4 Mittagbrot. Das ist alles. Nie Kaffe oder Thee und *nach* dem Diner überhaupt nichts mehr. – Nach Haus. Briefe geschrieben. Um 12½ auf den Stettiner Bahnhof; zu spät. Nachmittags mit Emilie im Thiergarten spatzieren gegangen; im Odeum Kaffe getrunken. Kette's nicht zu Hause getroffen. Beim Nachhausekommen Besuch vom Flender'schen Ehepaar. Abends geplaudert.

Freitag d. 17. April.

Früh 5½ Uhr nach dem Bahnhof. Um 10½ bei Vater auf Schiffmühle eingetroffen. Herzlicher Empfang Geplaudert; vom hundertsten auf's tausendste. Eine Flasche Burgunder getrunken, deren Werth, mit Hülfe aller jener Annahmen und Vordersätze wie sie nur der Phantasie und Logik des Alten möglich sind, auf genau 8 Rthr. festgesetzt wurde. An Jenny geschrieben (Geburtstags-Gratulation).

Sonnabend d. 18.

Mit Papa zu Major Dutreu und Familie (Frau und Tochter). Unterhaltungsobjekt: der alte Rouanet. Um 11 Abschied. Im Postwagen ein alter jüdischer Commis voyageur, der das Leben in Sondershausen und im Thüringer Walde (»auf dem Wald«) in höchst anziehender, beinah poëtischer Weise schildert. In Neustadt Herrn Storch getroffen, der ein Enkel des sogenannten »Onkel Werner's« und somit ein Verwandter von uns ist. Ein sehr netter Kerl; er ist Dirigent auf dem Stahlwerk. – Um 5 zu Haus. Marie Fels und zwei ihrer Kinder als Besuch vorgefunden; später Herrmann und Thilde. Briefe von Hegel, Collins und Alberts (mit 10 £). Um 6 in den Rütli bei Eggers. Zugegen nur: Eggers, Merckel, Bormann und Menzel. Debatte über die von mir bestrittene »Unerläßlichkeit« des Kunstblatts. Ein reizendes Gedicht von Blomberg gehört: »Waldkönigin«. Mit Menzel Gespräch über Vernet, Gros und Lebrun.

Sonntag d. 19. April.

Gearbeitet. Besuch von Herrmann Müller und Frau, Chevallerie etc. Mit Marie Fels und Familie im Odeum Kaffe getrunken. In den Tunnel. Gespräch mit Dr. Loewenstein über meine mangelhafte Gesundheit. Die Karschin liest 2 mäßige Gedichte. Gute Diskussion. Immermann giebt zum Schluß einen in Hexametern geschriebenen Antwortsbrief zum Besten, worin er den aus Bautzen erhaltenen Tunnelgruß (wir haben dort seit Kurzem eine Art Filial) im Auftrage des Berliner Tunnels erwiedert. Sehr reizend, durchaus gelungen.

Montag d. 20. April.

Zu Geh. R. Hegel (Rechnungs-Legung). Kleine Besorgungen. Mittagsgesellschaft; zugegen: Lepel, Eggers, Mr. Collins. Kurzer Besuch von Kette; Saul-Streit zwischen ihm und Eggers.

Dinstag d. 21. April.

Gearbeitet. Lischen und Mama; später Max. Eggers und Dr. Erhardt erscheinen, um wegen James Morris und dessen Uebersetzung der Erhardtschen Brochüre zu sprechen. Gegen Abend: Direktor Metzel, Wentzel und Metzler.

Mittwoch d. 22.

Gearbeitet. Einige Besorgungen. Max stellt uns seine Braut vor. Am Abend bei Kette's; recht nett.

Donnerstag d. 23.

Gearbeitet. 10 £ bei Engelhardt gewechselt. Bei Josty Kaffe getrunken. Mit Collins im Hôtel de Russie gegessen; zugegen ein Turiner Graf und Capitain Ridgeway, einer der englischen Cabinets-Couriere. Zu Frau Amtmann Krüger. Lischens Geburtstag gefeiert bei Bierfisch und Rothwein.

Freitag d. 24.

Morgenbesuch von Eggers. Zu Maler Menzel; nicht getroffen. Nach Bethanien; nur Frau Prediger gesprochen. Beim alten Rose zu Tisch mit Emilie und George; Herr Prof. Hecht aus Strasburg zugegen. Rose's sehr nett und freundlich und wenigstens so interessant wie möglich. Nach Haus. Mit Mutter, Lischen, Max und Lepel geplaudert. Gearbeitet. Briefe geschrieben an Lina Ramdohr, Bachmann etc.

Sonnabend d. 25.

Zum Minister-Präsidenten; nicht angenommen. Zu Direktor Metzel, Geh. R. Hegel, Ernst Schultze und Frau Schacht (deren Geburtstag war). Bei Buchhändler Schneider Liebig's Portrait und Richter's Vaterunser gekauft. Nach Haus. Dr. Erhardt bringt seinen Brief an James Morris. Abschiedsbriefe geschrieben. In den Rütli. Rütli- und Ellora-Feier bei Merckel's. Sehr nett. Lepel toastet mich an wie folgt:

> Nun ziehst Du wieder fort von hier,
> Von der Stadt der kühlen Blonden,
> Aus aller Musen Hauptquartier
> In das musenlose Londen.
>
> Nun schwör' uns Treu mit Herz und Hand,
> In der letztern halte die Feder,
> Und schreibst Du her nach dem festen Land,
> So freut von uns sich jeder.
>
> Es freut von uns ein jeder sich,
> Daß er nichts von Dir verliere
> Und bringt ein Lebehoch auf Dich
> Und den »Klex vor Deiner Thüre.«

Abschied von den Rütlionen und Elloristen.

Sonntag d. 26. April.

Zum Minister-Präsidenten. Zu Direktor Metzel, Abschied von ihm und ihr; Commissionen. Zu Immermann; die neu-redigirte Schweitzer'sche Bittschrift empfangen. Besuch von Ernst Schultze. Zu Dr. Beutner; nicht getroffen. Nachmittagsbesuch von Mama, Lischen und Max. Abschied. Den Abend bei Baeyer's verplaudert. Frl. Bertha zeigt ihre chinesischen Schätze, die (so wenig ihrer sind) einem anschaulich machen, daß man es nicht mit »semi-barbarians« zu thun hat.

Montag d. 27. April.

Gekramt; Bücher und Papiere geordnet. Briefe zur Post gegeben: an Paul Heyse, v. Wangenheim, Dr. Beutner, W. Collins, Ernst Schultze, Wentzel und Frau Commercien R: Krause. Gepackt. Besuch von Eggers. Geplaudert. George unglücklich über die Abreise seines Vaters »der ihm immer Kuchen gekauft und soviel Spaß mit ihm gemacht hat«.

Dinstag d. 28. Mittwoch d. 29.

Abschied. Abfahrt 7 Uhr. Die ganze Reise bedeutungslos. Gesellschaft: Mr. Nathan, Mr. Rosenberg etc. lauter deutsche Juden, die jetzt in Manchester leben; Mr. Nathan sehr reich. Außerdem ein junger Herr Hansemann (Fabrikant aus Eupen) im Coupée, der von seinem Papa die Zuversicht aber nicht den Verstand geerbt zu haben scheint. Ueberfahrt glücklich, aber scharfe Luft. Im Lord Warden Hôtel (Dover) Thee genommen. Um 10¼ in London; abgestiegen in St. Paul's Hôtel.

Donnerstag d. 30.

Auf die Gesandtschaft. Alberts verstimmt aus guten Gründen. Zurück in's Hôtel. »Le Nord« gekauft. Zu Thomas Glover. An Emilie und Graf Bernstorff geschrieben. Zu Beta; alles im Trouble (in Folge eines Feuers das vor 8 Tagen in seinem Hause ausbrach) vorgefunden. Nach Haus; unwohl; früh zu Bett.

Freitag d. 1. Mai.

Auf die Gesandtschaft. 25 £ empfangen. Zu Beta; 11 £ ihm eingehändigt. Zu Mr. Mannock; einen Artikel aus dem Giornale officiale della Sicilia überbracht (über »la cuffia del silenzio«). Nach London Hospital; Schweitzer nicht da. Nach 17 Bloomsbury Square um Schweitzer daselbst zu erwarten. Geplaudert mit Familie Morris und Mr. Wood.

Sonnabend d. 2. Mai.

Kleider Einkäufe in Southampton-Row. Auf die Gesandtschaft. Simpson. Café Divan. Schlesinger und Kaufmann getroffen. An die Kreuz-Zeitung geschrieben (die

Niedergeschlagenheit der Tories). Nach London-Hospital. Schweitzer unwohl; geplaudert bis gegen 11.

Sonntag d. 3. Mai.

Zu Mr. Mannock; reizendes Bild eines braven, fleißigen Engländers, der sich die Woche über im Schweiße seines Angesichts als Reporter und Uebersetzer abrackst und Sonntags im Kreise seiner 6 geputzten Kinder selbst geputzt dasitzt und sich freut, daß ihm Gott einen Tag der Ruhe und verhältnißmäßigen Behagens schenkt. Nach dem Hôtel zurück. An Thomas Glover geschrieben. Dinner im Hôtel. Zu Alberts; Feldjäger Borgmann zugegen. Geplaudert, Whist gespielt.

Montag d. 4.

Auf die Kunstausstellung in der Royal Academy. Viel schöne Sachen zugegen, aber nichts Großes. Auf die Gesandtschaft. Mit Borgmann bei Simpson gegessen und im Café Divan geplaudert. Zu Schweitzer. Früh nach Haus.

Dinstag d. 5.

Schweitzer bringt mir einen Brief von Emilie mit Einlage von George; alles wohl auf. Noch einmal auf die Kunstausstellung. Auf die Gesandtschaft; ein paar Worte mit Excellenz. Simpson. Zu Beta; Bühring der bärtige Mecklenburger zugegen. Geplaudert.

Mittwoch d. 6.

An Schweitzer geschrieben. Flanirt bis Oxford Street. Im Princeß-Theater »Richard II« (Kean'sche Bearbeitung) gekauft. Bei Very gefrühstückt; Herrn Lebenheim getroffen. Zu Williams & Norgate. In's Hôtel. Um 5 nach 9 East Compton Street. Ausgepackt und eingeräumt.

Donnerstag d. 7.

[*Ab hier wieder in Emilies Handschrift*]
Gearbeitet. (Die Shadwell-Theater.) An Emilie geschrieben. Simpson. Auf die Gesandtschaft. Zu Glover. Weigert sich den Artikel über »the cap of silence« zu drucken. Nach Haus. An Cowie u. Schweitzer geschrieben. Gearbeitet.

Freitag d. 8.

Gearbeitet. (die Schadwell Theater.) Auf die Gesandtschaft. Glovers Weigerung mit Excellenz besprochen; noch einen Versuch verabredet. Dann über mein »Bleiben oder Gehn« mit ihm gesprochen. Sehr liebenswürdig. »Man wird sie mir doch nicht wieder nehmen wollen.« Simpson. Nach Haus. An Dr. Metzel u. Emilie geschrieben. Schweitzern vergeblich erwartet.

Sonnabend d. 9.

Gearbeitet. An die †Zeitung geschrieben. (der Schalk als Lakai). Auf die Gesandtschaft. Mit Alberts durch Green Park. Simpson. Zu Schweitzer. Gegen 10 Uhr mit Koffer u. Sachen nach Haus.

Sonntag d. 10.

Gearbeitet. (Die Londoner Kunstausstellung) Simpson. Um 7 zu Beta; dort den Abend verplaudert.

Montag d. 11.

Deutsche Zeitungen. Gearbeitet (Londoner Kunstausstellung). Zu Purssel. Auf die Gesandtschaft. Nach Haus. Koffer ausgepackt u. alles arrangirt. Abendbesuch von Beta.

Dinstag d. 12.

Gearbeitet. (Shakespeare-Aufsatz.) Auf die Gesandtschaft. Interessante Mittheilung über Lord Clarendon u.

den Groll des letztern gegen die russische Diplomatie im allgemeinen; in specie gegen Graf Chreptowitsch den er als den own correspondent von Le Nord bezeichnet. Simpson. Café Divan. Ueber Garrick, Barton Booth, Cibber u. Betterton gelesen. Zu Beta. Kreuz-Zeitungen abgeholt. Nach Haus. Gearbeitet.

[Mittwoch] d. 13.

[Liebens]würdige Zeilen von Emilie, mit Einlage u. Zeich[nung] von George. Gearbeitet; an die Kreuz-Zeitung geschrieben (der Häuser-Einsturz in Tottenham-Court-Road) u. den Aufsatz über die Londoner Kunst Ausstellung mit eingeschickt. An Th. Glover geschrieben. Simpson. Divan. In der A. A. Ztg. einen Nekrolog über Graf Ficquelmont u. eine Kritik über Häussers Deutsche Geschichte gelesen. Nach Haus. Gearbeitet.

Donnerstag d. 14.

Gearbeitet. Artikel über Dänemark u. die Herzogthümer. Briefe geschrieben an Dr. Metzel u. Emilie; einige Worte an Kugler. Simpson. Zu Glover. Er verweigert die Aufnahme aller auf Neapel Bezug habenden Artikel; – ich verarg's ihm nicht. Nach Haus. Briefe von Schweitzer u. Beta. Gearbeitet.

Freitag d. 15.

Gearbeitet. Einige Verse geschrieben. Auf die Gesandtschaft. Lange Unterredung mit dem Grafen über's [sic!] Prinz Napoleon. (»I never met with such a beast before« hat sich Lord Clarendon über ihn geäußert) u. die Stellung von Gouvernement, Hof u. †Ztg. zu ihm. Mit Roux im Albany gegessen u. in Windmill-Street Kaffee getrunken. Nach 21 Connaught Square zum Dr. Lawrance das Caspar'sche Geschenk abgegeben. Zu James Morris; über Erhardtsche Brochüre mit ihm gesprochen. Engl. Nähnadeln bei Wilks in Regent-Street gekauft (sehr theuer 500 à 7 s. 6 d.). Nochmals auf die Gesandtschaft. Café Divan. Auszüge aus Haeussers Geschichte gelesen. Nach Haus.

Sonnabend d. 16.

Brief von Emilie u. Mrs. Neßler. Gearbeitet. Verse gemacht. (Die Fahne Schwerin's). An Schweitzer und Glover geschrieben. Bei Purssel gegessen. Zu Beta. Im Garten vorgefunden. Nach 6 Caroline Villas. Sehr niedliches Häuschen. Wieder nach 15 Pratt-Street. Den Abend mit Betas (der sehr gute Geschichten erzählt) verplaudert. Nach Haus. Karte von Dr. Lawrance vorgefunden. Gearbeitet.

Sonntag d. 17.

Um 12 Uhr zu Beta. Lunch genommen. Um 2 Uhr mit der großen Verbindungs-Bahn bis Kew. In dem schönen Garten u. den vielen Gewächshäusern umherpromenirt, aber doch am meisten an der milden Luft u. dem blühenden Flieder gefreut. In einem Tea-Garden Porter getrunken. Gegen 10 nach Haus.

Montag d. 18.

Correcturbogen u. Brief von Bachmann. Chronicle bringt einen unserer Artikel über die Herzogthümer. Gearbeitet. An die †Zeitung geschrieben. (Die Diktatur. Niedergeschlagenheit der Opposition. Ein verzweifelter Feldzugsplan.) Simpson. Café Divan. Auszüge aus Grote's Geschichte Griechenlands gelesen. Sehr interessant. Das Urtheil desselben über Alexander den Großen, den er lediglich als einen genialen Feldherrn u. Antikraten, als (z. B. ein Gegensatz zu Droysen) einen achillesmuthigen Welteroberer, aber nicht als einen noblen, humanen Griechen faßt, der neben seinem Recht auch das Recht anderer anzukennen [sic!] wußte. Nach Haus. Gearbeitet.

Dinstag d. 19.

Gearbeitet. Auf die Gesandtschaft. Simpson. Divan. Nach London-Hospital zu Schweitzer. An Alberts geschrieben. Spät nach Haus.

Mittwoch d. 20.

Gearbeitet. An die †Zeitung geschrieben (Lord Palmerston als Reformer) u. ein Gedicht beigeschlossen. Die Fahne Schwerin's. Auf die Post. Zu Purssel. Nach Haus. Gearbeitet. An Morris, Schweitzer, Bachmann u. Eggers geschrieben.

Donnerstag d. 21.

Gearbeitet. An Dr. Metzel u. Emilie geschrieben. In die City. Bei Spielmann Geld gewechselt. Simpson. Geplaudert mit Mr. [Gibbs] (seedsman) u. Schlesinger getroffen. Zu Williams u. Norgate, 4 Rthr 27 Sgr. von der Westermannschen Buchhandlung empfangen. Gesandtschaft [...] Berliner Packet. Nach Haus. Ausgepackt. An Glover, Faucher u. Vetter Heinrich geschrieben.

Freitag d. 22.

Gearbeitet. Auf die Gesandtschaft. Mit Alberts und Borgmann in die Lobster Kneipe; Lunch genommen, dann Kaffee an der Ecke von Windmillstreet. Nach Haus. Brief von James Morris; Karte von Dr. Piper, Theologie-Professor aus Berlin. Gearbeitet. (Prinz Louis Ferdinand.)

Sonnabend d. 23.

Brief von Emilie. Gearbeitet. An Emilie geschrieben. Einige Zeilen von Schweitzer empfangen u. beantwortet. Simpson. Café Divan, verschiedene Leitartikel über die dowry-question gelesen. Zu Beta. Geplaudert. Nach Haus. Gearbeitet. (Prinz Louis Ferdinand.)

Sontag d. 24.

Gearbeitet. (Prinz Louis Ferdinand; Lied an Eggers.) Simpson. Nach Haus. Zum Diner auf die Gesandtschaft. Zugegen: Oberbibliothekar Dr. Pertz nebst Frau, Prof. Leopold Ranke, Prof. Dr. Piper, Prof. Waagen, Herr Deichmann (das prinzeßliche Popularitätsobject aus Köln) Herr v. d. Osten, Alberts nebst Frau. Das Ganze (ein Verdienst Ranke's) außergewöhnlich zwanglos u. interessant. Mit Alberts' bis Grosvenor Place gefahren, dann zu Fuß nach Haus.

Montag d. 25.

Brief von Emilie (englisch) u. Lepel. Geschrieben an Emilie, Lepel u. die †Zeitung. Diner beim Gesandten. Simpson. Nach Haus. Gearbeitet (Macbeth.)

Dinstag d. 26.

Gearbeitet. Auf die Times (Anzeigen für Mrs. Neßler.) Zum Gesandten. Zu Scott, Haymarket; Lobster-Lunch. Café Divan. Nach Haus. Gearbeitet. (Macbeth.)

Mittwoch d. 27.

Epsom Races (Derby Tag) Die †Zeitung bringt meine Verse: »Die Fahne Schwerin's«. Brief von Eggers über R[...] u. Frau. Gearbeitet. Simpson. (Alick in Aufregung; hat auf den »Anton« ein halbes Pfund gewettet.) Café Divan. Nach Haus. Gearbeitet. (Macbeth.)

Donnerstag d. 28.

Gearbeitet. An Dr. Metzel, Emilie u. Eggers geschrieben. Simpson. Zu Beta. Geplaudert. Einrichtungs Ueber- u. Anschläge gemacht. Nach Haus.

Freitag d. 29.

Gearbeitet. An Herrn Kfm. Stahl geschrieben. Auf die Gesandtschaft. Mit Alberts im Albany gegessen. In der »Schweiz« Brandy u. Water, um den Albany-Pudding zu vergessen oder klein zu kriegen. Café Divan. Nach Haus. Gearbeitet. (Shakespeare-Aufsatz.)

Sonnabend d. 30.

Brief von Emilie. Gearbeitet. Lobster-Lunch bei Lynn in Fleet-Street. Zu Purssel. Nach London-Hospital zu Schweitzer.

Sonntag d. 31.

Gearbeitet. (Shakespeare.) Nach Victoria-Grove zu Alberts. Herr u. Frau Ditmar zugegen. Geplaudert bis Mitternacht.

Montag d. 1. Juni.

Gearbeitet. Auf die Gesandtschaft. 25 £ (10 £ als Honorar für den Uebersetzer.) in Empfang genommen. Mit Alberts u. Frau im Albany gegessen. Spatziergang bis Buckingham-Palace. Café Divan. Schlesinger, Kaufmann; jener erzählt von dem reizenden Leben auf der Insel Wight. Gelesen. Nach Haus. Gearbeitet. An Alberts u. Herrn Simon Stahl geschrieben.

Dinstag d. 2. Juni.

Gearbeitet. (Surrey-Theater.) Simpson. Divan. Nach Haus. Gearbeitet.

Mittwoch d. 3.

Gearbeitet (Lyceum-Theater.) An Dr. Beutner und die Kreuzzeitung geschrieben; ebenso an Emilie u. Eggers, u. die Literatur-Blatt-Aufsätze zum copiren eingeschickt. Einige Zeilen an Alberts. Brief von Hr. Stahl. Lobster-

Lunch bei Lynn. Nach London-Hospital; den Abend mit Schweitzer verplaudert.

Donnerstag d. 4.

Nach 27 Mark Lane zu Herrn Stahl. Unterredung mit ihm über Robert Pries. Auf die Gesandtschaft. Excellenz verstimmt über Indiskretionen von M. Post (in Betreff der Taufe.) An Eggers geschrieben; einige Zeilen an Dr. Metzel. Simpson. Politisirt mit Mr. Essex. Café Divan (A. A. Zeitung hat einen guten Aufsatz über engl. Schulwesen, das nichts taugt u. das doch wieder soviel zu denken giebt u. after all gar nicht so übel ist.) Nach Haus. Ein Buch intendirt, unter dem Titel: »*Brandenburgische Geschichten.*« (z. B. also: der falsche Waldemar, die Hussiten vor Bernau. Die schöne Gießerin. Die weiße Frau. Die alten adligen Geschlechter u. ihre Sagen. Derflinger. Sidonie von Borck. (pommersch.) Die kurfürstl: Schlösser. Rheinsberg. Kohlhaas. Prinz v. Hessen Homburg etc.) Gearbeitet.

Freitag d. 5.

Gearbeitet. Simpson. Café Divan. (Auszüge aus Marmonts Memoiren; seine Verdächtigungen Eugen Beauharnais etc.) Nach Haus. Gearbeitet. An Eggers geschrieben.

Sonnabend d. 6.

Brief von Emilie, George die Masern. An Emilie u. die †Zeitung ein Wort zur Verständigung usw. geschrieben. Simpson. Auf die Gesandtschaft. Zu Beta. Mit ihm und Bühring, dem endlosen Erfinder, den Abend verplaudert. Zu Haus eine Einladung von Faucher vorgefunden.

Sonntag d. 7.

Gearbeitet (Die dänische Note etc.) Zu Faucher nach 8 Champion Place, Denmark-Hill, Camberwell. Sehr hübsches Häuschen; die Frau eine verblühte Schönheit; das Kind reizend, wenn auch geziert. Mit Faucher vor Tisch einen Spatziergang gemacht. Andeutungen seinerseits, die ihn nicht als abgeneigt erscheinen lassen. Interessante Mittheilungen über engl: Zeitungswesen. An der Spitze steht ein Proprietor oder ein Comité, wenn es ein Aktienunternehmer ist. Der chief editor giebt die leitenden Gedanken, bestimmt die Richtung des Blattes u. giebt an, was überhaupt geschehn resp. zugelassen, oder aber abgewiesen werden soll. Der sub-editor arrangirt die einzelne Nummer u. hat Bestimmung darüber, was heute hinein soll u. was nicht. Die Leitartikel-Schreiber sind ein besondres Corps, die in der Regel gar nicht zum Etablissement selbst gehören, sondern stückweise bezahlt werden u. meist auf Bestellung arbeiten. In Fragen, die viel technische Kenntnisse erfordern, hat häufig ein u. dieselbe Person die Lieferung für die gesamte Tagespresse. Daß gute u. gewandte Schreiber drei, vier Blätter (meist Wochenblätter) mit Leitartikeln versorgen, ist nichts seltenes. Solche Leute bringen es dann bis auf 10 u. selbst 20 £ die Woche. Die Editors schreiben auch Leitartikel, aber es ist nicht ihre eigentliche Aufgabe u. sie werden für derartige Arbeiten *apart* bezahlt. Bei der Times ist es noch anders. Sie hat sehr viele Sub-Editoren, die au fond fixirte Leitartikel-Schreiber sind u. durch ihr ausnahmsweises Bezeichnet-werden als »Editoren«, in den gäng u. geben Begriff dieses Wortes einige Verwirrung bringen. Sehr viele Times Artikel werden übrigens von *Fachleuten* geschrieben, die im Allgemeinen in gar keiner Beziehung zum Etablissement stehen. – Die Reporter sind Heloten, bloße Subalternen, so gering geachtet, daß sie einen Leitartikelschreiber oder Editor nicht einmal grüßen dürfen, weil dieser durch »any conexion with so low people« in Verlegenheit gebracht werden könnte. – Nur der headman der Reporter, also ihr Häupter, kommt dienstlich mit den anderen Herren in Berührung u. nimmt eine Art Uebergangsstellung auf der Rangleiter ein. Dann u. wann avancirt ein Reporter zum wirklichen Schriftsteller, von der Maschine zu geistigem Schaffen, aber es kommt nur selten vor. Manche verdienen viel Geld. Im Court of Chancery (wenn ich nicht irre) ist es so eng, daß neben dem Privat-Reporter der Times nur noch *einer* ordentlich Platz hat. Dieser verkauft die Abkutsche seiner Berichte an alle Zeitungen u. löst viel Geld daraus. – Um 2½ dinirt in einem reizenden Gartenzimmer. Die Unterhaltung be lebt u. fesselnd; Faucher ein zärtlicher Vater. Das Edgar Bauer'sche Buch »Englische Freiheit« lobte er sehr; Wi gand hätte es enorm honorirt u. könnte es, weil er von al len Büchern die Edgar Bauer schriebe 5 bis 600 Exem plare ein für allemal an östreichische Adlige absetze. Das Beste war dies: Prince Smith sei ein begeisterter Deutscher geworden. Von dem Moment ab, wo er nach vieljährigem Aufenthalt in Deutschland herausgefühlt habe: »diese ganze deutsche Nation in ihren zerlum[p]testen Kerlen hat etwas was das englische Volk in seiner großen Masse gar nicht kennt, nämlich *Ehre*«, von diesem Augenblick an sei [ihm?] sein englisch stolzes Herz in die Hosen gefallen. Dies ist sehr famos. Die Engländer haben wenig oder nichts von unserem Ehrgefühl u. unserer Humanität. *Ihr Ehrgeiz* ist ein ganz ander Ding. Sie haben freilich auch nicht unsere Sentimentalität. – Um 6 Uhr zu Schweitzer nach London Hospital. Den Abend mit ihm verplaudert.

Montag d. 8.

Gearbeitet (die dänische Note etc.) Simpson. Auf die Gesandtschaft. Graf und Gräfin sehr angegriffen von der Tauffeier. Die Gräfin giebt mir die Details. An die †Zeitung geschrieben. (Taufe in Prussia House.) Auf die große Post. Zu Michael Mannock. Nach Haus. Gearbeitet.

Dinstag d. 9.

Gearbeitet (Prinzeß-Theater.) Um 7 Uhr zu Dr. Lawrance, 21 Connaught Square. Freundliche Leute, besonders die Lady mit sachsenblondem (d. h. rothem) Haar. Noch zwei andre Damen zugegen, eine alte u. junge Frau (Mutter u. Tochter.) Der Mann der Letzteren lebt in Aegypten, sie zieht London vor, was ich begreiflich finde. Dann u. wann sehen sie sich in deutschen Ländern. Gegen 10 große Aufregung in Folge des Feuers auf Camden-Town Station.

Mittwoch d. 10.

Gearbeitet. Auf die Gesandtschaft. Alberts nach Dover um den Prinzen Friedrich Wilhelm zu empfangen; der Gesandte nach Windsor. Ueber Faucher mit ihm gesprochen. Simpson. Café Divan. (A. A. Ztg S. 156 hübscher Aufsatz über Kopisch) Nach Haus. Zu Frau Dr. Neßler 2 Compton Street. Brief von Emilie, alles passabel wohl. Geplaudert.

Donnerstag d. 11.

Chronicle bringt den Artikel über die Herzogthümer. Briefe geschrieben an Dr. Lawrance, Bachmann, Eggers, Metzel, Emilie, Dr. Beutner u. die †Zeitung. Besuch von Alberts. Auf die große Post. Bei Harvey Lobster-Diner. Purssel. Nach Haus. Gearbeitet. Briefe an Beta u. Morris geschrieben.

Freitag d. 12.

Gearbeitet. Zu Mrs. Neßler. Simpson. Mr. Crampton getroffen, der mir von Collins u. der Unerträglichkeit der Berliner Behörden (die Alberts später bestätigt) erzählt. Café Divan. Auf die Gesandtschaft. Nach Haus. Gearbeitet.

Sonnabend d. 13.

Die Copieen aus Berlin treffen ein. Brief von Schweitzer. Gearbeitet. Zu Mrs. Neßler; in sehr anti-englischer Stimmung vorgefunden. Auf die Gesandtschaft. An die †Zeitung geschrieben. Simpson. Divan. Mit Kauffmann geplaudert. Zu Beta. Geplaudert. Gegen 10 Uhr zu Haus. In Julian Schmidts Literaturgeschichte gelesen.

Sonntag d. 14.

Gearbeitet. Zu Schweitzer; in ›Thomas Ingoldsby's Legenden[‹] gelesen. Thomas Ingoldsby ist pseudonym für Rev. Barham, der ein Dekan oder Kanonikus von St. Paul u. ein besonderer Freund Theodor Hook's auch von Sidney Smith war. Der Ton in diesem ganzen Kreise bis zur Zeit der Reformbill u. dem Tode Walter Scott's muß reizend gewesen sein. Die Biographie Barham's ist reich an guten Spukgeschichten, wiewohl ihnen ein besonderer Charakter fehlt.

Montag d. 15.

Ein paar Gratulations-Zeilen an Schweitzer geschrieben. Briefe von Emilie u. Dr. Metzel empfangen. Er flüchtet sich hinter Dienstlichkeit u. Grobheit. Auch gut. – Zu Mrs. Neßler u. Dr. Lawrance. Auf die Gesandtschaft. Paket endlich angekommen. An Emilie geschrieben. Simpson. Einige Zeilen von Mr. Essex jun. Divan. (Buchers Kritik über ›Little Dorritt‹). Nach Haus. Gearbeitet.

Dinstag d. 16.

Gearbeitet. Zu Lynn, Fleet Street. Purssell. Auf die Gesandtschaft; mein Paket abgeholt. Nach Haus, ausgepackt. Gearbeitet.

Mittwoch d. 17.

Gearbeitet. Zu Mrs. Neßler. Einkäufe bei Edwards & Daws. Auf die Gesandtschaft. Simpson. Herrn Siemens getroffen, der mich auffordert am 24. u. 25. Juni in Manchester (Palatina-Hôtel) zu sein; es fände um die Zeit ein großes Meeting engl. Ingenieure statt, wo er mich einführen könne. Mit Mr. Crampton politisirt. Mr. Essex erzählt mir einzelnes über Schauspielerinnen: Poor Alfred Wigan, they say he must die, his wife is a real vixen she maltreats him every day and he can't help it. – *Miss Carlotta Leclerq*; did you ever see her, lying on a sopha, with a glass of Champaign in her hand and the pearls hitting [*Darüber in Klammern*: knipsend] away? then you know her, but never mind, she is married now (to Mr. Everett). *Miss Heath*. O she is a beautiful woman, there is nothing to be said against her, indeed one of our best. *Miss Talbot*. Awful, horrid! people say she pays some money to Buckstone for permitting her to play and to make her appearance on the stage. She knows well, that all her money will come back again, and yet a little more. Dies ist wirklich famos; wenn es nicht wahr ist, so verdient es wahr zu sein. Quite english, all business.

Donnerstag d. 18.

Gearbeitet. Auf die Gesandtschaft. Simpson. Café Divan. An die †Zeitung geschrieben (Manchester. engl. National Dünkel.) Mit Schlesinger u. Kauffmann geplaudert über Gutzkow u. Auerbach. N. Haus. Gearbeitet.

Freitag d. 19.

Einige Zeilen von Emilien. Gearbeitet. Auf die Gesandtschaft. Excellenz nimmt Rücksprache mit mir in Betreff meines längeren Verbleibs in London. Zu Tisch bei Frau Dr. Neßler. Nach Peels Caféhaus; morn. Post durchstöbert, furchtbares Höllenloch. Briefe geschrieben an Beta, Morris u. Schweitzer.

Sonnabend d. 20.

An Emilie geschrieben. Zwei Berichte aus Neapel copirt. Zu Frau Dr. Neßler. Geluncht bei Lynn. Zu Cowie & Son. Auf die Gesandtschaft. Zu Very. In's Prinzeß-Theater. (A game of romps. Richard II.)

Sonntag d. 21.

Gearbeitet. Nach Brompton zu Alberts. Politisirt; geplaudert bis 2 Uhr. Bei Tagesschein nach Haus.

Montag d. 22.

Brief u. Correctur von Bachmann. Gearbeitet. Auf die Gesandtschaft. Simpson. Divan. Nach Haus. Gearbeitet. Briefe geschrieben an Vetter Heinrich u. Mama Fontane.

Dinstag d. 23.

Gearbeitet. Roux im Hôtel. Prinz Friedrich Wilhelm zugegen.

Mittwoch d. 24.

Gearbeitet. Zur Frau Dr. Neßler. Besuch von Schweitzer.

Donnerstag d. 25.

Gearbeitet. Auf die Gesandtschaft. Simpson. Zu Beta.

Freitag d. 26.

Hyde Park. Auf die Gesandtschaft. Simpson. Zur Neßler. An Bachmann, Vater und Mrs. Wilmot geschrieben.

Sonnabend d. 27.

An Metzel u. die †Zeitung geschrieben (Croß of Valor). Gearbeitet (Richard II.) Auf die Gesandtschaft. Simpson. Gespräch mit dem Indo-Germanen. Divan. Kauffmann. Zu Schweitzer. Nach Haus.

Sontag d. 28.

Früh auf. Gepackt. Nach Euston-Square Station. Abfahrt um 10 Uhr. Fahrt selbst siehe (hoffentlich) »Zeit«.

Ankunft 5¼. Im Palatine-Hôtel alles besetzt. Nach Blackfriars Hôtel. Einen famosen alten Gentleman aus der Grafschaft Norfolk getroffen, der sich einen poor old bachelor nannte without cares and without comfort. Solche capitalen Figuren: stark, behäbig, gemüthlich, schlau, nicht ohne Bildung, reservirt u. entgegenkommend zugleich u. all das in einer Weise hergerichtet, daß man immer den *Gentleman* vor Augen hat, solche Figuren sind selten bei uns. Ich möchte sagen es ist etwas Harmonisches in solchem Manne, während bei uns immer ein grober Baß oder eine renommirende Pickelflöte oder eine philiströse, salbadernde Klarinette vorzuklingen pflegt. Kleiner Spatziergang durch die Stadt.

Montag d. 29.

Abschied vom Norfolk man. Kleine Einkäufe gemacht. Im Omnibus nach der Exhibition. Vier Stunden lang gemustert. Im Hinausgehn Titus Ullrich getroffen u. mit ihm geplaudert. In's Hôtel. Gearbeitet. Dinirt. Einen ersten Brief an Metzel abgeschickt. Fiebrig u. unwohl zu Bett.

Dinstag d. 30.

Gespräch mit 2 Gentlemen (Engländer u. Franzos), die 11 Jahr in Indien waren. An der Ecke von Market-Street dem Einzuge der Königin zugesehn. Flanirt. Nach Haus. Gearbeitet. – Brief zur Post. Auf die Exhibition. Die alten engl. Portraits gemustert von Richard II bis Cromwell. Nach Haus. Gearbeitet.

Mittwoch d. 1. Juli.

Gearbeitet (2ter Brief). Zur Exhibition. Die Königin, den Prinzen Friedrich W. u. die Gräfin Bernsdorf gesehn. Fünf Stunden lang Bilder studirt. Den Brief an Metzel abgeschickt. Mit Titus Ullrich zu Wovenden's. Flanirt. Lange Unterredung mit dem Engländer u. Franzosen aus Indien u. dem Scotchman.

Donnerstag d. 2.

Gearbeitet. In die Exhibition. Die Italiener vorgenommen. An Emilie und Mrs. Sibley [Sibbey?] geschrieben. Nach Haus. Gearbeitet.

Freitag d. 3.

Gearbeitet (3. Brief.) Zur Exhibition. Stanfield u. Wilkie's vorgenommen. Im Regen mit Titus Ullrich zurück zu Wovenden; erbärmliche Kneipe. Brief an Metzel abgeschickt. Nach Haus; geplaudert mit den beiden Repräsentanten der Allianz.

Sonnabend d. 4.

Briefpaket aus London mit Briefen von Emilie, Vetter Heinrich u. Faucher. Briefe geschrieben an Alberts, Faucher u. Mr. Fletcher. Zur Exhibition. Geplaudert mit den beiden Freunden.

Sonntag d. 5.

Früh auf. Nach Liverpool. Die Docks. Besuch der amerikanischen Fregatte Niagara. Um 6½ nach Manchester zurück. Sehr verhungert angekommen. Um 10 endlich Dinner.

Montag d. 6.

Mr. Angus Fletcher von Grassmere bei Ambleside. Er wiederholt seine Einladung, giebt mir einen Empfehlungsbrief. Mit ihm im Cab nach der Ausstellung. Bis 7 dort. Nach Haus. Ruskin's Brochüre über die Prä-Raphaeliten gelesen.

Dienstag d. 7.

Freundlicher Brief von Alberts. Geantwortet. Vierter Bericht. (Liverpool etc.) an Metzel geschickt. Nach 5 auf die Ausstellung. Bis 8 geblieben. Die Prä-Raphaeliten durchgenommen. Nach Haus. Den Chester Guide durchstudirt.

Mittwoch d. 8.

Früh in die Ausstellung. 7 Stunden lang noch mal drin abgerackert; dann mit dickem Kopf nach Haus. Briefe geschrieben an Emilie, †Ztg, Schweitzer u. Mrs. Selbey.

Donnerstag d. 9.

Abschied vom Blackfriars Hôtel. Zur Eisenbahn. Von dort aus noch kurz zum Besuch in der benachbarten Cathedrale. Abfahrt nach Chester 12¾. Ankunft 3 Uhr. Chester. Abfahrt nach London 5 ½. Ankunft 10¾.

Freitag d. 10. Juli.

Auf die Gesandtschaft. Scene mit Alberts. Dr. Klein getroffen; mit ihm zu Simpson u. ins Café Divan. Zur Post. Nach Haus; Schweitzer abgeholt. Flanirt. Nach Cremorne Gardens: spät zurück.

Sonnabend d. 11.

Gearbeitet. An Emilie u. Dr. Metzel geschrieben. Wohnungen gesucht, nichts gefunden. Zu Beta. Mit Schweitzer zu Lynn. Auf die Gesandtschaft. Café Divan. Nach Haus. Gearbeitet.

Sonntag d. 12.

Dr. Klein kommt u. schreibt ein halbes Dtz. Geschäftsbriefe. Mit ihm u. Schweitzer nach Hampton-Court. Gang u. Fahrt über Teddington nach Richmond. Spät nach Haus.

Montag d. 13.

Gearbeitet. An die †Zeitung geschrieben. (Urtheile über die engl. Politik in Indien.) Auf die Gesandtschaft. Alles ausgeflogen. Simpson. Café Divan. Globe Ausschnitte an die †Ztg. geschickt. Um 10 nach Coal hole. Zu Very. Nach Haus.

Dienstag d. 14.

Gearbeitet. Auf die Gesandtschaft. Rücksprache mit Excellenz. Faucher getroffen. Politisches Gespräch über Dänemark u. die Herzogthümer. Nach Mother Red Cap. Schweitzer getroffen. Wohnungen gesucht. 52 St. Augustin Road vorläufig gewählt. Zu Beta's. Daselbst Thee genommen. Um 9 nach Haus. Mit Klein nach Discussion Hall in Shoe-Lane.

Mittwoch d. 15.

Brief von Emilie; ihre Abreise auf den 23ten festgesetzt. Gearbeitet. An Mr. Findon und die †Ztg. geschrieben. (Der Glasgow Prozeß.) Zu Purssel; Klein getroffen. Mit ihm nach Guildhall, Mansion-House u. den übrigen City-Sehenswürdigkeiten. Zuletzt nach Temple-Church. Auf die Post. Simpson. Divan. Auf die Gesandtschaft. Nach Haus. Gearbeitet. An James Morris geschrieben. Zu Very. Nach Argyle-Rooms.

Donnerstag d. 16.

An die †Ztg. geschrieben (Waltham Abbey.) Gearbeitet. Mit Schweitzer bei Lynn gegessen. Café Divan. Nach Haus.

Freitag d. 17.

Gearbeitet. Auf die Gesandtschaft. Um 3 Uhr zu Faucher. Geplaudert bis gegen 11.

Sonnabend d. 18.

Gearbeitet. An James Morris u. Cowie u. Son geschrieben. Besuch von Mr. Findon. Zu Simpson. Nach 10 Davis Street, Berkeley Square zu Herrn Levien. Very. Café Divan. Nach Haus. Gearbeitet.

Sonntag d. 19.

Besuch von Klein. Mit ihm u. Schweitzer nach Greenwich. Erst in die Gallerie. Dann dinirt in Ship Tavern. Nach Greenwich Park; dann nach Blackwall u. per Eisenbahn nach London. Im Schummer nach Crosby Hall. Nach Haus.

Montag d. 20.

Brief von Emilie, die räthselhafter Weise über Geldmangel klagt. Gearbeitet. An Emilie u. die †Ztg. geschrieben. (die Evangelical Alliance.) Auf die Gesandtschaft. Simpson. Café Divan. Zu Beta. Nach Haus.

Dienstag d. 21.

Gearbeitet. Auf die Gesandtschaft. Baron Hutefeld [?] u. Dr. Keipp getroffen. Disput mit Alberts. £ 43 u. 15 s. empfangen. An Emilie geschrieben unter Beilegung einer £ 5 [Note]. Simpson. Café Divan. Nach Haus. Briefe geschrieben an Glover, James Morris, Dr. Klein u. Mrs. Selbey. Mit Schweitzer geplaudert.

Mittwoch d. 22.

Besuch von Herrn Levien; Rücksprache mit ihm wegen 52 St. Augustine's Road. Gearbeitet. Schweitzers Abreise nach Brighton. An die †Ztg. geschrieben. (Mr. Thackeray in Oxford.) Simpson. Café Divan. In's Lyceum Theater. Die Ristori als Lady Macbeth. Billet 27 s. Brief von James Morris.

Donnerstag d. 23.

Besuch von Mr. Findon; keine Einigung. Gearbeitet. An Schweitzer u. die †Ztg. geschrieben. (Die Juden- u. die Fremden-Bill.) Bei Lynn gegessen. Zu Beta. Geplaudert. Dr. Meyen getroffen; politische Debatte.

Freitag d. 24.

Besuch von Mr. Findon; keine Einigung. Besuch von Dr. Klein u. Dr. Keipp. Auf die Gesandtschaft. Lobster Lunch bei Scott. Zu Beta. Bett-Einkäufe bei Heal & Co. Zurück zu Beta; geplaudert. Nach Haus. Rücksprache mit Mrs. Selbey. Frachtbrief aus Hamburg.

Sonnabend d. 25.

Brief von Emilie. Gearbeitet. An Alberts u. die †Ztg. geschrieben. (Disraelis Motion) Nach der City zu dem Spediteur Hatchett, 6 Savage Gardens, Tower Hill. Bezahlt £ 1. 12 s. Lunch bei Purssel. Auf die Gesandtschaft. In den Café Divan. Nach Haus. Allerhand Arrangements. Gearbeitet. An Mr. Findon geschrieben.

Sontag d. 26.

In Edgar Bauer's Buch gelesen. Zu Simpson. Nach Pratt Street zu Beta. Thee getrunken im Garten. Um 7 nach Katharine's Warf. Noch kein Hamburg-Steamer in Sicht. Nach Haus. Gelesen.

Montag d. 27.

Nach Katherine Steam-Wharf. Noch kein Dampfer da. Beta getroffen. Mit ihm per Steamboat nach Greenwich. Rowing Match daselbst. Gegen 2 zurück. Ankunft der verwanzten Counteß of Lonsdale, mit Emilie u. den Kindern. Der Kleine krank. Viel Aerger mit dem gesammten Pack auf Schiff u. Werft. Nach Compton Street. Dinner. Geplaudert. An James Morris geschrieben.

Dinstag d. 28.

Mit Emilie zu Farrance u. auf die Gesandtschaft. Bei Temple Bar einen Water cooler gekauft. Nach Haus. Dinner. Besuch von James Morris. An Faucher, Mr. Levien u. Faucher geschrieben.

Mittwoch d. 29.

Besuch von Mr. Findon u. Titus Ullrich. Auf die Gesandtschaft. Zu Mr. Levien. Nach Haus. Besuch von Faucher. Dinner. Mit Mr. Levien nach 52 St. Augustine Road. Nach Haus. Gelesen, geplaudert.

Donnerstag d. 30.

Findon noch einmal. An James Morris, Schweitzer, u. die †Ztg. geschrieben. Mit Emilie auf die Gesandtschaft. Gespräch mit dem Grafen. Faucher getroffen. Mit ihm u. Emilie zu Farrance, dann durch Regent Street zu Kühn, gegenüber Very. Nach Haus. Abends zu Beta's. Geplaudert. Nach Haus.

Freitag d. 31.

Zu Mr. Levien; Mr. Findon daselbst getroffen; Contract wegen der Uebernahme des Hauses u. der Sachen gemacht. Auf die Gesandtschaft. Die Noten in Betreff Dänemarks u. der Herzogthümer durchstudirt. Nach Haus. Einkäufe bei Edwards & Daws. Geplaudert. Leitartikel für Chronicle geschrieben.

Sonnabend d. 1. August.

Mit Emilie auf die Gesandtschaft. Dem Grafen den leader vorgelegt. Durch Regentstreet nach Haus. Dinner. Allerhand kl. Einkäufe. Geplaudert.

Sonntag d. 2.

An Dr. Wentzel u. Dr. Metzler geschrieben. Um 4 Uhr mit Emilie u. George zu Alberts. Ziemlich spät nach Haus.

Montag d. 3.

Erkältet, unwohl. Zu Haus geblieben. An Mr. Findon, Mr. Levien u. Mr. Mannock geschrieben.

Dienstag d. 4.

Unwohl. Gekramt; Papiere u. Zeitungen in Ordnung gebracht. Emilie u. George zu Beta.

Mittwoch d. 5.

Unwohl. Auf die Gesandtschaft. Mit Alberts bei Simpson dinirt. Nach Haus. Brief u. Uebersetzung von Mannock.

Donnerstag d. 6.

An Th. Glover, Bachmann u. Mr. Levien geschrieben. Mit George in die Stadt, zu Farrance, Kühn und Levien. Nach Haus. Brief von W. Hatchett.

Freitag d. 7.

Besuch von James Morris. Mit George in die City aufs Custom-House. Geluncht bei Purssel. Nach Haus.

Sonnabend d. 8.

Auf die Gesandtschaft. Mit Emilie zu Very, dann zu Levien. Potterie-ware eingekauft. Nach Haus. An die †Ztg. geschrieben. (Der Fall des Kaisers.) Mit Emilie auf die Post; Briefe an Kuglers & Merckels abgegeben. Nach Hanway Street, zu Edwards & Dawes. Nach Haus, unwohl.

Sonntag d. 9.

Unwohl. Den ganzen Tag über zu Haus. Theochen kriegt den ersten Zahn. An Schweitzer, Mr. Hatchett u. Mr. Levien geschrieben.

Montag d. 10.

Brief von Dr. Beutner. Sachen gepackt. In die City. Geld gewechselt. Purssel. Uebersiedlung nach 52 St. Augustine

Road. Einkäufe von allerhand Geräthschaften für Haus u. Küche. Besuch von Schweitzer.

Dienstag d. 11.

Gekramt. In die Stadt. Zu Williams u. Norgate. Bei Murray (Albemarle Street) die Drummondsche Uebersetzung der Gerlachschen Rede über das Ehescheidungsgesetz gekauft. Auf die Gesandtschaft. Nach Haus. Briefe geschrieben: an Hatchett u. Mr. Levien.

Mittwoch d. 12.

Gearbeitet. An die †Zeitung geschrieben. (Die Kriegsgerichte in Indien) Levien schickt Sachen. Gekramt u. eingerichtet. Emilie liest mir aus Macaulay vor. (Warren Hastings.)

Donnerstag d. 13.

Gearbeitet. – An Bachmann die Vorrede geschickt, die †Ztg. geschrieben (Daily News über die Donaufürstenthümer.) Mit Emilie in die Stadt. Einkäufe gemacht in Oxford-Street, bei Edwards & Daws u. dem Eisenhändler von New Road. Spät nach Haus.

Freitag d. 14.

Georgechens Geburtstagsbescherung. Gearbeitet. Auf die Gesandtschaft. 30 £ empfangen. Nach Haus. Unwetter. Beta's erscheinen naß wie die Katzen; auch Schweitzer. Gemüthlicher Abend.

Sonnabend d. 15.

Brief von Frau v. Merckel. An die †Ztg. geschrieben (Die Donaufürstenthümer. Indien.) Mit Emilien in die Stadt. Nach Westminster Hall um die 85 Modelle zum Wellington-Grabmal zu sehn. Karte von Indien gekauft; schlecht u. theuer. Nach Haus. Gearbeitet.

Sonntag d. 16.

Zu Haus geblieben. Gearbeitet. Warren Hastings gelesen. An Eggers u. Kugler geschrieben.

Montag d. 17.

An die Herren Heinz & Rumpf in Harburg geschrieben. Auf die Gesandtschaft. Nach Haus. Gearbeitet. (Die Wellington Denkmäler). Besuch von Schweitzer.

Dienstag d. 18.

An Schulrath Bormann u. Immermann geschrieben. Auf die Gesandtschaft. Die Aktenstücke über die Donaufürstenthümer-Frage durchgesehen. Nach Haus. Gearbeitet. (Die Wellington-Denkmäler.) Gelesen. (Warren Hastings.)

Mittwoch d. 19.

An Mr. Levien, James Watkins, u. Dr. Beutner geschrieben. Die Briefe an Eggers, Bormann u. Kugler zur Post gegeben. Einen Leitartikel über die Donaufürstenthümer geschrieben; den Aufsatz über die Wellington-Denkmäler an die †Ztg. geschickt. Um 6 mit Emilie zu Brompton nach Alberts. [sic!] Stallmeister Meyer nebst Frau u. Blaubart Jaeger zugegen. Bowle zu Ehren der Pauli'schen Hochzeit. Recht heiter.

Donnerstag d. 20.

An Dr. Metzel geschrieben; Briefe an Mutter Fontane u. Mama T. eingeschlossen. Einige Zeilen an James Morris. Gearbeitet. Gelesen.

Freitag d. 21.

Brief von Frau Clara Kugler. Gearbeitet. Auf die Gesandtschaft. Nach Westminster-Hall. Zu Mr. Levien. Nach Haus. Gearbeitet. Gelesen.

Sonnabend d. 22.

Mr. Levien spricht vor. Gearbeitet. An die †Ztg. geschrieben (Allerlei.) Brief an Kugler beendet. Abendbesuch von James Morris.

Sonntag d. 23ten

An Merckel's geschrieben. Besuch von Schweitzer. (»Warren Hastings«) gelesen.

Montag d. 24.

Brief von Heinz & Rumpf aus Harburg. Gearbeitet. An die †Ztg. gesch. (Allerlei.) Briefe an Kuglers u. Merckels zur Post. Mit Emilie in die Stadt; zu Very, Bedbur u. Gast. Nach Haus. »Warren Hastings« gelesen.

Dienstag d. 25.

Briefe geschrieben an Dr. Metzel, James Watkins, Herbert Clarke, Schweitzer. Auf die Gesandtschaft. Zu James Morris. Nach Haus. Gearbeitet. Gelesen (Macaulay's Lord Clive.)

Mittwoch d. 26.

An die †Ztg. geschrieben. (Die Times u. Lord John Russel.) Gearbeitet. (The British Portrait Gallery.) Besuch von Schweitzer.

Donnerstag d. 27.

Brief von Eggers u. Mr. Watkins. An die †Ztg. geschrieben. (Indische Nachrichten. Englischer Zeitungsstyl.) Brief an W. Hatchett. Gearbeitet (The british Portrait Gallery.) Gelesen. (Lord Clive.)

Freitag d. 28.

Auf die Gesandtschaft. Nach den Parlamentshäusern. Schluß der Session. Die Minister in nächster Nähe gesehen. Nach Haus. Levien schickt Sachen. Arrangements.

Trouble. Gearbeitet. (The british Portrait Gallery.) An die Herren Heinz & Rumpf geschrieben.

Sonnabend d. 29.

Besuch von Herrn Levien. An die †Ztg. geschrieben. (Der Schluß der Session.) Den Aufsatz über die britische Portrait Gallerie an Dr. Metzel geschickt. Nach Charing Croß. Zurück. Gearbeitet. Gelesen. (Sir Joshua Reynolds.)

Sonntag d. 30.

[*Ab hier wieder in Fontanes Handschrift*] Gearbeitet (fürs Kunstblatt; die Wellington-Modelle)

Montag d. 31.

Gearbeitet. Die Kinder nach dem zoologischen Garten. Brief von Posner. Gelesen.

Dinstag d. 1.

Brief an Bachmann und Eggers zur Post. Auf die Gesandtschaft. Briefe geschrieben an Posner, Faucher und Alberts. In der ›Zeit‹ folgendes alte Lied (componirt von Friedemann Bach, einem Sohn des alten Sebastian) gefunden. [*Hier war etwas eingeklebt*]

Mittwoch d. 2.

Gearbeitet (William Hogarth). Gelesen in Macaulay's Essay's (Geschichte der Päbste; Staat und Kirche).

Donnerstag d. 3.

Unwohl. Brief von Schulrath Bormann. Auf die Gesandtschaft. Alberts und Roux nach dem Albany begleitet. Nach dem Strand. Vergebliche Versuche ›the men of the time‹ zu kaufen. Nach Haus. Einige Zeilen von Faucher. Geantwortet. Abendbesuch von Schweitzer. Gelesen (Geschichte der Päpste; Staat und Kirche). In erstrem Essay über die Geschichte der Päpste – kommt der berühmte Macaulay'sche »*Neuseeländer* vor, der auf dem letzten Pfeiler der London-Brücke die Ruinen der Paulskirche zeichnet.« M. läßt diesen Neuseeländer auftreten, um durch ihn die ewig-lange Dauer des Katholicismus (den er haßt, aber bewundert) zu illustriren. »Selbst in so ferner Zeit, wird die römische Kirche voraussichtlich noch herrschen.« – M. geht dann dazu über zu beweisen, daß *die Fortschritte der Wissenschaften ganz und gar nicht angethan wären dem Katholicismus Schaden zuzufügen*. Die Chemie könne blühen wie sie wolle, wir würden durch sie und ähnliche Wissenschaften niemals Aufschluß über Hölle und Himmel, das Leben nach dem Tode etc. erhalten. In Glaubenssachen sind die Wissenschaften und ihre Blüthe von äußerster Indifferenz. – Sehr brillant ist M's. Erläuterung des Satzes: »Die katholische Kirche, im Gegensatz zu jeder andern, hat es immer verstanden *Enthusiasten* richtig zu behandeln und sich dieselben dienstbar zu machen.« – Bemerkenswerth ist ferner die Aufzählung der Gründe, warum der romanische Süden, namentlich Spanien, während der Reformation gut-päpstlich blieb. – M's. Ansichten über *Voltaire* scheinen mir zu günstig; er sieht in ihm zu vorwaltend den selbstsuchtslosen Vertheidiger von Jean Calas und führt alles in Voltaires Handelweise zu sehr auf ächte Humanitätsprinzipien und lautre Menschenliebe zurück. – Die Einleitung zu M's. Essay über »*Staat und Kirche*« enthält eine Darstellung des verflachenden Einflusses des parlamentarischen Lebens. Er vergleicht es mit den italienischen Improvisationen; dieselben Vorzüge, aber auch dieselben Schwächen. Edmund Burke war eine Ausnahme und wurde für seinen Ernst und seine Gründlichkeit niedergehustet. *Lord Bacon* sagte schon: *Lesen giebt Tiefe, Sprechen Gewandtheit, Schreiben Genauigkeit*. Das ist ganz vortrefflich.

Freitag d. 4. September.

Gelesen. Mittagsbesuch von Faucher und seiner Tochter. Geplaudert mit ihm bis gegen 10.

Sonnabend d. 5. September.

Krank; Rheumatismus. Gelesen (Macaulay über Machiavelli). Brief von Mr. Mannock.

Sonntag d. 6.

Krank. Gelesen (Macaulay). Besuch von Herrn Heymann, Mr. Mannock und Schweitzer. Geplaudert.

Montag d. 7.

Krank. Brief von Frau v. Merckel. Gelesen (Machiavelli). Mr. Levien kommt und bringt die Bilder.

Dinstag d. 8.

Gearbeitet. An Alberts geschrieben. Gelesen (»Staat und Kirche« von Macaulay). An die Kreuz-Ztng geschrieben (die Bedeutung des Oberhauses in der letzten Session.)

Mittwoch d. 9.

Gearbeitet. An die Kreuz-Ztng geschrieben (Rußland als bugbear in der engl. Presse). Gelesen. (Auszüge aus Conolly's Regimentsgeschichte des engl: Sappeurs- und Mineurs-Corps).

Donnerstag d. 10.

Gearbeitet. (Sir Joshua Reynolds). Brief von Alberts. Besuch von Beta. Geplaudert.

Freitag d. 11.

Gearbeitet (Reynolds.) Gelesen. Abendbesuch von Schweitzer.

Sonnabend d. 12.

Auf die Gesandtschaft. Dr. Pauli und Frau zugegen. Mit Alberts nach dem Foreign-office. Nach Haus. An die Kreuz-Ztng geschrieben (Die Rodomontaden des Punch). Gelesen (Sir W. Temple)

Sonntag d. 13.

Mit Emilie und den Kindern nach Highgate. An Frau v. Zobel geschrieben. Gelesen (Sir W. Temple). Gearbeitet. Besuch von Alberts und Frau.

Montag d. 14.

Gearbeitet. An Direktor Metzel geschrieben. Den Aufsatz über die engl: Portraitmaler beendet.

Dienstag d. 15.

Mit George und den Beta'schen Kindern zu Johannes Ronge (Tavistock Place). Gearbeitet. Gelesen (Sir W. Temple).

Mittwoch d. 16.

Gearbeitet. An die Kreuz-Ztng geschrieben (die Kaffern-Regimenter). Auf die Gesandtschaft. Nach Haus. Briefe geschrieben an Schweitzer, Faucher, Fräulein Fülborn und Dr. Beutner. Gelesen (Sir W. Temple)

Donnerstag d. 17.

Gearbeitet. Auf die Gesandtschaft; Excellenz von Brighton nicht eingetroffen. Graf Perponcher, Adjutant des Prinzen Georg, zugegen. Mit Emilie zu Faucher's. Geplau dert. Mit dem Jones-Omnibus und der Junction-Railway zurück. Abendbesuch von Schweitzer.

Freitag d. 18.

Gearbeitet. Geburtstagsbrief an Mama Fontane. Leitartikel für Chronicle (Dänemark und die Herzogthümer). An Mr. Mannock und James Watkins geschrieben.

Sonnabend d. 19.

Gearbeitet. An die Kreuz-Ztng geschrieben (Cricket-Spiel und Heldenthum). Auf die Gesandtschaft. Die Kisten von Frau v. Merckel angekommen. Nach Haus; ausgepackt. Gearbeitet (die Regimentsgeschichte der engl. Pioniere). Gelesen (Sir William Temple)

Sonntag d. 20.

An Frau v. Merckel und Herrn Kriegsrath Hesse geschrieben. Am Nachmittag Besuch von Beta's.

Montag d. 21. (Mama's Geburtstag)

Die Briefe an Frau v. Merckel und Kriegsrath Hesse zur Post. An die Kreuz-Ztng geschrieben (die Geschichte der englischen Pioniere). An Direktor Metzel einen Artikel der Daily News über die »Evangelische Allianz« eingesandt. – Brief von Frau Hptm v. Zobel. – Mit Emilie in die Stadt. Zum Antiquar. Nach Covent-Garden-Markt. Faucher und Edgar Bauer getroffen; mit beiden flanirt und Einkäufe gemacht. Nach Haus. Pfirsiche vom Coventgarden Markt verzehrt. Gearbeitet.

Dinstag d. 22.

Gearbeitet. An Thomas Glover, Mr. Levien und Schweitzer geschrieben. Im Dunlop gelesen (Fielding, Smollet, Horace Walpole). Gearbeitet. An die Kreuz-Ztng geschrieben (gerechte Sorge und falscher Trost). Abendbesuch von Schweitzer. Weinproben.

Mittwoch d. 23.

An Direktor Metzel geschrieben; englische Leitartikel über die Evangelical Alliance eingesandt. Den Brief an die Kreuz-Ztng abgeschickt, sammt einigen Zeilen an Dr. Beutner. Mit Emilie auf die Gesandtschaft; längres Gespräch mit dem Grafen; Lobster-Lunch bei Scott; dann über Coventgarden-Markt bis Fleet-Street. Kirchenzeitungen daselbst gekauft: Record (Low Church), Patriot und Nonconformist (baptistisch), Watchman und Wesleyan Times (methodistisch), Christian Times (Organ der Evangelischen Allianz) und English Churchman (puseyitisch.) Von Fleet Street nach Ludgate-Hill zu Harvey; dann zu Purssel. Mit dem Kings Cross Omnibus nach Haus. Am Abend Beta'sche Aufsätze im »Magazin für die Literatur des Auslands« gelesen.

Donnerstag d. 24.

Die Kirchenzeitungen durchgelesen und nebst einigen Zeilen an Direktor Metzel geschickt. Briefe an Schweitzer und Mr. Levien. Das Penny-Blatt mit dem Menzel'schen Keith an Menzel geschickt. Gelesen (Benjamin West). Gearbeitet. Im Herder gelesen (Das goldne Zeitalter der Königin Anna).

Freitag d. 25.

Gearbeitet (Benjamin West und die britischen Historienmaler). Brief von Faucher. Gelesen.

Sonnabend d. 26.

Brief von der Kreuz-Zeitung mit einer Anweisung auf 10 £ St. Gearbeitet. Auf die Gesandtschaft. Den Directory um unsre Nachbarschaft befragt. Nach Haus. Gearbeitet. Spatziergang mit Emilie über Copenhagen Fields, am City

Gefängniß vorbei und durch Camden-Road zurück. Gearbeitet.

Sonntag d. 27.

Gelesen (Herder; der Geist der Hebräischen Poësie). Gearbeitet (die englischen Historienmaler). Besuch von Schweitzer. Französische Stunde. Gelesen (Horace Walpole)

Montag d. 28.

Briefe von Papa und Direktor Metzel. Die »Zeit« bringt endlich Artikel von mir. Auf die Gesandtschaft. Mit Alberts nach Constitution-Hill. Im Chelsea-Omnibus zu Cowie & Son; Rechnungen bezahlt. Von dort zur Bank of London; 10 £ empfangen. Im Auction Market (Bartholomew Street) ein Panorama von Delhi gesehn. – Nach 68 Cannon Street; zwei Moderateur-Lampen gekauft. Im Kings Croß Omnibus nach Haus. Gearbeitet (Benjamin West.)

Dinstag d. 29.

Gearbeitet (Benjamin West und Edward Matthew Ward). Gelesen (Walpole. William Pitt.) An Morris und Schweitzer geschrieben.

Mittwoch d. 30.

Gearbeitet (Benjamin West). An die Kreuz-Ztng geschrieben (Vellore). Brief von Alberts. Spatziergang mit Emilie. Gelesen.

Donnerstag d. 1. Oktober.

Gearbeitet. An Direktor Metzel geschrieben und den Aufsatz über die Historienmaler beigeschlossen. Mit Emilie in die Stadt zu Bedbur und Mr. Strong, Eisenhändler am New-Road. Beim Nachhausekommen die neuen Lampen vorgefunden; an die Herren Carlhian & Corbière geschrieben.

Freitag d. 2. Oktober.

Gearbeitet. In die Stadt; auf die Gesandtschaft; zu Nutt und zum Antiquar, verschiedne Bücher und das Brockhaus'sche Conversations-Lexikon gekauft. Nach Haus. Dr. Morris und Schweitzer zu Tisch. Geplaudert.

Sonnabend d. 3. Oktober.

Brief von Merckel. Gearbeitet (David Wilkie). Gelesen. Französische Stunde. Geplaudert.

Sonntag d. 4. Oktober.

Gearbeitet (David Wilkie). Um 5 Uhr zu Beta's. Geplaudert und an einem Stück finnigen Schweinebraten gewürgt. Erste furchtbare Bekanntschaft der Art.

Montag d. 5. Oktober.

Große Aufregung. Rosalie, Betsy und George nach dem Chrystal-Palace. Gearbeitet (David Wilkie und Landseer). Abendbesuch von Schweitzer, der eine Defektur bei Savory und Moore angenommen hat. In süßem Sherry »Glückauf« getrunken. An Alberts geschrieben.

Dinstag d. 6. Oktober.

Gearbeitet (Landseer, Mulready, Webster). Nachmittagsbesuch von Alberts. An Glover geschrieben. Gearbeitet (die englischen Landschafter).

Mittwoch d. 7. Oktober.

Gearbeitet. An Dr. Metzel geschrieben und den Aufsatz über die englischen Genre-Maler beigefügt. Mit Emilie zu Beta's, dann in die City, um 'was vom englischen Buß- und Fasttag zu sehn; aber nichts bemerkt. Mit der Junction-Railway zurück. Gearbeitet. Gelesen.

Donnerstag d. 8. Oktober.

An die Kreuz-Ztng geschrieben (Ein englischer Fasttag) und einige Zeilen an Dr. Beutner, auch ein Briefchen an Fräulein Clara Baeyer beigelegt. An Faucher und Mr. Mannock geschrieben; ein money-order über 3 £ beigeschlossen. Gearbeitet. Gelesen (Ruskin über Turner).

Freitag d. 9. Oktober.

Gearbeitet (die englischen Landschafter: Wilson etc.) Brief von Frau Dr. Faucher. Gelesen.

Sonnabend d. 10. Oktober.

Gearbeitet (die englischen Landschafter: Wilson, Stanfield). Mit Emilie in die Stadt, erst zu Beta dann zu Mr. Strong; kleine Einkäufe gemacht, durch Sommers Town zurück. Brief von Alberts »der König schwer erkrankt«. Gearbeitet.

Sonntag d. 11. Oktober.

Gearbeitet. Besuch von Alberts. Um 7 Uhr zu Dr. Faucher. Nach Tisch geplaudert: Parallele zwischen Kopenhagen und Berlin; der große baltische Staat; die nahenden Tage der Anarchie u. dgl. m. Spät nach Haus.

Montag d. 12. Oktober.

Gearbeitet (Die Landschafter). Nachmittagsbesuch von Faucher. Gelesen; geplaudert.

Dinstag d. 13. Oktober.

Gearbeitet. In die Stadt, auf die Redaktion des M. Star, kleine Einkäufe am Strand und in Oxford Street. Nach Haus. Alberts und Familie als Mittagsgäste; viel Streit und wenig Vergnügen.

Mittwoch d. 14. Oktober.

Brief von Frau v. Merckel. An Direktor Metzel geschrieben und den Aufsatz über die Landschafter eingeschickt. Am Abend zu Mr. Heymann und Frau, Rochester Square 26. Zwei Schotten: Mr. Macpherson und Mr. Moore zugegen. Recht gut amüsirt.

Donnerstag d. 15.

Gearbeitet. Auf die Gesandtschaft. Unterredung mit dem Grafen über die Evangelical alliance. Nach Haus. Geplaudert.

Freitag d. 16.

Gearbeitet. Ein kleiner Artikel für Faucher. An die Kreuz-Ztng geschrieben (The Waterloo-bridge Tragedy). Spatziergang mit Emilie bis zum City-Prison. Abendbesuch von Beta und Familie. Geplaudert. Einen von Kinkel und Willich unterzeichneten Interims-Dollar-Schein der künftigen deutschen Republik für bare 4 s gekauft. Beta erzählt: Otto Wüstrich (rother Republikaner aus Liegnitz) habe sich dahin geäußert »lieber 3 Jahre in einem preußischen Zuchthaus, als 1 Jahr in Amerika«. Dr. Meyen wäre (laut Beta) bei der Nachricht vom bevorstehenden Tode des Königs *darüber* außer sich gewesen, daß er (Meyen) 2 Tage zuvor für 2 s 4 d Kohlenvorrath gekauft habe; den hab' er sich – bei der bevorstehenden Amnestie – doch sparen können. Welch herrlicher Finanz-Minister der deutschen Republik würde Meyen geworden sein!

Sonnabend d. 17.

Brief vom Kriegsrath und Emmy Hesse; dazu die gewünschten Ausschnitte aus der Vossischen Ztng. – Gearbeitet. Aufgeräumt; allerhand Kleinigkeiten in Ordnung gebracht. George'n Geschichten aus meiner Swinemünder Jugend erzählt. Gearbeitet.

Sonntag d. 18.

Gearbeitet. Emilie in die Strandkirche zum alten 80jährigen Steinkopf. An Vater Fontane geschrieben. George macht seine ersten Reimversuche. Einige Zeilen an Herrn Kaufmann Heymann.

Montag d. 19.

Brief von Sommerfeldt; Jenny'chen am 3ten Oktober glücklich von einem Mädchen entbunden. Gearbeitet. Auf die Gesandtschaft. 15 Buckingham Street nach Mr. Collins gefragt. Kleine Einkäufe in Coventgarden. Nach Bow Street, um das Treiben vor dem Police office (wegen der Waterloo bridge Tragedy) zu sehn. Nach Haus. Abendbesuch von Schweitzer. Geplaudert.

Dinstag d. 20.

Chronicle bringt einen freundlichen Artikel über unsren König und die übliche Tollheits-Correspondenz aus Copenhagen. Auf die Gesandtschaft. Viel Aerger in der Kanzlei. Gespräch mit dem Grafen. Nach Haus. An die †Ztng geschrieben (allerlei kurze Notizen); an Direkt. Metzel den Artikel aus Chronicle eingeschickt. Einige Zeilen an Mr. Findon. An Thomas Glover geschrieben ... »at the same time I am ordered to complain of your Copenhagen correspondent. I assure you, all he writes is nonsense or at least exaggeration. His enthusiasm for a great scandinavian kingdom is a harmless thing and we have no objection to it, but the way in which he speaks of Germany, Prussia, our king and german politics especially with respect to the Duchies is in the most perfect contradiction to that sort of politics, which we maintain, by your kind permission, in the columns of your paper. Mr. Alberts of the Legation told me, you had mentioned to him a fortnight ago, that you would have no objection to break off all connexion with that anglo-danish gentleman. I think indeed it would be the best, because I perfectly understand that a special control of every letter Dr. Stephens is sending in, is nearly impossible. Believe me etc.

Mittwoch d. 21.

An Direktor Metzel und Geh. Rath Hegel geschrieben. Mit Emilie zur großen Post gefahren. Das Treiben dort um 6 Uhr mal wieder bewundert. Zu Fuß nach Haus. Im Macaulay gelesen (»Hallams Geschichte der englischen Verfassung«.)

Donnerstag d. 22.

An die Kreuz-Ztng geschrieben (die Kritik der Kritik, Sympathieen und Antipathieen). Bei schlechtem Wetter in die Stadt. Dr. Faucher nicht getroffen. Bei Simpson (Café Divan) mal wieder eine Tasse Kaffe getrunken. Nach Anderton-Hôtel. Dinirt daselbst mit Herrn Kfm: Heymann, Herrn Kopisch aus Breslau und Dr. Mosabini. Nach Tisch noch zwei andre Mitglieder des Babel-Vereins zugegen; einer derselben, ein clerk im Board of trade, ein trefflicher Humorist. Die Reconstituirung Babel's wurde beschlossen. Heymann erzählte mir eine hübsche Anekdote mit Bezug auf Kopisch. Dieser, als Stadtverordnetenvorsteher, war Mitglied der Breslauer Deputation (darunter Simon) die am 20. März vor dem Könige erschien. Kopisch schloß: »wenn Ew. Majestät alles dies (Urwahlen) gewährt haben werden, so wird das Volk Ihnen vielleicht *vergeben.*« Dies ist allerdings eine der dummsten Reden, die ich je gehört habe und grenzt mehr an Wahnsinn als an Frechheit. Der König zuckte zusammen. Am *zweiundzwanzigsten* März, also in der Zeit seiner Quasi-Gefangenschaft, begegnete der König dem Kopisch in den Corridoren des Schlosses. Er kniff sofort sein Augenglas ein, trat an Kopisch heran, musterte ihn und sagte: »*Ah, Herr Kopisch! wollen Sie meine Börse? hier ist sie*«. Kopisch stotterte einigen Unsinn und machte sich unsichtbar. Mag man hierüber denken wie man will, jedenfalls zeigt es, daß der König auch in jenen schlimmen Tagen nicht eingeschüchtert war und seinen Feinden zu begegnen wußte. Spät nach Haus.

Freitag d. 23.

Gearbeitet. An Herr und Frau v. Merckel geschrieben. Mit Emilie bis Tottenham Court Road und zurück; kleine Einkäufe. Gearbeitet.

Sonnabend d. 24.

An Merckel's, Schweitzer, Faucher und die Kreuz-Ztng (November im Oktober; »muselmännische Symptome« etc.) geschrieben. Auf die Gesandtschaft. Graf und Gräfin erzählen mir von ihrem Besuch bei Lord und Lady Cranworth, auf deren Landsitz in der Nähe von Croydon und Sydenham, derselbe country-seat der früher dem William Pitt gehörte. Ebenso Mittheilungen über Sir Culling Eardley, dessen Gemahlin (auch sehr fromm) eine Schwester der Lady Cranworth ist. – Nach Haus. Gearbeitet (die Prä Raphaëliten.)

Sonntag d. 25.

Gearbeitet. Mittagsgäste: Dr. Faucher nebst Frau, Kfm: Heymann nebst Frau und der alte Schweitzer. Alles in guter Laune, viel geplaudert, ein paar Gedichte vorgelesen. Faucher erzählt von Richard Hart und Mr. Hannay. Das Engagement des erstren sei durch Mr. Carpenter erfolgt, der im Auftrage des Gouvernements durch Unterbringung Hart's (bei Baron Nicholson) diesen – Hart – ein für allemal unschädlich gemacht habe. Hart habe selbst erzählt, daß man muthmaßlich ihn systematisch ruinirt habe, denn *kein* Blatt habe schließlich Artikel von ihm nehmen wollen, woraus er schließen zu dürfen glaube, daß die Agenten der Regierung derartige Ordres gegeben d. h. *entsprechende Zusagen* an die kleinen Blätter gemacht hätten. Denn das Geheimnis des englischen Regierens heißt: Bestechung (in jeglicher Form) an Stelle des polizeilichen Zwanges. Manus manum lavat. – Mr Hannay (auch gelegentlich Sprecher im Belvedere) ist nicht nur Mitarbeiter an den Illustrated Times sondern auch an der Saturday Review. Er gilt für sehr gescheidt und schlagfertig mit Faust und Zunge. – Faucher versicherte ferner, daß es viele Leute in England gäbe, die an die Dauer des gegenwärtigen politischen Zustandes Englands nicht glaubten. Zu diesen Leuten gehörten vor allem – die Königin und Prinz Albert. Sie bezweifelten, daß der Prinz v. Wales dermaleinst als *König* von England seine Gebeine zur Ruhe legen werde; sie glaubten vielmehr an die Etablirung einer Adelsherrschaft, an eine große angelsächsische Föderativ-Republik etc. Da läuft gewiß viel Faucher'sches mit drunter, aber die Frage drängt sich einem allerdings auf: was wird aus dem Königthum in diesem Lande, wenn es nicht bald wieder zu Ehren kommt? Der Prinz v. Wales scheint nicht dazu angethan seine Wiederbelebung durchzuführen. *Andre* Krisen werden kommen; »all is lost« soll Cobdens Glaubensbekenntniß in Bezug auf England sein.

Montag d. 26.

Gearbeitet. Besuch von Frl. Füllborn, die nach 3 monatlichem Aufenthalt in Buckinghamshire, nach Deutschland zurückkehrt. An die Kreuz-Ztng (das Parlament. Saturday Review) geschrieben. Spatziergang nach Gloucester Place. Gearbeitet.

Dinstag d. 27.

Gearbeitet. Gegen Abend auf eine Stunde zu Beta's. Nach Haus. Beta'sche recht hübsche Aufsätze über nordamerikanische Wirthschaft gelesen. Brief von Alberts.

Mittwoch d. 28.

Gearbeitet. Auf die Gesandtschaft. Brief und Packet (mit 6 Exemplaren des Albums) vorgefunden. Ein Exemplar an Alberts überreicht. Mit Emilie zu Farrance. An die Kreuz-Ztng geschrieben (Delhi ist gefallen!) Den Aufsatz über die Prä-Raphaëliten an Direktor Metzel geschickt. Mit Emilie nach Tottenham Court Road; bei Heal & Son eine Bettstelle für klein-Theodor gekauft. Nach Haus. Gearbeitet.

Donnerstag d. 29. Oktober.

Gearbeitet (Ausflug nach Chester etc.). Mit Herrn Heymann, der mir viel von der City und dem traurigen Finanzzustand derselben erzählt, nach Anderton's Hôtel in den Babel-Verein. Faucher, Macpherson, Mosabini etc. zugegen. Debatte über den indischen Aufstand. Mosabini und Faucher stützen sich auf den Kreuz-Ztngs-Aufsatz »Muselmännische Symptome«; ich kämpfe dagegen an und sehe in der ganzen Bewegung nicht den Ausdruck neuer Hoffnungen, sondern die letzten Anstrengungen der Todesfurcht. Um Mitternacht Austernmahlzeit in Fleet-Street. Spät nach Haus.

Freitag d. 30. Oktober.

Gearbeitet (Ausflug nach Chester etc.). Briefe geordnet. Aufgeräumt.

Sonnabend d. 31. Oktober.

Brief von Dr. Goedsche. An Direktor Metzel geschrieben, auch an Schweitzer und die Kreuz-Ztng (der Panic in der City). In die Stadt. Auf die Gesandtschaft. Kauffmann im Strand getroffen und mit ihm geplaudert. Nach Haus. Beta's Aufsatz über Macaulay gelesen.

Sonntag d. 1. November.

Besuch von Kauffmann. Schweitzer zu Tisch. Spatziergang mit Emilie und Schweitzer den Camden road entlang. Geplaudert. Kartenkunststücke. Französische Stunde. Reise nach Paris intendirt.

Montag d. 2. November.

Gearbeitet. Auf die Gesandtschaft. Unterredung mit Excellenz wegen des Chronicle. Zu Glovers; der alte Serjeant lehnt höflich aber bestimmt unsre Forderungen ab. Nach Haus. Abendbesuch von James Morris. Geplaudert.

Dinstag d. 3. November (Klein-Theodors Geburtstag)

Gearbeitet. Ueber Mittag nach Fenchurch-Street-Station, dann im Steamer bis Greenwich. Im Vorüberfahren den eben getauften »Great Leviathan« auf seinem Holz-Wege in's Wasser gesehn. »No moving at all; the chain is broken.« Nach Blackwall. Von da per Eisenbahn zurück. Am Abend Besuch von Beta's. Mancherlei Verstimmung.

Mittwoch d. 4. November.

Gearbeitet (the launch of the Leviathan). An die Kreuz-Ztng, Frau v. Merckel, Miß Dewsnap und Mr. Findon geschrieben. Brief von Geh. Rath Hegel. Geplaudert; George'chen Jugendgeschichten erzählt. Gearbeitet.

Donnerstag d. 5. November.

Gearbeitet. An Sommerfeldt und Mutter Fontane geschrieben. Auf die Gesandtschaft. Gespräch wegen Glover und Chronicle. Nach Haus. Gearbeitet. Am Abend nach dem Babel-Club. Anti-englische Vorträge.

Freitag d. 6. November.

Gearbeitet. Auf die Gesandtschaft; dem Grafen meinen Bericht über den Chronicle vorgelegt. Abendbesuch von Schweitzer. Geplaudert.

Sonnabend d. 7. November.

Gearbeitet. An Direktor Metzel geschrieben. Brief und Bericht auf die Gesandtschaft gebracht. Um 6½ zur Taufe bei Herrn Heymann. Große Gasterei und wenig Gäste; gut amüsirt.

Sonntag d. 8.

Gelesen. Besuch von Schweitzer und Frau Dr. Beta. Französische Stunde. Geplaudert.

Montag d. 9.

Früh, mit Emilien in die Stadt. Von Purssels Fenstern aus den Lordmayors-Zug vorbeipassiren sehn. Emilie zu Frau Dr. Faucher. Ich nach 28 Cornhill, um die beiden Dubufe'schen Bilder (Adam und Eva: Versuchung und Fall) anzusehn. Nach Fleet-Street in die Austernkneipe bei Temple-Bar; den Lordmayors-Zug auf dem Rückwege gesehn. Zu Simpson (Café Divan). Kauffmann und Schlesinger getroffen; National-Ztng gelesen. Nach Haus. Gearbeitet.

Dinstag d. 10.

Gearbeitet. An die Kreuz-Ztng geschrieben (Der Lordmayors-Tag; – Herrn Heymanns Aufsatz eingeschickt.) Gelesen. Besuch von Herrn Heymann und Frau. Geplaudert: Faucher, Edgar Bauer und die alte, unvermeidliche Parallele zwischen Deutschland und England.

Mittwoch d. 11.

Gearbeitet. Auf die Gesandtschaft. Mr. Collins im Strand getroffen. Zu Faucher. Nach Haus. Kurzer Besuch bei Mr. Heymann. Gearbeitet. An Mr. Collins geschrieben.

Donnerstag d. 12.

Gearbeitet. An die Kreuz-Ztng geschrieben (28 Cornhill; »Adam und Eva: Versuchung und Fall« 2 Bilder von Dubufe). Brief von Alberts: Packete angekommen. Nach Babel. Mr. Heymann hält einen guten Vortrag über die Geldkrisis und die Aufhebung der Bank-Akte. Die spätre Debatte flau.

Freitag d. 13.

Gearbeitet. Auf die Gesandtschaft; Unterredung mit dem Grafen (über Glover); die Packete in Empfang genommen. Nach Haus; ausgepackt: Geburtstagsgeschenke für Emilie und Klein-Theo. In die Stadt; kleine Einkäufe, Vorbereitungen zum Geburtstag.

Sonnabend d. 14.

Emiliens Geburtstag. Aufgebaut im Drawing room: Blumen, Lichter, Verse etc. Briefe von Clara Baeyer, Frau Kugler und Frau v. Merckel. An die Kreuz-Ztng geschrieben (Deutsche Sympathieen für England). Nach Charing Croß. Abendbesuch von Schweitzer. Weinpunsch, Toaste, geplaudert.

Sonntag d. 15.

Gearbeitet (»Straßen-Balladen«). Schweitzer zu Tisch. Geplaudert am Kamin. Um 6 zu Beta's. Ueblich politisirt.

Montag d. 16. November.

Gearbeitet (Antwort auf einen Passus der Rundschau). Briefe von Mr. Mannock und Frau Faucher. Die Kreuzzeitung bringt den Heymann'schen Artikel über die Geldkrisis.

Dinstag d. 17.

Gearbeitet. An Dr. Beutner, Bachmann und Wentzel geschrieben. Mit Emilie zu Faucher's; mit Faucher nach Camberwell-Hall, um eine Kinkelsche Vorlesung über deutsche Literatur (13tes Jahrhundert) zu hören. Bei Faucher's geplaudert. Spät nach Haus, Schreckensweg durch die Höhlen von Clerkenwell.

Mittwoch d. 18.

Gearbeitet. An Immermann geschrieben. Einige Zeilen an James Morris. Mit Emilie dem boy entgegengegangen. Nach Haus. Gelesen (Chambers Journal; Household Words). Gearbeitet: Camberwell und Kinkel.

Donnerstag d. 19.

Gearbeitet. Auf die Gesandtschaft; Gespräch mit dem Grafen; Bruch mit dem Chronicle beschlossen. Nach Haus. Brief an Frau v. Merckel zur Post. Zu Heymann's. Mit Mr. Heymann in den Babel. Allerhand Plauderei. Debatte über »the utility of the Leviathan«. Mit Madié und Heymann in den Fleet-Street-oyster-shop. Politische Debatte.

Freitag d. 20.

Gearbeitet. An Dr. Beutner geschrieben. Zum Diner auf die Gesandtschaft. Zugegen: Major von Kotze, der Breslauer Intendantur-Beamte (mit dem Brief an die Princess royal), Feldjäger Schmaljahn, Alberts nebst Frau, Roux, Dr. Weber, Prediger Wallbaum und a. m. Sehr netter Ton. Excellenz erzählt die Geschichte von der siamesischen Gesandtschaft.

Sonnabend d. 21.

Gearbeitet. An die Kreuz-Ztng (die siamesische Gesandtschaft) und Direktor Metzel geschrieben. Briefe an

Bachmann, Wentzel und Frl. E. Hesse eingelegt. Mit George auf die Post; Einkäufe in High-Street. Nach Haus. Besuch von Dr. Morris; politisirt (Geschichtschreibung, Wellington, Waterloo). Brief von Faucher; seine Frau von einem Töchterchen entbunden.

Sonntag d. 22.

Gearbeitet. Besuch von Schweitzer, am Abend zu Heymanns. Geplaudert.

Montag d. 23.

Briefe von Bruder Max und Frau Oberförster Triepcke. Gearbeitet. An Dr. Beutner geschrieben; Heymann's Aufsatz über die dauernde Finanz-Crisis beigeschlossen. Briefe an Thomas Glover und Frau Faucher. Gearbeitet (the revival of the german literature). Geplaudert.

Dinstag d. 24.

Gearbeitet (the revival of the German literature). Gelesen. Zu Faucher's; – Emilie um der Wöchnerin ihre Theilnahme und 4 Pfund Kürbis zu schenken, ich um mit Faucher selbst über Dr. Ingwersen, einen abenteuerreichen Schleswig-Holsteiner, zu sprechen. Von Fauchers nach Camberwell-Hall zu Kinkel. Sein Vortrag wiederum sehr interessant (Luther und sein sprachlicher Einfluß; Hans Sachs und die Fastnachtspiele; der 30jährige Krieg, sein Segen und sein Fluch; Verfall deutscher Kunst im 17. Jahrhundert; eine Verhunzung Shakespeares (Romeo und Julia) und der Grindelhausensche [*sic!*] Roman »Simplicissimus«. Nach Haus. Briefe von Faucher und Glover vorgefunden. Geplaudert.

Mittwoch d. 25.

Gearbeitet. Auf die Gesandtschaft. Rücksprache mit Excellenz wegen Glover. Nach Haus. An Glover geschrieben. Die beiden letzten Briefe (vom 23. und 25.) lauten: I. I have the honor to communicate to you, that the advocacy of the Chronicle has turned out to be so completely an advocacy of our opponents, that we don't consider us bound any longer by a former engagement. I am yours etc. II. Our last article was published *the 23rd of September*. Your calling upon (for a certain purpose) took place about the *8th of October*. I think therefore all is right. Besides the above statements I must tell you, that I have no knowledge at all of a *quarterly* engagement and that I am at a loss to understand, what you mean by »no objection«. I am yours etc.

Donnerstag d. 26.

Gearbeitet. Emilie zu Faucher's, deren Kind am 25ten gestorben. Besuch von Heymanns. Mit Heymann in den »Babel«. Vortrag gehalten über »the revival of the german literature during the last century.« Lebhafte und interessante Debatte. Um 12 mit Mosabini, Madié und Heymann in den Temple-bar oyster-shop. Spät nach Haus.

Freitag d. 27.

Liebenswürdiger Brief von Immermann, mit interessanten Mittheilungen über das Befinden des Königs und die nächsten Aussichten. Bachmann hat gezahlt. – Auf die Gesandtschaft; Excellenz bei Lord Clarendon. Zu Fortnum und Mason; durch Regent-Street und Regent-Park nach Haus. Gelesen. Gearbeitet.

Sonnabend d. 28.

Gearbeitet. An Dr. Metzel und die Kreuz-Ztng geschrieben (Die Camberwell-Deutschen und Gottfried Kinkel). Chamber Journal und Household Words eingeschickt. Besuch von Faucher. Zusammenkunft mit Dr. Ingwersen im Camden-Town-Eagle. Nach Haus. Gearbeitet.

Sonntag d. 29. November.
Gelesen. Gearbeitet. Besuch von Schweitzer, Beta's und Dr. Ingwersen. Der letztre erzählt von seinem Aufenthalt in Constantinopel und schildert gleich lebhaft die Schönheit der Bosporus Parthie, wie den unglaublichen Schmutz der eigentlichen Stadt. Dann wacker in die alte Kerbe vom Verfalle Englands gehaun. – Dem Dr. I 5 £ gegen Quittung.

Montag d. 30. November.
Gearbeitet. Am Nachmittag zum Grafen. Ihm, nach Immermanns Brief, Mittheilungen über das Befinden des Königs und die Vorgänge in Berlin gemacht. Er seinerseits erzählt mir von seiner Abgehetztheit und von der kleinlichen Aengstlichkeit Lord Clarendons bei Abfassung und Gutheißung der Ehepakten zwischen unsrem Prinzen und der Prinzess royal. »Sie sind alle im choc vor der Königin; in politischen Dingen, wo das Parlament die Minister deckt, ist die Königin wenig mehr als eine Puppe, in häuslichen Angelegenheiten aber und überall so weit ihre unbestrittene Machtvollkommenheit reicht, weiß sie sich, den Ministern gegenüber, durchaus in Respekt zu setzen.« Dann Plaudereien über den Prinzen von Preußen, Prinz Carl, Prinz Friedrich Wilhelm und Prinz Friedrich Karl. Zuletzt Schilderung der November-Vorgänge von 1850. Der Prinz von Preußen war damals für Krieg, mit ihm Radowitz und ein andrer Minister, ich glaube Ladenberg; der König sprach für den Krieg, hatte aber im Herzen den Wunsch nach friedlicher Beilegung. *Deshalb* erklärte er, daß er sein eignes Urtheil von dem Urtheil der Majorität abhängig machen wolle. Die Majorität war für den Frieden. Der Prinz von Preußen war es, der dem alten Brandenburg (der in Warschau natürlich eine traurige Rolle gespielt hatte) Landesverrath vorwarf. Das Ganze muß eine wunderbare Sitzung gewesen sein. Vor allem friedfertig, war der – *Kriegs*minister (Stockhausen). Seine Par-

thei (Stahl-Gerlach) wollte den Frieden à tout prix. – Nach Haus. Gearbeitet.

Dinstag d. 1. December.

Gearbeitet (die Straßen-Balladen). An Immermann geschrieben. Zu Faucher's. Nach Camberwell-Hall. Kinkel über Klopstock, Wieland und die Gottschedsche Zeit. Der Vortrag nicht bedeutend; die Vorlesung 2er Scenen aus der von Simrock bearbeiteten Puppenkomödie »Faust« sehr interessant. Nach Haus. Geplaudert.

Mittwoch d. 2. Dezember.

Gearbeitet. An die Kreuz-Ztng geschrieben (Lord Palmerston und East India House). Den Brief an Immermann beendet. Einige Worte an Schweitzer. Ein Briefchen von Heymann; 20 Hamburger Häuser fallirt. – Gelesen (das Pandschab und die Sikhs; der Krieg in Affghanistan und der Rückzug von Kabul; die Eroberung Scindias).

Donnerstag d. 3. Dezember.

Mit Emilien in die Stadt. Von den Steps aus, dann später in Whitehall die »königliche Prozession« gesehn. Flanirt um die Parlamentshäuser herum. Auf die Gesandtschaft. Nach Haus. Zu Heymanns. Gegen 8 in den »Babel«, der sein Stiftungsfest feiert. Zehn Personen zugegen. Das Souper gut, die Toaste doch nicht gut genug, um 3 Stunden lang ertragen werden zu können. Auch mein »Ghasel« war nicht angethan, die Sache zu halten. Es lautete:

> My little poetry indeed bears not the *english* label,
> But notwithstanding let me try a song for our Babel;
> Our Babel may, that is my wish, be flourishing
>   and blooming,
> May be yet long a matter of fact and not a matter
>   of fable.

More happy than »Leviathan« we are already floating,
May kindness be our steam and sail, humanity our cable.
But oh, I feel my Pegasus will do not any longer,
He likes not going through the sky, he better likes
   the stable;
Excuse me then when I obey by turning and retreating
And only wish: are merry all to-night around this table
And kind enough, this poor Ghasel to take it for the
   better,
For I did all what Nelson did – as much as I am able.

Freitag d. 4. Dezember.

Gearbeitet. An die Kreuz-Ztng geschrieben (the royal procession). Nachmittagsbesuch von Dr. Faucher und Mr. Blythe. Faucher erzählt Räubergeschichten, seine ersten Redner-Triumphe an der »einsamen Pappel«. – Gelesen. Gearbeitet.

Sonnabend d. 5. Dezember.

Gearbeitet. An die Kreuz-Ztng geschrieben (the royal procession; Schluß). Den Brief an Immermann zur Post. Geplaudert. Gelesen (Herders Ideen zur Geschichte der Menschheit).

Sonntag d. 6. Dezember.

Gelesen. Ueber *Brahma-* und *Buddha-*Dienst. Wenn ich die betreffenden, etwas unklaren Artikel richtig verstanden habe, so ist der *Brahma-Dienst ein ziemlich purer Deismus,* wogegen der *Buddhadienst* eine *Papst-Anbetung ist.* Jener wendet sich direkt an ein höchstes Wesen – den Brahma, dieser wendet sich an eine gottbegnadete Mittelsperson, an eine selten erbliche, gemeinhin durch Wahl oder Ernennung bestimmte Hohepriesterschaft. Der Brahma-Dienst ist bei den Hindus herrschend geblieben; der Buddha-Dienst, in Behar entstanden, mußte auswandern und herrscht jetzt in China, Japan, Tibet und

Hinterindien. Sein Gründer war Sakja-muni (d. h. Lehrer aus der Familie Sakja) der um 5 oder 600 Jahre vor Christo zum *Buddha* d. h. zum Weisen wurde. Seine Anhänger nannten sich nach ihm Buddhisten, wie wir uns nach Christus Christen nennen. Die Nachfolger dieses ersten »Buddha« verhalten sich ähnlich zu ihm, wie sich die Päbste zu Christus verhalten. Diese ost-asiatischen Päbste sind nun der Gegenstand der Verehrung aller Buddhisten. In den verschiednen Ländern existiren verschiedne Päbste (etwa so, wie wenn Frankreich und Spanien jedes einen Papst für sich hätte). Die in China »Fo«, in Tibet (dem Hauptsitz so zu sagen, dem Rom des Buddhismus) Dalai-Lama heißen. Buddha, Fo, Dalai-Lama, auch wohl die geistlichen Kaiser in Japan und Hinterindien sind verschiedne Ausdrücke für dieselbe Sache und bedeuten: Weise, Kirchenhäupter, Patriarchen, Päpste, die als oberste Priester die Lehre des Sakja, des *ersten* Buddha, vertreten. (Die Buddhisten verwerfen die Vedas; die Buddha-*Priester*, nach Analogie der kathol. Priester, leben ehelos). – Besuch von Schweitzer. Am Abend mit ihm zu Heymanns, wo »Vetter Wocke aus Rawicz[?]« (auf dem Wege zur Capstadt) angekommen war. Geplaudert. Spät nach Haus.

Montag d. 7.

Liebenswürdiger Brief von Frau v. Merckel. Allerhand Todesnachrichten aus Berlin: Rauch todt, Anton Gubitz todt; dazu Bankrutte über Bankrutte und Lübcke verlobt. – Emilie und ich unwohl. Einige Zeilen an Alberts und James Morris. An die Kreuz-Ztng geschrieben (Englische Straßenballaden). Besuch von Morris.

Dinstag d. 8. (Verlobungstag)

Gearbeitet. Unwohl. Gelesen (Ideen zur Geschichte der Menschheit und Herders Biographie; sehr interessant).

Mittwoch d. 9.

Gearbeitet. Gelesen (Kritik über v. Wickede's Soldatengeschichten). Matthias Claudius Biographie (sehr interessant, in den Beilagen der Kreuz-Zeitung.) Einige Zeilen vom Gesandten. Brief von Alberts (die Argo's angekommen). Besuch von Dr. Morris; klein Theochen wird geimpft. Geplaudert. Im Herder gelesen.

Donnerstag d. 10.

Gearbeitet. Spatziergang zu Heymanns und mother Redcap. Emilie auf die Gesandtschaft. Mittagsbesuch von Dr. Beta; die Berliner Packete ausgepackt. Argo gelesen. Abendbesuch von Heymann's und Vetter Wocke. Lepels »Walzerlied«, Scherenbergs »Thorwaldsens Tod« und »den verlornen Sohn« vorgelesen. Geplaudert. Einige Zeilen an die †Ztng.

Freitag d. 11.

Gearbeitet. Auf die Gesandtschaft. Mit Emilie Einkäufe gemacht am Strand und in Lowther-Arcade. Nach Haus. Abendbesuch von Schweitzer. Einige Zeilen an Morris; Georgechens Abenteuer auf seinem Wege zur Post »die alte aber doch anständige Lady« nimmt sich seiner an.

Sonnabend d. 12.

Gearbeitet. An James Morris und Immermann geschrieben. Gegen 6 in die Stadt. Dem Grafen ein Argo-Exemplar überreicht. Neapolitanische Schwärmereien. Nach Haus. Abendbesuch von Schweitzer. Weihnachtskiste gepackt.

Sonntag d. 13. Dezember.

Gelesen. Gearbeitet. Mit George im Waterloo-Omnibus zu Onkel Schweitzer, 143 New Bond Street. Inspektion des Laboratoriums bei Laternen-Licht. Mit Schweitzer und Herrn Wocke nach Haus. Dr. Faucher vorgefunden; interessante Gespräche über topographische und ethnographische Fragen.

Montag d. 14. Dezember.

Gearbeitet. Briefe geschrieben an Onkel Max, Frau v. Merckel etc. − Einige Zeilen von Alberts und Dr. Beta. Abendbesuch von Dr. Morris. Die Weihnachtskiste für Berlin in Ordnung gebracht.

Dinstag d. 15. Dezember.

Gearbeitet. Mit Emilien auf die Gesandtschaft; unsre Packete abgegeben. Ueber Coventgarden-Market nach Fleet-Street; oyster-lunch in der Nähe von Temple-Bar. Nochmals auf die Gesandtschaft. Unterredung mit Excellenz; einige Zeilen an die Kreuz-Ztng geschrieben. Mit Emilie zu Fortnum & Mason. Nach Haus. Abendbesuch von Schweitzer. An Lepel geschrieben.

Mittwoch d. 16.

Gearbeitet. An die Kreuz-Ztng geschrieben (Tannenbaum und Mistletoe). Briefe an Frau v. Merckel (mit Einlage an Frl. Clara Baeyer) und Bruder Max zur Post. Gearbeitet. Gelesen.

Donnerstag d. 17.

Gearbeitet. Brief von Immermann. An Direktor Metzel geschrieben; Brief an Lepel zur Post. In den Babel-Club. Stänkerei in Folge eines impertinenten Briefes von Mr. Mosabini. Edgar Bauer zugegen; mit ihm nach Haus; unterwegs, in verschiednen Kneipen von Oxford Street und Gray's Inn Lane, Austern gegessen und Bier getrunken. Ueber Indien geplaudert. Er ist doch fast zu praktisch. »Ideen sind Phrasen« etc.

Freitag d. 18.

Brief von Direktor Metzel; 100 Rthr. Vorschuß gestattet. Auf die Gesandtschaft mit Emilie und George. Einkäufe in Lowther Arcade. Nach Haus. Gearbeitet. Abendbesuch von Schweitzer. Weihnachtsvorbereitungen.

Sonnabend d. 19.

Gearbeitet. Emilie mit Frau Heymann nach German Fair, Regent Street. An Direktor Metzel geschrieben. Gelesen (Herder). Uebersetzt (engl. Volkslied).

Sonntag d. 20.

Gelesen. Emilie zu Faucher's. Uebersetzt (Bertram's dirge). Schweitzer zu Tisch. Am Abend Faucher; geplaudert, interessant wie immer.

Montag d. 21.

Drei Briefe von Immermann mit £ 15. Gearbeitet. An Immermann geschrieben und Empfang bescheinigt. Nach Charing-Cross. Den Abend über im Herder gelesen.

Dinstag d. 22.

Gearbeitet. In die City. Rechnungen bei Mr. Cowie und Mr. Williams bezahlt. Bei Mr. Bennett ein altes Uhrenwrack für £ 6 gekauft. Wie ein Sünder nach Haus. Gearbeitet. Gelesen.

Mittwoch d. 23.

An die Kreuz-Ztng geschrieben (»Lucknow frei«). Nach Cheapside. Bei Mr. Bennett die Uhr gegen eine bessre umgetauscht. Nach Haus. Gearbeitet. Zu Heymanns. Mit Emilie den Baum ausgeputzt.

Donnerstag d. 24.

Gearbeitet. Nach Oxford-Street; kleine Einkäufe für Emilie und Schweitzer. Zu Heymanns; einige Nürnberger Spielsachen in Empfang genommen. Nach Haus. Um 6 ½ Bescheerung. George sehr glücklich, Schweitzer etwas verstimmt. Der Heimath und aller Lieben gedacht.

Freitag d. 25.

Gelesen. Spatziergang mit Emilie und Schweitzer bis zum City-Prison. Abendbesuch von Beta's; deutschen Heringssalat und Sherry-Bowle.

Sonnabend d. 26.

Gearbeitet. Nach Tisch in die Stadt. Café Divan; Examiner und National-Ztng gelesen. Auf die Gesandtschaft; Unterredung mit dem Grafen. Nach Haus. Abendbesuch von Dr. Morris. (»poor Tucker« ist verrückt geworden). Geplaudert. Einige Zeilen an Faucher.

Sonntag d. 27.

Gelesen. Gearbeitet. Schweitzer zu Tisch. Um 6 zu Betas. Nabig, der Enthusiast für Freiheit und Posaune, zugegen; spaßhafte Figur. Geplaudert.

Montag d. 28.

Gearbeitet. An Dr. Beutner und die Kreuz-Ztng geschrieben (Ein Ginsterbusch.) Einige Zeilen an Alberts und Mr. Blythe. Mit Emilie zu Heymanns. Dann auf die Gesandtschaft, nach Hungerford-Market und Fleet-Street. Austern-Souper an der wohlbekannten Ecke. Nach Haus. Gearbeitet. Geplaudert.

Dinstag d. 29.

Liebenswürdiger Brief von Direktor Metzel; die Pariser Reise als Lockspeise ausgehängt. Gearbeitet. Briefe geschrieben an: Mr. Blythe, Papa Fontane, Schneider Herrmann, Geh. R. Hegel, v. Wangenheim, Kugler und Direktor Metzel. Einige Zeilen von Alberts. Besuch von Frau Heymann. Georgechens Bilderbogen (»Geschichte von der Rapunzel«) getuscht. An Herr und Frau v. Merckel geschrieben.

Mittwoch d. 30.

Geburtstagsfeier. Emilie und George überraschen mich beide als Dichter. Briefe von Papa und aus Letschin treffen ein. Einige Zeilen an Alberts geschrieben. Collins macht endlich seine Visite. Dr. Faucher, Mr. Blythe, Schweitzer und das Heymann'sche Ehepaar zu Tisch. Sehr heiter. Faucher und Emilie tanzen Menuette. Dann Aufführung lebender Bilder (Referendarius und Fehrbellin). Geplaudert. Das alte Thema: die baltischen Länder als Träger der Glaubenslosigkeit.

Donnerstag d. 31.

Gearbeitet. Auf die Gesandtschaft. Mit Emilie nach dem St. James Pallast und Marlborough House. Die Turner-Collection durchmustert. Nach Haus. Gearbeitet. Um 10 einen Weinpunsch gebraut und das neue Jahr herangeplaudert.

1858

Freitag d. 1. Januar 1858

Brief von Metzel. Correcturbogen der Shakespeare-Aufsätze. Mit Emilie auf die Gesandtschaft. Den Grafen, durch Metzel's Wünsche in Betreff meiner Fest-Berichterstattung, einigermaßen in Verlegenheit gesetzt. Mit Alberts und Frau zu Scott; schlechte Austern und trockne Cotelettes. Mit Emilie nach Holborn Hill; Kleider-Einkäufe gemacht. Nach Haus. Klein-Theodor mit einem verrenkten Arm vorgefunden. Brief von Collins. An Dr. Jeffries, James Morris und Collins geschrieben.

Sonnabend d. 2. Januar

Brief vom alten Lepel und Correcturbogen von Metzel; einige Zeilen vom Schulrath Bormann. Gearbeitet. An Metzel geschrieben. Auf die Post. Gearbeitet. Gelesen.

Sonntag d. 3. Januar

Gelesen. Besuch von Kauffmann. Schweitzer zu Tisch. Gearbeitet (Auszüge aus dem Court Journal). Geplaudert.

Montag d. 4.

Briefe von Lübcke, Fräulein Clara und Nettchen Baeyer. Correkturbogen von der »Zeit«. Der erste »Kladderadatsch«, ein nachträgliches Weihnachtsgeschenk, trifft ein. Gearbeitet. An Direktor Metzel geschrieben (die Notizen aus dem Court Journal etc. beigeschlossen). Einige Zeilen an Schweitzer und Mr. Blythe. Um 4½ auf die Gesandtschaft, dann zu Mr. Collins nach 2 Hereford Square. Zugegen: Mr. Banbury, ein junger Offizier von der riflebrigade, der in München und Berlin, auch aktiv in der Krim war; Ingenieur Siemens; Herr Loewinger; ein junger Mann aus Wien und ein englischer homme des lettres. Passabel amüsirt.

Dinstag d. 5.

Brief von Direktor Metzel. Correctur von der »Zeit«. Gearbeitet. »Der Pallast von St. James und die Royal Chapel«; die erste Hälfte an Dr. Metzel eingeschickt. Briefe von Herbert Clarke und Mr. Blythe.

Mittwoch d. 6.

Brief von Frau v. Merckel, mit Toast von Lepel. Gearbeitet. Auf die Gesandtschaft; 35 £ empfangen. Nach Haus. An Direktor Metzel geschrieben (No. II Die Royal Chapel). Gearbeitet. Brief an Schulrath Bormann.

Donnerstag d. 7.

Brief von Herrn Mus. Direkt. Tschirch, mit der Aufforderung ein Fedor v. Köppen'sches Festgedicht zu übersetzen. Emiliens Brief an Frau v. Merckel zur Post; mein Brief an Bormann beigeschlossen. Nachmittagsbesuch von Faucher. Mit ihm und Emilie in die Stadt, nach dem M. Star office, dann zu Mr. Mitchell (33 Old Bondstreet) Schweitzer, Verey, Coventgarden, Oyster-shop am Strand, wieder Coventgarden etc. Todtmüde nach Haus.

Freitag d. 8. Januar.

Brief von Mama Triepcke. Gearbeitet; an Lübke geschrieben. In die Stadt. Unterredung mit dem Gesandten (über die Beust-Vitzthum'sche Politik und die eitel-komische Persönlichkeit des übrigens klugen und geistvollen Beust; dann Bemerkungen über die östreich: Politik und die Unberechtigtheit ihrer augenblicklichen Popularität) Nach Haus. Mr. Blythe vorgefunden; geplaudert, namentlich über Faucher und Bauer, ihre Talente und ihre Schwächen.

Sonnabend d. 9. Januar.

Gearbeitet. An Herbert Clarke (mit £ 3. 3 s) James Morris und Thomas Glover geschrieben. »Dear Sir. I am ordered to make to you the following communications: 1) There has been no such thing as the promise of a Quarter's notice. 2) we utterly deny, that you have strictly kept your word. *You* have broken off the match, not we. The letters of your Copenhagen Correspondent have been a *constant* breach of the arrangement. I told you so more than once. 3) The article of the 20th October is written by your own free will. We have expressed to you our best thanks for it and do so again. That's all. I am sorry that things have come to an end; the fault is not ours. Yours etc.[«] – An Dr. Metzel geschrieben (Auszüge aus dem Court Journal und Court Circular). Gearbeitet. Geplaudert.

Sonntag d. 10. Januar.

Gelesen. Gearbeitet. An Immermann geschrieben. Abendbesuch von Dr. Morris. Gearbeitet.

Montag d. 11.

Brief von Kugler und Frau Clara. Die »Zeit« bringt die Einleitung zu meinen Shakespeare-Briefen. Gearbeitet. An die »Zeit« und Direkt. Metzel geschrieben. Mit Emilie nach Charing Croß. Zu spät. Emilie nach St. Martins le Grand; ich auf die Gesandtschaft. Glover hat gedroht, die ganze Sache seinem Solicitor zu übergeben. Eh bien. Nach Haus. Gearbeitet.

Dinstag d. 12.

Gearbeitet. Auf die Gesandtschaft. Der Courier angekommen mit der Weihnachtskiste von Merckels und vielen Bücherpacketen: Immermanns Münchhausen, Neuman[n] über das englische Reich in Asien, Droysen über Preußen, Gneist über England, und Bodenstedt über Shakespeares Zeitgenossen. An Direktor Metzel und Frau v. Merckel geschrieben. Gearbeitet.

Mittwoch d. 13.

Brief von Laura Knochenhauer. Auf das »Britische Museum«. »London Gazette« von 1795 und Times von 1840 durchstöbert. Nach Haus. Einige Zeilen von Faucher; geantwortet. Gearbeitet.

Donnerstag d. 14.

Gearbeitet. Auf das Britische Museum. London Gazette (Georgs IV Vermählung) und Times (Königin Victorias Hochzeitstag). Nach Haus. An Direktor Metzel geschrieben; den ersten Artikel beigeschlossen. Gearbeitet. Gelesen (die Biographieen der Londner Publicisten in »Men of the Time«).

Freitag d. 15.

Gearbeitet. Brief von Metzel und Burow in Königsberg. Auf's Britische Museum. Times 1840. Nach Haus. An Mr. Findon geschrieben. Gearbeitet.

Sonnabend d. 16.

Gearbeitet. Auf die Gesandtschaft. Nach dem »Court Circular«. Nach Haus. Einige Zeilen an Lepel geschrieben; Geburtstags-Toast für Kugler beigeschlossen. Einen Brief an Burow und zwei an Metzel zur Post. Beigeschlossen »Die Vermählung von Königin Victoria in St. James«. Gelesen (Neumann über Britisch-Indien) Geplaudert. Brief von Schweitzer und Mama Kummer.

AN KUGLER
zum 19. Januar

Drei Wochen noch eh die Prinzeß
Einzieht von Engelland,
Nimm lieber Kugler unterdeß
Dies alte Liebespfand.

Du weißt, ich bring' es Jahr um Jahr,
Es ist ein alter Brauch,
Und der schon mal mein Rhetor war,
Er ist es heute auch.

Zwar kenn' ich nicht den neuen Ort,
Der »Herd« nun ist und Quell,
Doch heißt es ja: ein rechtes Wort
Find't stets die rechte Stell.

Das rechte Wort, was kann es sein
An diesem Ehrentag,
Ein *zweites* funfzig (schenket ein!)
Ein Gott Dir schenken mag.

Und scheinen funfzig Dir zu viel,
So fünfundzwanzig doch,
Die aber sein Dir Kinderspiel
Der Kugler lebe hoch!

Sonntag d. 17.

Gelesen. Spatziergang mit Emilie und den Kindern Camden Road hinauf. Schweitzer zu Tisch. Abendbesuch von Herrn Heymann und Frau. Geplaudert.

Montag d. 18.

Gearbeitet. Auf die Gesandtschaft; mehr denn dürftige Mittheilungen. Dr. Lawrance getroffen. Nach der Vernon Gallerie; Emilien daselbst abgeholt. Nach Haus. Gearbeitet.

Dinstag d. 19.

Gearbeitet. Festprogramm übersetzt aus Morning Post. Mittagsbesuch von Faucher. Ergeht sich wie gewöhnlich in Projekten und Hypothesen. Die Nidda-Genthe'sche Zeitung scheint ihn zu interessieren. Allerhand Ratschläge in Bezug auf Dr. Ingwersen. Liest einen Brief Brömel's vor, der sich anmeldet und Lust hat, ein paar Studienjahre in London durchzumachen. Hypothesen über die gegenwärtige Stellung der Times. Er (Faucher) geht davon aus, daß die Zeit der Times vorbei und sie, bis zu einem gewissen Grade, freiwillig von ihrer Höhe herabgestiegen sei. Dies erkläre sich so: die Pennyblätter hätten der Familie Walter die Gefahr klar gemacht, in der ihr Unternehmen sich befinde. Diese zunächst nur von fern drohende Wolke habe den gegenwärtigen John Walter geneigt gemacht, die größere Hälfte der Aktien zu verkaufen. Es seien ursprünglich, oder doch in den letzten 10 oder 20 Jahren, 14 Aktien gewesen, von denen die Rothschilds 2, die Orleans auch 2, John Walter aber 10 besessen hätte. Dies Verhältniß sei jetzt geändert; in den Händen der Orleans (vielleicht auch mittelbar der Coburger und des Prinzen Albert) befände sich jetzt die Mehrzahl der Aktien und mit diesem Aktienwechsel hinge die gegenwärtige schlechtre, minder straffe und talentvolle Handhabung des Blattes zusammen. *Daher* die Opposition gegen Louis Napoleon und seine finanziellen Maßnahmen, *daher* in vielen Stücken und Fragen ein Nachgehinkt-kommen, das einem zeigt, wie der Nerv und die kräftige, einheitliche Führung hin ist. So weit Faucher. Ich glaube, daß beinah alles dies Hypothese ist und sich einfach auf die orleanistische Haltung des Blattes stützt, die vielleicht auch anders erklärt werden kann. – Gearbeitet. Gelesen.

Mittwoch d. 20. Januar.

Gearbeitet. Brief von Merckel's. Auf die Gesandtschaft. Alles stumm. Carl Friedrich Wilhelm Greiff zugegen. Dr. Lawrance erscheint abermals in Ordensangelegenheiten; – scheint auch ein netter Junge. Nach Haus. Gearbeitet (die Macbeth-Vorstellung in Her Majestie's Theater). Unwohl. Geplaudert.

Donnerstag d. 21. Januar.

Gearbeitet (Unsre Prinzen auf Jagd. Der Hofball. Die Revue bei Woolwich). In die Stadt. Zu Nicoll und Mr. Down. Nach Haus. Die Kreuz-Ztngs Rezension über Lepel's »Herodes« leider nicht günstig. – Briefe geschrieben an Mr. Levien und Geh. Cabinetsrath Illaire. Gelesen. Geplaudert.

Freitag d. 22.

Gearbeitet. In die Stadt. Nach Fenton's Hôtel, St. James Street; Brief und Karte für Geh. Cab: Rath Illaire abgegeben. Nach Haus. Gearbeitet.

Sonnabend d. 23.

Gearbeitet (Die Revue in Woolwich II; »Alles zu seiner Zeit[«]). In die Stadt. Globe, Court Journal und Court Circular gekauft. Auf die Gesandtschaft. Alberts dekorirt mit dem rothen Adler 4ter Klasse. Den Gesandten gesprochen. Notizen über den Empfang des Prinzen in Dover. Einladung zur Soirée. Ticket für die »Colonnade« von St. James. Nach Haus. Gearbeitet (Des Prinzen Ankunft. Das Treiben am Strand). Um 11 nach Carlton House Terrace. Alle Prinzen zugegen; von ihrer Gnadensonne leise beschienen. Spät nach Haus.

Sonntag d. 24.

Gearbeitet. Spatziergang. Schweitzer zu Tisch. Geplaudert. Gelesen.

Montag d. 25.

Früh auf. Um 10 nach der »Colonnade« von St. James. Herrn Sprengel und die gräflichen Kinder, sowie den Klavierspieler Ganz neben mir. Interessantes Schauspiel; ganz wie im Princess Theater. Der Prinz nett und frisch; die Königin, mit violetter Nase, wie eine wandelnde Leiche; die Prinzessin blaß, freundlich, unbedeutend. Um 2 Uhr alles vorüber. Auf die Gesandtschaft. Nach Haus. Gearbeitet (kurzer Brief an Metzel). Auf die Post. Von Cheapside bis Pallmall, endlich bis Oxford-Street; Illumination, rabble, Langeweile. Spät nach Haus.

Dinstag d. 26.

Gearbeitet (Die Soirée in Prussia-House). Emilie auf die Post. Matt und müde. Am Abend geruht.

Mittwoch d. 27.

Gearbeitet (Die »Colonnade« von St. James). Besuch von Faucher. Einladung zum Freitag. Emilie auf die Post. Abendbesuch von Heymanns.

Donnerstag d. 28.

Gearbeitet (Der Abend des Tages). Besuch von Mr. Levien. Auf die Post. Schweitzer zum Thee. Eine Parthie Whist. Geplaudert.

Freitag d. 29.

Gearbeitet. Auf die Gesandtschaft. Graf Bernstorff zeigt mir die kostbare Brillant-Dose, die ihm die Königin durch den Prinzen Albert hat überreichen lassen. Mit Emilie zu Faucher's. Diner ohne Löffel, aber mit Verstimmung. Später besser. Faucher liest den ersten Gesang aus Heydens hübschem Epos: »das Wort der Frau«; dann einige äußerst geistvolle, aber hyper-populäre und kladderadatsch-Ton anschlagende Kapitel aus seinem eignen großen Werk die »Etymologie der menschlichen Sprache«. Im Uebrigen begleitet er (vorgeblich) den Prinzen Fr: Wilhelm als Reise-Berichterstatter nach Berlin. Um 12 nach Haus.

Sonnabend d. 30. (Charles the Martyr's day)

Gearbeitet. An Direktor Metzel und Frau v. Merckel geschrieben. Geplaudert. In Neumanns Geschichte des anglo-indischen Reichs gelesen.

Sonntag d. 31.

Gelesen. Gearbeitet. Geplaudert en famille.

Montag d. 1. Februar.

Brief von Direktor Metzel. Gearbeitet. Pläne gemacht. Gelesen. An Metzel geschrieben.

Dinstag d. 2. Februar.

In die City. Zu Purssel mit Emilie. Abreise des prinzlichen jungen Paares. Oyster-lunch bei Temple-Bar. Auf die Gesandtschaft. Zu Mr. Smyth dem Kartenhändler und the map of the world für 30 s gekauft. Nach Haus. An die »Zeit« geschrieben (Die Abreise des jungen Paares). Gelesen (Neumann's anglo-indische Geschichte).

Mittwoch d. 3.

Gearbeitet. Einige Strophen für die »Zeit« bei Gelegenheit der Einholung der Prinzessin. Die Wandkarte placirt. Ein Fauteuil kriegt das Brennen. Gelesen.

Donnerstag d. 4.

Gearbeitet. Brief von Immermann. Auf die Gesandtschaft; Kiste in Empfang genommen. Nach Haus. An Direktor Metzel geschrieben (das Gedicht beigeschlossen). An Mama Fontane geschrieben. Gelesen.

Freitag d. 5.

Gearbeitet. An Direktor Metzel geschrieben. Gelesen (die südamerikanischen Freistaaten: Neu Granada, Venezuela, Ecuador, Peru und Bolivia). Abendbesuch von Mr. Blythe.

Sonnabend d. 6.

Gearbeitet. Brief an Metzel zur Post (Brief an Mama Fontane eingeschlossen.) An die »Zeit« geschrieben (Mr. Roebuck und die Fremden-Bill). Auf die Gesandtschaft. Den Grafen gesprochen; tadelt mich wegen meiner Aufsätze in der ›Zeit‹. Mr. Mannock aufgesucht; nicht gefunden. Nach Haus. Gearbeitet.

Sonntag d. 7.

Gelesen. Besuch von Herrn Kauffmann. Schweitzer zu Tisch. Um 7 zu Heymanns. Geplaudert.

Montag d. 8.

Gearbeitet. Mit Emilie in die Stadt. M. Advertiser office. Auf die Gesandtschaft. Frau Faucher und Edgar Bauer getroffen. In die Mormonen-Kapelle, jetzt Bühring'sche Werkstatt. Die Herrlichkeiten der »plastischen Kohle« in Augenschein genommen. Nach Haus. An Dr. Morris geschrieben. Gelesen.

Dinstag d. 9.

Gearbeitet. Auf die Gesandtschaft. Rücksprache mit dem Grafen wegen des Star und über allerhand Bunsen'sche Manöver. Nach Haus. Gearbeitet. An Mannock geschrieben. Gelesen.

Mittwoch d. 10.

Gearbeitet. Brief von Dr. Morris. Auf die Gesandtschaft. Gespräch über B. mit Graf und Gräfin. Mein Artikel acceptirt. Nach Haus. Gearbeitet. Briefe geschrieben an Mr. Mannock, Mr. Down, James Morris, Schweitzer und Collins.

Donnerstag d. 11.

Gearbeitet. Brief von Mannock. Gelesen. Gearbeitet (Fleetstreet). Geschrieben an Mr. Carlhien.

Freitag d. 12.

Gearbeitet. Auf die Gesandtschaft. Mit Graf und Gräfin über die Stimmung in Berlin geplaudert. Zu Fuß nach Haus. Abendbesuch von Morris und Schweitzer. Geplaudert.

Sonnabend d. 13.

Gearbeitet. In die City: Cannon Street, London Bridge, Tower-Hill. Nach Haus. Besuch von Heymanns. Mr. Mannock zum Thee. Geplaudert über die englischen Gesellschafts- und Preß-Verhältnisse.

Sonntag d. 14.

Gelesen. Gearbeitet. Mit Emilie und George zu Beta's; den Abend verplaudert; Hoffnungen auf Deutschland und Amnestie.

Montag d. 15.

Gearbeitet. Mr. Collins und Dr. Morris zu Tisch. Lebhafte Conversation; das alte Thema: Deutschland oder England. Morris »begrenzt« wie immer.

Dinstag d. 16.

Gearbeitet. Auf die Gesandtschaft. Gespräch mit Graf und Gräfin über die Vorgänge in Berlin. Nach Haus. Brief von Mannock. Abendbesuch von Heymanns.

Mittwoch d. 17.

Gearbeitet. Brief von Frau v. Merckel und Frl. Clara Baeyer. Nachricht aus Königsberg: General-Leutnant v. Plehwe im Duell erschossen. In die Stadt. Aufs Office der Household Words. Zu Mr. Collins nach Buckingham-Street. Spatzierfahrt mit ihm bis Kensington-Gardens; dann nach 2 Hereford Square. Ganz passabel amüsirt. Ständchen von *guten* deutschen Musikanten.

Donnerstag d. 18.

Brief aus Landsberg a/W von Kette und Frau. Gearbeitet. Auf die Gesandtschaft. Zur M. Post. Nach Haus. An »Zeit« und »Kreuz-Ztng« geschrieben. Gearbeitet. Gelesen.

Freitag d. 19.

Frühbesuch von Frau Heymann. Gearbeitet. An Consistorialrath Fournier und an Merckels geschrieben. Geplaudert. Gelesen.

Sonnabend d. 20.

Gearbeitet. In die Stadt mit Emilie. Briefe an Merckels und Fournier zur Post gegeben. Auf dem Rückwege Rev. Brocks Predigt über General Havelock gekauft. Gelesen. Geplaudert.

Sonntag d. 21.

Gelesen. Gearbeitet (Kritik über Prof. Neumanns Buch). Zu Heymanns. Geplaudert über den Sturz Palmerstons und die muthmaßlichen Folgen.

Montag d. 22.

Gearbeitet. Brief von Dr. Morris. Auf die Gesandtschaft. Gespräch mit Graf und Gräfin. Nach Haus. An Direktor Metzel geschrieben. Gearbeitet. Briefe an Mr. Wills, Dr. Morris, Dr. Beutner & Fournier.

Dinstag d. 23.

Gearbeitet. An Direktor Metzel geschrieben (Brief an Fournier, Frau Clara Kugler und den Artikel über plastic carbon beigeschlossen). Gelesen. Geplaudert.

Mittwoch d. 24.

Gearbeitet. An Schweitzer geschrieben. Auf die Gesandtschaft. Nach Haus. An Dr. Beta geschrieben. Brief von Direktor Metzel über Wilkinson. Abendbesuch von Heymanns. Geplaudert.

Donnerstag d. 25.

Gearbeitet. An Direktor Metzel geschrieben. Gelesen (Neumann). Abendbesuch von Schweitzer.

Freitag d. 26.

Gearbeitet. Besuch von Frau Dr. Beta. Uebersetzt aus Household Words (die erste Times Nummer). Gelesen. Geplaudert.

Sonnabend d. 27.

Gearbeitet. Auf die Gesandtschaft. Brief von Direktor Metzel mit £ 10. Der Courier (Feldjäger Schmaljahn) eingetroffen. Begleitet mich nach Haus und bleibt ein paar Stunden. Geplaudert. Gearbeitet (die erste Times Nummer).

Sonntag d. 28.

Gelesen. Schweitzer zu Tisch. Besuch vom Beta'schen, Heymann'schen und Faucher'schen Ehepaar. Faucher, am Tage vorher aus Berlin zurückgekehrt, erzählt Räubergeschichten, hat Sodom und Gomorrha vor Augen gehabt, wittert Verfall, Untergang und zunächst – ein Ministerium *Schwerin*. Nous verrons. Bei einer Marsala-Bowle bis Mitternacht geplaudert.

Montag d. 1. März.

Gearbeitet. An Direktor Metzel geschrieben; Brief an Frau Knochenhauer beigeschlossen. Gearbeitet. Bericht über Chronicle und Glover an Metzel. Brief an Immermann.

Dinstag d. 2. März.

Gearbeitet. Den Artikel aus »Household words« eingesandt. Geplaudert. Gelesen (Neumann)

Mittwoch d. 3. März.

Gearbeitet. Auf die Gesandtschaft. Den Sack Faucher'scher Neuigkeiten vor Excellenz ausgeschüttet. Zum Antiquar; angefragt wegen der Brochüre über den Marquis von Clanricard. Nach Haus. Gearbeitet. An Lepel geschrieben.

Donnerstag d. 4. März.

Gearbeitet. Brief an Lepel beendet und zur Post. Einige Zeilen von Dr. Morris. Besuch von Faucher und Mr. Blythe. Spatziergang. Bei Heymanns vorgesprochen; Faucher und Blythe daselbst getroffen. Geplaudert. Nach Haus; gelesen.

Freitag d. 5. März.

Gearbeitet. In die City zu Cowie & Son; Rücksprache mit ihnen wegen der Zeitungsbeförderung über Calais. In Paternoster Row nach der Clanricarde'schen Brochüre geforscht; vergeblich. Auf die Gesandtschaft. Faucher getroffen; mit ihm nach Pimlico; Chops und Ale in der Shakespeare's Head Taverne (eine Art Volpy wo sich der *höhere* Philister versammelt); dann nach Whitehall und einen Abstecher gemacht in eine der Werbe-Kneipen in der Nähe von Downing-Street. Reguläre Räuberhöhle. Nach Haus. Gelesen. (Münchhausen.)

Sonnabend d. 6. März.

Gearbeitet. An Direktor Metzel geschrieben. Auf die Gesandtschaft. Nach Haus. Gearbeitet (»Wapping old Stairs«). Geplaudert. Gelesen.

Sonntag d. 7. März.

Gearbeitet. Uebersetzt (»Wapping old Stairs«). Besuch von Kauffmann. Nachmittags Schweitzer. Geplaudert. Gelesen (Münchhausen.)

Montag d. 8. März.

Gearbeitet. In die Stadt. Faucher, Beta und Blythe getroffen. Auf die Gesandtschaft. Nach Haus. Gearbeitet. Briefe an Direktor Metzel (via Calais & *Lille*) zur Post. Abendbesuch von Schweitzer, Parthie Whist. Gelesen.

Dinstag d. 9. März.

Gearbeitet. Brief von Dr. Morris. Auf die Gesandtschaft. Dem Grafen den Mannockschen Artikel (im Herald) über die Herzogthümer vorgelegt. Das Pamphlet über Lord Clanricarde besorgt. Nach Haus. Gearbeitet. Abendbesuch von Heymanns.

Mittwoch d. 10. März.

Gearbeitet (»Shakespeare's Head«). Briefe an Direktor Metzel zur Post. Einige Zeilen von Mannock. – Emilie und George zum Geburtstag bei Heymanns. Lucie Faucher auf Besuch bei uns. Geplaudert. Gearbeitet.

Donnerstag d. 11. März.

Gearbeitet (»Shakespeares Head«). Brief und Aufsatz an Direktor Metzel. Gelesen (Afghanistan und Scind). Am Morgen Brief von Lepel.

Freitag d. 12. März.

Gearbeitet (Wapping). Besuch von Faucher; das große baltische Reich construirt und bis aufs tz die Sache in's Reine gebracht; Faucher erster König seiner Schöpfung unter dem Namen Julius I. Gearbeitet. Gelesen. An Papa Fontane geschrieben.

Sonnabend d. 13. März.

Gearbeitet (General Post Office). In die Stadt. Lucien an Papa Faucher abgeliefert. Mr. Blythe getroffen; mit ihm den Strand entlang. Auf die Gesandtschaft. Packet in Empfang genommen, mit Büchern und Briefen von Clara Baeyer und Frau v. Merckel; auch eine reizende Photographie »die spielenden Kinder« nach dem bekannten Meyerheimschen Bilde. Geplaudert. Gearbeitet (General Post Office)

Sonntag d. 14. März.

Gelesen (»Schillers Leben« von Caroline v. Wolzogen geb. v. Lengefeld). Abendbesuch von Heymann's.

Montag d. 15.

Emilie heftige Krämpfe in der Sonntags-Nacht; krank am Montag. An Direktor Metzel geschrieben, Einlagen an Immermann und Lepel. Am Morgen Brief von Herrn von Merckel. Gelesen (Schillers Leben).

Dinstag d. 16.

Gearbeitet. Auf die Gesandtschaft; den Grafen gesprochen. Zu Fuß nach Haus. Brief von Dr. Ingwersen. Gelesen (Schillers Leben).

Mittwoch d. 17.

Gearbeitet. Spaziergang durch Kentish Town, Gloucester Gardens, Camden Road etc. Geplaudert, geklagt. Punch bringt ein Doppelbild von Temple Forum »wie die Franzosen es *glauben* und wie es *ist*.« Gelesen (der Krieg im Punjab, Unterwerfung der Sikhs.)

Donnerstag d. 18. März.

Gearbeitet (Wapping). Spaziergang bis Holloway und zurück. Gelesen. Gearbeitet. Abendbesuch von Heymann's (die Erlebnisse Vetter Wocke's in London).

Freitag d. 19. März.

Gearbeitet (»Smart and active young men wanted«). Spaziergang. Briefe geschrieben an Cowie, Morris und Beta. Gelesen (Reformen in Indien)

Sonnabend d. 20. März.

Brief von Merckel: Kugler todt! Brief von Lepel: seine Schwägerin todt! An Merckels, Lepel und Clara Baeyer geschrieben. Auf die Gesandtschaft. »Wer war Kugler?«. Nach Haus. Zu Beta. Besuch von Frau Dr. Faucher und Frau Heymann. Geplaudert. Gelesen (Neumann).

Sonntag d. 21. März.

Gelesen. Mit Heymanns zu Fuß durch Regents Park bis Regents Circus, dann im Cab nach Camberwell zu Faucher's. Geplaudert im Garten. Dinirt. Vorträge aus Daumer's Hafiz, Achim von Arnim's »Wunderhorn« etc; auch Tennysons »the charge of Balaclava« in einer Abel'schen Uebersetzung kennen gelernt. Politisirt. Spät nach Haus.

Montag d. 22. März.

Gearbeitet. Spatziergang nach Highgate archway. Besuch von Dr. Morris. Gelesen (Neumann).

Dinstag d. 23. März.

Gearbeitet. Mit George in die Stadt. Gesandtschaft, Farrance, National-Gallerie. Nach Haus. Gearbeitet. Zu Beta's (*sein* Geburtstag). Geplaudert bei Rothwein und Sandtorte.

Mittwoch d. 24. März.

Gearbeitet (»London-Bridge« und »Tower-Hill«). Abendbesuch von Dr. Morris. Geplaudert, gestritten »in *jedem* Kampfe hat immer der Süden dem Norden unterlegen«. Solche Sentenzen soll man ruhig hinnehmen.

Donnerstag d. 25. März.

Gearbeitet. Um 6 zu Beta. Mit ihm nach Camberwell Hall zu Kinkel. Vortrag über Humboldts »Kosmos«, Gutzkows »Ritter vom Geist«, Freitags »Soll und Haben«, Scherenberg, Lingg und Freiligrath. Die Apologie des letztern lächerlich und sein Revolutions-Heldenthum unabsichtlich zu barer Bornirtheit gestempelt. Kinkel selbst – ein gewandter Schwätzer.

Freitag d. 26. März.

Gearbeitet. Auf die Gesandtschaft; kurzes Gespräch mit dem Grafen. Mit Alberts bis Sloane-Street; durch Hyde-Park nach Haus. Gearbeitet. Abendbesuch von Heymanns; die Oelfirma bankrutt.

Sonnabend d. 27. März.

Gearbeitet. An Dr. Beutner geschrieben. Sieben Aufsätze beigeschlossen: (Frühling in St. Giles, Wapping, General Post Office, Tower Hill, Herrn Marcus' Bilderladen, London-Bridge, Eine Stunde unter den Werbern). Gelesen.

Sonntag d. 28. März.

Gelesen. An Kette geschrieben. Besuch von Schweitzer und Frau Heymann. Spatziergang durch Kentish Town und Camden-Road. Den Abend über bei Heymanns; Mr. Blythe zugegen; politisirt.

Montag d. 29. März.

Briefe von Merckel, Clara Baeyer und Papa Fontane. An Paul Heyse geschrieben, Emilie an Frau Kugler und Clara Baeyer. Auf die Post. Geplaudert. Gearbeitet. An Merckel geschrieben.

Dinstag d. 30. März.

An Herr und Frau v. Merckel geschrieben. Gearbeitet (Sir Henry Havelock). Gelesen (Münchhausen)

Mittwoch d. 31. März.

Gearbeitet. Auf die Gesandtschaft; Excellenz nach Windsor zur Confirmirung des Prinzen v. Wales. Nach Haus. An Dr. Metzel und Beutner geschrieben. Gearbeitet.

Donnerstag d. 1. April.

Brief vom Direktor Metzel. In die City. Bei Mr. Cowie die Rechnungen bezahlt. Auf die Gesandtschaft. Der Courier eingetroffen mit den Landkarten und einem Packet Brochüren (die Londner Theater) für mich. 20 £ empfangen. Zu Moses und Son; einen Anzug gekauft. Nach Haus. An Dr. Metzel geschrieben. Abendbesuch von Schweitzer (in low spirits) und Morris. Dieser behauptet unter anderm, daß Oestreich niemals aus eignem Drang und aus eigner selbständiger Politik heraus Krieg geführt, sondern immer nur unter Leitung und Anregung *andrer* (soll heißen Englands) gefochten habe. Das heißt Kenntniß continentaler Zustände.

Freitag d. 2. April.

Gearbeitet. Cross-buns zur Feier des Charfreitages. Gelesen. Die Havelock-Biographie zu übersetzen angefangen. An Dr. Faucher geschrieben. Abendbesuch von Heymanns und Mr. Blythe.

Sonnabend d. 3. April.

Brief von Frau v. Merckel. Gearbeitet. Auf die Gesandtschaft. Unterredung mit dem Grafen. Nach Haus. An Moses & Son geschrieben. Briefe an Direktor Metzel und Dr. Beutner zur Post. Abendbesuch von Schweitzer.

Sonntag d. 4. April (Ostern)

Gearbeitet. Bowle gemacht. Um 4 Besuch von Alberts nebst Familie; um 6 Schweitzer. Geplaudert.

Montag d. 5. April.
Emilie in die Strand-Kirche. Gearbeitet (Havelock). Besuch von Frau Dr. Beta. Briefe geschrieben. Geplaudert.

Dinstag d. 6.
Brief vom Direkt. Metzel. Die ganze Bude daheim scheint zu wackeln. Gearbeitet (Havelock). Abendbesuch von Heymanns. An Alberts geschrieben.

Mittwoch d. 7.
Brief an Metzel abgeschickt mit Einlagen an Frau v. Merckel, Kette's, Frau Treutler und Cons. R. Fournier. Gearbeitet (Havelock.) Brief von Dr. Wilkinson. Geplaudert.

Donnerstag d. 8.
An Dr. Wilkinson geschrieben. Gearbeitet (Havelock). Gelesen. Einige Zeilen an Metzel und Alberts.

Freitag d. 9.
Gearbeitet (Havelock). Abendbesuch von Dr. Morris und Schweitzer; Morris behorcht meinen Brustkasten und verschreibt Nitrum. Erklärt nebenher die Wirkung von Karlsbad, Salzbrunn, Ems etc. zum größten Theil für Einbildung; veränderte Diät, veränderte Lebensweise, frische Luft und kalt Wasser auf nüchternen Magen, thäten aller Orten so ziemlich dasselbe. Man merkt daß die Engländer kein Karlsbad in ihrem Lande haben. –

Sonnabend d. 10.
Gearbeitet. An Consist. R. Fournier geschrieben und den Havelock Aufsatz eingeschickt. Gelesen. An Cowie & Son, Beta, Moses & Son und Mr. Phelps geschrieben. Geplaudert. Gelesen (Münchhausen).

Sonntag d. 11.

Emilie zu Frau Alberts zur Geburtstagsgratulation. Gelesen (Schillers Leben von Frau v. Wolzogen). Schweitzer zu Tisch. Abendbesuch von Beta's, Heymann's und Dr. Wilkinson.

Montag d. 12.

George mit Rosalie und Betsi zu den amerikanischen Reitern im Panopticon. Brief von Lepel; fordert Beiträge. An den Gesandten geschrieben wegen Dr. Wilkinson. An Lepel geschrieben. Gelesen.

Dinstag d. 13.

Gearbeitet (englische Balladen). Brief von Alberts. Geplaudert. Gelesen (Schillers Leben).

Mittwoch d. 14.

Gearbeitet (Bertram's dirge übersetzt). An Lepel geschrieben und die englischen Balladen beigeschlossen. Gratulationszeilen zu Albert's Geburtstag. Gelesen (Münchhausen)

Donnerstag d. 15.

Brief von Dr. Beutner. Gearbeitet. Auf die Gesandtschaft. Kleider-Einkäufe am Strand (162 bei Babb und Galsworthy). Nach Haus. An Direktor Metzel, Dr. Wilkinson und Dr. Faucher geschrieben. Einige Zeilen von Fräulein Winter. Gelesen (Münchhausen).

Freitag d. 16.

Brief von Frau v. Merckel; ein Faß saurer Gurken in Aussicht. Gearbeitet (»Nur nach Norden«). Auf die Gesandtschaft. Der Graf nach Brighton. Nach Haus. Brief von Faucher. An Direktor Metzel geschrieben. Gelesen (Münchhausen). Erstes Frühlings-gewitter.

Sonnabend d. 17.

Gearbeitet (William Russell). Brief an Direktor Metzel mit Rechnungen etc. zur Post. Dr. Wilkinson zu Tisch; geplaudert bis Mitternacht.

Sonntag d. 18.

Gelesen. Spatziergang mit Emilie und George nach Caroline Villa's und zu Beta's. Bei Tisch Tante Jenny's Gesundheit getrunken. Gearbeitet. Gelesen. Besuch von Heymann's.

Montag d. 19.

Gearbeitet (Zwei englische Stimmen über englische Beredsamkeit). Auf die Gesandtschaft. Mit George auf der Themse gefahren und von Blackfriars-Bridge aus nach Haus. Gelesen. Abendbesuch von Dr. Morris und Schweitzer. Unterhaltung über – Unsterblichkeit der Seele.

Dinstag d. 20.

Gearbeitet. Auf die Gesandtschaft. Eine Brochüre (Urkundenbuch betreffs der holsteinschen Frage, alle Akten enthaltend von 1851–58) vorgefunden, mit einigen Zeilen von Regierungsrath Zietelmann. Nach Haus. An Direkt. Metzel geschrieben. Gelesen. An Mr. Mannock geschrieben. Gearbeitet.

Mittwoch d. 21.

Gearbeitet (Englische Stimmen über englische Beredsamkeit). Mit Emilie Spatziergang nach Regents-Park. Die Königin mit ihren Töchtern in einer offnen Victoria-Chaise gesehn und begrüßt. Die gute Frau entschieden mufflig, fatiguirt und unköniglich. Nach Haus. Gelesen (Münchhausen)

Donnerstag d. 22.

Gearbeitet (Der Victoria-Thurm). Emilie und George mit Packeten auf die Gesandtschaft. An Dr. Morris geschrieben. Um 5 mit Emilien nach Carlton house Terrace; Spatziergang bis zu den Parlamentshäusern. Den Grafen gesprochen. Am United Service Club Posto gefaßt und das Erscheinen des zum Diner geladenen Marschall Pelissier abgewartet. Nach Haus. Brief von Mannock. Gelesen.

Freitag d. 23.

Brief von Lischen aus Letschin. Gearbeitet (»der Malakoff kommt«). An Dr. Beutner geschrieben. Mit Emilie um 5 Uhr nach Rotten Row in den Hyde-Park; zahlreiche Equipagen und Reiterinnen, viel Reichthum, wenig Schönheit und gar keine Grazie. Durch Oxford Street nach Haus. Geplaudert. Abendbesuch von Schweitzer.

Sonnabend d. 24.

Brief von Herrn v. Merckel. An Mr. Mannock und Dr. Morris geschrieben. Abendbesuch von Heymann's.

Sonntag d. 25.

Gelesen. An Herrmann Müller geschrieben. Gelesen (Münchhausen). Am Abend zu Heymanns.

Montag d. 26.

Gearbeitet. Auf die Gesandtschaft; Rücksprache mit dem Grafen wegen meiner Salzbrunn-Reise. Nach Hause. Um 6 Besuch von Faucher; geplaudert bis 12; Pläne zur Begründung einer Wochenschrift.

Dinstag d. 27.

Gearbeitet. An Metzel geschrieben (Englische Stimmen über englische Beredsamkeit). Auf die Gesandtschaft. Spatziergang durch Regent- und Oxford-Street. Nach Haus. Geplaudert. An Mr. Mannock geschrieben.

Mittwoch d. 28.

Gearbeitet. Mit Emilie Spatziergang in die Stadt durch Oxford Street und Regent-Street. Gelesen in »Münchhausen«.

Donnerstag d. 29.

Gearbeitet (»The flowers of the Forest are all wede away«). Gelesen (Münchhausen).

Freitag d. 30.

Brief von Frau Johanna Treutler mit Einladung nach Neuhof. Gearbeitet. Briefe geschrieben an Herr und Frau v. Merckel. Abendbesuch von Heymanns, Schweitzer und Herrmann Schweitzer aus Brighton.

Sonnabend d. 1. Mai 1858.

Brief von Froböse mit der Nachricht von Metzels Krankheit. Johannes Müller todt. Gearbeitet. Auf die Gesandtschaft. Nach Haus. An Dr. Beutner geschrieben. Gearbeitet (»das Trauerspiel von Afghanistan«).

Sonntag d. 2. Mai.

Gearbeitet (das Trauerspiel von Afghanistan). Geplaudert. Auf die Gesandtschaft. Unterredung mit dem Grafen über den Stand der holsteinischen Frage. Nach Haus. Gelesen (Münchhausen).

Montag d. 3. Mai.

Gearbeitet. Die preußisch-östreichischen Noten (Holstein) gelesen und excerpirt. Nachmittagsbesuch von Faucher; mit ihm in die Stadt; geplaudert über seine Rückkehr und – Kammer-Candidatur. Nach Haus. Abendbesuch von Dr. Morris.

Dinstag d. 4. Mai.

Gearbeitet. Roquettes »Hans Heidekuckuk« gelesen. Eine sonderbare Begrenztheit des Talents; liebenswürdig selbst hinreißend da wo er einen naiv humoristischen Ton anschlägt und anschlagen *darf*, langweilig und geradezu quartanerhaft da wo er Compositionstalent zeigen und einen großen historischen Vorgang einigermaßen angemessen behandeln soll. – Am Abend aus »Münchhausen« vorgelesen.

Mittwoch d. 5. Mai.

Gearbeitet. Auf die Gesandtschaft. Nach dem James Park (Drawing-Room in St. James); die Königin und Pelissier gesehn. Nach Haus. An die Kreuz-Ztng geschrieben (Eine Equipage). Gelesen (Münchhausen).

Donnerstag d. 6.

Gearbeitet. An Dr. Beutner geschrieben. Zur Post. Mit George nach Regents-Park und Primrose-Hill. Nach Haus. Abendbesuch von Frau Heymann und Schweitzer. Geplaudert.

Freitag d. 7.

Gearbeitet. In die Stadt. Am Strand Max Müller getroffen. Mit ihm bei Simpson gegessen. In den Café Divan; National-Ztng gelesen. Bei Kent & Co ein neues Buch von John Timbs (über englische Schulen) gekauft. Zu Mr. Mannock. Nach Haus. An Sir Charles Barry geschrieben. Gelesen.

Sonnabend d. 8.

Gearbeitet. Auf die Gesandtschaft. Nach Haus. An Direktor Metzel und Dr. Beutner geschrieben (die Königin von Portugall). Zur Post. Einige Zeilen an Dr. C. Semler, 29 Alfred Street, Bedford Square. Gelesen.

Sonntag d. 9.

Gelesen. Mit Immermanns »Münchhausen« abgeschlossen. Klein-Theo verbrennt sich seine Hand. Abendbesuch von Heymanns. Geplaudert.

Montag d. 10.

Brief von Lepel. Gearbeitet. Besuch von Dr. Semler. Geplaudert. In der »Times« eine lange, sehr interessante Studie über Governor Yeh gelesen. An Dr. Morris geschrieben. Geplaudert. Emilie liest mir »das Märchen aus dem Spessart« vor; ziemlich langweilig.

Dinstag d. 11.

Gearbeitet. Auf die Gesandtschaft. A. giebt eine Gastrolle als Aesthetiker. Nach Haus. Brief und Brochüre von Dr. Semler. An Prof. Max Müller und Dr. Semler geschrieben. Abendbesuch von Dr. Morris und Schweitzer.

Mittwoch d. 12.

Gearbeitet. An Mr. Mannock und Mr. Blythe geschrieben. Rendez-vous mit Dr. Morris in der National-Gallerie; zusammen mit ihm die Kunstausstellung besucht. Nach Haus. Geplaudert. Gelesen.

Donnerstag d. 13.

Gearbeitet. An Lepel geschrieben. Uebersetzt (Lord Maxwells Goodnight). Gelesen.

Freitag d. 14.

Brief von Frl. Clara Baeyer. Einige Zeilen von Mr. Blythe. Gearbeitet (Jan Bart). Gelesen (Turm)

Sonnabend d. 15.

An Prof. M. Müller und Dr. Semler geschrieben; einige Zeilen an den Grafen v. B. Gearbeitet. Auf die Gesandtschaft. Der Graf zum Drawing-Room (Geburtstag der Königin) am Abend zum Diplomatischen Diner bei Lord Derby. Nach Haus. Mr. Mannock und Mr. Blythe zu Tisch. Geplaudert, besonders über Verhältnisse der engl. Presse.

Sonntag d. 16.

Gelesen. Mittagsbesuch von Schweitzer. Dr. Semler zum Thee. Geplaudert. Das alte Thema: Deutschland und England.

Montag d. 17.

Brief von Dr. Wentzel wegen des Aufsatzes über Yeh; der Direkt. Metzel noch immer krank. Gearbeitet. Nicht wohl. Emilie liest mir aus Droysen's »Preußischer Geschichte« vor.

Dinstag d. 18.

Brief von Tante Lischen. Gearbeitet (Yeh). Abendbesuch von Dr. Morris. Geplaudert.

Mittwoch d. 19.

Brief von Immermann mit 2 Fünfpfundnoten. Gearbeitet (Yeh). Abendbesuch von Heymanns und Fauchers; Fußreise durch Cornwall intendirt. Geplaudert.

Donnerstag d. 20.

Brief von Immermann und Max Müller. Auf die Gesandtschaft. »Fontönchen, mein Söhnchen«. Nach Haus. Brief von T. Walronde Esq. Mit Emilie in die Stadt; reizende Scene vor Westminster-Hall und den Parlamentshäusern (vote of censure gegen Lord Derby und die Ellenboroughsche Depesche; Aufregung nach der Bright'schen Rede). Nach Haus. Geplaudert.

Freitag d. 21.

Brief an Direktor Metzel (mit dem Yeh-Aufsatz I) nebst Einlagen an Merckels und Frau Johanna Treutler zur Post. Nach Deans Yard, Westminster. Zwei Herrn (Captain Clipperton der seit 48 bei den Oestreichern gedient und 1849 bei Novara gefochten hat, sowie Mr. Pennefather, einen Verwandten von General Pennefather) im Deutschen examinirt. Nach Haus. An Dr. Faucher geschrieben. Spatziergang mit Heymanns bis nach Holloway's Arms.

Sonnabend d. 22. Mai.

Gearbeitet. Mit Emilie nach Bridgewater-House. Dr. Morris getroffen und mit ihm zusammen die schöne Bridgewater-Gallerie (im Besitz Lord Ellesmere's) durchgenommen. Drei schöne Rafaéls, ein herrlicher Domenichino, eine conceptio immaculata von Guido Reni (außerordentlich schön), ein Turner, ein Paul de la Roche und viele Niederländer, namentlich gute Ostade's. Die Hobbema's (2) viel schlechter als in der Gallerie des Marquis von Hertford. Auf dem Rückwege bei Farrance Eis gegessen. Nach Haus. Briefe geschrieben an Mannock, Mr. Findon und Max Müller. Geplaudert. Gekramt.

Sonntag d. 23. (1. Pfings[t]tag)

Gelesen (das Buch Tobiä). Nachmittagsbesuch von Schweitzer. Am Abend Lieutenant Spann aus Dresden. Geplaudert.

Montag d. 24.

Brief von Frau v. Merckel. Gearbeitet. Am Abend Besuch von Beta's und Dr. Faucher.

Dinstag d. 25.

Gearbeitet. Auf die Gesandtschaft. Die Times bringt einen gepfefferten Leitartikel gegen das preußische Interregnum. An die Kreuz-Ztng und Direktor Metzel geschrieben. Zu Beta's. Nach Haus.

Mittwoch d. 26.

Die Times bringt einen Brief aus Berlin »from an occasional Correspondent«; das Ganze eine stark gefärbte Darstellung unsrer heimischen Zustände. Gearbeitet (Yeh). An Direktor Metzel geschrieben; Einlage an Frl. Clara Baeyer. Mit Emilie auf die Gesandtschaft. Rücksprache mit dem Grafen wegen des Times Artikels. Nach Haus; unterwegs Heymanns getroffen.

Donnerstag d. 27.

Gearbeitet (eine Entgegnung auf den Times Artikel). Um 12 auf's M. Star office. An den Grafen und Mr. Mannock geschrieben. Um 6 nach Brompton zu Mr. Alberts. Bei Tisch furchtbare Brechscene mit George; Vater, Arzt, Spucknapf und Waschfrau alles in einer Person; spät nach Haus.

Freitag d. 28.

Brief von Immermann nebst den »Ordnungen des Rytli«. Auf die Gesandtschaft. Um 3 nach dem Crystal-Palace (7 s. 6 d. Entrée wegen *gewesenen* Concerts). Heymanns und Emilie getroffen. Dinirt. Promenade. Von London-Bridge mit dem Favorite-Omnibus nach Haus. Ein Krug Bier in Holloway-Arms. Briefe von Morris und Herrn Ewald.

Sonnabend d. 29.

Briefe von Faucher, Laura Knochenhauer, Herrmann Müller, Ottilie Beda. Zu Mr. Mannock; nicht getroffen. Nach dem Star. Auf die Gesandtschaft. Café Divan. Nach Haus. Gearbeitet.

Sonntag d. 30. Mai.

Gelesen. An Mr. Mannock geschrieben. Fräulein Ottilie Beda zu Tisch. Geplaudert. Mittheilungen über englisches Leben und das Governess-thum. Zum Thee Herr Architekt Caspar aus Berlin (mit Empfehlungsbrief von Ewald) Herr und Frau Heymann und Mr. Blythe. Geplaudert.

Montag d. 31.

Einige Zeilen von Mr. Mannock. An Excellenz geschrieben. Mit Emilie zu Dr. Morris; einen kleinen Imbiß genommen, dann nach Grosvenor House, der Town-residence des Marquis von Westminster. Die schöne, mit Recht berühmte Gallerie so weit bewundert wie das in drittehalb Stunden möglich ist. Um 5 nach Rotten-Row; eine Stunde dort auf den Penny-Stühlen gesessen. Auf die Gesandtschaft; Brief abgegeben. Nach Haus. Geplaudert.

Dinstag d. 1. Juni.

Gearbeitet. Um 1 mit Emilie in die Stadt. Dr. Morris in Poëts Corner getroffen. Den Victoria-Tower erstiegen; das Treppenhaus sehr interessant, schöne Aussicht. Zu Farrance. Nach Haus. Zu Mr. Mannock; alles beim Alten, keine Nachricht von Headquarters. Den Abend mit Emilie am offnen Fenster verplaudert; schöne Sommerluft.

Mittwoch d. 2.

Gearbeitet. Einige Zeilen von Mr. Mannock. Emilie zu einem Concert in Willis Rooms »der Nabig« als Posaunenbläser. Ich in's Café Divan. Auf die Gesandtschaft; Excellenz im Crystal-Palace. Nach Haus. Briefe von Cons. R. Fournier und Ottilie Beda. Die Havelock-Biographie refüsirt. An Fournier geschrieben. Abendbesuch von Schweitzer.

Donnerstag d. 3.

An Immermann geschrieben. Auf die Gesandtschaft. Mit Excellenz wegen meines Ausfluges nach Cornwall gesprochen. Nach Haus. Gearbeitet. Geplaudert. Besuch von Frau Heymann.

Freitag d. 4.

Gearbeitet. Briefe geschrieben. Auf die Gesandtschaft. Alberts mit dem Ostende-Steamer auf den Sand gerathen. In's Café Divan. Schlesinger und Kaufmann getroffen. Geplaudert. Nach Haus. An Scherz geschrieben.

Sonnabend d. 5.

Gearbeitet. An Direktor Metzel geschrieben (Einlagen an Herr und Frau v. Merckel und an C. R. Fournier) Besuch von Frl. Ottilie Beda. Geplaudert. Am Abend aus Herder's Biographie vorgelesen.

Sonntag d. 6.

Gelesen (Jephta, Simson). Besuch von Schweitzer. Um 5 zu Beta's. Hptm: v. Jessnitz, 1849er Demokrat und seitdem Wandrer über die Welt (auch backwoodsman) zugegen; erzählt hübsche Scenen aus seinem Squatter Leben in Minnesota.

Montag d. 7. Juni.

Gearbeitet. Auf die Gesandtschaft. £ 10 Vorschuß empfangen. Ein Packet aus Berlin (Don Quixote) vorgefunden. Nach Haus. An Faucher und Direktor Metzel geschrieben. Geplaudert.

Dinstag d. 8.

Gearbeitet. Auf's M. Star office. Mit Mr. Mannock wegen der »Königsberger Pferdemarkt« Annonce gesprochen. Er verspricht bei der Times das Nöthige zu veranlassen. Nach Haus. An die Kreuz-Ztng geschrieben (die Londner Feuerwehr). Mr. Mannock überbringt mir vom Times office die Bestellung: »we are no such fools to make us ridiculous, by publishing an advertisement a fortnight too late«. Brief von Mr. Walrond. Beantwortet.

Mittwoch d. 9.

Gearbeitet. Auf's M. Star office. Auf die Gesandtschaft. Nach Haus. An Mr. Mannock geschrieben. Gearbeitet (Victoria Tower). Abendbesuch von Herrn Leutnant Spann. Nach 10 Spatziergang mit Emilie bis Holloway Arms.

Donnerstag d. 10.

Gearbeitet. In die Stadt. Nach Deans Yard (Civil Service Commission) um 4 oder 5 Candidaten im Deutschen zu examiniren. Mr. Gosling (schon zweimal durchgefallen) wahrscheinlich ein Engländer; die andern drei Schotten: Captain Cameron, Mr. Rose und Mr. Buchanan. Alle drei etwas knotiger als die Engländer gemeinhin zu sein pflegen. – In's Café Divan. – Auf die Gesandtschaft. Der Graf wünscht wieder ein – Blatt.

Freitag d. 11. Juni.

Gearbeitet. Auf's Britische Museum. In Waagen's »the Art Treasures of Great Britain« und Wiese's Briefe über

Englische Erziehung gelesen. – In's Café Divan. – Auf die Gesandtschaft. Dem Grafen die Replik auf den Times Artikel vorgelesen; hoffentlich das letzte Auftreten dieses »Geistes«. – Nach Haus. An Mr. Blythe geschrieben. Gelesen.

Sonnabend d. 12. Juni.

Gearbeitet (Victoria-Tower). Briefe geschrieben an Herrn Archit: Caspar, Dr. Semler und W. Collins. Abendbesuch von Mr. Blythe. Geplaudert über die Möglichkeit einer Invasion. Sie sind alle blind! Dr. Thur's Brochüre über den Ursprung des gelben Fiebers gelesen.

Sonntag d. 13.

Gelesen (das Buch Ruth.) Gearbeitet. Abendbesuch von Heymanns und Dr. Semler. Debatte über Kuno Fischer und seinesgleichen, die zu beweisen suchen, weil Schiller das Lied an die Freude schrieb, so mußte er auch das Lied von der Glocke oder den »Handschuh« oder irgend sonst was schreiben. Dies Gesetz-Suchen und tiefe Notwendigkeiten-entdecken, wo nur Zufall herrscht oder wenigstens kein Zusammenhang waltet (wenn man ihn nicht an den Haaren heranziehn will) ist wirklich langweilig. – Gelesen (Hunt's Forth Estate).

Montag d. 14.

Brief von Mama Triepcke und Mr. Mannock. Gearbeitet (der Morning Chronicle). Besuch von Mr. Mannock. »The Press« scheint nicht abgeneigt mit uns anzuknüpfen. Abendbesuch von Dr. Morris. Gelesen.

Dinstag d. 15.

Brief von Mr. Collins. Gearbeitet. Auf die Gesandtschaft. Rücksprache mit dem Grafen wegen »the Press«. Nach Haus. An Mr. Mannock geschrieben. Zu Heymanns; auf der Wiese Ball gespielt. Geplaudert.

Mittwoch d. 16.

Gearbeitet. Nachmittagsbesuch von Prof. Max Müller. Mit ihm und Emilie in den amerikanischen Circus (Panopticon). Von dort zu Very und Kühn.

Donnerstag d. 17.

Gearbeitet. Brief von Mannock mit einem Artikel (the state of affairs in Prussia). Auf das M. Star office. Dr. Faucher getroffen, der mich dem Schachspieler Loewenthal vorstellt. Dann mit Faucher nach 34 Essex Street um Lola Montez aufzusuchen. Dann in's Café Divan und geplaudert mit Schlesinger, Kaufmann und Bucher; Faucher in vollster Blüthe. Vom Divan in den Cheshire Cheese, Fleet Street; gegessen und den berühmten kalten Punsch gekostet. Um 8 nach Anderton's Hôtel; Babel nicht versammelt, wohl aber die »Dänische Gesellschaft«; Plaudereien mit den anwesenden Dänen, politische Excurse von Seiten Faucher's und Aufrichtung des bekannten baltischen Staats. Um 10 nach der Red Lion Taverne, Strand; geplaudert. Spät nach Haus.

Freitag d. 18.

Brief von Lepel. Gearbeitet. Auf die Gesandtschaft. Am 17. ein junger Graf endlich eingetroffen. Nach Haus. Zu Mr. Blythe 58 Richmond Road; mit ihm zurück nach Augustine Road und den Abend verplaudert. Brief von Mr. Walrond.

Sonnabend d. 19.

Früh in die Stadt. Nach Deans Yard; einen Candidaten im Deutschen examinirt (Mr. Paul John Campbell Bedford). In's Café Divan. Die »Press« bringt unsren Artikel *nicht*. Starkes Disappointment. Nach Haus. Abendbesuch von Dr. Morris. Geplaudert. An Dr. Beutner geschrieben.

Sonntag d. 20.

Gelesen. An Mr. Mannock geschrieben. Spatziergang mit George. Besuch von Frl. Ottilie Beda; Abendbesuch von Heymanns. Geplaudert.

Montag d. 21.

Gearbeitet. Brief von Mr. Mannock. An Schweitzer, Mr. Cowie und den Gesandten geschrieben. Besuch von Mr. Mannock; bringt den Brief des Press-Redakteurs. Auf die Gesandtschaft. Dem Grafen den traurigen Stand der Sache dargelegt. »Ich werde gemüthskrank bei diesem Leben«. »»Warum? das Gemüth manches andren würde gesund dabei werden.«« Und das Schrecklichste ist, daß er mit dieser nüchternen Auffassung vielleicht Recht hat.

Dinstag d. 22.

Gearbeitet. Auf die Gesandtschaft. Dem Grafen einen Artikel der Post vom 9. Januar überbracht »The Times is Orleanist etc« Nach Haus. Gearbeitet. Abendbesuch von Mr. Blythe und Heymann's.

Mittwoch d. 23.

Gearbeitet (Morning Post). An die Kreuz-Ztng und die »Zeit« geschrieben. Einige Zeilen an Cowie & Son. Gelesen.

Donnerstag d. 24.

Brief von Merckels und Dr. Beutner. Emilie mit Frau Heymann, Frau Beta und den Kindern nach Greenwich. Ich zum Babel-Diner nach Dulwich. Zugegen: Blythe, Muir, Boyce, Faucher, Heymann und ich. Erst gespielt auf dem Bowling-Green des »Greyhound«, dann zu Tisch, dann »Races« (Faucher als Sieger) dann zu Fuß nach »Fox under hill« und endlich im Waterloo-Omnibus nach Haus. Die ganze Parthie recht nett.

Freitag d. 25.

Brief von Immermann mit der zweiten Hälfte der Fünfpfund-Note. Gearbeitet (Post und Herald). Am Abend zu Heymanns. Bal Champêtre auf der großen Wiese; theilgenommen und mit Emilien schottisch gehoppst. Das Vergnügen mäßig, die Scenerie reizend.

Sonnabend d. 26.

Gearbeitet. Auf die Gesandtschaft. Ein Packet aus Berlin angekommen (Brief von Frl. Clara Baeyer, meine Uhr, Briefpapier, Geschenke von Mama Triepcke, Homer und – keine Wurst). Besuch von Mr. Mannock, mit der Mittheilung daß die Preß unsren Artikel doch noch gebracht habe. Hundert Exemplare (by parcel delivery) treffen ein. Geplaudert.

Sonntag d. 27.

Gelesen (Samuel und Saul). Briefe geschrieben an Mama Fontane und Direktor Metzel; einige Zeilen an Fräulein Emilie Menzel und Frau Assessor Klingner. Besuch von Schweitzer. Geplaudert. Spatziergang. Gelesen. An R. B. Seeley (Editor der Press) geschrieben.

Montag d. 28.

Gearbeitet. Briefe an Metzel, Mama Fontane und Scherz zur Post. Auf das »Press«-office; Rechnung bezahlt (£ 2. s 2.). Café Divan. Auf die Gesandtschaft. Der Graf durch den »Press«-Artikel befriedigt. Mr. Collins im Strand getroffen; Einladung zum Freitag.

Dinstag d. 29.

Gearbeitet (M. Herald). Brief an Collins. Besuch von Frl. Beda, Heymann's und Mr. Blythe.

Mittwoch d. 30.

Brief von Frau v. Merckel. Gearbeitet. An Frau v. Merckel geschrieben. Einige Zeilen von Collins. Mittagsbesuch von Dr. Faucher. Mittheilungen und Pläne hinsichtlich der »britischen Post« (neue deutsche Ztng) der Journale »the People« und »London News« etc. Mit ihm in die Stadt, erst in's Café Divan, dann in das Redaktionslokal des »the People« (in Temple Buildings, Fleet Street) Nach Haus. Geplaudert. Gearbeitet.

Donnerstag d. 1. Juli.

Gearbeitet. Auf die Gesandtschaft. 10 £ in Empfang genommen. Nach Haus. Gelesen. Abendbesuch von Schweitzer.

Freitag d. 2.

Gearbeitet. Zu Cowie & Son; Rechnungen bezahlt. Nach Haus. Um 5 mit Emilie zu Mr. Collins, nach 2 Hereford Square. Nette Gesellschaft: eine englische und eine deutsche Familie, der deutsche Eheherr etwas steif und langweilig. Viel musicirt.

Sonnabend d. 3.

Gearbeitet. Mr. Blythe zu Tisch. Gespräche über englische Presse, namentlich über Advertiser, Sun und die Penny-Blätter. Kurzer Besuch von Mr. Mannock, wegen des Press-Redacteurs.

Sonntag d. 4.

Gelesen (Samuel und Saul). Besuch von Dr. H. Mentz. Nach 8 Champion Place zu Faucher's. Am Abend Kaufmann Wendt und Frau zugegen. Geplaudert. Um 11 den Weg nach Haus angetreten. Furchtbarer Marsch, bei klatschendem Regen, von Denmark Hill über Blackfriars Bridge bis New Oxford Street; endlich einen Cab erobert. Emilie halb todt.

Montag d. 5.

Gearbeitet. Brief von Immermann. An Metcalfe und Frl. Beda geschrieben. In's Café Divan. Nach Haus. Geplaudert. Brief vom Civil Service Commission mit £ 9. 5 s.

Dinstag d. 6.

Gearbeitet. An Mr. Walrond und an Immermann geschrieben. Auf die Gesandtschaft. Nach Haus. Besuch von Fräulein Beda. Abendspatziergang mit Emilie.

Mittwoch d. 7.

Gearbeitet. An Direktor Metzel, James Morris, Dr. Faucher und Kaufmann geschrieben. In's Café Divan. Die Zeitungen leer. Auf die Gesandtschaft. Courier *nicht* angekommen. Nach Haus. Gearbeitet. Einige Zeilen an Mrs. Merrington geschrieben. Gewitter; der Blitz schlägt ein 1 Camden Square.

Donnerstag d. 8.

Gearbeitet. Brief von Kaufmann und Dr. Morris. An Hermann Müller und Kaufmann geschrieben. Besuch von Faucher; geplaudert, politisirt. Gelesen. Brief von Mr. Walrond.

Freitag d. 9.

Briefe von Mama und Lischen. Gearbeitet. Auf die Gesandtschaft. Alberts theilt mir mit »daß es furchtbar tagen werde«; wollen sehn! – Mein Gehalt empfangen. Nach Civil Service Commission. Einen Mr. Thurlow examinirt. Nach Hungerford Market in die große Eis-Halle; italienischer Schmutz und Räuber und Mörder. Nach Haus. Das Fortepiano angekommen. An Mr. Cowie, Mr. Blythe, Frl. Beda, Dr. Morris und Mr. Findon geschrieben. Geplaudert.

Sonnabend d. 10.

Gearbeitet. Besuch von Mrs. und Miß Merrington. Rente gezahlt an Mr. Findon. Gearbeitet. Geplaudert. Sechsundsechzig gespielt.

Sonntag d. 11.

Gelesen. Nachmittagsbesuch von Frl. Beda. Um 7 zu Mrs. Merington und Familie; allem Anschein nach brave, liebenswürdige Leute.

Montag d. 12.

Brief von Lepel; wird ungeduldig. Zu Dr. Beta. Nach Hungerford-Market; bei Cutler & Co meine Wein-Rechnung bezahlt. Auf die Gesandtschaft. Nach Haus. Dinnerparty; Dr. Faucher und Frau, Herr Kaufmann und Dr. Morris als Gäste. Faucher mal ausgiebig auf eine andre Art (über den Carpet).

Dinstag d. 13.

Brief von Immermann. Gearbeitet. An Lepel und Immermann geschrieben. In den Café Divan. Auf die Gesandtschaft. Nach Haus. Mr. Blythe und Schweitzer beim Thee. Promenade zu Mr. Mannock; Rücksprache mit ihm wegen der dänischen Angelegenheit.

Mittwoch d. 14.

Gearbeitet. Auf die Gesandtschaft. Mit dem Grafen über die kitzliche Lage des deutsch-dänischen Streits gesprochen. In die Vernon-Gallerie; einige sehr schöne Wilson's und Gainsboroughs genauer in Augenschein genommen. Dann endlich dem großen Leichenwagen des »old Duke« meinen Besuch gemacht. In's Café Divan. Nach Haus. An Mr. Mannock geschrieben. Spatziergang durch Kentish Town mit Emilie und George.

Donnerstag d. 15.

Gearbeitet. An Direktor Metzel und Immermann geschrieben. Kurzer Besuch von Heymann's. Abendspatziergang mit Emilie.

Freitag d. 16.

Gearbeitet. ›Illiade‹ gelesen. Besuch von Frl. Beda und der Familie Merington (Vater, Mutter und älteste Tochter). Musicirt, geplaudert.

Sonnabend d. 17.

Gearbeitet. In die Stadt. M. Star office zu Mr. Mannock. The constitutional Press bringt unsren Artikel. In Café Divan. Mit Dr. Schlesinger gesprochen; Kaufmann nach Wales. Nach Haus. An Direktor Metzel geschrieben; Constitutional Press eingeschickt. Zum Dinner bei Merington's. Brief von der ›Zeit‹ mit Berechnung meines Soll und Haben's.

Sonntag d. 18.

Gelesen (David und Jonathan). An Direktor Metzel geschrieben. Einige Zeilen (für Rosalie) an Dr. Schoell. Besuch von Beta's; geplaudert am Fenster, schöner Sommerabend.

Montag d. 19.

Brief von Immermann ›Metzel in's Bad, Hegel in's Bad, niemand weiß ein Sterbenswörtchen von Urlaub‹. Eh bien, auch gut. Auf die Gesandtschaft. Constitutional Press für Excellenz abgegeben. Nach Haus. An Lepel und Immermann geschrieben. Um 4 mit Emilie und George im offnen Wagen nach Richmond-Park. Reizende Fahrt, nur verdorben durch – Stachelbeeren, die ich mich nicht entschließen konnte am ersten besten Hökerkarren zu kaufen. Um 9 nach Haus; einige freundliche Zeilen von Dr. Morris und einen welsh pineapple (›as an acknowledgement of your frequent and kind hospitality«) vorgefunden.

Dinstag d. 20.

Gearbeitet. An Dr. Morris geschrieben. Besuch von Mrs. Bugden. In's Café Divan. Rechnung bei der »Constitutional Press« bezahlt. Zu Mr. Mannock. Abendbesuch von Schweitzer und Mr. Blythe.

Mittwoch d. 21.

Brief von Lepel; bestätigt Immermann's Mittheilungen. An Lepel und Lady Theresa Lewis geschrieben. Kurzer Besuch von Miß Merrington. Fräulein O. Beda zu Tisch. Geplaudert. Abendspaziergang across the fields.

Donnerstag d. 22.

Brief von Lepel, Müller und Johanna Treutler. Gearbeitet. An Müller, Lepel und Dr. Metzler geschrieben. Auf die Gesandtschaft. An »Zeit« und »Kreuz-Ztng« geschrieben über die gestern stattgehabte Taufe des *Percy* Bernstorff. Urlaub nachgesucht und erhalten für eine Reise nach Schottland. In Café Divan. Dr. Schlesinger und den alten Lebenheim getroffen. Gelesen (Titus Ulrichs 2ten Brief über seine Reise nach Schottland). Nach Haus. Gearbeitet. Geplaudert.

Freitag d. 23.

Gearbeitet (der M. Advertiser). Brief von Mr. Mannock. An Dr. Metzler und Mr. Mannock geschrieben.

Sonnabend d. 24.

Gearbeitet (M. Advertiser). Den Brief an Dr. Metzler zur Post. Um 6 zum Diner zu Merrington's.

Sonntag d. 25.

Gelesen (Saul und David). Gearbeitet (Daily News). Fräulein O. Beda zu Tisch. Rosalie um 6½ nach Kent house zu Lady Theresa Lewis; um 8 Uhr wieder zurück – naïverweise eine andre lady's maid bereits engagirt. An Sir G. Cornewall Lewis geschrieben.

Montag d. 26.

Gearbeitet (Daily News). An Lady Theresa Lewis, an Frau v. Merckel und Lepel geschrieben. Gearbeitet.

Dinstag d. 27.

Brief von Direktor Metzel aus Wernigerode nebst Urlaubspapier. An Immermann geschrieben. Auf die Gesandtschaft. Excellenz in Erith. Nach Marlborough-House; die Turner Collection mal wieder gründlich durchgenommen. Nach Haus. Brief von Alberts und Lady Theresa Lewis unter Beischluß einer money-order über £ 1. Gearbeitet (die Pennyblätter).

Mittwoch d. 28.

Briefe von Immermann und Lepel. Lepel kommt und will mit nach Schottland. An Immermann und Lepel geschrieben. Gearbeitet (die Pennyblätter). Emilie mit Miß Merington nach dem botanical Garden. Auf die Post. Abendbesuch von Dr. Morris. Geplaudert. An Lady Theresa Lewis geschrieben.

Donnerstag d. 29.

Gearbeitet (Daily Telegraph). An Immermann, Mama und Vater geschrieben. Spatziergang bis Holloway. Abendbesuch von Mr. Blythe.

Freitag d. 30.

Gearbeitet. Mit Emilien durch Regents Park in die Stadt. Auf die Gesandtschaft. Nach Haus. An James Reinach und an Direktor Metzel nach Wernigerode geschrieben.

Sonnabend d. 31.

Gearbeitet (Morning Star). Brief an Direktor Metzel zur Post. Spatziergang mit Emilie. Zum Thee bei Meringtons; mit Mr. Merington Debatte über den »Univers« und »Popery«. Engländer bleibt Engländer.

Sonntag d. 1. August.

Gelesen (Saul und die Hexe von Endor; Saul's Tod) Gearbeitet (Standard). Fräulein Beda zu Tisch. Spatziergang bis zur kleinen Holloway Kirche. Nach Haus. Geplaudert.

Mittwoch d. 4. August.

Brief von Lepel. Einige Zeilen zu Immermanns Geburtstag geschrieben.

>Lieber Gratulantenhasser!
>Wie die Blum' im Glase Wasser
>Einst Dir schweigend gratulirt,
>Also sollen diese Zeilen
>Zu Dir in das Zimmer eilen
>Drin Humor »der Freund« regiert.
>
>Soll'n nicht viele Worte machen,
>Ohne weinen ohne lachen
>Barsch nur melden »wir sind da«,
>Melden nur durch ihr Erscheinen:
>Auch in London hast Du einen
>Der Dir heut im Geiste nah.

Donnerstag d. 5. August.

Lepels Ankunft. An Merckels geschrieben. Spatziergang: Camden Road, Cattlemarket. Suspension-Bridge, italienische Kaffe-Kneipe. Nach Haus. Gelesen aus der »Argo« (»Roccoco« von Blomberg). »Das Trauerspiel von Afghanistan« vorgelesen.

Freitag d. 6. August.

Geplaudert. Auf die Gesandtschaft. St. James Park, Whitehall, Suspension-Bridge, Waterloo-Brücke, Holywell-Street. Nach Haus. Am Abend Spatziergang nach Highgate. Gelesen: »Aus dem Postwagen«.

Sonnabend d. 7. August.

Geplaudert. Mit Emilie und Lepel nach den Parlamentshäusern. Nach Haus. Zu Merington's.

Sonntag d. 8.

Geplaudert. Besuch von Schweitzer. Spatziergang nach Caroline Villas. Fräulein Beda. Auf die Gesandtschaft. Mit Lepel und Schweitzer zu Kühn (schlechtes »neapolitanisches Eis«). Geplaudert.

Montag d. 9.

In die Stadt. Reise-Einkäufe. Zu Mr. Mannock. Auf die Gesandtschaft. Gepackt. Um 7 nach Kings Croß-Station. Nachtfahrt nach Edinburg.

Dinstag d. 10.

Edinburg. Johnstons Hôtel, 20 Waterloo Place. An Emilie und Mr. Beda geschrieben. Flanirt. Ausgeruht. Am Abend zu Mr. Beda, 54 Constitution Street, Leith.

Mittwoch d. 11.

Holyrood. High-Street und Canongate. Edinburgh-Castle. Dinirt im Hôtel. High-Street bei Abend.

Donnerstag d. 12.

Um 8 Uhr nach Linlithgow. Zurück. Lunch bei Doul. Vom Castle bis nach Canongate. Am Abend zum Diner bei Mr. Beda. Zugegen die Schwestern seiner Frau.

Freitag d. 13.

Geschrieben an Mr. Beda, Emilie und George. Gepackt. Nach Granton-Pier; die Herrn Beda und Eschricht daselbst getroffen. Im Steamer nach Stirling. Hôtel royal (Mr. Campbell). Stirling-Castle; kostbarer Blick in's Land.

Sonnabend d. 14.

By coach von Stirling nach den Trossachs und dem Loch Katrine. Fahrt über den See. Zurück nach Stirling. Spatziergang durch die Stadt.

Sonntag d. 15.

Von Stirling nach Perth. Pople's british Hôtel. Nach Kinnoul Hill und Wallace cave. Zurück in die Stadt. Walter Scott's Statue; Gowrie-House etc.

Montag d. 16.

By coach von Perth über Dunkeld, Blair-Atholl etc. nach Inverneß. Ankunft 3 Uhr Nachts.

Dinstag d. 17.

Unterhaltung mit Sir John Metcalfe. Inverneß (Macbeth) Castle. Das Schlachtfeld von Culloden. Table d'hôte im Union hotel. Gang durch die Stadt.

Mittwoch d. 18.

Von Inverneß durch den Caledonian Canal nach Oban. (Loch Neß, Loch Oich, Loch Lochy, Glengarry, die Falls of Foyers, Fort Augustus, Fort William). St. George's Hôtel,

Mrs. Mackall. Lodgings über einem Pferdestall. Der dicke Gentleman aus Newcastle; die beiden Celten; Mr. James Walker.

Donnerstag d. 19.

Von Oban nach Staffa und Iona und wieder zurück. Brief von Emilie. Unterwegs längre Gespräche mit dem Gentleman von Sumatra.

Freitag d. 20.

Von Oban im ersten Steamer bis zum Canal, der durch die Halbinsel ... gegraben ist. Auf dem Sunbeam durch den Kanal. Von Loch-Gilpshead auf der »Iona« bis in die Nähe von Glasgow. Bei Bowling an's Land. Von Bowling by rail nach Balloch, an der Südspitze des Loch-Lomond. Mr. Henderson, Mr. Tait aus Melrose.

Sonnabend d. 21.

Von Balloch den Loch Lomond hinauf und wieder zurück. Gegen 7 by rail von Balloch nach Glasgow und von Glasgow nach Edinburg. Abgestiegen im New Royal Hôtel.

Sonntag d. 22.

Canongate, Highstreet, Westbow, Graßmarket, Westport. Der getaufte Judenprediger in High-Street. Table d'hôte. Abendspatziergang mit Lepel und Mr. James Walker durch die Neustadt.

Montag d. 23.

Auf der Edinburg-Perth-Dundee Eisenbahn nach Kinross und dem Loch Leven. Salutation-Inn. Rev. Mr. Grossart »Filling the pulpit of one of his friends and therefore not at home«. Mr. Marshall, boatman, guide and poët alltogether. Um 6 zurück. »Be quiet papa, you talk nonsense.« Marsch von Granton Pier nach Leith. Den Abend mit den Beda'schen Damen verplaudert.

Dinstag d. 24.

Früh nach Melrose. Von Melrose nach Abbotsford. Um 4 nach Edinburg zurück. Dinner bei Doul. Um 9 ¼ Rückfahrt nach London.

Mittwoch d. 25.

Ankunft in London 10 Uhr Vormittags. Ausgeschlafen. Geplaudert.

Donnerstag d. 26.

Mit Lepel in die Stadt. National-Gallerie, Vernon-Gallerie. Am Abend die »Sabinerinnen«.

Freitag d. 27.

Besuch von Dr. Beta. Mit Lepel in die City: Temple, Old Bailey, Guildhall, Bank, Tower etc. Abendbesuch von Dr. Morris.

Sonnabend d. 28.

An Mr. Collins und Dr. Faucher geschrieben. Auf die Gesandtschaft. An Herrmann Müller und Direktor Metzel geschrieben. Lepel nach dem Krystall-Pallast.

Sonntag d. 29.

Geplaudert. Merringtons (Vater, Tochter und jüngster Sohn) als Tischgäste. Lepel liest aus der neuen »Argo« vor (Sachen von Scherenberg, Storm, Lingg und Theodor Heyse).

Montag d. 30.

Briefe zur Post an James Walker, Dr. Faucher und den Kurator des Soane Museums. Gearbeitet. An Alberts geschrieben. Mit Emilie und Lepel nach Cremorne Gardens.

Dinstag d. 31.

Auf die Gesandtschaft. 15 £ empfangen. Nach dem Hungerford-Kaffehause; Emilie und Lepel getroffen. Ueber Coventgarden-Market nach dem Sir John Soane Museum. Mit Lepel zu Simpson, dann in's Café Divan; Dr. Schlesinger gesprochen. Die Times über Preußen. Zu »Baron Nicholson«

Mittwoch d. 1. September.

Brief von Frau Clara Kugler und Paul Heyse. Einige Zeilen von Collins; schreibt ab. An Mr. Blythe und Collins geschrieben. Dr. Faucher und Frau als Gäste. Geplaudert.

Donnerstag d. 2. September.

Lepel nach Windsor. Packet aus Berlin mit einem Briefe von Frau v. Merckel und einem Andenken aus dem Kugler'schen Hause (Miniaturbild nach der Raphaëlischen Madonna). Brief von Mr. Blythe. Besuch von Frl. O. Beda und dem Alberts'schen Ehepaare. Geplaudert. Musicirt.

Freitag d. 3. September.

Mit Lepel auf die Gesandtschaft; Hungerford-Halle, Dean's Yard, Strand, Britisch. Museum, nach Haus. Besuch von Mr. Collins; mit Lepel und Emilie in's Tussaud'sche Wachsfiguren Cabinet. Nach Haus. Lepel liest seine Argo-Gaselen vor.

Sonnabend d. 4. September.

Nach Dean's Yard; Mr. Hales examinirt. Auf die Gesandtschaft. Nach Haus. Abschiedsdinner. Lepeln nach dem Dover Bahnhof gebracht. Zurück. Geplaudert.

Sonntag d. 5.

Gelesen. An Lepel geschrieben. Besuch von Kaufmann. Mit Emilie nach 2 Victoria Grove. Geplaudert. Spät nach Haus.

Montag d. 6.

Gearbeitet. Brief von Frau v. Merckel. An Schweitzer geschrieben. Brief an Lepel zur Post. Besuch von Frl. O. Beda. Geplaudert. Spatziergang.

Dinstag d. 7.

Gearbeitet. An Direktor Metzel geschrieben; die Quittungen beigelegt. Besuch von Faucher (General-Consulats und Agenten-Pläne, 400 £ Str. Gehalt, oder Aufrollung Preußens like a brown bit of paper). Abendbesuch von Schweitzer. An Faucher geschrieben.

Mittwoch d. 8.

Gearbeitet. An Herrn v. Merckel geschrieben. Besuch von Faucher; Fortsetzung der Confusions-Pläne vom Tage vorher. Abendbesuch von Frl. Beda.

Donnerstag d. 9.

Gearbeitet. Gelesen (The lay of the last minstrel). Brief an Herr u. Frau v. Merckel zur Post. Mit Emilie nach Rotten Row. Abendbesuch von Schweitzer.

Freitag d. 10.

Gearbeitet. Gelesen (The lay of the last minstrel). Paul Heyse's »Sabinerinnen« ausgelesen. Brief von Faucher. An Frau Dr. Faucher geschrieben. Spatziergang. Abendbesuch von Mr. Blythe.

Sonnabend d. 11.

Gearbeitet. An Mr. Logan Muir geschrieben. Brief von Frau Dr. Faucher. Gearbeitet. Emilie zu Meringtons.

Sonntag d. 12.

Spatziergang. Gelesen. Gearbeitet. Zum Thee zu Beta's; den Abend im Garten verplaudert.

Montag d. 13.

An Alberts geschrieben. Gearbeitet (die Tagesblätter). Am Nachmittag nach Camberwell zu Faucher; Emilie und George schon da; außerdem ein Mitarbeiter der Edinburgh Review zugegen. George bleibt dort; erstes selbstständiges Auftreten des jungen Weltbürgers.

Dinstag d. 14.

Gelesen. Gearbeitet. Mittagsbesuch von Fräulein Beda. Geplaudert. Manuskript von Dr. Ingwersen.

Mittwoch d. 15.

Brief von Herrn v. Merckel. Gelesen. An Mr. Charles Davenport (dem Uebersender des Ingwersen'schen Manuskripts) geschrieben. Gearbeitet. Besuch von Edgar Bauer, später von Herr und Frau Alberts. Spatziergang mit Emilie. Abendbesuch von Schweitzer.

Donnerstag d. 16.

Gearbeitet. Brief von Alberts. Spatziergang. Abendbesuch von Faucher und Blythe.

Freitag d. 17.

Mit Emilie nach dem neuen M. Star office (Dorset-Street). Georgie mit breiter Krause und rosenroter Halsschleife in Empfang genommen. Dr. Mosabini zugegen. Die neue Einrichtung (die Presse) gesehn. Nach Andertons Hotel; Lunch. Kaffe getrunken (à 2 d) in einer Fleet-Street Kneipe; dann nach Temple-Church. Nach Haus. Gearbeitet (Lord Maxwells Good night). Spaziergang. An Mama Fontane geschrieben.

Sonnabend d. 18.

Gearbeitet. Nach Deans Yard, Civil Service Commission; zwei Candidaten examinirt. Auf die Gesandtschaft. An Mr. Alberts geschrieben. Nach Haus. Brief an Mama Fontane zur Post. Abendbesuch bei Merringtons, angenehme Plauderei mit dem Patriarchen.

Sonntag d. 19.

Gelesen (Jesus Sirach). George mit Beta's nach Highgate. Mittagsbesuch von Schweitzer. Am Abend Besuch von Mr. Blythe; geplaudert.

Montag d. 20.

Gearbeitet. An Herrn von Merckel geschrieben. Den Brief nach *Eversholt-Street* gebracht (wie den vorgestrigen an Mama Fontane). Spatziergang mit Emilie durch Regents-Park. Abendbesuch von Dr. Morris. Plaudereien über Scotland und Walter Scott.

Dinstag d. 21.

An Dr. Morris geschrieben. Mit Emilie in die Stadt. Gesandtschaft. Covent-Garden-Market. Austern und Lobster bei John Lynn; auf Mama Fontane's Wohl getrunken. Nach Haus. Brief von Mr. Blythe. Gearbeitet.

Mittwoch d. 22.

Gearbeitet. An Direktor Metzel geschrieben. Auf die Gesandtschaft; Packet abgegeben (enthaltend: »die Londoner Tagespresse« und einen Brief an Metzel). Nach

Fleetstreet; Exemplare gekauft von: Herald vom 3ten, Advertiser vom 11. und Standard vom 15. Septemb. Nach Haus. Gearbeitet. Abendbesuch von Schweitzer. Gelesen (Varnhagens Denkwürdigkeiten).

Donnerstag d. 23.

Gearbeitet. Brief von Immermann (the prussian Regency). An Direktor Metzel, Immermann und die Times Redaktion geschrieben. Gelesen. Abendbesuch von Beta's und Schweitzer. Geplaudert.

Freitag d. 24.

Gearbeitet. In die Stadt. Café Divan (Artikel der National-Ztng über die Regentschaft). Nach Haus. An Mama Fontane geschrieben wegen Lischen. Abendbesuch von Faucher; die Regentschaftsfrage wohl oder übel diskutirt. Am Morgen 15 £ von Froböse aus Berlin empfangen.

Sonnabend d. 25.

Gearbeitet. Besuch von Miß Griebel. An Direktor Metzel geschrieben; Einlagen an Merckel's und Mama Fontane. In die Stadt. Café Divan (Entgegnung der National-Ztng auf die Unterstellungen der »Zeit«). Nach Haus. Brief und Rebhühner von Dr. Morris. Einige Zeilen von Alberts.

Sonntag d. 26.

Gelesen (2. Buch Samuelis). Auszüge aus »Varnhagens Denkwürdigkeiten« gemacht, namentlich über Schlaberndorf [sic!]. Abendbesuch von Blythe; geplaudert.

Montag d. 27.

Gearbeitet. Auf die Gesandtschaft. Mit Alberts zu Scott, dann in die Kaffekneipe und in die »Schweiz«. Geplaudert; später zu Stallmeister Meyer; Dr. Goebler, ein Altenburger, und Erzieher der Söhne des Herzogs von Sutherland zugegen. Nach Haus. Abendbesuch von Schweitzer. Geplaudert.

Dinstag d. 28.

Gearbeitet. An Mr. Blythe, Mr. Findon und Dr. Morris geschrieben. Brief an Papa Fontane angefangen. Mit Emilie nach Kensington Museum; nicht viel Interessantes mit Ausnahme der Bilder, namentlich sehr gute: *Mulready's, Webster's,* Leslie's, *Landseer's,* Redgrave's *Robert's,* Collins', Creswick's etc einige Stanfields, zwei ziemlich gute Turners und zwei kleine Sachen (Landschaften) von Crome, einem Maler der vor ohngefähr dreißig Jahren lebte und an die Jugendsachen Turner's erinnert. – Von Kensington Museum mit Alberts nach 2 Victoria Grove. Kleines Dinner, Geplauder, Musik. Spät nach Haus.

Mittwoch d. 29.

Briefe von Mama Triepke und Lepel, der eine sehr heiter, der andre traurig; Herrmann geisteskrank in Leubus. Großes Lamento. Mit dem Favorite-Omnibus in die Stadt. Die Waterbill in Tollington Road und die Rechnungen bei Cowie & Son bezahlt. Nach Haus. An Direktor Metzel geschrieben; Brief an Papa Fontane und 2 Artikel aus Daily News eingelegt. Nach Eversholt-Street. Abendbesuch von Mr. Blythe und Schweitzer. Geplaudert, namentlich über einen langen Brief des alten Tieftrunk, der von dem Heirathsglück seines Sohnes nicht viel wissen will.

Donnerstag d. 30.

Die Times bringt einen langen Brief über die Regentschaftsfrage von ihrem »occasional correspondent«. Gearbeitet. Umzug treppauf. In die Stadt. Auf die Gesandtschaft. Nach Daily News office. An Direktor Metzel geschrieben. Tea *upstairs*. Gearbeitet. An Mr. Blythe geschrieben.

Freitag d. 1. Oktober.

Leitartikel der Times über die Regentschaft. Die ›Zeit‹ interpretirt Paragraph 56 in unerwartet whiggistischer Weise; bringt außerdem (unter Benutzung meiner Einsendungen) einen Artikel: Englische Stimmen über den deutsch-dänischen Streit. An Direktor Metzel geschrieben. In die Stadt; Café Divan. Interessante Artikel in der Kölnischen- und National-Ztng. Nach Haus. An Mr. Walrond geschrieben. Gearbeitet. Gelesen.

Sonnabend d. 2. Oktober.

Gearbeitet. Brief von Mr. Blythe. An Immermann und Direktor Metzel (unter Beilage eines Herald-Artikel) geschrieben. Beide Briefe persönlich bei Mrs. Trimmer abgegeben. Nach Haus. Zum Dinner zu Merringtons; den Abend mit den beiden alten Leuten verplaudert.

Sonntag d. 3. Oktober.

Gleich nach dem Frühstück erscheint Schweitzer um volle 10 Stunden abzusitzen. Mit ihm Mr. Blythe zu Tisch. Angestrengte Conversation. Die üblichen Fragen und Gespräche.

Montag d. 4. Oktober 1858.

Unwohl. Gelesen: Varnhagens Denkwürdigkeiten III Band. Die interessantesten Personen des Buchs oder diejenigen worüber das interessanteste gesagt wird, dürften die folgenden sein: Graf *Schlabrendorf,* Wallmoden, Tettenborn, Wintzingerode, Th. Körner, Hardenberg, Wilhelm v. Humboldt, Oelsner, Stägemann, Graf *Rostoptschin.* Schlabrendorf und Rostoptschin werden mit Vorliebe behandelt und bilden den bei weitem interessantesten Theil des Buchs. Hierin findet sich auch die berühmte Anekdote von Zacharias Werner. Die Schilderung des Treibens in Wien während des Congresses ist zum Theil unterhaltend überwiegend aber farblos, weil die Hauptsachen stets verschwiegen sind. Interessant der Diplomat der sich nach einem gehabten »Malheur« (Whistparthie mit Kaiser & König) erschießt. Außerdem einige gute Bemerkungen des Fürsten v. Ligne, Metternichs, Talleyrands etc. [*Danach Textverlust*]

EXZERPTE
aus dem verschollenen Teil des
Tagebuchs von 1858
(vgl. S. 355)

Montag, 8. November

Bezügl. Manteuffels Sturz: Überhaupt, es kann nett werden; die Liberalen dürsten nach Rache, verdenk' es ihnen wer mag; auch ihre Stunde wird wieder kommen!

Sonntag, 4. Dezember

Auf der Gesandtschaft. Gespräch mit dem Grafen über mein Bleiben oder gehn; giebt mir den freundlichen Rath nicht die Initiative zu ergreifen.

EXZERPTE
aus den verschollenen Tagebüchern
1854 und 1855

In den dreißiger Jahren, als sämtliche Tagebücher noch verfügbar waren, hat die Herausgeberin daraus exzerpiert, was ihr im Hinblick auf ihre Dissertation über »Fontane und die Politik« von Belang erschien. Diese Auszüge, die teilweise Fontaneschen Originaltext enthalten, zum Teil aber auch nur resümieren, werden nachstehend unverändert wiedergegeben.

[1854]

Mittwoch, 8. November

Geschichtsvorträge bei Herrn von Selchow über Karl den Großen. Zugegen die Familien von Borcke und Knesebeck.

Donnerstag, 9. November

Vortrag über Richelieu. Harte Kritik von Julian Schmidt über »Sommer in London«, auch von Robert Prutz.

Mittwoch, 15. November

Bei Hauptmann von Borcke Geschichtsvortrag über die letzten Karolinger.
Themen weiterer Vorträge:
Über Mazarin und die Fronde
Mazarin; Colbert
Über die sächsischen Kaiser
Lessing; Hainbund; Goethe
Französische Revolution
Barbarossa; Hohenstaufen
Don Carlos; Wallenstein.
(Die Geschichtsvorträge wurden bei verschiedenen Adelsfamilien gehalten; Literaturvorträge dagegen meistens in Fontanes Freundeskreis.)

Dienstag, 28. November

Am Abend zu Lepel; sein Bruder zugegen. Viel Freude gehabt an der haute politique von Sr. Majestät Garde-Cavallerie. Rußland ist jetzt »fein«, etwa wie Cliquot veuve oder Schuster Andersen; wer woanders »backen« läßt, ist nicht »aus der Gesellschaft«. O Jena und Auerstädt, so total vergessen!

Sonnabend, 16. Dezember

Mein neues Amt als Lektor der englischen Zeitungen angetreten.

Donnerstag, 21. Dezember

Den englischen Bericht gemacht.

Mittwoch, 27. Dezember

Vorbereitung zum zweiten englischen Bericht (über die Fremdenlegionsbill).

Donnerstag, 28. Dezember

Englischer Bericht.

[1855]

Donnerstag, 4. Januar

Meinen englischen Wochenbericht gemacht.

Mittwoch, 10. Januar

Englischer Bericht.

Donnerstag, 18. Januar

Englischen Bericht abgeliefert.

Sonntag, 21. Januar

1. Brief an die »Westphälische Zeitung«.

Mittwoch, 24. Januar

Englischer Wochenbericht.

Donnerstag, 25. Januar

An die »Westphälische Zeitung« geschrieben.

Sonntag, 28. Januar

An die »Westphälische Zeitung« geschrieben.

Mittwoch, 31. Januar

Englischer Bericht. (Im Januar 1855 sind außerdem verschiedentlich Übersetzungen für Metzel aus dem »Morning Chronicle« vermerkt; Lektüre: Bucher, Macaulay).

Sonntag, 4. Februar

An die »Westphälische Zeitung« geschrieben.

Dienstag, 6. Februar

Geschichtsstunden vorläufig sistiert.

Mittwoch, 7. Februar

Englischer Bericht.

Donnerstag, 8. Februar

Englischer Bericht.

Mittwoch, 14. Februar

Englischer Bericht.

Dienstag, 20. Februar

Lothar Buchers Buch über »Parlamentarismus« angeschafft.

Donnerstag, 22. Februar

Englischer Bericht. 1) Mr. Roebuck's Untersuchungs-Comité, 2) Lord John Russell's Mission nach Wien, 3) die Times und ihre ministeriellen Ankläger, 4) die preußische Politik.

Mittwoch, 28. Februar

Englischer Bericht.

Sonnabend, 3. März

Bureau; Chef über Tod des Kaisers von Rußland: Preußen kann nicht ohne Rußland existieren. Empörung Fontanes darüber: »Gott sei Dank ist die Kraft und das Bewußtsein des Volks ein andres, als das seiner schlaffen Führer und Lenker.«

Mittwoch, 7. März

Englischer Bericht.

Mittwoch, 14. März

Englischer Bericht: Der Tod des Kaisers, das Roebucksche Untersuchungs-Comité, die faule preußische Politik.

Donnerstag, 22. März

Englischer Bericht.

Sonnabend, 24. März

Abschied von den Stunden des Wangenheimschen Hauses. Rütli bei Menzel; politische Debatte. Fontanes Klagen über die mangelhafte patriotische Gesinnung der zwei stärksten Parteien, der Demokraten und Kreuzritter, werden als übertrieben bekämpft.

Mittwoch, 28. März

Englischer Bericht.

Mittwoch, 4. April

Englischer Bericht: Pressestimmen über den hereinbrechenden faulen Frieden.

Freitag, 13. April

Englischer Bericht.

Donnerstag, 19. April

Englischer Bericht.

Donnerstag, 26. April

Antipreußischer Artikel aus dem »Morning Chronicle« übersetzt.

Mittwoch, 2. Mai

Englischer Bericht: Das Gären und die bedrohliche Stimmung des Landes.

Donnerstag, 10. Mai

Englischer Bericht.

Freitag, 18. Mai

Englischer Bericht.

Sonntag, 20. Mai

Für Dr. Metzel Artikel aus dem »Morning Chronicle« über preußischen Transithandel mit russischen Produkten übersetzt.

Dienstag, 22. Mai

An die »Westphälische Zeitung« geschrieben. (In der Folge regelmäßig im Abstand von zwei oder drei Tagen der Eintrag: Nach Paderborn geschrieben, bzw. an Crüvel.)

Donnerstag, 24. Mai

Englischer Bericht.

Donnerstag, 31. Mai

Englischer Bericht. Zwiegespräch mit Dr. Metzel über die englischen Berichte.

Freitag, 1. Juni

Englischer Bericht: Der große Kampf der Whigs und Tories.

Dienstag, 5. Juni

Wiederbeginn der Stunden.

Mittwoch, 6. Juni

Englischer Bericht.

Freitag, 8. Juni

Ellora-Abend. Debatte über das Recht des Adels und seine besondere Wichtigkeit für das kräftige Fortbestehen unseres Staates.

Donnerstag, 14. Juni

Englischer Bericht. Angebot, die Berliner Korrespondenz für den »Manchester Guardian« zu übernehmen, abgelehnt als zu schwierig und Fontanes Kräfte übersteigend.

Donnerstag, 21. Juni

Englischer Bericht.

Freitag, 29. Juni

Mitteilung Metzels wegen der »Englischen Correspondenz«.

Mittwoch, 4. Juli

Englischer Bericht. Für Metzel Aufsatz über die englische Zeitungsstempelbill geschrieben.

Freitag, 6. Juli

Englischer Bericht.

Dienstag, 10. Juli

An das »Frankfurter Journal« geschrieben.

Freitag, 13. Juli

Englischer Bericht.

Mittwoch, 18. Juli

Englischer Bericht: Lord John Russell's Rücktritt.

Dienstag, 24. Juli

An das »Frankfurter Journal« geschrieben.

Donnerstag, 26. Juli

Englischer Bericht.

Sonnabend, 28. Juli

An das »Frankfurter Journal« geschrieben.

Mittwoch, 1. August

Lange Unterhaltung mit Zabel über Lothar Bucher (sehr ausführlich geschildert). Zabel: Bucher »vielleicht der harmloseste Demokrat des Jahrhunderts«. Bedauert die Richtung, die Bucher eingeschlagen habe, indem er einen blinden Haß gegen die Engländer hege. Zabel müsse jede Buchersche Korrespondenz beschneiden und der »Parlamentarismus« bestehe zum großen Teil aus solchen Abschnitzeln und Korrespondenzartikeln, die unterdrückt sind.

Freitag 3. August

Englischer Bericht.

Freitag, 10. August

Englischer Bericht.

Freitag, 17. August

Englischer Bericht.

Anhang

Zu dieser Ausgabe

Textdarbietung

Nicht aufgenommen in diesen Band mit Tagebüchern aus Fontanes englischen Jahren wurde die Beschreibung seiner ersten Reise nach London vom 25. Mai bis 10. Juni 1844. Im Rahmen der »Großen Brandenburger Ausgabe« wird sie in der Abteilung »Reisebücher/Reiseberichte« neu ediert werden.

Bei den einzelnen Bestandteilen der in diesem Band enthaltenen Tagebuchaufzeichnungen mußten auf Grund der komplizierten Überlieferungslage unterschiedliche Editionsprinzipien angewandt werden. Die Geschichte der Handschriften selbst wird in der Einleitung zum zweiten Band erörtert.

Tagebuch für Louis Henri Fontane, 1852 (S. 3–39 dieser Ausgabe): Das im Oktavformat gehaltene Autograph ist verschollen. Zugrunde liegt dem hier gebotenen Text die Erstveröffentlichung in der »Neuen Rundschau« (Jg. 25, Heft 10, Oktober 1914, S. 1385–1408), deren ungenannter Herausgeber laut Vorbemerkung leichte Kürzungen des Textes vorgenommen hat. Doch während er sich ansonsten über seine Editionsprinzipien ausschweigt, ist nicht zu verkennen, daß der Abdruck, was Rechtschreibung und Zeichensetzung angeht, im großen und ganzen treu der handschriftlichen Vorlage folgt. Im Gegensatz dazu hat Friedrich Fontane, als er den Text 1938 in sein »Bilderbuch aus England« (S. 45–76) aufnahm, Orthographie und Interpunktion modernisiert, und seiner Fassung ist auch die Nymphenburger Ausgabe im allgemeinen gefolgt. Der Abdruck der »Neuen Rundschau« steht also dem Original am nächsten, obwohl sich, wohl versehentlich, einzelne Angleichungen an die Duden-Rechtschreibung in die Edition eingeschlichen haben. Der Versuchung, den zu vermutenden ursprünglichen Lautstand wiederherzustellen, wurde nicht nachgegeben, aber ebensowenig kam eine strikt diplomatische Wiedergabe des Textes der »Neuen Rundschau« in Frage. Eindeutige Fehler vor allem bei englischen Namen und Ortsbezeichnungen sind stillschweigend verbessert worden, da dem Herausgeber London offensichtlich fremd war und eine Überprüfung, ob es sich um Verlesungen seinerseits oder um Irrtümer Fontanes handelt, nicht mehr möglich ist. Gelegentlich wird im Kommentar eine Begründung für eine bestimmte Lesart gegeben.

Tagebuchbrief an Ludwig Metzel, 11.-19. September 1855 (S. 39-50 dieser Ausgabe): Der hier gebotene Text stellt eine diplomatisch exakte Wiedergabe des Originalmanuskripts dar, das sich im Besitz des Geheimen Staatsarchivs – Preußischer Kulturbesitz in Berlin befindet (Rep. 77, Tit. 939, Nr. 28 [2.3.35, Nr. 147] und schon verschiedentlich veröffentlicht worden ist, zuerst 1938 durch Charlotte Jolles (Forschungen zur Brandenburgischen und Preußischen Geschichte Bd. 50, 1938, S. 60 bis 68). Für diesen Band wurde der Text noch einmal mit dem Original kollationiert.

Bei der Arbeit an der gegenwärtigen Edition konnte allerdings noch eine bislang unbekannte frühe Druckfassung dieses Tagebuchs ermittelt werden. Ludwig Metzel selbst, der Direktor der Berliner Zentralpressestelle, hat den Text unmittelbar nach Erhalt redigiert und an die von seiner Behörde subventionierte Zeitschrift »Minerva« weitergegeben, wo er im Oktoberheft 1855 als Korrespondenz »Aus London« erschienen ist (Jg. 64, Bd. 256, S. 35-43). Für Editionszwecke ist diese Publikation ohne Belang.

Aus dem verschollenen Tagebuch, 7. September -14. Dezember 1855 (S. 51-62 dieser Ausgabe): Fontanes Originaltagebücher für die Zeit vor dem 14. Dezember 1855 sind seit dem Ende des zweiten Weltkriegs verschollen. Einige Auszüge sind, unter Modernisierung von Rechtschreibung und Zeichensetzung, zuerst 1938 von Friedrich Fontane in seinem »Bilderbuch aus England« veröffentlicht worden (S. 115-132). Diese Fassung ist 1963 im wesentlichen unverändert in die Nymphenburger Fontane-Ausgabe übernommen worden, die wiederum als Druckvorlage für den hier gebotenen Text gedient hat. Einige offenkundige Druckfehler wurden korrigiert.

Der dort gebotene Text konnte jedoch um zwei ausführliche Eintragungen vom 27. Oktober und 14. Dezember 1855 ergänzt werden, die am 13. Juli 1924 in der »Deutschen Allgemeinen Zeitung« (1. Beiblatt) veröffentlicht worden sind und die trotz der irreführenden Bezeichnung als »Unveröffentlichte Theaterbriefe« aus dem Tagebuch stammen, wie der anonyme Herausgeber in seiner Vorbemerkung auch ausdrücklich feststellt. Die in der Rechtschreibung modernisierte Textfassung dieser Publikation wird hier unverändert wiedergegeben.

Tagebuch vom 14. Dezember 1855 – 4. Oktober 1858 (S. 62 bis 353 dieser Ausgabe): Die beiden Originalbände im Quartformat befinden sich im Besitz des Theodor-Fontane-Archivs in Potsdam und werden hier zum ersten Mal publiziert. Die Entscheidung für einen diplomatischen, wort- und zeichengetreuen Abdruck erschien um so mehr geboten, als die Handschrift streckenweise stark verblaßt ist und zahlreiche Wasserflecken sowie andere Beschädigungen aufweist. Bereits jetzt sind ganze Passagen nur noch mit Hilfe einer Speziallupe zu entziffern und einzelne Stellen gar nicht mehr. Auf Grund unsachgemäßer Konservierungsmaßnahmen in der Vergangenheit dürfte das Autograph, nach Aussage von Experten, in Zukunft immer schwerer zu lesen sein.

Das im 19. Jahrhundert gebräuchliche Zeichen für Reichstaler wird in der vorliegenden Edition durchgehend als »Rthr.« wiedergegeben. Die Kennzeichnung von Doppelkonsonanz durch einen Strich wurde aufgelöst. Ebenfalls nicht im Druck angezeigt wird, wo Fontane bei fremdsprachigen Ausdrücken und Passagen von der deutschen zur lateinischen Schrift wechselt, während Unterstreichungen im Manuskript kursiv wiedergegeben werden. Mit Ausnahme eines nicht mehr reproduzierfähigen Stückes (vgl. Anm. zum 22.5.56) werden alle in das Tagebuch eingeklebten Text- und Bilddokumente an den entsprechenden Stellen wiedergegeben. In den Anmerkungsteil sind außerdem noch einige weitere Abbildungen aufgenommen worden.

Achtundzwanzig lose Zeitungsausschnitte mit Korrespondenz- und Feuilletonartikeln Fontanes aus der »Kreuzzeitung« und der »Zeit« der Jahre 1856/57, die den Originaltagebüchern ursprünglich beilagen, werden im FAP jetzt separat aufbewahrt und sind verzeichnet bei Joachim Schobeß, Die Bibliothek Theodor Fontanes, in: FBl, Bd. 2, Heft 8, 1973, S. 557 f.

Für die Zeiträume vom 4. August bis zum 27. September 1856 und vom 7. Mai 1857 bis zum 29. August 1857 sowie an einigen kürzeren Stellen ist das Tagebuch nach Diktat oder nach handschriftlichen Notizen Fontanes von seiner Frau Emilie niedergeschrieben worden. In diesen Passagen, die im Abdruck jeweils gekennzeichnet sind, wurden offensichtliche Rechtschreibfehler verbessert, zumal bei Personennamen, englischen Wörtern und Londoner Lokalitäten, die Fontane wohlvertraut waren, ihr aber fremd geblieben sind. Auch die Datumsangaben in den von Emilie geschriebenen Passagen des Manuskripts wurden standardisiert und fehlende Doppelkonsonanten eingefügt.

Exzerpte aus den verschollenen Tagebüchern 1854/55 und 1858: Für die Einträge zum 8. November und 4. Dezember 1858 (S. 353) sowie die Exzerpte aus den Jahren 1854/55 (S. 357-362) vgl. die editorische Vorbemerkung auf S. 355.

KOMMENTAR

Da die Tagebücher über weite Strecken zeit-, lebens- und werkgeschichtliche Fakten in spartanischer Kürze registrieren, haben Kommentar und Register für den Leser eine bedeutsame Erschließungsfunktion. Um die Fülle der zum Verständnis notwendigen Informationen über *Personen* und *Periodika* zu bündeln, sind diese in *zwei kommentierten Registern* zusammengefaßt, die jeweils zur Erstinformation herangezogen werden sollten. In beiden Verzeichnissen wird das Schwergewicht der Angaben jeweils auf die 1850er Jahre gelegt. Für die Prinzipien, nach denen das von der üblichen Praxis abweichende Register der *Werke Fontanes* angelegt ist, vgl. die Vorbemerkung auf S. 741. Um die Anzahl von Querverweisen im Kommentar zu reduzieren, folgt am Schluß des Bandes ein Verzeichnis der häufiger erwähnten *Lokalitäten und Institutionen.* Die darin enthaltenen Begriffe werden an den einzelnen Stellen dann nicht weiter kommentiert. Die *Anmerkungen* enthalten im wesentlichen Informationen zu Sachzusammenhängen sowie zu Fontanes epistolarischem, journalistischem und literarischem Werk.

Alle identifizierbaren Fontane-Texte, auf die im Tagebuch Bezug genommen wird, sind in den Anmerkungen nachgewiesen, und zwar jeweils mit ihrem ersten Druckort sowie dem Verweis auf eine heute leicht zugängliche Ausgabe. Bei erhaltenen Fontane-Briefen wird auf das Briefverzeichnis (FBV) verwiesen, wo alle Druckorte bzw. die Fundorte der Autographen nachgewiesen sind. Nicht erhaltene Briefe werden übergangen. Wo wörtlich zitiert wird, erschien es in Anbetracht der editorischen

Situation empfehlenswert, für die journalistischen und Feuilletonartikel auf die in dieser Hinsicht vollständigste Sammlung der Nymphenburger Fontane-Ausgabe (NFA) zurückzugreifen, für die Briefe auf die Hanser-Ausgabe (HFA) und für die Lyrik sowie für die »Autobiographischen Schriften« auf die Aufbau-Ausgabe (AFA). Wo Hinweise auf einen Wiederabdruck fehlen, handelt es sich um bei der Vorbereitung dieser Edition gemachte Neuentdeckungen bisher unbekannter Arbeiten Fontanes. Dies gilt namentlich für seine gesamte englischsprachige Publizistik, aber auch für eine kleinere Anzahl deutscher Texte.

Was die Sacherläuterungen angeht, so wurde im allgemeinen nicht kommentiert, was sich mit Hilfe eines englischen Wörterbuchs, eines Reiseführers von London und eines Konversationslexikons verstehen läßt. Auf fremdsprachige Passagen und die Sehenswürdigkeiten der britischen Hauptstadt wird mithin nur eingegangen, wo es aus besonderen Gründen geboten erschien. Spezifika des Viktorianischen London hingegen, namentlich gastronomische und Vergnügungsbetriebe sowie verschwundene Gebäude und Institutionen, werden nach Möglichkeit näher erläutert. Nicht alle im Tagebuch angesprochenen Sachverhalte konnten jedoch in wünschenswerter Weise aufgeklärt werden, und die Identität verschiedener mit Fontane näher bekannter Personen ist intensiven Bemühungen zum Trotz ein Rätsel geblieben. Für künftige Editoren und Kommentatoren eröffnet sich hier noch ein weites Feld.

In die nachfolgende Bibliographie sind lediglich die von den Herausgebern benutzten Ausgaben von Fontanes Schriften und Briefen aufgenommen worden sowie einige häufiger zitierte Werke aus der Sekundärliteratur. In den Anmerkungen werden punktuell noch weitere Titel angeführt, doch kann die lange Reihe der darüber hinaus konsultierten Arbeiten, insbesondere der biographischen Nachschlagewerke, hier im einzelnen keine Erwähnung finden.

Dank

Unter den zahlreichen Personen und Institutionen, die das Erscheinen dieser Ausgabe ermöglicht haben, muß neben dem Ministerium für Wissenschaft, Forschung und Kultur des Landes Brandenburg an erster Stelle das Theodor-Fontane-Archiv genannt werden, das großzügigerweise die beiden in seinem Besitz befindlichen Originalhandschriften der Tagebücher für die Jahre 1855 bis 1858 zur Verfügung stellte. Darüber hinaus hat sein Leiter, Dr. Manfred Horlitz, den Herausgebern nicht nur vor Ort in Potsdam, sondern auch schriftlich und telefonisch immer wieder mit Auskünften und anderen Hilfeleistungen zur Verfügung gestanden. Dieser Dank erstreckt sich auch auf die übrigen Mitarbeiter des Fontane-Archivs, die bei der Kollationierung des Textes geholfen und überhaupt auf jede Weise eine zügige Fertigstellung der Edition ermöglicht haben.

Zu Dank verpflichtet sind die Herausgeber ferner dem Geheimen Staatsarchiv – Preußischer Kulturbesitz, das alle für die Kommentierung benötigten Dokumente kurzfristig zugänglich gemacht hat, obwohl es sich ausschließlich um Akten aus dem Merseburger Bestand handelte, dessen Rückführung nach Berlin während der Arbeit an diesem Band noch nicht abgeschlossen war. Nicht minder dankbare Anerkennung verdienen auch die bereitwillig erteilten Auskünfte des Werksarchivs des Georg Westermann Verlages, Braunschweig, des Stadtarchivs München und des Politischen Archivs des Auswärtigen Amtes, Bonn.

An Londoner Bibliotheken, ohne deren Benutzung die Erstellung des Kommentars unmöglich gewesen wäre, sind vor allem die British Library zu nennen sowie die Guildhall Library und das Institute of Germanic Studies. Ein ganz besonderer Dank gebührt dem Deutschen Historischen Institut London, das im Haus Bloomsbury Square Nr. 17 untergebracht ist, dem ehemaligen Gebäude der Pharmaceutical Society of Great Britain, in dem Fontane so häufig verkehrte, während sein Freund Juliu Schweitzer dort beschäftigt war. Die Kombination von reichhaltigen Bibliotheksbeständen, technischer Assistenz und persönlicher Zuwendung hat die Arbeit dort nicht nur erfolgreich, sondern auch angenehm sein lassen.

Aus der Vielzahl von Freunden und Kollegen, die mit Auskünften und anderen Hilfeleistungen zur Vervollständigung de Kommentars beigetragen haben, sind namentlich hervorzuheben die Damen und Herren William Abbey (London), Peter Alter (London), Rainer Bachmann (München), Roland Berbig (Berlin), Ruth Freydank (Berlin), Matthias Hengelbrock (Göttingen), Walter Hettche (München), Michael Kauffmann (London), Hans-Werner Klünner (Berlin), Barbara Lester (London),

Barbara Mockert (London), Irina Rockel (Neuruppin), Michael Slater (London), Gunther Spillner (Bonn) und Jörg Thunecke (Nottingham). Ihnen und auch allen ungenannten Helfern sei an dieser Stelle nochmals herzlich gedankt.

Die letzte Anerkennung für ihren Beitrag zum Erscheinen dieses Bandes, aber keineswegs die geringste, gilt Herrn Dr. Gotthard Erler, dem Generalherausgeber der »Großen Brandenburger Ausgabe« und Programmchef des Aufbau-Verlages, sowie Frau Magdalena Frank, die das Lektorat mit Umsicht und Geduld betreut hat, und Herrn Günter Prust für die Fotoarbeiten.

London, im September 1994 *Charlotte Jolles*
Rudolf Muhs

Benutzte Literatur und Verzeichnis der Abkürzungen

Bibliographie

Werke und Briefe Theodor Fontanes

Theodor Fontane, Autobiographische Schriften. Bd. 2: Von Zwanzig bis Dreißig, hrsg. von Peter Goldammer, Aufbau-Verlag Berlin und Weimar 1982.

Theodor Fontane, Gedichte. Hrsg. von Joachim Krueger und Anita Golz. 3 Bände, Aufbau-Verlag Berlin und Weimar 1989.

Theodor Fontane, Briefe. Hrsg. von Otto Drude und Helmuth Nürnberger. Bd. 1, Carl Hanser Verlag München 1976.

Theodor Fontane, Sämtliche Werke. Hrsg. von Edgar Groß, Kurt Schreinert, Rainer Bachmann, Charlotte Jolles, Jutta Neuendorff-Fürstenau und Peter Bramböck. Abteilung III, Nymphenburger Verlagshandlung München 1959 ff.

Die Briefe Theodor Fontanes: Verzeichnis und Register. Hrsg. von Charlotte Jolles und Walter Müller-Seidel, bearbeitet von Rainer Bachmann, Walter Hettche und Jutta Neuendorff-Fürstenau. München 1988.

Ein englisches Tagebuch von Theodor Fontane, in: Neue Rundschau, Jg. 25, Heft 10, 1914, S. 1385–1408.

Fontanes Briefe in zwei Bänden. Hrsg. von Gotthard Erler. Aufbau-Verlag Berlin und Weimar ²1980.
Die Fontanes und die Merckels. Ein Familienbriefwechsel, 1850 bis 1870. Hrsg. von Gotthard Erler. Berlin und Weimar 1987.
Theodor Fontane und Bernhard von Lepel. Ein Freundschaftsbriefwechsel. Hrsg. von Julius Petersen. 2 Bde, München 1940.
Friedrich Fontane (Hrsg.), Bilderbuch aus England. Berlin 1938.
Friedrich Fontane (Hrsg.), Heiteres Darüberstehen. Berlin 1937.
Hermann Fricke, Emilie Fontane. Familienbriefe/Neue Folge, mit unveröffentlichten Gedichten und Briefen von Theodor und Emilie Fontane. Rathenow 1937.

Sonstige Literatur

Edgar Bauer, Konfidentenberichte über die europäische Emigration in London 1852–1861. Hrsg. von Erik Gamby. Trier 1989.
Charlotte Jolles, Fontane und die Politik. Ein Beitrag zur Wesensbestimmung Theodor Fontanes. Berlin ²1988.
Charlotte Jolles, Konfidentenberichte Edgar Bauers über den »Preußischen Agenten« Fontane: eine überraschende Entdeckung, in: FBl., Heft 50, 1990, S. 112–120.
London by Night, or The Bachelor's Facetious Guide to All the Ins and Outs and Nightly Doings of the Metropolis including celebrated chop-houses, wine & supper rooms etc., to which is added London by Day, with its exhibitions, clubs, billard rooms, gymnasia, boxiana etc. and a budget of valuable sporting and general information, with characteristic illustrations. London o. J. [1857].
Ben Weinreb und Christopher Hibbert (Hrsg.), The London Encyclopaedia. Revised Edition. London 1993.
Karl Ringhoffer (Hrsg.), Im Kampfe für Preußens Ehre. Aus dem Nachlaß des Grafen Albrecht v. Bernstorff und seiner Gemahlin Anna geb. Freiin v. Koenneritz. Berlin 1906.
Kurt Wappler, Regierung und Presse in Preußen. Geschichte der amtlichen preußischen Pressestellen 1848–1862. Leipzig 1935.

Verzeichnis der Abkürzungen

Adlerzeitung	Preußis
AFA	Fontane-A
Bauer	Edgar B
Bernstorff	Karl Rı
	Preußens
	Grafen Alb
Bilderbuch	Friedrich
	England
Erler	Fontanes B
	von Gotth
FAP	Theodor-
FBl.	Fontane-B
FBV	Die Briefe
	und Regı
FL	Theodor F
FM	
Fricke	
GStA PK	
HD	
HFA	
Kreuzzeitung	
LN	
LE	
NFA	
Vossische Zeitung	

ANMERKUNGEN

1852

TAGEBUCH FÜR LOUIS HENRI FONTANE

1.7.52

Deine Forstkandidaten – Es dürfte sich um Bekannte von Fontanes Vater in Eberswalde gehandelt haben (wo bis heute eine Forstakademie besteht), die mit dem Oberförster Triepcke im schlesischen Liegnitz Verbindung hatten, dem Ehemann von Emilie Fontanes leiblicher Mutter.

200 deutsche Meilen von Neustadt – Gemeint ist Neustadt-Eberswalde (wie Eberswalde bis 1876 offiziell hieß), nordöstlich von Berlin, wo Fontanes Vater nach der Trennung von seiner Frau eine Zeitlang lebte. Eine deutsche Meile betrug ca. 7,5 km.

erfahren, daß Du mich getadelt haben sollst – In einem Brief vom 26. Juni 1852 hatte Emilie Fontane, die sich gerade zu Besuch bei ihrer Mutter aufhielt, ihren Mann in London gewarnt: »Bedenke Dich ja noch, ob Du auch Deinem Papa Dein Tagebuch schicken kannst, er hat bereits Dinge in Neustadt geredet, die ich in Liegnitz zu meinem großen Verdruß wiederhören mußte« (Fricke, S. 27). Wenn Fontane dahinter eine väterliche Kritik an seiner Reiserei vermutete, so war dies ein Mißverständnis. Das geht aus einem späteren Brief Emilies vom 14. Juli 1852 hervor, in dem sie von der Reaktion ihres Schwiegervaters auf das ihm übersandte Tagebuch berichtet. Er habe »großes Vergnügen u. Freude beim Lesen Deiner Erlebnisse gehabt, weil er daraus eigentlich schon deutlich ersehe, daß wir ganz nach England übersiedeln würden u. ein die bescheidenen Grenzen überschreitendes sort dort finden würden! Du lieber Himmel! Dieser Art, nicht Dich irgendwie anklagend, sondern wie damals, Du seist der erste Balladendichter Deutschlands, waren auch die Bemerkungen, die mir über Dich von ihm in Liegnitz zu Ohren gekommen sind, die Dir aber meiner Ansicht nach mehr schaden als Tadel oder dergleichen.« (FAP)

15.4.52

Parthie Billard mit Heinrich – Fontanes Aachener Vetter Heinrich Labry begleitete den Englandreisenden bis nach Ostende. *früher die Residenz der Fürstbischöfe* – Bis zur Annexion durch das republikanische Frankreich im Jahre 1795 hatte Lüttich ein geistliches Fürstentum im Rahmen des Heiligen Römischen Reiches Deutscher Nation gebildet. Das aus dem 16. bis 18. Jahrhundert stammende und in den Jahren 1848 bis 1856 teilweise erneuerte Gebäude dient seither vor allem als Justizpalast und Sitz der Provinzregierung.

16.4.52

Gemälde Gallerie des Herrn Vandenschrieck – Bei B. Rubens, Handbuch für Reisende durch Belgien, nebst den Reiserouten nach Cöln, Paris und London, Brüssel 1845, S. 37, heißt es, die Sammlung stehe »jedem anständigen Reisenden, auch ohne besondere Empfehlung, offen. Sie besteht nur etwa aus 100 Gemälden, aber alles ausgesuchte Stücke der großen Meister der flämischen und holländischen Schule«. Verschiedene Formulierungen und Details in Fontanes Tagebuch, vor allem auch die Angabe der französischsprachigen Bezeichnungen für viele Lokalitäten, lassen vermuten, daß dieser Reiseführer von ihm benutzt worden ist.

17.4.52

Büsten der Herzöge von Brabant – Das mittelalterliche Herzogtum Brabant, das den Norden und Osten des heutigen Belgien sowie den Süden der Niederlande umfaßte, gelangte durch Heirat im Jahre 1390 an die Herzöge von Burgund und 1430 an die Habsburger. Die Regierungszeiten der von Fontane genannten Herrscher umspannen die Blütezeit Brabants im 15. und 16. Jahrhundert, die zugleich einen Gipfelpunkt der niederländischen Kultur markierte.

19.4.52

Cirque olympique (Wollschläger) – Das älteste Zirkusunternehmen der Neuzeit, 1774 in Paris begründet und vor allem bekannt für Pferdeakrobatik und Militärszenen, scheint damals gerade in Antwerpen gastiert zu haben. Im Programm eines »Cirque

Equestre« trat der Kunstreiter Eduard Wollschläger später auch wiederholt in Berlin auf.

20./21.4.52

an der Coupure (von couper) – »Der besuchteste Spaziergang Gents ist längs dem mit Bäumen bepflanzten Canal, welcher die Lys mit dem Brügger-Canal in Verbindung setzt und den Namen la Coupure führt; gegraben im Jahre 1758« (Rubens, S. 70).
La beguinage – Fontanes Feuilleton »Der Begynenhof in Gent« erschien zuerst in der »Adlerzeitung« Nr. 131 vom 8. Juni 1852 und wurde 1854 in das Kapitel »Zu Haus« von »Ein Sommer in London« integriert (NFA XVII, S. 34–37).
Bellfroid – Idiosynkratische Schreibweise Fontanes für das im Französischen »beffroi« und auf deutsch »Belfried« genannte Bauwerk. Es handelt sich um einen 110 m hohen Glockenturm, auf dem sich statt einer Wetterfahne ein vergoldeter Drache von der Größe eines Ochsen drehte.

22.4.52

Zur Gemäldeausstellung – Fontane berichtete darüber in der »Adlerzeitung« Nr. 126 vom 2. Juni 1852 u. d. T. »Eine Kunstausstellung in Gent« (NFA XXIII/1, S. 9–12).
Alfred Hunin – Richtig: Pierre Paul Alois Hunin.
auf der sogen. Todtenkammer – Abschätzige Bezeichnung für einen Raum der Berliner Akademie der Künste, in dem nicht zur Ausstellung angenommene Werke aufbewahrt wurden.
wie ein alter Seemann ... geschnapert – Das »Bilderbuch aus England« bietet an dieser Stelle die Lesart »geschnappert«. Weder »schnapern« noch »schnappern« sind jedoch bei Grimm, Deutsches Wörterbuch, belegt, wohl aber »schnuppern, schnoppern«; im Deutschen Wörterbuch von Weigand findet sich auch »schnopern« als »mit wiederholtem Einziehen des Atems beriechen« (Faust I, Szene Walpurgisnachtstraum, Vers 4321).

23.4.52

für 27 Long Acre angeworben – Fontanes Erlebnisse in diesem Lokal, einem Treffpunkt der deutschen politischen Flüchtlinge von 1848/49, gingen ein in das Kapitel »Long Acre 27« von »Ein Sommer in London« (NFA XVII, S. 12–17); vgl. auch Fontanes Brief an seine Mutter vom 28./29. April 1852 (FBV 52/22).

Hanauer Frei-Corps – Die Hanauer Turnerwehr hatte sich im Mai 1849 als Freiwilligeneinheit den badischen Revolutionstruppen angeschlossen und gegen die preußische Interventionsarmee gekämpft, was die große Anzahl von kurhessischen Flüchtlingen in London erklärt.
den Wunsch, ein zweiter Carl Schurz ... zu sein – Die spektakuläre Befreiung des als Dichter weithin bekannten Gottfried Kinkel aus der Festung Spandau und seine Flucht nach England hatten im November 1850 ungeheure Sensation erregt. Verglichen damit fiel das Echo auf den im Februar 1852 erfolgten Ausbruch des radikalen Journalisten Gottlieb Theodor Kellner aus seinem Kasseler Gefängnis bescheiden aus, da er nur eine Lokalgröße gewesen war und die kurhessische Armee, der seine Bewachung oblag, auch nicht gerade im Rufe preußischer Effizienz stand. Kellners Fluchthelfer Friedrich Zinn, der sich als gewöhnlicher Rekrut in die Wachmannschaft vorzuarbeiten gewußt hatte, stieg im Londoner Exil zum Präsidenten des Arbeiterbildungsvereins auf und begründete 1859 den »Bund deutscher Männer«.
Adelaide Hotel – 7 Adelaide Place, auf der Nordseite von London Bridge; Fontanes Unterkunft bei seinem ersten Londonaufenthalt 1844.
4 Gerichtshöfe besucht – Nicht genannt werden der Court of Chancery und der Court of Exchequer; alle vier waren auf der Westseite von Westminster Hall gelegen, die ihnen als gemeinsames Foyer diente.
»The bohemian girl« gesehen – 1843 uraufgeführte Oper des anglo-irischen Komponisten Michael William Balfe (1808–1870), die in Deutschland unter dem Titel »Die Zigeunerin« bekannt geworden ist.

24.4.52
Hyde-Park, Glaspallast – Das in seiner Konstruktion bahnbrechende Ausstellungsgebäude aus Gußeisen und Glas, üblicherweise »Kristallpalast« genannt, war für die erste Weltausstellung 1851 nach Plänen von Sir Joseph Paxton (1801–1865) errichtet worden. Fontanes Feuilleton »Ein Gang durch den leeren Glaspalast« erschien in der »Adlerzeitung« Nr. 121 vom 26. Mai 1852; wiederabgedruckt in »Ein Sommer in London« (NFA XVII, S. 10 f.).

25.4.52
Einen Feuilleton-Artikel geschrieben – Vermutlich derjenige über den Besuch im Kristallpalast am Vortag; vgl. Anm. zum 24.4.52.

26.4.52
Nach Crutched Friars; Herrn Witte gefunden – Möglicherweise ein Verwandter von Fontanes Freund Friedrich Witte in Berlin, doch ergab sich in der Folge keine weitere Beziehung zu ihm. »Crutched Friars« ist eine Straße in der City.
gleich in demselben Hause gemiethet – 14 Burton Street (heute: South Eaton Place), wo Fontane dann bis zum 1. Juni 1852 wohnen blieb. Wie er aber bereits am 29. April an seine Mutter schrieb, war der Preis »einmal überhaupt (für einen norddeutschen Geldbeutel) kolossal und ... in specie unverschämt für das was geboten wird«. Vor allem empörte ihn, daß er kein regelrechtes englisches Frühstück erhielt, sondern nur »eine Blechkanne mit trüber, mäßig-starker Lurke gefüllt, – fabelhaftes Zeug das den Namen ›Milch‹ usurpirt, Zucker und Weißbrot« (HFA, Briefe 1, S. 233).

28.4./5.5.52
Empfehlungsbriefe ... an Miß Jane Wight – Die damit eingeleitete Bekanntschaft wird ausführlich behandelt in dem Kapitel »Miß Jane« von »Ein Sommer in London« (NFA XVII, S. 142 bis 146). Jane Wight, die mit ihren Eltern lange Jahre in Deutschland gelebt und als Gouvernante die Bekanntschaft von Henriette von Merckel gemacht hatte, läßt sich auch 1857 wieder in Berlin nachweisen (HFA, Briefe 1, S. 572).
an Miß Mary Whitelaw (durch Kette und Frau v. d. Goltz) – Daß Fontane am 13. Mai 1852 an Emilie schrieb, er habe diesen Empfehlungsbrief »durch Kette von Frau v. d. Goltz« erhalten (HFA, Briefe 1, S. 247), macht die Sache auch nicht klarer. Wer Frau von der Goltz war, ist ebenso ungewiß wie die Frage, von welchem der beiden Tunnelfreunde Fontanes, Hermann oder Karl Kette, hier die Rede ist.
an Frl. Henriette Lewald (durch Frl. Fanny Lewald) – Mit Fanny Lewald, die 1851/52 ein zweibändiges Reisetagebuch aus »England und Schottland« vorgelegt hatte, war Fontane seit mehreren

Jahren bekannt. Vor seiner Fahrt nach London hatte er sie brieflich um Ratschläge und Empfehlungsschreiben gebeten, worauf sie in einem Schreiben vom 19. März 1852 auch eingegangen war (Abschrift im FAP). So kam Fontane dazu, für Fanny Lewalds jüngere Schwester Henriette »durch belgische und englische Douane hindurch allerhand Schnurrpfeifereien einschmuggeln« zu müssen, was ihn, als die Empfängerin mit keinem Wort auf deren Übersendung oder den beigefügten Empfehlungsbrief reagierte, zu dem Kommentar veranlaßte: »Am Ende sind die ›Schwestern‹ noch schlimmer als die Blaustrümpfe selbst« (HFA, Briefe 1, S. 260).

an Robert Pries, Esq. (durch Eggers) – Bei dem aus Rostock gebürtigen Londoner Geschäftsmann handelte es sich um einen Vetter von Fontanes Berliner Tunnelfreund Friedrich Eggers. Nachdem der Kontakt einmal hergestellt war, wurde das gastfreundliche Haus der Familie Pries zu einem bevorzugten Besuchsziel Fontanes, wo er ab Mitte Mai 1852 ziemlich regelmäßig seine Sonntagabende verbrachte.

›Ooch Schuster!‹ oder feiner: Anch' io sono pittore – Der Tenor dieser beiden Redensarten, die ausdrücken, daß zwei Personen das gleiche Gewerbe betreiben, ist allerdings nicht ganz derselbe. Der berlinische Ausdruck hat etwas Herablassendes und beinhaltet einen Anspruch auf Gleichrangigkeit. In dem italienischen Satz dagegen liegt ein Gefühl von Minderwertigkeit, wie sie Corregio (1494–1534) empfand, der beim Anblick von Raffaels Darstellung der heiligen Cäcilie beschämt gestanden haben soll, auch er sei Maler.

Unsre Werke ausgetauscht – Du Rieux hatte nur sein druckfrisches Opus »Aus den Bergen« anzubieten (vgl. Anm. zum 6.5.52), während Fontane immerhin mit zwei Titeln aufwarten konnte, dem 1850 publizierten Romanzenzyklus »Von der schönen Rosamunde« und seinen »Gedichten« aus dem Jahre 1851.

Abends im Evans Keller – Für Fontane war dieses Erlebnis der Beweis, »daß der englische Geschmack mittelmäßige Musik nicht nur erträgt, sondern sie auch sucht«. Das Nähere enthält sein Feuilletonartikel »Die Musikmacher« in der »Adlerzeitung« Nr. 169 vom 22. Juli 1852; Wiederabdruck in »Ein Sommer in London« (NFA XVII, S. 26 f.).

6.5.52

sehr guter Chambertin – Chambertin, ein roter Burgunder, gilt als eine der besten Weinsorten überhaupt.

Wer war du Rieux? – Näheres über die Vorgeschichte dieses Mannes, der möglicherweise aus der Stettiner französischen Kolonie stammte, läßt sich auch aus seiner Personalakte bei der Berliner Zentralpressestelle, für die er ab 1854 tätig war, nicht entnehmen (GStA PK, Rep. 77, Tit. 944 D, Nr. 2). Fontane war durch einen gewissen Herrn Lange an ihn empfohlen worden (HFA, Briefe 1, S. 232), während es möglicherweise seine Empfehlung war, die du Rieux später zur Anstellung in Berlin verhalf.

in seinem Gedichtbuch »aus den Bergen« – 1852 in London auf Kosten des Verfassers »als Manuskript gedruckt«. Es enthält auf 150 Seiten ein mit »Ossians letzter Tag« überschriebenes Versepos, die Romanze »Alfred und Adele« sowie zwei kürzere Dichtungen.

7.5.52

Herrn Alberts gesprochen – Fontanes Urteil über Maurice Alberts, mit dem er bei seinem dritten Englandaufenthalt nicht nur dienstlich oft zu tun hatte, sondern auch privat engen Umgang pflegte, fiel später freundlicher aus.

Gnadengeschenk von der Herzogin von Kent – Die aus Coburg gebürtige Mutter der Königin Victoria, die erst als über dreißigjährige Witwe im Jahre 1818 nach Großbritannien gekommen war und bereits 1820 auch ihren zweiten Mann, den vierten Sohn König Georgs III., verloren hatte, ist vielfach als Förderin deutscher Zwecke in England hervorgetreten.

8.5.52

die Kapelle Heinrich des VII^{ten} – Ihres spätgotischen Fächergewölbes wegen einer der architektonisch eindrucksvollsten Teile von Westminster Abbey und seit ihrer Fertigstellung im Jahre 1519 weithin als »orbis miraculum« gerühmt, worauf Fontane hier anspielt.

die Parlamentshäuser mit Muße und Behagen umkreist – Nachdem ein Großfeuer 1834 den alten Palast von Westminster vernichtet hatte, war 1837 mit dem Wiederaufbau im neugotischen

Stil nach Plänen von Charles Barry begonnen worden. Zur Zeit von Fontanes erstem Londonbesuch 1844 war das Projekt allerdings noch nicht sehr weit gediehen gewesen, so daß ihm so gut wie alles, was er jetzt sah, unbekannt war. Das neue Parlamentsgebäude war freilich nach wie vor eine Baustelle und blieb es, bis 1860 als letzter Teil auch der südliche Victoria Tower eingeweiht werden konnte; vgl. auch die Tagebucheinträge vom 1. und 9. Juni 1858 mit Anm.

11.5.52
Beim kleinen Very gegessen – Vgl. auch das Kapitel »Very, le Pays und die tönernen Füße Englands« in »Ein Sommer in London« (NFA XVII, S. 162–166). Fontane hatte diese Arbeit bereits kurz nach seiner Rückkehr aus London am 14. November 1852 als erstes Prosastück im »Tunnel« vorgetragen und dafür das Prädikat »sehr gut« erhalten.
an Lepel geschrieben – Datiert vom 10.–15. Mai 1852; FBV 52/24.
Besuch empfangen von Alexander Jacoby – Auch an ihn war Fontane aus Berlin empfohlen worden. Obwohl die beiden in der Folge recht häufig miteinander verkehrten, läßt sich über Jacobys Identität nichts weiter feststellen, als daß er jung, reich und Kaufmann war. In einem Brief an seine Frau beschreibt Fontane ihn als »ein harmloses, nicht allzu geistreiches Thier, dem ich ... besonders dafür dankbar bin, daß er mir, behufs besserer Erlernung der Sprache, den Vorschlag machte, ›in eine Familie zu ziehn‹« (HFA, Briefe 1, S. 247 f.).

12.5.52
freundlich empfangen, – wird wohl seine Gründe haben – Daß Fontane Bunsen gegenüber trotz aller ihm erwiesenen Freundlichkeiten befangen blieb, hing mit den politischen Grabenkämpfen in Berlin zusammen. Der preußische Gesandte in London, ein enger persönlicher Freund Friedrich Wilhelms IV., war politisch der konservativ-konstitutionellen Wochenblattpartei unter Moritz August von Bethmann-Hollweg (1795–1877) verbunden, die in Opposition zum neoabsolutistischen Reaktionskurs der Regierung Manteuffel stand und mehr noch zu dessen altständischen Kritikern in der »Kreuzzeitung« um Ernst Ludwig von Gerlach und Friedrich Julius Stahl. Nun hatte aber, wie Fontane am 15. Mai 1852 an Lepel schrieb, Wilhelm von Merckel

in seinem Empfehlungsschreiben an Bunsen »mich ihm als Gesinnungsgenossen vorgestellt und als Consequenz davon meine Beziehungen zur ministeriellen Presse verschwiegen«. Fontane hegte die Vermutung, daß Bunsen ihn als journalistischen Helfer »zur Abwehr von Angriffen der Kreuzzeitungs-Parthei« gewinnen wolle, fragte sich aber, ob er auch »(trotz persönlicher und politischer Sympathien für die Parthei B. H.) das Recht habe, eine solche Rolle, gleichsam nebenbei, mit zu übernehmen«. Als Angestellter der Zentralpressestelle befürchtete er, dadurch in eine schiefe Stellung zu seinen Berliner Arbeitgebern zu geraten, denn: »Wenn Bunsen B. H.ianer ist, so ist er notwendig ein Gegner Manteuffels, so wie dieser ein Gegner von ihm und ich kann und darf alsdann nichts schreiben zur Abwehr von Angriffen, die zwar den Fabrikstempel Stahl-Gerlach tragen, au fond aber in der Manteuffel-schmiede fabricirt wurden« (FL II, S. 11 f.). In seinem Antwortbrief versuchte Lepel, Fontane seine Skrupel auszureden. Ein publizistisches Eintreten für den preußischen Gesandten in London könne »einer Feder, die sich der Regierung verschworen hat, keineswegs zur Last gelegt werden«. Dem König werde es vermutlich sogar gefallen, und was der Ministerpräsident »im Herzen« von Bunsen halte, brauche Fontane nicht zu kümmern, da die offiziöse »Preußische Zeitung« entschieden gegen die »Kreuzzeitung« Stellung nehme. In jedem Falle aber soll er, »wenn B. Dich wirklich zu nutzen im Sinn hat, ... die Gunst eines solchen Mannes nicht Herrn Quehl zu Liebe dran geben« (FL II, S. 17 f.). Fontane ließ sich jedoch nicht überzeugen und blieb zu Bunsen auf Distanz.

in's Coliseum (Regents Park) – Richtig: Colosseum; Rotunde nach dem Muster des römischen Pantheons, errichtet 1824/27 am Rande von Regent's Park für die Ausstellung von perspektivischen Rundgemälden, sogenannten Panoramen; »Paris by Moonlight« und »A view of Lake Thun« waren damals neu im Programm. Zu den Nebenattraktionen des Colosseums gehörten ein Skulpturenmuseum und das 1848 neu errichtete Zyklorama, ein Vorführsaal, in dem durch Maschineneinsatz die Illusion bewegter Bilder erzeugt wurde und wo Fontane eine Revue der Weltausstellung von 1851 sah. Der gesamte Colosseumkomplex wurde 1875 abgerissen.

15.5.52

Feuilleton-Artikel angefangen – Vermutlich einer der vier am 26. Mai 1852 an die Zentralpressestelle eingeschickten Beiträge; vgl. Anm. zum 26.5.52.
Freundlich empfangen durch Rob. Pries – Eine ausführliche Schilderung dieses Abends gibt Fontane in seinem Brief an Friedrich Eggers vom 2. Juni 1852 (HFA, Briefe 1, S. 260 ff.).

18.5.52

in's Princeß-Theater um »King John« zu sehn – Im unmittelbaren zeitlichen Umfeld des Theaterbesuchs läßt sich eine Besprechung dieser Aufführung zwar nicht nachweisen, doch finden sich ausführliche Bemerkungen über »King John« im Princess's Theatre in Fontanes Shakespeare-Aufsätzen in der »Zeit« von 1858, die 1860 in seine Studien »Aus England« eingingen (NFA XXII/3, S. 51–54).

22.5.52

ein englisches Gedicht (von Fanny Kemble) zum Uebersetzen
Die »Akademie der Themseschiffer«, dem Anschein nach eine literarische Vereinigung, der Bunsen angehörte, hatte eine Übersetzung des Gedichts »The Parting« (so der richtige Titel) als Preisaufgabe ausgeschrieben. Für die Vorlage und Fontanes deutsche Nachdichtung u. d. T. »Scheiden«, die allerdings für eine Teilnahme am Wettbewerb zu spät einging, vgl. NFA XVII, S. 659 f.
Aufforderung zur Betheiligung an einer Ballade: »Birkenhead« – Das Thema war ebenfalls von den »Themseschiffern« zur Konkurrenz ausgeschrieben worden, im Gedenken an das englische Truppenschiff »Birkenhead«, das im Frühjahr 1852 vor Südafrika Feuer gefangen hatte und mit 454 Menschen an Bord untergegangen war. Die Prämierung war für den 30. Mai festgesetzt, doch hat Fontane allem Anschein nach kein Gedicht eingereicht.
Plan den »Brand der Amazone« als Stoff zu benutzen – Der englische Postdampfer »Amazone«, der zwischen Southampton und der Karibik verkehren sollte, war in der Nacht des 3. Januar 1852 auf seiner Jungfernfahrt in der Nähe der Scillyinseln in Brand geraten. Der Kapitän Symons gab zu spät die Erlaubnis zum Be-

steigen der Rettungsboote, so daß 140 der 161 Menschen an Bord in den Flammen umkamen oder ertranken. Das von Fontane in Angriff genommene Gedicht über »Captain Siemens« ist Fragment geblieben (AFA, Gedichte 2).

23.5.52
Vanity Fair gelesen – Erste Erwähnung des 1847/48 erschienenen und von Fontane sehr geschätzten Romans von Thackeray, dessen Lektüre er bis zum Ende seines Londonaufenthalts im September 1852 fortsetzte. Ein längeres Zitat daraus fand Eingang in das Kapitel »Parallelen« von »Ein Sommer in London« (NFA XVII, S. 177). Als Fontane im September 1855 wieder nach England kam, wurde ihm sein Exemplar von »Vanity Fair« (eine dreibändige Ausgabe aus der bei Tauchnitz in Leipzig erscheinenden »Collection of British Authors«) vom Zoll als kontinentaler Nachdruck konfisziert; »mit meinen herrlichen Randglossen«, wie er bedauernd an seine Frau schrieb (HFA, Briefe 1, S. 407).
Sein Schwager ... hat ... bankruttirt – Pries war in Wahrheit sehr viel tiefer »mit hineingeritten« worden, als es nach dieser Formulierung den Anschein haben könnte. Noch 1852 ging er ebenfall bankrott und wanderte für mehrere Jahre ins Schuldgefängnis, bevor er 1855 nach Australien deportiert wurde; vgl. auch Anm. zum 1.7.56.
»Du, leg ab den thörigten Neid« – Korrekt heißt es in dem Gedicht »Über ein Stündlein« wie folgt: »Höh' und Tiefe hat Glück und Leid. / Du sag' ab dem törichten Neid! / Andrer Gram birgt andre Wonne.« Paul Heyses Verse waren von Fontane auch in seine 1852 erschienene Anthologie »Deutsches Dichter-Album« aufgenommen worden (u. d. T. »Dulde, gedulde dich fein«).

24.5.52
An Bunsen meine Gedichte und die Rosamunde geschickt – Fontanes erste Sammlung seiner »Gedichte« war 1851 in Berlin erschienen, der Romanzenzyklus »Von der schönen Rosamunde« in Dessau 1850; für das Begleitschreiben an Bunsen vgl. FBV 52/27.
Uebersetzung der Fanny Kembleschen Strophen – Vgl. Anm. zum 22.5.52. In seinem Begleitschreiben bat Fontane, Bunsen möge ihm gestatten, »die leider ungenau und allzufrei gerathene Uebertragung der Fanny Kembleschen Strophen, zu deren Ueberrei-

chung ich gestern nicht mehr Gelegenheit fand, Ihnen auch heute noch zuzustellen. Ich weiß, daß ich damit post festum komme; habe auch nur die Absicht Ew. Excellenz dadurch auszudrücken, wie sehr ich mich durch Ihre Aufforderung zu poetischer Concurrenz geehrt gefühlt habe« (FAP).

26.5.52
Abgeschickt an Quehl: Londoner Briefe – Die genannten Beiträge wurden in der gleichen Reihenfolge in der von Quehl redigierten »Adlerzeitung« veröffentlicht (Nr. 161 vom 13. Juli 1852, Nr. 169 vom 22. Juli 1852, Nr. 182 vom 6. August 1852 und Nr. 187 vom 12. August 1852). Alle vier Beiträge gingen später als selbständige Kapitel in »Ein Sommer in London« ein (NFA XVII, S. 17-27, 50-53 und 77-83).
um die Resultate des Derby-Rennens zu hören – Das von Edward Stanley, 12. Earl of Derby (1752-1834) im Jahre 1780 begründete und nach ihm benannte Pferderennen, jeweils am letzten Mittwoch im Mai auf der Rennbahn von Epsom in Surrey abgehalten, gehört zu den Höhepunkten des englischen Sportkalenders.
»Daniel O'Rourke« hat gewonnen – So hieß das Pferd, geritten von dem Jockey F. Butler und von den Buchmachern als Außenseiter gehandelt mit einer Gewinnquote von 1:25. Sein Besitzer war John Bowes (1811-1885), aus dessen Stall bereits die Derbysieger von 1835 und 1843 hervorgegangen waren, denen noch ein vierter Triumph im Jahre 1853 folgen sollte.
ich wüßte nicht was mir gleichgültiger wäre – Ein wenig hat sich Fontane später aber doch für das Derbyrennen erwärmen können; vgl. die Tagebucheinträge vom 28. Mai 1856 und vom 27. Mai 1857.
Hin zu der Familie (1. Tavistock-Square) – Es handelte sich um die Familie May, bei der Fontanes Bekannter Alexander Jacoby »8 Monate lang gelebt und sie nur verlassen hat, weil sie ihm zu fromm waren« (HFA, Briefe 1, S. 252). Fontane ließ sich davon nicht abschrecken und zog am 1. Juni 1852 nach Tavistock Square um.
Kabachen – Niederdeutscher Ausdruck für eine baufällige, schlechte Behausung (aus dem Russischen).
Louis Drucker getroffen – »Den berühmten Wein-Kneipier«, wie er ihn in seinem Brief an Emilie vom 29. Mai 1852 nennt (HFA, Briefe 1, S. 253), kannte Fontane bereits aus Berlin. Drucker war

allerdings nicht nur als Wirt hervorgetreten, sondern auch als Schriftsteller. Novelletten von ihm waren z. B. in der Leipziger »Eisenbahn« erschienen, in der auch der junge Fontane verschiedentlich Gedichte publiziert hatte. Seiner schon im Vormärz geübten Praxis, eine Art Kundenzeitung mit satirischen Artikeln und viel Reklame herauszugeben, blieb Drucker auch im Exil treu. Das von der preußischen Regierung und von Karl Marx gleichermaßen mit Argwohn betrachtete »How Do You Do« erschien seit 1851 mit dem Untertitel »Louis Drucker's London – Gemüthlich-humoristisches Wochenblatt«.
Umgürte Dich ... Ich verwerfe dich – ein deutscher Jüngling – Freies Zitat aus Schillers »Kabale und Liebe« (I, 7).
Man nimmt Dienste auf der deutschen Flotte – Die 1848 mit großem Enthusiasmus und geringen Geldmitteln aufgestellte kleine Kriegsmarine war im Frühjahr 1852 aufgelöst und versteigert worden, ohne je ausgelaufen zu sein, so daß ihre Besatzung auch nicht seekrank werden konnte.

28.5.52

»Comptoirist« mit 100 £ St. Gehalt – Die »Neue Rundschau« gibt als Währungseinheit »M« an, woraus im »Bilderbuch aus England« und, darauf fußend, in NFA »Mark« geworden ist. Dies ist mit Sicherheit falsch, da die Mark als deutsche Währungseinheit erst 1873 eingeführt wurde, ohnehin aber kaum das Gehalt eines Londoner Angestellten bezeichnet hätte. Es steht daher zu vermuten, daß »M« für »£ St.« verlesen oder verdruckt war.
Hermann Schweitzer – Ein früherer Angestellter der Roseschen Apotheke in Berlin, in der Fontane von 1836 bis 1840 als Lehrling tätig gewesen war. Fontane hatte den später nach England ausgewanderten Schweitzer bereits bei seiner ersten Londonreise 1844 in Brighton besucht; vgl. die Beschreibung NFA XVII, S. 491-498.
»es ist etwas faul im Staate Dänemarck« – Zitat aus Shakespeares »Hamlet« (I, 4).

30.5.52

mit dem Omnibus nach Richmond – Seinen Feuilletonartikel über diesen Ausflug in die südwestlich von London an der Themse gelegene Kleinstadt, erschienen in der »Adlerzeitung« Nr. 187 vom 12. August 1852, begann Fontane jedoch mit der Schilderung ei-

ner Dampferfahrt, wie er sie in Wahrheit nur auf dem Heimweg gemacht hatte; Wiederabdruck in »Ein Sommer in London« (NFA XVII, S. 53-56).
Die Zahl der Deutschen ist so enorm groß — Nach der Volkszählung von 1861 waren 28644 Staatsangehörige aus den Ländern des Deutschen Bundes in Großbritannien ansässig, die überwiegende Mehrzahl davon in London. Die Zahl der politischen Flüchtlinge im Lande hatte sich 1852 auf etwa 1300 belaufen.
ächte Nankinghosen — Im Gegensatz zu solchen aus Manchester, wo das nach der südchinesischen Stadt Nanking benannte Baumwollgewebe hauptsächlich hergestellt wurde.
die Guano-Inseln ... bereichert haben — Die im Laufe der Jahrtausende auf den unbewohnten Inseln vor der pazifischen Küste Südamerikas angehäuften Seevogelexkremente waren von Humboldt als wertvoller organischer Dünger identifiziert worden und wurden als »Guano« seit 1840 industriell abgebaut und exportiert.

31.5.52

Traurige Betrachtungen über die englische Kuchenkunst — Englisches Essen blieb für Fontane ein Gegenstand periodischer Klagen.
Letzter Abend am Kamin. Burton-Straße No. 14 — In einem Brief an Lepel hatte Fontane seine Unterkunft dort wie folgt beschrieben: »Ich wohne parterre (im sogenannten parlour) in einem gewöhnl: Zimmer engl: Schlages, ein Teppich und ein Cammin seine Tugenden, alles weitre, wie Bilderchen (z. B. badende Nymphen, die hohe Kleider tragen, sodaß fast nur die Nasenspitze nackt ist) Zierrathe, Sopha u. vieles andre — große Sünden. Hinten heraus mein Schlafzimmer mit einem mindestens 4schläfrigen Bett, das bei jeder Bewegung quietscht und schreit und die Bewegung einer Schaukel macht« (HAB Briefe 1, S. 243).

1.6.52

Einzug in 1. Tavistock-Square — Vgl. die Beschreibung der Gegend, in der Fontane bis zum Ende seines Londonaufenthalts im September 1852 wohnte, in dem Kapitel »Tavistock-Square und der Straßen-Goudin« in »Ein Sommer in London« (NFA XVII, S. 41 ff.).
das 1te Kapitel vom 1ten Buch Moses gelesen — Eine Bibel dürften Fontanes fromme Hauswirte in seinem Zimmer bereitgelegt haben.

2.6.52

Review of the Pensioner's – Alljährliche Parade der »Chelsea Pensioners«, der im Chelsea Hospital untergebrachten Militärinvaliden (vgl. Anm. zum 12.4.56), zur Erinnerung an dessen Gründung unter der Regierung Karls II.
Am Abend in »Egmont« – Fontane besprach das von Heinrich Künzel und dem Londoner Theateragenten John Mitchell vermittelte Gastspiel einer deutschen Schauspielertruppe unter Emil Devrient in der »Adlerzeitung« Nr. 143 vom 22. Juni 1852 u. d. T. »Das deutsche Theater in England«; eine stark erweiterte Fassung dieser ersten Theaterrezension Fontanes fand Eingang in »Ein Sommer in London« (NFA XVII, S. 83–88).

6.6.52

Am Abend ... in's Theater (Don Carlos) – Eine in der »Adlerzeitung« Nr. 133 vom 10. Juni 1852 anonym erschienene Besprechung dieser Aufführung ist in neuerer Zeit Fontane zugesprochen worden (NFA XXII/3, S. 671 ff.), desgleichen eine kurze Notiz über Devrients Inszenierung der »Emilia Galotti« aus der »Adlerzeitung« Nr. 145 vom 24. Juni 1852 (NFA XXII/3, S. 674). Ob diese Texte wirklich von Fontane stammen, erscheint jedoch fraglich.

10.6.52

einen Cousin der bekannten Schriftstellerin – Über Mr. Trollope hat sich weiter nichts ermitteln lassen, seine (angeheiratete) Kusine war die Erfolgsautorin Frances Trollope, geb. Milton (1780 bis 1863), die Mutter des noch ungleich bedeutenderen Romanciers Anthony Trollope (1815–1882). Dessen Ruhm begann jedoch erst Mitte der fünfziger Jahre aufzugehen, so daß Fontane zu diesem Zeitpunkt wohl noch nichts von ihm gehört oder gar gelesen hatte.
»Endlich hat er's doch gut gemacht« – Populäres Lustspiel in drei Akten von Albin von Meddlhammer (1777–1838), der unter dem Pseudonym A. Albini schrieb; uraufgeführt 1835 in Berlin.

12.6.52

Mac-Cullochs »London« – Bei der 1851 in dem genannten Verlag erschienenen historisch-statistischen Beschreibung der briti-

schen Hauptstadt u. d. T. ›London in 1850-1851‹ handelte es sich um den Separatdruck eines ursprünglich für das ›Geographical Dictionary‹ bestimmten Artikels.
Bradshaw's Eisenbahnbuch studirt – 1841 von George Bradshaw begründeter und von Monat zu Monat revidierter Führer mit Kursbuchangaben für alle britischen Eisenbahnen und Dampfschiffverbindungen; seit 1847 auch in einer Variante für Kontinentaleuropa produziert.

13.6.52

mit dem King's Croß Omnibus bis Kennington-Gate – Die Londoner Buslinien der Viktorianischen Zeit trugen Namen statt Nummern. Der ›King's Cross Omnibus‹ verkehrte in nord-südlicher Richtung zwischen Camden Town und Kennington und passierte u. a. den Bahnhof King's Cross und Fleet Street in der City, um von dort über Blackfriars Bridge nach Südlondon weiterzufahren.
Der Kaiser Don Pedro II. – Seine Mutter war Erzherzogin Leopoldine (1797-1826), eine Tochter Kaiser Franz I. von Österreich (1768-1835), die 1817 den späteren Kaiser Dom Pedro I. von Brasilien (1798-1834) geheiratet hatte.
die charakteristische Physiognomie der Habsburger – Vorgewulstete Unterlippe und Hakennase.

14.6.52

Klein-George's Geburtstag – George Fontane war am 14. August 1851 geboren worden. Ihrem Sohn ›zu seinem zehnmonatlichen Geburtstag‹ zu gratulieren, hatte Fontane auch bereits seine Frau in einem Brief vom 12. Juni 1852 beauftragt (HFA, Briefe 1, S. 266).
der Knabe (Johannes?) mit dem Lamm – Es handelt sich in der Tat um eine Darstellung Johannes des Täufers. Fontanes Unsicherheit, was das Sujet dieses Bildes anging, hatte übrigens gute Gründe: ›No one, but for the banner of the Agnus Dei which lies below, would recognise in the pretty Spanish boy, joyously embracing a lamb, the realisation of the words of the Baptist, ›Behold the Lamb of God‹‹ (Gustav Waagen, Treasures of Art in Great Britain. Bd. 1, London 1854, S. 348).

16.6.52

»*versunken und vergessen!*« – Zitat aus Ludwig Uhlands Ballade »Des Sängers Fluch«.
unsre Nasenquetscher – Berliner Ausdruck für einen Billigsarg mit flachem Deckel, wie sie bei Armenbegräbnissen verwendet wurden.

18.6.52

Einige Zeilen nebst Einladung von Dr. G. Bunsen – Fontane war dem Sohn des preußischen Gesandten durch Lepel empfohlen worden, der sich auch bei Bunsen selbst für ihn eingesetzt hatte, wo Fontane jedoch bereits durch ein Schreiben von Merckel eingeführt war (vgl. Anm. zum 12.5.52).
ihm meine Befürchtungen mitgeteilt – Daß der preußische Gesandte Fontanes Tätigkeit für die Manteuffelsche Presse und sein Zögern, sich ihm als journalistischer Adlatus zur Verfügung zu stellen, übelnehmen würde; vgl. Anm. zum 12.5.52.
mich ... nach Oxford oder Cambridge zu bringen – Wie Fontane am 21. Juni 1852 seiner Frau erläuterte, hatte sich Bunsen »unter Einsendung meiner sämmtlichen Werke (2 Bände in Duodez) nach Cambridge und Oxford gewandt und angefragt, ob dort eine deutsche Professur zu besetzen oder vielleicht neu zu crëiren sei, war aber natürlich abschlägig beschieden worden. Je mehr ich mir die Sache angucke, je lächerlicher kommt mir diese Anfrage vor, – wenn sie überhaupt erfolgt ist« (HFA, Briefe 1, S. 273). Daß Bunsen aber durchaus über entsprechende Verbindungen verfügte, zeigt seine erfolgreiche Förderung der Laufbahn von Fontanes Freund Max Müller sowie des Historikers Reinhold Pauli.
Miß Catherine Whitelaw – Wie Fontane in einem Brief an Emilie vom 21. Juni 1852 schreibt, handelte es sich bei ihr um eine »Schwester der Miß Mary, an die ich einen Empfehlungsbrief gehabt hatte« (HFA, Briefe 1, S. 273).

19.6.52

wie bei uns ... die Devrients, die Mendelssohn u.s.w. – Aus der Schauspielerdynastie Devrient ragen vor allem der Stammvater Ludwig (1784–1832) hervor sowie seine Neffen Karl (1797 bis 1872), Eduard (1801–1877) und der gerade in London anwesende Emil (1803–1872). Unter den Nachkommen von Moses

Mendelssohn (1729-1786) sind seine Töchter Dorothea (1763 bis 1839) und Henriette (1774-1831) literarisch hervorgetreten, während sich seine Enkel Fanny (1805-1847) und Felix (1809 bis 1847) als Musiker ausgezeichnet haben. Aus beiden Familien sind auch in späteren Generationen Künstler hervorgegangen.
Unterhaltung über ... deutschen »Hamlet« – Ob eine in der »Adlerzeitung« Nr. 143 vom 22. Juni 1852 erschienene Kritik dieser Vorstellung von Fontane stammt, wie ihre Aufnahme in eine Werkausgabe suggeriert (NFA XXII/3, S. 673), ist zweifelhaft.
Kabachen – Vgl. Anm. zum 26.5.52.
Von da in die Matrosen-Kneipe – Georg Bunsens Bericht über seine Erlebnisse dort wurde zur Grundlage von Fontanes Feuilleton »Not a drum was heard«, zuerst veröffentlicht in der »Adlerzeitung« Nr. 188 vom 13. August 1852; Wiederabdruck in »Ein Sommer in London« (NFA XVII, S. 96-99).
das berühmte Volkslied auf ... General Moore – Fontanes Nachdichtung in »Ein Sommer in London« enthält den Zusatz: »John Moore (1761-1809) war Generalmajor in Spanien und der Vorgänger Wellingtons im Kommando. Auf dem Rückzuge ward er bei Coruña (wo sich die englische Armee einschiffte) durch eine Kanonenkugel des verfolgenden Feindes getötet« (NFA XVII, S. 96, Anm.).
von einem Landgeistlichen geschrieben – Verfasser des 1816 entstandenen Liedes war der junge irische Dichter Charles Wolfe (1791-1823), damals noch in der Ausbildung, aber später in der Tat als Prediger tätig. Er ist heute nur noch durch dieses Werk bekannt.
der eitle Byron schwieg – Hier tut Fontane Byron unrecht. Byron war es nämlich gewesen, der 1822 überhaupt erst die Aufmerksamkeit der literarischen Öffentlichkeit auf die fünf Jahre zuvor in einem obskuren irischen Provinzblatt veröffentlichten Verse gelenkt und ihren anonymen Verfasser mit den besten Dichtern seiner Zeit verglichen hatte. Als daraufhin verschiedene Namen ins Gespräch kamen, war der mittlerweile verstorbene Wolfe von seinen Freunden als der tatsächliche Autor benannt worden.

20.6.52
Dr. Freund; deutsches Krankenhaus – Die Behauptung, Bunsen habe das 1845 im Osten von London begründete Hospital »auf bethanischen Fuß« stellen wollen – d. h. streng kirchlich aus-

richten nach dem Vorbild des Berliner Diakonissenhauses Bethanien, einer Schöpfung Friedrich Wilhelms IV., wo Fontane 1848/49 als Apotheker tätig gewesen war -, ist nicht ganz unbegründet. Bereits 1846 hatte der Gesandte vier protestantische Schwestern aus dem Mutterhaus in Kaiserswerth nach London vermittelt, was eine Konfessionalisierung des ursprünglich als nationales Institut angelegten Krankenhauses anzudeuten schien. Es war dies allerdings nur ein Aspekt des langwierigen Konflikts zwischen der medizinischen Leitung und dem Verwaltungsrat des »German Hospital«, der 1848 zum Ausscheiden des jüdischen Chefarztes geführt hatte.

22.6.52
In die Gemälde-Ausstellung – Die seit dem späten 18. Jahrhundert alljährlich abgehaltene Ausstellung der Royal Academy of Arts fand von 1837 bis 1868, als die Akademie nach Burlington House in Piccadilly übersiedelte, in der National Gallery am Trafalgar Square statt.
kritiklos jede Schmiralie angenommen – Das ist so nicht richtig. Zwar darf jeder Künstler ohne Nachweis von Nationalität und formaler Ausbildung bis zu drei Werken zur Sommerausstellung einreichen, doch trifft eine Kommission die Auswahl. Eine Bewertung oder Zusammenstellung nach stilistischen oder thematischen Gesichtspunkten findet allerdings nicht statt.
eine schwimmende »Ophelia« – Gemälde von John Everett Millais (1829–1896), einem der Protagonisten der präraffaelitischen Bewegung.
ein »Daniel in der Löwengrube« – Gemälde von James Ward (1769 bis 1859).
eine »Zerstörung von Sodom und Gomorrha« – Aquarell von John Martin.
die kleine Münze der gothischen Goldbarren – Eine Vorliebe für neugotische Architektur blieb Fontane auch später erhalten.

26.6.52
Mr. James Hudson – Vgl. über ihn John Phillips, James Hudson: Fontanes rätselhafter Bekannter, in: FBl, Bd. 2, Heft 7, 1972, S. 517 ff.
die hübsche Elisabeth – Vermutlich das Dienstmädchen im Hause May, dessen Erwähnung an dieser Stelle Fontanes Frau

unangenehm berührte. In einem Brief an ihren Mann vom 2. Juli 1852 heißt es, sie habe das übersandte Tagebuch weisungsgemäß an seinen Vater weitergeschickt, zuvor aber ›einiges darin geblättert; dumm genug bin ich, daß mich die hübsche Elisabeth beunruhigt‹ (FAP).

28.6.52
glupsch – Mundartlicher Ausdruck für unfreundlich.
Sir Henry Trollope, der bei Camperdown focht – Für seinen Beitrag zum britischen Sieg in dieser Seeschlacht gegen die Holländer am 11. Oktober 1797 war Trollope, damals Kapitän des zum Kriegsschiff umgerüsteten Indienfahrers ›Glatton‹, in den Ritterstand erhoben worden.

29.6.52
von Dr. Klopski aufgegabelt – Fontane hatte inzwischen herausgefunden, daß sein Zimmernachbar in Wirklichkeit so hieß und aus Österreich stammte (vgl. auch HFA, Briefe 1, S. 295). Vermutlich war er durch die englische Aussprache von dessen Namen im Hause May (mit stummem ›p‹) zu der falschen Schreibweise ›Klosky‹ veranlaßt worden (vgl. Tagebucheintrag vom 6. Juni 1852). Ähnlich erging es Fontane 1855 mit den Damen Conquer, deren Namen er nach dem Gehör als ›Canker‹ niederschrieb und darum fälschlicherweise mit Krebs assoziierte (vgl. Anm. zum 19.9.55 [M]).
Das Haus Coombes ... und das alte Ziegelhaus Oliver Cromwells – Die Gegenüberstellung wird näher ausgeführt in dem Feuilleton ›Rudrer und Steuermann‹, das zuerst in der ›Adlerzeitung‹ Nr. 201 vom 28. August 1852 veröffentlicht wurde; Wiederabdruck in ›Ein Sommer in London‹ (NFA XVII, S. 99–101).
Das Haus Cromwells ... trägt die Historie an der Stirn – Fontanes Einschätzung beruhte allerdings auf einer Fehlinformation, wenn auch auf einer seinerzeit weit verbreiteten. Das 1860 abgerissene Gebäude hatte nämlich nichts mit dem Führer der englischen Revolution zu tun, sondern mit dem hundert Jahre älteren Thomas Cromwell (um 1485–1540), dem Begründer der anglikanischen Staatskirche im Zeitalter der Reformation.
die Eisenkappe des großen Kurfürsten – Eine Art Vorläufer des Stahlhelms, aber unter der gewöhnlichen Kopfbedeckung getragen und deshalb auch Hutgitter oder Hutroste genannt. Die 21

Pfund schwere Haube, die Friedrich Wilhelm, Kurfürst von Brandenburg und Begründer der preußischen Großmachtstellung, 1675 in der Schlacht von Fehrbellin getragen haben soll, wurde zu Fontanes Zeiten in der Kunstkammer, dem späteren Hohenzollernmuseum, in Berlin aufbewahrt.

30.6.52
Nach Trafalgar-Square in die Gemälde-Ausstellung – Vgl. auch Fontanes ausführlichen Bericht über »Die Kunstausstellung« in der »Adlerzeitung« Nr. 192 vom 18. August 1852; wiederabgedruckt in »Ein Sommer in London« (NFA XVII, S. 65–70).
meine frühren Urtheile – Vgl. Tagebucheintrag vom 22. Juni 1852, als Fontane die Sommerausstellung der Royal Academy zum ersten Mal besucht hatte, sowie Anm. zum 22.6.52.
das bekannte »Dekamerone« von, ich weiß nicht wem – Der Schöpfer dieses Gemäldes war ebenfalls Franz Winterhalter.
in Manchester die Sache nochmal durchzumachen – Die nordenglische Textilstadt, die Wiege der »Industriellen Revolution«, hatte mit ca. 1000 Personen um die Mitte des 19. Jahrhunderts die größte deutsche Kolonie Englands außerhalb von London aufzuweisen. Darunter waren auch etliche wohlhabende Unternehmer, nicht zuletzt Friedrich Engels, der eine der damals schon über 100 deutschen Firmen am Ort leitete.
Die »french actors« – Wie das Gastspiel von Devrient und seiner deutschen Truppe, mit der sie sich zeitlich zum Teil überschnitt, war auch die seit Ende April 1852 laufende Tournee von Schauspielern der Comédie Française und des Pariser Théâtre du Gymnase von dem Londoner Buchhändler und Theateragenten John Mitchell arrangiert worden.

1855

Tagebuchbrief an Ludwig Metzel

11.9.55 (M)
eine Art Tagebuch für Sie – Da Metzel der Ansicht war, daß sich der Text durchaus auch für ein breiteres Publikum eignete, ließ er ihn, mit einigen Eingriffen und Kürzungen, aber ohne Verfas-

serangabe, als Korrespondenz »Aus London« im Oktoberheft 1855 der »Minerva« abdrucken (Jg. 64, Bd. 256, S. 35-43). Für Editionszwecke ist diese Publikation zwar ohne Belang, doch erscheint es von Interesse, in aller Kürze Metzels Bearbeitung zu charakerisieren. Den ersten Abschnitt von Fontanes Text mit seinen persönlichen und dienstlichen Mitteilungen (S. 39 f. dieser Ausgabe) hat Metzel durch den Satz ersetzt: »Da wäre ich also nach dreijähriger Abwesenheit wieder in London angelangt und ich beeile mich, Ihrem Wunsche gemäß, Ihnen meine Erlebnisse und Eindrücke, wie sie der Tag gebracht, frei und frisch zu schildern.« Beginnend mit den Worten »Natürlich dudeln die scheußlichen Savoyarden«, ist der zweite Absatz von Fontanes Tagebuchbrief vom 11. September 1855 dann bis zum Ende unverändert abgedruckt, desgleichen der ganze Eintrag für den 12. September 1855 mit Ausnahme des Satzes über die »Zeck« spielenden Tertianer. Der Eintrag vom 14. September 1855 beginnt unter Weglassung des Abschnitts über Dr. Boltz (S. 44 f. dieser Ausgabe) erst mit der Rückkehr des Autors aus dem Theater. Der Eintrag vom 19. September 1855 schließlich und damit der Artikel überhaupt (Fontanes Begleitbrief vom gleichen Tage ist nicht abgedruckt) endet mit der Feststellung, der Prinz von Preußen sei »noch immer ein Gegenstand der Hoffnung und der Verehrung«. Der im Original folgende Zusatz »vor allem aber – *Bunsen*« fehlt dagegen in der »Minerva«, und weggelassen ist auch Fontanes Verwunderung über das Maß an Popularität, das der frühere preußische Gesandte in London noch genießt (S. 48 dieser Ausgabe). Für eine ministerielle Publikation war eine solche Anerkennung des in Ungnade gefallenen Bunsen verständlicherweise nicht tragbar.
Natürlich dudeln die scheußlichen Savoyarden – Straßenmusikanten machten in London einen erheblichen Teil der armen italienischen Einwanderer aus, die aber bei weitem nicht alle aus Savoyen stammten.
unter La Marmora an der Tschernaja – Nach seinem Anschluß an die Westmächte hatte das Königreich Sardinien-Piemont im Mai 1855 ein Expeditionskorps auf die Krim entsandt. Unter dem Kommando des Generals La Marmora übernahmen sie die Verteidigung eines Frontabschnitts am Unterlauf des Flusses Tschernaja unweit von Sewastopol. Ein russischer Großangriff auf die italienischen Stellungen am 16. August 1855 blieb ohne Erfolg, womit die letzte Chance zur Entsetzung der belagerten Festung vertan war.

England führt Krieg – Der im Oktober 1853 ausgebrochene russisch-türkische Konflikt über die Donaufürstentümer Moldau und Walachei hatte eine gesamteuropäische Dimension angenommen, als Frankreich und Großbritannien im März 1854 auf seiten des bedrängten Osmanischen Reiches in den Krieg eintraten. Obwohl sich Rußland daraufhin aus dem Balkan zurückzog, war im September 1854 ein alliiertes Expeditionskorps auf der Krim gelandet, um dem Gegner durch Zerstörung der Festung Sewastopol, des Heimathafens der russischen Schwarzmeerflotte, die Mittel für ein künftiges Vorgehen gegen die Türkei zu nehmen. Ein Jahr später und nach vielen Rückschlägen stand dieses Ziel nun endlich in greifbarer Nähe.
das Arsenal von Woolwich – Fontane hatte das Zeughaus der britischen Flotte bereits bei seinem ersten Londonbesuch 1844 besichtigen wollen, ohne jedoch Einlaß zu finden (NFA XVII, S. 479).
ehemaliger Kaiser-Franz-Grenadier – 1844/45 hatte Fontane seine Wehrpflicht bei dem Berliner Garde-Grenadierregiment »Kaiser Franz« abgeleistet, das seinen Namen nach Franz I. von Österreich (1768–1835) führte; vgl. auch das Kapitel »Bei ›Kaiser Franz‹« in »Von Zwanzig bis Dreißig« (AFA, Autobiographische Schriften 2).
die schottischen Füsilire ... Life- und Horse-Guards – Bei den genannten Truppenteilen handelt es sich um Eliteregimenter der britischen Armee.
Grenadiere die ich selber 'mal commandirt habe – Als Einjährig-Freiwilliger 1844/45; vgl. Anm. zum 11.9.55 (M).
Warze, Schimmlich und Bullenkalb – Namen von Rekruten in Shakespeares »Heinrich IV.«, Teil II.
fipprig – So nennt Fontane nach älterem berlinischem Sprachgebrauch ein zu knapp sitzendes Kleidungsstück (vgl. seine Briefe an Georg Friedlaender, hrsg. von Kurt Schreinert, Heidelberg 1954, S. 240 mitsamt der zugehörigen Anm. S. 374 f.).
Jack Sheppard, Newgate, Van Diemsland – Dem zum Tode verurteilten Räuber John (»Jack«) Sheppard war zweimal der Ausbruch aus Newgate gelungen, der ältesten Londoner Haftanstalt, deren Name in England eine Art Allgemeinbegriff für Gefängnis bildet. Noch lange nach seiner schließlichen Hinrichtung 1724 blieb Sheppard, das Urbild des Mackie Messer in der »Dreigroschenoper«, eine volkstümliche Gestalt in England. Die Insel

Van Diemens Land, das heutige Tasmanien südlich von Australien, wurde zeitweilig als Verbrecherkolonie genutzt.
die Einnahme des Malachow – Die Nachricht vom Fall des strategisch entscheidenden und seit langem erbittert umkämpften Außenforts der Festung Sewastopol am 8. September 1855 wurde in den Londoner Morgenzeitungen vom 10. September verbreitet.
die Sweaborger Affaire – Auf dem Rückzug nach ihrem halbherzigen Vorstoß auf Kronstadt (vgl. Anm. zum 9.12.55) hatte eine britisch-französische Flotteneinheit am 9. August 1855 die Helsinki vorgelagerte russische Inselfestung Sveaborg unter Beschuß genommen, war jedoch zwei Tage später plötzlich abgezogen und nach Hause gesegelt, während in der britischen Öffentlichkeit bereits Nachrichten über eine Einnahme zirkulierten.

12.9.55 (M)
Zeck spielen – Mundartlicher Ausdruck für Fangen oder Kriegen.
die Statue Robert Peel's – Das 1855 am Westausgang von Cheapside in der City errichtete Bronzedenkmal des britischen Staatsmanns von William Behnes (1794–1864) steht seit 1971 vor dem Metropolitan Police Training Centre in Hendon Way, Nordlondon.

13.9.55 (M)
»*das Londoner Deutsche Journal*« – Das von politischen Flüchtlingen aus Deutschland herausgegebene Wochenblatt hatte erst am 4. August 1855 sein Erscheinen aufgenommen. Nach 151 Ausgaben am 26. Juni 1858 in »Londoner Deutsche Zeitung« umbenannt, wurde es mit dem 26. März 1859 endgültig eingestellt.
»*Doch werdet ihr nie Herz zum Herzen schaffen ...*« – Zitat aus der Szene »Nacht« in Goethes »Faust I« (Vers 544 f.).

14.9.55 (M)
den aus den Freytag'schen »Journalisten« – In Gustav Freytags 1854 publiziertem Lustspiel »Die Journalisten« spielt ein Redakteur namens Conrad Bolz die Hauptrolle.
ich habe den Turgheniew übersetzt – Boltz' Übersetzung des zweiten Bandes von Turgenjews »Iwan. Tagebuch eines Jägers« war im gleichen Jahr in Berlin erschienen.
ich kenne seine Bücher – Was Fontane von Boltz' Schriften ge-

kannt haben könnte, war neben seiner 1854 erschienenen Übersetzung von »Igor. Ein altrussisches Heldengedicht« vor allem das zusammen mit Hermann Franz herausgegebene »Handbuch der englischen Literatur« von 1852.
eine Aufführung Richards III. – Dieser Theaterbesuch ist auf den 15. September 1855 zu datieren, ein Datum, für das sich im Tagebuchbrief an Ludwig Metzel kein eigener Eintrag findet; vgl. den Eintrag zum 14. September 1855 im Original-Tagebuch und die entsprechende Anm.
2 Legions-Officiere – Das Gesetz über die Aufstellung einer Fremdenlegion war im Dezember 1854 beschlossen worden. Das deutsche Kontingent, das mittlerweile knapp 10 000 Mann zählte, gelangte allerdings nicht mehr zum Einsatz, bevor der Krieg im März 1856 zu Ende ging. In der Offiziersmatrikel der Legion findet sich Baron von Rosenberg-Lipinski am 7. September 1855 als Leutnant eingetragen, Hoelke am 10. September als Ensign (Fähnrich oder Unterleutnant). Fontane hat die Entwicklung dieser in Deutschland wie in England sehr umstrittenen Truppe genau verfolgt und ihre Ehre auch in der britischen Presse zu verteidigen versucht.
das Kürassier-Regiment in Brandenburg – Gemeint ist das 6. Kürassier-Regiment »Kaiser Nikolaus«, dessen Stab mit der 3. und 4. Eskadron bis 1849 in Brandenburg stand, während die 1. und 2. Eskadron in Rathenow stationiert war. Bei den letztgenannten Einheiten dienten damals drei Angehörige der Familie von Bredow als Sekondeleutnants.
Yankee – Im Wortgebrauch des 19. Jahrhunderts Spitzname für einen Bürger der amerikanischen Nordstaaten.
mein Herr Jonathan – Üblicherweise: »Bruder Jonathan«; inzwischen ungebräuchlich gewordene Bezeichnung für die Bewohner der Vereinigten Staaten.
nächstes Jahr frühstücken wir in Petersburg – Vgl. Anm. zum 9.12.55.

19.9.55 (M)
nennen sich Miss Canker – Fontane hatte ihren Namen offensichtlich nur aussprechen gehört. Die Damen schrieben sich jedoch Conquer, womit die Analogie zum Krebs hinfällig wurde; vgl. auch Anm. zum 29.6.52.
Austria and Prussia, what will they become to do? – Was Fontane

in seinem noch recht fehlerhaften Englisch hier sagen will, ist wohl: What will they come to do? = Wozu werden sie sich entschließen, was werden sie tun? Beide deutsche Großmächte hatten sich bis dahin von einer aktiven Teilnahme am Krimkrieg ferngehalten, obwohl Österreich eine diplomatische Allianz mit den Westmächten eingegangen war. Der starke britische Druck zumal auf Preußen, seinen Neutralitätskurs aufzugeben, war einer der Hauptgründe für Fontanes journalistische Mission in London.

Prinz von Preußen..., vor allem aber – Bunsen – Der Bruder und designierte Nachfolger des kinderlosen Friedrich Wilhelm IV. gehörte ebenso wie der 1854 abberufene preußische Gesandte in London der »westmächtlichen« Partei an, die einen Eintritt Preußens in den Krimkrieg an der Seite von England und Frankreich befürwortete.

19.9.55 (MB)
meine Lage ist eine ähnliche wie die Napoleons bei Marengo – In der Nähe dieses oberitalienischen Dorfes hatte Napoleon am 14. Juni 1800 die Österreicher besiegt, nachdem seine bereits besiegelte Niederlage durch das Eintreffen eines zuvor von ihm detachierten Truppenkontingents unter dem Kommando des Generals Desaix in einen Triumph verwandelt worden war. Dieser Umschlag des Schlachtenglücks gilt als einer der dramatischsten in der Militärgeschichte. Wenn Fontane hier das Präteritum benutzt, um den Irrealis auszudrücken (Napoleon habe letztlich siegen müssen, ›auch wenn er bei Marengo unterlegen wäre und Desaix nicht erschienen wäre‹), so folgt er damit der napoleonischen Legende, die kritische Situation bei Marengo sei Bestandteil eines wohlüberlegten strategischen Gesamtplans gewesen, während in Wahrheit die noch ungefestigte Autorität des erst kurz zuvor durch einen Staatsstreich an die Macht gelangten Napoleon auf dem Spiel stand und durch eine Niederlage empfindlich erschüttert worden wäre.

in all den weiten Räumen von Leipzigerstraße 110 – Ironische Anspielung auf die räumliche Enge im Berliner Amtssitz der Zentralstelle für Presseangelegenheiten.

Aus dem verschollenen Tagebuch

7.9.55
Mad. Oppenheimer aus Hamburg – In seinem brieflichen Reisebericht an Emilie beschreibt Fontane sie als »eine reiche Jüdin aus Hamburg, die mich ganz gut unterhielt und nur in den letzten Stunden etwas unbequem wurde, weil gewisse Muskeln ihres Organismus nicht mehr luftdicht schlossen« (HFA, Briefe 1, S. 416).
eine dänische Familie – Von ihr heißt es in Fontanes Brief vom 11. September 1855, »daß der Alte sehr häßlich und die Alte sehr böse aussah; – die Tochter war blond, verschämt und strickte Filet« (HFA, Briefe 1, S. 416).
ein schwedisches Ehepaar – Dessen ungehemmte Demonstration ehelicher Zärtlichkeit irritierte Fontane, und er bekannte seiner Frau, »daß mir ein paarmal bange wurde und der Gedanke in mir aufstieg: wie nun, wenn Du der Zeuge einer alleräußersten Szene wirst? Ich blieb im Zweifel, ob ich für diesen Fall die Notfahne heraushalten oder mein Haupt im Schoß der alten O. verbergen sollte« (HFA, Briefe 1, S. 416).

8.9.55
The Counteß of Lonsdale – Auf diesem linienmäßig zwischen Hamburg und London verkehrenden Dampfschiff reiste später auch Emilie Fontane nach London; vgl. Tagebucheintrag vom 27. Juli 1857.
Nacht mit ... schleswig-holsteinschem Offizier verplaudert – Sein Name war Leutnant Hoelke, und Fontane sollte ihm später in London wieder begegnen. Freiwillige aus ganz Deutschland hatten während der schleswig-holsteinischen Erhebung 1848/50 gegen Dänemark gekämpft, und zahlreiche Veteranen aus diesen Einheiten kamen 1855 nach England, als dort eine Fremdenlegion für den Einsatz im Krimkrieg rekrutiert wurde. Neben Flüchtlingen aus der badischen Erhebung von 1849 stellten ehemalige Schleswig-Holsteiner das stärkste Kontingent dieser Truppe, die der Regierung in England politische Verdächtigungen eintrug und in Deutschland als nationale Demütigung empfunden wurde.

10.9.55
Die Bevölkerung in Aufregung wegen ... Sebastopol – Am späten Nachmittag dieses Tages waren in London Extrablätter erschie-

nen mit der am 9. September aufgegebenen telegraphischen Nachricht: »Sebastopol ist in der Hand der Alliierten«. Ein Jahr nach seiner Landung auf der Krim und nach vielen Rückschlägen hatte das englisch-französische Expeditionskorps damit das unmittelbare Kriegsziel der Westmächte erreicht.

11.9.55
Eine Art Tagebuch für Dr. Metzel angefangen – Vgl. den Abdruck in diesem Band S. 39–50.
die Statue Robert Peels – Vgl. Anm. zum 12.9.55 (M).
Engländer haben ... kein Glück mit ihrer öffentlichen Skulptur
Vgl. dazu das Kapitel »Die öffentlichen Denkmäler« in »Ein Sommer in London« (NFA XVII, S. 17–22).

12.9.55
Nach Printing-House-Square – Dort, im Süden der City von London, nahe bei Blackfriars Bridge, befanden sich Redaktion und Druckerei der »Times«, bei der Fontane eine Wohnungsannonce aufgab.

13.9.55
Henry Schirges aufgesucht – Der Mainzer Schriftsteller und Journalist Georg Schirges stand im Dienst der Frankfurter Preßstation (GStA PK, Rep. 77, Tit. 944 S, Nr. 9), und als man im Frühsommer 1855 jemanden für den Aufbau der »Deutsch-Englischen Correspondenz« suchte, machte Geheimrat Zitelmann die Berliner Zentralpressestelle auf dessen Bruder in London aufmerksam, »welcher dort Kaufmann, durch Geheimrat Bunsen Sekretär einer deutschen wohltätigen Gesellschaft geworden sei und einige literarische Bildung, außerdem aber mannigfache Verbindungen habe« (GStA PK, Rep. 77, Tit. 939, Nr. 28 [2.3.35, Nr. 147], Bl. 16). Literarisch ist Henry Schirges vor allem als Mitübersetzer eines luxuriös ausgestatteten Erbauungswerkes hervorgetreten, das 1852 in zwei Bänden erschienen war: »Family Devotions for Early Morning and Evening Throughout the Year. Translated from the German of Sturm and Tiede by T. W. Gaspey and H. Schirges«.
»How stout ye're getting« – Am 16. Juli 1855 uraufgeführte Farce in einem Akt des zeitgenössischen Erfolgsautors John Maddison Morton (1811–1891).

Shakespeares »Heinrich VIII.« – Es war dies die erste von neun Aufführungen von »Shakespeare auf der modernen englischen Bühne«, die Fontane während der nächsten anderthalb Jahre in dem von Friedrich Eggers herausgegebenen »Literaturblatt des Deutschen Kunstblattes« besprach. »Heinrich VIII. im Prinzeß-Theater« erschien in Nr. 22 vom 1. November 1855; Wiederabdruck in überarbeiteter Form 1858 in der »Zeit« und 1860 in »Aus England« (NFA XXII/3, S. 54–61).

14.9.55
Das Soho-Theater aufgesucht, um Richard III. zu sehn – Fontane hat das Stück am nächsten Tag tatsächlich gesehen (vgl. auch Anm. zum 14.9.55 [M]), und »Richard III. im Soho-Theater« wurde der Gegenstand seines zweiten Briefes über »Shakespeare auf der modernen englischen Bühne«, erschienen im »Literaturblatt des Deutschen Kunstblattes« Nr. 23 vom 15. November 1855; 1858 in überarbeiteter Form wiederabgedruckt in der »Zeit« und 1860 in »Aus England« (NFA XXII/3, S. 19–25).

16.9.55
3 Campden House Road, Kensington – Fontanes Londoner Adresse vom 17. September bis 13. Oktober 1855; vgl. auch die ausführlichere Beschreibung dieser Unterkunft im Tagebuchbrief an Ludwig Metzel, Eintrag vom 19. September 1855.

17.9.55
ein political author, ein Biograph Disraelis – Thomas Macknight, dessen Werk »The Right Honourable Benjamin Disraeli, M.P., A Literary and Political Biography, Addressed to the New Generation« 1854 anonym erschienen war und auf den Fontane in seinen Tagebucheinträgen vom 7. und 9. Februar 1856 namentlich zu sprechen kommt.

9.10.55
Besuch von Max Müller – Fontane kannte den Sohn des philhellenischen Dichters Wilhelm Müller (1794–1827) aus seiner Leipziger Zeit 1841/42, als sie beide dem sogenannten »Herwegh-Klub«, einer burschenschaftlichen Vereinigung, angehört hatten.
Vater Gräbert – Von Louis Gräbert sen. 1838 begründetes Vergnügungsetablissement in der Berliner Waldemarstraße (seit

1862: Joachimstraße), das neben Tanzgelegenheit auch pantomimische Darstellungen bot und seiner derben Atmosphäre wegen allgemein beliebt war.

um Nicholsons »Judge und Jury« zu sehen – Nach wiederholtem Bankrott hatte der ehemalige Anwalt Renton Nicholson 1841 die »Judge and Jury Society« begründet, eine über Jahrzehnte hinweg mehrfach wöchentlich auftretende Truppe, die, verbunden mit Varietéeinlagen, Gerichtsverfahren nachspielte. Nicholson selbst agierte dabei als Lord Chief Baron (diesen Titel führte rechtmäßig der Vorsitzende Richter des Court of Exchequer). Nach mehrfachem Ortswechsel seit 1851 in der Coal Hole Tavern ansässig, in der Nähe von Simpsons Restaurant am Strand, übte die »Judge and Jury Society« eine große Attraktion auf Einheimische aller Klassen und auf auswärtige Besucher Londons aus, nicht zuletzt deshalb, weil vor allem skandalträchtige und anrüchige Fälle zur Verhandlung kamen. Fontanes Freund Faucher meinte, im »Kohlenloch« werde »der Sittlichkeit das Ärgste geboten, was ihr wohl überhaupt auf der Welt geboten wird«. Nicholson selbst sei »ein dicker, alter Schlemmer«, als Anwälte träten »drei oder vier heruntergekommene literarische Genies« auf, während »brotlose Schauspieler« die Zeugen spielten und »einer nach dem andern in den nötigen Verkleidungen erscheinen, darunter viele Männer, die als Weiber verkleidet sind«. Das Kreuzverhör sei unweigerlich »saftig« und »von irgendwelcher Schamhaftigkeitsschranke« nichts mehr zu spüren. »Endlich hält der Richter seine Schlußrede, stellt seine Frage an die Geschworenen, von welchen einer antwortet, und fällt das Urteil. Musik fällt ein und hinter ihm geht ein Vorhang in die Höhe und eine grell beleuchtete Bühne wird sichtbar, auf welcher Mädchen in fleischfarbenem Trikot eine Gruppe bilden« (Julius Faucher, Vergleichende Culturbilder aus den vier europäischen Millionenstädten, Hannover 1877, S. 429).

14.10.55

Umzug nach 23 New Ormond Street – Hier, im Hause von Mr. und Mrs. William Wilmot, wohnte Fontane vom 13. Oktober 1855 bis zum 24. Januar 1856 und erneut vom 18. Mai bis zum 9. August 1856, als er mitsamt seinen Hauswirten in die nahegelegene Guilford Street umzog. Über sein Quartier in New Ormond Street heißt es in einem Brief an Ludwig Metzel vom 14. Oktober 1855: »Der Fußboden ist so schief, daß wenn ich durch die Stube

schreite, ich auf Deck eines Schiffs zu sein glaube, und gestern beim Auspacken (wo ich mich viel hin- und herbewegen mußte) wurd' ich wahrhaftig seekrank. Dabei riecht es im ganzen Hause nach Wichse, so daß ich bis heute früh wenigstens Aussicht auf blanke Stiefel hatte, eine Hoffnung, die nun auch zu Grabe getragen ist. Die ganze Gegend ist dürftig; heut früh kam eine elegante Equipage vorbei und hielt vor dem Nachbarhause. Ich war einen Augenblick konsterniert; aber die Dame, die ausstieg, war augenscheinlich eine Hebamme, die die Nacht hindurch im Hause irgendeines City-Lords dienstlich beschäftigt gewesen war. Nur in solchen Fällen sieht New Ormond Street eine Equipage« (HFA, Briefe 1, S. 431).
Erbsengelber, echter London Fog – Auf Grund durchgreifender Umweltschutzmaßnahmen ist der sprichwörtliche Londoner Nebel seit den 1960er Jahren nicht mehr aufgetreten.

20.10.55
Mit Mr. Dinkel (... aus Wien ...) geplaudert – Josef Dinkel stammte aus München; er hatte schon 1840 einige Werke in der Londoner Royal Academy ausgestellt.
Göhringer ... durch seine Gutmütigkeit ... ruiniert – Der aus Baden-Baden gebürtige Gastwirt hatte 1854 mit der von ihm geführten »Golden Star Tavern« in Maddox Street, einer Querstraße von Regent Street, Bankrott gemacht.
»Herr Bran« – Über ihn ist weiter nichts bekannt, doch lassen Widmung und Vorwort seines 1853 veröffentlichten Lehrbuchs »German in Fifty Lessons« auf eine originelle Persönlichkeit schließen. Daß er sich vom Unterrichtgeben allein nicht ausreichend ernähren konnte, bestätigt noch einmal die Warnungen, die Fontane in dieser Hinsicht gegeben worden waren.

27.10.55
Surrey Theater, Blackfriars Road: Othello – Auf diese Aufführung ist Fontane erst 1858 im Rahmen seiner Shakespeare-Aufsätze für die »Zeit« näher eingegangen (NFA XXII/3, S. 30 f.); vgl. Anm. zum 14.12.55.
neulich im »Hamlet« – Fontanes Eindrücke bei der Aufführung von »Hamlet im Sadlers-Wells-Theater« schildert sein dritter Brief über »Shakespeare auf der modernen englischen Bühne«, erschienen im »Literaturblatt des Deutschen Kunstblattes« Nr.

24 vom 29. November 1856; in überarbeiteter Form wiederabgedruckt 1858 in der »Zeit« und 1860 in »Aus England« (NFA XXII/3, S. 73-81).

14.11.55
Wentzel – Da es Fontane nicht gelungen war, in London einen geeigneten Mitarbeiter für die geplante »Deutsch-Englische Correspondenz« zu finden, war ihm auf seinen Wunsch Anfang November 1855 Dr. Rudolf Wentzel nachgeschickt worden, ein Kollege aus der Berliner Zentralpressestelle.

22.11.55
Kauffmann ... getroffen – Fontane kannte Jakob Kaufmann von seinem Leipziger Aufenthalt 1841/42 her, vermutlich durch Vermittlung des mit beiden befreundeten Wilhelm Wolfsohn. Ihr Wiedersehen in London war nicht unproblematisch, da Kaufmann an Max Schlesingers »Englischer Correspondenz« mitarbeitete, zu der Fontane zunächst ein politisches Kontrastprogramm liefern sollte, um sie auf längere Sicht möglichst ganz zu verdrängen.

23.11.55
eins von Juliens Monstre-Konzerten gehört – Der französische Musiker Julien gab mit seinem großen Orchester von 1842 bis 1859 die vielbesuchten Winterkonzerte im Covent Garden Theatre. Seine eigene Komposition »The Fall of Sebastopol« war nur wenige Wochen nach dem Ereignis, das sie beschrieb, uraufgeführt worden.
Variationen auf »Du, du, liegst mir im Herzen« – Weitverbreitetes Volkslied; Text und Melodie seit 1820 belegt.

9.12.55
daß England auch ohne Frankreich den Kampf fortsetzt – Nach dem Fall Sewastopols waren unter den Alliierten Differenzen aufgetreten über die weiteren Kriegsziele. Frankreich drängte auf einen baldigen Friedensschluß, während die britische Regierung eine völlige Niederwerfung Rußlands befürwortete.
durch Einnahme Kronstadts den Krieg ... abzuschließen trachtet – Die St. Petersburg vorgelagerte Ostseefestung bildete einen vieldiskutierten Ansatzpunkt für die Eröffnung einer zweiten Front gegen Rußland. Im Sommer 1855 waren 70 alliierte Kriegs-

London d. 19. November 1855.

Erste und einzig erhaltene Ausgabe der »Deutsch-Englischen
Correspondenz«, Beginn und Schluß
(Geheimes Staatsarchiv Preußischer Kulturbesitz, Berlin)

Ew....... haben wir uns hier-
mit die Vorkommnisse einer deutsch-
englischen Correspondenz vorzulegen, die
am 19: November d.J. hier anfangen
wird. Dieselbe wird sich bemühen, die Nachrichten und Schilderungen der englischen
Zeitungs-Presse, soweit dieselben von
irgend welcher Bedeutung sind, unter
Vermeidung aller unnöthigen Notizen,
in treuer und genauer Uebersetzung
aufs Schnellste den Redactionen deutscher
Zeitungen zu überliefern. Mit den Verhältnissen der deutschen Zeitungspresse
und den betreffenden gesetzlichen Bestimmungen bekannt, hoffen wir durch
unsere Correspondenz einem wesentlichen
und fühlbaren Mangel genüge zu thun.
Der Preis des Abonnements wird vorläufig 10 r̃ betragen, welches wir in
der zweiten Hälfte jeden Quartals
von den verehrlichen Redactionen
durch von uns ausgestellte Wechsel einziehen lassen werden. Für die Zeit
vom 19: November bis ultimo December
ist der Preis der Correspondenz im
Ganzen auf nur 10 r̃ festgestellt, welches wir ebenfalls in der zweiten Hälfte
des December erhalten werden.

Für Geschäftsn um die Mitte des
nächsten Monats haben wir uns gefäl-
ligen Bestellungen entgegen sehen,
die an den Unterzeichneten zu richten
sind.

Redaction des deutsch-englischen
Correspondenz-Blattes.

Th. Fontane

London, 23 New Ormond Str. Queens Square.

schiffe vor Kronstadt erschienen, ohne jedoch ernsthafte Anstalten zum Angriff zu machen (vgl. Anm. zum 11.9.55[M]). Derlei halbherzige Offensiven hatten in der englischen Öffentlichkeit den Eindruck aufkommen lassen, daß es der Regierung nicht wirklich ernst war mit der Bezwingung Rußlands, während sich Bernstorff hier vom Gegenteil überzeugt zeigt.

13.12.55
in den Discussions-Room von Temple-Forum – Näheres über die Londoner Debattierklubs berichtet Fontane in »Von Zwanzig bis Dreißig« (AFA, Autobiographische Schriften 2); vgl. auch die Bemerkungen bei Bauer, S. 327 f.
der Fall von Kars – Die türkische Festung im Hochland von Armenien hatte der russischen Belagerung fünf Monate lang widerstanden, bevor ihre Verteidiger, angeführt von dem britischen Offizier Fenwick Williams, am 26. November 1855 aus Nahrungsmangel kapitulieren mußten, was die nach dem Fall von Sewastopol im September deutlich gehobene öffentliche Stimmung wieder umschlagen ließ.

14.12.55
Surrey Theater: Heinrich IV. Erster Teil – Das Surrey-Theater und diese Inszenierung von Shakespeares Königsdrama werden im zweiten Kapitel von Fontanes »Londoner Theatern« behandelt; erschienen in der »Zeit« Nr. 19 vom 13. Januar 1858 und wiederabgedruckt 1860 in »Aus England« (NFA XXII/3, S. 29 f.).

ORIGINAL-TAGEBUCH

14.12.55
Zug-Stücke in London – Beschrieben worden ist hier das Lustspiel »The Flower Girl, or the Convict Marquis« von William Thompson Townsend (1806–1870). Es entsprach damaliger Bühnenpraxis, dem Hauptstück ein Nachspiel von leichterem Kaliber folgen zu lassen.

15.12.55
Mrs. Vilmot – Richtig: Wilmot. Die Verwechslung von »V« und »W« ist charakteristisch für deutschsprachige Anfänger im Englischen.

in den »Wellington« Piccadilly – Nach aufwendigen Umbauten im Mai 1853 neu eröffnet, gehörte dieses im Hause Piccadilly Nr. 160 gelegene Etablissement zu den vornehmsten der Stadt. Neben einem Restaurant für 160 Gäste im Erdgeschoß befanden sich im ersten Stock Klubräume mit einem reichhaltigen Angebot an Brettspielen, in- und ausländischen Zeitungen und Zeitschriften sowie Nachschlagewerken und literarischen Neuerscheinungen.
dem Hinkefuß am Strand – Ob John Simpson, der Inhaber des gleichnamigen Restaurants am Strand, gehbehindert war, ist nicht bekannt.

16.12.55
bis zum Achilles – Monumentalstatue nach antikem Vorbild zu Ehren des Herzogs von Wellington von Sir Richard Westmacott (1775–1856), finanziert durch eine Subskription englischer Frauen und gegossen aus dem Erz erbeuteter französischer Kanonen. Sie war im Jahre 1822 hinter Wellingtons Wohnsitz, Apsley House, aufgestellt worden; vgl. auch das Kapitel »Die öffentlichen Denkmäler« in »Ein Sommer in London« (NFA XVII, S. 22).
an Emilie geschrieben – Überliefert ist ein vom 15. Dezember 1855 datierter Brief; FBV 55/61. Fontane schrieb häufig über mehrere Tage an demselben Brief.

17.12.55
Bei Schweitzer Thee getrunken – Schon wenige Tage nach seiner Ankunft in London hatte Fontane am 25. September 1855 seiner Frau geschrieben, er sei abends selten allein, »da ich entweder Schweitzern (den frühren Tieftrunk; er ist jetzt umgetauft) oder Morris besuche« (FAP). Möglicherweise war Julius Tieftrunk von seinem mütterlichen Onkel Hermann Schweitzer adoptiert worden, dessen Apotheke in Brighton er später übernahm, und hatte deshalb seinen Namen geändert.
Mit Schlesinger über Auerbach geplaudert – Max Schlesinger hatte den auch von Fontane geschätzten Schriftsteller Berthold Auerbach während dessen Wiener Aufenthalts im Revolutionsjahr 1848 persönlich kennengelernt.

18.12.55
die Antwort ... auf die Einladung Dänemarks – Unter Berufung auf den Grundsatz der Freiheit der Meere hatten die Vereinigten Staaten seit längerem die Aufhebung des Sundzolls verlangt, einer seit alters her erhobenen Abgabe auf allen Schiffs- und Warenverkehr durch die Meerengen am Eingang der Ostsee. 1855 kündigte die amerikanische Regierung einseitig alle weiteren Zahlungen auf, woraufhin Dänemark Verhandlungen aller betroffenen Mächte über ein umfassendes Ablösungsverfahren vorschlug. Da Washington jedoch die Rechtmäßigkeit des Sundzolls überhaupt bestritt und folglich nicht über eine Entschädigung verhandeln wollte, lehnte Außenminister Marcy mit Schreiben vom 2. November eine Teilnahme an der geplanten Konferenz ab.
Ein gemüthlich-lustiger Lerse – In der Abschrift dieses Gedichts in seinem Brief an Emilie vom 19. Dezember 1855 hat Fontane als »Anmerkung für unliterarische Leser« hier den Hinweis eingeschaltet »siehe Götz von Berlichingen« (HFA, Briefe 1, S. 467). Ein treuer Parteigänger Götzens in Goethes Schauspiel führt den Namen Lerse.
Ich seh im Geist ein rumpliches Haus – Fontane denkt hier, wie auch aus der Wendung vom »Kanal und der Kirchplatz-Ecke« in der vierten Strophe hervorgeht, an Neuruppin, wo seine Mutter und seine jüngste Schwester Lischen lebten und wo sich damals auch Emilie mit dem kleinen George aufhielt.

19.12.55
wegen des Sundzoll-Dokuments – Der Brief des amerikanischen Außenministers Marcy vom 2. November 1855; vgl. Anm. zum 18.12.55.

20.12.55
das Sundzoll-Dokument erbeten – Es wurde tatsächlich am 21. Dezember 1855 in der »Times« abgedruckt; vgl. Anm. zum 21.12.55.
Thee getrunken 17 Bloomsbury Square – Sitz der »Pharmaceutical Society of Great Britain«, wo Fontanes Freund Julius Schweitzer bis August 1856 tätig war und auch wohnte. Nach einem Beschluß der Direktion vom 9. August 1855 erhielt Schweitzer »the

use of a bed and the sitting room«, wofür er sich verpflichten mußte, »to attend to the Library during the evening from eight to ten o'clock, and to see that the gas is not wastefully burned and that it is carefully turned off at the proper time«.

21.12.55
Sundzoll-Note und ... Leitartikel über dieselbe – Der in der »Times« vom 21. Dezember 1855 abgedruckte Artikel u. d. T. »The Sound Dues« enthält den vollständigen Wortlaut des Schreibens, das der amerikanische Außenminister Marcy unter dem 2. November 1855 an die dänische Regierung gerichtet hatte; vgl. Anm. zum 18.12.55. In seinem Leitartikel argumentiert das Blatt, der Zoll bestehe durchaus zu Recht, was der Londoner Kapitalmarkt auch anerkannt habe, indem die Einkünfte daraus als Sicherheit für einen Kredit an Dänemark akzeptiert worden seien. Nicht Geographie oder Geschichte konstituierten aber seine Rechtmäßigkeit, sondern die Tatsache, daß die dänischen Behörden für die Regulierung des Schiffsverkehrs sowie den Bau und die Wartung von Leuchttürmen aufkämen und somit Anspruch auf Entschädigung hätten.
Schuld oder Nicht-Schuld Sr. Lordschaft – Infolge eines von ihm verübten Streichs waren in einem Londoner Theater schwere Personen- und Sachschäden entstanden. Trotzdem hatte das zuständige Magistratsgericht Vane-Tempest nur wegen groben Unfugs verurteilt und mit einer leichten Geldstrafe belegt.

22.12.55
Aufforderung zur Mitarbeiterschaft an der Minerva – Der mit der Berliner Zentralpressestelle eng verbundene Zitelmann hatte durch erhebliche Subventionen Einfluß auf die Redaktion der einstmals hochangesehenen, inzwischen aber in unaufhaltsamem Niedergang begriffenen Jenaer Zeitschrift gewonnen. Obwohl Fontane in der Folge verschiedentlich Briefe an bzw. Arbeiten für Zitelmann verzeichnet, lassen sich mit Ausnahme seines Tagebuchbriefes an Ludwig Metzel, den er indes nicht selbst zur Veröffentlichung gegeben hatte (vgl. Anm. zum 11.9.55 [M]), in der »Minerva« keine Arbeiten von ihm nachweisen.
Miß Miriam – Vermutlich eine Tochter von Fontanes Hauswirtin, Mrs. Wilmot.

23.12.55
An Metzel geschrieben – FBV 55/63.

24.12.55
Brief an Metzel ... abgeschickt – FBV 55/63.
Mr. Wood – Mit ihm, einem Arbeitskollegen von Julius Schweitzer bei der »Pharmaceutical Society of Great Britain«, freundete sich Fontane näher an. Er sei, heißt es in einem Brief an Emilie vom 20. November 1856, »ein sehr netter Kerl, spricht nur Englisch« (FAP). Auch nachdem Schweitzer im August 1856 seine neue Stellung am London Hospital angetreten hatte, hatte Fontane gelegentlich noch Kontakt mit Wood.
Selig, wer sich vor der Welt ... – Schlußstrophen aus Goethes Gedicht »An den Mond«.
Were I the Shah, Thou wert Firdousi – Die sprichwörtliche Undankbarkeit des mittelalterlichen Herrschers von Persien gegenüber dem Sänger seines Ruhms war zuletzt von Heinrich Heine literarisch gestaltet worden (1851 in der Sammlung »Romanzero«). »Der Dichter Firdusi« zählte zu Fontanes Lieblingsballaden.
Thomas Lousy, Whom Shakespeare's mastership defigured – Anspielung auf den Friedensrichter Thomas Lucy, vor dem sich Shakespeare, der Überlieferung nach, wegen Wilddiebstahls zu verantworten hatte und den er daraufhin in der Gestalt des Richters Schal (Justice Shallow) in den »Lustigen Weibern von Windsor« lächerlich machte.
der brennende Plumpudding – Mit Brandy flambierter Plumpudding bildet traditionell den Abschluß eines englischen Weihnachtsessens.

25.12.55
Durch einen Brief Emiliens erfreut – Wahrscheinlich ihr Schreiben aus Neuruppin vom 21. Dezember 1855 (Auszug bei Fricke, Nr. 28).
An Emilie geschrieben und an Dr. Metzel – FBV 55/64 und 55/65.

26.12.55
Briefe von der Kölnischen und von der Düsseldorfer Zeitung
Unter den Abonnenten der von Fontane herausgegebenen »Deutsch-Englischen Correspondenz« ist die »Kölnische Zeitung« später allerdings auch verzeichnet; vgl. Anm. zum 31.12.55.

28.12.55
im Lessing gelesen (über ... Ewald v. Kleist) – Lessing, der seit 1756 eng mit Kleist befreundet war, hat sich verschiedentlich über dessen Werke geäußert und an ihn auch seine »Briefe, die neueste Literatur betreffend« gerichtet.

30.12.55
Blumenvasen mit Holly – Stechpalmenzweige sind in England beliebt als Weihnachtsdekoration.
Briefe von ... Emilie – Das Schreiben datiert vom 25. Dezember 1855 aus Neuruppin (auszugsweiser Abdruck bei Fricke, Nr. 29).

31.12.55
Brief von Metzel; noch immer nicht zufrieden – Nach anfänglichem Lob hatte der Direktor der Zentralpressestelle seit Ende November 1855 wiederholt Kritik an der »Deutsch-Englischen Correspondenz« geäußert. Sie sei nicht so reichhaltig wie die von Schlesinger und Kaufmann und bringe zudem die neuesten Nachrichten oft einen Tag später. In seinem Toast »An Franz Kugler« hatte sich Fontane bereits Anfang Dezember Luft gemacht über die ständig wechselnden Direktiven und Wünsche aus Berlin; vgl. AFA, Gedichte 3.
wahrscheinlich sammt und sonders gepreßt – Nach einer Aufstellung von Ende Januar 1856 wurde die »Deutsch-Englische Correspondenz« von folgenden Abonnenten bezogen: »Königlich-Preußischer Staatsanzeiger«, »Die Zeit«, »Neue Preußische Zeitung«, »Magdeburger Correspondent«, »Posener Zeitung«, »Patriotische Zeitung«, »Breslauer Zeitung«, »Westphälische Zeitung«, »Düsseldorfer Zeitung«, »Frankfurter Journal«, »Mannheimer Journal«, »Kölnische Zeitung«, »National-Zeitung« und »Echo der Gegenwart«. Nur wenige davon standen in keiner nachweisbaren Verbindung zur Zentralpressestelle, so daß Fontanes Vermutung über die Motive der Mehrzahl der Abonnenten nicht unbegrün-

det erscheint. Außerdem ging die »Correspondenz« an Ministerpräsident von Manteuffel, Direktor Metzel und Regierungsrat Zitelmann (GStA PK, Rep. 77, Tit. 939, Nr. 28).
An Metzel geschrieben – FBV 55/66.

1856

1.1.56
Den ganzen Tag Orgeldreher – Vgl. Fontanes Klage über die Straßenmusikanten im Tagebuchbrief an Ludwig Metzel, Eintrag vom 11. September 1855.
Brief und Nachschrift verworfen – Fontane muß diese Schreiben dann aber doch abgeschickt haben. Briefe an Metzel vom 31. Dezember 1855 bzw. 1. Januar 1856 sind jedenfalls überliefert; FBV 55/66 und 56/1.
Artikel der M. Post übersetzt – In seiner Ausgabe vom 31. Dezember 1855 hatte das Blatt aus Anlaß des österreichischen Ultimatums an Rußland vom 28. Dezember einen Leitartikel über »the wretched diplomacy of Prussia« gebracht, gipfelnd in einem persönlichen Angriff auf »the vacillating king who has not the courage to act ... and aims only at achieving a contemptible impotence – a dishonourable neutrality«. In Londoner diplomatischen und Hofkreisen wurde der großes Aufsehen erregende Artikel allgemein Graf Persigny zugeschrieben, dem französischen Gesandten in London.

2.1.56
Uebersetzung des M. Post Artikel an Dr. Metzel – Vgl. Anm. zum 1.1.56.
12 Nummern unserer Correspondenz an Graf Bernstorff – Die von Fontane und Wentzel bearbeitete »Deutsch-Englische Correspondenz«.
in die Weihnachtspantomime – Bis heute in vielen englischen Theatern fortgesetzte Tradition, wonach in der Weihnachtszeit eine Harlekinade mit Zauber- und Balletteinlagen (Christmas Pantomime) zur Aufführung kommt. Der Handlung liegt gewöhnlich ein Kindermärchen oder eine Volkssage zugrunde, durchsetzt mit den gattungstypischen Hauptcharakteren Harlekin, Kolumbine, Clown und Pantalon.

Gegenstand: die Begegnung Heinrichs VIII und Franz I – Laut Textbuch handelte es sich bei diesem am 26. Dezember 1855 uraufgeführten Stück um eine »Grand National, Historical & Chivalric Pantomime« mit dem Titel »Belle Alliance, or Harlequin, Good Humour and ye Fields of ye Clothe of Golde, being a Legend of the Meeting of the Monarchs«. Der Text stammte von George Augustus Sala (1828–1896), die Idee von Augustus Harris (1825–1873), der auch die Inszenierung leitete. Das glanzvolle Feldlager, in dem Franz I. von Frankreich 1520 seinen englischen Nachbarn Heinrich VIII. empfangen hatte, konnte als einer der wenigen historischen Präzedenzfälle für eine Allianz zweier Länder gelten, die sich im Lauf der Jahrhunderte sonst zumeist feindlich gegenübergestanden hatten.
gepfeffert mit Prof: Anderson'schen Kunststückchen – Feuerwerkseffekte waren eine besondere Spezialität des bekannten Zauberkünstlers, und neben der Pantomime stand an diesem Abend auch sein erfolgreiches Varietéprogramm »Magic and Mystery« auf dem Programm.

3.1.56

Brief von Emilie – Datiert vom 29. Dezember 1855/1. Januar 1856. »In vier Wochen – so Gott will, sind wir bei Dir!«, so kommentierte Fontanes Frau die Mitteilung, daß Metzel, der zum Direktor der Zentralpressestelle ernannt worden war, ihrer Übersiedlung nach London zugestimmt habe (FAP).
»Sie kommt, des Mittags stolze Flotte!« – (Leicht variierte) Anfangszeile von Schillers Gedicht über den Untergang der Armada, »Die unüberwindliche Flotte«.
Emilien's Brief beantwortet – FBV 56/3.
»ob England dem ... Friedens-Congreß zuzustimmen hat ...« – Am 28. Dezember 1855 hatte Österreich Rußland ein Ultimatum unterbreitet, das in Abstimmung mit Frankreich und Großbritannien u.a. die Zustimmung des Zaren zu einem sofortigen Friedenskongreß verlangte und andernfalls mit dem Abbruch der diplomatischen Beziehungen drohte. Während Napoleon III. ernstlich aus dem Krieg herauszukommen suchte und daher Flexibilität zeigte, was die übrigen Forderungen anging, bestand die britische Regierung, unterstützt von der öffentlichen Meinung, auf einer bedingungslosen Annahme sämtlicher Klauseln in der Hoffnung, so eine russische Ablehnung zu provozieren,

um dann den Krieg mit österreichischer Unterstützung fortführen zu können.

4.1.56
Meine Zeilen an Emilie abgeschickt – FBV 56/3.
In der Kölnischen Ztng eine Reihe unsrer Artikel gefunden – Aus der »Deutsch-Englischen Correspondenz«.
in Betreff einer zu miethenden Wohnung – Wegen der bevorstehenden Übersiedlung von Emilie und George nach London brauchte Fontane eine größere Unterkunft.

5.1.56
Die »Patriotische« schickt Gelder ein – Nach der Schlußabrechnung der »Deutsch-Englischen Correspondenz« waren die Abonnementsgelder der Mindener »Patriotischen Zeitung« neben 5 Talern vom »Echo der Gegenwart« die einzigen Einnahmen des mit einem Defizit von über 3000 Talern für die preußische Staatskasse äußerst verlustreichen Unternehmens, wobei die Gehaltskosten für Fontane und Wentzel noch nicht eingerechnet waren (GStA PK, Rep. 77, 939, Nr. 28, Bl. 306).
In's Adelphi-Theater – Auf dem Spielplan standen zunächst zwei einaktige Farcen, »Domestic Economy« von Mark Lemon (1809 bis 1870) und »Mother and Child are doing well« von John Maddison Morton (1811–1891). Dem folgte die eigentliche Weihnachtspantomime mit dem Titel »Jack and the Bean Stalk, or Harlequin and Mother Goose at Home Again«.
»Nell Gwynn« ist die Schutzpatronin des Orts – Anspielung auf die moralische Anrüchigkeit des Theatermilieus. Die historische Nell Gwynn, eine Mätresse Karls II., war allerdings mit dem Drury Lane Theater verbunden und nicht mit dem Adelphi.

6.1.56
über den M. Post Artikel vom 31. Dezember – Vgl. Anm. zum 1.1.56.

7.1.56
Die Mittheilung Graf Bernstorff's benutzt – Vermutlich für einen Leitartikel der »Deutsch-Englischen Correspondenz«.
An Dr. Metzler einen Rechtfertigungsbrief geschrieben – Aus der Berliner Zentralpressestelle war im Dezember 1856 verschie-

dentlich Kritik an der »Deutsch-Englischen Correspondenz« geäußert worden. Daß Fontane hier an ihren stellvertretenden Leiter schreibt, mag mit einer vorübergehenden Abwesenheit Metzels zusammenhängen. Der Brief selber ist nicht überliefert.

8.1.56
Neue Artikel gegen Preußen in Post und Globe – Ein Leitartikel der »Morning Post« vom 8. Januar 1856 kritisierte angebliche Munitionslieferungen an Rußland. »The King prefers a profitable neutrality which puts money in the purse though it make him poor in honour. ... We have endured this long ... but now it is no longer possible to tolerate it.«
wegen Voß und Spener – Kurzbezeichnung für die »Vossische Zeitung« bzw. die »Haude- und Spenersche Zeitung«, zwei der verbreitetsten Berliner Blätter.

9.1.56
Ein halbes Dutzend Briefe an T. F. – Mit Wohnungsangeboten in Reaktion auf Fontanes Anzeige in der »Times«.
Mrs. Wilmot ... bereit eine Zahl von Zimmern abzutreten – Zur Unterbringung von Fontanes Familie. Er selbst hatte bis dahin nur zwei möblierte Zimmer bewohnt, während Dr. Wentzel nebenan logierte.

10.1.56
Weitre Adressen – Von zu vermietenden Wohnungen in Reaktion auf Fontanes entsprechende Anzeige in der »Times« vom 9. Januar 1856.
liebenswürdiger Brief von Emilien – Datiert vom 7. Januar 1856 aus Luckenwalde; auszugsweiser Abdruck bei Fricke, Nr. 32.
Widerspruch ... in der mündlichen Erklärung Lord Clarendon's Bezieht sich vermutlich auf eine Weisung an den britischen Gesandten in Berlin vom 7. Januar 1856, in der es ursprünglich geheißen hatte, daß Preußen wegen seiner materiellen Unterstützung für Rußland in London nicht länger als neutral betrachtet werde. Auf Einspruch der Königin, der diese Formulierung einer Kriegserklärung gleichzukommen schien, war die Weisung dann entsprechend abgemildert worden, und der Außenminister hatte wieder eine gemäßigtere Sprache angenommen.

11.1.56

empfiehlt ... eine Wohnung in Berner Street – Nach einigem Hin und Her (vgl. Tagebucheinträge vom 13. und 14. Januar 1856) kam es schließlich zum Abschluß eines Mietvertrags, und Fontane zog am 24. Januar 1856 nach 38 Berners Street, im Norden von Soho.
An Emilie geschrieben – FBV 56/6.

12.1.56

Den Brief an Emilie zur Post – FBV 56/6.
In's Drury-Lane Theater. Weihnachtspantomime – »Hey Diddle, Diddle or Harlequin, King Nonsense and the Seven Ages of Man« lautete der Titel des Stücks, verfaßt von Edward Litt Leman Blanchard (1820–1889), der zwischen 1852 und 1887 nicht weniger als 27 Weihnachtspantomimen für das Theatre Royal Drury Lane produzierte.

13.1.56

Das Haus gemiethet pro 100 £ jährlich – Die Vermieterin überlegte es sich dann jedoch wieder anders; vgl. Tagebucheintrag vom 14. Januar 1856.
Den Nachmittag über in der Bilder-Gallerie – Die Galerie des Marinehospitals von Greenwich enthält vor allem »Gemälde aus dem englischen Seeleben und Porträts jener Männer, denen England vorzugsweise seinen Ruhm als Meerbeherrscherin verdankt«; so Fontane in der Beschreibung seiner ersten Englandreise von 1844 (NFA XVII, S. 477).
Einige Strophen für Kugler geschrieben – Vgl. Tagebucheintrag vom 15. Januar 1856.
an ... Emilie – FBV 56/7.

14.1.56

Rußland lehnt ab – Dies stellte sich als eine – in England allerdings durchaus willkommene – Falschmeldung heraus, denn zwei Tage später, am 16. Januar 1856, gab Rußland seine bedingungslose Annahme des österreichischen Ultimatums bekannt (vgl. Anm. zum 3.1.56). Nach dem Scheitern aller britischen Manöver, einen Waffenstillstand doch noch zu verhindern, kam es am 1. Februar 1856 zur Unterzeichnung der Friedenspräliminarien in Wien.

Mrs. Tucker ... alles wieder eingerenkt – Der wöchentliche Mietzins wäre zwar, aufs Jahr umgerechnet, höher gewesen als die ursprünglich vereinbarte Summe, doch erwies sich die jetzt getroffene Regelung letztlich als günstiger, da sie eine Kündigung erleichterte, als sich das Verhältnis der Fontanes zu ihren Vermietern unharmonisch gestaltete.
An Emilie geschrieben – FBV 56/8.

15.1.56
An Emilie geschrieben – FBV 56/9.

16.1.56
Brief von Emilien – Datiert vom 14. Januar (Auszug bei Fricke, Nr. 33).
unsre Jenny (der kleine Felix ... gestorben) – Die Rede ist von Fontanes Schwester Jenny Sommerfeldt in Letschin und ihrem Sohn.
An Emilie ... geschrieben – FBV 56/10.
daß wir nicht völlig für den Papierkorb gearbeitet haben – Die »Kreuzzeitung« übernahm jetzt gelegentlich Artikel aus der »Deutsch-Englischen Correspondenz«.

17.1.56
Rußland acceptirt ... die östreichischen Vorschläge – Vgl. Anm. zum 3.1.56 und 14.1.56.
»Eure Aufgabe ist erfüllt ...« – Da Preußens Neutralität im Krimkrieg der Hauptgrund für sein schlechtes Image in England war und damit auch für Fontanes Londoner Mission, sah Schlesinger mit dem bevorstehenden Ende der Feindseligkeiten die Veranlassung für beides entfallen.
Mrs. Wilmot ... unsren nah-bevorstehenden Umzug angezeigt – Mit Fontane zog auch Wentzel um in die familiengerechte Wohnung in Berners Street.

18.1.56
the discreet Princess – Bei dem Stück »The Discreet Princess or the Three Glass Distaffs. A new and doubly-moral though excessively old Melodramatic Fairy Extravaganza« handelte es sich um die Bearbeitung einer älteren französischen Prosavorlage (»L'Adroite Princesse«) aus der Märchensammlung von Charles

Perrault (1628-1703) durch den populären Bühnenautor James Robinson Planché (1796-1880).
An Emilie geschrieben - FBV 56/12.

19.1.56
ein paar Seiten in Macaulay gelesen - Aus Kapitel XI der seit 1848 im Erscheinen begriffenen »History of England from the Accession of James the Second«. Fontanes Lektüre des Werkes, obwohl sie sich über mehrere Monate hinzog, war nicht systematisch und auch nicht vollständig.
the case of Alice Gray - Vermutlich eine der Ehebruchsgeschichten, die bevorzugt in der »Judge and Jury Society« verhandelt wurden; vgl. Anm. zum 9.10.55.

20.1.56
Sein Urtheil über die Kreuzzeitung, Gerlach und die ganze Parthei - Die »Kreuzzeitung« war das Organ der preußischen Altkonservativen um Ernst Ludwig von Gerlach, den Führer der Kamarilla am Hofe Friedrich Wilhelms IV.
An Emilie einige Zeilen geschrieben - FBV 56/14.

22.1.56
Studien im Bradshaw - Um die Zugverbindungen nach Dover herauszufinden; vgl. auch Anm. zum 12.6.52.

23.1.56
Mrs. Morris hat ein Mädchen engagirt - Vermutlich die im Tagebucheintrag vom 24. Januar 1856 genannte Luise.
Wentzel nach Saddlers-Wells (Tempest) - Fontane hatte diese Aufführung bereits Ende 1855 in seinem vierten Brief über »Shakespeare auf der modernen englischen Bühne« besprochen, veröffentlicht in Nr. 26 des »Literaturblatts des Deutschen Kunstblattes« vom 27. Dezember 1855 u. d. T. »›Der Sturm‹ im Sadlers-Wells-Theater«; Wiederabdruck in überarbeiteter Form 1858 in der »Zeit« und 1860 in »Aus England« (NFA XXII/3, S. 81-85).

24.1.56
Luise - Vermutlich das von Mrs. Morris für die Familie Fontane engagierte Dienstmädchen (vgl. Tagebucheintrag vom 23. Januar 1856).

25.1.56
Hermit von Goldsmith – Vierzigstrophige Ballade aus dem Jahre 1764/65, später integriert in Goldsmiths »Vicar of Wakefield«.
Um 8 Uhr auf den Dover-Bahnhof – Einen offiziell so genannten »Dover-Bahnhof« gab es nicht. Züge zu den Kanalhäfen gingen während der fünfziger Jahre vom Bahnhof auf der Südseite (Southwark) von London Bridge ab oder von New Cross Station weiter südlich.

26.1.56
Briefe ... von Lepel – FL II, S. 140–146.

27.1.56
Preußen soll ... ausgeschlossen bleiben – Weil es sich am Krimkrieg nicht beteiligt und auch von dem österreichischen Ultimatum distanziert hatte, dessen Ergebnis der Friedenskongreß war (vgl. Anm. zum 3.1.56). Die preußische Großmachtstellung erschien damit ernsthaft gefährdet, bis die Berliner Bevollmächtigten am 18. März 1856, zwölf Tage vor Abschluß des Friedensvertrages, doch noch zu den Pariser Konferenzen zugelassen wurden.
Bunsen, Usedom etc. – Die Rede ist hier von den Schwierigkeiten, mit denen Bernstorff zu Beginn seiner Londoner Tätigkeit zu kämpfen hatte. Die Abberufung Bunsens als preußischer Gesandter war in England ungern gesehen worden, und das Bemühen seines Nachfolgers um Anerkennung wurde durch die gleichzeitige Entsendung Usedoms als königlichen Sonderbotschafters zusätzlich erschwert.

30.1.56
An ... Dr. Metzel geschrieben – Datiert vom 31. Januar 1856; FBV 56/17.

31.1.56
um die Thronrede so früh als möglich zu haben – Der Wortlaut der von der Königin vor dem Oberhaus verlesenen Regierungserklärung mußte für die »Deutsch-Englische Correspondenz« von großem Interesse sein, ging es doch darum, ob England wirklich einen Friedensschluß anstrebte und ob Preußen zu den Pariser Konferenzen zugelassen werden würde.

1.2.56
Den Brief an Dr. Metzel beendigt – FBV 56/18.

4.2.56
Berlin wool – Im 19. Jahrhundert gebräuchliche Bezeichnung für feines Kammgarn zum Stricken und Sticken.
Emilie schreibt an Frau Ritter – Fontane war ihrem Ehemann William Ritter 1852 durch Konsistorialrat Fournier aus Berlin empfohlen worden.
Mary ... bittet um möglichste Ruhe – Vermutlich das Dienstmädchen von Mrs. Tucker. Der Aufenthalt der Familie Fontane im Hause Tucker gestaltete sich von Anfang an nicht besonders harmonisch.

5.2.56
Rücksprache wegen der Morning Chronicle – Bernstorff suchte seit längerem Zugang zur englischen Presse. Ob ein auffällig propreußischer Leitartikel im »Morning Chronicle« einige Wochen später (vgl. Anm. zum 15.3.56) auf seine Inspiration zurückgeht, läßt sich nicht ermitteln. Fontane war jedenfalls zu diesem Zeitpunkt noch nicht an etwaigen Kontakten beteiligt, und eine regelmäßige Verbindung Preußens zum »Morning Chronicle« kam erst nach der Mitte des Jahres 1856 zustande.
An Kauffmann geschrieben – Vgl. Tagebucheintrag vom 6. Februar 1856.

7.2.56
Rücksprache in Betreff Mr. Macknight's – Fontane hatte den Journalisten und Verfasser einer frühen Disraeli-Biographie kurz nach seiner Ankunft in London im Hause der Damen Conquer persönlich kennengelernt (vgl. Tagebucheintrag vom 17. September 1855). Jetzt versuchte er, diese Bekanntschaft zu reaktivieren, um mehr über die englische Presse und über eventuelle Zugangsmöglichkeiten zu einzelnen Blättern zu erfahren.
meine gescheiterten Versuche – Was Kaufmann angeht, dürfte es sich um die Unmöglichkeit seiner Abwerbung gehandelt haben, wie sie Faucher im Dezember 1855 dem Gesandten nahegelegt hatte (HFA, Briefe 1, S. 462), und während es mit dem »Morning Chronicle« zu diesem Zeitpunkt zwar noch nicht zu einer festen

Zusammenarbeit kam, erschien doch etwas später ein erster preußenfreundlicher Artikel in diesem Blatt; vgl. Anm. zum 15.3.56.
Graf B. erzählt von seinen Anknüpfungen – Wie die Aufzeichnungen seiner Gattin zeigen, hielt sich Bernstorff viel darauf zugute, den Führer der Tories für eine Zulassung Preußens zu den Pariser Konferenzen gewonnen zu haben, wobei dieser allerdings »nicht aus Gerechtigkeitsgefühl« gehandelt habe, »sondern weil er schnell erkannte, wie sich aus den Argumenten des preußischen Gesandten Waffen gegen die englische Regierung schmieden ließen«. Jedenfalls habe dank der »Einwirkung Bernstorffs auf Disraeli« die dem letzteren nahestehende »Press« nunmehr zu fragen begonnen, ob es wirklich politisch klug sei, dem katholischen Österreich »in Deutschland zu einem so großen politischen Übergewicht über das protestantische Preußen zu verhelfen« (Bernstorff, S. 320 f.).

8.2.56
Heine's »Romanzero« gelesen – Die zumeist auf dem Krankenbett entstandene Gedichtsammlung war 1851 im Druck erschienen.

10.2.56
In: »Rosen und Golem-Tieck« ... gelesen – Das 1844 in Berlin erschienene Werk »Drei Vorreden, Rosen und Golem-Tieck. Eine tragi-komische Geschichte, mit einer Kritik von Friedrich Rückert. Hrsg. von Otto von Skepsgardh« war die erste und zugleich letzte Publikation seines Verfassers, der wenig später in eine Heilanstalt kam.

11.2.56
»Man spricht von drei« – Herkunft des Zitats ungeklärt.
Brief an den Rütli – Obwohl bereits vom 6. Februar 1856 datiert, wurde das Schreiben erst am 13. Februar beendet und am nächsten Tage auf dem Gesandtschaftswege an Merckel abgeschickt, bei dem es schließlich am 20. Februar einging (FM I, S. 47–50). In ihrer gemeinsamen Antwort vom 14. März 1856 spießten Merckel und Eggers diese Verzögerung auf (FM I, S. 53).

12.2.56
Das Treiben dort um 6 Uhr – 1858 ausführlich beschrieben in dem Artikel »Die große Post (General Post Office)« (NFA XVIII, S. 179 ff.). Noch vierzig Jahre später, im »Stechlin«, läßt Fontane Armgard beeindruckt von dem Betrieb vor der Londoner Hauptpost kurz vor deren Schließung erzählen.
Zu Bainbridge, dem berühmten No cough more – Die Entwicklung eines wirksamen Hustensaftes war einer der Gründe für die Berühmtheit des Londoner Pharmakologen.

13.2.56
Fortsetzung des Rütli-Briefes – Vgl. Anm. zum 11.2.56.

14.2.56
An Dr. Metzel – FBV 56/22.
an die Ellora geschrieben – Per Adresse Merckel (FM I, S. 50–53).

15.2.56
wegen einer Notiz im M. Advertiser – Ein Artikel u. d. T. »Prussia and the Conferences« im »Morning Advertiser« Nr. 20,174 vom 15. Februar 1856 behauptet, der Ausschluß Preußens von den Pariser Konferenzen sei einzig auf Palmerstons Widerstand zurückzuführen, während Österreich und Frankreich auf eine Zulassung gedrängt hätten.

17.2.56
In der Kreuzzeitung Kammerdebatten studiert – Über »die ländlichen Polizei-Obrigkeiten«, gehalten im preußischen Abgeordnetenhaus am 13. Februar und abgedruckt in der »Kreuzzeitung« Nr. 39 vom 15. Februar 1856.

18.2.56
Nothschrei um Geld, an Dr. Metzel – FBV 56/23.

20.2.56
Brief aus Berlin, aber kein Geld – In seinem vom 16. Februar 1856 datierten Schreiben, dem ein im Ton scharfen Tadels gehaltener Brief des Geheimrats Hegel über die nachlässige Rechnungsführung in Sachen »Correspondenz« beilag, warf Metzel Fontane vor,

sich zu sehr als Angestellter der Zentralpressestelle zu fühlen, während er doch als selbständiger Unternehmer in London auftreten solle. Zwar sei man durchaus bereit, die Herausgabe der »Deutsch-Englischen Correspondenz« weiterhin zu fördern, doch könne er nicht, ohne die fällige Übersicht und die verlangten Auskünfte zu geben, immer nur weitere Geldmittel anfordern (GStA PK, Rep. 77, Tit. 939, Nr. 28). Vgl. auch Fontanes Antwortschreiben an Metzel vom 20. Februar (FBV 56/24).
Die ... Zumuthungen theils confus, theils unausführbar – In einer ebenfalls vom 16. Februar 1856 datierten Instruktion hatte Metzel energisch darauf hingewiesen, daß die »Deutsch-Englische Correspondenz« nicht im Hinblick auf einen ausgewählten Leserkreis zu schreiben sei, sondern für die Allgemeinheit und sich daher dem Geschmack der Zeitungen anzupassen habe. Persönliche Neigungen und Vorlieben hätten hinter der angestrebten Belehrung der Masse zurückzutreten. Seinen Stoff solle Fontane folglich ganz danach auswählen, ob er sich zur Aufklärung des großen Publikums eigne, »das ungemein dumm, vergeßlich und ununterrichtet ist und das man am besten befriedigt, wenn man in Betreff seiner Kenntnisse nur sehr geringe Voraussetzungen macht« (GStA PK, Rep. 77, Tit. 939, Nr. 28).
Brief an Dr. Metzel angefangen – FBV 56/24.

21.2.56
Fortsetzung meines Briefes an Dr. Metzel – FBV 56/24.

22.2.56
Rechnungsablegung und Etats-Entwurf gemacht – Mit Datum vom 3. März 1856 übersandte Metzel diese Aufstellungen sowie Fontanes Briefe vom 20. (FBV 56/24), 23. (FBV 56/26) und 25. Februar (FBV 56/27) an Hegel und bemerkte dazu: »Dieselben enthalten mehr eine lebhafte persönliche Verteidigung als eine sachliche Darlegung des Verlaufs der Angelegenheit und eine ruhige Erörterung der dabei gemachten Erfahrungen« (GStA PK, Rep. 77, Tit. 939, Nr. 28).
Brief an Dr. Metzel – FBV 56/25.

24.2.56
Im Royal Blue bis Wellington-Street – Die Omnibuslinie »Royal Blue« verkehrte zwischen Pimlico im Südwesten Londons und

dem Terminus der Blackwall Eisenbahn in Fenchurch Street in der City über Piccadilly, Charing Cross, Strand, Bank, Cornhill und Leadenhall Street.

25.2.56
An Dr. Metzel geschrieben – FBV 56/27.
City-School in Milk-Lane – 1837 eröffnete Knabenschule, finanziert aus den Überschüssen einer Stiftung aus dem 15. Jahrhundert und von 1883 bis zur erneuten Verlegung im Jahre 1986 am Victoria Embankment untergebracht. Im August 1852 hatte sich Fontane zeitweilig Hoffnungen gemacht, eine Deutschlehrerstelle an der City of London School zu erhalten, nachdem der Sohn seiner Pensionswirte May zum Direktor ernannt worden war (HFA, Briefe 1, S. 309). Auch diese Aussicht schwand jedoch nach wenigen Tagen dahin (HFA, Briefe 1, S. 312).

26.2.56
Fricke's englische Fibel – Die von W. Fricke bearbeitete »Englische Fibel zur leichtern und schnellern Erlernung der englischen Sprache, mit Übungen zum Lesen und Übersetzen und mehr als 6000 Wörtern, nebst Angabe ihrer Aussprache und Bedeutung« war in einem Bremer Verlag mit dem Erscheinungsjahr 1856 herausgekommen.

28.2.56
Liebenswürdiger Brief von Max – Fontanes Bruder Max war ebenfalls Apotheker; Hamscher ist der Name einer Apotheke in Küstrin.

1.3.56
5 deutsche Kapellen, und zwar 1) in Savoy-Street am Strand
Die 1694 gegründete Gemeinde St. Marien in der Savoy besteht bis heute, wenn auch der Gottesdienstort mehrfach gewechselt hat.
2) in Whitechapel – Die 1762 gegründete Gemeinde St. Georg benutzt bis heute ihre aus dem 18. Jahrhundert stammende Kirche in Alie Street.
3) in Trinity Lane – Gemeint ist die seit 1669 bestehende Hamburger Lutherische Kirche, die 1876 nach Dalston in die Nähe des Deutschen Hospitals verlegt wurde.

4) in Camberwell – Die erst 1854 entstandene Evangelische Gemeinde von Camberwell, Südlondon, ging während des ersten Weltkriegs ein.
5) in der Nähe von St. Paul – Hier dürfte ein Mißverständnis Fontanes vorliegen. Gemeint ist vermutlich die Deutsche Reformierte St. Paulsgemeinde aus dem Jahre 1697, deren damaliges Kirchengebäude allerdings nicht in der Nähe der St. Pauls-Kathedrale in der City lag, sondern am Hooper Square im East End.
der Petersburger Bruder ... hat vor sich hier zu etablieren – Aus diesem Vorhaben scheint nichts geworden zu sein; jedenfalls wird seine Anwesenheit in London nach dem 4. März 1856 nicht wieder erwähnt.

2.3.56

Denmark-Hill Camberwell – »Camberwell ist die südlichste Vorstadt Londons und in ähnlicher Weise wie die im Norden gelegenen Dörfer Hampstead und Highgate berühmt durch seine schöne Lage und seine frische Luft. Der reizendste Teil desselben gruppiert sich um einen Hügel, der unter dem Namen ›Denmark-Hill‹ bekannt ist. ... In diesem Camberwell, am Nordabhang des Hügels hin, zieht sich in freundlichen Villen eine deutsche Kolonie. Dreiunddreißig Kaufmannsfamilien, ausschließlich Norddeutsche (meist Hamburger), sind hier zu einer Gemeinde zusammengetreten, haben eine hübsche gotische Kirche (leider ohne Turm) gebaut und als Geistlichen den Pastor Meyer aus Flensburg, einen deutschen Schleswiger, in ihre Mitte gerufen.« (NFA XVIII a, S. 764)
der auch unsern Woldzen-Storm kannte – Theodor Storm, dessen Mutter eine geborene Woldsen war und der zeitweilig unter ihrem Namen publiziert hatte.

3.3.56

in der ... Pairschafts-Frage ... zum Rückzug geblasen – Das House of Lords, damals im wesentlichen eine Vertretung des erblichen Grundadels, dient zugleich als oberster Gerichtshof Großbritanniens. Um die Anzahl seiner juristisch qualifizierten Mitglieder zu verstärken, hatte die Königin auf Vorschlag des Premierministers 1856 einen praktizierenden Richter ohne hinreichend großen Landbesitz zum Baron auf Lebenszeit erhoben, dem jedoch von der Oberhausmehrheit Sitz und Stimme verweigert worden waren, aus Furcht, durch ernannte Mitglieder in Abhängigkeit von der Regierung zu geraten, und in Besorgnis um die Erblichkeit der eigenen Rechte. Nach einigem Hin und Her ließ die Regierung die Sache auf sich beruhen, und Life Peers wurden erst 1958 eingeführt.

4.3.56
Bezugnahme auf den letzten Krieg – Der Krimkrieg, 1854–1856.
der Czar ist verehrt (der vorige angebetet) – Gemeint sind der seit 1855 regierende Alexander II. (1818–1881) sowie sein Vorgänger Nikolaus I.
trotz Alma und Inkermann – An diesen Orten auf der Krim hatten die russischen Streitkräfte am 20. September und 5. November 1854 schwere Niederlagen erlitten.

5.3.56
Das Coventgarden-Theater brannte – Das 1809 eröffnete Theatre Royal Covent Garden (Nachfolger eines älteren Gebäudes und Vorgänger des heutigen Opernhauses an gleicher Stelle) war für die Weihnachtssaison 1855/56 an John Henry Anderson verpachtet gewesen, unter dessen Direktion schon früher zwei Theater abgebrannt waren und der für den letzten Abend seiner Vertragszeit zu einem Maskenball eingeladen hatte.

6.3.56
über den Fall von Kars – Vgl. Anm. zum 13.12.55.
die neue Police-Bill von Sir G. Grey – Der gegen heftigen Widerstand schließlich doch verabschiedete »County and Borough Police Act« von 1856 verpflichtete alle Städte und Grafschaften, eine ständige Polizeitruppe aufzustellen. Ein Viertel der Kosten wurde von der Zentralregierung aufgebracht, die sich dafür ein Inspektionsrecht vorbehielt. Es war besonders dieser Aspekt der Staatsintervention in bisher ganz der örtlichen Selbstverwaltung überlassene Bereiche, der von verschiedenen Seiten Opposition hervorrief.
the bigdom of the masters – »Bigdom« ist eine auf Fontanes unzulängliche Englischkenntnisse zurückgehende Wortschöpfung.

7.3.56
Emilie und Lischen nach Poets Corner – Vgl. auch Fontanes Beschreibung des südlichen Querschiffs von Westminster Abbey mit seinen zahlreichen Gräbern bzw. Denkmälern bedeutender Dichter, Schriftsteller und anderer Berühmtheiten aus Kunst und Wissenschaft in »Ein Sommer in London« (NFA XVII, S. 59–64).
an Dr. Metzel geschrieben – FBV 56/30.

8.3.56
Brief an Dr. Metzel abgeschickt – FBV 56/31.
Ein wenig in der »Argo« gelesen – Neben Gedichten der genannten Autoren enthält der Jahrgangsband für 1856 auch eine Erzählung von Wilhelm von Merckel u. d. T. »Der Frack des Herrn von Chergal«.

9.3.56
Erzbischof von Cant sagen einige – Wortspiel um »Canterbury«, den Amtssitz des Primas der anglikanischen Staatskirche, und »cant«, Heuchelei. Geistliches Oberhaupt der Church of England war seit 1848 John Bird Sumner (1780–1862).
wo Moses den brennenden Busch sieht – Exodus, Kap. III, Vers 1–4.
in dem berüchtigten St. Giles – Heruntergekommenes Stadtviertel zwischen der City und dem West End von London; vgl. dazu auch Fontanes Artikel »Frühling in St. Giles« (NFA XVIII, S. 174 ff.).

10.3.56
Im Rainbow Kaffe getrunken – In Fleet Street, in der Nähe von Temple Bar, gelegen, war das seit 1652 bezeugte Rainbow Coffee House eine der ältesten Einrichtungen dieser Art in der City, hatte allerdings seine im 18. Jahrhundert erlangte Bedeutung als Zentrum des literarischen Lebens verloren. Das Gebäude wurde 1859 abgerissen.
Websters Redbook – Eine Art Adreßkalender für London, von 1847 bis 1939 jährlich neu bearbeitet, zu Fontanes Zeiten u. d. T. »Webster's Royal Red Book, or Court and Fashionable Register, comprising a comprehensive Street Guide, an Alphabetical List of the Nobility and Gentry with their Town and Country Residences, Houses of Lords and Commons, Baronets of the United

Kingdom, Officers, Ambassadors, Consuls, Bankers, Army and Navy Agents, Hotels, Clubs etc. and other valuable information«.
Knight's Cyclopaedia – »Knight's Cyclopaedia of London« war ein 1851 im Verlag von Charles Knight, Fleet Street, erschienener, 860 Seiten starker und mit zahlreichen Planskizzen und Illustrationen ausgestatteter Stadtführer. Es handelt sich um die Volksausgabe eines sechsbändigen Nachschlagewerkes von 1844 aus dem gleichen Haus.
Nach St. Martins Hall – 1847 errichteter geräumiger Konzertbau in Long Acre; häufig auch für Vortragsveranstaltungen und politische Versammlungen genutzt; 1860 abgebrannt.
Meeting... der National Sunday-League – Vgl. Anm. zum 23.5.56.
Sir George Grey's »Police... Bill« – Vgl. Anm. zum 6.3.56.
eine... »Educational-Bill« – Wie zahlreiche ähnliche Versuche vorher und nachher scheiterte auch dieser Gesetzentwurf zur Einführung eines Systems allgemeiner Schulpflicht unter staatlicher Aufsicht am Widerstand der Abgeordneten mit freikirchlichem Hintergrund.
What shall the dyers do?... »dye!« – Fontanes Orthographie deutet darauf hin, daß er die Pointe nicht verstanden hat. Was die Färber tun sollten, war nicht »dye« (färben), sondern »die« (sterben).
daß Bucher Recht hat – Der bekannte Londonkorrespondent der »National-Zeitung« führte das Vordringen zentralisierter Staatstätigkeit auf Kosten der lokalen Selbstverwaltung auf den Machterhaltungstrieb der Parlamentsparteien zurück, die, während sie oberflächlich um den Besitz der Regierung stritten, in Wahrheit das Volk in Unmündigkeit zu halten suchten.

11.3.56
Herr v. Hinkeldei... erschossen – »Wir brennen auf nähere Nachrichten und Aufschlüsse« schrieb Fontane am 14. März 1856 an Henriette von Merckel (FM I, S. 57). Hintergrund der spektakulären Duellaffäre war ein seit längerem schwelender Konflikt zwischen dem reaktionären Polizeipräsidenten niedriger Abkunft und einer Gruppe konservativer Ultras von altem Adel, was die selbst zur neunobilitierten Beamtenschicht gehörende Henriette von Merckel in ihrem Brief an Emilie Fontane vom 14. März 1856 zu der Äußerung veranlaßte: »Ich muß gestehen, daß ich dem edeln R. [Hinckeldeys Duellgegner Hans von Ro-

chow] mindestens auch eine Kugel in den Kopf gegönnt hätte, aber – es hat nicht sein sollen.« (FM 1, S. 57 ff.)
Timbs »London« gekauft – Das 1855 in erster Auflage erschienene und mehrfach wiederaufgelegte Werk hatte einen Umfang von annähernd 800 Seiten und trug den etwas umständlichen Titel »Curiosities of London, Exhibiting the Most Rare and Remarkable Objects of Interest in the Metropolis, with Nearly Fifty Years' Personal Recollections«.

12.3.56

ein Stück von dem Lever in St. James Pallast – Obwohl nicht länger die private Residenz der königlichen Familie, fanden offizielle Ereignisse wie der hier erwähnte Morgenempfang weiterhin in den Staatsräumen des aus der Tudorzeit stammenden St. James Palastes am Westende von Pall Mall statt.
eine Parthie nach Shornecliffe – Der ursprünglich zur Abwehr einer Invasion durch Napoleon 1803 eingerichtete Militärposten an der Küste von Kent, drei Meilen westlich von Folkestone, diente 1855/56 als Lager für die Britisch-Deutsche Legion.

13.3.56

Lischen ... nach Hanover-Square-Rooms – 1774 eröffnetes Konzertgebäude, seit 1833 von der Philharmonischen Gesellschaft genutzt; 1875 in einen Klub umgewandelt und 1900 abgerissen.

14.3.56

Briefe geschrieben an: ... Mutter ... und Frau v. Merckel – FBV 56/31 und 56/32.

15.3.56

einen preußenfreundlichen Artikel – Der Leitartikel des »Morning Chronicle« Nr. 27,837 vom 14. März 1856 begrüßte die Zulassung Preußens zu den Pariser Konferenzen und kritisierte Palmerstons Widerstand dagegen. Daß dieser Artikel seitens der Gesandtschaft inspiriert war, ist anzunehmen, doch scheint Fontane an seiner Abfassung noch nicht beteiligt gewesen zu sein.

16.3.56

in St. Helen's Church – Mittelalterliche Pfarrkirche in Bishopsgate, in der City von London.

17.3.56
Brief von Frau v. Merckel – Datiert vom 14. März und gerichtet an Emilie; FM I, S. 58–63.
ein Kaisersohn in Paris geboren – Der präsumtive Thronerbe Napoleons III. und eine vermeintliche Garantie für den Fortbestand der Dynastie Bonaparte. Nach dem Zusammenbruch des Kaiserreichs trat Prinz Louis Napoleon in die britische Armee ein und fiel 1879 als Kolonialoffizier im Krieg gegen die Zulus in Südafrika.

18.3.56
Minister Eichhorns Biographie gelesen – Genauer gesagt, einen Nachruf auf den am 16. Januar 1856 in Berlin gestorbenen vormärzlichen Kultusminister Friedrich Eichhorn, abgedruckt in der »Kreuzzeitung« Nr. 65 vom 16. Januar 1856; zu Eichhorns Bemerkungen über die schlesische Landwehr vgl. den im Tagebuch eingeklebten Zeitungsausriß.
Englische Chemiker und der Gang ihrer Ausbildung – Hier hat sich Fontane durch den englischen Sprachgebrauch in seiner deutschen Wortwahl verwirren lassen. »Chemists« sind Apotheker, und darüber dürften sich die beiden Apotheker Fontane und Wood auch unterhalten haben, zumal es einen geregelten Ausbildungsgang für Chemiker im eigentlichen Sinne in England noch gar nicht gab.

19.3.56
Oliver Cromwell am Sarge Karl's I – Die von ersterem betriebene Hinrichtung des Stuartkönigs am 30. Januar 1649 markierte den Triumph der Puritaner im englischen Bürgerkrieg. Wegen ihres hohen Symbolwerts war die Darstellung dieser Szene bei Künstlern aller Art seit jeher ein beliebtes Sujet.
Napoleon – Geschildert werden Wendepunkte in Napoleons Leben: die Rückkehr des Revolutionsgenerals aus Italien 1797 al Auftakt zu seiner politischen Laufbahn; seine erste Abdankung als Kaiser im April 1814 und schließlich seine Internierung auf der Felseninsel im Südatlantik nach 1815.
Friedrich der Große nach der Schlacht bei Kollin – Im Kampf um Prag hatten die Preußen dort am 18. Juni 1757 ihre erste große Niederlage im Siebenjährigen Krieg erlitten und mußten sich in

der Folge aus Böhmen zurückziehen. Die Szene, wo einige versprengte Offiziere seines Gefolges den König allein und verlassen finden, »auf einer Brunnenröhre sitzend, den Blick starr auf den Boden geheftet und mit seinem Stocke Figuren in den Sand zeichnend«, ist beschrieben in Franz Kuglers »Geschichte Friedrichs des Großen« und illustriert mit einem Holzschnitt von Adolph Menzel.
Marcus Curtius in die Erdspalte springend – Bezieht sich auf eine römische Volkssage zum Jahr 362 v. Chr. Als sich auf dem Forum ein tiefer Riß auftat, verkündete ein Orakel, derselbe werde sich nur nach dem Opfer dessen, was Roms höchstes Gut sei, wieder schließen. Marcus Curtius verstand darunter den Mut eines Kriegers und stürzte sich bewaffnet auf seinem Pferd in die Erdöffnung. Sein Opfertod soll in der Tat den beabsichtigten Effekt gezeigt haben.
»The battle-field«... der Princess royal Viktoria – Die künftige Mutter Wilhelms II. dilettierte in ihrer Jugend als Malerin und hatte sich auch an Szenen aus dem Krimkrieg versucht.
Nelson am Abend vor der Schlacht von Trafalgar – In der er am 21. Oktober 1805 fiel.
nach seiner Niederlage bei Kunersdorf – Am 12. August 1759 gegen die verbündeten Österreicher und Russen in der Nähe von Frankfurt an der Oder.
eine Scene im Hafen von Balaclava – Die britische Nachschubbasis im Süden der Krim. Ein russischer Angriff auf Balaclava war am 25. Oktober 1854 nur unter schweren Verlusten abgewendet worden, die großenteils auf Fehler der britischen Führung zurückgingen; vgl. auch Anm. zum 21.3.58.
Zouave – Angehöriger der mit arabischer Tracht ausgestatteten französischen Kolonialtruppen.

23.3.56

die alte Kathedrale... besucht – Was Chatterton angeht, irrt sich Fontane. Es war vielmehr die Bristoler Pfarrkirche St. Mary Redcliffe, die das jugendliche Genie, das seine eigenen Werke eine Zeitlang mit Erfolg als alt ausgab, als Fundort der Handschriften genannt hatte. Dort befindet sich jetzt auch ein Denkmal des durch Selbstmord geendeten Dichters.
verfrühte Mittheilung von Unterzeichnung des Friedens – Tatsächlich kam der Abschluß des Pariser Vertrages erst am 30. März zustande.

24.3.56
Am Abend in Coal-hole – Zu einem Auftritt von Nicholsons »Judge and Jury Society«; vgl. Anm. zum 9.10.55.

26.3.56
Der Correspondenz wird das Todesurtheil gesprochen – Metzel hatte aus Berlin Manteuffels Erlaß vom 8. März 1856 mitgebracht, das Unternehmen zum Ende des Quartals einzustellen.
eine Vorlesung über das östreichische Concordat – Die 1855 abgeschlossene Vereinbarung zwischen Österreich und dem Heiligen Stuhl räumte der katholischen Kirche gewisse Vorrechte ein und wurde daher von liberaler und demokratischer Seite ebenso wie von Angehörigen anderer Konfessionen und nichtdeutscher Nationalitäten entschieden abgelehnt. Kossuths religiös begründeter Antipapismus war mit ein Grund für seine Popularität in der britischen Öffentlichkeit, während die im Verdacht völliger Glaubenslosigkeit stehenden deutschen Flüchtlinge auf Mißtrauen stießen. Während der liberalen Ära wurde das österreichische Konkordat 1870 von Wien aufgekündigt.

27.3.56
Themsefahrt ... bis zum Tunnel – Der erste Unterwassertunnel der Welt zwischen Wapping und Rotherhithe war 1843 fertiggestellt und von Fontane, der sich aber nur wenig beeindruckt zeigte, bereits 1844 durchquert worden (NFA XVII, S. 472). Ursprünglich auch für Fußgänger zugänglich, wird er seit den 1860er Jahren nur noch für den Zugverkehr genutzt.
Durch die Straßen von Wapping zurück – Die Erlebnisse dieses Ausfluges beschrieb Fontane detailliert in einem 1858 veröffentlichten Feuilleton (NFA XVIII, S. 176–179); vgl. Anm. zum 6.3.58.
4 Bilder der Schlacht von Abukir – Vor der ägyptischen Küste im Mittelmeer, wo die Flotte einer französischen Expedition unter Napoleon Bonaparte durch den englischen Admiral Nelson am 1. August 1798 vernichtend geschlagen worden war.
Prinzeß-Theater – Die auf dem Programm stehende Inszenierung von Shakespeares »Heinrich VIII.« hatte Fontane im Herbst 1855 schon einmal gesehen; vgl. Tagebucheintrag vom 13. September 1855. Das Begleitstück war allerdings ein anderes: »The

Victor Vanquished«, eine Komödie in einem Akt von Charles Dance (1794 bis 1863), die am 25. März 1854 im Princess's Theatre uraufgeführt worden war, behandelt eine in Stralsund spielende amouröse Verstrickung Karls XII. von Schweden (1682 bis 1718).

28.3.56
Die vorletzte Correspondenz – Mit dem Monatsende sollte die von Fontane herausgegebene »Deutsch-Englische Correspondenz« eingestellt werden.
Eagle-Tavern (City-Road) – 1825 eröffnet als eine der ersten Music Halls in London, die Fontane schon aus dem Kapitel »Miss Evans and the Eagle« in Dickens' »Sketches by Boz« kennen mochte; 1901 abgerissen.

29.3.56
Wachsfiguren-Kabinet der Mad. Tussaud – Ursprünglich eine Wanderausstellung; seit 1835 stationär in einem eigenen Gebäude in Baker Street untergebracht und eine der touristischen Hauptattraktionen Londons.

30.3.56
als sein Gespräch ... auf Neapel und Sorrent führte – Bernstorff war unmittelbar nach seiner Verheiratung 1840/41 Geschäftsträger und 1851–1853 preußischer Gesandter im Königreich beider Sizilien gewesen.
der Friede war da – Die Nachricht von der Unterzeichnung der Pariser Verträge am 30. März 1856 war, den Aufzeichnungen der Gräfin von Bernstorff zufolge, noch am Nachmittag des gleichen Tages in London bekannt geworden, und abends »erdröhnten unsere Fenster von Kanonenschüssen, die man im Park von St. James abfeuerte. Die Glocken spielten ein heiteres Glockenspiel, das man zwischen den einzelnen Schüssen hörte und in das sich das Geschrei des in den Parkanlagen versammelten Volkes mischte. Graf Kielmannsegge, Graf Vitzthum und zwei preußische Offiziere waren gerade während dieses Vorgangs bei uns. Wir zählten 101 Schüsse, und gleich darauf vernahm man aus der Ferne den Kanonendonner vom Tower her« (Bernstorff, S. 326).

1.4.56
empfing die Königin den Kaiser Louis Napoleon – In Erinnerung an die Zeiten seines Onkels war die Politik Louis Napoleons, der vor 1848 lange als Flüchtling in England gelebt hatte, in der britischen Öffentlichkeit zunächst mit den schlimmsten Erwartungen verfolgt worden. Sein Vorgehen gegen Rußland bewirkte jedoch einen Meinungsumschwung, der 1854 mit der gemeinsamen Expedition der Verbündeten auf die Krim seinen Höhepunkt erreichte. In diesem Kontext war der Usurpator Napoleon III. im April 1855 als legitimer Herrscher einer befreundeten Macht mit allen Ehren in England empfangen worden.
und später den König von Sardinien – Gewissermaßen zur Belohnung dafür, daß sich das zunächst neutral gebliebene Sardinien nunmehr den Westmächten angeschlossen hatte, war König Viktor Emanuel II. im Dezember 1855 zu einem Staatsbesuch in Großbritannien gewesen. »Er amüsierte sich nicht besonders in Windsor«, hielt die Gräfin Bernstorff fest, »war aber sehr geschmeichelt über den Empfang, der ihm dort zuteil wurde. Nichts wurde unterlassen, ihn zu feiern« (Bernstorff, S. 306).
des Oberstallmeisters der Königin – Inhaber dieses Hofamts, dessen Namen Fontane vergessen hatte, war damals Lord Alfred Paget (1816–1888).
den König Johann gefangen hielten – Eine Rebellion der englischen Barone erzwang im Jahre 1215 die Verleihung der Magna Charta, in der eine erste Beschränkung der königlichen Rechte enthalten war. Die Urkunde wurde in Runnymede unweit von Windsor ausgestellt, doch ist Fontanes Mitteilung von einer Gefangenhaltung Johanns in diesem Zusammenhang historisch nicht bezeugt.
glau – Mundartlicher Ausdruck für frisch (niederdt.).
Star and Garter – Populärer Gasthof auf dem höchsten Punkt von Richmond Hill mit spektakulärer Aussicht über die Themse; nach seiner Flucht aus Paris hatte der durch die Februarrevolution von 1848 vertriebene »Bürgerkönig« Louis Philippe sechs Monate dort gewohnt.

3.4.56
Am Abend bei Herrn Alberts – Ganz verlor Fontane seine Vorbehalte gegenüber den Mitarbeitern der Gesandtschaft nie, und

noch über ein Jahr später, am 14. Mai 1857, heißt es in einem Brief an Emilie, mit Alberts wünsche er »aus 120 Gründen einen sehr freundlichen, aber seltnen Verkehr« (HFA, Briefe 1, S. 572). *Die Berichte des ordens-durstigen, unermüdlichen Greiff* – Der Berliner Polizeileutnant Greif war 1851 zur Überwachung der deutschen Emigranten nach London entsandt worden. Die preußischen Diplomaten, so wußte der Spitzel Edgar Bauer 1853 seinen Auftraggebern in Kopenhagen zu berichten, seien angewiesen worden, ihm »mit Auskunft und Nachweisen behilflich zu sein«, und die Gesandtschaft habe ihm daher »einen ihrer Schreiber, Herrn Alberts, zum Hilfsarbeiter bestellt« (Bauer, S. 82 f.).

5.4.56
Dover-Bahnhof – Auf der Südseite von London Bridge; vgl. Anm. zum 25.1.56.

9.4.56
Standard-Theater ... Antonius und Cleopatra – Eine Besprechung des weitab des eigentlichen Theaterviertels im Osten der Stadt gelegenen Royal Standard Theatre und dieser Aufführung gab Fontane zuerst in seinem fünften Brief über »Shakespeare auf der modernen englischen Bühne« im »Literaturblatt des Deutschen Kunstblattes« Nr. 20 vom 2. Oktober 1856, dessen Text zum Teil wörtlich aus dem Tagebuch übernommen ist; in überarbeiteter Form wiederabgedruckt 1858 in der »Zeit« und 1860 in Fontanes Studien »Aus England« (NFA XXIII/3, S. 26–29).
Scherenberg-Schule – Scherenberg hatte sich mit Vaterlands- und Schlachtendichtung einen Namen gemacht, was zahlreiche Nacheiferer mit mehr militärischer Erfahrung, aber weniger dichterischem Talent ebenfalls zur Feder greifen ließ; vgl. auch Fontanes 1885 erschienene Monographie über »Christian Friedrich Scherenberg und das literarische Berlin von 1840 bis 1860«.
von Landwehr und Dennewitz – Beliebte preußisch-patriotische Themen: Während der Befreiungskriege waren im März 1813 alle nicht schon dem stehenden Heer angehörenden Männer unter 40 Jahren zur Landwehr aufgeboten worden, und die siegreiche Schlacht bei Dennewitz in der Mark Brandenburg am 6. September des gleichen Jahres war ausschlaggebend gewesen für die Räumung Preußens von französischen Truppen.

»Gevatter Schneider und Handschuhmacher« – Zitatfragment aus »Wallensteins Lager« von Schiller (10. Auftritt).
caviar for the people – Gemeint ist eine Stelle in Shakespeares »Hamlet« (II, 2), die im Original lautet: »'t was caviare to the general«. Fontane hat hier die deutsche Version von Schlegel (»Kaviar für das Volk«) ins Englische rückübersetzt.
im Kean'schen Theater – Das seit 1850 unter der Direktion von Charles Kean stehende Princess's Theatre.
Was noth thut, das ist ein kühner Griff – Aufnahme der sprichwörtlich gewordenen Äußerung Heinrich von Gagerns (1799 bis 1880), des Präsidenten der deutschen Nationalversammlung, der am 24. Juni 1848, als in der Frankfurter Paulskirche die Frage zur Diskussion stand, wie das angestrebte Deutsche Reich am besten Wirklichkeit werden könne, erklärt hatte: »Ich tue einen kühnen Griff, und ich sage Ihnen: wir müssen die provisorische Zentralgewalt selbst schaffen.«

10.4.56
Vergeblicher Gang nach Chelsea – Fontane wollte an einer Sitzung des Untersuchungsausschusses über die Mißstände in der Armee teilnehmen; vgl. Anm. zum 11.4.56.

11.4.56
den Verhandlungen der Krim-Commission ... beigewohnt – Um die im Krimkrieg zutage getretenen Schwächen der britischen Militärorganisation zu untersuchen, war 1856 ein Untersuchungsausschuß eingesetzt worden, über dessen Zeugenerhebungen Fontane später einen Artikel verfaßte; vgl. auch Anm. zum 12.5.56.

12.4.56
Eine halbe Stunde der Sitzung beigewohnt – Vgl. Anm. zum 11.4.56.
dann das Hospital ... in Augenschein genommen – Die Krimkommission tagte im Royal Hospital Chelsea, dem von Sir Christopher Wren erbauten und 1689 bezogenen Wohnheim für Veteranen und Militärinvaliden.

13.4.56
Greenwich-Park und Greenwich-Hill – Dort befindet sich das 1675 von Sir Christopher Wren erbaute Observatorium mit dem Nullmeridian, von dem aus sich die Weltzeitzonen bestimmen.

440 ANMERKUNGEN

14.4.56
Can the Western Powers do anything for the regeneration of Italy? – Nach seiner militärischen Hilfe für die Westmächte im Krimkrieg erwartete Sardinien-Piemont jetzt eine Unterstützung seiner Bemühungen um die Einigung Italiens.
die Exclamationen seines irisch-katholischen ... Freundes – Mr. Henlie; vgl. Tagebucheintrag vom 16. Juni 1856.

16.4.56
Briefe in Wohnungs-Angelegenheiten – Nachdem die Fontanes ihren bisherigen Vermietern auf Grund ständiger Konflikte am 14. April gekündigt hatten, mußten sie sich nunmehr nach einer neuen Bleibe umsehen.
Besuch von Mrs. Jackson – An sie war vermutlich einer der »Briefe in Wohnungs-Angelegenheiten« gerichtet gewesen, und nach Inspektion der Räumlichkeiten mieteten sich die Fontanes am 18. April 1856 bei ihr ein.

17.4.56
Nach Sydenham-Palace – Gemeint ist der Kristallpalast.

18.4.56
Jenny's Geburtstag – Fontanes Schwester Jenny Sommerfeldt.
Bei Mrs. Jackson ... gemiethet – Die Fontanes zogen am 23. April nach 23 Chepstow Place um und wohnten dort bis zu Emilies Rückkehr nach Berlin am 18. Mai 1856.
Am Abend nach London-Tavern – Bekanntes Citylokal mit Speiseraum für über 350 Gäste in Bishopsgate, vielfach auch für Versammlungen genutzt; 1876 abgebrochen.
Wiederholung des Kossuth'schen Vortrages – Vgl. Anm. zum 26.3.56.
»dieser hochherzige junge Kaiser ...« – Gemeint ist der 1848 zur Regierung gelangte Franz Joseph I. von Österreich.
»... wiewohl er in Westminster fehlt« – Cromwell war zwar bei seinem Tode in Westminster Abbey begraben worden, wurde aber nach der Restauration der Monarchie im Jahre 1661 exhumiert, geköpft und unter dem Galgen in Tyburn begraben (in der Nähe des heutigen Marble Arch).
schmeckt ... mehr nach Vater Karbe als nach einem Cicero – Ab-

schätzige Kontrastierung des modernen Volksrednertums, wie es Fontane in dem Berliner Agitator von 1848 verkörpert sah, mit der Rhetorik des klassischen Altertums.
Czikosen – Ungarische Bezeichnung für einen Pferdehirten.
John Bull – Allegorische Gestalt des Engländers.

19.4.56
um das vorjährige Newspaper-Stamp-Gesetz zu kaufen – Fontane benötigte den Text für seinen in Arbeit befindlichen Aufsatz über die seit Aufhebung des Zeitungsstempels entstandenen billigen Massenblätter; vgl. Anm. zum 5.5.56 sowie 4.7.54 (E). Da es sich um eine amtliche Publikation handelte, war sie in gewöhnlichen Buchhandlungen nicht erhältlich.

20.4.56
zum Concert in Kensington-Garden – Zu einem der sonntäglichen Freiluftkonzerte, um die es im Frühjahr 1856 eine so heftige Kontroverse gab, daß Fontane mehrere Korrespondenzen darüber schrieb; vgl. Anm. zum 23.5.56 und 2.6.56. Kensington Gardens bilden die Fortsetzung des Hyde Parks nach Westen hin.

21.4.56
das vorjährige Newspaper-Stamp-Gesetz gekauft – Vgl. Anm. zum 19.4.56.
City-Corporation-Reform-Bill – Auch dieser Vorstoß zur Reform der Corporation of London, des Verwaltungsapparats der eigentlichen City, die bis dahin von allen Gesetzen zur Modernisierung der englischen Kommunalverwaltung ausgenommen gewesen war, wurde nicht Gesetz.

22.4.56
Briefe an ... Eggers geschrieben – FBV 56/34.

23.4.56
Tag der großen Naval Review in Portsmouth – Flottenparade in Anwesenheit der Königin zur Feier des siegreichen Abschlusses des Krimkrieges.
Nachmittags ... für Lischen aufgebaut – Der 23. April war Elise Fontanes Geburtstag.

24.4.56
The treaty of Peace – Der Pariser Friedensvertrag vom 30. März 1856 zur Beendigung des Krimkrieges, dessen parlamentarische Ratifikation damals gerade anstand.

25.4.56
in »the Egyptian Hall« – Der Bankettsaal im Amtssitz des Bürgermeisters der City von London war 1735 auf der Grundlage von Angaben des römischen Architekten Vitruvius (1. Jahrhundert v. Chr.) entworfen worden.
Reformatories and Refuges in the Metropolis – An Ludwig Metzel schrieb Fontane am 1. Mai 1856, er sei »jetzt ganz gut in der Arbeit und denke an die Minerva 3 Aufsätze (vielleicht nach 14 Tagen) zu schicken: 1) über die Erziehungs-Frage (Lord John Russels Education-Bill) 2) über Reformatory-Schools und 3) über das Ticket-of-leave-System. Ich schreib Ihnen das, weil es doch möglich wäre, Sie wollten etwas darüber haben und in diesem Fall würde die Minerva natürlich zurückstehn müssen.« (HFA 1, S. 494) In der »Minerva« ist keiner dieser Artikel erschienen, und auch anderswo hat sich ein Abdruck nicht ermitteln lassen.
Brief an Eggers geschrieben – FBV 56/35.

28.4.56
the intention of the french Government – Der französische Außenminister hatte Belgien zu einer Beschränkung der vor allem von französischen Emigranten betriebenen antibonapartistischen Propaganda zu drängen versucht.

29.4.56
Gearbeitet (Reformatory Schools) – Kein Druck ermittelt; vgl. auch Anm. zum 25.4.56.
Friedensproklamation in althergebrachter Weise – Nach seiner parlamentarischen Ratifizierung trat der Pariser Vertrag vom 30. März 1856 in Kraft. Der Garter-King of Arms, ein Funktionär des Hosenbandordens, fungiert bei zeremoniellen Anlässen als Herold.
Um 7 nach Barbican Chapel – Eine im Tenor gleiche Darstellung des Auftritts von Pater Gavazzi, einem zum Protestantismus konvertierten Mönch, findet sich in Fontanes Brief an Ludwig Met-

zel vom 1. Mai 1856 mit dem Resümee: »Ich für mein Teil fand alles so dumm, oberflächlich und ridikül, daß ich eine Kirche niemals mit so viel Hochachtung vor dem Katholicismus verlassen habe« (HFA, Briefe 1, S. 495).
in Oxford (wo die Puseyiten ihn auszischten ...) – Die Anhänger des anglikanischen Theologen Edward Bouverie Pusey, eines Vertreters der katholisierenden Richtung in der englischen Staatskirche, denen die Militanz des protestantischen Proselyten unangenehm sein mußte.
was er über den Puseyismus (Tractarianismus) sagte – Das wegen seiner bevorzugten Kommunikationsform auch als Traktarianismus bekannte »Oxford Movement« war eine religiöse Erneuerungsbewegung innerhalb der anglikanischen Kirche, der Pusey selbst bis zu seinem Tode treu blieb, während eine Reihe seiner Gesinnungsgenossen tatsächlich zum römischen Katholizismus übertraten, namentlich der spätere Kardinal John Henry Newman (1801–1890).
nach Shoe-Lane, in »the original Discussion Hall« – Die sogenannte »Cogers Hall« lag in Bride Lane, einer anderen Seitengasse von Fleet Street. Von dort war der offiziell »Society of Cogers« genannte Diskussionsklub 1855 in einen mit der Blue Post Tavern in Shoe Lane verbundenen Saal umgezogen, wo auch noch andere Gesellschaften Debattierveranstaltungen abhielten.
Mr. Spooner's Bill against the Maynooth-grant – Dieser alle Jahre wieder eingebrachte Gesetzentwurf wandte sich gegen den seit 1846 gewährten staatlichen Zuschuß für das 1795 gegründete katholische Priesterseminar in Maynooth bei Dublin.

30.4.56
Brief aus Luckenwalde – Die Absenderin war Emilie Fontanes Freundin Laura Knochenhauer.

1.5.56
An Dr. Metzel geschrieben – FBV 56/37.

2.5.56
»Vernunft fängt wieder an zu sprechen ...« – Aus Goethes »Faust I« (Szene Studierzimmer, Vers 1198/99).
der Charles Kean'schen Inscenirung von »Winters Tale« – Vgl.

dazu Fontanes Besprechung im dritten Kapitel seiner »Londoner Theater« (NFA XXIII/3, S. 65 ff.).

um dem Times-Correktor einige Zeitungsfragen vorzulegen – Den Hintergrund zu diesem Treffen liefert Fontanes Brief an Metzel vom 1. Mai 1856, in dem er über die Schwierigkeiten berichtet, die nötigen Informationen für den Artikel über die Pennyblätter zu erhalten: »Ich wandte mich neulich, mit Hülfe einer Mittelsperson, an einen Literaten, einen frühren Mitarbeiter des M. Herald und ließ ihm sagen, daß ich ihm für die Beantwortung von ein halb Dutzend Fragen 1 £ geben würde. ... Der Morning Heraldiker war bereit und ich erhielt als Antwort auf meine Fragen folgenden Zettel, den ich Ihnen Spaßes halber beilege. Ich ließ ihm sagen, ich sei jederzeit bereit, für einen Sixpence die 3fache Auskunft zu ertheilen. – Ich habe nun einen neuen Collegen auf dem Rohr und werd' ihn morgen Abend sprechen; vielleicht daß es mir mit ihm besser geht« (HFA, Briefe 1, S. 494).

3.5.56
Reformatory-School Union – Eine der zahlreichen viktorianischen Reformbewegungen im Sozialbereich. Das Thema Besserungsanstalten hat Fontane 1856 stark beschäftigt, doch hat sich bisher keine einschlägige Publikation ermitteln lassen.

4.5.56
in die deutsche Kirche (Camberwell) – Vgl. Anm. zum 2.3.56.

5.5.56
An meinem Bericht (über die Penny-Blätter) gearbeitet – Erschienen in der »Vossischen Zeitung« Nr. 125 und Nr. 126 vom 31. Mai bzw. 1. Juni 1856 (NFA XVIII a, S. 668–674). Fontane benutzte diese Arbeit 1858 als Grundlage für einen Aufsatz zum gleichen Thema in der »Zeit«; Wiederabdruck 1860 in »Aus England« (NFA 19, S. 206–220).

Mr. Hart verneint es natürlich – Zu dem wenigen, was über Richard Hart bekannt ist, gehört, daß er zu den Anhängern des Agitators David Urquhart (1805–1877) zählte, der Palmerston als im Solde Rußlands stehend bekämpfte und darauf nicht nur die nachlässige Kriegsführung, sondern auch den vorzeitigen Friedensschluß zurückführte; vgl. Bauer, S. 168 und 176. Auch Bucher stand dieser Richtung nahe; vgl. Anm. zum 10.2.57.

6.5.56

vertagte Debatte über die Maynooth-Bill – Vgl. Tagebucheintrag vom 29. April 1856 mit Anm.

7.5.56

Bericht über die Penny-Blätter abgeschrieben – Vgl. Anm. zum 5.5.56.

8.5.56

Einladung ... zur Matinée musicale – Die Brüder Eduard Moritz und Leopold Ganz entstammten einer bekannten Mainzer Musikerdynastie und hatten bereits 1837 eine Tournee nach London unternommen. Begleitet von ihrem klavierspielenden Neffen Eduard, konzertierten sie 1856 erneut in der britischen Hauptstadt, wo ihr älterer Bruder Adolf Ganz (1796 bis 1869) seit 1845 als Direktor einer deutschen Operntruppe ansässig war.
An Dr. Metzel geschrieben – Datiert vom 7. Mai 1856; FBV 56/38.

9.5.56

»Is there any cause for an opposition to the Treaty of Peace?« – Vgl. auch Tagebucheintrag vom 5. Mai 1856.

10.5.56

An Knochenhauer nach Luckenwalde ... geschrieben – Vermutlich ein Gratulationsbrief zur Geburt eines Kindes; vgl. Tagebucheintrag vom 30. April 1856.

12.5.56

von Direkt: Metzel – Seinem Schreiben vom 10. Mai 1856 legte Metzel eine Mitteilung der »Vossischen Zeitung« bei, betreffend die Aufnahme von Fontanes Artikel über die Krimkommission. Im übrigen enthielt der Brief gute Ratschläge für einen langfristigen Ausbau der Verbindungen zu dem Blatt. Vorläufig wolle er, Metzel, aber noch Vermittlerdienste leisten und werde alle eingehenden Artikel entweder dort oder aber in der »Zeit« bzw. der »Minerva« unterbringen (GStA PK, Rep. 77, Tit. 926, Nr. 37, Bl. 15 f.).
Die Vossische ... bringt einen meiner Artikel – Fontanes Beitrag über »Chelsea Hospital und die Krim-Kommission« war erschie-

nen in der »Vossischen Zeitung« Nr. 104 vom 6. Mai 1856 (NFA XVIII a, S. 662–665); vgl. auch Anm. zum 11.4.56.
London auf der Wanderschaft nach Sydenham – Zum Besuch des Kristallpalastes.
Marochetti's Friedensgöttin und Friedensobelisk – Modelle für ein Krimkriegsdenkmal, von denen der Obelisk verwirklicht wurde.

13.5.56
Zum Gesandten wegen meines Aufsatzes über die Penny-blätter Vgl. Anm. zum 5.5.56.
Rüffel wegen meiner Notiz in der Kreuz-zeitung – Vermutlich wegen der Kurzmeldung »Eine Matinee« in der »Kreuzzeitung« Nr. 109 vom 11. Mai 1856, in der Fontane von dem Empfang in der Gesandtschaft am 8. Mai berichtet.
Mrs. Wilmot nicht zu Haus getroffen – Nach der Rückkehr Emilies nach Berlin plante Fontane zu seiner früheren Wirtin nach 23 New Ormond Street zurückzukehren.

15.5.56
neben der Jewellerie – Dem Aufbewahrungsort der Kronjuwelen.
drauf das Haupt der 3 schottischen Lords fiel – Simon Fraser Lord Lovat (geb. 1677), Arthur Elphinstone Lord Balmerino (geb. 1688) und William Boyd Lord Kilmarnock (geb. 1704) waren 1746 wegen ihrer Beteiligung an der letzten Erhebung für den jüngeren Prätendenten aus dem Hause Stuart im Tower von London hingerichtet worden.
Die beef-eater – Militärinvaliden in Tudoruniformen, die als Wärter am Tower beschäftigt werden.
Revolver ... genau so wie die Colt'schen – Der amerikanische Ingenieur Samuel Colt (1814–1862) hatte 1835 einen neuen Revolver erfunden und vor allem, seit 1842, dessen fabrikmäßige Herstellung auf der Grundlage des industriellen Prinzips der Austauschbarkeit der einzelnen Teile entwickelt.

16.5.56
Garrick, Kemble, die Siddons – Gedenksteine für diese drei Theatergrößen befinden sich in Poet's Corner, dem südlichen Querschiff von Westminster Abbey.
Lord Castlereagh – Sein Denkmal steht in Statesmen's Aisle, dem nördlichen Querschiff von Westminster Abbey.

Familien-Name: Vane – Ursprünglich Stewart; erst Castlereaghs Bruder und Erbe hatte die Namensänderung vorgenommen.
Die sogenannte Kapelle Edwards des Bekenners ist aus der Zeit – Hier irrt Fontane. Sie wurde nicht zur Regierungszeit des Königs, sondern erst 200 Jahre nach seinem Tode zur Aufnahme der Gebeine des mittlerweile heiliggesprochenen Herrschers errichtet.
seine Einzahlung zur Pariser Reise – Die aber nicht zustande kam.
Gelesen (William Palmer's Trial) – Stenographierte Verhandlungsprotokolle dieses aufsehenerregenden Prozesses (vgl. Anm. zum 26.5.56) erschienen in allen Zeitungen.

17.5.56
Nachfrage wegen des Antwerpner Dampfers – Wegen ihrer Anfälligkeit für Seekrankheit wollte Emilie Fontane bei ihrer Rückreise nach Deutschland nicht über Hamburg fahren.
zum großen Rout in Prussia House – Vgl. Anm. zum 19.5.56.

18.5.56
Abschied von Mrs. Jackson – Mit der Rückkehr Emilies nach Berlin zog Fontane zurück zu Mrs. Wilmot, 23 New Ormond Street.
Nach Katharine's Wharf – Anlegestelle der Fährschiffe vom und zum Kontinent in der Nähe des Towers.
»Sie ritten vierzig Meilen fast ...« – Bei diesen Zeilen dürfte es sich um eine schließlich verworfene Variante der siebenten Strophe von Fontanes Gedicht »Der letzte York« handeln (AFA, Gedichte 1). Fontane hatte die Verse zwar schon 1854 einmal im »Tunnel« vorgetragen, doch hat er das ganze Jahr 1856 hindurch immer wieder an ihnen gefeilt.
wieder mal in 23 New Ormond Street schlafen gelegt – An Emilie schrieb Fontane am 20. Mai 1856, in seiner Strohwitwerunterkunft sei »alles beim alten. Beide Zimmer haben sich eher etwas verschönt, oder ich finde sie erträglicher, weil sich mein Auge an diese englischen Räuberhöhlen gewöhnt hat. Schlimm ist's, daß ich mich vor allem ekle und selbst dem Wasser, mit dem ich Gläser und Tassen zuvor säubere, nicht recht traue.« (HFA, Briefe 1, S. 497)

19.5.56
Bericht über die Sonnabends-Festlichkeit – Vgl. Tagebucheintrag vom 17. Mai 1856; der Bericht erschien als »Priv.-Mitth.« in der

»Vossischen Zeitung« Nr. 117 vom 22. Mai 1856. Über den Empfang selbst und die Gäste wird darin freilich so gut wie nichts gesagt. Es handelt sich vielmehr hauptsächlich um eine Beschreibung der Preußischen Gesandtschaft: »Prussia House bildet den Mittelpunkt einer hohen Terrasse (Carlton-House-Terrace), die den südlich davon gelegenen James-Park überblickt und beherrscht. Eine mächtige, nach dem Park hinunter führende Freitreppe (the steps) theilt die Terrasse in eine östliche und westliche Hälfte und unmittelbar zur Rechten dieser Treppe, mit seinem Fundament eine Seitenwand derselben bildend, erhebt sich das preußische Gesandtschafts-Hotel. Die nur schmale Front ist nach dem Waterloo-Platz hinaus, während die lange Reihe der Seitenfenster auf die Freitreppe hinunterblickt. Die schönste Parthie des Hotels ist das Treppenhaus. Säulen tragen hier den Steinflur des ersten Stocks, durch eine Glaskuppel fällt Licht ein und hohe Stuckwände steigen zu derselben empor. Unten, zur Linken der Treppe, steht der alte Fritz, ernst, mit großen Augen, wie ein Hüter und Schutzpatron des Hauses. Die Empfangs- und Gesellschaftszimmer des ersten Stocks ziehen sich durch die ganze Tiefe. Sie sind schmucklos, aber in noblem Styl. Ein parquettirter Fußboden, Fenster in ganzer Zimmerhöhe, Divans an den Wänden entlang und ein freistehendes Canapee von der Gestalt einer riesigen Tscherkessenmütze (auf deren Rand man sich setzt, während man an die Spitze sich lehnt), das ist alles. Nichts was durch Reiz der Farbe oder Form geeigneter wäre, das Auge des Beschauers sofort gefangen zu nehmen. Was auf uns wirkt, ist lediglich die Größe und Schönheit der Verhältnisse, so zu sagen – das Geheimnis des Raums.«
Notiz für die N. Preußische – Vermutlich der Artikel »Diner im Preußischen Gesandtschaftshotel« in der »Kreuzzeitung« Nr. 117 vom 22. Mai 1856.

20.5.56
Gleich geantwortet – Zu Fontanes Brief an Emilie vgl. FBV 56/39.
Pelissier 26 s. – Fontane verwechselt hier »Pelisee«, den ärmellosen Umhang oder pelerinenartigen Regenmantel, mit dem Namen des französischen Marschalls; ähnlich übrigens auch in seinem Brief an Emilie vom 1. November 1856: »Nun muß ich durchaus einen dicken Rock haben; in meinem Pelissier hab ich so jämmerlich gefroren, daß ich mich erkältet habe.« (Erler I², S. 186)

Den Knochenhauer'schen Brief gleich zur Post – Da er an Emilie adressiert war, die »den vielersehnten aus Luckenwalde« durch ihre überstürzte Abreise von London verpaßt hatte (Brief an Emilie vom 21. Mai 1856; HD, S. 43).
zur Conversazione, Bloomsbury Square – In den Räumen der Pharmaceutical Society.

21.5.56
An ... Emilien geschrieben – FBV 56/40.

22.5.56
Gearbeitet (Krystallpallast-Bedenken) – Abdruck in der »Vossischen Zeitung« Nr. 123 vom 29. Mai 1856 (NFA XVII, S. 587 bis 591). Ein Zeitungsausschnitt mit dem Text dieses Artikels ist nach dem Tagebucheintrag für den 22. Mai 1856 auf S. 85 des Originals eingeklebt, aber wegen der Brüchigkeit des Papiers nicht mehr reproduzierbar; am unteren Rand findet sich dort folgender Zusatz von Fontanes Hand: »*Hier noch einen Vergleich mit der Presse Englands einschalten, die ähnlich begriffsverwirrend wirkt.« Auf welche Stelle im Text sich der Stern beziehen soll, ist nicht angegeben.
Nach Chepstow Place wegen der Kiste – Fontane hatte in seiner früheren Wohnung bei Mrs. Jackson noch einige Haushaltsgegenstände zurückgelassen, die er in der Folge nach Berlin spedieren ließ; vgl. Tagebucheintrag zum 27. Mai 1856.
Mrs. Greenford voll Wehmuth und Brandy – Die Besitzerin des Hauses 23 Chepstow Place hatte kurz zuvor ihren Mann verloren; in seinem Brief vom 21. Mai 1856 tröstete Fontane seine mit ihrer Situation unglückliche Frau, sie habe sich schließlich auch »in die Blankets gehüllt, unter deren Hülle nicht nur die sterbliche, sondern mutmaßlich auch die gestorbene Hülle Mr. Greenfords lag, – toller kanns am Ende nicht kommen« (HD, S. 44). Nach dem Londoner Adreßbuch für 1856 hieß die Familie übrigens nicht Greenford, sondern Greenfell.
»Schottland werde keine Sabbaths-Entheiligung dulden« – Der in Schottland als Staatskirche etablierte Presbyterianismus war in puncto Sonntagsruhe noch strikter als die englischen Protestanten.
nöthigenfalls über den Tweed kommen – Über den Grenzfluß zwischen Schottland und England; Erinnerung an die gewaltsa-

men Ein- und Überfälle der nördlichen Nachbarn, die schon die Römer zum Bau von Hadrians Wall veranlaßt hatten und die Jahrhunderte lang eine reale Gefahr für England geblieben waren, bis der scharfe Repressionskurs nach der Rebellion von 1745 dem ein für allemal ein Ende gesetzt hatte.

23.5.56
Gearbeitet. (Sonntagsmusik) – Fontanes Artikel über »Die Sonntagsmusikfrage und ihre Bedeutung« erschien in der »Vossischen Zeitung« Nr. 121 vom 27. Mai 1856 (NFA XVIII a, S. 665–668).
Großes Meeting der Sunday League – In einer Nachschrift zu Fontanes Korrespondenz vom gleichen Tage wird diese Kundgebung näher behandelt (NFA XVIII a, S. 667 f.).

24.5.56
Duncker schickt mir den Rütli-Collektiv-Brief – Der zu Besuch nach London gekommene Berliner Verleger hatte das Schreiben aus Berlin mitgebracht; die von Lepel herrührenden Passagen sind abgedruckt FL II, S. 148–152.
An Direkt: Metzel und Emilie geschrieben – FBV 56/42 und 56/41.

25.5.56
»St. Giles in the Fields« – Seit 1117 nachgewiesene Pfarrkirche, westlich vor den Mauern der City gelegen; Neubau 1731–1733 unter der Leitung von Henry Flitcroft (1697–1769), der allerdings kein direkter Wren-Schüler war.
Nach Angabe des kathol: Erzbischofs von Dublin – Geistliches Oberhaupt der irischen Katholiken war seit 1852 Paul Cullen (1803–1878).
Omnibusfahrt nach dem Victoria-Park beabsichtigt – Gelegen in Bethnal Green im Osten Londons.

26.5.56
Gearbeitet (Krystallpalast-Bedenken) – Vgl. Anm. zum 22.5.56.
An Dr. Metzel und Emilie geschrieben – Vermutlich der FBV 56/44 verzeichnete Brief vom »Dienstag«, d. h. 27. Mai 1856; zu dem Schreiben an Emilie vgl. FBV 56/43.
Palmers Prozeß; Lord Campbel giebt ein Resumée – Wie auch am 27. Mai wohnte Fontane dem aufsehenerregenden Mordprozeß

bei, der die Öffentlichkeit spaltete und bis heute zu den bekanntesten Kapiteln der englischen Kriminalgeschichte gehört. Des Giftmords an seiner Frau, seinem Bruder und einem seiner Freunde angeklagt, wurde Palmer am 27. Mai auf Grund eines Indizienbeweises wegen letzteren Vergehens verurteilt und am 14. Juni 1856 gehängt; vgl. auch Anm. zum 27.5.56 und 4.6.56. Der gelernte Apotheker Fontane, der sich selber oft scherzhaft als »Giftmischer« bezeichnet hatte, war an diesem Fall verständlicherweise besonders interessiert.
Palmerston ... yielded to ... the Archbishop of Canterbury – Letzterer hatte sich Mitte Mai über die Störung der Sabbatruhe durch die Auftritte von Militärkapellen in den Londoner Parks beschwert und damit die Sonntagsmusikkrise ausgelöst; vgl. auch Anm. zum 23.5.56.

27.5.56
Prayer-book gekauft – Das 1549 eingeführte »Book of Common Prayer« ist die amtliche Liturgie der anglikanischen Staatskirche für den öffentlichen und privaten Gebrauch.
Nach Old-Bailey und dem Central-Criminal-Court – Im Zentralen Kriminalgericht von Groß-London, nach seiner Adresse oft auch nur »Old Bailey« genannt, nahm Fontane als Zuschauer an dem Prozeß gegen William Palmer teil; vgl. Anm. zum 26.5.56.
Prinz Friedrich Wilhelm gerade anwesend – Er war zum Zwecke seiner Verlobung mit der ältesten Tochter der Königin Victoria nach England gekommen, die Pfingsten 1856 in Osborne, dem Feriensitz der königlichen Familie auf der Isle of Wight, vollzogen wurde.
Schlußrede Lord Campbel's nach Berlin geschickt – Die Ansprache des Vorsitzenden Richters im Palmerprozeß nach dem Schuldspruch der Geschworenen wurde in Berlin übersetzt und in der »Kreuzzeitung« Nr. 124 vom 30. Mai 1856 abgedruckt (NFA, XVIII a, S. 675 f.).
das Colli ist spedirt – Bei dem Frachtstück dürfte es sich um die bei Mrs. Jackson zurückgelassene Kiste gehandelt haben; vgl. Tagebucheintrag zum 22. Mai 1856.
Notiz ... über die Reformatories – Die Herkunft des nachfolgend eingeklebten Zeitungsausschnitts ist unklar; vgl. auch Anm. zum 3.5.56.

28.5.56
Derby-Tag – Vgl. Anm. zum 26.5.52.
Besichtigung der ... Transparente – Vgl. Anm. zum 29.5.56.
nach Vauxhall – Vauxhall Gardens war ein seit dem 17. Jahrhundert bestehendes Vergnügungsetablissement im Südosten Londons, das sich damals bereits im Niedergang befand und im Juli 1859 geschlossen wurde.

29.5.56
Gearbeitet. (W. Palmer. Illumination. Transparente) – Erschienen als »Priv.-Mitth.« in der »Vossischen Zeitung« Nr. 126 vom 1. Juni 1856 (NFA XVII, S. 565 ff.). Die Illumination Londons und die Transparente galten der Ratifikation des Pariser Friedensvertrages zur Beendigung des Krimkriegs.

30.5.56
Brief von Direkt: Metzel; freundliche Rüffel – Fontanes ständige Klagen werden als unberechtigt zurückgewiesen, während Emilies Rückkehr nach Deutschland Metzels Billigung findet. In harten, aber verbindlichen Worten schließt sich daran ein ausführliches Charaktergutachten Fontanes an, der sich endlich darüber klarwerden müsse, was er eigentlich wolle (GStA PK, Rep. 77, Tit. 926, Nr. 37, Bl. 17–23).

31.5.56
Gearbeitet (Illumination) – Die Korrespondenz handelt vom Verlauf der Friedensfeier; erschienen als »Priv.-Mitth.« in der »Vossischen Zeitung« Nr. 127 vom 3. Juni 1856 (NFA XVII, S. 567 bis 570).
Briefe geschrieben – Nachweisbar unter diesem Datum sind Schreiben an Metzel (FBV 56/46) und Emilie (FBV 56/47).
die Inn's of Court – Lincoln's Inn, Middle Temple, Inner Temple und Gray's Inn sind genossenschaftliche Organisationen der Londoner Anwaltschaft, die bis in das späte Mittelalter zurückreichen und denen in voller Autonomie die Ausbildung des Nachwuchses und die Regelung aller Standesfragen obliegt.

1.6.56
Gelesen (St. Marie Overie oder St. Saviour) – In Macaulays »History of England from the Accession of James the Second«; es

handelt sich um zwei der ältesten Kirchen in Southwark, im Süden von London. St. Saviour wurde 1897 zur Kathedrale des anglikanischen Bischofs von London erhoben.

2.6.56
Brief von Dr. Metzel – Es heißt darin, Fontane solle sich mit der Nachrichtenübermittlung nach Deutschland möglichst beeilen, da man versuchen wolle, der »Kölnischen Zeitung« ihren Rang streitig zu machen, Neuigkeiten immer als erste zu bringen. Fontane wird ferner gebeten, Schlesinger oder Kaufmann »zu ersuchen, 1) soviel möglich vom Prinzen Friedrich Wilhelm in ihre Correspondenz zu bringen und 2) die italienische Frage mit einiger Vorsicht zu behandeln. Wir haben daran kein direktes Interesse.« (GStA PK, Rep. 77, Tit. 926, Nr. 37, Bl. 28 f.) In seiner postwendenden Antwort erklärte Fontane, Kaufmann sehe er öfter: »über den Prinzen sprachen wir neulich schon, wir lobten ihn um die Wette, und es wird sich leicht machen, daß ich darauf zurückkomme. Das andre ist wichtiger und schwerer; ich werde nicht ermangeln, ihm gesprächsweise die richtigen Anschauungen beizubringen« (HFA, Briefe 1, S. 504). Inwieweit und mit welchem Erfolg Fontane tatsächlich in dieser Richtung aktiv geworden ist, läßt sich nicht feststellen.
Gearbeitet (Sonntagsmusik) – Eine kurze Notiz über dieses Thema erschien in der »Vossischen Zeitung« Nr. 129 vom 5. Juni 1856; vgl. auch Anm. zum 23.5.56.
Geschrieben an Dr. Metzel und Emilie – FBV 56/49 und 56/48.
to avoid a conflict with America – Am 28. Mai 1856 hatte der Präsident der Vereinigten Staaten den diplomatischen Verkehr mit dem britischen Botschafter abgebrochen wegen dessen rechtswidriger Verwicklung in die Rekrutierung von Fremdenlegionären in Amerika. Einige militärische Drohgesten Palmerstons heizten die Spannung weiter an, doch war die öffentliche Meinung in England entschieden gegen einen Krieg mit Amerika.

3.6.56
Gearbeitet (Amerika) – Wie so häufig hatte sich Fontane auch hier von einem Besuch des Temple Forum am Vortag zu einer Korrespondenz inspirieren lassen; erschienen als »Priv.-Mitth.« in der »Vossischen Zeitung« Nr. 130 vom 6. Juni 1856 (NFA XVIII a, S. 677 f.).

Shoe Lane. »A Review of Palmers Trial« – Fontanes zweiter Artikel über den Mordprozeß gegen William Palmer bezieht sich ausdrücklich auf diese Debatte; vgl. Anm. zum 4.6.56.

4.6.56
Gearbeitet (William Palmer) – Erschienen als »Priv.-Mitth.« in der »Vossischen Zeitung« Nr. 131 vom 7. Juni 1856 (NFA XVIII a, S. 676 f.).
Mit Herr v. Borges ... gegessen – In seinem Brief an Emilie vom 5. Juni 1856 beschreibt Fontane ihn als »Hahn's Freund« und fährt fort: »Ich aß gestern mit ihm in seinem Hôtel. Morgen wird er bei Simpson mein Gast sein« (FAP).

5.6.56
Anniversary of assembling the Charity-children – Eine eingehende Beschreibung dieser alljährlichen Wohlfahrtsveranstaltung liefert Fanny Lewald in ihrem Reisetagebuch »England und Schottland«, Bd. 1, Braunschweig 1851, S. 231–235.
An Emilie geschrieben – FBV 56/50.

6.6.56
Brief an Panizzi ... abgegeben – Es dürfte sich um Fontanes – im Original nicht erhaltenen – Antrag auf Erlaubnis zur Benutzung des Lesesaals des Britischen Museums gehandelt haben. Fontane trug sich am 19. Juli 1856 in das Benutzerregister ein.

7.6.56
Gearbeitet (Armee-Reform) – Erschienen als »Priv.-Mitth.« in der »Vossischen Zeitung« Nr. 134 vom 11. Juni 1856 (NFA XVIII a, S. 678 ff.).

9.6.56
Nach Regents-Street 316 – Sitz der Portland Gallery, wo die National Institution of Fine Arts eine Ausstellung abhielt. Fontane geht darauf kurz ein in seinem ausführlichen Beitrag über die Ausstellung der Royal Academy, die er einen Tag später besuchte (NFA XXIII/1, S. 15 ff.); vgl. auch Anm. zum 10.6.56.
dem Vortrage Roualeyn Gordon Cumming's ... zugehört – Vgl. Anm. zum 12.6.56.

10.6.56

Geschrieben an ... Emilie – FBV 56/52.
In die große Gemälde-Ausstellung – Vgl. dazu auch Fontanes Artikel »Die Kunstausstellung« in der »Vossischen Zeitung« Nr. 148 vom 27. Juni 1856 (NFA XXIII/1, S. 15–25). Die allsommerliche Ausstellung der Royal Academy of Arts hatte Fontane auch bei seinem zweiten Londonaufenthalt bereits besucht; vgl. Tagebucheinträge vom 22. und 30. Juni 1852.
Lord Raglan, Lord Lucan, Sir Colin Campbel, Dr. Sandwith – Die Genannten hatten sich teils rühmlich, teils weniger rühmlich im Krimkrieg ausgezeichnet.
ein herrlicher Landseer (»Saved«! ...) – Über Sir Edwin Landseer vgl. auch Fontanes biographische Skizze aus dem Jahre 1862 (NFA XXIII/1, S. 443–446).
the difference of the medical opinion – Nachzulesen bei Alfred Swaine Taylor, On Poisoning by Strychnia; with comments on the medical evidence given at the trial for the murder of J. P. Cook, London 1856. Während die Anklage auf Vergiftung durch Strychnin lautete, dessen Erwerb Palmer nicht bestreiten konnte, waren in Cooks Leiche keine Spuren davon zu finden gewesen, wohl aber von Quecksilber.

11.6.56

An Emilie geschrieben – FBV 56/53.
»der Fremde im grünen Baum« von Smidt – Erzählung von Fontanes Tunnelfreund Heinrich Smidt, die im Feuilleton der »Kreuzzeitung« Nr. 128 vom 4. Juni 1856 und Nr. 129 vom 5. Juni 1856 abgedruckt worden war.
Mr. Albert Smith's Ersteigung des Mont-Blanc – Vgl. Anm. zum 12.6.56.

12.6.56

Gearbeitet (Albert Smith und Gordon Cumming) – Die Schaustellung des Bergsteigers Smith (vgl. Tagebucheintrag vom 11. Juni 1856) und die Auftritte des Löwentöters Cumming (vgl. Tagebucheintrag vom 9. Juni 1856) gaben Fontane Anlaß zu einer Erörterung des britischen Nationalcharakters in seinem Artikel »Mr. Albert Smith und Gordon Cumming, der Löwentöter«; erschienen in der »Vossischen Zeitung« Nr. 145 vom 24. Juni 1856

(NFA XVIII a, S. 681-685); vgl. dazu auch auch Helen Chambers, Albert Smith und Gordon Cumming, in: Theodor Fontane im literarischen Leben seiner Zeit. Berlin 1987, S. 268-302.

13.6.56
Nach Regent-Park in den botanischen Garten – Nachdem die Royal Botanic Society of London 1932 ihre Gartenanlagen im Inner Circle von Regent's Park aufgegeben hatte, wurde dort der sogenannte Queen Mary's Rose Garden angelegt.
»The american question.« – Vgl. Anm. zum 2.6.56.

15.6.56
Freiligrath soll wieder schriftstellern – Es erscheint merkwürdig, daß Fontane während seines gesamten Aufenthalts in London nie mit Freiligrath, einem der Helden aus seiner dichterischen Frühzeit, zusammengetroffen ist oder seine Bekanntschaft gesucht hat.
Techow versuchte hier allerlei – Einiges mehr über sein Schicksal erzählt Fontane in »Von Zwanzig bis Dreißig« (AFA, Autobiographische Schriften 2).
auf der Junction-Bahn, bis Hampstead Road – Diese Bahnlinie, der heute sogenannte »North London Link«, führt in einem großen Bogen von Richmond und Kew im Südwesten Londons über Hampstead und Camden Town nach Highbury & Islington und von dort an der City vorbei weiter nach Osten, bis sie in Woolwich wieder auf die Themse stößt. Mit ihrer Eröffnung wurde 1853 eine schnelle Verbindung der westlichen und nördlichen Stadtteile mit den Docks im Osten Londons geschaffen.

16.6.56
Gearbeitet. (Kunstausstellung) – Vgl. die Anm. zum 10.6.56.
that the dismissal of Mr. Crampton should lead to a war – Der britische Botschafter in Washington war inzwischen auf dem Wege zurück nach England, wurde aber erst im Januar 1857 offiziell abberufen; vgl. Anm. zum 2.6.56.
Sekretär der Cobdeniten – Der Anhänger des Freihandels, so benannt nach ihrem Führer Richard Cobden (1804-1865).
wenn das Maynooth-Capitel zur Verhandlung kommt – Vgl. Anm. zum 29.4.56.
Mr. Carpenter verliest seinen Brief – Zu seiner Biographie vgl. Edgar Bauers Spitzelbericht vom 16. März 1858; Bauer, S. 327 f.

17.6.56
Macaulay ... (über die coffee-houses im alten London) – Unterabschnitt von Kapitel III der »History of England from the Accession of James the Second«.
Drei Bücher gekauft – »Bradshaw's Illustrated Guide through Paris and its Environs« erschien seit 1855 in jährlicher Neuauflage; »Black's Guide through Edinburgh, with Pleasure Excursions in the Environs« war 1851 bereits in achter Auflage erschienen. Der »Guide through Scotland« stammte ebenfalls aus dem Verlag von Black in Edinburgh.

18.6.56
An Emilie ... geschrieben – FBV 56/54.

19.6.56
Brief aus Letschin – Dort wohnte Fontanes Schwester Jenny Sommerfeldt mit ihrer Familie.
Schreiben aus Berlin, von Geh. R. Hegel – Mit Datum vom 13. Juni 1856 äußerte sich der Behördenchef ablehnend über den von Fontane geäußerten Wunsch einer Rückkehr nach Berlin. Mit seiner Weiterbeschäftigung in London nach dem Eingehen der »Correspondenz« habe man geglaubt, eine Einrichtung getroffen zu haben, »in welcher Sie ebenso sich befriedigt finden, als der Regierung ersprießliche Dienste leisten würden, und daß dadurch Ihnen, wie Sie selbst hofften, die Gelegenheit gegeben, auch für die Zukunft sich einen erwünschten Wirkungskreis und feste Existenz zu erwerben«. Es wäre daher zu beklagen, »wenn durch Ihre Rückkehr von London eine Einrichtung aufgehoben und vereitelt wird, welche für die Interessen der Central-Preßstelle zu den besten Erwartungen berechtigte« (GStA PK, Rep. 77, Tit. 944 F, Nr. 2).
An ... Emilie geschrieben – FBV 56/55.
Reise (auf dem Plan) durch Schottland – Erst im Herbst 1858, kurz vor seiner Rückkehr nach Berlin, kam Fontane schließlich dazu, dieses langgehegte Vorhaben zu verwirklichen.

20.6.56
Briefe geschrieben an ... Mutter, Lischen – FBV 56/56 und 56/57.
Schweitzern abgesagt in Betreff der Erith-Excursion – Kleinstadt im Nordwesten der Grafschaft Kent, ca. 25 km östlich von London.

Die amerikanische Frage abermals verhandelt – Vgl. Anm. zum 2.6.56.

21.6.56

An Eggers, Emilie ... geschrieben – FBV 56/60 und 56/59.
2 Aufsätze expedirt – Einer davon behandelt das englisch-amerikanische Verhältnis und erschien in der »Zeit« vom 24. Juni 1856.
Fortsetzung unsres Gesprächs – Vom 31. Mai 1856.
Hunt's »Fourth Estate« – Dieses Werk hat Fontane ausgiebig für seine Arbeiten zur Geschichte der englischen Presse benutzt: F. Knight Hunt, The Fourth Estate. Contribution towards a History of Newspapers and of the Liberty of the Press, 2 Bde, London 1850.

22.6.56

Savoy-Chapel (St. Mary's Church früher St. John) – Daß die dem hl. Johannes geweihte Kapelle des Savoy-Hospitals am Strand als St. Mary's Church bekannt war, lag daran, daß sie von 1564 bis 1724 als Ausweichquartier für die Pfarrei St. Mary-le-Strand gedient hatte, deren eigene Kirche abgerissen worden war. Savoy Chapel ist nicht identisch mit dem damaligen Versammlungsort der Londoner deutschen Gemeinde St. Marien in der Savoy, das aber in unmittelbarer Nähe lag.
Gelesen im Wochenblatt: Leader – Einige knappe Bemerkungen über Geschichte und Tendenz des »Leader« finden sich in Fontanes Aufsatz über »Die radikalen Wochenblätter« (NFA XIX, S. 154).

23.6.56

An ... Emilie und Eggers geschrieben – FBV 56/61 und 56/60.

24.6.56

Gearbeitet. (Herrn Marcus' Bilderladen) – Der Artikel ist allerdings erst zwei Jahre später erschienen, und zwar in der »Kreuzzeitung« Nr. 147 vom 27. Juni 1858 als Teil der Artikelserie »Von der Weltstadt Straßen« (NFA XVIII, S. 184–186).
Die Bank ... nach einem Plane ... Soane's gebaut – Das im Jahre 1800 errichtete Gebäude der Bank von England in der City.
Steigbügel, gefunden auf dem Schlachtfeld an der Boyne – An der Nordostküste Irlands. Dort hatte Wilhelm III. von Oranien am 11. Juli 1690 die Armee Jakobs II. besiegt und damit den Tri-

umph der »glorreichen Revolution« über das vertriebene Haus Stuart bekräftigt.
Tuchnadel Karl's I ... nach der Schlacht von Naseby – Während des englischen Bürgerkrieges wurde das winzige Dorf in der Grafschaft Northampton am 14. Juni 1645 der Schauplatz eines entscheidenden Sieges der Parlamentstruppen über die königliche Armee.

25.6.56

ein Sundzoll-Artikel ... in eins der großen Morgenblätter – Muß in der Folge tatsächlich im »Morning Chronicle« erschienen sein; vgl. auch Anm. zum 17.7.56 und 18.12.55.
Aufschlüsse über die Times – Das betreffende Kapitel steht in dem 1853 erschienenen zweiten Band von Max Schlesingers »Wanderungen durch London« (S. 315-350).
Queen's-Bench – Richtig hätte es Queen's Square heißen müssen; Queen's Bench ist die Kollektivbezeichnung für die Kronanwälte, die sogenannten Queen's Counsel.
An Serjeant Glover ... geschrieben – Mit diesem Schreiben beginnt Fontanes konfliktreiche Beziehung zum »Morning Chronicle«, die mit dem endgültigen Bruch Mitte November 1857 endete. Serjeant at law war die Bezeichnung für eine (seither abgeschaffte) besondere Kategorie von Rechtsanwälten zwischen Barrister und Queen's Counsel.

26.6.56

Gearbeitet (Der ... Attaché beim Lever) – Die Korrespondenz bezieht sich auf das gespannte Verhältnis zwischen Großbritannien und den Vereinigten Staaten und wurde abgedruckt in der »Vossischen Zeitung« Nr. 150 vom 29. Juni 1856 (NFA XVIII a, S. 680 f.); vgl. auch Anm. zum 2.6.56.
Glover ... beißt an – Vgl. Anm. zum 25.6.56.

27.6.56

Um 11 zu Mr. Glover – Offensichtlich hatte der Besitzer des »Morning Chronicle« Fontane auf seine schriftliche Anfrage hin zu einer Besprechung eingeladen, um die Möglichkeit einer festen Zusammenarbeit zu sondieren; vgl. auch Anm. zum 25.6.56.
the new leaders of the Administrative Reform Association – Die im Mai 1855 in Reaktion auf die Rückschläge im Krimkrieg

entstandene und ausgesprochen antiaristokratische Vereinigung hatte sich zum Ziel gesetzt, die traditionelle Ämtervergabe nach Privileg und Protektion durch das Prinzip vom richtigen Mann am richtigen Platz zu ersetzen, um so die Prinzipien privatwirtschaftlicher Effizienz in das öffentliche Leben einzuführen.

28.6.56

Plaudereien über Königsberg – In einem Brief an Emilie bemerkte Fontane dazu, Burows »Auftreten in Königsberg muß ungefähr das eines Verrückten gewesen sein. Es amüsiert mich, zuzuhören, wenn er erzählt, aber es mischt sich doch viel Achselzucken und Mitleid mit hinein.« (HFA, Briefe 1, S. 511)
Burows Stellung zur Junkerparthei... – Auf was genau hier angespielt wird, ist unklar, doch waren die ostpreußischen Junker eher freihändlerisch-liberal, was zur Folge hatte, daß Burow 1858, bei Anbruch der neuen Ära, seine von der Zentralpressestelle vermittelte Stellung als Redakteur der Königsberger »Hartungschen Zeitung« verlor.

29.6.56

Dinirt in Trafalgar-Tavern – Vgl. auch Fontanes Klage über Burows Benehmen dort in seinem Schreiben an Emilie vom 30. Juni 1856; HFA, Briefe 1, S. 511.

30.6.56

Gearbeitet – Eine von diesem Tag datierende und Fontane zuzuschreibende Korrespondenz über die englische Eifersucht auf den französischen Einfluß in der Türkei erschien in der »Zeit« Nr. 153 vom 3. Juli 1856.
Zu Burow – Dieser werde, so schrieb Fontane in einem Brief an seine Frau vom gleichen Tage, »wohl noch acht Tage bleiben, was mir ehrlich gestanden viel zu lange ist. Er ist in vielen Stükken ein guter und honoriger Kerl, den ich nach keiner Weise unterschätze, aber enfin ist er mir doch zu unmanierlich und, bei viel Verstand und richtiger Auffassung im einzelnen, doch im ganzen schief gewickelt« (HFA, Briefe 1, S. 511).
An ... Emilie geschrieben – FBV 56/62.

1.7.56
Brief von Leutnant Hoelcke aus Aldershott – Den Wortlaut des Schreibens nahm Fontane auszugsweise auf in seine Korrespondenz über die Raufereien zwischen deutschen und englischen Jägern, abgedruckt als »Priv.-Mitth.« in der »Vossischen Zeitung« Nr. 155 vom 5. Juli (NFA XVIII a, S. 689 ff.).
Conversation mit einem Unteroffizier von den Coldstreamern – Die Coldstream Guards, ein 1659 aufgestelltes Infanterieregiment, sind eine der ältesten und angesehensten Einheiten der britischen Armee.
Gereiztheit gegen die Franzosen – Britische Einheiten hatten zwar den Löwenanteil der Schlachten von Alma (20. September 1854) und Inkerman (5. November 1854) übernommen und auch die schwersten Verluste erlitten, doch waren die gefechtsentscheidenden Manöver beide Male von französischen Truppenteilen ausgeführt worden, die sich nun als die eigentlichen Sieger darstellten.
Pries ... der bald frei zu sein hofft – Bei seiner Rückkehr nach London 1855 hatte Fontane erfahren, daß sein guter Bekannter aus dem Jahre 1852, der »6 Wochen nach meiner Abreise von England mit ich glaube 800,000 Thaler bankrutt« gegangen war, »jetzt, nachdem er 3 Jahr in Newgate gesessen, zwischen dem Cap der guten Hoffnung und einer australischen Verbrecherkolonie auf dem Wasser schwimmt« (HFA, Briefe 1, S. 424). Ob und wann Pries nach Europa zurückkam, ist nicht bekannt.
Rezension über Riehl's Bücher – Es handelt sich um eine Besprechung seiner Werke über »Die bürgerliche Gesellschaft« (3. Aufl. 1855) und »Land und Leute« (3. Aufl. 1856) in der »Westminster Review« N. F. Bd. 10, Juli 1856, S. 51–79. Die Verfasserin des anonym erschienenen Artikels u. d. T. »The Natural History of German Life« war George Eliot (1819–1880).

2.7.56
Der alte Hauptmann – Albert Burow; in einer unmittelbar nach dem Fall von Sewastopol abgeschlossenen und 1856 in Berlin publizierten Schrift hatte er aus der Sicht eines Experten »Die Krim-Expedition militair-wissenschaftlich beleuchtet«. Für seine Karriere allgemein und seine Beziehungen zur Zentralpressestelle vgl. GStA PK, Rep. 77, Tit. 944 B, Nr. 7.

Gearbeitet (›Pam an die Italiener‹) – Fontanes Nachdichtung eines so betitelten »Liedchens, das zirkuliert und hier und da an den Schaufenstern hängt«, ging ein in seine Korrespondenz vom 5. Juli 1856; vgl. Anm. zum 5.7.56.

3.7.56

Gearbeitet. (Die Administrativ-Ref: Association) – Erschienen in der »Zeit« Nr. 158 vom 9. Juli 1856; vgl. Anm. zum 27.6.56.
Gearbeitet (Die Vorläufer der Garden) – Kein Abdruck ermittelt; vgl. Anm. zum 9.7.56.
»Harrison, du zitterst!« – Erste Niederschrift der Gedichtzeilen »Thomas Harrison«, zuerst gedruckt in den »Balladen« 1861 (AFA, Gedichte 1).

4.7.56

Gelesen (Canterbury) – Vermutlich in »Knight's Excursion Companion«, wo ein Ausflugsvorschlag für Canterbury abgedruckt ist; vgl. Anm. zum 6.7.56. Aus der für den folgenden Sonntag geplanten Reise wurde jedoch nichts, weil Fontane verschlief.
Blacks Reisehandbuch durch Schottland – »Black's Picturesque Tourist of Scotland«, 1843 zuerst veröffentlicht, lag 1856 bereits in 12. Auflage vor. Für sein eigenes Reisewerk »Jenseit des Tweed« hat Fontane diesen Führer später ausgiebig benutzt.

5.7.56

Gearbeitet (Lord Palmerston ...; die verurtheilte Times) – Abgedruckt als »Priv.-Mitth.« in der »Vossischen Zeitung« Nr. 157 vom 8. Juli 1856 (NFA XVIII a, S. 691 f.). Der vorletzte Absatz der Korrespondenz handelt von einer erfolgreichen Verleumdungsklage gegen die »Times« (NFA XVIII a, S. 692).

6.7.56

nach Waltham-Abbey – Ein Feuilletonartikel über diesen Ausflug erschien in der »Kreuzzeitung« Nr. 173 vom 28. Juli 1857 (NFA XVII, S. 413-417).
eine Ulme von unglaublicher Dicke – Wurde während der 1980er Jahre von der grassierenden Ulmenkrankheit befallen und mußte gefällt werden.
In Knight's Reisehandbuch gelesen – Gemeint ist das 1851 erschienene Werk »Knight's Excursion Companion. Excursions from

London«, eine Sammlung von 20 separat paginierten Kurztouren. Der von Fontane am 11./12. Juli unternommene Ausflug ist dort als Nr. 4, Isle of Thanet, beschrieben. Arundel, beschrieben als Teil des Reisevorschlags Nr. 1, Brighton, hat Fontane anscheinend nicht besucht.

7.7.56
An ... Sir Charles Eastlake geschrieben – Über Eastlake vgl. auch Fontanes biographische Skizze aus dem Jahre 1862 (NFA XXIII/1, S. 447–450).
in's Haymarket-Theater – Vgl. das zweite Kapitel von Fontanes Artikelserie über »Die Londoner Theater« (NFA XXII/3, S. 35 ff.), wo Fontane darauf hinweist, daß er »Twelfth Night« zweimal gesehen habe, weil er »das erste Mal einen schlechten Platz hatte und nur mangelhaft folgen konnte«.
Nach dem Stück Perea Nena – »Perea Nena and the Spanish Dancers« war eine wiederholt in London gastierende Balletttruppe.
»Mr. Hughes at home« – Bei diesem Stück handelte es sich um eine englische Bearbeitung der seit 1834 in Paris laufenden Komödie »Où passerai-je mes soirées?« von Charles Potier (1804 bis 1870) und Gaston de Montheau. Übrigens stand noch ein drittes Stück auf dem Programm des Abends, die Farce in einem Akt »My Daughter, Sir! or, A Daughter to Marry« von James Robinson Planché (1796–1880).

8.7.56
Gearbeitet (Waltham-Abbey) – Vgl. Anm. zum 6.7.56.
»Is this time fit for an extension of the franchise«? – Eine von Lord John Russell 1854 eingebrachte Reformbill war nicht Gesetz geworden, und obwohl das Thema ständig in der Diskussion blieb, kam die nächste Erweiterung des Wahlrechts erst 1867 zustande.

9.7.56
An Emilie geschrieben – FBV 56/65.
Gearbeitet (Der Einzug der Garden.) – Wurde als einziger von Fontanes drei Artikeln über die Garderegimenter gedruckt, und zwar in der »Vossischen Zeitung« Nr. 161 vom 12. Juli 1856 (NFA XVII, S. 570–573); vgl. Anm. zum 3.7.56 und 10.7.56.

10.7.56
Gearbeitet. (Waltham-Abbey) – Vgl. Anm. zum 6.7 56.
Geschrieben (Historisch-statistische Notizen ...) – Kein Abdruck zu ermitteln. In seinem Brief an Emilie vom 19. Juli 1856 fragte Fontane: »Hat am Sonnabend den 12. ein Artikel in der Vossin gestanden über den Einzug der Garden und am Sonntag d. 13. über die Geschichte der Garderegimenter? Ich wünsche das zu wissen; wo nicht, so schreib ich für das Löschpapier dieser mir nie angenehmen Zeitung nicht länger« (HFA, Briefe 1, S. 517). Der Nichtabdruck des letztgenannten Artikels dürfte also mit ein Anlaß gewesen sein, daß Fontane seine Korrespondenztätigkeit für dieses Blatt einstellte, wie er am 18. Juli 1856 auch an Eggers schrieb: »Die Vossin geb' ich wieder auf. Es sind Schafsköpfe. Dixi« (FAP). Beiträge Fontanes in der »Vossischen Zeitung« sind dann erst wieder ab 1859 nachzuweisen.
Briefe geschrieben an ... Frau v. Merckel – FBV 56/66.

12.7.56
Im Gasthaus an Emilie geschrieben – FBV 56/67.
wenig erbaulichen Brief von Dr. Metzel vorgefunden – In seinem Schreiben vom 8. Juli 1856 hatte der Direktor der Zentralpressestelle Fontanes Geldforderungen abgelehnt (GStA PK, Rep. 77, Tit. 926, Nr. 37, Bl. 39-44). Fontanes Reaktion: »Was ich dabei fühle, ist nur immer wieder das Eine: der preußische Staat hat so lange ohne literarische Kommandite in England bestanden, daß er vermutlich auch ferner ohne eine solche fertig werden kann. Wenn er aber (und ich will ihm das hoch anrechnen) anders über die Sache denkt, wenn er hier einen Agenten mit offenen Augen und Ohren wünscht, so muß er den Agenten danach behandeln. Wenn das arme Luder aber (als wie icke) immer nur daran zu denken hat, ob er auch Geld genug behält, sich die Stiebeln besohlen und die Flanelljacken waschen zu lassen, so ist es mit allem freien Geist, mit aller wahren Beobachtungsmöglichkeit vorbei und das ganze Filial ist keinen Schuß Pulver wert« (HFA, Briefe 1, S. 514).

14.7.56
Einen französischen Brief aus Jassy ... kopirt – Vgl. auch Tagebucheintrag vom 18. Juli 1856 mit Anm.

15.7.56
Zu Serjeant Glover – William Glover; vgl. Anm. zum 25.6.56.
seinen Bruder vorgefunden – Thomas Glover.
An ... Emilie geschrieben – FBV 56/68.

16.7.56
Den Handel vorläufig ... abgeschlossen – Es handelte sich um eine informelle Vereinbarung, wonach der »Morning Chronicle« gegen eine jährliche Subvention von 2000 Talern die Verpflichtung übernahm, keine antipreußischen Artikel zu veröffentlichen sowie Beiträge des Gesandten bzw. von Fontane aufzunehmen. Ein ähnliches Abkommen, allerdings für sehr viel mehr Geld und obendrein mit einer Telegraphenkonzession verbunden, war Glover bereits mit der Pariser Regierung eingegangen, und mit dem russischen Botschafter in London hatte er ebenfalls Unterhandlungen geführt, wie Fontane am 4. Januar 1857 in seinem Tagebuch vermerkte.

17.7.56
Dem Grafen B. die erforderlichen Mittheilungen ... gemacht – Der preußische Gesandte leitete Fontanes Auskünfte noch am gleichen Tage nach Berlin weiter und bemerkte, auch ihm selber habe Glover früher schon erklärt, »daß er am liebsten sein Blatt gegen die Bezahlung einer Summe oder etwa gegen ein Geschenk von Eisenbahn- oder anderen Aktien ganz zu unserer Verfügung stellte«. Einen bereits geschriebenen zweiten Sundzollartikel wolle der »Morning Chronicle« jedenfalls nur drukken, wenn die finanzielle Seite vorher geregelt werde. Bernstorff sprach sich für die Annahme von Glovers Forderungen aus, denn es sei wünschenswert, »daß uns eines der größeren Organe der englischen Presse zur Verfügung stehe, und da schwerlich ein anderes größeres Blatt als der Morning Chronicle in diesem Augenblick auf einigermaßen billige Weise zu kaufen wäre, so scheint es mir zweckmäßig, dieses Blatt zu gewinnen«. Der Kontakt müsse aber durch einen Mittelsmann erfolgen, wozu sich Fontane gut eigne. »Derselbe würde stets von der Königlichen Gesandtschaft seine desfallsigen Instruktionen zu empfangen, die etwaigen Aktenstücke und Artikel in Empfang zu nehmen, die Übersetzung derselben, wo nicht zu besorgen, jedenfalls zu über-

nehmen und die Retribution an den Redakteur zu zahlen haben, so daß ich ostensibel nicht in Berührung mit dem letzteren käme.« (GStA PK, Rep. 77, Tit. 939, Nr. 40 [2.3.35, Nr. 322], Bl. 3–6)
Alberts hält mir einen Vortrag – In seinem Brief vom 18. Juli 1856 teilte Fontane seiner Frau mit, »daß Du hier eine große Eroberung gemacht hast«. Es sei ihm schon länger aufgefallen, daß Alberts »jedesmal theilnahmsvoll nach Dir fragte. Gestern sagte er mir endlich: ›wissen Sie, Ihre Frau hat mir sehr gut gefallen, nette Frau‹. Und was die Hauptsache ist, hinterher hielt er mir eine Standrede, daß ich nicht viel zu taugen scheine, ein Tyrann sei u. dgl. m. Ich mußte furchtbar lachen; manches machte aber doch einen Eindruck« (FAP). In seinem nächsten Brief bestätigte Fontane noch einmal, Alberts Vortrag habe »einen großen Eindruck (gerade weil er so von ohngefähr kam) auf mich gemacht und mir deutlich gezeigt, daß ich, was diesen Überlegenheitston angeht, doch mehr auf mich achten muß« (HFA, Briefe 1, S. 517).
nach der Exhibition of german painters – Näheres nicht zu ermitteln.

18.7.56

An Eggers geschrieben und Ausschnitte ... beigeschlossen – FBV 56/70. Bei dem eingelegten Dokument von Gustav Waagen handelt es sich um einen Leserbrief an die »Times« (Ausgabe vom 16. Juli 1856, S. 10, Sp. 4). Der gerade in London anwesende Berliner Kunstexperte wandte sich darin gegen die Thesen eines gewissen William Coningham (veröffentlicht in der »Times« vom 11. Juli 1856), der die Authentizität eines von der englischen Nationalgalerie erworbenen Madonnenbildnisses von Giovanni Bellini (nicht Benvenuto Cellini!) zu bestreiten suchte. Die Ausschnitte aus dem »Globe« betrafen die geplante Verlegung der Royal Academy, über die Fontane selbst im »Deutschen Kunstblatt« Nr. 31 vom 31. Juli 1856 berichtete (NFA XXIII/2, S. 141–148).
Den Jassy-Brief im »Chronicle« gefunden – Der Artikel »The Austrians and the Danubian Principalities (from a private correspondent)« im »Morning Chronicle« Nr. 27,945 vom 18. Juli 1856 äußerte sich kritisch über die anhaltende österreichische Besetzung der Donaufürstentümer Moldau und Walachei.
über die englische Intervention in Italien – Dabei handelt es sich allerdings nur um eine politische Wunschvorstellung, nicht um eine historische Tatsache; vgl. aber Anm. zum 14.4.56.

19.7.56
An Emilie geschrieben – FBV 56/72.
Die Briefe an Eggers und Metzel zur Post – FBV 56/70; der Brief an Metzel ist nicht überliefert.
Auf's Britische Museum – In einem Brief vom 6. Juni 1856 hatte Fontane dessen Bibliothekar Antonio Panizzi um die Zulassung zum Lesesaal ersucht.
In Hunt's »Fourth Estate« gelesen – Vgl. Anm. zum 21.6.56.

20.7.56
In Bow eine sehenswerthe alte Kirche – St. Mary Stratford-le-Bow stammt aus dem 14. Jahrhundert und war ursprünglich die Pfarrkirche von Bow, einem Dorf im Osten von London am Übergang über den Fluß Lea; nicht zu verwechseln mit St. Mary-le-Bow in der City von London.
»Sklavenmarkt in Haymarket« – Der Haymarket im West End von London war seit dem 18. Jahrhundert »a well-known resort of prostitutes, and by Victorian times had become notorious as ›the great parade ground of abandoned women‹« (LE, S. 382).

21.7.56
Brief von Dr. Metzel betreffs der Chronicle Angelegenheit – In seinem vom 18. Juli 1856 datierten Schreiben bemerkt Metzel, 2 000 Taler seien für die Zentralstelle »eine so gewaltige Summe, daß die Sache viel Überlegung in Anspruch nehmen wird«, doch wolle er sich um möglichste Beschleunigung bemühen. Fontane solle vor allem Graf Bernstorff zu einem zustimmenden Gutachten veranlassen. Es liege ihm daran, »daß die Gesandten die Verantwortlichkeit solcher Acquisitionen mit mir teilen, weil dadurch allein deren Teilnahme und Unterstützung für die geeignete Benutzung und Ausnutzung gesichert wird«. Was Glovers Wunsch nach Aktien anginge, müsse er erst einmal genauere Angaben machen, bevor man sich damit beschäftigen könne (GStA PK, Rep. 77, Tit. 939, Nr. 40 [2.3.35, Nr. 322], Bl. 1 f.).
Nach dem Haymarket-Theater – Es war Fontanes zweiter Besuch dieser Inszenierung von »Twelfth Night«; vgl. Anm. zum 7.7.56.
Zwei Exemplare von Presse Belge ... vorgefunden – Mit dem von Fontane übermittelten Brief aus Jassy; vgl. Anm. zum 14.7.56 und 18.7.56.

23.7.56
An ... Emilie geschrieben – FBV 56/74.
Macaulay gelesen – In Kapitel IV der »History of England from the Accession of James the Second«.
Eine Picknick-Parthie nach Hampton-Court verabredet – Die am folgenden Sonntag, dem 27. Juli 1856, stattfand.

25.7.56
An Emilie geschrieben – FBV 56/75.
Macaulay gelesen – In der »History of England from the Accession of James the Second«.
die Möglichkeit eines Engagements ihrer ... Tochter – Vgl. Anm. zum 26.8.56 und 15.11.56.

26.7.56
an Merckel eine telegraphische Depesche geschickt – Merckel hat den für ihn bestimmten, aber an Metzel adressierten Brief abfangen können, bevor er in der Zentralpressestelle abgegeben wurde, wie er Fontane am 28. Juli 1856 mitteilte; FM I, S. 70 f. Der Brief selbst ist nicht erhalten, doch läßt sich aus Merckels Antwort entnehmen, warum Fontane so entsetzt war bei dem Gedanken, sein Schreiben könne an Metzel gelangen. Es ging im wesentlichen um Fontanes Gehaltsforderungen und seine weitere Verhandlungsstrategie gegenüber der Zentralpressestelle. Daß der Brief hauptsächlich von Metzel handelte, erklärt vermutlich, weshalb Fontane dessen Adresse auf den Umschlag geschrieben hatte.

27.7.56
zum abermaligen Picknick in Hampton-Court – Über das erste Picknick vgl. das Kapitel »Ein Picknick in Hampton-Court« in »Ein Sommer in London« (NFA XVII, S. 122-133).
das Morris'sche Ehepaar – Gemeint sind die Portiersleute der Pharmaceutical Society, nicht Fontanes Freund Dr. James Morris, der erst sehr viel später heiratete.
Ich rühriger und rüstiger als ich's ... erwarten konnte – »Mein Körper war noch mal jugendlich; ich lief mit Schweitzer um die Wette, sprang und kletterte wesentlich besser und warf ihn beim zweiten Ringen (trotz aller seiner Künste) zum Jubel der Ver-

sammlung – er hält sich nämlich für einen Rapps – hin. ... Es ist eigentlich nicht Eitelkeit, daß ich Dir das schreibe, sondern eine Art kindliche Freude darüber, daß die alten Gebeine immer noch halten und daß man es selbst mit dem jungen Volke siegreich aufnehmen kann. Geisteskraft ist gut, aber Körperkraft ist auch nicht übel.« So der 37jährige Fontane in seinem Brief an Emilie vom 28. Juli 1856; Erler I², S. 170 f.

28.7.56
an Emilie geschrieben – FBV 56/75.
Wochenblätter gelesen – Zur Vorbereitung für eine von Fontane geplante Artikelfolge; vgl. auch Anm. zum 29.7.56.

29.7.56
Gearbeitet (Wochenblätter) – Fontanes Beschäftigung mit diesem Thema zog sich, mit Unterbrechungen, bis Ende November 1856 hin. Die daraus hervorgegangenen sechs Artikel über »Die Londoner Wochenblätter« erschienen Anfang Januar 1857 in der »Zeit« und wurden nahezu unverändert wiederabgedruckt in »Aus England« von 1860 (NFA XIX, S. 127–162).
Er bringt mir den Sundzoll-Comitébericht – Abgedruckt im »Morning Chronicle« Nr. 27,954 vom 29. Juli 1857 u. d. T. »The Sound Dues«.
Mitchells Newspaper Directory – »The Newspaper Press Directory«, ein von dem Verleger Charles Mitchell 1846 begründetes Zeitungsadreßbuch, erschien seit 1854 in jährlichen Neuauflagen.
Macaulay gelesen – In Kapitel VI und VIII der »History of England from the Accession of James the Second«.
»The Queen's Speech.« – Von der Königin verlesene Regierungserklärung vor dem Oberhaus zu Beginn einer neuen Sitzungsperiode des Parlaments.
Mr. Henriette. Ein alter Kahlkopf – Wie auch einige andere der von Fontane erwähnten Klubredner wird er aus eigener Anschauung ausführlicher geschildert bei Peter Rayleigh, The Cogers and Fleet Street, 1755–1907. London 1908; vgl. bes. S. 195 f.
We have a County-Police Bill – Vgl. Anm. zum 6.3.56.

30.7.56
Liebenswürdige Zeilen von Herr und Frau v. Merckel – Datiert vom 28. Juli 1856; FM I, S. 70 ff. und 72 ff.

Briefgeschichte in Berlin ... erträglich abgelaufen – Vgl. Tagebucheintrag vom 26. Juli 1856 mit Anm.
einen neuen Sundzoll-Artikel geschrieben – Kein Abdruck ermittelt.
Lord-Advokat Villiers (Chelsea-Untersuchung) – Er hatte im Frühjahr 1856 der Untersuchungskommission über die im Krimkrieg zutage getretenen Mißstände in der britischen Militärorganisation vorgestanden, die im Invalidenhospital von Chelsea tagte; über Fontanes Artikel dazu vgl. Anm. zum 12.5.56.
heirathete eine Tochter des Banquier Child – Die Ehefrau des Earl of Jersey, Sarah Sophia (1785–1867), war die Enkelin und über ihre Mutter Alleinerbin des Childschen Vermögens. In Anerkennung dessen stellte ihr Mann, den sie 1804 in Gretna Green geheiratet hatte, seinem Familiennamen Villiers später ein »Child« voran. Die Geliebte Georgs IV. war sie allerdings nicht vor ihrer Ehe gewesen, sondern erst während derselben geworden, und nicht zuletzt darauf gründete sich die Stellung der Countess of Jersey als eine der ersten Damen der Londoner Gesellschaft. Fontanes Vermutung, daß ihre Tochter mit Lord Clarendon verwandt sein könnte, läßt sich damit erklären, daß der Familienname des britischen Außenministers ebenfalls Villiers war.
den schönen fleischigen Arm der Marquise v. ... – Sie hieß Lady Elizabeth Conyngham, geb. Denison, und war die Ehefrau des irischen Lords Henry Conyngham (1766–1832), dessen Erhebung zum englischen Marquis 1816 auch bereits ihrem Verhältnis mit dem Prinzregenten, dem späteren Georg IV., zuzuschreiben war.
nach Surrey-Garden's – Die Surrey Gardens Music Hall war erst 1856 eröffnet worden und bot 10 000 Menschen Platz; 1872 abgerissen.
die Freischütz-Ouvertüre – Zu der 1821 uraufgeführten Oper von Carl Maria von Weber (1786–1826).
musik: Schlachtgemälde des zieraffigen Jullien – Vermutlich dasjenige über den Fall von Sewastopol, das Fontane bereits früher einmal gehört hatte; vgl. Tagebucheintrag vom 23. November 1855.
George würde gerufen haben »mehr, mehr!« – In der Formulierung mag eine Anspielung auf eine der bekanntesten Szenen aus Charles Dickens' Romanen enthalten sein, nämlich die Bitte des

kleinen Oliver Twist im Armenhaus um einen Nachschlag beim Essen.

31.7.56
Morris holt mich ab ... im University College – 1827 gegründete Keimzelle der Universität London, wo Morris von 1842 an Medizin studiert hatte.
Sir William Fenwick Williams, Baronet of Kars – Der heldenhafte Verteidiger der türkischen Festung Kars gegen die russische Übermacht (vgl. Anm. zum 13.12.55) war bei seiner Rückkehr aus der Kriegsgefangenschaft in den erblichen Ritterstand erhoben und mit Ehren aller Art überhäuft worden. Am gleichen 31. Juli 1856 wurde ihm auch das Ehrenbürgerrecht der City of London verliehen.
mittelbar das Erscheinens Sir Williams ... herbeiführte – Dr. Sandwith war im Krimkrieg als Generalinspekteur der türkischen Feldlazarette tätig gewesen und hatte während der Belagerung von Kars als Arzt in der Festung gewirkt. Nach seiner Entlassung aus der Kriegsgefangenschaft verfaßte er einen in mehreren Auflagen verbreiteten Erlebnisbericht, der noch im gleichen Jahr auch auf deutsch erschien: »Geschichte der Belagerung von Kars und des sechsmonatigen Widerstandes der türkischen Garnison unter General Williams gegen die russische Armee«.
eine reiche Sammlung Flaxmann'scher Arbeiten – Seit 1858 ist die der Universität hinterlassene Kollektion von eigenen Werken Flaxmanns und Abgüssen klassischer Skulpturen und Friese in einer besonderen Rundgalerie im University College untergebracht.
Bucher's hübschen Artikel über »Oxford« gelesen – In der »National-Zeitung« Nr. 349 vom 29. Juli 1856.

1.8.56
Nach Sydenham in's Concert – Eine ausführliche Besprechung dieses Opernkonzerts im Theatersaal des Kristallpalastes enthält die »Times« vom 2. August 1856.
Ouverture zu Fidelio und Wilhelm Tell – Von Ludwig van Beethoven (1770–1827) bzw. Gioacchino Rossini (1792–1868).
Duett aus dem »Liebeselixier« – »L'Elisir d'amore«, die 1832 uraufgeführte Oper von Gaëtano Donizetti (1797–1848), heißt im Deutschen üblicherweise »Der Liebestrank«.
Kurzer Besuch in der Bildergallerie – Einen Führer zu der ge-

samten Anlage hatte 1856 gerade Fontanes späterer Bekannter Heinrich Beta veröffentlicht: »Der Kristallpalast von Sydenham, seine Kunsthallen, sein Park und seine geologische Insel«.
die schottische Reise – Vgl. Anm. zum 19.6.56.

2.8.56
An Emilie, Eggers und Frau v. Merckel geschrieben – FBV 56/78, 56/77 und 56/79.

3.8.56
Einen langen Brief an Lepel geschrieben – FBV 56/80.
Macaulay gelesen – Schluß des Kapitels VI der »History of England from the Accession of James the Second«.

4.8.56
Er will common law für Statute law haben – Unter dem Einfluß politischer Sektierer wie Joshua Toulmin Smith (1816–1869) und David Urquhart (1805–1877) befürwortete Bucher eine Rückkehr zum Gemeinen Recht auf Kosten des Gesetzesrechts, das unter den Bedingungen des Parlamentarismus zum Spielball von Parteiinteressen geworden sei. Dieser Programmpunkt, ebenso wie die angestrebte Aufwertung der kommunalen Selbstverwaltung gegenüber der Zentralregierung, war Ausdruck seines rückwärtsgewandten Radikalismus, wie ihn Fontane in bezug auf den Zeitungshändler Elliott als »Eselschaft« bezeichnet hatte (vgl. Tagebucheintrag vom 28. Juli 1856).

5.8.56
Nach Her Majesty's Theater – Zum Besuch der 1840 uraufgeführten Oper »Die Regimentstochter« von Gaëtano Donizetti (1797–1848).
Ueber die Erweitrung der Franchise – Im Gefolge des Krimkriegs, dessen Fehlschläge weithin auf das Versagen der traditionellen Eliten zurückgeführt wurden, fand die mit dem Abklingen des Chartismus seit 1848 verhallte Forderung nach einer Ausdehnung des Kreises der Wahlberechtigten erneut breitere Unterstützung. Nach den geltenden Bestimmungen war das Wahlrecht abhängig von Grundeigentum und Steuerleistung, was die städtische und ländliche Arbeiterschaft von der politischen Mitwirkung ausschloß.

6.8.56

Glover die nöthigen Mittheilungen gemacht – Was der Eigentümer des »Morning Chronicle« mit seiner Reise nach Berlin an weitergehenden Plänen verfolgte, ist nicht bekannt.
Nach Seymour-Place – Zu Maurice Alberts.
Beim Thee eine Pariser Reise verabredet – Mit Alberts zusammen ist Fontane nie irgendwo hingereist.

7.8.56

Ein Beruhigungsbrief von Frau v. Merckel – Es ging immer noch um jenen Brief, in dem sich Fontane über Metzel geäußert und den er irrtümlicherweise auch an diesen adressiert hatte (vgl. Tagebucheintrag vom 26. Juli 1856). In dem hier erwähnten Schreiben versichern beide Merckels nochmals, daß sie das Schreiben rechtzeitig abgefangen hätten, daß es noch ungeöffnet gewesen sei und daß Metzel von alledem nichts erfahren habe; FM I, S. 76–79.
Meißner's Buch über Heine – Gleich nach dem Tode des Dichters am 17. Februar 1856 hatte Alfred Meißner, der in den letzten Lebensjahren eng mit ihm befreundet gewesen war, sein Buch »Heinrich Heine. Erinnerungen« vorgelegt, das erstmals tieferen Einblick in die Bedingungen der »Matratzengruft« gewährte und viele Gespräche mit Heine wortgetreu wiedergab.
Macaulay gelesen – In Kapitel VII der »History of England from the Accession of James the Second«.
Schweitzer nicht mehr da – Bereits am 2. August 1856 hatte Fontane seiner Frau geschrieben: »Schweitzer verläßt Bloomsbury Square. Prof. Redwood hat ihm im London Hospital eine Stelle als Lazarettapotheker verschafft. Er hat daselbst alles frei und 40 £ Gehalt. Fast glaub ich, daß er lieber in Bloomsbury Square geblieben wäre« (HFA, Briefe 1, S. 518).
Um des Umzugs halber einen Ausflug ... intendirt – Die Familie Wilmot wollte eine neue Wohnung in der nahegelegenen Guilford Street beziehen, wohin ihnen auch ihr Untermieter Fontane folgte.

9.8.56

Geschrieben an ... Emilie – FBV 56/81.
Nach 92 Guilford Street – Hier, nach wie vor als Logisgast der

Familie Wilmot, wohnte Fontane vom 9. August 1856 bis zu seiner Abreise nach Berlin am 28. August und dann wieder von seiner Rückkehr Ende Oktober 1856 bis zur neuerlichen Übersiedlung Emilies und der Kinder im Jahre 1857. Wie Fontane seiner Frau am 18. August 1856 schrieb, war seine neue Unterkunft »allerdings viel hübscher als die frühre und an den Straßenlärm hab' ich mich gewöhnt. Es ist nur wenige Schritte von New Ormond Street entfernt« (HFA, Briefe 1, S. 530).

10.8.56
der bei Vittoria den Arm verlor – Im Norden der iberischen Halbinsel, wo das von Wellington geführte britische Expeditionskorps im spanischen Befreiungskrieg am 21. Juni 1813 einen entscheidenden Sieg gegen die napoleonische Armee errungen hatte.
Nach 55 St. John Street – Wohnung von Max Müller in Oxford.

11.8.56
nach Exeter-College – Auf seine Planskizze des Gartens von Exeter College griff Fontane später zurück, als er einen in Berlin gehaltenen Vortrag zu einer Artikelfolge über »Oxford« ausbaute, die im Januar 1861 in der Wiener Zeitschrift »Das Vaterland« erschien (NFA XVII, S. 427–451, bes. S. 436 f.).
im Gasthof zum Robin Roy – So benannt nach dem gleichnamigen Roman von Walter Scott (1818).
an der Katzbach dich 'rumgeschlagen Wie Vater Blücher – Nebenfluß der Oder in Niederschlesien, an dem preußische Truppen unter Führung Blüchers am 26. August 1813 einen Sieg über die Franzosen errungen hatten. Liegnitz, wo Emilie mit George zeitweise gelebt hatte, liegt an der Katzbach.

12.8.56
wo »die schöne Rosamunde« ... lebte – Die Geschichte von der Geliebten König Heinrichs II. von England hatte Fontane in seinem Romanzenzyklus »Von der schönen Rosamunde« (1850) behandelt.

13.8.56
von da zurück über [sic!] nach London – Bei der Niederschrift des Eintrags für diesen Tag hat Emilie offensichtlich keine ausgearbeitete Vorlage vor sich gehabt, sondern lediglich Fontanes

Notizen. Deren krause Anordnung und schwere Lesbarkeit, wie sie das dem Originaltagebuch lose beiliegende Blatt illustriert, erklärt die gelegentliche Auslassung eines Wortes.

ein Greville oder Brooke – Es handelt sich um ein und dieselbe Person; Greville war der Familienname und Brooke der Adelstitel von Robert Greville Lord Brooke, einem der Anführer der Parlamentspartei, der 1643 bei dem Versuch getötet wurde, die Royalisten von Lichfield aus ihrem befestigten Quartier zu vertreiben.

Roundheads gegen Cavaliere – Während des englischen Bürgerkriegs standen die kurzgeschorenen Puritaner den Anhängern des Königs mit höfischer Haartracht gegenüber.

kilt vom Prätendenten – Schottische Tracht des Prinzen Charles Edward (1720–1788), der 1745/46 mit dem letzten Versuch gescheitert war, das 1688/89 vertriebene Haus Stuart wieder auf den britischen Thron zu bringen.

Die Vase – Das über 1,60 m hohe römische Gefäß (Warwick Vase) wurde in der Villa Kaiser Hadrians in Tivoli gefunden und stammt aus dem 1. Jahrhundert n. Chr.

Charlecote – In diesem Dorf in der Nähe von Stratford on Avon lebte der Gutsherr und Friedensrichter Thomas Lucy, vor dem sich Shakespeare wegen Wilddiebstahls zu verantworten gehabt haben soll; vgl. auch Anm. zum 24.12.55.

14.8.56

An Emilie geschrieben – FBV 56/83.

Bilder des jüngst verstorbenen Maler Martin – Zwar war John Martin damals schon über zwei Jahre tot, aber seine letzten Bilder, drei großformatige Darstellungen des Jüngsten Gerichts, erregten großes Aufsehen, als sie 1856 in der Hall of Commerce, 52 Threadneedle Street in der City, ausgestellt und anschließend in einer Wanderausstellung im ganzen Land gezeigt wurden.

Mehr poetische als malerische Kraft – Bereits 1834 war John Martin von einem zeitgenössischen Kritiker als ›the poets' painter‹ bezeichnet worden.

15.8.56

Miß Eburne (eine Schwägerin der Miß Margret Eburne ...) – »Die Miss Eburne, die ich ... kennengelernt habe, ist eine wirkliche

Miss, nämlich die Schwägerin von Mißtreß (genannt Miß) Eburne. Die letztre hat einen Mr. Eburne zum Manne und dieser ist der Bruder der Miss Eburne, die ich kennengelernt habe.« So Fontane in seinem Brief an Emilie vom 18. August 1856 (HFA, Briefe 1, S. 530).
Chorführerin in H. M. T. – Her Majesty's Theatre.
z. B. »Wapping old stairs« – Fontanes Übersetzung des Liedtextes findet sich in seinem 1858 publizierten Aufsatz »Wapping« (NFA XVIII, S. 177); vgl. auch Anm. zum 6.3.58.

17.8.56
Gearbeitet. (Die Wochenblätter.) – Vgl. Anm. zum 29.7.56.
Nach London-Hospital – Zu Julius Schweitzer.

18.8.56
Brief von Emilien – Datiert vom 16. August, mit der Nachricht, daß ihm eine Gehaltszulage bewilligt worden sei (FAP). Fontane antwortete noch am gleichen Tage; FBV 57/85.
Gearbeitet. (Die Wochenblätter.) – Wenn Fontane in seinem Brief an Emilie vom gleichen Tage bemerkte, daß diese Artikelfolge »meine Zeit sehr in Anspruch nimmt, Ende dieser Woche aber fertig sein wird« (HFA, Briefe 1, S. 530), so war das entschieden zu optimistisch. Tatsächlich wurde die Arbeit an den Aufsätzen über die englische Wochenpresse erst am 30. November 1856 abgeschlossen; vgl. Anm. zum 29.7.56.
Gelesen in der Cyclopaedia Britannica – Gemeint ist wohl die Encyclopaedia Britannica.
Auszüge aus Haeussers Deutscher Geschichte – Von Ludwig Häussers »Deutscher Geschichte vom Tode Friedrichs des Großen bis zur Gründung des deutschen Bundes« war 1856 der dritte Band erschienen, der die Zeit von 1806 bis zu Napoleons Flucht aus Rußland Ende 1812 behandelte.

19.8.56
Einen Plan gemacht – Erste Erwähnung des mit den »Wanderungen durch die Mark Brandenburg« schließlich realisierten Projekts.
Gelesen – Zur Vorbereitung für den Wochenblätter-Aufsatz; vgl. Anm. zum 29.7.56.

20.8.56

(über libel-law u. Theater-Censur) geschrieben – Der Abdruck eines Artikels über diese Themen (das Libel-Recht regelt Verleumdung und Ehrverletzung) war nicht zu ermitteln; vgl. aber Anm. zum 7.4.57.
Er u. ich warten auf Bescheid – Wegen der geplanten Reise nach Berlin.
Nun speculirt er auf Rußland – Vgl. Tagebucheintrag vom 4. Januar 1857.
In Betreff des Sundzolls in Erfahrung gebracht – Vgl. Anm. zum 21.12.55.
Menschenverlust unserer Corvette »Danzig« – Das unter dem Kommando von Admiral Prinz Adalbert stehende erste größere Kriegsschiff, das auf einer preußischen Werft gebaut worden war, hatte sich auf seiner ersten Fahrt außerhalb heimischer Gewässer am 7. August bei Tres Forcas an einer Strafaktion gegen die Riffpiraten an der marokkanischen Küste versucht, war aber unter dem Verlust von sechs Toten und achtzehn Verwundeten zurückgeschlagen worden.
Nach dem Prinzeß-Th. – Als Vorspiel zu »Winter's Tale« sah Fontane die Komödie in einem Akt »Music Hath Charms« von David Fisher (1816–1887), die erst am 7. Juli 1856 uraufgeführt worden war. Was die Shakespeare-Aufführung angeht, fiel Fontanes Besprechung in den »Londoner Theatern« sehr viel kritischer aus als im Tagebuch (NFA XXII/3, S. 65 ff.).
man merkt die Absicht u. man ist verstimmt – Umgangssprachliche Variante eines Zitats aus Goethes »Torquato Tasso« (II, 1), das richtig wie folgt lautet: »So fühlt man Absicht, und man ist verstimmt.«

21.8.56

Gelesen. (Wochenblätter.) – Für die in Arbeit befindliche Artikelfolge über die englische Wochenpresse; vgl. Anm. zum 29.7.56.

22.8.56

Einen englischen Brief geschrieben – Vgl. Anm. zum 23.8.56.

23.8.56

Chronicle bringt meinen Brief – In der Ausgabe Nr. 27,976 vom 23. August 1856 u. d. T. »The German Legion – Prince Albert, To

the Editor of the Morning Chronicle«; vgl. dazu auch: Charlotte Jolles, A Foreigner who subscribes himself »Th. F.«, in: Alan Bance u. a. (Hrsg.), Theodor Fontane: The London Symposium. Stuttgart 1995.
An Emilie ... geschrieben – FBV 56/86.
Der Standard bringt einen Leitartikel – In seiner Abendausgabe vom 23. August 1856 übernahm der »Standard« Fontanes Leserbrief aus dem »Morning Chronicle«, wies aber die darin geübte Kritik an der Haltung der englischen Presse zur Fremdenlegion und zu Prinz Albert zurück.
Gelesen – In Kapitel VII von Macaulays »History of England from the Accession of James the Second«. Statt »Henry« muß es allerdings Edward Russell heißen.

24.8.56
Gearbeitet (Wochenblätter.) – Vgl. Anm. zum 29.7.56.
Gelesen – In Kapitel VIII von Macaulays »History of England from the Accession of James the Second«.

25.8.56
Gearbeitet. (Wochenblätter.) – Vgl. Anm. zum 29.7.56.
An Emilie geschrieben – FBV 56/87.

26.8.56
Unterredung ... über ... Miß Lydia etc. – Die älteste Tochter von Fontanes Hauswirtin, Mrs. Wilmot, war an einer Stellung in Deutschland interessiert; vgl. auch Tagebucheintrag vom 25. Juli 1856 sowie Anm. zum 15.11.56.
Gearbeitet. (Wochenblätter.) – Vgl. Anm. zum 29.7.56.
Die Abreise auf Donnerstag Abend festgesetzt – Fontane sollte William Glover nach Berlin begleiten, wo letzterer mit den preußischen Behörden über einen Ankauf des »Morning Chronicle« verhandeln wollte.
Correspondenz ... für Glover übersetzt – Erschienen u. d. T. »Letter from St. Petersburg (from our own correspondent)« im »Morning Chronicle« Nr. 27,979 vom 27. August 1856. Fontane hat vermutlich den Inhalt des deutsch gehaltenen Schreibens angegeben, während ein englischer Journalist den Wortlaut formuliert hat.

27.8.56
M. M. hat um die älteste Bunsen ... angehalten – Nach seiner Ankunft in England 1846 war Max Müller von dem damaligen preußischen Gesandten großzügig gefördert worden und hatte zeitweilig auch im Gebäude der Gesandtschaft gewohnt. Die betreffende Bunsen-Tochter Frances Helene blieb unverheiratet.

5.9.56
Der Glover'sche Plan droht zu scheitern – Es kam in der Tat nicht zu einem Ankauf des »Morning Chronicle« durch die preußische Regierung.

6.9.56
Zum Minister-Präsidenten – Otto von Manteuffel.
Glover ... den ... Stand seiner Affaire auseinander gesetzt – Daß die preußische Regierung sich außerstande sah, den »Morning Chronicle« ganz zu kaufen.

8.9.56
in die Kunstausstellung – Vgl. Anm. zum 21.9.56.

9.9.56
Anträge in Betreff eines Reisehandbuch's – Fontane scheint darauf gar nicht erst eingegangen zu sein.

10.9.56
»Saul« am Königl. Theater angenommen – Hermann Kettes Trauerspiel »König Saul« wurde am 30. Januar 1857 am Berliner Schauspielhaus uraufgeführt, fiel aber durch und wurde nach drei Aufführungen am 3. Februar 1857 abgesetzt.

11.9.56
Auf's Büreau – Zum Sitz der Zentralpressestelle in der Leipziger Straße 110/111.

12.9.56
Auf's Büreau – Vgl. Anm. zum 11.9.56.
Das »National-Denkmal« ... in Augenschein genommen – Es handelte sich um eine 34 m hohe, von einem flügelschwingenden

Adler bekrönte gußeiserne Säule im Berliner Invalidenpark mit der Widmung »Zum Gedächtnis der in den Jahren 1848 und 1849 treu ihrer Pflicht für König und Vaterland, Gesetz und Ordnung gefallenen Brüder und Waffengenossen«. Das 1850 in Angriff genommene Monument war 1854 eingeweiht worden und wurde im zweiten Weltkrieg zerstört.
die Reliefs hübsch, aber Dutzendwaare – Oberhalb des Granitsockels umgab ein 2,50 m hoher Zinkfries von Albert Wolff (1814 bis 1892), einem Schüler Rauchs, die später so genannte Invalidensäule. Er zeigte vorn Borussia, der sich von links trostsuchend die trauernden Hinterbliebenen nähern, während rechts die besiegten Revolutionäre ihre Waffen zu Füßen des Thrones niederlegen und Pallas Athene einen Soldaten mit Lorbeer bekränzt.

13.9.56
Aufs Büreau – Vgl. Anm. zum 11.9.56.

15.9.56
Aufs Büreau u. zu Dr. Metzel – Vgl. Anm. zum 11.9.56.
Nach Moritzhof – Ausflugslokal am Südende des Tiergartens in der Von der Heydt-Straße.

16.9.56
Aufs Büreau – Vgl. Anm. zum 11.9.56.

18.9.56
von Schiffsmühle abgereist – In der Nähe von Freienwalde an der alten Oder, wo Fontanes Vater jetzt lebte.
Um 6 Uhr in Letschin – Im Oderbruch; Wohnort von Fontanes Schwester Jenny Sommerfeldt und ihrer Familie.

19.9.56
Geplaudert mit Schwester u. Schwager – Hermann und Jenny Sommerfeldt.
Asmannshäuser – Bekannter Kornbranntwein.

20.9.56
Prinzeß Luisens Hochzeit – Die Tochter des künftigen Kaisers Wilhelm I., der als »Kartätschenprinz« 1849 die badische Erhe-

bung niedergeschlagen hatte, heiratete den erst wenige Tage zuvor zum Großherzog proklamierten Friedrich von Baden.

21.9.56

Rendezvous ... auf der Kunstausstellung – Im Gebäude der »Königlichen Akademie der Künste«, Unter den Linden, an der Stelle der heutigen Staatsbibliothek.
Müller u. die schöne Julie getroffen – Gemeint sind Fontanes Tunnelfreund August Müller und dessen Ehefrau, die im Bekanntenkreis allgemein als »die schöne Julie« bekannt war.
W. Gentz's entsetzliches Bild gesehen – Es trug im Katalog den Titel »Fülle und Elend«, ist aber auch bekannt als »Reisigsammlerin, vom Tode betroffen am Baum lehnend«.
Mit ... den Kindern ... bei Tietz gegessen – Gemeint sind Fontanes Sohn George und Hete (Hedwig), die Tochter von Lisbeth und Hermann Scherz. Das Restaurant »Tietz« befand sich im Hause der Konditorei Kranzler Unter den Linden.
Festspiel: »der Traum des großen Kurfürsten« – Verfaßt von Friedrich Tietz (1803–1879).
Sennora Pepita u. zwei Lustspiele – Pepita de Oliva war eine in Berlin gastierende spanische Tänzerin; »Die Virtuosen« stammt von Eduard von Bauernfeld (1802–1890), »Der hundertjährige Greis oder die Familie Rüstig« von Louis Angely (1787–1835).

23.9.56

Gearbeitet (Antonius u. Cleopatra.) – Zuerst erschienen als fünfter Brief über »Shakespeare auf der modernen englischen Bühne« im »Literaturblatt des Deutschen Kunstblattes« Nr. 20 vom 2. Oktober 1856; Wiederabdruck in überarbeiteter Form 1858 in der »Zeit« und 1860 in »Aus England« (NFA XXII/3, S. 26–29).

25.9.56

Gearbeitet (Antonius u. Cleopatra.) – Vgl. Anm. zum 23.9.56.
Schindler's »Emil« macht seine Aufwartung – Vermutlich der Laufbursche oder sonst ein Angestellter des »Kunstblatt«-Verlegers.
die hochbusige Jeannette etc. – Jeanette Baeyer.

26.9.56

Briefe zugesagt aus Paris u. London – Auf dieser Zusage an den Chefredakteur der »Kreuzzeitung« beruhte Fontanes drei Wo-

chen später einsetzende Korrespondententätigkeit für das konservative Berliner Blatt.
Faucher Redakteur vom Star – Der politische Emigrant unterhielt gleichzeitig gute Beziehungen zur preußischen Gesandtschaft. Bereits im Dezember 1855 hatte er Bernstorff auf die Möglichkeit einer Gewinnung Jakob Kaufmanns für Fontanes »Correspondenz« aufmerksam gemacht, falls Schlesinger vorher entschädigt würde; HFA, Briefe 1, S. 462. Bei Gründung des »Morning Star« im März 1856 war er erneut bei der Gesandtschaft vorstellig geworden und hatte um amtliche Unterstützung für den Berliner Korrespondenten des Blattes gebeten. Da die Freihändler einer englischen Annäherung an Preußen aufgeschlossen gegenüberstünden, sprach sich Bernstorff für entsprechende Hilfeleistungen der Zentralpressestelle aus (GStA PK, Rep. 77, Tit. 939, Nr. 35, Bl. 17).
wegen Uebernahme einer Redaktion – Die Anfrage scheint nur sehr unverbindlich gewesen zu sein, da das Thema nicht wieder erwähnt wird.

27.9.56

Sein »Hochkirch« – Menzels 1856 entstandenes Ölgemälde »Friedrich der Große und die Seinen bei Hochkirch« behandelt Fontane auch in »Von Zwanzig bis Dreißig« (AFA, Autobiographische Schriften 2). Bei Hochkirch in der Oberlausitz hatten die preußischen Truppen am 14. Oktober 1758 eine der schwersten Niederlagen des Siebenjährigen Krieges erlitten.
»Begegnung Kaiser Joseph's ... im Schloß zu Neiße« – Am 25. August 1769, sechs Jahre nach dem Ende des Siebenjährigen Krieges, hatte Joseph II. auf seiner ersten politischen Reise dem Todfeind seiner Mutter in Schlesien einen Besuch abgestattet. Menzels Gemälde wurde 1857 fertiggestellt.
sein »Friedrich auf Reisen« – Menzels Gemälde »Friedrich der Große auf einer Inspektionsreise« datiert von 1854; über Menzel und seine Werke überhaupt vgl. auch Fontanes Aufsatz von 1862; NFA XXIII/1, S. 429–433.
in Rückerinnerungen ... geschwelgt – Bei dem in Berlin garnisonierten Garderegiment »Kaiser Franz« hatte Fontane 1844/45 als Einjährig-Freiwilliger seinen Wehrdienst abgeleistet. »Bellevue« war der Familiensitz der Lepels bei Köpenick. Die Anspielung auf den »alten Lepel und »seine Spanier«« konnte nicht geklärt werden.

28.9.56
Briefe von »Onkel Max« – Von Max Fontane, dem Bruder des Dichters.

29.9.56
Reimerei für Max – Nicht überliefert.

1.10.56
Zum Kaffe nach Bethanien – In das Berliner Diakonissenhaus, wo Schultz als Pastor tätig war und Fontane 1848/49 als Apotheker gearbeitet hatte.
als die sogenannte Revolution ausbrach – Am 2. September 1856 war eine Gruppe Neuenburger Royalisten mit dem Versuch gescheitert, die Hohenzollernherrschaft in Neufchâtel durch einen Putsch wiederherzustellen. Das seit 1707 im Besitz der Krone Preußens befindliche Fürstentum, seit 1814 zugleich auch ein Kanton der Schweizer Eidgenossenschaft, hatte sich 1848 zur Republik erklärt, doch war Friedrich Wilhelm IV. bisher nicht bereit gewesen, seine Rechtsansprüche aufzugeben. Die Verwicklungen um die Behandlung der gefangengenommenen Putschisten und um den Status von Neuenburg führten in der Folge zu einer anhaltenden diplomatischen Krise, die auch Fontane immer wieder beschäftigte.

2.10.56
die Aufnahme der »Klytemnästra« – Schauspiel von Karl Ernst Eduard Tempeltey (1832–1919), uraufgeführt 1856 in Berlin und 1857 auch im Druck erschienen.
zur Vorlesung des »Saul« – Trauerspiel von Hermann Kette; vgl. Anm. zum 10.9.56.

3.10.56
quatre mains gespielt – Zum Vortrag kamen Auszüge aus den Opern »Der Freischütz« von Carl Maria von Weber (1786–1826) und »Die lustigen Weiber von Windsor« von Otto Nicolai (1810 bis 1849). Der Komponist des nur mit »Iphigenie« bezeichneten Stücks dürfte Christoph Willibald Gluck (1714–1787) gewesen sein, zu dessen Werken »Iphigenie in Aulis« (1774) und »Iphigenie auf Tauris« (1779) gehören.

5.10.56

Marschall Berthier tödtete sich hier – Im Dienst Bonapartes zu höchsten Ehren aufgestiegen, war Alexandre Berthier 1814 bei der Restauration der Bourbonen ins Lager Ludwigs XVIII. übergegangen und hatte bei der Nachricht von der Rückkehr Napoleons von Elba Selbstmord begangen.

die alte Babenburg (Stammsitz der Babenberger) – Ob das Markgrafen- und Herzogsgeschlecht der Babenberger, die als Vorgänger der Habsburger von 976 bis 1242 in Österreich herrschten, tatsächlich von der Burg Babenberg in Bamberg stammt, ist umstritten.

schrieb ... Hoffmann seine »Phantasiestücke« – Nach dem Verlust seiner Beamtenstelle in Folge der Verkleinerung Preußens hatte E. T. A. Hoffmann 1808 den Posten eines Theatermusikdirektors in Bamberg angenommen. Seine vier Bände umfassenden »Phantasiestücke in Callots Manier« kamen 1814/15 heraus.

Berengar ... starb hier 966 – Der 952 von Otto I. mit dem Königreich Italien belehnte Herrscher war 963 abgesetzt und seither in Haft gehalten worden.

6.10.56

Der Kaiser ... und die 7 Kurfürsten – Letztere waren in der unter Karl IV. auf dem Reichstag von Nürnberg im Jahre 1356 angenommenen »Goldenen Bulle« als Wähler des deutschen Königs bestätigt und mit einer Reihe von Privilegien ausgestattet worden.

der Stammsitz der Burggrafen von Nürnberg – Dieses Amt hatten die Hohenzollern seit 1191 innegehabt; Burggraf Friedrich VI. (1371–1440) war dann im Jahre 1415 als Kurfürst Friedrich I. mit der Mark Brandenburg belehnt worden.

»Jammerthal« – Gastwirtschaft in der Nürnberger Schildgasse.

7.10.56

Parade – Aus Anlaß der Rückkehr des bayerischen Königspaares in die Residenz in Begleitung des Großherzogspaares von Hessen-Darmstadt sowie des zu Besuch weilenden Friedrich Wilhelm IV. von Preußen und seiner Gemahlin, einer gebürtigen Wittelsbacherin.

Am Abend in's Au-Theater – Johann Schweigers Volkstheater in der Lilienstraße der Münchner Vorstadt Au bestand von 1850 bis 1865. Gegeben wurde am 7. Oktober 1856 zunächst das Komische Liederspiel in einem Akt »Die Braut aus Pommern« von Louis Angely (1787–1835), frei bearbeitet nach August von Kotzebue (1761–1819). Der Titel des zweiten Stücks im Programm, eines »Genrebilds mit Gesang und Tanz« von Emil Pohl (1824 bis 1901), lautete richtig »Sachsen in Preußen, oder: Wir nehmen auch Ausländer«.

8.10.56
In's Theater – Shakespeares »Sturm« wurde an diesem Abend im Königlichen Hof- und Nationaltheater gegeben, und zwar »nach der Einrichtung von Dingelstedt, mit Musik von Taubert«.

9.10.56
In Seeshaupt »Brenken« gegessen – Schreibung im Tagebuch eindeutig; was Fontane gegessen hat, dürften aber »Renken« gewesen sein, wie die in den Alpenseen verbreiteten schmackhaften Blau- oder Weißfelchen genannt werden.
Sternecker-Bräu – Traditionsreiches Brauhaus mit Ausschank; erlangte später traurige Berühmtheit als Gründungslokal und erste Geschäftsstelle der NSDAP; während des zweiten Weltkriegs zerstört.
In's Isar-Vorstadt-Theater – »Der Zerrissene« ist der Titel einer Posse mit Gesang in drei Akten von Johann Nepomuk Nestroy (1801–1862) aus dem Jahre 1845.

10.10.56
An Emilie geschrieben – FBV 56/92.
Hofbräu (weißer und brauner) – Es gab ursprünglich zwei verschiedene Hofbräuhäuser für Weiß- und Braunbier. 1808 war jedoch das »braune« Hofbräuhaus auch in die Räumlichkeiten des »weißen« verlegt worden. Letzteres Lokal lag am Platzl, wo sich das Hofbräuhaus auch heute noch befindet, allerdings in einem Neubau aus den Jahren 1896/97.
Ober-Pollinger – Gasthaus in der Neuhauser Straße, 1861 zum Hotel umgebaut. An gleicher Stelle steht seit 1903/05 ein Kaufhaus (Karstadt, Haus Oberpollinger).
Brauneberger comme toujours – Beliebte Biersorte (allerdings keine bayerische).

11.10.56
In der Besserer'schen Kapelle ... Portrait von Schaffner – Das Bildnis des Patriziers Eitel Besserer datiert aus dem Jahre 1516 und befindet sich heute im Ulmer Stadtmuseum.

12.10.56
Zu Esel auf den Schloßberg geritten – Fontane sieht sich und Dr. Metzel hier in Analogie zu den Helden des Romans von Cervantes.

13.10.56
Die Ehrenpforten passirt – Errichtet zum Empfang des frisch vermählten Großherzogs Friedrich von Baden und seiner Frau, der Hohenzollernprinzessin Luise, bei ihrer Rückkehr aus Berlin; vgl. Anm. zum 20.9.56.

14.10.56
An Emilie geschrieben – FBV 56/94.

15.10.56
An Dr. Beutner geschrieben – Mit dem diesem Brief beigelegten Manuskript des Artikels »Am Tage von Jena auf der Brücke von Jena«, der in der Ausgabe Nr. 245 vom 18. Oktober 1856 (NFA XVIII a, S. 693 f.) erschien und in seiner Druckfassung ins Tagebuch eingeklebt ist, begann Fontanes feste Mitarbeiterschaft an der »Kreuzzeitung«; vgl. Anm. zum 26.9.56.

16.10.56
An Emilie geschrieben – FBV 56/95.
Véfour, Very und les trois ... frères Provencaux – Café-Restaurants im Park des Palais Royal, an der Galerie Beaujolais.

17.10.56
dessen Glocke das Signal gab zur Bartholomäus Nacht – In der Nacht zum 24. August 1572, dem Tag des hl. Bartholomäus, und im Gefolge einer Eheschließung zwischen den Herrscherhäusern von Frankreich und Navarra, die zur Versöhnung der Religionsparteien beitragen sollte, wurden auf Anstiftung der katholischen Königinmutter 2000 Hugenotten niedergemetzelt und in

der Folge noch ein Vielfaches davon in der Provinz. Von den Verlusten der »Pariser Bluthochzeit« hat sich der Calvinismus in Frankreich nie wieder erholt.
Heine's Grab – Der nach jahrelanger Krankheit am 17. Februar 1856 gestorbene Dichter war auf dem Cimetière de Montmartre beigesetzt worden.
Kein Billet für's »Gymnase« erhalten – Das 1820 errichtete Théâtre du Gymnase am Boulevard Bonne Nouvelle produzierte ausschließlich Lustspiele und Possen; fast alle Stücke von Eugène Scribe (1791-1861) wurden für dieses Haus geschrieben. Fontane mochte zu seinem beabsichtigten Besuch dort auch durch die Tatsache inspiriert sein, daß Adolph Menzel das Gymnase 1856 gemalt hatte.
Bei Vachette gegessen – Boulevard Poisonnière Nr. 32.

18.10.56

die Schlachtordnung von Rocroy – Kleinstadt in den Ardennen, wo im Zuge des Dreißigjährigen Krieges französische Truppen am 19. Mai 1643 einen Sieg über die Spanier errangen. Weshalb Fontane dieses Bild als Curiosum verbucht, ist unklar, möglicherweise weil er wußte, daß ein Lothringer namens Fontaine als Führer eines spanischen Korps bei Rocroy tödliche Verletzungen erlitten hatte. Was im Saal 8 des Nordflügels von Versailles hängt, ist die von Joseph Nicolas Jouy (geb. 1809) angefertigte Kopie eines Gemäldes von Jean-Baptiste Martin (1659-1735).
Gros ... ist der Meister – Vgl. auch Fontanes Bemerkung über den unterschiedlichen Ansatz von Gros und Menzel in seinem Brief an Emilie vom 21. Oktober 1856; HFA, Briefe 1, S. 540.
In's Concert Musard – Damals erst seit wenigen Jahren bestehender Konzertsaal am Boulevard des Capucines.

19.10.56

geschrieben an ... Papa – FBV 56/96.
In's Café Riche – Boulevard des Italiens Nr. 10.

20.10.56

die neue Kirche Ste Clotilde – Seit 1846 im Bau begriffen und noch nicht ganz fertiggestellt, galt sie, wie die Münchner Mariahilfkirche in der Au aus den Jahren 1831 bis 1839, als Muster eines modernen Kirchengebäudes in gotisierendem Stil.

Nach dem Père la Chaise – Größter Pariser Friedhof im Nordosten der französischen Metropole mit den Gräbern vieler Berühmtheiten und zahlreichen Prachtdenkmälern.
nach dem Café Mazarin – »Vis à vis dem Thurm St. Jacques« an der Rue de Rivoli, wo Fontane bereits früher am gleichen Tag gegessen hatte.

21.10.56
An Emilie geschrieben – FBV 56/97.
Bei Véfour ... gut dinirt – Vgl. Anm. zum 16.10.56.

22.10.56
Zu Véfour – Vgl. Anm. zum 16.10.56.

23.10.56
Einige Zeilen an Emilie geschrieben – FBV 56/98.

24.10.56
Unterredung mit dem Grafen über Glover und Chronicle Fontane berichtete dem preußischen Gesandten über die gescheiterten Verhandlungen in Berlin; vgl. Anm. zum 5.9.56.
famosen Artikel von Titus Ulrich (über Medea – Ristori) – In der »National-Zeitung« Nr. 495 vom 22. Oktober 1856 u. d. T. »Signora Ristori als ›Medea‹«.

25.10.56
Einige Zeilen an ... Emilie geschrieben – FBV 56/99.
Mit Alberts nach Albert's Villa – Die Familie war umgezogen nach Victoria Grove.
Bunsen, Pauli, Müller – Max Müller und Reinhold Pauli hatten sich in ihrer wissenschaftlichen Laufbahn der Protektion Bunsens erfreut und auch längere Zeit in der preußischen Gesandtschaft gewohnt, weshalb Alberts sie persönlich gut kannte.
mit Herausgabe der ›Zeichen der Zeit‹ inne gehalten – Bunsens 1855 publiziertes Werk »Die Zeichen der Zeit. Briefe an Freunde über die Gewissensfreiheit und das Recht der christlichen Gemeinde« war eine Streitschrift gegen den vom Judentum konvertierten und politisch einflußreichen Rechtsphilosophen Friedrich Julius Stahl, der in einem aufsehenerregenden Vortrag die Toleranz als Kind des Unglaubens angeprangert hatte. Daß diese

öffentliche Kontroverse zwischen zwei konservativ-kirchlich ausgerichteteten Männern aus der Umgebung des preußischen Königs mancherorts ungelegen kam, ist verständlich. Es gibt jedoch keinerlei Beweise dafür, daß Bunsen, der ursprünglich eine weitere Fortsetzung der »Zeichen der Zeit« angekündigt hatte, mit Geld zum Schweigen gebracht wurde, und Heinrich von Arnim, Alberts' Gewährsmann, war ein notorischer Schwätzer. Die beiden erschienenen Bände der »Zeichen der Zeit« jedenfalls, und ebenso auch Stahls Gegenschrift »Wider Bunsen«, erlebten 1856 bereits ihre dritte Auflage.

sein neustes ... theologisches Buch – Da Bunsen in der Tat schneller schrieb, »als ein Pferd läuft«, läßt sich nur schwer ausmachen, von welcher seiner vielen Publikationen aus diesen Jahren hier die Rede ist.

Subskription ... unter den reichen Quäkerfamilien in Manchester – Bunsens Frau, eine geborene Frances Waddington, entstammte einer alten Quäkerfamilie, allerdings nicht aus Manchester, während seine besten Bekannten dort, die Schwabes, Unitarier waren. In jedem Falle aber hatte Bunsen genug Verbindungen zu wohlhabenden freikirchlichen Kreisen, um Alberts' Mitteilung im allgemeinen glaubwürdig erscheinen zu lassen.

der alte B. (eine Art Louis Philipp ...) – Die Analogie zwischen Bunsen und dem französischen »Bürgerkönig« der Jahre 1830 bis 1848, die Alberts hier zieht, soll wohl darin bestehen, daß ein hergelaufener Aufsteiger seine Kinder mit den Sprößlingen alteingesessener Familien zu verheiraten sucht.

Eine Guerney und eine Schwabe – Bunsens zweiter Sohn Ernst Christian Ludwig hatte 1845 Elizabeth Gurney geheiratet, eine Tochter des aus einer bekannten Quäker-Familie stammenden Bankiers und Philanthropen Samuel Gurney (1786–1856), der in der City als der reichste Mann seiner Zeit galt. Sollte Bunsen für seinen jüngsten Sohn Theodor tatsächlich eine Verbindung mit der kaum minder wohlhabenden Familie Schwabe aus Manchester im Sinne gehabt haben, so wurde daraus jedenfalls nichts.

den 3ten Band seiner Veda's ... gesandt – Max Müllers sechs Bände umfassende Ausgabe der altindischen religiösen Literatur erschien in den Jahren 1849 bis 1873 (»Rig-Veda-Sanhita, the sacred hymns of the Brahmans, together with the commentary of Sayanacharya«).

Der dicke Hesse – Vgl. über ihn auch Fontanes Bemerkungen in seinem Brief an Lepel vom 15. Januar 1850; HFA, Briefe 1, S. 105 f.
seine Freundschaft mit St. Paul – Dessen Persönlichkeit beschreibt Fontane näher in »Von Zwanzig bis Dreißig« (AFA, Autobiographische Schriften 2) und im 14. Kapitel seines Scherenberg-Buches (»Lieutenant von Saint-Paul und seine Beziehung zu Scherenberg«).

26.10.56
Gegen Abend nach London Hospital – Zu Julius Schweitzer.

27.10.56
An Dr. Beutner und die Kreuz-Zeitung geschrieben – FBV 56/100; bei dem beigefügten Artikel dürfte es sich um »Die Verwarnung des ›Moniteur‹« handeln, abgedruckt in der »Kreuzzeitung« Nr. 256 vom 31. Oktober 1856 (NFA XVIII a, S. 694 f.).

28.10.56
An ... Emilie geschrieben – FBV 56/101.

29.10.56
An die Kreuz-Zeitung geschrieben – Fontanes Artikel über »Die ›Times‹ und die Neuenburger Frage« erschien in der »Kreuzzeitung« Nr. 258 vom 2. November 1856 (NFA XVIII a, S. 695 f.).
Glover's Bruder ... findet unser Benehmen nicht ›fair‹ – Fontane hatte William Glover bereits im August nach Ermächtigung durch Metzel eröffnet, daß die preußische Regierung sein Angebot annehme, und bei seiner Anwesenheit in Berlin war ihm auch bereits die Auszahlung der ersten Rate angeboten worden. Deshalb hatte Glover jetzt Bezahlung rückwirkend ab 1. Juli, als er mit seinen Leistungen begonnen habe, verlangt. Bernstorff verweigerte jedoch die Zahlung, da er keine Anweisung erhalten habe und auch keine Artikel erschienen seien.

30.10.56
An die Kreuz-Zeitung geschrieben – Ein Artikel über die Stellung der »Times« zu dem Führer der »Evangelical Alliance« hat sich nicht ermitteln lassen.
Artikel: ›The declining efficiency of Parliament‹ ... gelesen – Der Verfasser des ungezeichneten Aufsatzes (Quarterly Review Bd. 99,

Sept. 1856, S. 521-570) war Gladstone. Fontane benutzte seine Ausführungen als Material zu einem Leitartikel für die »Kreuzzeitung«; vgl. Anm. zum 5.11.56.
Eine Art Memoire an den Gesandten geschrieben – Nicht überliefert.

31.10.56
Einen reizenden Artikel Buchers ... gelesen – Die Serie von vier Korrespondenzen über die Küste von Kent, ursprünglich in der »National-Zeitung« veröffentlicht, ist wiederabgedruckt in: Bilder aus der Fremde. Für die Heimat gezeichnet von Lothar Bucher, Bd. 1: Unterwegs, Berlin 1862; für den Artikel über den Galt vgl. S. 29-40.
Kurzer Besuch bei Wood und Mrs. Morris – Seit dem Weggang Julius Schweitzers Anfang August 1856 verkehrte Fontane nur noch selten im Hause der Pharmaceutical Society am Bloomsbury Square.

1.11.56
Brief von Emilien; – noch nichts da – Fontanes Frau erwartete für Anfang November ihre Niederkunft.
Geantwortet – Emilies Zeilen, so Fontane, hätten ihn »insofern enttäuscht, als ich eigentlich gedacht hatte: es sei da« (Erler I², S. 185).
Alberts verwirft mein Memoire – Vgl. Anm. zum 30.10.56.

2.11.56
Gearbeitet (the declining efficiency of Parliament) – Vgl. Anm. zum 30.10.56.
einige Verse gemacht – Veröffentlicht als Nr. 4 in dem Zyklus »Tagebuchblätter aus Fremde und Heimat« im Jahrgangsband 1858 der »Argo« (AFA, Gedichte 2).
Macaulay gelesen – Schluß von Kapitel VIII der »History of England from the Accession of James the Second«.

3.11.56
Rücksprache mit Graf B. wegen Glovers – Zur Erörterung der strittigen Frage, ob die Subvention an den »Morning Chronicle« rückwirkend ab Juli 1857 gezahlt werden sollte, war Glover für den nächsten Tag in die Gesandtschaft bestellt worden; vgl. Anm. zum 29.10.56.

Wochenblätter gelesen – Nach längerer Unterbrechung nahm Fontane die im Juni 1856 begonnene Arbeit an seiner geplanten Artikelfolge über die englische Wochenpresse wieder auf; vgl. Anm. zum 30.11.56.

4.11.56

Wahltag in Washington – Zum fünfzehnten Präsidenten der Vereinigten Staaten wurde 1856 der Demokrat James Buchanan (1791–1868) gewählt, der als letzter die Sklaverei in den Südstaaten aufrechtzuerhalten bereit war. Das Ende seiner Amtszeit 1861 markierte den Beginn des amerikanischen Bürgerkrieges.
An die ... »Illustrirten Monatshefte« ... geschrieben – Unter Berufung auf Empfehlungen von Lübke und Eggers hatte sich die Redaktion der neugegründeten Zeitschrift bereits am 1. September 1856 mit der Bitte an Fontane gewandt, »gefälligst zu prüfen, ob Sie ... uns Ihre Mitwirkung gewähren können«. Sollte er in der Lage sein, »uns recht bald mit einer umfangreichen Correspondenz zu erfreuen, so könnte solche vielleicht noch im ersten Hefte ihren Platz finden«, das im Oktober 1856 herauskam (Georg Westermann Verlag, Werksarchiv: 1/1 KB MH, Nr. 13 und Nr. 37). Da sich Fontane zur Zeit der Anfrage gerade in Berlin aufhielt, antwortete er erst jetzt.
gehört, daß Glover ... 75 £ empfangen habe – Auf Glovers Drohung hin, die Zusammenarbeit abzubrechen, hatte Bernstorff die verlangte erste Rate rückwirkend ab 1. Juli 1856 gezahlt, »indem das Morning Chronicle das einzige größere englische Blatt ist, welches diesen Augenblick für den gewünschten Zweck zu gewinnen sein dürfte, ich auch anerkennen mußte, daß es nicht die Schuld des Mr. Glover sei, wenn die Nutzbarmachung seines Blattes für preußische Zwecke und Interessen nicht wenigstens schon vom Monat August an ihren regelmäßigen Fortgang gehabt habe«. Wie Bernstorff in seinem Bericht vom 4. November 1856 weiter ausführte, hatte sich Glover allerdings geweigert, eine Quittung zu geben, »mit dem Bemerken, daß dies in Geschäften dieser Art durchaus ungebräuchlich sei, und daß er lieber auf das ganze Geschäft verzichtete als einen schriftlichen Empfangsschein auszustellen. Ich habe daher geglaubt, nicht hierauf bestehen zu müssen, da in der Tat das größte Geheimnis von beiden Seiten das erste Erfordernis eines solchen Abkommens ist und man dem Eigentümer und Redakteur eines öffent-

lichen Blattes nicht wohl zumuten kann, den handschriftlichen Beweis desselben von sich zu geben« (GStA PK, Rep. 77, Tit. 936, Nr. 40 [2.3.35, Nr. 322], Bl. 9-16).
Brief von Roux, der mich zum Grafen B. citirt – Zu Graf Bernstorff auf die preußische Gesandtschaft, wo Fontane gerade herkam.
Ernest Jones, der Chartistenführer – Der Chartismus bezweckte eine Demokratisierung des Staates als Voraussetzung zur Sozialreform und hatte seinen Höhepunkt 1848 bereits überschritten. Jones, der als Sohn eines englischen Offiziers in Berlin geboren und erst im Alter von 19 Jahren nach England gekommen war, hatte als Führer des radikalen Flügels auch den Einsatz von Gewalt befürwortet und war dafür zwei Jahre inhaftiert gewesen. Seine Versuche, den Chartismus wiederzubeleben, blieben weitgehend erfolglos.

5.11.56
Guy-Fawkes-Tag; Tag von Inkermann – Der Jahrestag der fehlgeschlagenen Pulververschwörung von 1605 wird in England bis heute mit Freudenfeuern und Feuerwerkskörpern begangen. Ebenfalls auf den 5. November war 1854 der Sieg der Alliierten bei Inkerman auf der Krim gefallen.
Ein neuer boy ist ... da – Theodor Fontane jr. war am 3. November 1856 geboren worden, als fünftes Kind seiner Eltern, von denen drei bald nach der Geburt gestorben waren.
Neuenburg, die neuen Conferenzen, Neapel – Die Auseinandersetzung um die royalistischen Gefangenen in Neufchâtel (vgl. Anm. zum 1.10.56), die Vertretung Preußens auf den Nachfolgekonferenzen der europäischen Mächte zum Pariser Vertrag und der Konflikt zwischen Großbritannien und dem Königreich beider Sizilien (vgl. Anm. zum 19.11.56) bildeten zu diesem Zeitpunkt die Hauptprobleme der preußischen Diplomatie in London.
An Emilie geschrieben – FBV 56/103.
An Dr. Beutner einen Aufsatz ... geschickt – Fontanes Auszüge aus Gladstones Artikel über »the declining efficiency of Parliament« erschien als Leitartikel in der »Kreuzzeitung« Nr. 265 vom 11. November 1856 (NFA XVIII a, S. 696-699); vgl. auch Anm. zum 30.10.56.

6.11.56

Glover ... wünscht mit »Neufchatel« zu debütiren – Schon in seiner Unterredung mit Bernstorff am 4. November hatte der Besitzer des »Morning Chronicle« seine Bereitschaft, alle ihm durch Fontane übermittelten Artikel aufzunehmen, mit dem Vorbehalt verbunden, er wolle sich seiner englischen Leserschaft nicht entfremden durch unpopuläre Stellungnahmen zu Fragen wie Neapel, die Preußen direkt nichts angingen (GStA PK, Rep. 77, Tit. 936, Nr. 40 [2.3.35, Nr. 322], Bl. 21).
An ... Emilie geschrieben – FBV 56/104.

7.11.56

Dem Grafen B. das Material ... vorgelegt – Fontanes erster Leitartikel zur Neuenburger Frage erschien im »Morning Chronicle« Nr. 28,045 vom 13. November 1856.
Gearbeitet »Express from Naples« – Vermutlich vorgesehen für den »Morning Chronicle«, aber anscheinend ungedruckt geblieben.

8.11.56

Dem Grafen B. den neapolitanischen Brief vorgelegt – Für das weitere Schicksal des Artikels vgl. Anm. zum 7.11.56; seine für die englische Presse bestimmten Arbeiten mußte Fontane vor allem anfangs immer erst durch den preußischen Gesandten autorisieren lassen.
An ... Emilie geschrieben – FBV 56/105.

9.11.56

Gearbeitet (Wochenblätter) – Vgl. Anm. zum 30.11.56.
Geplaudert über Wolfsohn ... Gutzkow etc. – Die Genannten waren sämtlich Bekannte oder Idole von Kaufmann und Fontane in ihrer gemeinsamen Leipziger Zeit 1841/42 gewesen.
über Julian Schmidt und Gustav Freytag – Mit beiden hatte Kaufmann 1848 in der Redaktion der »Grenzboten« zusammengearbeitet, wo sie auch weiterhin tätig waren. Freytag vor allem blieb Kaufmann sein Leben lang eng verbunden.
Aehnlichkeit ... zwischen Bucher und Julian Schmidt – Bucher selber wollte davon allerdings nichts wissen, und unter der Maske des »Setzerweibes« beteiligte er sich an Lassalles Polemik gegen

Julian Schmidts »Literaturgeschichte«, gipfelnd in der Aufforderung: »Kaufen Sie Ihr Buch auf und lassen Sie es einstampfen« (Herr Julian Schmidt, der Literaturhistoriker, mit Setzer-Scholien hrsg. von Ferdinand Lassalle. Berlin 1862, S. 163).

10.11.56

Brief von der Red: der Illustrirten Monatshefte – Mit Dank für Fontanes Bereitschaft zur Mitarbeit und der Bitte um besondere Beleuchtung von »Erscheinungen auf dem Gebiete des dortigen künstlerischen und namentlich dramatischen Lebens«. Korrespondenzen müßten jeweils bis zum 15. des Monats in Braunschweig vorliegen (Georg Westermann Verlag, Werksarchiv: 1/1, KB MH, Nr. 81).
Nach Marlborough-House – Ausstellungsort der Vernon Gallery und der Turner Collection.
Lunch im Rainbow-Coffee-house – Vgl. Anm. zum 10.3.56.
ein bischen von der Lordmayors-Kutsche ... gesehn – Aus dem Jahre 1757 stammend und alljährlich nur einmal benutzt für den Umzug zur Amtseinführung des neugewählten Oberbürgermeisters der City von London Anfang November.
Einen kleinen Artikel für's Kunstblatt geschrieben – Der Beitrag über »Zwanzig Turner'sche Landschaften in Marlborough-House« erschien im »Deutschen Kunstblatt« Nr. 3 vom 15. Januar 1857 (NFA XXIII/1, S. 25-29).
Verse gemacht. (»Ich heiße York«) – Variante einer Zeile des schließlich in der »Argo« für 1858 veröffentlichten Gedichts »Der letzte York«; vgl. auch AFA, Gedichte 1.

11.11.56

Einige Geburtstagsverse gemacht – Für Emilie, deren Geburtstag auf den 14. November fiel.

12.11.56

Gearbeitet (für die Illustr. Monatsschrift) – Vgl. Anm. zum 14.11.56.
Noch einige Verse gemacht – Veröffentlicht im Zyklus »Tagebuchblätter aus Fremde und Heimat« in der »Argo« 1858 als Nr. 3 (»Die Welt ist lustig«) und Nr. 1 (»Erst Münchner Bräu aus vollen Krügen«), im Tagebuch noch mit »Erinnerung an Süd-Deutschland« überschrieben (AFA, Gedichte 2).

13.11.56
Aufsatz über die Turner'schen Bilder – Vgl. Anm. zum 10.11.56.

14.11.56
Gearbeitet (... Brief für die Illustrirten Monatshefte) – Die Korrespondenz, deren Thema unbekannt ist, wurde wegen ihres überwiegend politischen Charakters nicht gedruckt; vgl. Anm. zum 21.11.56.

15.11.56
Conversation mit Mrs. Wilmot über ... Miss Lydia – In seinem Brief vom 20. November 1856 bittet Fontane seine Frau, sich unter den Berliner Freunden nach einer Stelle für Lydia Wilmot zu erkundigen. »Sie ist nach wie vor fest entschlossen nach Deutschland zu gehn, wenn sich dazu eine Gelegenheit bietet. Du kannst sie natürlich nicht brauchen; das hab' ich der alten Wilmot auch schon gesagt. Aber sie ist vielleicht als Lehrerin oder als Gouvernante oder als Gesellschafterin zu placiren« (FAP). In ihrem ersten Brief an Fontane nach der Geburt von Theodor jr. entgegnete Emilie am 29. November 1856: »Es fehlt an Platz, hätte ich den, so würde ich Dich um Miß Lydia bitten, da es mein fester Wille ist, Englisch zu lernen« (FAP).

16.11.56
Senna genommen – Auf Pflanzenbasis beruhendes Abführmittel.
Gearbeitet (Wochenblätter) – Vgl. Anm. zum 30.11.56.

17.11.56
Max verlobt – Mit Hermine Menke, der Tochter eines Küstriner Kaufmanns.
das arme Dickchen – Fontanes Schwester Jenny Sommerfeldt, von deren Krankheit in Emilies Briefen aus dieser Zeit des öfteren die Rede ist.
Gearbeitet (Wochenblätter) – Vgl. Anm. zum 30.11.56.
den 2ten Neufchatel-Artikel als Einlage – Vgl. Anm. zum 19.11.56.

18.11.56
Die Correctur an Glover geschickt – Des Artikels über Neuenburg; vgl. Anm. zum 19.11.56.

Interessante Mittheilungen über Stutterheim – Er werde »zwei kleine Aufsätze daraus machen«, schrieb Fontane in seinem Brief an Emilie vom 20. November 1856 (FAP). Der erste Beitrag u. d. T. »Die letzten Tage der Deutsch-Englischen Legion« erschien in der »Kreuzzeitung« Nr. 281 vom 29. November 1856 (NFA XVIII a, S. 699 ff.); der zweite u. d. T. »v. Stutterheim und die Cap-Legionäre« in der »Kreuzzeitung« Nr. 290 vom 10. Dezember 1856 (NFA XVIII a, S. 702 ff.); vgl. auch Tagebucheintrag vom 3. Dezember 1856.

19.11.56

Mr. Collins getroffen – Der erst kurz zuvor aus Berlin zurückgekehrte Ingenieur wurde neben Dr. Morris und dem Apotheker Wood einer der wenigen Engländer, mit denen Fontane eine nähere Bekanntschaft pflegte. Emilie gegenüber charakterisierte er ihn am 10. März 1857 wie folgt: »Wohlhabenheit, Eleganz, Form, Portwein, kosmopolitische Gedanken und doch englische Gefühle, etwas Humbug, aber auch kein Pochen auf unbeugsame Gradheit und Erhabenheit – das ist Collins« (HFA, Briefe 1, S. 566).
Jahrestag der D. E. Correspondenz – Die erste Ausgabe von Fontanes glückloser »Deutsch-Englischer Correspondenz« war am 19. November 1855 erschienen; vgl. Abb., S. 407 f.
Schutz der neapolitanischen Unterthanen – Großbritannien hatte die diplomatischen Beziehungen mit dem Königreich beider Sizilien abgebrochen, weshalb dessen Interessen fortan von der preußischen Gesandtschaft mit vertreten wurden. Den Hintergrund bildete die Weigerung Ferdinands II. von Neapel (1810 bis 1859), auf englisch-französischen Druck hin Konzessionen an die liberale Opposition zu machen, seine Polizei zu reformieren und vor allem sämtliche politischen Gefangenen freizugeben.
M. Chronicle bringt den zweiten Artikel – Fontanes Leitartikel über die Neuenburger Frage erschien in der Ausgabe Nr. 28,050 vom 19. November 1856.
Lange Debatte über die Vorgänge in Nord Amerika – Bei der Präsidentenwahl von 1856 war der Kandidat der Sklavereigegner, John C. Frémont (1813–1890), unterlegen, und während der neugewählte Präsident Buchanan den Status quo aufrechtzuerhalten versprach, bemühten sich die Südstaaten um eine gesetzliche Verankerung der Sklaverei in den neu zur Aufnahme in die

Vereinigten Staaten anstehenden Territorien, was schließlich zum Ausbruch des Bürgerkriegs führte.

20.11.56
An Emilie geschrieben – FBV 56/108.
das Great-Exhibition Buch mit kostbaren Farbendrucken – Vermutlich handelt es sich dabei um die dreibändige amtliche Übersicht der Weltausstellung von 1851: »Great Exhibition of the Works of Industry of all Nations, 1851. Official Descriptive and Illustrated Catalogue, by Authority of the Royal Commission«.
die Alhambra von Owen Jones – Der vollständige Titel des 1842/45 erschienenen zweibändigen Prachtwerks in Folioformat lautete: »Plans, Elevations, Sections and Details of the Alhambra. From Drawings taken on the spot by Jules Goury and Owen Jones. With a complete translation of the Arabic inscriptions and an historical notice of the Kings of Granada«. Owen Jones gestaltete später einige der Alhambra nachempfundene Räume im Kristallpalast von Sydenham; vgl. dazu den 1854 unter seinem Namen erschienenen Führer »The Alhambra Court«.
Schückings Italia ... mit Gedichten von Lepel – Das von Levin Schücking herausgegebene Sammelwerk »Italia. Deutsche Dichter als Führer jenseits der Alpen« war 1851 in Frankfurt am Main erschienen.

21.11.56
Brief aus Braunschweig – In ihrem Schreiben vom 19. November 1856 bedauert die Redaktion der »Illustrierten Monatshefte«, Fontanes Korrespondenz nicht abdrucken zu können, »da wir nun abermals, nachdem Sie endlich die Güte hatten, uns Ihre Mitwirkung zuzusagen, ohne Londoner Nachrichten erscheinen müssen«. Es sei Redaktionsgrundsatz, »so wenig als möglich Politik zu bringen ..., während Sie nun lediglich diesen Gegenstand in Betrachtung ziehen. Politische Abhandlungen unterliegen bei einer monatlich erscheinenden Zeitschrift zu leicht dem Schicksal der Veraltung, und wir können daher, so gern wir die Verbindung mit Ihnen endlich factisch eingeleitet hätten, keiner rein politischen Correspondenz die Ausnahme gestatten« (Georg Westermann Verlag Braunschweig, Werksarchiv: 1/1 KB MH, Nr. 88). Man erhoffe sich als nächstes von ihm einen Artikel über »das öffentliche Leben und Treiben der Weihnachts- und Neujahrszeit«,

den Fontane mit einiger Verzögerung dann auch lieferte; vgl. Anm. zum 24.12.56.
Gearbeitet. (Wochenblätter) – Vgl. Anm. zum 30.11.56.
Zu Alberts nach Brompton – Dies war die »große englische Gesellschaft mit Steifheit und weißer Weste«, vor der sich Fontane so sehr grauste, wie er am 20. November an Emilie geschrieben hatte (FAP). In seinem nächsten Brief hieß es zwar, alles sei »ganz nett und unterhaltend, und füglicherweise nicht mehr zu verlangen« gewesen, doch zeigte er sich zugleich überzeugt, daß Emilie sich nicht wohlgefühlt haben würde. »Wer die Sprache weder spricht noch versteht, steht da wie Matz Pumpe vor Dresden« (HD, S. 61). Seine Frau solle sich deshalb genau überlegen, ob sie wirklich nach London zurückkommen wolle.

22.11.56
geschrieben an ... Emilie – FBV 56/109.
Bericht der ... Bundes-Commission – Über dessen Abdruck im »Morning Chronicle« es am 24. November zu einem Eklat kam.

23.11.56
Gearbeitet (die zweite Hälfte des Berichts) – Des Berichts der Bundeskommission über die Neuenburger Frage; vgl. Anm. zum 22.11.56.
Macaulay gelesen – In Kapitel IX der »History of England from the Accession of James the Second«.

24.11.56
Letztre acceptirt endlich – Wahrscheinlich Fontanes Vorschläge in seinem Brief vom 27. Oktober 1856 (HFA, Briefe 1, S. 541 f.).
Bericht an den Gesandten – Fontane schildert darin eingehend seinen vorangegangenen Zusammenstoß mit William Glover, der »einem Abbruche der bisherigen Beziehungen sehr ähnlich sieht«. Anlaß des Streits war die Übersetzung des Bundesberichts über die Neuenburger Frage. Eine gewisse Überreaktion von seiner Seite gesteht Fontane zwar ein, doch könne er, alles in allem, »den ganzen Vorfall kaum bedauern. Das Verhältnis war lauwarm geworden oder immer gewesen. Die Situation muß sich nun klären und der Verkehr mit Glover wird entweder bestimmter geordnet und einfacher werden oder ganz ein Ende haben. Beides würde der gegenwärtigen Halbheit vorzu-

ziehen sein.« (GStA PK, Rep. 77, Tit. 936, Nr. 40 [2.3.35, Nr. 322], Bl. 26 f.)

25.11.56
Lange Unterredung mit dem Grafen – Vermutlich über Fontanes brieflichen Bericht vom Vortage (vgl. Anm. zum 24.11.56). Bernstorff fand Glovers Verhalten zwar ebenfalls kritikwürdig, äußerte aber in seiner Darstellung der Affäre für das Auswärtige Amt auch die Ansicht, »daß Herr Fontane in solche Verhältnisse vielleicht ein bißchen zu wenig Biegsamkeit und Ruhe und dagegen ein bißchen zu viel persönliche Empfindlichkeit hineinbringt« (GStA PK, Rep. 77, Tit. 936, Nr. 40 [2.3.35, Nr. 322], Bl. 21).
Ausgepackt: Argo's – Mehrere Exemplare des gerade erschienenen Jahrgangsbandes der »Argo« für 1857.
die Illustrirten Monatshefte – Es muß sich um das Heft gehandelt haben, in dem Fontanes ungedruckt gebliebene Korrespondenz hätte erscheinen sollen; vgl. Anm. zum 21.11.56.
Droysen's York – Johann Gustav Droysens dreibändiges »Leben des Feldmarschalls Grafen York von Wartenburg« war 1851/52 erschienen.
An Emilie ... geschrieben – FBV 56/110.
Paul Heyse's »König und Magier« – Versdichtung mit dem Untertitel »Eine chinesische Geschichte«, erschienen in der »Argo« für 1857.
Strachwitzens ... stellenweis noch schöner – Das ebenfalls in der »Argo« veröffentlichte Gedicht trug den Titel »Venedig«.

26.11.56
Gearbeitet (... für die Kreuz-Zeitung) – Vermutlich die vom 25. November 1856 datierte Korrespondenz über »Die letzten Tage der Deutsch-Englischen Legion«, abgedruckt in der »Kreuzzeitung« Nr. 281 vom 29. November 1856 (NFA XVIII a, S. 699 ff.).
»Du kommst zu spät« – Die Beziehung zum »Morning Chronicle« war vorübergehend unterbrochen; vgl. Tagebucheintrag vom 24. November 1856. Das Zitat spielt möglicherweise auf Schillers »Bürgschaft« an: »Zurück! du rettest den Freund nicht mehr«.
Beide Briefe beantwortet – An Emilie, FBV 56/111; an Metzel, FBV 56/113.

27.11.56
geschrieben an ... Emilie – FBV 56/114.

28.11.56
Die Argo überreicht – Auf die Anfrage der Merckels, wie der Gesandte die Bände aufgenommen habe, berichtete Fontane, sie lägen »in ihrer ganzen Stattlichkeit auf dem runden Tisch des gräflichen Empfangszimmers, und als ich ihrer ansichtig wurde, kamen mir die vergoldeten Deckel vor wie stattliche Leichensteine, unter denen der Inhalt für immer begraben ruht«. Was aber der Gesandte gesagt habe, »ja, das weiß nur Gott und die Gräfin. Ich weiß es nicht. Der Gesandte dankte mir, ... und damit ist es aus« (FM I, S. 86).
Meine Proposition acceptirt – Bernstorff stellte es freilich so dar, als sei es seine Idee gewesen, den Eigentümer des »Morning Chronicle« durch einen – namentlich nicht genannten – Dritten »die Unschicklichkeit seines Benehmens gegen den in meinem Auftrage zu ihm kommenden Herrn Fontane fühlen« zu lassen, ihm aber gleichzeitig auch zu signalisieren, daß man bei entsprechendem Verhalten seinerseits durchaus im Geschäft bleiben könne (GStA PK, Rep. 77, Tit. 936, Nr. 40 [2.3.35, Nr. 322], Bl. 20).

29.11.56
Depesche aus Berlin, betreffs der Thronrede – Friedrich Wilhelm IV. hatte sich darin vor allem über Preußens Haltung zur Neuenburger Frage geäußert (vgl. Anm. zum 1.10.56) und für den Fall, daß die Schweiz nicht nachgebe, die Gefahr eines Krieges beschworen.
Gearbeitet (Wochenblätter) – Vgl. Anm. zum 30.11.56.

30.11.56
Gearbeitet (Wochenblätter; endlich Schluß) – Fontane hatte im Juni 1856 mit der Arbeit an diesem Projekt begonnen. Die sechs Beiträge umfassende Artikelserie über »Die englischen Wochenblätter« erschien zwischen dem 3. und 9. Januar 1857 in der »Zeit« und wurde 1860 in das Pressekapitel von »Aus England« aufgenommen (NFA XIX, S. 129–162).
Gespräche im Dissenter-Styl – Über religiöse Themen nach dem Geschmack der von der Church of England abgespaltenen protestantischen Freikirchen, hier wohl vor allem des Baptismus.

1.12.56

Briefe beantwortet – Überliefert ist nur der Brief an Emilie, FBV 56/116.

Wochenblätter-Aufsatz auf die Gesandtschaft – Sollte vermutlich mit dem diplomatischen Kurier nach Berlin befördert werden; vgl. Anm. zum 30.11.56.

Gelesen (York) – Droysens Biographie des Grafen York von Wartenburg.

2.12.56

An die Kreuzzeitung geschrieben – Eine Korrespondenz über den Aufstand in Sizilien läßt sich nicht nachweisen; der Artikel über »Kossuth in Edinburg. Ein Sieg – Sonst weiter nichts« erschien in der »Kreuzzeitung« Nr. 286 vom 5. Dezember 1856 (NFA XVIII a, S. 701 f.).

3.12.56

An Emilie geschrieben – FBV 56/118.

An die Kreuzzeitung – Fontanes Artikel über »v. Stutterheim und die Cap-Legionäre«, der auf Mitteilungen Leutnant Hoelkes zurückging (vgl. Tagebucheintrag vom 18. November 1856), erschien in der »Kreuzzeitung« Nr. 290 vom 10. Dezember 1856 (NFA XVIII a, S. 702 ff.). Nach ihrer Landung in Südafrika gründeten die Reste der britisch-deutschen Legion die Siedlung »Stutterheim«, die 1957 ihr hundertjähriges Bestehen feiern konnte; vgl. die Festschrift »Stutterheim 1857-1957«, Bellville 1957.

Gelesen (York) – Droysens Biographie des Grafen York von Wartenburg.

4.12.56

Mr. Mannock stellt sich vor – Vermutlich auf Empfehlung von Faucher; nach dem Konflikt mit Glover über den englischen Text des Berichts der Bundeskommission über Schleswig-Holstein (vgl. Anm. zum 24.11.56) hatte Bernstorff Fontane einen eigenen Übersetzer zugebilligt, und als solcher wurde Michael Mannock engagiert.

Gelesen (York) – Droysens Biographie des Grafen York von Wartenburg.

6.12.56

Brief von Herr und Frau v. Merckel – Datiert vom 2. Dezember 1856; FM I, S. 80–85.
Gearbeitet: Aufsatz über die Thronrede – Erschienen im »Morning Chronicle« Nr. 28,067 vom 9. Dezember 1856 u. d. T. »The King of Prussia's Speech and the Neufchatel Question«.
An Eggers ... geschrieben – FBV 56/119.

7.12.56

Brief von Mr. Mannock – Er hatte wohl den Artikel über die Thronrede übersetzt; vgl. Anm. zum 6.12.56.

8.12.56

Verlobungstag – Am 8. Dezember 1845 hatte sich Fontane mit Emilie Rouanet-Kummer verlobt.
einige Zeilen an Emilie – FBV 56/120.

9.12.56

an die Kreuzzeitung (Mr. Spurgeon) – Kein Abdruck ermittelt.
Keith Johns[t]on's Atlas – Alexander Keith Johnston hatte eine Reihe von Atlanten veröffentlicht; hier dürfte es sich um den »Physical Atlas. A series of maps and illustrations of the geographical distribution of natural phenomena« aus dem Jahre 1850 handeln, von dem 1856 eine zweite Auflage erschienen war.

10.12.56

Neue Klagen über Glover – Nur wenige Tage nach dessen Aussprache mit Bernstorff hatte der »Morning Chronicle« einen preußenfeindlichen Leitartikel über die Behandlung des Malers und Kunsthändlers Morris Moore veröffentlicht, der unter dem Verdacht politischer Umtriebe in Berlin vorübergehend festgenommen worden war, sowie eine Korrespondenz und Pressestimmen aus Paris, die sich kritisch mit der Haltung Friedrich Wilhelms IV. in der Neuenburger Frage auseinandersetzten.

11.12.56

Uebersetzung ... auf der Chronicle Redaktion abgegeben – Vgl. Anm. zum 12.12.56.

12.12.56
Briefe ... an Emilie, Herr und Frau v. Merckel – An Emilie, FBV 56/122; an Henriette von Merckel, FM I, S. 85–90; ein Brief an Wilhelm von Merckel ist unter diesem Datum nicht überliefert.
die mühsam übersetzte Östreich: Depesche – In Sachen Holstein, datiert vom 26. Oktober 1856 und an Dänemark gerichtet; veröffentlicht im »Morning Chronicle« Nr. 28,057 vom 27. November 1856.

13.12.56
Die Briefe ... zur Post gebracht – Vgl. Anm. zum 12.12.56.

14.12.56
Gearbeitet (ein Artikel für [Chronicle]) – Mit der fiktiven Datierung aus Berlin vom 12. Dezember; erschienen u. d. T. »The War-Preparations of Switzerland, her Hope and Confidence (from a correspondent)« in der Ausgabe Nr. 28,072 vom 15. Dezember 1856 (Abendausgabe) und Nr. 28,073 vom 16. Dezember 1856 (Morgenausgabe).
geschrieben (Die Entwicklungen eines ... Geistlichen) – Kein Abdruck ermittelt. Allerdings existiert ein vom 15. Dezember datierter Manuskriptentwurf Fontanes über »Englische Geistliche der Anglikanischen Hochkirche« in der Stadtbibliothek Wuppertal, desgleichen eine undatierte Korrespondenz in Reinschrift u. d. T. »Das Einkommen anglikanischer Geistlicher«. In der »Kreuzzeitung« Nr. 296 vom 17. Dezember 1856 erschien eine kurze Kritik Fontanes über »Charles Dickens' ›Wrack der goldenen Marie‹« (NFA XVIII a, S. 704).

15.12.56
Brief von Frau v. Merckel – Datiert vom 13. Dezember 1856; FM I, S. 91 ff.
An Frau von Merckel ... geschrieben – FM I, S. 93 f.
Gearbeitet (Metropolitan board of works) – Kein Abdruck ermittelt.

16.12.56
für die Kreuzzeitung, (die Dissenter Prediger ...) – Kein Abdruck ermittelt. Fontanes Manuskriptentwurf über »Die äußere Lauf-

bahn der Dissenter Prediger« befindet sich in der Stadtbibliothek Wuppertal.

18.12.56

geschrieben (Moniteur, Times, Neufchatel) – Der Artikel über »Die Times, Preußen und Neuenburg« erschien in der »Kreuzzeitung« Nr. 302 vom 24. 12. 1856 (NFA XVIII a, S. 704 f.).
Einlage eines Chronicle Artikel vom 16ten – Vgl. Anm. zum 14.12.56.

19.12.56

Brief von Frau v. Merckel – Datiert vom 16. Dezember 1856; FM I, S. 94 ff.
Artikel für Chronicle geschrieben – Ein Leitartikel über die englisch-französischen Differenzen hinsichtlich Neufchâtels, wie sie im Pariser »Moniteur« zum Ausdruck gekommen waren, erschien in der Ausgabe Nr. 28,078 vom 22. Dezember 1856.
Einige Zeilen an Frau v. Merckel – FM I, S. 98 f.

20.12.56

um den Great Eastern zu sehn – Das damals noch im Bau befindliche Dampfschiff »Leviathan«; vgl. Anm. zum 3.11.57.

21.12.56

für die Kreuzzeitung – Vermutlich die in der »Kreuzzeitung« Nr. 302 vom 24. Dezember 1856 publizierte Korrespondenz u. d. T. »Personalien aus der Hochkirche« (NFA XVIII a, S. 705 f.).

22.12.56

Brief von ... Frau v. Merckel – FM I, S. 99 f.
An Emilie und Frau v. Merckel geschrieben – Ersterer Brief war gleichzeitig an Fontanes Frau, Mutter und Sohn gerichtet, FBV 56/126; an Henriette von Merckel vgl. FM I, S. 102 f.
Chronicle an die Gesandtschaften ... geschickt – Mit Fontanes Leitartikel über den »Moniteur« und Neufchâtel; vgl. Anm. zum 19.12.56.
Besuch ... wegen deutschen Unterrichts – Lydia Wilmot wollte nach Deutschland gehen; vgl. Anm. zum 15.11.56.

23.12.56

An ... die Kreuzzeitung geschrieben – Wie es scheint, hatte Fontane die von ihm recherchierten Informationen über das Rechts-

und Medizinstudium in England (vgl. Tagebucheinträge vom 31. Mai und 21. Juni 1856) an die »Kreuzzeitung« weitergeleitet, die davon jedoch keinen Gebrauch gemacht hatte; vgl. HFA, Briefe 1, S. 547.
Artikel an Thomas Glover abgegeben – Vermutlich der Artikel »Germany and the Neufchatel Question« im »Morning Chronicle« Nr. 28,083 (2. Ausgabe) vom 27. Dezember 1856, der zwei diplomatische Aktenstücke in wörtlicher Übersetzung enthält.
Gearbeitet (für die Illustrirten Monatshefte) – Vgl. Anm. zum 24.12.56.

24.12.56
Gearbeitet (Brief an die Illustrirten Monatshefte) – Erschienen u. d. T. »Nachträgliches über das Weihnachtsfest. – Theatralisches. – Transportationsfragen« im Februarheft 1857 von »Westermann's Jahrbuch der Illustrirten Deutschen Monatshefte« (NFA XVIII a, S. 775–778). Nach Ablehnung seiner ersten Korrespondenz (vgl. Anm. zum 21.11.56) habe er nur »aus purer Artigkeit« noch einmal geschrieben, so Fontane am 13. Januar 1857 an seine Frau, und die Redaktion im übrigen wissen lassen, hinfort nicht mehr an den »Monatsheften« mitarbeiten zu können, »weil ich mich im großen Ganzen nur um Politica kümmerte und von den andern Erscheinungen wenig Notiz nehmen könnte« (FAP).

26.12.56
seine Braut – Vgl. Anm. zum 17.11.56.
Chronicle Artikel gefallen – Bernstorff habe ihn ausgesprochen freundlich behandelt, so Fontane in einem Brief vom 27. Dezember, »weil 2 Gesandte (natürlich ohne die Quelle zu kennen) sich beifällig über einen von mir herrührenden Artikel des ›Chronicle‹ geäußert hätten; hätten sie ihn getadelt, so würd ich darunter zu leiden gehabt haben; es hängt alles vom Erfolge ab« (FM I, S. 108).

27.12.56
An Frau v. Merckel geschrieben – FM I, S. 106–111.
Uebersetzung der Note vom 8. Dezember – Mit diesem Rundschreiben, dessen Text in der »Times« vom gleichen Tage veröffentlicht worden war, hatte Manteuffel die preußischen Gesand-

ten in Paris, London, Wien und St. Petersburg informiert, daß die Schweiz eine sofortige und bedingungslose Freilassung der Teilnehmer an dem royalistischen Putsch in Neuenburg verweigere (vgl. Anm. zum 1.10.56), weshalb Berlin nunmehr militärische Maßnahmen vorbereite. Nichtsdestoweniger sei man aber weiterhin verhandlungsbereit.

28.12.56
Mannocksche Uebersetzung des Promemoria corrigirt – Vgl. Anm. zum 30.12.56.

29.12.56
An die Kreuzzeitung ... geschrieben – Kein Abdruck ermittelt.
Gelesen (York) – Droysens Biographie des Grafen York von Wartenburg.

30.12.56
»Denmark and the Duchies« im Chronicle – Der Artikel in der Ausgabe Nr. 28,085 vom 30. Dezember 1856 bestand zu einem wesentlichen Teil aus übersetzten Aktenstücken.
der gestern einer Armenschule ... aufgebaut hatte – Fontane verwendet den Ausdruck »jemandem aufbauen« etwa im Sinne von »einen Gabentisch herrichten«; vgl. auch Tagebucheintrag vom 23. April 1856.
Abschrift genommen von seiner ... Darstellung – Als Informationsgrundlage und Interpretationshilfe für spätere Artikel im »Morning Chronicle«.
Gratulationsbrief Immermanns vorgefunden – Zu Fontanes Geburtstag am 30. Dezember und mit einem Nachtrag von Henriette von Merckel, datiert vom 27. Dezember 1856; FM I, S. 111–122.
Gelesen (York) – Droysens Biographie des Grafen York von Wartenburg.

31.12.56
Geburtstagsbrief von Lepel – Datiert vom 28. Dezember 1856; FL II, S. 165 ff.
An Emilie geschrieben – FBV 56/130.
An die Kreuzzeitung geschrieben – Der Artikel über Thackeray erschien in der »Kreuzzeitung« Nr. 4 vom 6. Januar 1857 u. d. T. »Mr. Thackeray ein feinerer Vehse« (NFA XVIII a, S. 707); mit

»Now you can't in« ist die Korrespondenz »Der Zehn-Schwabenprotest und das englische Publicum« gemeint, abgedruckt in der »Kreuzzeitung« Nr. 2 vom 3. Januar 1857 (NFA XVIII a, S. 706).

1857

1.1.57
die Depesche übersetzt – Es handelte sich um ein Rundschreiben des Berliner Auswärtigen Amtes an die preußischen Vertreter in Paris, London, Wien und St. Petersburg, in dem die Bereitschaft zum militärischen Vorgehen gegen die Schweiz bekräftigt wurde, zugleich aber auch die Bereitschaft zu Verhandlungen über den Status von Neuenburg, sobald die Gefangenen bedingungslos freigelassen würden; vgl. auch Anm. zum 3.1.57.
Gegen 7 nach Victoria Grove – Zu Alberts.

2.1.57
Brief von Direktor Metzel – Das vom 31. Dezember 1856 datierte Schreiben enthält vor allem Anweisungen für den Umgang mit dem »Morning Chronicle«. Fontane solle sämtliche unter den Auspizien der Zentralpressestelle redigierten Publikationen aufmerksam lesen und alles nutzen, »was zur Aufklärung des englischen Publikums dienen, die Aufmerksamkeit auf Preußen rege erhalten und dasselbe wie dessen Institutionen dort im besten Lichte erscheinen lassen kann«. Durch eifrige Korrespondenztätigkeit solle er überdies zur weiteren Hebung der »Zeit« beitragen (GStA PK, Rep. 77, Tit. 939, Nr. 40 [2.3.35, Nr. 322], Bl. 32 ff.).
Depesche ... und ... Rückantwort ... in Empfang genommen
Vgl. Anm. zum 5.1.57.
An Lepel geschrieben – FBV 57/1.

3.1.57
An Immermann und Frau – FBV 57/2.
Times-Artikel (über Preußen u. Schweiz) – Da letztere im Grunde genommen zur Herausgabe der royalistischen Gefangenen ebenso bereit sei wie ersteres zur Aufgabe seiner Ansprüche in Neuenburg, der Streit sich also nur darum drehe, wer den ersten Schritt tue, sei eine militärische Eskalation sinnlos. Preußen, das

sich am Krimkrieg nicht beteiligt habe, als es um wichtige Dinge gegangen sei, könne jetzt nicht wegen einer Bagatelle losschlagen.
Abdruck der Circular-Depesche – Im »Morning Chronicle« Nr. 28,089 vom 3. Januar 1857 u. d. T.: »Prussian Circular on the Neufchatel Question«; vgl. auch Anm. zum 1.1.57.

4.1.57
Unterredung ... in Betreff der ... Depeschen – Vgl. Anm. zum 5.1.57.
sizilische Circular-Depesche – Abgedruckt im »Morning Chronicle« Nr. 28,097 vom 13. Januar 1857.

5.1.57
östreich: und preußische Depesche im Chronicle – In der Ausgabe Nr. 28,090 vom 5. Januar 1857 u. d. T. »Austrian Reply to the Prussian Circular of the Eighth December«. Es ging darin um Österreichs Haltung in bezug auf Neuenburg und um seine Vermittlungsbemühungen, für die Berlin sich dankbar zeigte, wenn man sich auch in seiner Handlungsfreiheit nicht beeinträchtigen lassen könne.

6.1.57
geschrieben (Neufchatel; Lord Napier) – Abgedruckt in der »Kreuzzeitung« Nr. 8 vom 10. Januar 1857 u. d. T. »Die Neuenburger Angelegenheit« und »Lord Napier als englischer Gesandter für Nordamerika« (NFA XVIII a, S. 709 f. und 711).
Gelesen (Die Braut von Cypern) – Verserzählung von Paul Heyse, zuerst in der »Argo« für 1857 veröffentlicht.
An Paul Heyse geschrieben – FBV 57/3.

7.1.57
Brochüre von Direktor Metzel – Es handelte sich um ein sechzehnseitiges Pamphlet, »Ein Preußengruß an Alt-England«, das 1856 unter dem Pseudonym Ernst Freimund in Berlin erschienen war. Die Broschüre richtete sich in erster Linie »gegen das bedauerliche Treiben eines Theils der englischen Zeitungs-Presse« und »gegen das in London mächtige System, welches die natürlichen Freundschaftsbeziehungen zwischen Preußen und England so muthwillig erschüttert«; vgl. auch Anm. zum 15.1.57.

Depesche abgegeben – Veröffentlicht im »Morning Chronicle« Nr. 28,093 vom 8. Januar (Abendausgabe) und Nr. 28,094 vom 9. Januar 1857 (Morgenausgabe) u. d. T. »The Protocol of the Paris Conferences«.
Brillanter Times Artikel – Den Inhalt dieses Berichts über »Prussia (from our own correspondent)« verarbeitete Fontane noch am gleichen Tage zu einer Korrespondenz über »Die Times und Preußen«, die in der »Kreuzzeitung« Nr. 8 vom 10. Januar 1857 erschien (NFA XVIII a, S. 710 f.).
An ... Emilie geschrieben – FBV 57/4.
vom Untergange des Ostende-Boots gehört – Das Dampfschiff »Violet« war in der Nacht vom 5. auf den 6. Januar 1857 vor der englischen Küste auf eine Sandbank gelaufen und unter Verlust von Besatzung und Passagieren gesunken.
Unterredung ... über Stahl und seine Parthei – Da Fontanes Gesprächspartner einer der deutschen Pastoren in London war, dürfte sich ihr Gespräch weniger um Stahls allgemeinpolitische Ansichten gedreht haben als um die kirchenpolitischen Ziele der lutherischen Neuorthodoxie in Preußen, als deren Fürsprecher Stahl 1855/56 einen erbitterten Kampf gegen Bunsen führte; vgl. dazu Hans Hattenhauer, Stahl und Bunsen. Eine Kontroverse um die Toleranz, in: Erich Goldbach (Hrsg.), Der gelehrte Diplomat. Leiden 1980, S. 84–101, sowie Anm. zum 25.10.56.

8.1.57

Preußische Correspondenz und die sogenannte »kleine« – Von der Zentralpressestelle vertriebene Nachrichtendienste. Die »Kleine« oder auch »Provinzial-Correspondenz« wurde aus dem Material für die »Preußische Correspondenz« zusammengestellt und täglich an »aufnahmewillige Zeitungen zweiten Ranges« übersandt (Wappler, S. 28).
An Emilie geschrieben – FBV 57/5.
Sadlers Wells Theater. »Die lustigen Weiber von Windsor« – Über diese Aufführung berichtete Fontane zuerst in einem Artikel im »Literaturblatt des Deutschen Kunstblattes« Nr. 9 vom 30. April 1857; mit Änderungen wiederabgedruckt 1858 in der »Zeit« und 1860 in »Aus England« (NFA XXIII/3, S. 89 f.).
bei Gelegenheit von »Antonius und Cleopatra« im Standard Theater – Vgl. Tagebucheintrag vom 9. April 1856.

9.1.57
Brief von Kauffmann; Beta's Adresse – Die so vermittelte Bekanntschaft mit Heinrich Beta und seiner Familie entwickelte sich zu einem der wichtigsten persönlichen Kontakte für den Rest von Fontanes Londonaufenthalt.
Scheußlicher M. Post Artikel gegen den König – Ein Leitartikel der Ausgabe Nr. 25,904 vom 9. Januar 1857 bezeichnete seine Politik gegenüber der Schweiz als gefährlich, bösartig und kriminell; vgl. Anm. zum 18.1.57.
»Veritas«-schreiber im M. Herald – Unter dem genannten Pseudonym waren im »Morning Herald« einige Leserbriefe über die Neuenburger Frage erschienen, die im preußisch-royalistischen Sinne argumentierten.

10.1.57
geschrieben an ... Emilie und Frau v. Merckel – FBV 57/6 und 57/7.
Beta ... acceptirt vorläufig – Fontane hatte dem politischen Flüchtling das Angebot unterbreitet, in die Dienste der preußischen Regierung zu treten, und zwar als fallweise zu entlohnender Übersetzer von Fontanes Beiträgen für die englische Presse sowie als ständiger London-Korrespondent der »Zeit«, wofür ihm während der auf drei Monate festgesetzten Probezeit eine pauschale Bezahlung von 50 Talern ausgesetzt wurde (GStA PK, Rep. 77, Tit. 943, Nr. 2, Bd. 1, Bl. 11 f.). Betas Korrespondenzen sind seit dem 21. Januar 1857 in der »Zeit« nachzuweisen, doch scheint eine dauerhafte Verbindung nicht zustande gekommen zu sein; vgl. Anm. zum 29.1.57.
dummen Artikel des Chronicle – Ein Leitartikel in der Ausgabe Nr. 28,095 vom 10. Januar 1857 spielte die Bedeutung der Neuenburger Frage herunter, da die Schweiz schließlich nachgeben und die Gefangenen freilassen werde. Auch Preußen sei es mit seinen Kriegsdrohungen nicht wirklich ernst.

11.1.57
Mittheilungen über Mr. Wikoff – Seine bemerkenswerte Laufbahn ist der Gegenstand einer Biographie von Duncan Crow, »Henry Wikoff. The American Chevalier« (1963).
Mr. Birch den ... bottle-holder Lord Clarendon's – Der Ausdruck

›bottle-holder‹ stammt aus der Sprache des Preisboxens und bezeichnet den Betreuer außen am Ring, der Erfrischungen für die Kampfpausen bereithält; im übertragenen Sinne Bezeichnung für jemanden, der einem anderen in untergeordneter Position bedingungslos Unterstützung leistet. Für die Einzelheiten des Skandals um James Birch vgl. seine beiden Broschüren ›A Full Report of the Proceedings in the Record Case of James Birch, Proprietor of the ›World‹ Newspaper against ... Sir William M. Summerville‹ (1851) und ›How it was tried on and tried back. A Letter to the Rt. Hon. the Lord Chief Baron of the Irish Court of Exchequer‹ (1851).

12.1.57
auf den Untiefen von Goodwin-Sand gelegen – Ein Briefsack und mit ihm die zwei genannten Schreiben an Fontane waren einen Tag nach dem Untergang des Postschiffes an den ausgedehnten Sandbänken vor der englischen Kanalküste aus dem Wasser gefischt worden; vgl. auch Anm. zum 7.1.57 und 13.1.57.
Gespräch mit dem leather-seller jun. – Mr. Essex.
Gearbeitet (Correspondenz für Chronicle) – Über die Neuenburger Frage; erschienen in der Ausgabe Nr. 28,097 vom 13. Januar 1857 u. d. T. ›Express from Germany (From Our Special Correspondent)‹ mit dem fiktiven Datum Berlin, 10. Januar.

13.1.57
An die Kreuzzeitung geschrieben – Nur das zweite der drei angegebenen Themen wird in einem Korrespondenzartikel behandelt, der in der Ausgabe Nr. 13 vom 16. Januar 1857 erschien u. d. T. ›Morning Chronicle über die englische Presse‹ (NFA XVIII a, S. 711 f.). Wie Fontane privat über die Neuenburger Frage dachte, läßt sich in seinem Brief an das Ehepaar Merckel vom gleichen Tage nachlesen: »Es ist nicht unwichtig, daß der Ehren-, Rechts- und Prinzipienpunkt aufrechterhalten wird, glückt uns das aber, so können wir nicht froh genug sein, den ganzen Quark Neufchatel schließlich noch mit Manier losgeworden zu sein.« FM I, S. 125.
Brief an Emilie – FBV 57/8.
Gearbeitet. ›Goodwin-Sands‹ – Das von der Schiffskatastrophe am 5./6. Januar 1857 inspirierte Gedicht wurde zuerst 1858 in der ›Argo‹ veröffentlicht, als Teil des Zyklus ›Tagebuchblätter aus Fremde und Heimat‹ (AFA, Gedichte 1); vgl. auch Anm. zum 7.1.57.

14.1.57
Beta engagirt – Vgl. Anm. zum 10.1.57.
An ... Merckels – Datiert vom 13. Januar 1857; FBV 57/9.
Den Brief von Goodwin-Sands mitgeschickt – Vgl. Anm. zum 12.1.57.
Der Kaiser war ... die Liebenswürdigkeit selbst – Gemeint ist der 1855 gestorbene Zar Nikolaus I., der den jungen Bernstorff während seiner Tätigkeit an der preußischen Gesandtschaft in St. Petersburg 1837/38 durch private Einladungen besonders ausgezeichnet hatte. Letzterer, so seine Hinterbliebenen später, »erzählte gern, wie bei irgendeinem Gesellschaftsspiel der Kaiser auf seinem Schoße gesessen habe« (Bernstorff, S. 17 f.)!
den jetzigen Kaiser von Oestreich – Der seit 1848 regierende Franz Joseph I.
Die politisch gebotene Treulosigkeit – Auf Grund seiner Interessen im Balkanraum hatte Österreich während des Krimkrieges 1855 den Westmächten diplomatische Unterstützung gewährt, was Rußland, das 1849 durch seine Intervention in Ungarn den Thron der Habsburger gerettet hatte, als Undankbarkeit empfand, England und Frankreich aber nicht genügte, da sie militärische Hilfe erwarteten.
Geburtstagstoast für Kugler – Der »Toast auf Franz Kugler zum 19. Januar 1857« ist abgedruckt in AFA, Gedichte 3.

15.1.57
Chronicle ... bringt die erste Beta'sche Uebersetzung – Fontanes Korrespondenz über die Neuenburger Frage erschien in der Ausgabe Nr. 28,100 vom 15. Januar 1857 (Abendausgabe) u. d. T. »Express from Germany. (From our Special Correspondent)«; vgl. Anm. zum 10.1.57.
Brief an Emilie ... zur Post gegeben – Datiert vom 13. Januar 1857; FBV 57/8.
den Brief des Anglo-Neuchatelois – Ibbetsons Schreiben, datiert aus Neufchâtel vom 12. Januar, wurde abgedruckt im »Morning Chronicle« Nr. 28,101 vom 16. Januar 1857 u. d. T. »Switzerland«.
Uebersetzung der Brochüre »Ein Preußengruß an Alt-England Auszüge daraus mit Fontaneschen Zusätzen finden sich im »Morning Chronicle« Nr. 28,107 vom 22. Januar 1857.

16.1.57
Replik auf den Post Artikel geschrieben – Noch am gleichen Tag vom Gesandten abgesegnet und zum Übersetzer gegeben; vgl. Anm. zum 18.1.57.
Die letzte preußische Note an das englische Cabinet – Als Signatar des Londoner Protokolls von 1852, das u. a. die preußische Rechtsposition in Neuenburg anerkannte, war Großbritannien in die aktuelle diplomatische Krise verwickelt, ohne sich freilich in einen militärischen Konflikt hineinziehen lassen zu wollen.
bis Judd Street, New Road – Nr. 15 ½ Judd Place East, New Road befand sich das Geschäft von John Strong, »Furnishing Ironmonger & Patent Lamp Maker«.
Einige Verse gemacht – Wenn eine Fortsetzung des Vierzeilers geplant war, wie das »usw.« am Schluß anzudeuten scheint, ist sie jedenfalls nicht zustande gekommen; vgl. AFA, Gedichte 2.

17.1.57
An »Zeit« und Kreuz-Ztng ... geschrieben – Eine Korrespondenz u. d. T. »Das Diebs-Kleeblatt der Südostbahn. Leopold Redpath« erschien in der »Kreuzzeitung« Nr. 18 vom 22. Januar 1857 (NFA XVIII a, S. 713 f.). In der »Zeit« konnte im Umfeld dieses Datums kein von Fontane herrührender Artikel ermittelt werden.

18.1.57
Beta bringt die Uebersetzung – Von Fontanes Erwiderung auf den Leitartikel der »Morning Post« (vgl. Anm. zum 9.1.57); erschien in Form eines Leserbriefes im »Morning Chronicle« Nr. 28,105 vom 20. Januar 1857 u. d. T. »A Word for Prussia and Her King. To the Editor of the Morning Chronicle« und gezeichnet »A Prussian«.

19.1.57
An ... die Kreuz-Ztng geschrieben (Isolirung Englands) – Kein Abdruck ermittelt.

21.1.57
geschrieben (Christmas parties) – Der Artikel über eine Weihnachtsgesellschaft im Hause Wilmot am 15. Januar erschien in der »Kreuzzeitung« Nr. 27 vom 2. Februar 1857 u. d. T. »Kleine Spiele in

London‹ (NFA XVIII a, S. 714 ff.). Emilie gegenüber beklagte sich Fontane anschließend, daß die ›Kreuzzeitung‹ seinen Text wieder einmal stark redigiert habe. ›Ich hatte, wie Du Dir denken kannst, die Sache ein bischen kecker behandelt. Die †Ztng, die, in allem was sie selber schreibt, so sehr grob ist, hält bei ihren Korrespondenten, wie es scheint, auf äußerste Decenz‹ (FAP).
Briefe an ... Frau v. Merckel, Emilie ... abgeschickt − Datiert vom 20. Januar 1857; FBV 57/11 und 57/10.

22.1.57
die Uebersetzung ... eingesandt − Vgl. Anm. zum 15.1.57.
Leitartikel über die Schweizer Frage − Abgedruckt im ›Morning Chronicle‹ Nr. 28,109 vom 24. Januar 1857; voller Befriedigung über die inzwischen erfolgte Freilassung der royalistischen Gefangenen durch die Schweiz und voller Komplimente an Preußen für seine weise Politik.
Artikel über den Conflikt ... − Vgl. Anm. zum 3.2.57.

23.1.57
Mit Graf B. den Artikel ... durchgenommen − Vgl. Anm. zum 3.2.57.
Unterhaltung über Herrn von Usedom und ›Olympia ...‹ − Anna von Bernstorff berichtet in ihren autobiographischen Aufzeichnungen einiges über das Auftreten der − allgemein als ›Jack‹ bekannten − Olympia Malcolm in Rom, wo diese mit ihrer verwitweten Mutter lange gelebt und schließlich den preußischen Diplomaten dazu gebracht hatte, sie zu heiraten. Bei dessen späterer Entsendung nach London habe sie ›dem König vorgestellt, daß ihre Beziehungen in England der Mission ihres Mannes förderlich sein würden. Sie war auch sehr dabei interessiert, die Sendung des letzteren in die Länge zu ziehen und ihn auf Kosten der Stellung meines Mannes in den Vordergrund zu schieben. Dabei hatte sie wohl auch den geheimen Hintergedanken, uns gänzlich zu ihren Gunsten zu verdrängen. ... Frau von Usedom ... gab sich die allergrößte Mühe, um überall auszusprengen, daß General von Wedell [der Sondergesandte Friedrich Wilhelms IV. in Frankreich] und ihr Gatte die eigentlichen Organe des Königs seien, welcher letztere sich in der versöhnlichsten Stimmung befinde und dringend mit den Westmächten einen Traktat abzuschließen wünsche − dagegen wären mein Mann und Graf

Hatzfeldt in Paris die Agenten Manteuffels und wie dieser durch und durch russisch gesinnt. ... Anfangs wurde ihr vieles geglaubt, und man war deshalb in London gegen meinen Mann, der sich nicht so zuversichtlich aussprach, ziemlich verstimmt. ... Endlich aber, da nichts von dem, was sie gesagt, sich bestätigte, fing man an, sich über sie zu mokieren und sagte ganz laut, sie wäre gerade wie Herr von Bunsen, der immer Hoffnungen zu erwecken gesucht, die sich hinterher niemals verwirklicht hätten« (Bernstorff, S. 254 ff.).
Nach London-Hospital – Zu Julius Schweitzer.
nach Shadwell, St. David's Lane – »One of the most wretched slums in Victorian London« (LE, S. 802). Fontane und Schweitzer hatten sich in Anbetracht dieser bis heute schlechten Reputation des Viertels auf einiges gefaßt gemacht, wurden aber enttäuscht, was ihr Führer, der erwähnte Polizeiinspektor Alison, mit den Worten kommentierte: »Ich sehe Ihnen an, Sie haben mehr erwartet: Rauferei, Diebstahl, Mord. Da müssen Sie sich an die Schriftsteller halten, die das tagtäglich in den Zeitungsspalten beschreiben. Ich kann Ihnen nicht mehr zeigen, als da ist« (NFA XXII/3, S. 676).

24.1.57
Einen Lügenartikel der Times beantwortet – Der Artikel »Prussia (from our own correspondent)« in der Ausgabe Nr. vom 23. Januar 1857 hatte die preußische Informationspolitik in der Neuenburger Frage karikiert und über die Bedingungen spekuliert, unter denen der König bereit sein würde, auf seine Ansprüche zu verzichten. Die Irreführung der preußischen Öffentlichkeit über den Fortgang der Krise war auch das Thema eines Leitartikels in der »Times« vom 24. Januar 1857. Fontanes Erwiderung scheint nicht gedruckt worden zu sein.
Storm's »Hinzelmeier« – Die Erzählung mit dem Untertitel »Eine nachdenkliche Geschichte« war 1851 entstanden und 1857 erstmals als Buch veröffentlicht worden.
Roquette's Hans Haidekuckuk – Die Verserzählung »Hans Haidekuckuck« war 1855 erschienen.
einem Briefe des Herrn Bachmann – Weil das 1851 von Fontane herausgegebene »Deutsche Dichter-Album« zwei Nachdrucke (1852 und 1853) erlebt hatte, erschien die erweiterte Fassung, von der hier die Rede ist, 1858 mit der Bezeichnung »vierte Auflage«.

Brochüre ... über »die Londoner Wochenblätter« – Von diesem Separatdruck der zwischen dem 3. und 9. Januar 1857 in der »Zeit« publizierten Aufsätze scheint kein Exemplar erhalten zu sein; vgl. auch Anm. zum 30.11.56.
Von Herrn Witting ... die Composition dreier Lieder von mir – Es handelte sich um Vertonungen von »Storch und Schwalbe sind gekommen«, »Das Fischermädchen« und »Nach dem Sturm«; vgl. auch AFA, Gedichte 3. Witting hat später auch Fontanes Gedicht »Mein Herz« vertont; vgl. ebd.

25.1.57
Brief an die Times – Vgl. Anm. zum 24.1.57.
B. v. Lepel und George Fontane geschrieben – FBV 57/13 und 57/12.

26.1.57
An Emilie ... geschrieben – FBV 57/14.
Uebersetzung des Briefes an die Times – Vgl. Anm. zum 24.1.57.
Nach Printing House Square – In der City, wo sich Redaktion und Druckerei der »Times« befanden.
Artikel über »Dänemark und die Herzogthümer« – Vgl. Anm. zum 3.2.57.

27.1.57
An die Kreuz-Ztng geschrieben – Vermutlich der Artikel »Die Radikalen und Demokraten«, abgedruckt in der »Kreuzzeitung« Nr. 26 vom 31. Januar 1857 (NFA XVII, S. 574 ff.).

28.1.57
Beilage (von Merckel's Hand): George als schoolboy – Die Zeichnung ist abgedruckt FM I, S. 89.
An ... Emilie – FBV 57/15.
»Circumlocution-office« ... im ersten Kapitel von Little Dorritt Das »Büro für Drumherumrederei« kommt im zehnten Kapitel von Dickens' Roman vor, der damals gerade im Erscheinen begriffen war; der Begriff wurde sprichwörtlich für die Verschleppung von Anliegen im Behördengang.

29.1.57
will den Brief an die Times nicht publiciren – Vgl. Anm. zum 24.1.57.

Klagebrief von Beta – Während dieser sich über die Verunstaltung seiner Korrespondenzen in der »Zeit« beklagte, monierte Metzel in einem Schreiben an Fontane vom 24. Februar 1857, Beta schreibe »meistenteils wenig brauchbares demokratisches Gewäsch, das nicht immer zuzustutzen ist und selbst in der rektifizierten Form noch immer die tadelnswerte Anlage erkennen läßt«. Da er aber noch zwei Monate Zeit habe, »um uns zu zeigen, wie weit wir für einander passen«, habe man nunmehr »die Aufgaben für ihn genau präzisiert«. Fontane wurde beauftragt, den entsprechenden Brief an Beta weiterzuleiten (GStA PK, Rep. 77, Tit. 943, Nr. 2, Bd. 1, Bl. 12); vgl. auch Anm. zum 27.2.57.

30.1.57
Den Schleswig-Holstein Artikel ... durchgenommen – Der bereits seit dem 22. Januar in Arbeit war; vgl. Anm. zum 3.2.57.
geschrieben. (Nochmals die englischen Demokraten) – Abgedruckt in der »Kreuzzeitung« Nr. 29 vom 4. Februar 1857 (NFA XVII, S. 576 f.). In das Tagebuch eingelegt findet sich die etwas längere handschriftliche Urfassung dieses Artikels.

31.1.57
Gearbeitet (Leitartikel über die Herzogtümer) – Vgl. Anm. zum 3.2.57.

1.2.57
An Emilie ... geschrieben – FBV 57/16.

2.2.57
An ... Emilie geschrieben – FBV 57/17.
Uebersetzung des Artikels über die Herzogthümer – Vgl. Anm. zum 3.2.57.

3.2.57
Brief an Emilie – Verschrieben für »von Emilie«; der Brief ist datiert vom 1. Februar 1857 (FAP).
eine ächt-Klein'sche Rezension über Kette's »Saul« – Die nur mit »K« gezeichnete, für Stück und Aufführung gleich vernichtende Besprechung war in der »Zeit« vom 1. Februar 1857 erschienen.
Leitartikel über Dänemark und die Herzogthümer – Abgedruckt im »Morning Chronicle« Nr. 28,117 vom 3. Februar 1857.

Handschriftliche Korrespondenz Fontanes für die ›Kreuzzeitung‹
vgl. Anm. zum 30.1.57
(Theodor-Fontane-Archiv, Potsdam)

An ... Emilie geschrieben – Fortsetzung des vom 2. Februar datierten Briefes; FBV 57/17.
geschrieben (die Bucher'sche Schule) – Abgedruckt in der »Kreuzzeitung« Nr. 36 vom 12. Februar 1857 (NFA XVII, S. 578 ff.).
Erbweisheits-Land – In seiner Rede zur Eröffnung des Vereinigten Landtags 1847 hatte Friedrich Wilhelm IV. das Vorbild Englands beschworen, »dessen Verfassung die Jahrhunderte und eine Erbweisheit ohnegleichen, aber kein Stück Papier gemacht haben«, eine Äußerung, die bald sprichwörtlich wurde.

4.2.57
An die Kreuz-Ztng geschrieben – Eine Korrespondenz unter diesem Datum war nicht zu ermitteln.
Briefe geschrieben an ... Witting und Freund Storm – FBV 57/19 und 57/18.
O Heiligenstadt du heilge Stadt – Storm war dort seit 1856 als Kreisrichter tätig.
Die »Immensee«, die »Hinzelmeier« – Erzählungen von Theodor Storm. Erstere war 1852 erschienen; zu letzterer vgl. Anm. zum 24.1.57.

5.2.57
geschrieben (Die Coalition Gladstone – Disraeli) – Erschienen in der »Kreuzzeitung« Nr. 34 vom 10. Februar 1857 (NFA XVIII a, S. 716 f.).
M. Post Exemplar an den Minister Caraffa geschickt – Weshalb, ist unklar.
Haymarket Theater. »The school for Scandal« – Sheridans Lustspiel war 1777 erschienen; vgl. auch Fontanes Bemerkung in »Die Londoner Theater«: »Man kann nichts Abgerundeteres sehen als Sheridansche Komödien (wie die Lästerschule oder die Nebenbuhler) im Haymarket Theater« (NFA XXII/3, S. 36).
von dem ich den Malvoglio sah – Gestalt in »Twelfth Night« von Shakespeare, das Fontane am 21. Juli 1856 im Haymarket Theatre gesehen hatte.

6.2.57
In's Prinzeß-Theater. Midsummernights-Dream – Vgl. Anm. zum 13.2.57.

7.2.57
Alberts ... Schauspieler- und Rezensenten-Leben – Über Alberts' Biographie vor Eintritt in den diplomatischen Dienst gibt auch seine – im wesentlichen aus Urlaubsgesuchen und Anträgen auf Gehaltserhöhung bestehende – Personalakte im Politischen Archiv des Auswärtigen Amtes, Bonn, keine Auskunft; vgl. aber Tagebucheintrag vom 3. März 1857.
Der Lederhändler – Die Firma William Essex & Sons, »tanners and curriers«, war niedergelassen in 27/28 Stanhope Street, Clare Market, und 10 Harford Place, Drury Lane.
daß Mr. Collins ... vorhabe ihn zu übersetzen – In einem Brief vom 13. Februar 1857 bittet Fontane seine Frau, bei dem bevorstehenden Besuch von Collins in Berlin das Thema »Sommer in London« möglichst nicht zu erwähnen: »Mir ist nämlich hinterher eingefallen, daß [sein Projekt einer englischen Ausgabe] eigentlich lächerlich ist und daß sich ein Buch nicht übersetzen läßt, was selbst zu einem Drittel Übersetzung aus dem Englischen ... ist« (HD, S. 67).

8.2.57
geschrieben (Coriolan und das Volk von Islington) – Erschienen in der »Kreuzzeitung« Nr. 36 vom 12. Februar 1857 (NFA XVII, S. 577 f.).

9.2.57
An ... Emilie geschrieben – FBV 57/20.
Briefe an Witting und Storm als Einlage – Vgl. Anm. zum 4.2.57.
An Mama ... geschrieben – FBV 57/21.

10.2.57
als unterm hochseligen Könige – Gemeint ist der 1797 an die Regierung gekommene Friedrich Wilhelm III. von Preußen (1770–1840).
Bucher schwört ... auf ein englisch-russisches Complott – Das war Buchers fixe Idee. Fontane dürfte sich hier übrigens eher auf ein Gespräch mit ihm beziehen als auf eine bereits gedruckte Äußerung. In der »National-Zeitung« der diesem Datum vorangehenden Tage findet sich nämlich keine einschlägige Passage, während Bucher in der Ausgabe vom 12. Februar 1857 einmal mehr erklärt, Palmerston habe »die traditionelle englische Politik, deren

Wurzeln bis Elisabeth und Iwan dem Schrecklichen reichen, getreulich ausgeführt: unter dem Schein des Widerstandes mit Rußland aus einer Karte zu spielen, eine Politik, die, wenigstens auf der Seite Englands, fortdauern wird, so lange es zwischen ihnen etwas zu teilen gibt« (»National-Zeitung« Nr. 71 vom 12. Februar 1857).
Gearbeitet (Coriolan. Sommernachtstraum.) – Der Aufsatz über »Coriolan« erschien als neunter Brief über »Shakespeare auf der modernen englischen Bühne« im »Literaturblatt des Deutschen Kunstblattes« Nr. 12 vom 11. Juni 1857; in überarbeiteter Form wiederabgedruckt 1858 in der »Zeit« und 1860 in »Aus England« (NFA XXII/3, S. 93 ff.). Zu dem Aufsatz über den »Sommernachtstraum« vgl. Anm. zum 13.2.57.

11.2.57
geschrieben (Der geheimnißvolle »geheime Vertrag«) – Erschienen in der »Kreuzzeitung« Nr. 38 vom 14. Februar 1857 u. d. T. »Der geheimnisvolle geheime Vertrag und Lord Palmerston« (NFA XVIII a, S. 717).
Lyceum-Theater (Othello) – Eine Besprechung dieser Aufführung publizierte Fontane 1858 im Rahmen seiner Theateraufsätze in der »Zeit« (NFA XXII/3, S. 31–34).

12.2.57
Excellenz verreißt einen Artikel ... im Chronicle – Vermutlich den (nicht von Fontane stammenden) Artikel »Prussia« in der Ausgabe Nr. 28,124 vom 11. Februar 1857, der sich kritisch über die Finanzverhältnisse Preußens äußert.
Gearbeitet (the merry wives of Windsor) – Zuerst gedruckt im »Literaturblatt des Deutschen Kunstblattes« Nr. 9 vom 30. April 1857; in veränderter Form wiederabgedruckt 1858 in der »Zeit« und 1860 in »Aus England« (NFA XXII/3, S. 89 ff.).

13.2.57
sehr gute Kritik über Geibel – Die anonyme Rezension seiner 1856 erschienenen »Neuen Gedichte« stand in der »Kreuzzeitung« Nr. 36 vom 12. Februar 1857.
Geschrieben an ... Emilie – FBV 57/22.
geschrieben (... der geheime Vertrag) – Eine Kurzkorrespondenz zum Thema »Die Debatte über den Geheimvertrag« erschien in

der »Kreuzzeitung« Nr. 40 vom 17. Februar 1857 (NFA XVIII a, S. 718 f.).
Aufsatz über den »Sommernachtstraum« – Das Feuilleton »Sommernachtstraum im Prinzeß-Theater zu London« erschien zuerst in der »Kreuzzeitung« Nr. 56 vom 7. März 1857 (NFA XXII/3, S. 677-681); in überarbeiteter Form wiederabgedruckt 1858 in der »Zeit« und 1860 in »Aus England« (NFA XXII/3, S. 61-65).

14.2.57
A. A. Ztng gelesen – Ein zweiteiliger Rezensionsartikel »Jakob Burckhardt: Ueber die Zeit Constantins des Großen« war erschienen in der Augsburger »Allgemeinen Zeitung« Nr. 39 vom 8. Februar 1857 und Nr. 40 vom 9. Februar 1857. Das Werk selbst datiert aus dem Jahre 1853.

15.2.57
Gearbeitet (the Schools and Colleges) – Kein Abdruck ermittelt.

17.2.57
Mahon's Geschichte – Eine achtbändige deutsche Ausgabe des im englischen Original zwischen 1836 und 1853 erschienenen Werkes, bearbeitet durch Friedrich Steger, war 1855/56 in Braunschweig herausgekommen u. d. T.: »Mahon's Geschichte von England. Vom Frieden von Utrecht bis zum Frieden von Versailles, 1713-1783«.
Macaulay's Essays – Aller Wahrscheinlichkeit nach in folgender Ausgabe: Thomas Babington Macaulay, Ausgewählte Schriften geschichtlichen und literarischen Inhalts. Deutsch von Friedrich Steger und Alexander Schmidt, 8 Bde, Braunschweig 1853 (1857 bereits in vierter Auflage).
Stein's Leben – Georg Heinrich Pertz' seit 1849 im Erscheinen begriffenes Werk »Das Leben des Ministers Freiherrn von Stein« war 1855 mit dem sechsten Band abgeschlossen worden. Bei der Sendung an Fontane könnte es sich jedoch auch um die 1856 in Berlin publizierte zweibändige Kurzfassung gehandelt haben: Aus Stein's Leben. 1. Hälfte: 1757-1814; 2. Hälfte: 1814-1831; vgl. ferner Anm. zum 24.5.57.
das Album – Das von Fontane herausgegebene »Deutsche Dichter-Album«, von dem er eine Neuauflage vorbereitete; vgl. Anm. zum 24.1.57.

An die Kreuz-Ztng geschrieben – Die Korrespondenz »Hungerparlament« erschien in der »Kreuzzeitung« Nr. 43 vom 20. Februar 1857 (NFA XVIII a, S. 719). Ein Artikel über das zweite von Fontane genannte Thema ließ sich nicht ermitteln.

18.2.57

An die Kreuz-Ztng geschrieben – Die Korrespondenz erschien in der »Kreuzzeitung« Nr. 44 vom 21. Februar 1857 u. d. T. »Voreilige Siegesfreude. Die allgemeine Reaktion gegen die Palmerstonsche Wirtschaft« (NFA XVIII a, S. 719 f.).
Nach Sadlers-Wells – Zu Fontanes Kritik dieser Aufführung vgl. Anm. zum 19.2.57.
An Emilie geschrieben – Unter diesem Datum sind zwei Briefe überliefert; FBV 57/23 und 57/24.

19.2.57

Gearbeitet (»die beiden Edelleute von Verona«) – Zuerst erschienen als sechster Brief über »Shakespeare auf der modernen englischen Bühne« im »Literaturblatt des Deutschen Kunstblattes« Nr. 8 vom 16. April 1857; in überarbeiteter Form wiederabgedruckt 1858 in der »Zeit« und 1860 in »Aus England« (NFA XXII/3, S. 91 ff.).

20.2.57

die Gräfin von einem Töchterchen entbunden – Victoria Anna von Bernstorff, das fünfte Kind des preußischen Gesandten in London und seiner Frau.
Auszüge aus den »Memoiren eines Flüchtlings« – Abgedruckt in der »Kreuzzeitung« Nr. 42 vom 19. Februar 1857. Die Vorlage bildete Ludwig Simons zweibändiges Werk »Aus dem Exil«, das 1855 in Gießen erschienen war. Die Anekdote illustriert die Spannungen zwischen den exilierten Radikalen und den zu einem Schweizer Turnfest aus Deutschland angereisten Liberalen. Wie Simon spottete, schienen Dahlmann und Gervinus sich »von dem Kummer um das Vaterland ziemlich erholt zu haben, denn sie sahen recht gut aus. Vogt meinte sogar: Gervinus habe Kammerspeck angesetzt.« Die Pointe trifft freilich insofern nicht ganz, als sich Gervinus seit 1848 zunehmend nach links entwickelt hatte und keiner Kammer mehr angehörte.
An Emilie geschrieben – FBV 57/26.

Unterhaltung mit dem jungen Lederhändler – Mr. Essex jr., den Fontane in Simpsons Restaurant kennengelernt hatte; vgl. Anm. zum 7.2.57.
Artikel in der Nat:Ztng über Palmerston und Disraeli – Ein ungezeichneter Leitartikel über »Disraeli's Enthüllungen« war in der »National-Zeitung« Nr. 82 vom 18. Februar 1857 erschienen.
In der A. A. Ztng Auszüge aus Th. Mundts Kaiserbriefen – Der Aufsatz »Theodor Mundt: Pariser Kaiserskizzen«, eine Mischung aus Rezension und Exzerpt, war erschienen in der Augsburger »Allgemeinen Zeitung« Nr. 46 vom 15. Februar 1857 und Nr. 47 vom 16. Februar 1857. Das ihm zugrunde liegende zweibändige Werk aus dem Jahre 1857 mit seiner Kritik des Bonapartismus bildete die Frucht von Theodor Mundts drittem Aufenthalt in der französischen Hauptstadt.
Gearbeitet (die beiden Edelleute von Verona) – Vgl. Anm. zum 19.2.57.
An Eggers geschrieben – FBV 57/25.

21.2.57
An die Kreuz-Ztng geschrieben – Eine Korrespondenz über die »Explosion in den Yorkshire Kohlenbergwerken« erschien in der »Kreuzzeitung« Nr. 46 vom 24. Februar 1857 (NFA XVIII a, S. 720 f.). Eine Korrespondenz über die Entbindung der Gräfin Bernstorff war nicht zu ermitteln.
Sadlers-Wells Theater. »Macbeth.« – Fontanes Besprechung dieser Aufführung ging ein in seinen Aufsatz über das Sadler's Wells Theatre, der im Februar 1858 in der »Zeit« erschien und 1860 wiederabgedruckt wurde in »Aus England« (NFA XXII/3, S. 95 bis 101).

22.2.57
des Grafen – Graf Albrecht von Bernstorff, der preußische Gesandte in London.
Diese soll ... eine Bedingung gestellt haben – Das Verhältnis der Königin Victoria zu Palmerston war zwar notorisch gespannt, nicht zuletzt wegen der deutschen Frage, doch gibt es für die hier von Alberts aufgestellte Behauptung keinerlei Belege.
Baron von Stockmar (früher Apotheker) – Was dessen ursprünglichen Beruf angeht, irrte sich Alberts; Stockmar war von Hause aus Mediziner. Sein Aufstieg hatte als Leibarzt des Prinzen Leopold (1790–1865) begonnen, der mit der 1817 verstorbenen

Prinzessin von Wales, der britischen Thronerbin, verheiratet gewesen war und 1830 zum König der Belgier berufen wurde. Von diesem zum Erzieher seines Neffen, des Prinzen Albert, bestimmt, vermittelte Stockmar dessen Heirat nach England und blieb seinem Zögling als einflußreicher und vielfach beargwöhnter Berater bis zum Tode verbunden. Eine Stärkung der Krone gehörte zu den vordringlichen Zielen des hauptsächlich als graue Eminenz der europaweiten coburgischen Hauspolitik bekannten Stockmar.

23.2.57
Auszug aus der Moriarty'schen Brochüre – Publiziert im »Morning Chronicle« Nr. 28,131 vom 19. Februar 1857 u. d. T. »The Neufchatel Prisoners and their Ransom«, mit der redaktionellen Vorbemerkung, die Darstellung sei »conspicuous by the impartiality of its views« und enthalte den Beweis, »that there are Englishmen besides us seeing the whole affair in a different light«. Der vollständige Titel des 1857 anonym erschienenen Pamphlets lautete: »Hang? or Pardon? The Neufchâtel Prisoners and their Ransom, by a Royalist«.

24.2.57
Post-Artikel gegen Neapel und uns – Ein Leitartikel der Ausgabe Nr. 25,944 vom 24. Februar 1857 bezweifelte die Zurechnungsfähigkeit des Königs von Neapel, weil er als Vermittler in seinem Konflikt mit den Westmächten niemanden anders gewählt habe als Friedrich Wilhelm IV., »one of the most slippery of kings, who is now playing all sorts of phantastic tricks with his own people, a king who has exhausted the patience and the good nature of England« und dessen Politik gegenüber der Schweiz »the disgust of all right-thinking and honest men« errege, »no matter what their nation«.
Heine's »Reisebilder« gelesen – Vermutlich den 1830 erschienenen dritten Band, der die »Reise von München nach Genua« und »Die Bäder von Lucca« enthält; vgl. auch Anm. zum 26.2.57.
geschrieben (die Preß über Lord Palmerston) – Publiziert in der »Kreuzzeitung« Nr. 52 vom 3. März 1857 u. d. T. »Disraeli's »Preß« über Lord Palmerston« (NFA XVIII a, S. 721 f.).
Gearbeitet (Lady Macbeth) – Fontanes Aufsatz über das Sadler's Wells Theatre (vgl. Anm. zum 21.2.57) enthält einen längeren

Abschnitt über »das Auftreten der Lady Macbeth« (NFA XXII/3, S. 97 f.).

25.2.57
An Emilie geschrieben – FBV 57/27.
Gearbeitet (Macbeth) – Der sogenannte »Macbeth-Aufsatz«, über dessen Publikation es eine Kontroverse mit Eggers gab (vgl. HFA, Briefe 1, S. S. 592 f.), wurde schließlich als Bestandteil von Fontanes Artikeln über das Sadler's Wells Theatre veröffentlicht, die im Februar 1858 in der »Zeit« erschienen (NFA XXIII/3, S. 95–109).

26.2.57
Die Angriffe gegen Platen – In den beiden letzten Kapiteln der »Bäder von Lucca« in Heines »Reisebildern«; vgl. Tagebucheintrag vom 24. Februar 1857.

27.2.57
den Redaktionsbrief der »Zeit« beigeschlossen – Das vom 23. Februar 1857 datierte Schreiben Metzels an Beta enthält detaillierte Anweisungen für seine künftige Berichterstattung, unter dem Motto: »Unsre Zeitung ist *keine* offiziöse, aber sie ist eine gouvernementale und legt Wert darauf, eine konservative zu sein.« In seinem Antwortschreiben vom 4. März 1857 faßte Beta sein politisches Glaubensbekenntnis in die Worte: »Ich hasse die Wirtschaft der englischen Klubokratie gründlich, weil sie Bauer und Volk ruiniert und Gift in alle Staaten und Völker sät.« Im übrigen zeigte er sich pragmatisch: »Ich schreibe seit 20 Jahren für alle möglichen Zeitungen und habe gelernt, mich zu finden und zu fügen. Deshalb werde ich auch nach Ihrer jetzigen Instruktion nach besten Kräften zu arbeiten suchen.« (GStA PK, Rep. 77, Tit. 943, Nr. 2, Bd. 1, Bl. 11 und 15.)
Graf B. um Urlaub gebeten – Den preußischen Gesandten in London, Graf Albrecht von Bernstorff; vgl. Anm. zum 3.3.57.
Gearbeitet (Macbeth) – Vgl. Anm. zum 25.2.57.
»Komödie der Irrungen« gesehn – Besprochen in Fontanes achtem Brief über »Shakespeare auf der modernen englischen Bühne« u. d. T. »Die lustigen Weiber von Windsor. Die Komödie der Irrungen« im »Literaturblatt des Deutschen Kunstblattes« Nr. 9 vom 30. April 1857; überarbeiteter Wiederabdruck 1858 in der »Zeit« und 1860 in »Aus England« (NFA XXII/3, S. 91).

28.2.57
geschrieben (die Opposition und der chinesische Krieg) – Die Korrespondenz erschien in der »Kreuzzeitung« Nr. 54 vom 5. März 1857 u. d. T. »Man will ihn los sein« (NFA XVIII a, S. 722 f.).
die Erhardtsche Brochüre (gegen Toynbee) – Vermutlich die 1855 in Berlin erschienene Polemik »Das Gehör und die Schwerhörigkeit. Offener Brief an das Publikum gegen den Charlatanismus«.

2.3.57
geschrieben (die Coalition Gladstone – Disraeli) – Noch immer die in Anm. zum 28.2.57 zitierte Korrespondenz, die im Druck vom 2. März datiert ist und u. a. die Vereinigung von Peeliten und Tories behandelt.

3.3.57
Brief von Dr. Metzel (Urlaub gestattet) – Gleichwohl reiste Fontane erst am 26. März 1857 nach Berlin ab, von wo er am 29. April nach London zurückkehrte.
geschrieben (Chinesische Frage) – Erschienen in der »Kreuzzeitung« Nr. 55 vom 6. März 1857 u. d. T. »Zur chinesischen Debatte«.
Alberts ... Mittheilungen über seine Mutter – Ob es diese Enthüllungen waren, die Fontane zur Beschäftigung mit dem Prinzen Louis Ferdinand anregten (vgl. Tagebucheintrag vom 22. Mai 1857), oder ob umgekehrt Fontanes literarische Arbeiten Alberts zu seinen Auskünften veranlaßten, ist nicht auszumachen.

4.3.57
Sadlers Wells. »Heinrich IV, erster Theil« – Das von dieser Aufführung inspirierte Feuilleton erschien zuerst als siebenter Brief über »Shakespeare auf der modernen englischen Bühne« im »Literaturblatt des Deutschen Kunstblattes« Nr. 8 vom 16. April 1857; in überarbeiteter Form wiederabgedruckt 1858 in der »Zeit« und 1860 in »Aus England« (NFA XXII/3, S. 85–89).

6.3.57
Biographie ... von Bernstorff gelesen – Helferich Peter Sturz, der Autor der 1777 publizierten »Erinnerungen aus dem Leben des

Grafen Johann Hartwig Ernst von Bernstorf« war bis zu dessen Absetzung im Jahre 1770 Privatsekretär, Hausgenosse und bevorzugter Günstling des Ministers Bernstorff gewesen und hatte zwei Jahre später auch seine eigene Stellung im dänischen Außenministerium verloren.

Um 9 zu Schlesinger – Ausführlicher berichtete Fontane über diesen Abend in seinem Brief an Emilie vom 10. März 1857. Die Aufnahme sei »sehr freundlich« gewesen. »Nichtsdestoweniger gehör' ich nicht dahin. Ich saß da wie eine Taube im Habichtsnest« (HFA, Briefe 1, S. 565).

Gebrüder Althaus – Von Friedrich Althaus, dem älteren der beiden, bemerkte Fontane, er sei »ein lederner Gothaer, der da glaubt, daß jeder liberale Privatdozent einen kapitalen Minister abgeben würde« (HFA, Briefe 1, S. 565).

7.3.57

geschrieben (Lord Palmerston besiegt und – Sieger) – Erschienen in der »Kreuzzeitung« Nr. 59 vom 11. März 1857 (NFA XVIII a, S. 725 f.).

Rezension über Lingg's Gedichte – In der Augsburger »Allgemeinen Zeitung« Nr. 62 vom 3. März 1857 u. d. T. »Gedichte von Hermann Lingg. Dritte Auflage. Stuttgart und Augsburg, 1856«.

endlich zum Friseur – »Nach länger denn Jahresfrist« und mit einer Erkältung im Gefolge, denn: »Es war schönes, stilles Wetter, als ich um neun Uhr abends mit meiner langen Mähne in den Friseurladen trat, und es war kalt, naß, windig, als ich eine Viertelstunde später mit wenig Haar und viel Pomade aus demselben Laden herauskam. Da kriegt' ich's denn« (HFA, Briefe 1, S. 565).

Gearbeitet (Shakespeare-Aufsatz) – Vermutlich der Aufsatz über die Aufführung von »Heinrich IV.« im Sadler's Wells Theatre; vgl. Anm. zum 4.3.57.

8.3.57

Gearbeitet (Heinrich IV) – Vgl. Anm. zum 4.3.57.

9.3.57

geschrieben (die Stimmung und die Wahlen) – Erschienen in der »Kreuzzeitung« Nr. 61 vom 13. März 1857 u. d. T. »Die Stimmung im Lande. Wahlen« (NFA XVIII a, S. 726 f.).

10.3.57
geschrieben (Opium-Handel und Times-Logik) – Erschienen in der »Kreuzzeitung« Nr. 62 vom 14. März 1857 (NFA XVIII a, S. 727 f.).
Geschrieben an ... Emilie – FBV 57/28.

11.3.57
Gearbeitet (Dänische Antworts-Note nach Wien und Berlin) – Vermutlich der Artikel »Express from Germany (From our own correspondent)«, datiert Berlin, 9. März, im »Morning Chronicle« Nr. 28,150 vom 13. März 1857.
»un mot sur la question napolitaine« – Es handelte sich um eine 1857 in Brüssel publizierte und offiziell inspirierte Broschüre u. d. T. »Un Mot sur la Question Néapolitaine. Par Quelqu'un, qui n'est pas un Homme d'Etat«. Auszüge daraus mit einer vermutlich von Fontane herrührenden Vorbemerkung erschienen im »Morning Chronicle« Nr. 28,156 vom 20. März 1857.
Gearbeitet (Heinrich IV) – Vgl. Anm. zum 4.3.57.

13.3.57
15 Pratt Street – Wohnung der Familie Beta in Camden Town, unweit vom Haus der Fontanes in St. Augustine's Road gelegen.
»Mathilde« in Zuckerguß – Das Geburtstagskind war Heinrich Betas Ehefrau Mathilde.
Später Herr Bühring – In einer (ungezeichneten) Korrespondenz an die »Gartenlaube« berichtete Beta, daß Bühring »eine Zeit lang Mechanikus, Maschinenbauer bei Borsig in Berlin, kommunistisch Verschworner, durch John Prince, Smith, Faucher und sonstige Apostel der ... ökonomischen Weltgesetze begeisterter Jünger der Handelsfreiheit, später technischer Leiter der berühmten dissolving views von Brill und Siegmund ward ... und noch 1850 von Hamburg ausgewiesen, seine Zuflucht in London nahm. Hier arbeitete er als Mechaniker eine Zeit lang mit dem ... Erfinder des Lichtes aus Wasser, F. Puls in Schlesien. ... Bald machte er sich den Engländern in Discussionsclubs usw. durch sein schlechtes, rapid gesprochenes Englisch und durch seine Haare zu Berge treibende rücksichtslose Wahrheitsliebe furchtbar, mir aber ward er ein langjähriger Freund, dessen hoher Stirn und blauen Augen über einem gewaltigen Urwaldsbarte ich

manche geistreiche Stunde, manche originelle Ansicht, manchen tiefen richtigen Gedanken, manches erfrischende Sturzbad eigensten Denkens und nervös lebhaften, durchweg originellen Fühlens verdanke. Er ist dabei der nobelste feinfühlendste Mensch, spricht aber und sieht oft aus wie ein Menschenfresser. Er sieht alle Dinge mit seinen eigenen Augen und wirft diese seine eigenste Ansicht jedem mit kaskadenartigem Sprudel ins Gesicht. ... Er behauptet, nie eigentlich etwas gelernt zu haben, weiß aber mehr als mancher Gelehrter, ganz besonders in der Naturwissenschaft, der er mit starker Faust und geschickter Hand eben so sehr zu dienen weiß wie mit seiner nie ruhenden hohen Stirn« (»Die plastische Kohle und deren Verwendung für wissenschaftliche, industrielle, Kunst- und Gesundheitszwecke [Eine deutsche Erfindung aus London]«, in: »Die Gartenlaube. Illustrirtes Familienblatt«, Oktober 1857, S. 592 ff.). In »Von Zwanzig bis Dreißig« (und zwar auch schon in der Druckvorlage) wird Bühring irrtümlicherweise als »Mr. Dühring, Perpetuum mobile-Sucher und Tüftelgenie« vorgestellt (AFA, Autobiographische Schriften 2).
Gelesen (Sir John Bowring über China) – Ein längerer Bericht des Gouverneurs von Hongkong über »The State of China« war in der »Times« vom 12. März 1857 erschienen.

14-3-57
geschrieben (Lord Elgins Ernennung) – Abgedruckt in der »Kreuzzeitung« Nr. 65 vom 18. März 1857 (NFA XVIII a, S. 728).
Neufchatel-Artikel für M. Chronicle übersetzt – Erschienen in der Ausgabe Nr. 28,152 vom 16. März 1857 u. d. T. »Express from Germany (from an occasional correspondent)«. Die Vorlage bildete vermutlich ein Artikel in der »Zeit« oder der »Kreuzzeitung«.

15-3-57
Auf die Redaktionen von Star und Chronicle – Beim »Morning Chronicle« gab Fontane vermutlich seinen jüngsten Artikel ab; vgl. Anm. zum 14.3.57. Was den »Morning Star« angeht, so mag er Faucher ein Exemplar der jüngsten Nummer der »Kreuzzeitung« überreicht haben. Unter Berufung auf sie kommentierte bzw. kritisierte jedenfalls ein Leitartikel in der Ausgabe Nr. 313 vom 16. März 1857 die preußische Mitteilung, man sei erst bereit,

über eine Aufgabe der Rechte in Neuenburg zu verhandeln, wenn die Schweiz sie zuvor anerkannt hätte.

16.3.57
Besuch von Herrn Maler Herrmann – Er sei, heißt es in Fontanes Brief an Emilie vom 18. März 1857, »vielleicht ein guter Kerl und guter Maler, aber jedenfalls eine lächerliche Figur.... Wenn ich Dich wiedersehe, werd ich Dir eine dramatische Szene vorspielen: Maler Hermann bei Th. Fontane. Am Freitag mittag kommt er wieder; Gott stärke mich mit Geduld.« (HFA, Briefe 1, S. 569 f.)
Brief und Zeitung von Glover – Mit der vom 12. März aus Berlin datierten Korrespondenz, in der einem Bericht von »Le Nord« widersprochen wird, wonach der König von Preußen seine Rechte auf Neuenburg aufgegeben habe; vgl. Anm. zum 14.3.57.

17.3.57
Max ... hat im Warthebruch eine Apotheke gekauft – Vgl. Fontanes Kommentar dazu in seinem Brief an Emilie vom 18. März 1857 (HFA, Briefe 1, S. 569).
Einen Aufsatz Fallmerayers ... gelesen – Der Nachruf auf den am 11. Februar 1857 in Genf gestorbenen russischen General »Graf Ostermann-Tolstoi« stand in der Augsburger »Allgemeinen Zeitung« Nr. 69 vom 10. März 1857.
Gearbeitet (die lustigen Weiber von Windsor) – Erschienen als achter Brief über »Shakespeare auf der modernen englischen Bühne« u. d. T. »Die lustigen Weiber von Windsor. Die Komödie der Irrungen« im »Literaturblatt des Deutschen Kunstblattes« Nr. 9 vom 30. April 1857; in überarbeiteter Form wiederabgedruckt in der »Zeit« 1858 und 1860 in »Aus England« (NFA XXII/3, S. 89 f.).

18.3.57
An Emilie – FBV 57/29.
An ... die Kreuz-Ztng ... geschrieben – Abgedruckt in der »Kreuzzeitung« Nr. 69 vom 22. März 1857 u. d. T. »Der ›Standard‹ über Lord Palmerston und die Früchte seiner revolutionären Politik« (NFA XVIII a, S. 729 f.).
Mit ... Dr. Mosabini ... geplaudert – Näheres über Neocles Mussabini (so richtig), der in Edinburgh studiert hatte und mit der Tochter eines Redakteurs der »Sun« verheiratet war, findet sich in »Von Zwanzig bis Dreißig«, wo er als Mitglied des Babel-Klubs

beschrieben wird (AFA, Autobiographische Schriften 2); vgl. auch Bauer, S. 118 ff. und 367.

19.3.57
Gearbeitet (Die Ibbetson'sche Neufchatel-Brochüre) – Wie Bernstorff am 3. April nach Berlin berichtete, habe er »im Dienste der guten Sache eine kleine Broschüre drucken lassen, welche ein Teilnehmer an den Septemberereignissen, der ehemalige Capitän Boscawen Ibbetson geschrieben hat, und dieses Schriftchen dazu benutzt, es einesteils so viel als möglich zu verteilen und zu verbreiten, andernteils Auszüge daraus durch den Morning Chronicle veröffentlichen zu lassen«. In einem Brief an Bernstorff vom 4. April 1857 gab Ibbetson genaue Auskünfte über die Versendung der Auflage »to the persons mentioned by His Excellency, to all newspapers, clubs etc. and lately through friends to many influential MPs.« (GStA PK, Rep. 81 London, Nr. 464.) Der für seinen Eifer mit mehreren preußischen Orden geehrte Ibbetson siedelte später nach Biebrich über, wo er auch starb. Auszüge aus der besagten Broschüre mit einer Vorbemerkung Fontanes erschienen im »Morning Chronicle« Nr. 28,157 vom 21. März 1857.

20.3.57
Blätter seiner »Englischen Geschichte in Bildern« – Hermann hatte seit 1844 an einer »Geschichte des deutschen Volkes in Bildern« gearbeitet, bestehend aus 15 großen Tableaus, deren Ausführung in Stahlstichen 1854 abgeschlossen war. Sein Plan, auch die englische Geschichte in gleicher Weise darzustellen, scheint nicht realisiert worden zu sein.
Nach dem Lyceum Theater. »Hamlet« – Eine Besprechung dieser Aufführung erfolgte 1858 im Rahmen von Fontanes Theateraufsätzen in der »Zeit« (NFA XXII/3, S. 34 f.).

21.3.57
Brief von Herrn Dr. Keipp – In der von ihm herausgegebenen »Berliner Revue. Sozialpolitische Wochenschrift« erschienen im Laufe des Jahres 1857 einige Nachdrucke von Korrespondenzen Fontanes aus London.

22.3.57
Gearbeitet (... Dänemark und die Herzogthümer) – Erschienen als Leitartikel im »Morning Chronicle« Nr. 28,165 vom 31. März 1857.
peelitische Saturday Review – Über dieses Blatt hat sich Fontane in einem seiner Aufsätze über die Londoner Presse näher ausgelassen (NFA XIX, S. 151); vgl. auch Anm. zum 20.7.57.

24.3.57
An Emilie ... geschrieben – FBV 57/32.
Kreuz-Zeitung – Die Korrespondenz erschien in Nr. 73 vom 27. März 1857 u. d. T. »Lord Palmerstons Adresse an die Wähler von Tiverton. Lug und Trug« (NFA XVIII a, S. 730 f.).

25.3.57
Nach dem Victoria Tower – Damals noch im Bau befindlicher quadratischer Hauptturm am Südende des neuen Parlamentsgebäudes; erst 1860 fertiggestellt.
Lord Cranworth's Divorce Bill ... gekauft – Das gegen starken Widerstand schließlich verabschiedete Gesetz sah die Schaffung eines eigenen Gerichtshofes für Ehefragen vor, dem alle bisher vom Oberhaus sowie von kirchlichen und gemeinrechtlichen Instanzen ausgeübten Kompetenzen übertragen wurden. Das Scheidungsverfahren wurde dadurch beschleunigt und verbilligt und somit für die Masse der Bevölkerung überhaupt erst praktisch zugänglich gemacht. Das Scheidungsrecht stand zur gleichen Zeit auch im preußischen Landtag zur Debatte; vgl. Anm. zum 11.8.57.
Kranz-Gedicht für ... Maxens Schwiegereltern – Nicht überliefert.

28.3.57
»Bon soir Messieurs« auf der Staffelei – Das 1858 fertiggestellte Ölbild behandelt eine Episode im Siebenjährigen Krieg und spielt im schlesischen Lissa, am Abend nach der für Preußen siegreichen Schlacht von Leuthen 1757, als Friedrich der Große ohne Begleitung mit einem »Bon soir, Messieurs« einen Saal des Schlosses betrat, in dem kriegsgefangene österreichische Offiziere versammelt waren. Nach Kuglers »Geschichte Friedrichs

des Großen«, in der die Episode überliefert ist, waren diese so verdutzt, daß sie sich nicht zu regen wagten.

29.3.57
über seine Herodes-Vorlesung ... beim König – Zum weiteren Schicksal von Lepels Drama vgl. Anm. zum 21.1.58.

1.4.57
Zum Minister-Präsidenten – Otto von Manteuffel.
Toast für Max gemacht – Nicht überliefert.

2.4.57
Hier steh des Dichters höhre Warte – Ironische Anspielung auf Freiligraths Verse von 1841: »Der Dichter steht auf einer höhern Warte / als auf den Zinnen der Partei«, die seinerzeit eine heftige Kontroverse ausgelöst hatten, gipfelnd in Herweghs flammendem Bekenntnisgedicht »Die Partei«. Freiligrath, der seine Äußerungen 1844 widerrufen und sich kopfüber in die Politik gestürzt hatte, war freilich 1857 längst wieder von einer direkten politischen Parteinahme abgerückt.

3.4.57
Brief an Prof. Gn. ... – Rudolf Gneist.

5.4.57
In Gneist's Buch gelesen – Gerade neu erschienen war damals Rudolf Gneists voluminöse »Geschichte und heutige Gestalt der Ämter in England, mit Einschluß des Heeres, der Gerichte, der Kirche, des Hofstaats«. Sie bildete den ersten Band seiner Übersicht über »Das heutige englische Verfassungs- und Verwaltungsrecht«.

7.4.57
Metzel's Bedenklichkeiten gegen »den letzten Censor« – Ungeklärt; möglicherweise besteht ein Bezug zu einer ungedruckt gebliebenen Korrespondenz Fontanes; vgl. Anm. zum 20.8.56.

8.4.57
Argonautensitzung – Herausgebertreffen der »Argo«.

10.4.57
Bachmann's Associé stellt sich vor – Es ging vermutlich um die Neuauflage von Fontanes »Deutschem Dichter-Album«; vgl. Anm. zum 24.1.57.

11.4.57
Gearbeitet für's Kunstblatt – Im »Kunstblatt« selbst ist in der Folge kein Beitrag von Fontane nachzuweisen. Wohl aber erschienen im April 1857 zwei seiner Shakespeare-Aufsätze im »Literaturblatt des Deutschen Kunstblattes«; vgl. auch Anm. zum 4.3.57 und 17.3.57.

14.4.57
Gearbeitet (Gneist.) – Möglicherweise der in vier Fortsetzungen erschienene Leitartikel über »Das Beamtenthum in England« in der »Zeit« Nr. 110 vom 13. Mai 1857, Nr. 113 vom 16. Mai, Nr. 114 vom 17. Mai und Nr. 117 vom 21. Mai.

15.4.57
Mit Emilie aufs Bureau – Zum Sitz der Zentralpressestelle in der Leipziger Straße 110/111.
zu Tietz zum Diner – Gastgeber und Gäste gehörten zur Redaktion der »Kreuzzeitung«. Als später eine Honorarüberweisung ausblieb, schrieb Fontane seiner Frau am 14. Mai 1857, zwar hoffe er immer noch, »daß sie nachträglich zahlen wird. Vielleicht aber haben wir bei Tietz das betreffende Geld verkneipt. Das wäre teuer diniert!« (HFA, Briefe 1, S. 573); zu dem Lokal vgl. Anm. zum 21.9.56.
Um 6 in »Macbeth« – Im »Macbeth«-Abschnitt seines Aufsatzes über das Sadler's Wells Theatre verglich Fontane diese Berliner Aufführung mit derjenigen, die er am 21. Februar 1857 in London gesehen hatte (NFA XXII/3, S. 101–109).
Gearbeitet (Gneist) – Vgl. Anm. zum 14.4.57.

16.4.57
Früh zum Minister-Präsidenten – Otto von Manteuffel.

18.4.57
Unterhaltungsobjekt: der alte Rouanet – Fontane beschreibt ihn näher in »Von Zwanzig bis Dreißig« (AFA, Autobiographische Schriften 2).

reizendes Gedicht von Blomberg – Erschienen in der »Argo« für 1858 u. d. T. »Königin Waldlieb«.

20.4.57
Saul-Streit zwischen ihm und Eggers – Hermann Kettes Trauerspiel »König Saul« war Anfang Februar 1857 am Königlichen Schauspielhaus in Berlin durchgefallen; vgl. auch Anm. zum 3.2.57.

21.4.57
Uebersetzung der Erhardtschen Brochüre – Vgl. Anm. zum 15.5.57.

22.4.57
Max stellt uns seine Braut vor – Vgl. Anm. zum 17.11.56.

24.4.57
nur Frau Prediger gesprochen – Die Frau von Ferdinand Schultze, dem Pastor im Diakonissenhaus Bethanien, wo Fontane 1848/49 seine letzte Anstellung als Apotheker hatte.

25.4.57
Zum Minister-Präsidenten – Otto von Manteuffel.
Richter's Vaterunser – Das mit Holzschnitten nach Zeichnungen von Ludwig Richter illustrierte »Vater Unser in Bildern« war 1856 erschienen. Die älteste englische Ausgabe datiert von 1857.
Dr. Erhardt bringt seinen Brief – Betreffend die geplante, aber anscheinend nicht zustande gekommene Übersetzung seiner Broschüre durch James Morris; vgl. Anm. zum 15.5.57.

26.4.57
Zum Minister-Präsidenten – Otto von Manteuffel.
die neu-redigirte Schweitzer'sche Bittschrift – Ungeklärt.

27.4.57
Briefe zur Post gegeben: an Paul Heyse – Datiert vom 25. April 1857; FBV 57/34.

28./29.4.57
Mr. Rosenberg – Vermutlich der gleiche, den Fontane 1857 in seiner Beschreibung des Einzugs der Königin Victoria in Manchester

erwähnte, wo inmitten des Fahnenmeers auf der Market Street ein preußischer Adler seine Aufmerksamkeit angezogen hatte: »Es war der Zigarrenhändler Rosenberg, der für unsere Vertretung auf dem Flaggen-Kongresse gesorgt hatte, und wie ein gutes Beispiel nie verloren ist, so hing daneben ein ›Prince of Prussia‹ in großen lateinischen Buchstaben.« (Dieser Passus aus dem »Zeit«-Artikel von 1857 wurde 1860 nicht in die Buchveröffentlichung von »Aus England« aufgenommen; NFA XXIII/2, S. 223.)
lauter deutsche Juden, die jetzt in Manchester leben – Unter den etwa 1000 Personen aus den Staaten des Deutschen Bundes, die zur Zeit der Volkszählung von 1851 in Manchester ansässig waren, befanden sich annähernd 300 Juden.
Mr. Nathan sehr reich – Edward Nathan, aus Schlesien stammend und seit den dreißiger Jahren als Exportkaufmann in England ansässig, hatte 1848 zu den Unterzeichnern der Adresse der Deutschen von Manchester an die Frankfurter Nationalversammlung gehört und beteiligte sich auch an der örtlichen Sammlung für die Aufstellung einer deutschen Flotte.
ein junger Herr Hansemann – Adolf Hansemann war ein Sohn des Aachener Fabrikanten und Versicherungsunternehmers David Hansemann (1790–1864), der 1848 vorübergehend preußischer Finanzminister gewesen war. Daß es Hansemann jr. nach Fontanes Urteil an Verstand fehlte, hinderte ihn freilich nicht daran, zu einem der einflußreichsten Finanzmagnaten des Kaiserreichs aufzusteigen.
abgestiegen in St. Paul's Hôtel – Nr. 6 St. Paul's Churchyard, in unmittelbarer Nähe der Kathedrale. Fontane blieb nach seiner Rückkehr aus Berlin eine Woche dort wohnen, bis er am 6. Mai 1857 nach Soho umzog.

30.4.57
»Le Nord« gekauft – Diese belgische Zeitung wurde von der Zentralpressestelle »gern zur Veröffentlichung von Nachrichten und diplomatischen Verhandlungen benutzt, bei denen Geheimhaltung der Quelle erstes Erfordernis war« (Wappler, S. 49).
An Emilie ... geschrieben – FBV 57/35.

1.5.57
Artikel ... (über »la cuffia del silenzio«) – Die Absicht, eine Übersetzung dieses Artikels im »Morning Chronicle« zu publizieren,

scheiterte am Widerstand des Redakteurs; vgl. Tagebucheintrag vom 7. Mai 1857.

2.5.57
geschrieben (die Niedergeschlagenheit der Tories) – Abgedruckt in der »Kreuzzeitung« Nr. 105 vom 6. Mai 1857 u. d. T. »Palmerston und die ›Press‹« (NFA XVIII a, S. 731).

3.5.57
Nach dem Hôtel zurück – Vgl. Anm. zum 29.4.57.

4.5.57
Auf die Kunstausstellung in der Royal Academy – Es war dies nach 1852 (vgl. Anm. zum 22.6.52) und 1856 (vgl. Anm. zum 10.6.56) die dritte Sommerausstellung der Akademie, die Fontane besuchte; seine Besprechung erschien in der »Kreuzzeitung« Nr. 140 vom 19. Juni 1857 u. d. T. »Die Londoner Kunstausstellung« (NFA XXIII/1, S. 29–36).

5.5.57
Noch einmal auf die Kunstausstellung – Vgl. Anm. zum 4.5.57.

6.5.57
»Richard II« (Kean'sche Bearbeitung) gekauft – »Shakespeare's play of King Richard II, arranged for representation at the Princess's Theatre, with historical and explanatory notes by C. Kean« war erst kurz zuvor veröffentlicht worden. In seiner Artikelserie über »Die Londoner Theater mit Rücksicht auf Shakespeare« ging Fontane darauf näher ein (NFA XXII/3, S. 67–72).
nach 9 East Compton Street – Dort hatte Fontane, nachdem er die erste Woche nach seiner Rückkehr aus Berlin im Hotel verbracht hatte, für die nächsten drei Monate sein Zuhause, bis er am 10. August 1857 mit seiner inzwischen aus Deutschland übergesiedelten Familie von Soho nach Camden Town umzog.

7.5.57
Gearbeitet. (Die Shadwell-Theater.) – Erschienen in der »Kreuzzeitung« Nr. 117 vom 21. Mai 1857 (NFA XXII/3, S. 674–677); vgl. auch Tagebucheintrag vom 23. Januar 1857.
An Emilie geschrieben – FBV 57/36.

Weigert sich den Artikel ... zu drucken – Bei dem Beitrag über »the cap of silence« handelte es sich um einen von Michael Mannock ins Englische übersetzten Text aus dem »Giornale officiale della Sicilia«, den der preußische Gesandte als zeitweiliger Vertreter der neapolitanischen Interessen in London im »Morning Chronicle« gedruckt sehen wollte; vgl. Tagebucheintrag vom 1. Mai 1857.

8.5.57
Gearbeitet. (die Schadwell-Theater.) – Vgl. Anm. zum 7.5.57.
Glovers Weigerung ... besprochen – Vgl. Anm. zum 7.5.57.
An ... Emilie geschrieben – FBV 57/37.

9.5.57
geschrieben. (der Schalk als Lakai) – Abgedruckt in der »Kreuzzeitung« Nr. 110 vom 13. Mai 1857 (NFA XVIII a, S. 731 f.).

10.5.57
Gearbeitet. (Die Londoner Kunstausstellung) – Vgl. Anm. zum 4.5.57.

11.5.57
Gearbeitet (Londoner Kunstausstellung) – Vgl. Anm. zum 4.5.57.

12.5.57
Gearbeitet. (Shakespeare-Aufsatz.) – Im Zusammenhang mit der Abfassung des sogenannten »Macbeth-Aufsatzes« (vgl. Anm. zum 25.2.57) begann Fontane um diese Zeit mit der Überarbeitung seiner früheren Theaterrezensionen im »Literaturblatt des Deutschen Kunstblattes« für eine Artikelserie über »Die Londoner Theater«, die Anfang 1858 in der »Zeit« erschien; vgl. Anm. zum 1.1.58.
Ueber Garrick, Barton Booth, Cibber u. Betterton gelesen – Aus welcher Quelle Fontane hier schöpft, ist nicht zu klären, doch verwertete er die gewonnene Information in der Einleitung zu seiner Artikelserie über die »Londoner Theater« (NFA XXIII/3, S. 15).

13.5.57
geschrieben. (der Häuser-Einsturz in Tottenham-Court-Road) – Abgedruckt in der »Kreuzzeitung« Nr. 113 vom 16. Mai 1857 (NFA XVIII a, S. 732 f.).

Aufsatz über die Londoner Kunst Ausstellung – Vgl. Anm. zum 4.5.57.
Nekrolog über Graf Ficquelmont – Ein Nachruf auf »General Graf Ficquelmont« stand in der Augsburger »Allgemeinen Zeitung« Nr. 127 vom 7. Mai 1857.
Kritik über Häussers Deutsche Geschichte gelesen – Ludwig Häussers seit 1854 im Erscheinen begriffene »Deutsche Geschichte vom Tode Friedrichs des Großen bis zur Gründung des deutschen Bundes« war 1857 mit der Publikation des vierten Bandes, der die Befreiungskriege und den Wiener Kongreß behandelte, abgeschlossen worden.

14.5.57
Artikel über Dänemark u. die Herzogthümer – Vgl. Anm. zum 18.5.57.
geschrieben an ... Emilie – FBV 57/38.
die Aufnahme aller auf Neapel Bezug habenden Artikel – Hatte Glover auch früher schon abgelehnt; vgl. Anm. zum 4.11.56.

15.5.57
Einige Verse geschrieben – Vermutlich für »Die Fahne Schwerins«, wie auch am 16. Mai 1857 bezeugt.
Unterredung ... über's Prinz Napoleon – An dieser Stelle dürfte Emilie bei Herstellung der Reinschrift des Tagebuchs etwas ausgelassen haben.
»I never met with such a beast before« – Was der britische Außenminister dem Vetter des Kaisers der Franzosen vor allem verübelt haben dürfte, war seine Berufung auf die demokratischen Elemente der bonapartischen Tradition, in deren Namen er die liberale Opposition in Frankreich unterstützte sowie die italienische Nationalbewegung, was beides die Stabilität des Status quo bedrohte. Die Gefahr erschien um so größer, als Prinz Napoleon 1852 trotz seiner politisch exponierten Stellung zum Nachfolger des Kaisers nominiert worden war bzw. als Regent im Falle der Minderjährigkeit eines legitimen Erben.
über Erhardtsche Brochüre ... gesprochen – Die beabsichtigte Publikation einer englischen Übersetzung dieses Werkes scheint nicht zustande gekommen zu sein; vgl. Anm. zum 28.2.57.
Auszüge aus Haeussers Geschichte gelesen – Vgl. Anm. zum 13.5.57.

16.5.57
Verse gemacht. (Die Fahne Schwerin's) – Vgl. Anm. zum 27.5.57.
Nach 6 Caroline Villas – Vgl. Anm. zum 8.8.58.
Wieder nach 15 Pratt-Street – Zur Wohnung der Familie Beta.

17.5.57
mit der großen Verbindungs-Bahn bis Kew – Der sogenannten »Junction Railway«; vgl. Anm. zum 15.6.56.
In dem schönen Garten ... umherpromenirt – Die Royal Botanic Gardens in Kew, südwestlich von London an der Themse gelegen, waren zuerst im 18. Jahrhundert angelegt und seither vielfach erweitert worden.

18.5.57
Correcturbogen ... von Bachmann – Druckfahnen der 4. Auflage des von Fontane herausgegebenen »Deutschen Dichter-Albums«.
Chronicle bringt einen unserer Artikel – Der von Fontane verfaßte Leitartikel über die Schleswig-Holstein-Frage erschien in der Ausgabe Nr. 28,206 vom 18. Mai 1857.
An die †Zeitung geschrieben – Publiziert in der »Kreuzzeitung« Nr. 119 vom 24. Mai 1857 u. d. T. »Die Diktatur. Rathlosigkeit der Opposition. Ein verzweifelter Feldzugsplan« (NFA XVIII a, S. 733 f.).
Grote's Geschichte Griechenlands gelesen – Das zwölf Bände umfassende englische Originalwerk, betitelt »History of Greece«, war zwischen 1846 und 1856 erschienen. Fontane benutzte vermutlich die 1850 begonnene deutsche Ausgabe, »Geschichte Griechenlands. Nach der zweiten Auflage aus dem Englischen übertragen«, deren sechster und letzter Band 1857 herausgekommen war.
ein Gegensatz zu Droysen – Dessen »Geschichte Alexanders des Großen« war 1833 erschienen und stellte den Makedonenkönig im Hegelschen Sinne als Verkörperung des Hellenismus dar.

20.5.57
geschrieben (Lord Palmerston als Reformer) – Erschienen in der »Kreuzzeitung« Nr. 127 vom 4. Juni 1857 u. d. T. »Lord Palmerston und seine innere Politik« (NFA XVII, S. 581 ff.).
ein Gedicht beigeschlossen – Vgl. Anm. zum 16.5.57.
An ... Eggers geschrieben – FBV 57/39.

21.5.57
An ... Emilie geschrieben – Datiert vom 20. Mai 1857; FBV 57/38.
Geplaudert mit Mr. [Gibbs] (seedsman) – In seinem Brief vom 25. Mai 1857 trug Fontane Lepel auf, dem gerade in Berlin anwesenden Collins mitzuteilen, er würde bei Simpson vermißt. »Übrigens hätt' ich meine Bekanntschaft jetzt vom leatherseller auch auf den seedsman ausgedehnt, so daß mir zur Erörtrung feiner politischer Fragen immer Gelegenheit gegeben wäre« (FL II, S. 180). Was den Namen des Samenhändlers angeht, so verzeichnet das Londoner Gewerbeadreßbuch für 1857 unter der entsprechenden Rubrik zwei Einträge: George Gibbs & Co, »Agricultural Seedsmen«, 26 Down Street, Piccadilly, sowie Thomas Gibbs & Co, »Seedsmen to the Royal Agricultural Society of England«, 90 Piccadilly und 47 Halfmoon Street.
4 Rthr 27 Sgr. ... empfangen – Vermutlich für Fontanes Korrespondenz im Februarheft der »Illustrierten Monatshefte«; vgl. Anm. zum 24.12.56.

22.5.57
Mit Alberts ... in die Lobster Kneipe – Zu Scott's in der Coventry Street am Haymarket unweit der preußischen Gesandtschaft.
Gearbeitet. (Prinz Louis Ferdinand.) – Das Gedicht wurde erstmals am 13. Februar 1859 im »Tunnel« vorgetragen und anschließend in der »Argo« für 1860 gedruckt (AFA, Gedichte 1).

23.5.57
An Emilie geschrieben – FBV 57/41.
verschiedene Leitartikel über die dowry-question – Nachdem die Verlobung zwischen Prinz Friedrich Wilhelm von Preußen und der Princess Royal am 16. Mai 1857 offiziell bekanntgegeben worden war, mußten das Heiratsvorhaben und vor allem die Mitgift nunmehr parlamentarisch genehmigt werden, was einige kritische Kommentare mit sich brachte.
Gearbeitet. (Prinz Louis Ferdinand.) – Vgl. Anm. zum 22.5.57.

24.5.57
Gearbeitet. (Prinz Louis Ferdinand; Lied an Eggers.) – Zu dem Gedicht über »Prinz Louis Ferdinand« vgl. Anm. zum 22.5.57; zu dem Gedicht »An Friedrich Eggers. Sonntag d. 24. Mai 1857

(Bei der Nachricht von Zöllners Verlobung)‹ vgl. AFA, Gedichte 3.
Zum Diner auf die Gesandtschaft – Über diesen Abend berichtet Fontane ausführlich und äußerst amüsant in seinem Brief an Lepel vom 25. Mai 1857, dem auch die nachfolgenden Zitate entstammen.
Dr. Pertz nebst Frau – Letztere sei ›eine recht nette Engländerin, die immer behufs Kinderkriegung in ihre Heimath reist; die Accoucheure sollen das hier nämlich so gut verstehn, daß der ganze Vorgang ein halbes Vergnügen ist‹. Ihr Mann hingegen »saß so stramm, so tüchtig, so deutsch aber auch so Langweiligkeits-angeflogen da, daß er mich immer an die 7 Bände ›Leben des Freiherrn von Stein‹ erinnerte, die auch so stattlich und wakker, aber doch schwer klein zu kriegen sind« (FL II, S. 179).
Prof. Leopold Ranke – Von ihm heißt es: »Es war mir höchst interessant, dieser Lebhaftigkeit, diesem halb-unverständlichen, gestikulationsreichen Vortrage, diesen gemüthlich ausgetheilten Hieben nach rechts und links hin und am häufigsten gegen sich selbst zu folgen. Erst sprach er mit kostbarem Humor über die 5beinigen assyrischen Thiere; dann über seine neuste Biographie in einem englischen Blatt wo er als Katholik, Ronge-Freund und Mitarbeiter der Kreuzzeitung abconterfeit sei, ein geistiges Portrait, das ihn lebhaft an einen in Amerika herausgegebenen Steindruck erinnert habe, ›auf dem er als ein großer Kerl mit einem langen Husarenschnauzbart und überhaupt als ein teutonischer Schlagetot abgebildet wäre‹. Wenn man nun den kleinen, beweglichen, immer lachenden Dreikäsehoch gerade vor sich hat, so hat diese Darstellung allerdings was sehr komisches. Von einem jungen Prinzen (ich glaube von Meiningen) sagte er: ›er muß brav sein, denn er hat 3 Semester bei mir ausgehalten‹ und als von dem Bau einer neuen Bibliothek die Rede war, rief er: ›ja wohl, ja wohl, nur zu! wer so was vor hat, der eile sich; unter der nächsten Regierung ist es vorbei damit.‹ Es kam noch besser heraus und war ein Doppelhieb, einmal gegen die jetzigen Zustände aber auch schon anticipando gegen die kommenden« (FL II, S. 180). Leicht variiert, findet sich diese Anekdote auch in einem Spitzelbericht von Edgar Bauer, der den nichtsahnenden Fontane regelmäßig abgeschöpft zu haben scheint (Bauer, S. 274).
Prof. Waagen – Hielt sich aus Anlaß der Kunstausstellung in Manchester in Großbritannien auf. Sein Ausstellungsführer wurde spä-

ter auch von Fontane zu Rate gezogen: »A Walk through the Art-Treasures Exhibition at Manchester under the Guidance of Dr. Waagen. A Companion to the Official Catalogue«, London 1857.
Herr Deichmann (das prinzeßliche Popularitätsobject aus Köln) – Was genau damit gemeint ist, bleibt unklar. In Fontanes Brief an Lepel vom 25. Mai 1857 heißt es, Deichmann, »übrigens ein ganz netter Kerl«, sei »dadurch besonders interessant, daß seine ganze Familie das beständig gespannte Seil ist, worauf die Prinzessin von Preußen ihre Popularitäts-Sprünge zur Erbauung des bürgerlichen Publikums macht« (FL II, S. 179).
Herr v. d. Osten – Von ihm bemerkte Fontane in seinem Brief an Lepel lakonisch, er sei »eben ein Tenor; er muß singen, dann geht's« (FL II, S. 179).

25.5.57
Geschrieben an Emilie, Lepel – FBV 57/42 und 57/43.
Gearbeitet (Macbeth.) – Vgl. Anm. zum 25.2.57.

26.5.57
Anzeigen für Mrs. Neßler – Vermutlich um Schüler für ihre Internatsschule in Berlin anzuwerben.
Gearbeitet. (Macbeth.) – Vgl. Anm. zum 25.2.57.

27.5.57
Epsom Races (Derby-Tag.) – Vgl. auch die Tagebucheinträge vom 26. Mai 1852 sowie vom 28. Mai 1856.
†Zeitung bringt meine Verse: »Die Fahne Schwerin's« – In der Ausgabe Nr. 120 vom 26. Mai 1857 (AFA, Gedichte 1).
hat auf den »Anton« ... gewettet – Wer immer auch Alick gewesen sein mag, sein Einsatz war jedenfalls verloren. Das Derby von 1857, bei dem 30 Pferde am Start waren, wurde von »Blink Bonny« unter dem Jockey Charlton gewonnen.
Gearbeitet. (Macbeth.) – Vgl. Anm. zum 25.2.57.

28.5.57
An ... Emilie ... geschrieben – FBV 57/44.
Einrichtungs Ueber- u. Anschläge gemacht – Die bevorstehende Übersiedlung Emilies und der Kinder nach London machte einen abermaligen Wohnungswechsel erforderlich.

29.5.57
In der »Schweiz« Brandy u. Water – Welches Westendlokal Fontane meint, war nicht zu ermitteln.
Gearbeitet. (Shakespeare-Aufsatz.) – Vgl. Anm. zum 12.5.57.

31.5.57
Gearbeitet. (Shakespeare.) – Vgl. Anm. zum 12.5.57.

2.6.57
Gearbeitet. (Surrey-Theater.) – Erschienen in der »Zeit« Nr. 20 vom 14. Januar 1858 im Rahmen der Artikelserie über »Die Londoner Theater«; Wiederabdruck 1860 in »Aus England« (NFA XXII/3, S. 29 ff.).

3.6.57
Gearbeitet (Lyceum-Theater.) – Erschienen in der »Zeit« Nr. 19 vom 13. Januar 1858 im Rahmen der Artikelserie über »Die Londoner Theater«; Wiederabdruck 1860 in »Aus England« (NFA XXII/3, S. 31–35).
An Dr. Beutner und die Kreuzzeitung geschrieben – Vgl. FBV 57/45 sowie die Korrespondenz in der Ausgabe Nr. 129 vom 6. Juni 1857 u. d. T. »Personalien. Amerikanische Schiffe. Kunst« (NFA XVIII a, S. 735). In dem für sein Verhältnis zur »Kreuzzeitung« äußerst aufschlußreichen Brief beklagt sich Fontane, daß er »an dem Blatt in keinerlei Weise, auch nicht in allerbescheidenster, mitzuwirken« habe, sondern »ein bloßes Ornament« und »politisch ... eine Null« sei. »Es liegt Ihnen überhaupt nichts am Raisonnement und an dem meinigen erst recht nichts, weil Sie fühlen, daß wir in Beurtheilung Englands mit unseren Ansichten auseinandergehen und eigentlich nur da zusammentreffen, wo speziell gegen Preußen gerichtete Unverschämtheiten uns plötzlich auf denselben Boden der Vaterlandsliebe und der Abwehr stellen« (HFA, Briefe 1, S. 574).
ebenso an Emilie – FBV 57/46.
Literatur-Blatt-Aufsätze zum copiren eingeschickt – Weshalb Fontane seine im »Literaturblatt des Deutschen Kunstblattes« erschienenen Theaterkritiken zum Abschreiben nach Berlin schickt, ist unklar.

4.6.57
Aufsatz über engl. Schulwesen – In der Augsburger »Allgemeinen Zeitung« Nr. 150 vom 30. Mai 1857 u. d. T. »Von gelehrten Schulen in Großbritannien«.
Ein Buch intendirt – Vgl. auch Tagebucheintrag vom 19. August 1856 mit der ersten Konzeption für die »Wanderungen durch die Mark Brandenburg«. Das hier skizzierte Projekt stellt eine Präzisierung jenes Plans dar, beinhaltet aber auch gewisse Modifikationen; vgl. dazu im einzelnen AFA, Wanderungen 7.
Sidonie von Borck – Mit der Geschichte der »Bernsteinhexe« beschäftigte sich Fontane eingehender in den Jahren 1879 und 1882. Das Novellenfragment mit Vorarbeiten ist abgedruckt in NFA XXIV, S. 187–209.

5.6.57
Auszüge aus Marmonts Memoiren – Die neunbändigen »Mémoires« des im Exil gestorbenen französischen Marschalls waren 1856 postum publiziert worden, und kommentierte Passagen daraus wurden seit Anfang des Jahres 1857 in unregelmäßiger Folge von der Augsburger »Allgemeinen Zeitung« veröffentlicht. Die Anfang Juni erschienenen Beiträge galten allerdings anderen Themen, während ein Artikel zum Thema »Marschall Marmont über den Prinzen Eugen, Vicekönig von Italien« bereits in der Ausgabe Nr. 48 vom 17. Februar 1857 erschienen war.

6.6.57
An Emilie – FBV 57/47.
An ... die †Zeitung ein Wort zur Verständigung – Ein Brief an Beutner unter diesem Datum ist nicht überliefert, doch könnte es sich dem Thema nach um das in Anm. zum 3.6.57 zitierte Schreiben handeln. Beigelegt gewesen sein dürfte eine vom 6. Juni datierende Korrespondenz Fontanes, die u. d. T. »Ruinen in London« in der »Kreuzzeitung« Nr. 132 vom 10. Juni 1857 erschien und im wesentlichen den Inhalt eines Artikels im »Morning Chronicle« wiedergibt (NFA XVIII a, S. 735 f.).
Mit ... dem endlosen Erfinder, den Abend verplaudert – Auch Beta merkte von Bühring kritisch an, daß »aus seiner nie ruhenden, hohen Stirn ... stets Erfindungen hervorstürzen wie aus einem Füllhorne. Zuletzt ließ ich ihn damit gar nicht mehr zu Worte

kommen und brach ihm jede Erfindung mitten im Munde mit dem Bemerken entzwei, daß die geringste und unscheinbarste Erfindung, und sei's nur eine ›höhere Stiefelwichse‹, aus- und durchgeführt mehr wert sei als alle die Welt in den Himmel erhebenden Einfälle und Erfindungen des Kopfes.‹ Er rechne es sich daher als Verdienst an, daß Bühring dann unter »consequentem Abweisen aller Theorie zu Gunsten einer einzigen Praxis« die »plastische Kohle« erfunden habe (Gartenlaube 1857, S. 592 f.).

7.6.57
Gearbeitet (Die dänische Note etc.) – Für einen Leitartikel im »Morning Chronicle«; vgl. Anm. zum 11.6.57.
Andeutungen ..., die ihn nicht als abgeneigt erscheinen lassen – Es scheint, daß Fontane in der Folge gelegentlich auch Artikel im »Morning Star« veröffentlicht hat, doch lassen sie sich auf Grund der spärlichen Angaben nicht identifizieren. Am 13. Juli 1857 meldete Edgar Bauer nach Kopenhagen, Fontane habe versucht, einen Artikel ›in den ›Morning Star‹ zu bringen, doch erregte das entsetzliche Englisch bei der Redaktion Anstoß. Dieses Englisch war aus der Feder eines deutschen literarischen Tagelöhners namens Beta geflossen‹ (Bauer, S. 233).
Häupter – Mundartlicher Ausdruck für Anführer; belegt bei Wossidlo-Teuchert, Mecklenburgisches Wörterbuch, Bd. 3, 1961.
Court of Chancery – Oberste Gerichtsinstanz in Billigkeitssachen, gegen deren Entscheidung nur noch die Appellation an das Oberhaus möglich war.
Abkutsche – Lesung im Manuskript eindeutig, doch ist der Begriff bei Grimm, Deutsches Wörterbuch, nicht belegt.
»Englische Freiheit« – Bei dem 1857 im Leipziger Verlag von Otto Wigand erschienenen Werk handelte es sich um eine Zusammenstellung von ausgewählten Korrespondenzen Bauers an die »Altonaer Zeitung«.

8.6.57
Gearbeitet (die dänische Note etc.) – Vgl. Anm. zum 11.6.57.
geschrieben. (Taufe in Prussia House.) – Fontanes Korrespondenz über die Taufe der Victoria Anna von Bernstorff erschien in der »Kreuzzeitung« Nr. 133 vom 11. Juni 1857 u. d. T. »Aus Prussia-House« (NFA XVIII a, S. 736).

9.6.57

Gearbeitet (Prinzeß-Theater.) – Erschienen in fünf Fortsetzungen zwischen dem 28. Januar und dem 11. Februar 1858 in der »Zeit« als Teil der Artikelserie über »Die Londoner Theater«; Wiederabdruck 1860 in »Aus England« (NFA XXII/3, S. 38–72).
Aufregung in Folge des Feuers auf Camden-Town Station – Bahnhof an der sogenannten »Junction Railway« (vgl. Anm. zum 15.6.56) in der Nähe von Connaught Square, wo Fontane sich gerade aufhielt, und auch unweit von seiner späteren Wohnung in St. Augustine's Road.

10.6.57

um den Prinzen Friedrich Wilhelm zu empfangen – Der zum Besuch seiner Braut nach England kam, nachdem Heirat und Apanage Ende Mai die parlamentarische Billigung erhalten hatten.
hübscher Aufsatz über Kopisch – In der Augsburger »Allgemeinen Zeitung« Nr. 156 vom 5. Juni 1857; der Verfasser war Max Müller.

11.6.57

Chronicle ... über die Herzogthümer – In der Ausgabe Nr. 28,227 vom 11. Juni 1857.
Briefe geschrieben – Überliefert sind von den aufgelisteten Adressaten lediglich die Schreiben an Eggers (FBV 57/48) und Emilie (FBV 57/49), beide datiert vom 10. Juni 1856, sowie, unter dem Datum des 11. Juni 1857, dasjenige an Dr. Beutner (FBV 57/50), in dem noch einmal das Verhältnis zur »Kreuzzeitung« thematisiert wird; vgl. Anm. zum 3.6.57. Nicht im Tagebuch vermerkt ist dagegen ein erhaltener Brief Fontanes an seinen Sohn George (FBV 57/51), der wohl den an Emilie gerichteten Zeilen vom Vortag beigelegt wurde.

13.6.57

Die Copieen aus Berlin treffen ein – Vgl. Anm. zum 3.6.57.
In Julian Schmidts Literaturgeschichte gelesen – Die vollständige Titelangabe des 1853 in zwei Bänden in Leipzig erschienenen Werkes lautete: »Geschichte der deutschen Nationalliteratur im neunzehnten Jahrhundert«. Eine »dritte, wesentlich verbesserte Auflage« davon lag seit 1856 vor.

14.6.57
in »Thomas Ingoldsby's Legenden« gelesen – Humoristische illustrierte Verserzählungen nach Art von Wilhelm Busch, geschrieben für die von Charles Dickens herausgegebene Zeitschrift »Bentley's Miscellany«; die erste Sammlung in Buchform war 1840 erschienen.
Freund Theodor Hook's auch von Sidney Smith – Barham und Hook kannten sich seit ihren Studententagen in Oxford, und Sidney Smith war nach dem Wahlsieg der Whigs 1831 Kanoniker an der St. Pauls Kathedrale geworden, wo der politisch konservative Barham bereits seit 1821 amtierte. Zu den Einzelheiten vgl. die von Barhams Sohn Richard Harris Dalton 1849 publizierte Biographie »The Life and Remains of Theodore Edward Hook«, mit einer erweiterten Neuauflage aus dem Jahre 1853.
bis zur Zeit der Reformbill – Mit ihrer Verabschiedung waren 1832 zahlreiche »rotten boroughs«, d. h. historische Wahlkreise, in denen kaum noch Wähler wohnten, beseitigt und die entsprechenden Abgeordnetensitze an neuentstandene Ballungszentren, namentlich im nordenglischen Industriegebiet, abgetreten worden. Gleichzeitig hatte das Gesetz für eine Vereinheitlichung und begrenzte Erweiterung des persönlichen Wahlrechts gesorgt, das seither an einen bestimmten Steuersatz in den Städten und auf dem Lande an ein Minimum von Grundbesitz gebunden war.
Die Biographie Barhams's – Seit dem Tode des Autors war den Neuauflagen der »Ingoldsby Legends« ein Lebensabriß aus der Feder seines gleichnamigen Sohnes vorangestellt, der 1870 auch eine umfassende zweibändige Biographie seines Vaters publizierte: »The Life and Letters of the Rev. Richard Barham«.

15.6.57
Metzel ... flüchtet sich hinter Dienstlichkeit u. Grobheit – Aus Fontanes Brief an Emilie vom gleichen Tage läßt sich entnehmen, daß der Direktor der Zentralpressestelle ihn auf den Geschäftsgang verwiesen hatte, was den erbetenen Zuschuß für die Übersiedlung seiner Familie nach London betraf. Geldfragen ließen sich nicht so »huller di buller« erledigen, habe in Metzels Schreiben gestanden, und wenn ihm das pedantisch erscheine, so habe es doch durchaus auch sein Gutes (FAP).

An Emilie geschrieben – FBV 57/52.
Buchers Kritik über »Little Dorritt« – Erschienen in der »National-Zeitung« Nr. 269 vom 13. Juni 1857, nach Ausgabe der zwanzigsten und letzten Lieferung des Romans Ende Mai.

17.6.57

Herrn Siemens getroffen – Fontane ging allerdings auf dessen Vorschlag nicht ein und trat seine geplante Reise nach Manchester, wo er die große Gemäldeausstellung besuchen wollte, erst am 28. Juni an.
she is married now (to Mr. Everett) – Hier muß es sich um ein Gerücht gehandelt haben. Miss Leclerq heiratete erst 1877, und zwar den Schauspieler John Nelson (1830–1879).

18.6.57

geschrieben (Manchester. engl. National Dünkel) – Abgedruckt in der »Kreuzzeitung« Nr. 144 vom 24. Juni 1857 u. d. T. »Das kunstvolle Manchester und die Abschlagszahlung Horace Vernets« (NFA XXIII/2, S. 221 f.).

19.7.57

Einige Zeilen von Emilien – Sie freue sich, heißt es darin, nicht vorher von Metzels Brief gewußt zu haben (vgl. Anm. zum 15.6.57). So habe sie nämlich den Direktor der Zentralpressestelle unbefangen bitten können, ihr zur Finanzierung der Reise Fontanes Juligehalt als Vorschuß auszuzahlen, worauf er auch sofort eingegangen sei (FAP).
Excellenz nimmt Rücksprache mit mir – Der Niederschlag davon findet sich in Bernstorffs Bericht an Manteuffel vom 22. Juli 1857. Darin sprach sich der preußische Gesandte trotz aller Schwierigkeiten für eine Fortsetzung der Beziehung zum »Morning Chronicle« aus, da ein anderes Blatt nun einmal nicht zu haben sei. Ein Wechsel in der Person des Verbindungsmannes sei ebenfalls nicht wünschenswert. Die Verlängerung von Fontanes Vertrag stimme zudem auch »mit seinen eigenen Wünschen überein, die er mir vorgetragen hat und die auch dem Herrn Direktor der Zentralstelle bekannt sind. Weitere besondere Anträge, als daß ihm seine hiesige Stellung auf etwa drei Jahre zugesichert werde, hat er mir gegenüber nicht gestellt« (GStA PK, Rep. 77, Tit. 939, Nr. 40 [2.3.35, Nr. 322], Bl. 52).

Nach Peels Caféhaus – Peele's Coffee House in der Fleet Street (Fontane scheint seinen Namen fälschlicherweise mit dem konservativen Politiker Sir Robert Peel zu assoziieren) hatte seinen Höhepunkt als Zentrum literarischen Lebens zur Zeit Dr. Johnsons erlebt.

20.6.57

An Emilie geschrieben – Datiert vom 19./20. Juni 1857; FBV 57/53.
Prinzeß-Theater. (A game of romps. Richard II.) – Bei dem als Vorspiel zu Shakespeares Historiendrama gegebenen Stück handelte es sich um eine Farce in einem Akt von John Maddison Morton (1811–1891). Zu Fontanes Kritik der Aufführung von »Richard II.« vgl. auch Anm. zum 27.6.57.

23.6.57

Prinz Friedrich Wilhelm zugegen – Vgl. Anm. zum 10.6.57. Durch seine Reise nach Manchester verpaßte Fontane den großen Ball zu Ehren der Königin und des Brautpaares, der am 4. Juli 1857 in der preußischen Gesandtschaft stattfand; vgl. die ausführliche Beschreibung bei Bernstorff, S. 358–362.

27.6.57

geschrieben (Croß of Valor) – Die Korrespondenz ist datiert vom 26. Juni und erschien in der »Kreuzzeitung« Nr. 150 vom 1. Juli 1857 u. d. T. »Ordensverteilung. Garde und Schützen« (NFA XVIII a, S. 736 ff.).
Gearbeitet (Richard II.) – Seine Eindrücke vom Besuch der Aufführung am 20. Juni 1857 verarbeitete Fontane im Rahmen seiner Shakespeare-Aufsätze im Abschnitt über das Princess's Theatre; erschienen in der »Zeit« Anfang 1858 und wiederabgedruckt 1860 in »Aus England« (NFA XXII/3, S. 67–72).

28.6.57

Fahrt selbst siehe (hoffentlich) »Zeit« – Fontanes Hoffnung trog. Der Reisebericht ist nicht im Druck erschienen, weshalb sich bei den Manchester-Aufsätzen eine Diskrepanz zwischen Fontanes Zählung im Tagebuch und denen der Zeitungs- und Buchfassung ergibt.
Nach Blackfriars Hôtel – Der Eigentümer Thomas Moult warb

für sein in der Blackfriars Street gelegenes »Family and Commercial Hotel« mit den Worten, es sei »centrally situated, being close to the Exchange and in the immediate vicinity of all the Railway Stations« und biete den Gästen »hot, cold and shower baths«.

29.6.57
Im Hinausgehn Titus Ullrich getroffen – Der als Berichterstatter für die Berliner »National-Zeitung« zur Kunstausstellung nach Manchester gekommen war; seine Artikel sind (in redigierter Form) wiederabgedruckt in: Titus Ulrich, Reise-Studien aus Italien, England und Schottland. Berlin 1893, S. 189–314.

30.6.57
Gespräch mit 2 Gentlemen – Fontane freundete sich näher mit ihnen an, und sie verbrachten noch mehrere Abende zusammen; vgl. Tagebucheinträge vom 1., 3. und 4. Juli 1857.

1.7.57
Gearbeitet (2ter Brief) – Erschienen u. d. T. »Manchester. Der Einzug der Königin« in der »Zeit« Nr. 156 vom 3. Juli 1857; 1860 Wiederabdruck in »Aus England« (NFA XXIII/1, S. 51 ff.).
Mit Titus Ullrich zu Wovenden's – »Wovenden's Coffee House and Hotel« befand sich auf der Market Street Nr. 71 in Manchester.
Unterredung mit dem Engländer u. Franzosen aus Indien – Fontane verarbeitete ihre Mitteilungen in seiner Korrespondenz »Verschiedene Standpunkte« (NFA XVIIIa, S. 739); vgl. auch die Tagebucheinträge vom 30. Juni sowie vom 3. und 4. Juli 1857.

2.7.57
An Emilie – FBV 57/55.
Mrs. Sibley [Sibbey?] geschrieben – Die Stelle ist im Original verschrieben. Es handelt sich zweifellos um die gleiche Person, die später unter dem Namen »Mrs. Selbey« im Tagebuch vorkommt und als »Mrs. Selby«, 8 Connaught Terrace, im Londoner Adreßbuch nachgewiesen ist. Emilie Fontane, deren Handschrift sonst recht klar ist, muß sich verhört oder die Vorlage falsch entziffert haben. Worum es in dieser Korrespondenz ging (vgl. auch Tagebucheinträge vom 8., 21. und 24. Juli 1857), möglicherweise um das Mieten einer Wohnung, ist unklar.

3.7.57
Gearbeitet (3. Brief.) – Abgedruckt in der »Zeit« Nr. 161 vom 7. Juli 1857 u. d. T. »Die Fahrt nach dem Ausstellungsgebäude. Das Ausstellungsgebäude selber«. Hier findet sich auch erstmals der Reihentitel »Aus Manchester«; Wiederabdruck 1860 in »Aus England« (NFA XXIII/1, S. 54–60).
geplaudert mit den ... Repräsentanten der Allianz – Anspielung auf die Waffenbrüderschaft Englands und Frankreichs im Krimkrieg; vgl. auch die Tagebucheinträge vom 30. Juni sowie vom 1. und 4. Juli 1857.

4.7.57
Geplaudert mit den beiden Freunden – Ein namentlich nicht genannter Engländer und ein Franzose, denen Fontane am 30. Juni 1857 in seinem Hotel zuerst begegnet war und mit denen er auch den Abend des 1. und 3. Juli verbracht hatte.

5.7.57
Nach Liverpool – Über diesen Tagesausflug berichtete Fontane später in der »Zeit«; vgl. Anm. zum 7.7.57.

6.7.57
Ruskin's Brochüre ... gelesen – John Ruskins »Pre-Raphaelitism«, die Programmschrift einer Vereinigung englischer Maler, die an die italienische Frührenaissance anknüpfen wollten und eine künstlerische Durchdringung des modernen Lebens bewirkten, war 1851 in London erschienen.

7.7.57
Vierter Bericht ... an Metzel geschickt – Erschienen in der »Zeit« Nr. 169 vom 11. Juli 1857 als dritter Artikel in der Reihe »Aus Manchester« u. d. T. »Der Wolkenbruch. Ausflug nach Liverpool. Besuch auf der Fregatte ›Niagara‹«; Wiederabdruck 1860 in »Aus England« (NFA XXIII/1, S. 60–66).
Den Chester Guide durchstudirt – Der vollständige Titel des 1852 publizierten Führers lautet: »The Chester Guide: Containing a Copious History of the Antiquities and Public Buildings of the City, and a Descriptive Account of Eaton Hall«.

8.7.57
Briefe geschrieben – An Emilie, FBV 57/56.

9.7.57
Abschied vom Blackfriars Hôtel – Vgl. Anm. zum 28.6.57.

10.7.57
Nach Cremorne Gardens – 1832 eröffneter Vergnügungspark an der King's Road in Chelsea mit Freilufttheater, Konzertmuschel, Restaurants und Tanzgelegenheit; 1877 geschlossen.

11.7.57
An Emilie ... geschrieben – FBV 57/57.
Wohnungen gesucht – Entgegen Fontanes Rat hatte sich Emilie zu einer erneuten Übersiedlung nach London entschlossen, und bei nunmehr zwei Kindern brauchte die Familie eine geräumigere Unterkunft.

12.7.57
nach Hampton-Court – Fontane war bereits im Sommer 1852 und am 27. Juli 1856 dort gewesen.

13.7.57
geschrieben. (Urtheile über ... Indien) – Die vom 16. Juli datierte Korrespondenz erschien erst in der »Kreuzzeitung« Nr. 170 vom 24. Juli 1857 u. d. T. »Verschiedene Standpunkte« (NFA XVIII a, S. 738 ff).

14.7.57
Nach Mother Red Cap – Vgl. Anm. zum 10.12.57.
52 St. Augustin Road ... gewählt – Vgl. Anm. zum 10.8.57.

15.7.57
geschrieben. (Der Glasgow Prozeß.) – In der »Kreuzzeitung« Nr. 165 vom 18. Juli 1857 steht ein Artikel über das genannte Thema, jedoch unter einem anderen Korrespondentenzeichen. Ein Irrtum erscheint allerdings in diesem Fall nicht ausgeschlossen.

16.7.57
geschrieben (Waltham Abbey.) – Der bereits am 8. Juli 1856 begonnene Artikel erschien in der »Kreuzzeitung« Nr. 173 vom 28. Juli 1857 (NFA XVII, S. 413–417).

18.7.57
zu Herrn Levien – Johann Martin Levien ist unter der angegebenen Adresse im Londoner Gewerbeadreßbuch aufgeführt als »cabinet maker and upholsterer to the Queen and King of Prussia and patentee for improved slides of dining tables«.

19.7.57
Erst in die Gallerie – Vgl. Anm. zum 13.1.56.
Crosby Hall – Der große Bankettsaal eines spätmittelalterlichen Hauses in der City beherbergte von 1842 bis 1868 die »Crosby Hall Literary and Scientific Institution«; die Holzkonstruktion wurde 1908 abgerissen, in Chelsea wiederaufgebaut und dient heute der British Federation of University Women als Speisesaal.

20.7.57
geschrieben. (die Evangelical Alliance.) – Erschienen in der »Kreuzzeitung« Nr. 170 vom 24. Juli 1857 u. d. T. »Saturday-Review über die Evangelical Alliance« (allerdings ohne Korrespondentenzeichen). Die gleiche Ausgabe der »Kreuzzeitung« enthält auch noch einen korrekt gezeichneten und vom 16. Juli datierten Artikel Fontanes u. d. T. »Verschiedene Standpunkte« (NFA XVIII a, S. 738 ff.).

22.7.57
Rücksprache ... wegen 52 St. Augustine's Road – Vgl. Anm. zum 10.8.57.
geschrieben. (Mr. Thackeray in Oxford.) – Erschienen in der »Kreuzzeitung« Nr. 171 vom 25. Juli 1857 u. d. T. »Thackeray und die schönwissenschaftlichen Politiker« (NFA XVIII a, S. 741 f.).
Lyceum Theater. Die Ristori als Lady Macbeth – Über diesen Abend bemerkt Fontane, Madame Ristoris Leistung in dieser Rolle sei »in ihrer Art so ausgezeichnet, daß es mir hinterher nicht leid tun konnte, 27 Sh. (9 Taler) für mein Billett gezahlt zu haben« (NFA XXII/3, S. 98, 2. Fußnote).

23.7.57
Besuch von Mr. Findon; keine Einigung – Über die Mietkonditionen für das Haus in St. Augustine's Road.
geschrieben. (Die Juden- u. die Fremden-Bill.) – Kein Abdruck ermittelt.
Dr. Meyen getroffen – Fontane scheint dem preußischen Flüchtling nicht nachgetragen zu haben, daß der einige Zeit vorher von ihm gesagt hatte: »Ach, was geht mich dieser Regierungs-Schweinehund an!« (HFA, Briefe 1, S. 565 f.)

24.7.57
Besuch von Mr. Findon; keine Einigung – Vgl. Anm. zum 23.7.57.

25.7.57
geschrieben. (Disraelis Motion) – Kein Abdruck ermittelt.

26.7.57
In Edgar Bauer's Buch gelesen – Vgl. Anm. zum 7.6.57.
nach Katharine's Warf – Vgl. Anm. zum 18.5.56.

27.7.57
Nach Katharine Steam-Wharf – Vgl. Anm. zum 18.5.56.
Ankunft der verwanzten Counteß of Lonsdale – Auf der auch Fontane am 8./10. September 1855 von Hamburg nach London gereist war.
Der Kleine krank – Theodor Fontane jr.
Nach Compton Street – Wo Fontane seit seiner Rückkehr aus Berlin wohnte, bis die Familie am 10. August 1857 nach St. Augustine's Road in Camden Town umzog.

30.7.57
An ... die †Ztg. geschrieben – Kein Abdruck ermittelt.
Gespräch mit dem Grafen – Dem preußischen Gesandten, Graf Albrecht von Bernstorff.

31.7.57
Contract wegen der Uebernahme des Hauses – Nr. 52 St. Augustine's Road; vgl. Anm. zum 10.8.57.
Noten in Betreff Dänemarks u. der Herzogthümer – Als Grund-

lage für den nächsten Leitartikel im »Morning Chronicle«; vgl. Anm. zum 6.8.57.
Leitartikel für Chronicle geschrieben – Vgl. Anm. zum 6.8.57.

1.8.57
Dem Grafen den leader vorgelegt – Vgl. Anm. zum 6.8.57.

3.8.57
An ... Mr. Mannock geschrieben – Vgl. Anm. zum 6.8.57.

5.8.57
Brief u. Uebersetzung von Mannock – Vgl. Anm. zum 6.8.57.

6.8.57
An Th. Glover ... geschrieben – Der von Fontane geschriebene, vom Grafen Bernstorff abgesegnete und von Michael Mannock übersetzte Leitartikel über die Schleswig-Holsteinische Frage erschien im »Morning Chronicle« Nr. 28,278 vom 10. August 1857.

8.8.57
geschrieben. (Der Fall des Kaisers.) – Abgedruckt in der »Kreuzzeitung« Nr. 185 vom 11. August 1857 u. d. T. »Zwei Fälle. Wilhelm der Eroberer. Louis Napoleon« (NFA XVIII a, S. 742). Beide Herrscher waren bei ihrer Landung in England gestürzt.

10.8.57
Uebersiedlung nach 52 St. Augustine Road – In diesem Haus, das heute die Nummer 6 trägt, blieben Fontane und die Seinen bis zu ihrer Rückkehr nach Berlin im Januar 1859 wohnen. Den Merckels beschrieb er die Anlage wie folgt: »Unser Haus besteht aus 3 Etagen, ein Souterrain, ein Hochparterre und ein Eine-Treppe-hoch. Zwei-Fenster-Front wie fast alle englischen Häuser. Die Vorderfront des Hauses ist gefällig: flaches Dach, der Abputz von graubrauner Farbe, die Fenster breit mit venezianischen Blenden; eine 12 Stufen zählende Sandsteintreppe, zu einem pfeilergetragenen Vorbau führend, aus dem man dann in den Flur (Hochparterre) des Hauses tritt. Vor dem Hause ein kleiner Blumengarten von der Größe einer zweifenstrigen Stube, hinter dem Hause ein Rasenplatz zum Spielen für die Kinder

und zum Wäschetrocknen.« Eine ausführliche Beschreibung der Innenausstattung schließt sich an (FM I, S. 582 f.).

11.8.57
Bei Murray ... die Drummondsche Uebersetzung ... gekauft
»The Law of Marriage. The Speech of Baron von Gerlach in the Prussian Chamber on the Marriage Law, with Preface by Henry Drummond MP«, London 1857. Wie sich an dieser Publikation zeigt, war die religiös motivierte Opposition gegen eine Liberalisierung des Scheidungsrechts grenzüberschreitend; vgl. auch Anm. zum 25.3.57.

12.8.57
geschrieben. (Die Kriegsgerichte in Indien) – Kein Druck ermittelt.

13.8.57
An Bachmann die Vorrede geschickt – Zur vierten Auflage des von Fontane herausgegebenen »Deutschen Dichter-Albums«.
geschrieben (Daily News über die Donaufürstenthümer.) – Abgedruckt in der »Kreuzzeitung« Nr. 190 vom 16. August 1857 u. d. T. »›Daily News‹ über die Donaufürstenthümer und den schwebenden Konflikt« (NFA XVIII a, S. 743).

15.8.57
geschrieben (Die Donaufürstenthümer. Indien.) – Gedruckt wurde lediglich die zweite Korrespondenz, und zwar in der »Kreuzzeitung« Nr. 192 vom 19. August 1857 u. d. T. »Das indische Räthsel« (NFA XVIII a, S. 743 f.).
Nach Westminster-Hall – Seit dem Großbrand von 1834 der einzig erhaltene Teil des alten Palastes von Westminster aus dem 11. Jahrhundert.
die 85 Modelle zum Wellington-Grabmal – Fontane berichtete darüber in zwei Artikeln: »Die Wellington-Monumente in Westminster-Hall«, erschienen in der »Kreuzzeitung« Nr. 206 vom 4. September 1857 (NFA XXIII/1, S. 36–38); »Die Ausstellung der Modelle zum Wellington-Grabmal«, erschienen im »Deutschen Kunstblatt« Nr. 38 vom 17. September 1857 (NFA XXIII/1, S. 39–46).

16.8.57
Warren Hastings gelesen – Essay von Thomas Babington Macaulay, zuerst 1841 in der »Edinburgh Review« veröffentlicht; vgl. Anm. zum 17.2.57.
An Eggers ... geschrieben – FBV 57/59.

17.8.57
Gearbeitet. (Die Wellington Denkmäler) – Vgl. Anm. zum 15.8.57.

18.8.57
Aktenstücke über die Donaufürstenthümer-Frage – Als Grundlage für einen Leitartikel im »Morning Chronicle«; vgl. Anm. zum 19.8.57.
Gearbeitet. (Die Wellington-Denkmäler.) – Vgl. Anm. zum 15.8.57.
Gelesen. (Warren Hastings.) – Vgl. Anm. zum 16.8.57.

19.8.57
Einen Leitartikel ... geschrieben – Erschienen im »Morning Chronicle« Nr. 28,287 vom 20. August 1857.
Aufsatz über die Wellington-Denkmäler an die †Ztg. – Vgl. Anm. zum 15.8.57.
Bowle zu Ehren der Pauli'schen Hochzeit – Das Eheglück des Historikers, der als Privatsekretär und Protegé Bunsens mehrere Jahre in der preußischen Gesandtschaft gewohnt hatte, sollte von kurzer Dauer sein, da seine Frau, eine geborene Anna Ulrichs, nur wenige Monate später starb.

20.8.57
Mama T. – Emilies leibliche Mutter, Thérèse Triepcke.

21.8.57
Nach Westminster-Hall – Zum nochmaligen Besuch der Ausstellung der Modelle zum Wellington-Denkmal; vgl. Anm. zum 15.8.57.

22.8.57
geschrieben (Allerlei.) – Es lassen sich zwei vom 22. August datierte Korrespondenzen nachweisen: »Lord Palmerston und Indien. Die Fremdenbill«, abgedruckt in der »Kreuzzeitung« Nr. 198 vom 26. August 1857 (NFA XVIII a, S. 744 f.), sowie »Das Trans-

portschiff ›Transit‹«, erschienen in der »Kreuzzeitung« Nr. 199 vom 27. August 1857 (NFA XVIII a, S. 745).

23.8.57
An Merckel's geschrieben – FBV 57/61.
(›Warren Hastings‹) gelesen – Vgl. Anm. zum 16.8.57.

24.8.57
An die †Ztg. gesch. (Allerlei.) – Vermutlich die zweite der vom 22. August 1857 datierten Korrespondenzen; vgl. Anm. zum 22.8.57.
Briefe an ... Merckels zur Post – FBV 57/61.
›Warren Hastings‹ gelesen – Vgl. Anm. zum 16.8.57.

25.8.57
Gelesen (Macaulay's Lord Clive) – Der Essay war zuerst 1840 in der »Edinburgh Review« erschienen; vgl. Anm. zum 17.2.57.

26.8.57
geschrieben. (Die Times u. Lord John Russel.) – Erschienen in der »Kreuzzeitung« Nr. 200 vom 28. August 1857 u. d. T. »Lord John's Isolirtheit. Tennyson. Sir Edwin Landseer« (NFA XVIII a, S. 746).
Gearbeitet. (The British Portrait Gallery.) – Vgl. Anm. zum 29.8.57.

27.8.57
geschrieben. (Indische Nachrichten. Englischer Zeitungsstyl.) – Erschienen in der »Kreuzzeitung« Nr. 202 vom 30. August 1857 (NFA XVIII a, S. 746 f.).
Gearbeitet (The british Portrait Gallery.) – Vgl. Anm. zum 29.8.57.
Gelesen. (Lord Clive.) – Vgl. Anm. zum 25.8.57.

28.8.57
Schluß der Session – Zu Fontanes Beschreibung der Szenen vor dem Parlamentsgebäude vgl. Anm. zum 29.8.57.
Gearbeitet. (The british Portrait Gallery.) – Vgl. Anm. zum 29.8.57.

29.8.57
geschrieben. (Der Schluß der Session.) – Abgedruckt in der »Kreuzzeitung« Nr. 205 vom 3. September 1857 u. d. T. »Silhouetten zum Parlamentsschluß« (NFA XVII, S. 583–587).

Aufsatz über die britische Portrait Gallerie an Dr. Metzel – Nachdem Anfang Juli bereits einige Artikel aus dem Umfeld von Fontanes Reise nach Manchester erschienen waren (vgl. Anm. zum 1.7.57, 3.7.57 und 7.7.57), arbeitete er jetzt über die Kunstausstellung selber. »Die Gallerie englischer Portraits« erschien in zwei Teilen in der »Zeit« Nr. 301 vom 26. September und Nr. 306 vom 29. September 1857; wiederabgedruckt 1860 in »Aus England« (NFA XXIII/1, S. 66–77).

30.8.57
Gearbeitet (fürs Kunstblatt ...) – Dort erschien Fontanes zweiter Artikel über die Wellington-Modelle; vgl. Anm. zum 15.8.57.

1.9.57
Brief an ... Eggers zur Post – Datiert vom 31. August 1857; FBV 57/62.
In der »Zeit« folgendes alte Lied ... gefunden – Im Rahmen einer Besprechung des neuerschienenen Romans über Friedemann Bach von Albert Emil Brachvogel (1824–1878) wurde in der »Zeit« vom 30. August 1857 eine seiner Weihnachtshymnen zitiert, deren Text vermutlich an dieser Stelle in das Tagebuch eingeklebt war: »Kein Hälmlein wächst auf Erden, Der Himmel hat's bethaut, Und kann kein Blümlein werden, Die Sonne hat's erschaut. Wenn Du auch tief beklommen In Waldesnacht allein, Einst wird von Gott Dir kommen Dein Thau und Sonnenschein. Dann sproßt, was Dir indessen Als Keim im Herzen lag, So ist kein Ding vergessen, Ihm kommt sein Blüthentag.«

2.9.57
Gearbeitet (William Hogarth) – Der Abschnitt über Hogarth ging ein in den ersten Artikel über »Neue Meister und ihre Bilder« und wurde publiziert in der »Zeit« Nr. 307 vom 30. September 1857 im Rahmen der Serie »Aus Manchester«; Wiederabdruck 1860 in »Aus England« (NFA XXIII/1, S. 77–85).
Gelesen in Macaulay's Essay's – Mit »Geschichte der Päbste« ist die Rezension von Rankes gleichnamigem Werk aus dem Jahre 1840 gemeint; der Essay über »Gladstone on Church and State« war zuerst 1839 in der »Edinburgh Review« erschienen; vgl. Anm. zum 17.2.57.

3.9.57
Vergebliche Versuche »the men of the time« zu kaufen – Ein seit 1852 jährlich erscheinendes Nachschlagewerk mit dem Untertitel »Biographical Sketches of Eminent Living Characters«.
Gelesen (Geschichte der Päpste; Staat und Kirche) – Essays von Thomas Babington Macaulay; vgl. Anm. zum 2.9.57.

5.9.57
Gelesen (Macaulay über Machiavelli) – Zuerst erschienen in der »Edinburgh Review« von 1827; vgl. Anm. zum 17.2.57.

6.9.57
Gelesen (Macaulay) – Vermutlich, wie auch am 5. und 7. September 1857, den Essay über Machiavelli; vgl. Anm. zum 17.2.57.

7.9.57
Brief von Frau v. Merckel – Datiert aus Berlin vom 4. September 1857; FM I, S. 145–150.
Gelesen (Machiavelli) – Essay von Thomas Babington Macaulay; vgl. Anm. zum 5.9.57.

8.9.57
Gelesen (»Staat und Kirche« von Macaulay) – Vgl. Anm. zum 2.9.57.
geschrieben (die Bedeutung des Oberhauses ...) – Kein Abdruck ermittelt.

9.9.57
geschrieben (Rußland als bugbear in der engl. Presse) – Datiert vom 12. September und erschienen in der »Kreuzzeitung« Nr. 216 vom 16. September 1857 u. d. T. »Russenfresserei und die Zusammenkunft in Stuttgart« (NFA XVIII a, S. 748 f.).
Auszüge aus Conolly's Regimentsgeschichte – Das zuerst 1855 publizierte Werk von T. W. J. Connolly war gerade in einer auf zwei Bände erweiterten Neuauflage erschienen u. d. T. »History of the Royal Sappers and Miners, from the formation of the Corps in March 1772 to the date when its designation was changed to that of Royal Engineers in October 1856«. Zu Fontanes Besprechung vgl. Anm. zum 21.9.57.

10.9.57
Gearbeitet. (Sir Joshua Reynolds) – Vgl. Anm. zum 14.9.57.

11.9.57
Gearbeitet (Reynolds.) – Vgl. Anm. zum 14.9.57.

12.9.57
Dr. Pauli und Frau – Vgl. Anm. zum 19.8.57.
geschrieben (Die Rodomontaden des Punch) – Kein Abdruck ermittelt.
Gelesen (Sir W. Temple) – Vermutlich nichts von ihm, sondern vielmehr Macaulays Essay über ihn; zuerst erschienen 1838 in der »Edinburgh Review«; vgl. Anm. zum 17.2.57.

13.9.57
Gelesen (Sir W. Temple) – Vgl. Anm. zum 12.9.57.

14.9.57
Aufsatz über die engl: Portraitmaler beendet – Gemeint ist das Unterkapitel über »Reynolds, Gainsborough, Lawrence etc.« von »Neue Meister und ihre Bilder«, erschienen in der »Zeit« Nr. 309 vom 1. Oktober und Nr. 311 vom 2. Oktober 1857 im Rahmen der Artikelserie »Aus Manchester« (NFA XXIII/1, S. 85–98).

15.9.57
Mit George ... zu Johannes Ronge – Fontanes Sohn George besuchte von jetzt an den ersten nach der Methode des Pädagogen Friedrich Fröbel (1781–1852) geführten Kindergarten in Großbritannien, den das Ehepaar Ronge 1851 eröffnet hatte und dessen Räumlichkeiten sich seit 1853 in Tavistock Place, in der Nähe von Fontanes früherer Wohnung, befanden; vgl. auch Fontanes Brief an Frau von Merckel vom 20. September 1857 (FM I, S. 155).
Gelesen (Sir W. Temple) – Vgl. Anm. zum 12.9.57.

16.9.57
geschrieben (die Kaffern-Regimenter) – Erschienen in der »Kreuzzeitung« Nr. 219 vom 19. September 1857 (NFA XVIII a, S. 749 f.).
geschrieben an ... Dr. Beutner – FBV 57/64.
Gelesen (Sir W. Temple) – Vgl. Anm. zum 12.9.57.

17.9.57
Mit dem Jones-Omnibus und der Junction-Railway zurück – Vgl. Anm. zum 15.6.56.

18.9.57
Geburtstagsbrief an Mama Fontane – FBV 57/65.
Leitartikel für Chronicle – Erschienen in der Ausgabe Nr. 28,316 vom 23. September 1857.
An ... James Watkins geschrieben – Er hatte um die Vermittlung eines Stellengesuchs an die »Kreuzzeitung« gebeten, das Fontane auch am 19. September 1857 an Tuiscon Beutner weitergeleitet hat mit der Bemerkung, vielleicht finde sich unter den Teilnehmern des Kongresses der Evangelischen Allianz »ein barmherziger Samariter, der auf einen englischen Hauslehrer anbeißt« (HFA, Brief 1, S. 588).

19.9.57
geschrieben (Cricket-Spiel und Heldenthum) – Erschienen in der »Kreuzzeitung« Nr. 222 vom 23. September 1857 (NFA XVIII a, S. 750 f.).
Gearbeitet (die Regimentsgeschichte der engl. Pioniere) – Vgl. Anm. zum 21.9.57.

20.9.57
An Frau v. Merckel ... geschrieben – FBV 57/66.

21.9.57
geschrieben (die Geschichte der englischen Pioniere) – Fontanes Aufsatz über Connollys Buch (vgl. Anm. zum 9.9.57) erschien in der »Kreuzzeitung« Nr. 235 vom 8. Oktober 1857 u. d. T. »Die Geschichte der britischen Pioniere« (NFA XVII, S. 596–599).
Artikel der Daily News über die »Evangelische Allianz« – Ein Leitartikel in der Ausgabe Nr. 3,539 vom 18. September 1857 verteidigte die Abhaltung von deren Jahrestagung in Berlin gegen die Anwürfe der »Times«. Die Förderung religiöser Freiheit könne auch der politischen Freiheit zugute kommen, wenn sich der König einmal von Junkern, Hofpredigern und der russischen Kamarilla trennen würde, worauf man hoffen dürfe, da er schon seinen früheren Berater (sprich: Bunsen) zur Teilnahme eingeladen habe.

22.9.57
Im Dunlop gelesen – John Colin Dunlops »History of Fiction, Being a Critical Account of the Most Celebrated Prose Works of Fiction from the Earliest Greek Romances to the Novels of the Present Age«, zuerst 1814 publiziert, war 1845 in dritter, unveränderter Auflage erschienen. Fontane benutzte möglicherweise die von Felix Liebrecht besorgte und 1851 in Berlin herausgekommene deutsche Ausgabe, »John Dunlop's Geschichte der Prosadichtungen«, die laut Untertitel »vielfach vermehrt und berichtigt sowie mit einleitender Vorrede, ausführlichen Anmerkungen und einem vollständigen Register versehen« war.
geschrieben (gerechte Sorge und falscher Trost) – Die Korrespondenz beschäftigte sich mit den neuesten Nachrichten über den indischen Aufstand und erschien in der »Kreuzzeitung« Nr. 226 vom 27. September 1857 u. d. T. »Gerechte Sorge und schlechter Trost« (NFA XVIII a, S. 751 f.).

23.9.57
englische Leitartikel über die Evangelical Alliance – Das Interesse der Berliner Zentralpressestelle an diesem Thema ist darauf zurückzuführen, daß die 1846 in London gegründete internationale Protestantenvereinigung, deren Vorsitzender Sir Culling Eardley war, im Herbst 1857 auf besonderen Wunsch Friedrich Wilhelms IV. ihren Kongreß in Berlin abhielt.
Den Brief an die Kreuz-Ztng. abgeschickt – Mit der Korrespondenz »Gerechte Sorge und schlechter Trost«; vgl. Anm. zum 22.9.57.
Kirchenzeitungen daselbst gekauft – Zum Studium der Kommentare über den Berliner Kongreß der Evangelischen Allianz. Ausschnitte daraus schickte Fontane zur weiteren Verwertung an die Zentralpressestelle ein.
Mit dem Kings Cross Omnibus nach Haus – Vgl. Anm. zum 13.6.52.
Beta'sche Aufsätze im »Magazin für die Literatur des Auslands«
Beta war der ungenannte Autor der »Literatur-Briefe aus England«, die fortlaufend in dem dreimal wöchentlich erscheinenden Rezensionsorgan publiziert wurden und in denen er sich äußerst kritisch mit allen Bereichen und Erscheinungsformen des britischen Lebens auseinandersetzte.

24.9.57
Das Penny-Blatt mit dem Menzel'schen Keith – Daß eine englische Zeitung ein Bild seines Tunnelfreundes ›im Zinkabklatsch‹ gebracht hatte, kommentierte Fontane auch in seinem Brief an Wilhelm von Merckel vom 1. Dezember 1857 (FM I, S. 201).
Gelesen (Benjamin West) – Vgl. Anm. zum 1.10.57.
Im Herder gelesen – Alle in den folgenden Monaten als Lektüre aufgeführten Texte Herders finden sich in der 1844 bei Cotta in Tübingen erschienenen Ausgabe von ›J. G. Herder's ausgewählten Werken in einem Bande‹; der Abschnitt ›Glänzendes Duodezennium der Königin Anna‹ stammt aus dem Großbritannien-Kapitel der 1801/03 erschienenen Schrift ›Adrastea. Begebenheiten und Charaktere des achtzehnten Jahrhunderts‹.

25.9.57
Gearbeitet (Benjamin West und die britischen Historienmaler) Vgl. Anm. zum 1.10.57.

26.9.57
Den Directory ... befragt – Das Londoner Adreßbuch.
am City Gefängniß vorbei – Das unweit von Fontanes Wohnung in Camden Town gelegene und erst 1852 fertiggestellte ›City House of Correction‹, später in Holloway Prison umbenannt, war im neugotischen Stil gehalten, mit architektonischen Anleihen bei Warwick Castle. Seit 1902 ein reines Frauengefängnis, wurde es 1970 durch einen Neubau ersetzt.

27.9.57
Gelesen (Herder; der Geist der Hebräischen Poësie) – Herders zweibändige Schrift ›Vom Geist der ebräischen Poesie‹ war 1782/83 erschienen; vgl. Anm. zum 24.9.57.
Gearbeitet (die englischen Historienmaler) – Vgl. Anm. zum 1.10.57.
Gelesen (Horace Walpole) – Essay von Thomas Babington Macaulay aus der ›Edinburgh Review‹ von 1833; vgl. Anm. zum 17.2.57.

28.9.57
Die ›Zeit‹ bringt endlich Artikel von mir – In der Ausgabe Nr. 301

vom 26. September 1857 war der erste Teil des Artikels über »Die Gallerie englischer Portraits« erschienen; vgl. Anm. zum 14.9.57.
nach Constitution-Hill – Breite Chaussee zwischen dem Buckingham Palast und Green Park und 1840, 1842 sowie 1849 Schauplatz von Attentatsversuchen auf Königin Victoria.
Im Chelsea-Omnibus – Richtig: Islington and Chelsea Omnibus; verkehrte zwischen den genannten Stadtteilen.
ein Panorama von Delhi gesehn – Beschrieben in der Korrespondenz »Das Panorama von Delhi«, die in der »Kreuzzeitung« Nr. 230 vom 2. Oktober 1857 erschien (NFA XVIII a, S. 752 f.).
Nach 68 Cannon Street – Sitz der Londoner Filiale der Pariser Firma Carlhian & Corbière, die im Londoner Gewerbeadreßbuch ausgewiesen ist als Importeur von Tuchen und Stoffen aller Art, als »manufacturers of the newly patented French moderator lamps« sowie von »soda water apparatus & all novelties in Parisian fancy goods«.
Gearbeitet (Benjamin West.) – Vgl. Anm. zum 1.10.57.

29.9.57
Gearbeitet (Benjamin West und Edward Matthew Ward) – Vgl. Anm. zum 1.10.57.
Gelesen (Walpole. William Pitt.) – Essays von Thomas Babington Macaulay; vgl. auch Anm. zum 27.9.57. Mit »William Pitt« dürfte der erste von Macaulays zwei Essays über den älteren Pitt gemeint sein, zuerst 1834 in der »Edinburgh Review« publiziert. Der zweite, überschrieben »The Earl of Chatham«, erschien zehn Jahre später an gleicher Stelle; vgl. Anm. zum 17.2.57.

30.9.57
Gearbeitet (Benjamin West) – Vgl. Anm. zum 1.10.57.
geschrieben (Vellore) – Erschienen in der »Kreuzzeitung« Nr. 234 vom 7. Oktober 1857 u. d. T. »Vellore und Delhi (Eine Parallele zwischen 1806 und 1857)« (NFA XVIII a, S. 753 f.).

1.10.57
den Aufsatz über die Historienmaler beigeschlossen – Der Artikel über »Die Historienmaler. Benjamin West, Eduard Matthew Ward etc.« gehörte zum Abschnitt über »Neue Meister und ihre Bilder« in Fontanes Serie »Aus Manchester« und erschien in der »Zeit« Nr. 327 vom 11. Oktober 1857; Wiederabdruck 1860 in

»Aus England« (NFA XXIII/1, S. 98–114); über Ward vgl. auch Fontanes biographische Skizze aus dem Jahre 1862 (NFA XXIII/1, S. 436 ff.).
die neuen Lampen vorgefunden – Vgl. Tagebucheintrag vom 28. September 1857.

3.10.57
Brief von Merckel – Datiert vom 29./30. September 1857; FM I, S. 157–162.
Gearbeitet (David Wilkie) – Vgl. Anm. zum 7.10.57.

4.10.57
Gearbeitet (David Wilkie) – Vgl. Anm. zum 7.10.57.

5.10.57
Gearbeitet (David Wilkie und Landseer) – Vgl. Anm. zum 7.10.57.
eine Defektur bei Savory und Moore – Apotheke in New Bond Street und Hoflieferant für Arzneien; Anfang der 1990er Jahre geschlossen.

6.10.57
Gearbeitet (Landseer, Mulready, Webster) – Vgl. Anm. zum 7.10.57.
Gearbeitet (die englischen Landschafter) – Vgl. Anm. zum 14.10.57.

7.10.57
Aufsatz über die englischen Genre-Maler beigefügt – Fontanes Auslassungen zu »David Wilkie. Landseer und die Genremaler«, eine weitere Folge des Abschnitts über »Neue Meister und ihre Bilder«, erschienen in der »Zeit« Nr. 341 vom 20. Oktober und Nr. 343 vom 21. Oktober 1858 im Rahmen der Artikelserie »Aus Manchester«; Wiederabdruck 1860 in »Aus England« (NFA XXIII/1, S. 114–123).
'was vom englischen Buß- und Fasttag – Vgl. Anm. zum 8.10.57.
Mit der Junction-Railway zurück – Vgl. Anm. zum 15.6.56.

8.10.57
geschrieben (Ein englischer Fasttag) – Abgedruckt in der »Kreuzzeitung« Nr. 238 vom 11. Oktober 1857 u. d. T. »Nationalunglück und Nation« (NFA XVIII a, S. 755).

9.10.57
Gearbeitet (die englischen Landschafter ...) – Vgl. Anm. zum 14.10.57.

10.10.57
Gearbeitet (die englischen Landschafter ...) – Vgl. Anm. zum 14.10.57.
»*der König schwer erkrankt*« – Friedrich Wilhelm IV. hatte im Juli 1857 einen Schlaganfall erlitten, wodurch sein Sprachvermögen schwer beeinträchtigt war. In der Öffentlichkeit bekannt wurde dies aber erst, als der König, der den Zaren nach einem Besuch in Deutschland auf seinem Heimweg bis Schlesien begleiten wollte, am 6. Oktober auf dem Bahnhof in Berlin einen neuen Anfall erlitt und die Reise aufgeben mußte. Unter anhaltenden Spekulationen betraute der kinderlose Monarch am 23. Oktober 1857 seinen Bruder und präsumtiven Nachfolger, Prinz Wilhelm von Preußen, erstmals für drei Monate mit seiner Stellvertretung in der Regierung.

11.10.57
der große baltische Staat – Eine von Fauchers fixen Ideen. In Anbetracht dessen, was sonst über Fauchers geistigen Horizont bekannt ist, könnte damit eine Art skandinavischer Freihandelszone gemeint sein.
die nahenden Tage der Anarchie – Faucher neigte zu Übertreibungen, und der Regimewechsel in Preußen, als er ein Jahr später tatsächlich erfolgte, vollzog sich ohne alle äußeren Bewegungen.

12.10.57
Gearbeitet (Die Landschafter) – Vgl. Anm. zum 14.10.57.

13.10.57
auf die Redaktion des M. Star – Vermutlich um die Plazierung eines Artikels zu arrangieren; vgl. Anm. zum 16.10.57.

14.10.57
Brief von Frau v. Merckel – Datiert vom 9./11. Oktober 1857; FM I, S. 161–167.
Aufsatz über die Landschafter eingeschickt – Als Fortsetzung des

Abschnitts über »Neue Meister und ihre Bilder« in Fontanes Artikelserie »Aus Manchester« erschien der Beitrag über »Die Landschaftsmaler: Wilson, Stanfield, Turner« in der »Zeit« Nr. 345 vom 22. Oktober und Nr. 349 vom 24. Oktober 1857; Wiederabdruck 1860 in »Aus England« (NFA XXIII/1, S. 125–139).
zu Mr. Heymann und Frau – Nach dem Londoner Adreßbuch wohnte die Familie zwar nicht am Rochester Square, sondern in der auf den Platz zuführenden Rochester Road Nr. 26, in jedem Falle aber nur wenige Minuten Fußweg vom Haus der Fontanes in St. Augustine's Road entfernt.

15.10.57
Unterredung mit dem Grafen über die Evangelical alliance – Was den preußischen Gesandten Mitte Oktober 1857 in bezug auf das Berliner Protestantentreffen vor allem beschäftigte, war die Tatsache, daß lediglich sein Vorgänger dazu eingeladen worden war. Ihr Mann, so hielt Gräfin Bernstorff in ihren Aufzeichnungen fest, habe sich »in England für diese Sache viel Mühe gegeben, mehr als Bunsen, sagte Eardley – was auch wahr war – trotzdem hatte der König Bunsen zu dem genannten Zwecke nach Berlin kommen lassen, und meinen Mann nicht« (Bernstorff, S. 367).

16.10.57
Ein kleiner Artikel für Faucher – Ein Abdruck im »Morning Star« war nicht zu ermitteln.
geschrieben (The Waterloo-bridge Tragedy) – Die von einem aufsehenerregenden Mordfall handelnde Korrespondenz, datiert vom 17. Oktober, erschien in der »Kreuzzeitung« Nr. 246 vom 21. Oktober 1857 (NFA XVIII a, S. 755 f.).
Spatziergang ... bis zum City-Prison – Vgl. Anm. zum 26.9.57.
Interims-Dollar-Schein der künftigen deutschen Republik – Es handelte sich um ein Zertifikat der »Nationalanleihe«, die Kinkel und Willich 1851/52 auf einer ausgedehnten Amerikareise unter deutschen Auswanderern und Sympathisanten aufgebracht hatten und deren Fonds zur Finanzierung revolutionärer Propaganda in Deutschland verwendet werden sollten.
bei der bevorstehenden Amnestie – Von einem Thronwechsel in Preußen, wie er mit der Krankheit des Königs näher zu rücken schien, erwartete man allgemein einen Straferlaß für politische

Vergehen, womit den Flüchtlingen die Möglichkeit zur Rückkehr in ihre Heimat gegeben worden wäre. Die Hoffnungen trogen jedoch, und Eduard Meyen dürfte seinen Londoner Kohlenvorrat noch aufgebraucht haben, obwohl er immerhin schon 1859 eine Redaktion in Berlin übernehmen konnte, während eine allgemeine Amnestie noch bis nach dem Tode Friedrich Wilhelms IV. im Jahre 1861 auf sich warten ließ.

17.10.57
Geschichten aus meiner Swinemünder Jugend – Werden ausführlich geschildert in Fontanes autobiographischer Darstellung »Meine Kinderjahre« von 1894 (AFA, Autobiographische Schriften 2).

18.10.57
Emilie in die Strandkirche – Zum Gottesdienst in der deutschen protestantischen Gemeinde St. Marien in der Savoy; vgl. Anm. zum 1.3.56.

19.10.57
das Treiben vor dem Police office – Daß »Hunderte von Neugierigen ... jetzt täglich nach dem Polizeihause von Bow Street« strömten, »um sich die Kleidungsstücke des Ermordeten anzusehen«, hatte Fontane bereits in seiner ersten Korrespondenz über die Waterloo-Bridge-Tragödie bemerkt; vgl. Anm. zum 16.10.57.

20.10.57
Chronicle bringt ... Artikel über unsren König – In einem Leitartikel der Ausgabe Nr. 28,339 vom 20. Oktober 1857 heißt es, der König von Preußen habe Anspruch auf Wiedergutmachung von seiten der englischen Presse, zumal er jetzt krank sei. In seiner vom gleichen Tage datierenden Korrespondenz an die »Kreuzzeitung« verwies Fontane zwar auf diesen ausgesprochen schmeichlerischen Kommentar, doch war er an dessen Zustandekommen nicht beteiligt gewesen; vgl. Tagebucheintrag vom 9. Januar 1858.
die übliche Tollheits-Correspondenz aus Copenhagen – U. d. T. »Express from Denmark (from our own correspondent)«. Vertreten wurde darin die dänische Ansicht, wonach Holstein zwar deutsch sei, Schleswig aber ganz zu Dänemark gehöre, weshalb sich die Deutschen in Schleswig den Gesetzen des Landes zu fü-

gen hätten. Eine Teilung entlang der ethnischen Besiedlungsgrenze komme nicht in Frage.
geschrieben (allerlei kurze Notizen) – Abgedruckt in der »Kreuzzeitung« Nr. 248 vom 23. Oktober 1857 u. d. T. »Die Presse über den König von Preußen, Stimmen zu Indien. Der Mord an der Waterloo-Brücke« (NFA XVIII a, S. 756 f.).

21.10.57
zur großen Post gefahren. Das Treiben dort – Vgl. auch Anm. zum 13.3.58.
Im Macaulay gelesen – Der Essay über Henry Hallams »Constitutional History of England« war zuerst 1828 in der »Edinburgh Review« erschienen; vgl. Anm. zum 17.2.57.

22.10.57
geschrieben (die Kritik der Kritik ...) – Kein Abdruck ermittelt.

23.10.57
An Herr und Frau v. Merckel geschrieben – Überliefert ist lediglich ein Schreiben an Wilhelm von Merckel; FBV 57/67.

24.10.57
An Merckel's – Fortsetzung des sehr langen Briefes vom Vortag; vgl. Anm. zum 23.10.57.
An ... die Kreuz-Ztng ... geschrieben – Die Korrespondenz erschien in der »Kreuzzeitung« Nr. 252 vom 28. Oktober 1857 u. d. T. »November im Oktober. Muselmännische Symptome. Lord Canning und seine Schmäher« (NFA XVIII a, S. 757 f.).
Besuch bei Lord und Lady Cranworth – Der Lordkanzler von England stand 1858 auch Pate bei dem neugeborenen Percy von Bernstorff.
country-seat der früher dem William Pitt gehörte – Holwood bei Keston, ein seit dem späten Mittelalter belegtes Gut in Kent und von 1785 bis 1801 Eigentum des jüngeren Pitt, ging von Lord Cranworth später auf den Earl of Derby über und beherbergt heute ein geophysikalisches Institut.
Mittheilungen über Sir Culling Eardley – Nach den Aufzeichnungen der Gräfin Bernstorff waren der Vorsitzende der Evangelischen Allianz und seine Frau bei dieser Gelegenheit ebenfalls in Keston anwesend. »Eardleys waren entzückt von ihrem Aufent-

halt in Berlin, welches sie noch vor der letzten schweren Krankheit des Königs verlassen. Er hatte den König mehreremal gesehen und konnte nicht genug seine hervorragenden Eigenschaften rühmen.... Dem Charakter des Königs erwies er volle Gerechtigkeit und meinte – er begreife gar nicht, warum man in England so falsche Ansichten über den Monarchen und dessen Intentionen hege. Er versprach diese Vorurteile nach Kräften zu bekämpfen – leider nur konnte der gute Sir Culling nicht als ein sehr geeigneter Anwalt dabei gelten, weil er selbst in England nicht sehr beliebt war!« (Bernstorff, S. 367)
Gearbeitet (die Prä-Raphaëliten) – Vgl. Anm. zum 28.10.57.

25.10.57
Faucher erzählt von Richard Hart – Die geschilderten Sachverhalte lassen sich im einzelnen nicht mehr rekonstruieren, und auch sonst haben sich über die exzentrische Persönlichkeit des zu seiner Zeit offensichtlich recht prominenten Klubredners keine weiteren Informationen ermitteln lassen.
der Prinz v. Wales – Prinz Albert Edward, der spätere Eduard VII., unterbot wenigstens insoweit die Befürchtungen seiner Eltern, als er 1910 seine Gebeine tatsächlich als König zur Ruhe legen konnte.

26.10.57
An die Kreuz-Ztng ... geschrieben – Erschienen in der »Kreuzzeitung« Nr. 253 vom 29. Oktober 1857 u. d. T. »Das Parlament. ›Saturday Review‹ über die Administrativ-Reformer. Graf Bernstorff« (NFA XVIII a, S. 758 f.).

27.10.57
Beta'sche ... Aufsätze über nordamerikanische Wirthschaft – Es handelt sich vermutlich um den neunten Monatsbericht von Betas »Literatur-Briefen aus England« im »Magazin für die Literatur des Auslandes« vom 22. und 24. September 1857, dessen Tendenz schon aus den Zwischenüberschriften hervorgeht: »Das ideale, historische Kapital im deutschen Charakter; dessen Mangel in Amerika und England und die Folgen davon«, »Die Ehre Deutschlands und die Freiheit Amerikas«, »Bilder und Skizzen der verworfensten Brutalität aus Kansas«, »Die wahren Grundpfeiler der Freiheit nur in Deutschland«, »Amerikanische Industrie ein Humbug« usw.

28.10.57
Packet (mit 6 Exemplaren des Albums) – Die vierte Auflage des von Fontane herausgegebenen »Deutschen Dichter-Albums« mit dem Erscheinungsjahr 1858.
geschrieben (Delhi ist gefallen!) – Erschienen in der »Kreuzzeitung« Nr. 255 vom 31. Oktober 1857 u. d. T. »Der Heerd genommen, die Flamme entwischt« und dem Eingangssatz »Delhi ist gefallen!« (NFA XVIII a, S. 759 f.).
Aufsatz über die Prä-Raphaëliten an Direktor Metzel – Erschien als achter Abschnitt über »Neue Meister und ihre Bilder« in der »Zeit« Nr. 367 vom 4. November 1857 im Rahmen der Artikelserie »Aus Manchester«; wiederabgedruckt 1860 in »Aus England« (NFA XXIII/1, S. 139–146).

29.10.57
Gearbeitet (Ausflug nach Chester etc.) – Erschienen in der »Zeit« vom 7. November 1857 als letzter der Beiträge »Aus Manchester« u. d. T. »Abschied. Ausflug nach Chester. Rückkehr nach London«; wiederabgedruckt 1860 in »Aus England« (NFA XXIII/1, S. 147–154).
Kreuz-Ztngs-Aufsatz »Muselmännische Symptome« – Ein Leitartikel mit dieser Überschrift war in der Ausgabe Nr. 241 vom 15. Oktober 1857 erschienen, wogegen Fontane bereits in einer Korrespondenz Stellung bezogen hatte; vgl. Anm. zum 24.10.57.

30.10.57
Gearbeitet (Ausflug nach Chester etc.) – Vgl. Anm. zum 29.10.57.

31.10.57
an ... die Kreuz-Ztng (der Panic in der City) – Erschienen u. d. T. »Die Geldkrise wieder drohender« in der »Kreuzzeitung« Nr. 257 vom 3. November 1857.
Beta's Aufsatz über Macaulay – Druckort nicht ermittelt.

1.11.57
Französische Stunde – Wohl in Vorbereitung auf die geplante Parisreise; da jedoch im Tagebuch nur noch eine weitere Stunde verzeichnet ist (am 8. November 1857), dürften sich Fontanes Französischkenntnisse nicht wesentlich verbessert haben.

Reise nach Paris intendirt – Noch Mitte Februar 1858 schrieb Fontane an Merckel: »Wir träumen jetzt von einer Pariser Reise, die soll das Blut wieder warm und flüssig und die Seele wieder freudig und produktiv machen. Etwas der Art muß geschehen, sonst schlaf' ich ein.« Denn »ebenso gewiß wie man in der Wüste Durst und in Spitzbergen Skorbut kriegt, ebenso gewiß erzeugt England Apathie« (HFA, Briefe 1, S. 612). Gleichwohl kam die Reise nicht zustande.

2.11.57
der alte Serjeant lehnt ... unsre Forderungen ab – William Glover, der Besitzer des »Morning Chronicle«, war nicht bereit, mit seinem Kopenhagener Korrespondenten Dr. Stephens zu brechen.

3.11.57
den eben getauften »Great Leviathan« ... gesehn – Das bei seinem Stapellauf steckengebliebene Dampfschiff, entworfen von dem führenden Bauingenieur Isambard Kingdom Brunel (1806 bis 1859) für die Great Eastern Company, konnte erst Ende Januar 1858 wieder flottgemacht werden, erwies sich jedoch als ungeeignet für seinen ursprünglichen Zweck, als es im September 1859 seine erste Reise antrat, und wurde in der Folge zur Verlegung des transatlantischen Telegraphenkabels verwendet. Die Affäre um den »Leviathan« erregte seinerzeit großes Aufsehen, wie auch Lepels umgehende Nachfrage bei Fontane illustriert (FL II, S. 194), und war die Ursache für Brunels frühen Tod.

4.11.57
Gearbeitet (the launch of the Leviathan) – Erschienen in der »Kreuzzeitung« Nr. 261 vom 7. November 1857 u. d. T. »Ein merkwürdiger Stapellauf« (NFA XVII, S. 591–596); vgl. auch Anm. zum 3.11.57.

5.11.57
Gespräch wegen Glover und Chronicle – Bernstorff beauftragte Fontane bei dieser Gelegenheit, einen Bericht über den Stand der Affäre an Metzel zu schicken, damit dieser bei Manteuffel Vortrag halten und so eine Entscheidung herbeiführen könne.

6.11.57

dem Grafen meinen Bericht ... vorgelegt – Fontane läßt darin seiner Desillusionierung über den »Morning Chronicle«, aber auch über das englische Lesepublikum freien Lauf. »Der Engländer *will* sich über das Ausland nicht unterrichten; er ist apathisch mit Rücksicht auf den Kontinent und seine Empfindungen für denselben sind unter allen Umständen von einer Lauheit, daß kaum ein Unterschied wahrnehmbar sein würde zwischen seiner neugeschaffenen Neigung und seinem eben beseitigten Vorurteil«, wenn dies denn in jahrelanger harter Arbeit gelingen sollte. »Kann es sich verlohnen, solchem Publikum zu Liebe irgend etwas zu tun und sind 2000 Rthr. nicht wirklich zu viel für eine taktlose, unkonsequente und widerspruchsvolle Advokatur, die im günstigsten Falle nicht beachtet wird und die Sache nicht schlimmer macht als sie ist?« Hinzu komme: »Der Morning Chronicle ist nicht unser Advokat, sondern ein zweideutiges, allgemein zugängliches Tanzlokal, an dessen Tür die preuß. Reg. 2000 Rthr. Entrée bezahlt, um gelegentlich einmal mittanzen zu können« (GStA PK, Rep. 77, Tit. 939, Nr. 40 [2.3.35, Nr. 322], Bl. 73–76).

7.11.57

An Direktor Metzel geschrieben – FBV 57/69.
Brief und Bericht auf die Gesandtschaft gebracht – Bernstorff ersuchte daraufhin noch am gleichen Tage seine Vorgesetzten in Berlin um Autorisation zur »Abbrechung meiner Beziehungen zu dem Morning Chronicle«, zumal auch er selbst »in der letzten Zeit verschiedentlich mit dem Eigentümer des genannten Blattes wegen eines mir durchaus mißliebigen Kopenhagener Korrespondenten desselben verhandelt« habe, ohne etwas zu bewirken (GStA PK, Rep. 77, Tit. 939, Nr. 40 [2.3.35, Nr. 322], Bl. 69 f.).
Um 6½ zur Taufe bei Herrn Heymann – Die seltsamen Ereignisse bei dieser Feier werden ausführlich beschrieben in »Von Zwanzig bis Dreißig« (AFA, Autobiographische Schriften 2).

8.11.57

Französische Stunde – Vgl. Anm. zum 1.11.57.

9.11.57
den Lordmayors-Zug vorbeipassiren sehn – Seine am nächsten Tag (vgl. Anm. zum 10.11.57) verfaßte Beschreibung dieser alljährlichen Zeremonie begann Fontane mit den Worten: »Künftigen Besuchern Londons ... sei nach gestern gemachter Erfahrung der Rat erteilt, in Cheapside ... um 12 Uhr zu frühstücken und in Fleet Street um 3 Uhr zu Mittag zu essen. Jeder, der dieser Anweisung Folge leistet, wird den neugewählten Lordmayor ... auf seinem Zuge zur Vereidigung nach Westminster zu zwei Malen (auf Hin- und Rückweg) an sich vorüberkommen sehen.« (NFA XVIII a, S. 760)
Ich nach 28 Cornhill – Dort waren die beiden Dubufeschen Bilder ausgestellt; vgl. Anm. zum 12.11.57.
die Austernkneipe bei Temple-Bar – Geführt von Henry Prosser, 202 Fleet Street, an der Ecke zu Apollo Court (heute: Bell Yard).

10.11.57
geschrieben (Der Lordmayors-Tag) – Erschienen in der »Kreuzzeitung« Nr. 266 vom 13. November 1857 (NFA XVIII a, S. 760 f.).
Herrn Heymanns Aufsatz eingeschickt – »Die Geldkrise und ihre Abhülfe«, abgedruckt in der »Kreuzzeitung« Nr. 267 vom 14. November 1857; vgl. auch Tagebucheintrag vom 16. November 1857.

12.11.57
»Adam und Eva: Versuchung und Fall« – Fontanes Korrespondenz über die beiden Dubufeschen Gemälde (vgl. Tagebucheintrag vom 9. November 1857) erschien in der »Kreuzzeitung« Nr. 271 vom 19. November 1857 u. d. T. »Zwei Gemälde über den Sündenfall« (NFA XXIII/1, S. 46 f.).

14.11.57
Briefe von ... Frau v. Merckel – Das an Emilie gerichtete Schreiben war datiert aus Berlin vom 12. November; FM I, S. 180–186.
geschrieben (Deutsche Sympathieen für England) – Kein Abdruck ermittelt.

15.11.57
Gearbeitet (»Straßen-Balladen«) – Vgl. Anm. zum 7.12.57.

16.11.57
Gearbeitet (Antwort auf einen Passus der Rundschau) – Kein Abdruck ermittelt.
Kreuzzeitung bringt den Heymann'schen Artikel – Vgl. Anm. zum 10.11.57.

17.11.57
um eine Kinkelsche Vorlesung ... zu hören – Fontane berichtete in der »Kreuzzeitung« darüber; vgl. Anm. zum 28.11.57.
Schreckensweg durch die Höhlen von Clerkenwell – Wie es in »Von Zwanzig bis Dreißig« heißt, hatte das Ehepaar Fontane den letzten Bus versäumt und mußte den langen Weg von Camberwell bis zur Blackfriars Bridge laufen, bevor sie eine Droschke fanden, die sie durch eines »der schlechtberufensten und zugleich engsten und winkligsten Quartiere von London, durch Clerkenwell«, fuhr. »Ich wußte, daß dieser Stadtteil meiner Frau jetzt ein ganz besondres Grauen einflößte, was aber, weit darüber hinaus, die Lage ganz besonders heikel machte, war der Umstand, daß wir kaum acht Tage vorher von einem Cabkutscher gelesen hatten, der in seiner Eigenschaft als Mitglied einer Diebs- und Mörderbande, sich durch prompte Fahrgastablieferung in Quartieren à la Clerkenwell nützlich gemacht hatte« (AFA, Autobiographische Schriften 2).

18.11.57
Gelesen (Chambers Journal; Household Words) – Welche Ausgaben dieser Wochenzeitschriften bzw. welche darin behandelten Themen für die Zentralpressestelle von Interesse gewesen sein könnten, ließ sich nicht ermitteln.
Gearbeitet: Camberwell und Kinkel – Vgl. Anm. zum 28.11.57.

19.11.57
Bruch mit dem Chronicle beschlossen – Beschlossen worden war der Bruch bereits am 14. November 1857 von Manteuffel in Berlin, doch wurde Fontane erst jetzt davon in Kenntnis gesetzt.
Debatte über »the utility of the Leviathan« – Vgl. Anm. zum 3.11.57.

20.11.57
mit dem Brief an die Princess royal – Vermutlich ein Glückwunsch zum Geburtstag; die mit dem Prinzen Friedrich Wilhelm von Preußen verlobte Prinzessin Victoria wurde am 21. November 17 Jahre alt.
die Geschichte von der siamesischen Gesandtschaft – Vgl. Anm. zum 21.11.57.

21.11.57
An die Kreuz-Ztng ... geschrieben – Fontanes Korrespondenz über »Die siamesische Gesandtschaft« erschien in der »Kreuzzeitung« Nr. 275 vom 24. November 1857 (NFA XVIII a, S. 761 f.).

23.11.57
An Dr. Beutner geschrieben – Fontane kündigte in diesem Brief seine regelmäßige Korrespondenztätigkeit für die »Kreuzzeitung« auf und legte zugleich seine Gründe für diesen Schritt dar; FBV 57/70.
Heymann's Aufsatz über die dauernde Finanz-Crisis – Erschienen in der »Kreuzzeitung« Nr. 277 vom 26. November 1857 u. d. T. »Die unfundirte Notenemission«.
Gearbeitet (the revival of the german literature) – Vorbereitung eines Vortrags im Babel-Klub am 26. November; Text nicht überliefert.

24.11.57
gearbeitet (the revival of the German literature) – Vgl. Anm. zum 23.11.57.
Dr. Ingwersen – Die ausführlichsten Informationen über diesen »abenteuerreichen Schleswig-Holsteiner« finden sich in Edgar Bauers Spitzelberichten, die ihrerseits wiederum zum größten Teil auf Fontanes Mitteilungen beruhen dürften; vgl. auch Jolles, Konfidentenberichte.
der Grindelhausensche ... Roman »Simplicissimus« – Name und Werk von Grimmelshausen scheinen Fontane bis dahin unbekannt gewesen zu sein.

25.11.57
Rücksprache mit Excellenz wegen Glover – Wie es in einem Bericht des preußischen Gesandten vom gleichen Tage heißt, wurde

Fontane bei dieser Gelegenheit beauftragt, William Glover entsprechend dem Manteuffelschen Erlaß vom 14. November zu eröffnen, daß Bernstorff es nach seinen »wiederholten erfolglosen Versuchen, ihn zur Abschaffung seines preußenfeindlichen, dänischgesinnten Kopenhagener Korrespondenten zu bewegen, nicht länger für angemessen hielte«, seine bisherigen Beziehungen zum »Morning Chronicle« aufrechtzuerhalten, »und sie daher von nun an abzubrechen beschlossen hätte« (GStA PK, Rep. 77, Tit. 939, Nr. 40 [2.3.35, Nr. 322], Bl. 72).

26.11.57
in den Temple-bar oyster-shop – Vgl. Anm. zum 9.11.57.

27.11.57
Excellenz bei Lord Clarendon – Gräfin Bernstorff hielt über diesen Besuch auf dem Landsitz des britischen Außenministers folgendes fest: »Während des ganzen Aufenthalts war Lord Clarendon von gewinnender Höflichkeit und Liebenswürdigkeit gegen uns – seine Antipathie gegen die preußische Politik, die er mit ganz England teilte, wußte er sorgfältig zu verbergen. Bereits am andern Morgen nach unserer Ankunft hatte mein Mann eine lange politische Unterredung mit ihm – und eines Abends blieben er und Lord Palmerston bis zwei Uhr nachts zusammen auf, um über die (damals noch ungelöste) Neuenburger Frage zu diskutieren« (Bernstorff, S. 351 f.).

28.11.57
geschrieben (Die Camberwell-Deutschen und Gottfried Kinkel)
Abgedruckt in der »Kreuzzeitung« Nr. 286 vom 6. Dezember 1857 (NFA XVIII a, S. 763 ff.); vgl. Tagebucheintrag vom 17. November 1857.
Chamber Journal und Household Words eingeschickt – Vgl. Anm. zum 18.11.57.
Zusammenkunft mit Dr. Ingwersen – Hintergrund und Gegenstand dieses Treffens stellte Edgar Bauer der dänischen Regierung am 3. Dezember 1857 wie folgt dar: »Ingwersen ... hat in der vorigen Woche von dem preußischen Agenten Th. Fontane eine Geldsumme erhalten – zur Ermunterung seiner schriftstellerischen Tätigkeit. Fontane hatte bisher die Artikel über die holsteinische Sache, die er im Auftrage der preußischen Regierung

dem ›Morning Chronicle‹ zusandte, von einem armen Literaten namens Mannock übersetzen lassen. Aber Mannock konnte wohl erträgliches Englisch liefern, jedoch seinen Patron nicht zugleich mit der erforderlichen Sachkenntnis versehen. Der Stoff ging daher dem Herrn Fontane, der nur höchst Oberflächliches von Holstein weiß, aus; und es ist ihm wahrscheinlich höchst gelegen gekommen, daß er nun den Ingwersen engagieren konnte, durch den er mit Artikeln versehen zu werden hofft, die wenigstens einen Schein von Sachkenntnis an sich tragen werden« (Bauer, S. 286).

29.11.57
Dr. Ingwersen ... erzählt von ... Constantinopel – Einiges über seine Tätigkeit in der Türkei 1854/56 als Journalist, Advokat und Armeelieferant kolportiert Edgar Bauer in seinem Spitzelbericht vom 13. Juli 1857 (Bauer, S. 233 f).
Dem Dr. I – Paul Ingwersen.

30.11.57
Mittheilungen über das Befinden des Königs – Wilhelm von Merckel hatte Fontane am 22. November 1857 ausführlich über die Berliner Gerüchte und Spekulationen in bezug auf den Krankheitszustand Friedrich Wilhelms IV. informiert (FM I, S. 190 ff.).
Abfassung und Gutheißung der Ehepakten – Bei den Verhandlungen über den Heiratskontrakt zwischen dem Prinzen Friedrich Wilhelm von Preußen und der Prinzessin Victoria habe in London »beständig Mißtrauen und eine gewisse Gereiztheit gegen Preußen« geherrscht, »in Berlin dagegen Schwerfälligkeit und Langsamkeit«. Schließlich habe ihr Mann, so Gräfin Bernstorff weiter, jedoch »alles durchgesetzt, was man in Berlin gewünscht; ich glaube aber nicht, daß jemand, der die fertigen Ehepakten las, sich einen Begriff machen konnte von aller Mühe, die die Herstellung gekostet« (Bernstorff, S. 369).
Schilderung der November-Vorgänge von 1850 – Die Rede ist hier von der Vorgeschichte der Olmützer Punktation vom 29. November 1850, als Preußen auf eine eigenständige deutsche Politik verzichtete. Nach dem Sieg der Gegenrevolution im November 1848 hatte Friedrich Wilhelm IV. zunächst noch eine nationale Einigung Deutschlands auf dem Wege einer Vereinbarung der deutschen Fürsten angestrebt. Diese im konservativen Lager

sehr umstrittene »Unionspolitik« führte Preußen an den Rand eines Krieges mit Österreich, nachdem Wien 1849 ebenfalls der Revolution Herr geworden war und eine Rückkehr zum vormärzlichen System des Deutschen Bundes verlangte. Bei einem Treffen mit dem Zaren in Warschau hatte Graf Brandenburg, der preußische Ministerpräsident und Vater des Legationsrates an der Londoner Gesandtschaft, Ende Oktober 1850 die Möglichkeiten einer russischen Unterstützung sondiert, war aber mit leeren Händen und dem Entschluß zurückgekommen, den Architekten der Unionspolitik, Außenminister Radowitz, fallenzulassen. Dies war der Hintergrund für den Vorwurf des Landesverrats, der mit dazu beigetragen haben mag, daß Brandenburg am 6. November, kurz nach der hier in Rede stehenden Sitzung, plötzlich starb. Daß der Kriegsminister von Stockhausen gegen eine militärische Auseinandersetzung war, erklärt sich daraus, daß er der altständischen Kamarilla um Ernst Ludwig von Gerlach nahestand, die einen radikalen Bruch mit jeder Art von revolutionärer Politik wollte, und dazu zählte für sie auch das Bemühen um eine nationale Einigung Deutschlands, selbst wenn ein solcher Kurswechsel unter den herrschenden Umständen mit einer Demütigung Preußens vor Österreich verbunden war.

1.12.57

Gearbeitet (die Straßen-Balladen) – Vgl. Anm. zum 7.12.57.
An Immermann geschrieben – Vgl. Anm. zum 2.12.57.
Nach Camberwell-Hall – Zum Besuch einer weiteren Vorlesung Gottfried Kinkels; vgl. Tagebucheintrag vom 17. November 1857 sowie Anm. zum 28.11.57.
Vorlesung ... aus der ... Puppenkomödie »Faust« – »Doctor Johann Faust. Puppenspiel in vier Aufzügen. Hergestellt von K. Simrock« war 1846 in Frankfurt am Main erschienen.

2.12.57

geschrieben (Lord Palmerston und East India House) – Erschienen in der »Kreuzzeitung« Nr. 285 vom 5. Dezember 1857 u. d. T. »Die neue Parlamentssitzung. Lords Palmerston und Russell« mit dem Eingangssatz »Was wird aus East India House?« (NFA XVIII a, S. 763).
Den Brief an Immermann beendet – Das vom 1. Dezember 1857

datierte Schreiben enthält noch einen Nachtrag vom 4. Dezember; FM I, S. 193–202.
20 Hamburger Häuser fallirt – Diese Zusammenbrüche, die auf dem Geldmarkt der Hansestadt eine allgemeine Panik auslösten, signalisierten das Übergreifen der Weltfinanzkrise von 1857 auf den europäischen Kontinent, wovon Hamburg, da es stärker als jede andere deutsche Stadt in den Welthandel integriert war, zuerst betroffen wurde.
Gelesen (das Pandschab ... die Eroberung Scindias) – Aus Neumanns »Geschichte des englischen Reichs in Asien«.

3.12.57
Von den Steps aus – Von der Freitreppe, die neben der Preußischen Gesandtschaft vom Waterloo-Platz herunterführt zur Mall und zum St. James Park; vgl. Fontanes Beschreibung in Anm. zum 19.5.56 sowie die unter Anm. zum 5.12.57 zitierte Korrespondenz.
die »königliche Prozession« gesehn – Zur Eröffnung der neuen Parlamentssession; vgl. Anm. zum 5.12.57.
More happy than »Leviathan« – Vgl. Anm. zum 3.11.57.
For I did all what Nelson did – Seine Pflicht nämlich; Fontane bezieht sich hier auf Nelsons Signalspruch an seine Matrosen am Vorabend der Schlacht bei Trafalgar: »England expects that every man will do his duty.«

4.12.57
geschrieben (the royal procession) – Vgl. Anm. zum 5.12.57.
Nachmittagsbesuch von Dr. Faucher und Mr. Blythe – Daß Faucher die Vermittlung eines zweiten Übersetzers für Fontane besorgte, läßt vermuten, daß dieser ebenfalls für den »Morning Star« arbeitete. Edgar Bauer wußte überdies noch zu berichten, daß Blythe »in dem Discussionsclub eines Publichouses in New Road einer der Hauptredner« war (Bauer, S. 373 f.).

5.12.57
geschrieben (the royal procession; Schluß) – Erschienen in der »Kreuzzeitung« Nr. 288 vom 9. Dezember 1857 u. d. T. »Zwei Processionen« (NFA XVIII a, S. 765 f.).
Gelesen (Herders Ideen zur Geschichte der Menschheit) – Johann Gottfried Herders Fragment gebliebene »Ideen zur Philosophie

der Geschichte der Menschheit« erschienen in fünf Teilen zwischen 1784 und 1791; vgl. Anm. zum 24.9.57.

6.12.57
Gelesen. Ueber Brahma- und Buddha-Dienst – Die Darstellung beruht auf dem dritten Teil von Herders »Ideen zur Philosophie der Geschichte der Menschheit« (1787); vgl. Anm. zum 24.9.57.

7.12.57
Brief von Frau v. Merckel – Adressiert an Emilie Fontane und datiert vom 5. Dezember 1857; FM I, S. 201-209.
An die Kreuz-Ztng geschrieben – FBV 57/72; die beigelegte Korrespondenz wurde abgedruckt in der »Kreuzzeitung« Nr. 302 vom 25. Dezember 1857 u. d. T. »Englische Straßenballaden oder ›Neue Lieder, gedruckt in diesem Jahr‹« (NFA XVIII, S. 123-130).

8.12.57
Verlobungstag – Vgl. Anm. zum 8.12.56.
Gelesen (Ideen ... und Herders Biographie) – Der in Anm. zum 24.9.57 zitierten Auswahlausgabe in einem Band, die Fontane vorgelegen zu haben scheint, ist ein siebzigseitiges »Leben Herders« vorangestellt.

9.12.57
Kritik über v. Wickede's Soldatengeschichten – Julius von Wickede hatte 1857 vier Bände über »Die Soldaten Friedrichs des Großen. Preußische Soldatengeschichten« vorgelegt. Die Rezension war erschienen in der »Kreuzzeitung« Nr. 287 vom 8. Dezember 1857.
Matthias Claudius Biographie – Der einschlägige Artikel in der »Kreuzzeitung« Nr. 287 vom 8. Dezember 1857 war Teil einer Artikelfolge, von der am 2. und 4. Dezember 1857 bereits zwei Beiträge erschienen waren, während zwei weitere am 13. und 20. Dezember folgen sollten.
die Argo's angekommen – Zwei Exemplare der sehnsüchtig erwarteten »Argo« für das Jahr 1858 (vgl. Henriette v. Merckels Brief an Emilie Fontane vom 5. Dezember 1857; FM I, S. 57).

10.12.57
Spatziergang zu ... mother Redcap – Altes Wirtshaus (Gebäude 1850 neu errichtet) in Camden Town, auf halber Strecke zwi-

schen der City von London und den höhergelegenen Vororten Hampstead und Highgate; heute »The World's End« genannt.
vorgelesen – Aus der »Argo« für 1858, wo die von Fontane im Tagebuch genannten Werke zuerst abgedruckt waren.
Einige Zeilen an die †Ztng – Kein Abdruck ermittelt.

11.12.57
Einkäufe ... in Lowther-Arcade – Die von Glaskuppeln überwölbte und 1904 abgerissene Geschäftspassage führte vom Strand zur Adelaide Street. »The occupants are mostly dealers in French and German toys and various fancy goods« (LN, S. 99), so daß es sich um Weihnachtseinkäufe für die Kinder gehandelt haben dürfte.

12.12.57
An ... Immermann geschrieben – FM I, S. 219 ff.
Dem Grafen ein Argo-Exemplar überreicht – »Das vorjährige soll in seiner Eigenschaft als Bilderfibel längst zerrissen sein«, bemerkte Fontane gegenüber Wilhelm von Merckel; »das schadet aber nichts« (FM I, S. 220). Wie auch im Vorjahr hatte Fontane das Honorar für seine Beiträge darauf verwendet, ein Exemplar der »Argo« speziell für den preußischen Gesandten »goldbedruckt« binden zu lassen (FM I, S. 167).
Neapolitanische Schwärmereien – Vgl. Anm. zum 30.3.56.

13.12.57
im Waterloo-Omnibus zu Onkel Schweitzer – Die genannte Linie verkehrte zwischen dem nördlich der Innenstadt gelegenen Camden Town und Camberwell im Süden Londons. Von seinem Ausgangspunkt in der Nähe des Zoos am Regents' Park fuhr der Bus vorbei am Colosseum in Albany Street in Richtung Oxford Circus. Von dort ist es nicht weit zu Savory & Moore in der New Bond Street, in deren Labor Schweitzer damals tätig war. Von Oxford Circus führte die Buslinie nach Charing Cross, den Strand entlang und über die Waterloo Bridge weiter durch London Road, Old Kent Road und Walworth Road nach Camberwell.

14.12.57
Briefe geschrieben an ... Frau v. Merckel etc. – FM I, S. 220 ff.
Überliefert ist unter diesem Datum ferner ein Brief Fontanes an seine Mutter; FBV 57/74.

Weihnachtskiste ... in Ordnung gebracht – Mit Geschenken für die Berliner Freunde.

15.12.57
unsre Packete abgegeben – Damit sie der diplomatische Kurier nach Berlin mitnahm; vgl. Anm. zum 14.12.57.
oyster-lunch in der Nähe von Temple-Bar – Vgl. Anm. zum 9.11.57.
einige Zeilen an die Kreuz-Ztng geschrieben – Kein Abdruck ermittelt.
zu Fortnum & Mason – In Piccadilly, bis heute eines der vornehmsten Kaufhäuser des Londoner Westends.
An Lepel geschrieben – FL II, S. 181–186.

16.12.57
geschrieben (Tannenbaum und Mistletoe) – Erschienen in der »Kreuzzeitung« Nr. 301 vom 24. Dezember 1857 u. d. T. »Tannenbaum und Stechpalme« (NFA XVIII a, S. 766 f.). Die Korrespondenz behandelt den Sieg des »deutschen« Tannenbaums über den altenglischen Weihnachtsbrauch des Mistelzweigs. Da die Stechpalme (»holly«) nur kurz erwähnt wird, ist der Zeitungstitel etwas irreführend.
Briefe an Frau v. Merckel ... zur Post – Vgl. Anm. zum 14.12.57.

17.12.57
Brief von Immermann – Datiert aus Berlin vom 15. Dezember 1857; FM I, S. 222 f.
Brief an Lepel zur Post – Vgl. Anm. zum 15.12.57.

18.12.57
Brief von Direktor Metzel – Neben der Abrechnung mit einer detaillierten Auflistung von Fontanes in der »Zeit« erschienenen Aufsätzen enthält dieses vom 14. Dezember 1857 datierte Schreiben die Bitte um mehr »interessanten Feuilletonstoff«, vor allem auch Übersetzungen von englischen Novellen und dergleichen (GStA PK, Rep. 77, Tit. 943, Nr. 2, Bd. 1, Bl. 270).
Einkäufe in Lowther Arcade – Vgl. Anm. zum 11.12.1857.

19.12.57
nach German Fair, Regent Street – Während des 19. Jahrhunderts alljährlich in der Vorweihnachtszeit abgehaltener Spielzeugmarkt.

Gelesen (Herder) – Vermutlich noch die »Ideen zur Philosophie der Geschichte der Menschheit«; vgl. Anm. zum 5.12.57.
Uebersetzt (engl. Volkslied) – Unklar, worum es sich hier handelt. Die Eintragung auf die englischen Straßenballaden zu beziehen (so AFA, Gedichte 1, S. 550, Anm. zu S. 165) dürfte in die Irre gehen, da Fontane den betreffenden Aufsatz bereits am 7. Dezember abgeschickt hatte (vgl. Anm. zum 7.12.57). Daß Fontane das schottische Gedicht, dessen Übersetzung er am 20. Dezember verzeichnet, hier als englisches Volkslied anführen könnte, ist ebenfalls unwahrscheinlich.

20.12.57
Uebersetzt (Bertram's dirge) – Gedicht aus Walter Scotts Sammlung »Minstrelsy of the Scottish Border« (1805); »Bertrams Totengesang« wurde zuerst gedruckt im Jahrgang 1859 der »Argo«.

21.12.57
Drei Briefe von Immermann – Datiert vom 7., 16. und 17. Dezember 1857; FM I, S. 209–217.
An Immermann geschrieben – FM I, S. 224–229.
Den Abend über im Herder gelesen – Vermutlich noch die »Ideen zur Philosophie der Geschichte der Menschheit«; vgl. Anm. zum 5.12.57.

23.12.57
geschrieben (»Lucknow frei«) – Die vom 24. Dezember datierte Korrespondenz erschien in der »Kreuzzeitung« Nr. 303 vom 29. Dezember 1857 u. d. T. »Lucknow ist entsetzt!« (NFA XVIII a, S. 767 f.).

24.12.57
Gearbeitet – Vermutlich an der vom 23. Dezember datierten und in der »Kreuzzeitung« Nr. 304 vom 30. Dezember 1857 abgedruckten Korrespondenz u. d. T. »Die letzten Tage von Leadenhall Street« (NFA XVIII a, S. 768 f.). In Leadenhall Street befand sich der Sitz der Ostindischen Kompanie, die im Gefolge des gerade niedergeschlagenen Aufstandes zum Jahresende aufgelöst werden sollte.

25.12.57
Spatziergang ... bis zum City-Prison – Vgl. Anm. zum 26.9.57.

28.12.57

An Dr. Beutner ... geschrieben (Ein Ginsterbusch.) – In seinem Brief (FBV 57/78) bestätigte Fontane seine Bereitschaft, der »Kreuzzeitung« als freier Mitarbeiter verbunden zu bleiben, nachdem Beutner auf Fontanes Bitte eingegangen war, das feste Korrespondentenverhältnis zu lösen (vgl. Anm. zum 23.11.57). Die beigelegte Korrespondenz zum Thema »Ginsterbusch« erschien in der »Kreuzzeitung« Nr. 305 vom 31. Dezember 1857 u. d. T. »Des armen Mannes Weihnachtsbaum« (NFA XVIII a, S. 769 f.).
Austern-Souper an der wohlbekannten Ecke – In Fleet Street, nahe bei Temple Bar; vgl. Anm. zum 9.11.57.

29.12.57

Brief von Direktor Metzel – In diesem Schreiben vom 26. Dezember 1856 wird Fontane um möglichst detaillierte Mitteilungen über die bevorstehende Prinzenhochzeit ersucht. Die »Kreuzzeitung« verliere zunehmend an Halt und Gehalt, während die »Zeit« immer mehr als offiziöses Organ anerkannt werde. Durch eine ausführliche Berichterstattung über die Vermählungsfeierlichkeiten wolle man das Blatt auch bei Hof weiter in den Vordergrund rücken (GStA PK, Rep. 77, Tit. 926, Nr. 37, Bl. 58–61).
die Pariser Reise als Lockspeise ausgehängt – Kam nicht zustande; vgl. Anm. zum 1.11.57.
An Herr und Frau v. Merckel geschrieben – FM I, S. 231–239. Fontane beklagte sich u. a., Metzel habe ihm »ein solches Quantum von Vermählungsfeier-Berichterstattung auferlegt, daß mir etwas schwindlig geworden ist«. Man erwarte »Wunderartikel« und »genauste Beschreibung einer prinzeßlichen Nachtjacke und zugleich besetzt mit den Brillantknöpfen höchsteignen Witzes« (FM I, S. 232).

30.12.57

Aufführung lebender Bilder (Referendarius und Fehrbellin) – Bei letzterem Ort in der Mark Brandenburg hatte Friedrich Wilhelm, der Große Kurfürst, am 18. Juni 1675 die Schweden besiegt. Was es mit dem Referendarius auf sich hat, ist unklar.

31.12.57
Die Turner-Collection durchmustert – Über eine Ausstellung von zwanzig Turner-Gemälden in Marlborough House hatte Fontane bereits früher berichtet (vgl. Anm. zum 10.11.56); nach dem Ende der verwickelten Auseinandersetzungen um das Testament des 1851 gestorbenen Malers war die der britischen Nation hinterlassene Sammlung seiner Bilder inzwischen vollständig dort zu sehen.

1858

1.1.58
Correcturbogen der Shakespeare-Aufsätze – Nachdem Fontane seine zwischen November 1855 und Juni 1857 im »Literaturblatt des Deutschen Kunstblattes« publizierten Theaterrezensionen noch einmal überarbeitet und um einige neue Beiträge ergänzt hatte, sollten sie jetzt unter dem Serientitel »Die Londoner Theater mit Rücksicht auf Shakespeare« in der »Zeit« veröffentlicht werden. Ein Separatdruck dieser Artikelfolge in Broschürenform kam im März 1858 heraus, und 1860 wurden die Shakespeare-Aufsätze schließlich noch einmal in Fontanes Studien »Aus England« abgedruckt (NFA XXII/3, S. 7–117).
Metzel's Wünsche in Betreff meiner Fest-Berichterstattung – Im einzelnen aufgelistet in seinem Brief vom 29. Dezember 1857 (GStA PK, Rep. 77, Tit. 943, Nr. 2, Bd. 1, Bl. 182).

2.1.58
Brief vom alten Lepel – FL II, S. 187–195.
Correcturbogen von Metzel – Vgl. Anm. zum 1.1.58.

3.1.58
Gearbeitet (Auszüge aus dem Court Journal) – Vgl. Anm. zum 4.1.58.

4.1.58
Correkturbogen von der »Zeit« – Vgl. Anm. zum 1.1.58.
Der erste »Kladderadatsch« ... trifft ein – Fontane hatte seiner

Frau ein Abonnement des humoristischen Wochenblattes geschenkt, das, wie sie am 18. Februar 1858 an Henriette von Merckel schrieb, »wir nun alle Montag erhalten und [das] uns sehr amüsiert« (FM I, S. 278).
Notizen aus dem Court Journal etc. beigeschlossen – Erschienen in der »Zeit« Nr. 8 vom 6. Januar 1858 u. d. T. »Zur Vermählungsfeier«.

5.1.58
Brief von Direktor Metzel – Das vom 2. Januar 1858 datierte Schreiben enthielt weitere Anweisungen und Wünsche betreffend die Berichterstattung über die Hochzeitsfeierlichkeiten (GStA PK, Rep. 77, Tit. 943, Nr. 2, Bd. 1, Bl. 198).
Correctur von der »Zeit« – Vgl. Anm. zum 1.1.58.
die erste Hälfte an Dr. Metzel eingeschickt – Das Feuilleton »Der Palast von St. James und die Royal Chapel. I.« erschien in der »Zeit« Nr. 10 vom 7. Januar 1858 (NFA XVIII, S. 131–137).

6.1.58
Brief von Frau v. Merckel – Datiert aus Berlin vom 2./4. Januar 1858; FM I, S. 239–242.
No. II Die Royal Chapel – Erschienen in der »Zeit« Nr. 12 vom 8. Januar 1858 u. d. T. »Der Palast von St. James und die Royal Chapel. II.« (NFA XVIII, S. 137–140).

7.1.58
Aufforderung ... Köppen'sches Festgedicht zu übersetzen – Um welches Gedicht es sich handelt und ob eine englische Übersetzung davon zustande gekommen und publiziert worden ist, ließ sich nicht ermitteln.
nach dem M. Star office – Dort waren Julius Faucher und Michael Mannock beschäftigt, und bei Fontanes Besuchen dürfte es in erster Linie um die Plazierung von englischen Artikeln gegangen sein. Da aber der Jahrgang 1858 des »Morning Star« zur Zeit der Bearbeitung dieses Kommentars nicht zugänglich war, konnte den entsprechenden Hinweisen nicht weiter nachgegangen werden.

8.1.58
die Beust-Vitzthum'sche Politik – Dabei handelt es sich um die sogenannte Triasidee, das im Vorfeld des Krimkriegs aufgekom-

mene Projekt eines eigenständigen Kurses der deutschen Mittelstaaten zwischen Österreich und Preußen, an dessen Propagierung der sächsische Ministerpräsident Beust maßgeblich beteiligt war und dessen Vertretung durch Vitzthum, den Dresdner Gesandten in London, Bernstorffs diplomatische Kreise empfindlich stören mußte.
die Unberechtigtheit ihrer augenblicklichen Popularität – Bernstorff war unter schwierigsten Umständen von 1848 bis 1851 preußischer Gesandter in Wien gewesen und auf demütigende Weise abberufen worden, was eine Quelle der auch in Fontanes Tagebuch immer wieder zum Vorschein kommenden Vorbehalte gegenüber Österreich gewesen sein dürfte; vgl. dazu auch Fontanes biographische Skizze Bernstorffs von 1862 (NFA XIX, S. 267–271).

9.1.58
An ... Thomas Glover geschrieben – Die jährliche Subvention von 2000 Talern an den »Morning Chronicle« (vgl. Anm. zum 16.7.56) war bislang immer rückwirkend in vierteljährlichen Raten zu je 75 £ ausgezahlt worden. Nach den vorangegangenen Auseinandersetzungen, die im Dezember 1857 zum definitiven Bruch geführt hatten, verweigerte Fontane auf Anweisung des Gesandten nunmehr den fälligen Betrag für das vierte Quartal von 1857 und bestritt zugleich, daß eine dreimonatige Kündigungsfrist vereinbart gewesen sei.
The article of the 20th October – Vgl. Anm. zum 20.10.57.
geschrieben (Auszüge aus ... Court Circular) – Erschienen in der »Zeit« Nr. 16 vom 11. Januar 1858 u. d. T. »Zu den Vermählungsfeierlichkeiten«.

10.1.58
An Immermann geschrieben – FM I, S. 243–250.

11.1.58
»Zeit« bringt die Einleitung zu ... Shakespeare-Briefen – In ihrer Ausgabe Nr. 11 vom 8. Januar 1858 hatte die »Zeit« mit dem Abdruck von Fontanes Artikelserie über »Die Londoner Theater mit Rücksicht auf Shakespeare« begonnen, die sich bis zum 26. Februar hinzog (NFA XXII/3, S. 9–117); vgl. auch Anm. zum 1.1.58.
An die »Zeit« und Direkt. Metzel geschrieben – Eine Kurzkorre-

spondenz Fontanes wurde abgedruckt in der »Zeit« Nr. 20 vom 13. Januar 1858 u. d. T. »[Die Denkmünze]«.
Glover hat gedroht – Nachdem Bernstorff die ultimative Aufforderung zur Zahlung der strittigen 75 £ unbeachtet gelassen hatte, erfolgte am 14. Januar tatsächlich die erste Mahnung durch eine Londoner Anwaltskanzlei. In seiner Erwiderung bestritt der preußische Gesandte jede Zahlungsverpflichtung, sei es dienstlich oder privat, und wies überdies darauf hin, daß er als Diplomat nicht unter englischer Gerichtsbarkeit stehe. Auch durch zunehmend schärfer gehaltene Mahnschreiben vom 19. und 27. Januar 1858, in denen auch Fontanes Korrespondenz mit dem »Morning Chronicle« als Beweismaterial angeführt wurde, ließ sich Bernstorff nicht einschüchtern und verweigerte schließlich jede weitere Kommunikation in dieser Angelegenheit (GStA PK, Rep. 81 London, Nr. 469). Tatsächlich ließ Glover seine Ansprüche daraufhin fallen, und als der Eigentümer des »Morning Chronicle« 1859 wegen eines ähnlich gelagerten Konflikts mit der französischen Regierung in Paris Klage erhob, unterlag er vor Gericht.

12.1.58
Immermanns Münchhausen – Karl Leberecht Immermanns zeitkritischer satirischer Roman »Münchhausen« war 1838/39 erschienen. Fontanes persönliches Exemplar mit zahlreichen Randbemerkungen befindet sich im FAP.
Neumann über das englische Reich in Asien – Die zwei Bände einer zusammen 1 400 Seiten umfassenden »Geschichte des englischen Reiches in Asien« waren 1857 in Leipzig erschienen und reichten vom frühen 16. Jahrhundert bis in die Gegenwart.
Droysen über Preußen – Der erste Band von Johann Gustav Droysens »Geschichte der preußischen Politik« war 1855 in Berlin erschienen und verfolgte die Entwicklung bis zum Ende der Regierung des ersten Hohenzollernherrschers in Brandenburg 1440. Was Fontane zugeschickt wurde, war aber vermutlich der 1857 publizierte und 580 Seiten starke erste Teilband von Band 2 dieser Studie, überschrieben »Die territoriale Zeit«, in dem das anschließende Halbjahrhundert bis zum Tode des Markgrafen Johann Cicero 1499 abgehandelt wurde. Das Gesamtwerk, eine der Hauptschriften der borussischen Schule der Geschichtsschreibung, wurde erst 1886 mit dem vierzehnten Band abgeschlossen.
Gneist über England – Vgl. Anm. zum 5.4.57.

Bodenstedt über Shakespeares Zeitgenossen – 1858 erschien der erste Band von Friedrich Bodenstedts Reihenwerk über »Shakespeare's Zeitgenossen und ihre Werke, in Charakteristiken und Übersetzungen« mit dem Stücktitel »John Webster's Dramatische Dichtungen nebst Stücken von Marston, Dekker und Rowley«. Zwei weitere Bände über »John Ford's Dramatische Dichtungen nebst Stücken von Dekker und Rowley« bzw. über »Lilly, Greene und Marlowe, die drei bedeutendsten Vorläufer Shakespeare's« wurden 1860 publiziert.
An ... Frau v. Merckel geschrieben – FM I, S. 250 f.

13.1.58

»London Gazette« von 1795 und Times von 1840 durchgestöbert – Zwecks Materialsammlung für einen Artikel über »Die zwei letzten Trauungen in der Royal Chapel«; vgl. auch Anm. zum 14.1.58 und 16.1.58.

14.1.58

den ersten Artikel beigeschlossen – Fontanes Abhandlung über »Die zwei letzten Trauungen in der Royal Chapel. I« behandelte die 1795 erfolgte Vermählung des damaligen Prinzen von Wales, des späteren Königs Georg IV., mit der Prinzessin Karoline von Braunschweig und erschien in der »Zeit« Nr. 27 vom 17. Januar 1858 (NFA XVIII, S. 140–147).
Gelesen (die Biographieen ... in »Men of the Time«) – Vgl. Anm. zum 3.9.57.

15.1.58

Brief von Metzel – Das vom 12. Januar 1858 datierte Schreiben lobt Fontanes bisher eingegangene Beiträge über die bevorstehende Prinzenhochzeit, die bereits verschiedentlich nachgedruckt worden seien. Des weiteren bat Metzel darum, bei der Übersendung von englischen Presseausschnitten künftig alles, was »Damenputz« angehe, gleich ins Deutsche zu übersetzen, da Wentzel mit der Behauptung, davon nichts zu verstehen, diese Stellen weggelassen habe (GStA PK, Rep. 77, Tit. 943, Nr. 2, Bd. 1, Bl. 195).
Times 1840 – Zwecks Materialsammlung für einen Artikel über die Vermählung der Königin Victoria mit dem Prinzen Albert; vgl. Anm. zum 16.1.58.

16.1.58

zwei an Metzel zur Post – Einer dieser Briefe dürfte die u. d. T. »Hofnachrichten« erschienene Korrespondenz in der »Zeit« Nr. 28 vom 18. Januar 1858 enthalten haben.
Beigeschlossen »Die Vermählung von Königin Victoria ...« – Erschienen u. d. T. »Die beiden letzten Trauungen in der Royal Chapel von St. James. II.« in der »Zeit« Nr. 29 vom 19. Januar 1858 (NFA XVIII, S. 147–151).

18.1.58

Gearbeitet – Vermutlich der Artikel »Festliche Vorbereitungen in Stadt und Schloß Windsor«, veröffentlicht in der »Zeit« Nr. 34 vom 21. Januar 1858 (NFA XVIII, S. 151 ff.).

19.1.58

Die Nidda-Genthe'sche Zeitung – Offenbar ein Phantasietitel.
Hypothesen über die gegenwärtige Stellung der Times – Fontane referierte Fauchers Ansichten, allerdings ohne seinen Namen zu nennen, mit ähnlicher Skepsis auch im »Times«-Kapitel seiner Studien »Aus England« (NFA XIX, S. 233 f.).
die Pennyblätter hätten der Familie Walter ... klar gemacht – Mit dem Wegfall des Zeitungsstempels 1855 waren billige Massenblätter entstanden, was die Dominanz der »Times« auf dem englischen Zeitungsmarkt bedrohte.
den gegenwärtigen John Walter – »Die Dynastie der Times ist das Haus John Walter; wir haben einen ersten, zweiten, dritten. John Walter III ist der jetzt regierende Herr.« (NFA XIX, S. 225 f.)
die Orleans – Das Haus Orléans, durch die Julirevolution von 1830 zur Herrschaft in Frankreich gelangt, war in der Februarrevolution 1848 gestürzt worden. Vor dem Hintergrund einer Abkühlung der englisch-französischen Beziehungen unterstützte die »Times« zeitweilig die Thronansprüche der Erben des »Bürgerkönigs« Louis Philippe gegenüber den Machthabern des Zweiten Kaiserreichs.

20.1.58

Brief von Merckel's – Überliefert ist nur ein Brief Wilhelm von Merckels, datiert vom 17. Januar 1858; FM I, S. 266.
Alles stumm. Carl Friedrich Wilhelm Greiff zugegen – In Gegen-

wart des gerichtsnotorischen Geheimpolizisten (vgl. auch Anm. zum 3.4.56), der wohl aus Anlaß der Prinzenhochzeit erneut nach London gekommen war, versiegte der in der Gesandtschaft sonst übliche Klatsch. Seine Person mag das Urbild für die Gestalt des Polizeirats Reiff in »L'Adultera« gewesen sein.
Gearbeitet (die Macbeth-Vorstellung...) – Fontanes Besprechung erschien in der »Zeit« Nr. 38 vom 23. Januar 1858 u. d. T. »Die erste Fest-Vorstellung in ›Ihrer Majestät Theater‹ zu London« (NFA XVIII, S. 153-157).

21.1.58

Gearbeitet (...) – Vom 21. Januar datiert sind die Korrespondenzen »Der Hofball; die Revue bei Woolwich; unsere Prinzen« sowie »Unsere Prinzen in London«, beide erschienen in der »Zeit« Nr. 40 vom 25. Januar 1858.
Kreuz-Ztngs Rezension über Lepel's »Herodes« – Die vernichtende Besprechung der am 18. Januar erfolgten Uraufführung war in der Ausgabe Nr. 16 vom 20. Januar 1858 erschienen.

22.1.58

Brief und Karte für ... Illaire abgegeben – Wilhelm von Merckel hatte Fontane zur Kontaktaufnahme mit dem zur Prinzenhochzeit aus Berlin angereisten Kabinettsrat geraten (FM I, S. 266). Eine Begegnung kam jedoch nicht zustande, denn wie Fontane nach Berlin meldete, habe er von Illaire keine Antwort erhalten. »Ich glaube, daß alle Herrn, die hier waren, in beständiger Hetzjagd gewesen sind. Andrerseits war es mir absolut unmöglich, auf gut Glück hin meine Besuche zu wiederholen« (FM I, S. 267).

23.1.58

Gearbeitet (Die Revue in Woolwich II; »Alles zu seiner Zeit«) – Beide Artikel erschienen in der »Zeit« Nr. 40 vom 25. Januar 1858 u. d. T. »Der Besuch in Woolwich« (NFA XVIII, S. 157-160) bzw. »Alles zu seiner Zeit« (NFA XVIII, S. 160 f.).
Gearbeitet (Des Prinzen Ankunft. Das Treiben am Strand) – Der Bräutigam, Prinz Friedrich Wilhelm von Preußen, war erst am Tage vor den Hochzeitsfeierlichkeiten in Dover gelandet. Ein Artikel Fontanes zu diesem Thema war nicht zu ermitteln. Der an zweiter Stelle genannte Beitrag erschien in der »Zeit« Nr. 40 vom 25. Januar 1858 u. d. T. »Zum Fest«.

Um 11 nach Carlton House Terrace – Über diesen Empfang berichtete Fontane zunächst in einem Korrespondenzbericht in der »Zeit« Nr. 44 vom 27. Januar 1858 u. d. T. »Der Besuch der Prinzen im preußischen Gesandtschafts-Hotel«; vgl. ferner das Feuilleton »Die Soirée in Prussia House«, erschienen in der »Zeit« Nr. 46 vom 28. Januar 1858 (NFA XVIII, S. 161 bis 166). *Alle Prinzen zugegen* – Prinz Wilhelm von Preußen, der als Stellvertreter des erkrankten Königs zu diesem Zeitpunkt bereits der faktische Herrscher war; sein Bruder Prinz Albrecht (1809 bis 1872), sein Vetter Admiral Prinz Adalbert (1811–1873) und schließlich sein Sohn, Prinz Friedrich Wilhelm, der Bräutigam der Prinzessin Victoria. Fontane hatte eigentlich im Hintergrund bleiben wollen, sah sich aber plötzlich zwischen vier Frackrükken eingeklemmt, und als deren Träger sich umdrehten, fühlte er, »wie acht Augen auf mir ruhten, und es waren die der Prinzen meines königlichen Hauses« (NFA XVIII, S. 164).

25.1.58
Um 10 nach der »Colonnade« – Vgl. Fontanes ausführlichen Bericht »Die ›Kolonnade‹ von St. James am Vermählungstage« in der »Zeit« Nr. 48 vom 29. Januar 1858 (NFA XVIII, S. 166–171). *Herrn Sprengel und die gräflichen Kinder* – Es dürfte sich um die drei älteren der sechs überlebenden Sprößlinge der Eheleute Bernstorff gehandelt haben, nämlich Andreas Petrus (geb. 1844), Marie Therese (geb. 1848) und Friedrich Wilhelm von Bernstorff (geb. 1853).

26.1.58
Gearbeitet (Die Soirée in Prussia-House) – Vgl. Anm. zum 23.1.58.

27.1.58
Gearbeitet (Die »Colonnade« von St. James) – Vgl. Anm. zum 25.1.58.

28.1.58
Gearbeitet (Der Abend des Tages) – Erschienen in der »Zeit« Nr. 50 vom 30. Januar 1858 u. d. T. »Der Abend des Vermählungstages« (NFA XVIII, S. 171 ff.).

29.1.58

Graf Bernstorff zeigt mir die kostbare Brillant-Dose – Fontane verfaßte darüber eine kurze Notiz, erschienen in der »Zeit« Nr. 52 vom 1. Februar 1858 u. d. T. »[Dem preußischen Gesandten]«.
Diner ohne Löffel – Die finanziellen Verhältnisse der Familie Faucher waren prekär, und es dürfte diese Episode gewesen sein, die Fontane im Sinn hatte, als er in »Von Zwanzig bis Dreißig« ein Abendessen »mit zwei Papplöffeln« im Hause Faucher schilderte. Zwar habe man als Ursache angegeben, daß »in der Nacht vorher eingebrochen worden sei und beinah sämtliches Silberzeug weggeräubert sei«, doch sah der Autobiograph den wahren Grund wohl nicht zu Unrecht in einem Besuch des Gerichtsvollziehers, wie dies bei einer anderen Gelegenheit auch bei der Familie Heymann der Fall gewesen war (AFA, Autobiographische Schriften 2).
liest ... aus Heydens ... Epos: »das Wort der Frau« – Das 1843 erschienene Versepos behandelt die Heirat der Stauferin Agnes mit einem Sohne Heinrichs des Löwen 1194.
aus seinem eignen großen Werk – Als eigenständige Publikation ist diese »Etymologie der menschlichen Sprache« zwar nie erschienen, doch veröffentlichte Faucher in der von ihm seit 1863 herausgegebenen »Vierteljahrschrift für Volkswirthschaft und Kulturgeschichte« zwischen 1870 und 1876 eine Folge von zwölf Artikeln mit »Gedanken über die Herkunft der Sprache«, deren Umfang sich, zusammengenommen, auf 450 Seiten belief.

30.1.58

Charles the Martyr's day – Unter dieser Bezeichnung wurde der Jahrestag der Hinrichtung Karls I. (1649) im anglikanischen Festkalender geführt. Fontane nahm seit jeher ein besonderes Interesse an der Gestalt des Stuartkönigs und hatte sich bereits 1848 in einem (allerdings Fragment gebliebenen) Drama mit seinem Schicksal auseinandergesetzt.
An ... Frau v. Merckel geschrieben – FM I, S. 267 f.

1.2.58

Brief von Direktor Metzel – Wichtigster Gegenstand dieses vom 30. Januar 1858 datierten Schreibens war die Bitte um ein Festgedicht zur Begrüßung des Prinzenpaares in Berlin, das aber bis zum 7. Februar in Berlin eingehen müsse, um am Tage des Ein-

2.2.58
Oyster-lunch bei Temple-Bar – Vgl. Anm. zum 9.11.57.
An die »Zeit« geschrieben – Fontanes Korrespondenz über »Die Abreise der hohen Neuvermählten« erschien in der »Zeit« Nr. 60 vom 5. Februar 1858.

3.2.58
Einige Strophen für die »Zeit« – Vgl. Anm. zum 1.2.58 und 4.2.58.

4.2.58
das Gedicht beigeschlossen – Erschienen in der »Zeit« Nr. 64 vom 8. Februar 1858 u. d. T. »Willkommen. Zur Begrüßung Ihrer Königlichen Hoheit der Prinzessin Friedrich Wilhelm« (AFA, Gedichte 1). Vgl. auch die später in Fontanes Gedichtsammlungen aufgenommene Fassung »Zum 8. Februar 1858 (Einzug der Prinzessin Victoria)« in AFA, Gedichte 1.

5.2.58
Gelesen (die südamerikanischen Freistaaten ...) – Nicht ermittelt.

6.2.58
An die »Zeit« geschrieben – Der Abdruck eines Artikels über »Mr. Roebuck und die Fremden-Bill« konnte nicht ermittelt werden.

8.2.58
Die Herrlichkeiten der »plastischen Kohle« – Eingehend beschrieben und illustriert in Betas Bühring-Aufsatz in der »Gartenlaube«; vgl. Anm. zum 13.3.57.

9.2.58
allerhand Bunsen'sche Manöver – Die Rede ist hier vermutlich von dem gerüchteweise bevorstehenden Wiedereintritt des kurz zuvor geadelten Bunsen in den diplomatischen Dienst; eine Eventualität, die Bernstorffs Stellung direkt bedroht hätte und auch Fontane, wenngleich aus anderen Gründen, unangenehm gewesen wäre (was seine Überlegungen für diesen Fall angeht,

zugs in der »Zeit« erscheinen zu können (GStA PK, Rep. 77, Tit. 943, Nr. 2, Bd. 1, Bl. 214); vgl. auch Tagebucheinträge vom 3. und 4. Februar 1858 sowie Anm. zum 4.2.58.

vgl. FM I, S. 287). Bunsen selbst dementierte jedoch schließlich alle diesbezüglichen Ambitionen.

10.2.58

Gespräch über B. mit Graf und Gräfin – Auch vier Jahre nach seiner Abberufung aus London war Bunsen für seinen Nachfolger als preußischer Gesandter in London und zumal für die Gräfin Bernstorff immer noch ein Gegenstand von Argwohn und Empörung. *Mein Artikel acceptirt* – Näheres nicht ermittelt.

11.2.58

Gearbeitet (Fleetstreet) – Kein Abdruck ermittelt.

12.2.58

über die Stimmung in Berlin geplaudert – Beim Einzug des frischvermählten Prinzenpaares am 8. Februar; möglicherweise aber auch über die anhaltende Krankheit des Königs, die Ende Januar eine weitere Verlängerung der Stellvertretung nötig gemacht hatte.

14.2.58

Hoffnungen auf Deutschland und Amnestie – Während Friedrich Wilhelm IV. einen Strafnachlaß für politische Vergehen immer kategorisch ausgeschlossen hatte, versprachen sich die Emigranten von einem Regimewechsel in Preußen, wie er in Anbetracht der Krankheit des Königs unausweichlich schien, die Möglichkeit einer Rückkehr in die Heimat. Ein Niederschlag seines Gesprächs mit Beta findet sich in Fontanes Brief an Wilhelm von Merckel vom 18. Februar 1858: »Wie steht es mit ›Amnestie‹? Die Flüchtlinge hier zählen die Stunden. Soll es etwa wieder heißen: ›Hoffen und Harren macht manchen zum Narren?‹, es wäre doch hart und fast strenger als nötig.« (FM I, S. 287)

16.2.58

Gespräch ... über die Vorgänge in Berlin – Beim Empfang der Prinzessin Victoria, über den sowohl die deutschen als auch die englischen Zeitungen ausführlich berichtet hatten.

17.2.58

Brief von Frau v. Merckel – Datiert vom 12.-14. Februar 1858; FM I, S. 269-275.

General-Leutnant v. Plehwe im Duell erschossen – Am 15. Februar 1858. Plehwe war 1848 einer der führenden konterrevolutionären Militärs gewesen und galt als Hauptstütze der konservativen Partei in Ostpreußen. Die Veranlassung seines Duells mit einem Leutnant Jachmann, dessen Schwester mit einem Sohn Plehwes verheiratet war, lag in Familien- und Vermögensverhältnissen; für die Einzelheiten vgl. den Artikel »Zum Königsberger Duell« in der »Kreuzzeitung« Nr. 48 vom 26. Februar 1858.
dann nach 2 Hereford Square – Zu Collins.

18.2.58
An »Zeit« und »Kreuz-Ztng« geschrieben – Fontanes Notiz über einen Empfang in der preußischen Gesandtschaft erschien in der »Zeit« Nr. 87 vom 21. Februar 1858.

19.2.58
An Consistorialrath Fournier – Bereits in seinem Schreiben vom 13. Januar 1858 hatte Wilhelm von Merckel Fontane mitgeteilt, Fournier habe sich seine Adresse geben lassen, »um Sie aufzufordern, das Leben des Generals Havelock zu schreiben. Man wird an Sie schreiben. Havelock war ein extrafrommer Mann, und deshalb sind unsre hiesigen Freunde dahinter her, ihn gebührend vor dem Volke ins Licht zu stellen. Verderben Sie's mit den Leuten nicht!« (FM I, S. 266) Eine entsprechende Anfrage war inzwischen bei Fontane eingegangen, und das hier erwähnte, aber nicht überlieferte Antwortschreiben dürfte seine Zusage enthalten haben (vgl. FM I, S. 287). Er begann auch gleich Material zu sammeln, obschon die eigentliche Arbeit erst Ende März in Angriff genommen wurde.
an Merckels geschrieben – Beide Schreiben sind datiert vom 18. Februar 1858; für das an Henriette von Merckel vgl. FM I, S. 275 bis 279; dasjenige an Wilhelm von Merckel ebd. S. 279–288.

20.2.58
Briefe an Merckels ... zur Post gegeben – Vgl. Anm. zum 19.2.58.
Rev. Brocks Predigt über General Havelock gekauft – Die mehr als einstündige Predigt, unmittelbar nach Bekanntwerden von Havelocks Tod am 17. Januar 1858 in Bloomsbury Chapel gehalten und in den folgenden Tagen zweimal in größeren Räumlich-

keiten wiederholt, war umgehend im Druck erschienen; vgl. auch Anm. zum 19.2.58.

21.2.58
Gearbeitet (Kritik über Prof. Neumanns Buch) – Kein Abdruck ermittelt.
Geplaudert über den Sturz Palmerstons – Das seit Februar 1855 amtierende Kabinett Palmerston war am Vortag unter dem Eindruck der Affäre Clanricarde (vgl. Anm. zum 3.3.58) und nach einer parlamentarischen Niederlage über einen angeblich auf französischen Druck hin eingebrachten Gesetzentwurf zur Terrorbekämpfung zurückgetreten. Eine konservative Minderheitsregierung unter Lord Derby trat am 26. Februar 1858 an seine Stelle.

22.2.58
Briefe an ... Dr. Beutner – In diesem Schreiben ließ Fontane deutlich durchblicken, was er von seinen auftragsgemäß verfaßten kleineren Pressenotizen hielt: »Der Herr Gesandte nimmt natürlich ein besonderes Interesse daran, die Leser der Kreuz-Zeitung wissen zu lassen, daß alte Whigs und noch ältere Tories bei ihm gegessen haben« (HFA, Briefe 1, S. 613). Auch Edgar Bauer höhnte im Juni 1858, Fontanes Pressetätigkeit bestehe im wesentlichen darin, nach Berlin zu melden, »wer bei dem Gesandten gespeist oder wo Herr von Bernstorff diniert habe« (Bauer, S. 374). Andererseits war aber am 22. Februar auch der künftige Regierungschef unter den Gästen des preußischen Botschafters, wie Gräfin Bernstorff festhielt, und »das Geheimnis, das seine jetzigen Bemühungen umgab, die Ungewißheit der Zukunft, sowie der Umstand, daß sowohl Lord Grey, von dem man sagte, er habe es abgelehnt, in ein Kabinett Derby einzutreten, als auch Lord Granville, einer der hervorragenden Minister des letzten Kabinetts, zugegen waren, gab unserem Diner ein großes Interesse. ... Man suchte in [Lord Derbys] Augen zu lesen und aus seiner Haltung zu erraten, ob er mit der Kabinettsbildung reüssieren werde oder nicht. Der Herzog von Cambridge sprach lange mit ihm; Lord Granville versuchte Lady Derby auszuhorchen, aber sie hielt sich tapfer und ließ sich keine Indiskretionen zuschulden kommen« (Bernstorff, S. 382).

23.2.58
Gearbeitet – Eine Kurzkorrespondenz »[Im preußischen Gesandtschaftshotel]« erschien in der »Zeit« Nr. 94 vom 25. Februar 1858.
den Artikel über plastic carbon beigeschlossen – Kein Abdruck ermittelt; vgl. auch Tagebucheintrag vom 8. Februar 1858 mit Anm.

24.2.58
Brief von Direktor Metzel über Wilkinson – Das nicht überlieferte Schreiben dürfte Näheres über die Rückberufung des langjährigen »Times«-Korrespondenten aus Berlin enthalten haben.

26.2.58
Uebersetzt aus Household Words – Vgl. Anm. zum 2.3.58.

27.2.58
Gearbeitet (die erste Times Nummer) – Vgl. Anm. zum 2.3.58.

28.2.58
Faucher ... erzählt Räubergeschichten – Eine eingehende Wiedergabe seiner Mitteilungen über die politische Situation in Preußen findet sich in Fontanes Brief an Wilhelm von Merckel vom 1. März 1858 (FM I, S. 289). Mit seinen Vorhersagen, so unglaubwürdig sie Fontane auch erscheinen mochten, sollte Faucher übrigens mehr oder weniger recht behalten.

1.3.58
Bericht über Chronicle und Glover an Metzel – Nicht überliefert.
Brief an Immermann – FM I, S. 289 ff.

2.3.58
Den Artikel aus »Household words« eingesandt – Erschienen in der »Zeit« Nr. 109 vom 6. März 1858 u. d. T. »Die erste Nummer der ›Times‹« (NFA XVIII a, S. 779–783); die englische Vorlage ist ebenfalls abgedruckt in NFA XVIII a, S. 783–788.

3.3.58
Den Sack Faucher'scher Neuigkeiten – Über die jüngste Entwicklung und die Gerüchteküche in Berlin; vgl. auch Tagebucheintrag vom 28. Februar 1858.

wegen der Brochüre über den Marquis von Clanricard – Dieser war am 3. Februar 1858 als Lordsiegelbewahrer in die Regierung Palmerston eingetreten ungeachtet schwerwiegender Anschuldigungen, die 1855 im Zuge eines Erbschaftsstreits gegen ihn erhoben worden waren. Da Clanricarde selbst in dem Prozeß nicht Partei gewesen war, hatte es zwar weder einen Schuld- noch einen Freispruch gegeben, doch auf Grund des Schutzes der Gerichtsberichterstattung ließ sich die Verbreitung der fraglichen Behauptungen in der Presse auch nicht unterbinden. Welche der zwei einschlägigen Broschüren Fontane suchte, ist nicht mit Sicherheit zu bestimmen. Die Anwürfe selbst waren näher beleuchtet worden in: »An Inquiry into the Truth of the Accusations made against the Marquis of Clanricarde, in the cause of Handcock v. Delacour, lately heard in the Irish Court of Chancery« (1855). Eine zweite Broschüre empörte sich über den Mißbrauch von Presse- und Plädierfreiheit: »The Bar and the Press. A Respectful Representation on the Use and Abuse of Professional Privileges and on the Duty of Circumspection in Comments Affecting the Character of Individuals. By Publicus« (1856). Die Ernennung Clanricardes zum Minister trotz dieser Vorgeschichte hatte das Ansehen der Regierung Palmerston schwer erschüttert und mit beigetragen zu ihrem Sturz am 20. Februar 1858.
An Lepel geschrieben – Bereits am 2. März 1858 begonnen; FL II, S.195–203. Vgl. Anm. zum 4.3.58.

4.3.58
Brief an Lepel beendet – Vgl. Anm. zum 3.3.58.

5.3.58
nach der Clanricarde'schen Brochüre geforscht – Vgl. Anm. zum 3.3.58.
Chops und Ale in der Shakespeare's Head Taverne – Vgl. Anm. zum 11.3.58.
eine Art Volpy – Volpy hieß ein Berliner Kaffeehaus, das in der Nähe des Schlosses, An der Stechbahn, gelegen war.
Abstecher ... in eine der Werbe-Kneipen – Fontane hat seine dort gewonnenen Eindrücke zwei Wochen später zu einem Feuilleton verarbeitet; vgl. Anm. zum 19.3.58.
Gelesen. (Münchhausen.) – Die Lektüre des 1838/39 erschienenen Romans von Karl Leberecht Immermann zog sich bis zum

9. Mai hin. Über den literarischen Wert oder Unwert von »Münchhausen« vgl. auch den Meinungsaustausch mit Wilhelm von Merckel, von dem Fontane das Buch zum Geschenk erhalten hatte und der selbst den Tunnelnamen »Immermann« trug (FM I, S. 253, 278 und 285 f.).

6.3.58
Gearbeitet (»Wapping old Stairs«) – Die Übersetzung dieses Volksliedes, das Fontane vor längerer Zeit gehört hatte (vgl. Tagebucheintrag vom 15. August 1856), ging ein in seinen Aufsatz über »Wapping«, der als zweiter in der Artikelserie »Von der Weltstadt Straßen« in der »Kreuzzeitung« Nr. 126 vom 3. Juni 1858 publiziert wurde (NFA XVIII, S. 176-179).

7.3.58
Uebersetzt (»Wapping old Stairs«) – Vgl. Anm. zum 6.3.58.
Gelesen (Münchhausen.) – Vgl. Anm. zum 5.3.58.

9.3.58
Dem Grafen den Mannockschen Artikel ... vorgelegt – War erschienen als Leitartikel im »Morning Herald« Nr. 24,034 vom 6. März 1858.
Das Pamphlet über Lord Clanricarde besorgt – Vgl. Anm. zum 3.3.58.

10.3.58
Gearbeitet (»Shakespeare's Head«) – Vgl. Anm. zum 11.3.58.

11.3.58
Gearbeitet (»Shakespeares Head«) – Fontane dürfte in diesem Artikel, dessen Druck nicht nachzuweisen ist, seine Erlebnisse bei einem Besuch in dem gleichnamigen Lokal (vgl. Tagebucheintrag vom 5. März 1858) verarbeitet haben.
Gelesen (Afghanistan und Scind) – In Neumanns »Geschichte des englischen Reiches in Asien«; vgl. Anm. zum 12.1.58.
Brief von Lepel – Datiert vom 8. März 1858; FL II, S. 203-210.

12.3.58
Gearbeitet (Wapping) – Vgl. Anm. zum 6.3.58.
das große baltische Reich construirt – Vgl. Anm. zum 11.10.57.

13.3.58
Gearbeitet (General Post Office) – Der Beitrag über »Die große Post (General Post Office)« erschien im Rahmen der Artikelserie »Von der Weltstadt Straßen« in der »Kreuzzeitung« Nr. 129 vom 6. Juni 1858 (NFA XVIII, S. 179 ff.).
mit Büchern und Briefen von ... Frau v. Merckel – Datiert vom 2. März 1858 und adressiert an Emilie; FM I, S. 292.

14.3.58
Gelesen (»Schillers Leben« von Caroline v. Wolzogen ...) – Das zweibändige Werk der Schwägerin des Dichters mit dem Untertitel »Verfaßt aus Erinnerungen der Familie, seinen eigenen Briefen und den Nachrichten seines Freundes Körner« war in erster Auflage 1830 erschienen.

15.3.58
Einlagen an Immermann – FM I, S. 300.
Brief von Herrn von Merckel – Datiert aus Berlin vom 10. 13. März 1858; FM I, S. 292–299.
Gelesen (Schillers Leben) – Vgl. Anm. zum 14.3.58.

16.3.58
Brief von Dr. Ingwersen – Gegen Schluß eines am 10. März 1858 begonnenen und über mehrere Tage fortgesetzten Informantenberichts für seine Auftraggeber in Kopenhagen bemerkte Edgar Bauer, er habe gestern einen Brief Ingwersens an Fontane, »den hiesigen preußischen Agenten und literarischen Amanuensis des Herrn von Bernstorff«, gesehen. »Ingwersen hat seine Broschüre noch nicht an den Mann gebracht. Er hofft, sie mit Hilfe einer Geld-Unterstützung von der preußischen Regierung zu veröffentlichen« (Bauer, S. 322). Vgl. auch Anm. zum 14.9.58.
Gelesen (Schillers Leben) – Von Caroline von Wolzogen; vgl. Anm. zum 14.3.58.

17.3.58
Punch bringt ein Doppelbild von Temple Forum – In der Ausgabe vom 20. März 1858. Der Hintergrund für diese Karikatur war, daß die Londoner Diskussionsklubs in der französischen Presse beschuldigt worden waren, Brutstätten für Attentäter zu sein,

wozu Edgar Bauer in seinem Spitzelbericht vom 24. März 1858 anzumerken wußte, daß William Carpenter als Präsident von Temple Forum inzwischen an Napoleon III. geschrieben habe: »Er gesteht ein, daß der Club das Thema des Königsmordes diskutiert habe, fügt aber hinzu, die Diskussion habe auf die Politik der Gegenwart keinen Bezug genommen, sondern nur die Erörterung eines abstrakten historischen Satzes zum Zweck gehabt; die Mitglieder des Clubs seien keine Revolutionärs, sondern behäbige Handels- und Geschäftsleute, deren Sinnesrichtung eher konservativen Charakters sei« (Bauer, S. 332).
Gelesen (der Krieg im Punjab, Unterwerfung der Sikhs) – In Neumanns »Geschichte des englischen Reiches in Asien«; vgl. Anm. zum 12.1.58.

18.3.58
Gearbeitet (Wapping) – Vgl. Anm. zum 27.3.58.

19.3.58
Gearbeitet (»... young men wanted«) – Der von dem Besuch in einer »Werbe-Kneipe« (vgl. Tagebucheintrag vom 5. März 1858) inspirierte Artikel erschien in der »Kreuzzeitung« Nr. 153 vom 4. Juli 1858 u. d. T. »Eine Stunde unter den Werbern« (NFA XVIII, S. 186–190).
Gelesen (Reformen in Indien) – In Neumanns »Geschichte des englischen Reiches in Asien«; vgl. Anm. zum 12.1.58.

20.3.58
Brief von Merckel: Kugler todt! – Vom Inhalt dieses vom 18. März 1858 datierten Schreibens (FM II, S. 7) tief betroffen, mußte Fontane am gleichen Tag zu seinem Entsetzen feststellen, daß die Angehörigen der preußischen Gesandtschaft den bekannten Berliner Kunsthistoriker und Schriftsteller nicht einmal dem Namen nach kannten.
An Merckels ... geschrieben – FM II, S. 7 ff.

21.3.58
Daumer's Hafiz – Georg Friedrich Daumer hatte zwei Anthologien mit Übertragungen des unter seinem Beinamen Hafis berühmt gewordenen persischen Dichters (um 1327–1390) vorgelegt. Die erste, »Hafis. Eine Sammlung persischer Gedichte, nebst

poetischen Zugaben aus verschiedenen Völkern und Ländern«, war 1846 in Hamburg erschienen und hatte 1856 eine Neuauflage erlebt; die zweite, überschrieben »Hafis. Neue Sammlung«, datierte von 1852.
Achim von Arnim's »Wunderhorn« – Arnim hatte die dreibändige Volksliedersammlung »Des Knaben Wunderhorn« in Zusammenarbeit mit Clemens Brentano (1778–1842) in den Jahren 1806 bis 1808 herausgegeben.
»the charge of Balaclava« in einer Abel'schen Uebersetzung – Während des Krimkrieges war am 25. Oktober 1854 eine britische Kavallerieeinheit (»the light brigade«) bei einem Angriff auf die russischen Linien durch Führungsfehler fast völlig aufgerieben worden, ein Ereignis, das Alfred Tennyson in einem unmittelbar darauf verfaßten Gedicht zum Sinnbild für Mut und Tapferkeit, losgelöst von militärischer Zweckdienlichkeit, erhob. Carl Abels Übertragung, wohl die erste in deutscher Sprache, findet sich in seiner 1855 in Berlin erschienenen Sammlung »Lieder aus der Krimm. Kriegsgesänge« (S. 19 ff.). Fontanes eigene Nachdichtung der Tennysonschen Verse dürfte erst sehr viel später entstanden sein. Der Titel »Balaclava« ist zwar bereits in einer aus dem Jahre 1858 datierenden Aufstellung von Stükken für ein geplantes englisches Balladenbuch verzeichnet (FAP), ein Druck erfolgte jedoch erst in der dritten Auflage der »Gedichte« von 1889 (AFA, Gedichte 1).

24.3.58
Gearbeitet (»London-Bridge« und »Tower-Hill«) – Beide Feuilletons wurden im Rahmen der Artikelfolge »Von der Weltstadt Straßen« in der »Kreuzzeitung« abgedruckt, dasjenige über »Tower Hill« in Nr. 133 vom 11. Juni 1858 (NFA XVIII, S. 181 ff.), dasjenige über »London Bridge« in Nr. 176 vom 31. Juli 1858 (NFA XVIII, S. 190 ff.).

25.3.58
nach Camberwell Hall zu Kinkel – Fontane hatte seinen Vorträgen dort schon am 17. November und am 1. Dezember 1857 beigewohnt; vgl. auch Anm. zum 28.11.57.
Humboldts »Kosmos« – Das fünfbändige Werk mit dem Untertitel »Entwurf einer physischen Weltbeschreibung«, erschienen zwischen 1845 und 1862, suchte den Geist der deutschen Klassik mit der modernen Naturforschung zu vereinen.

Gutzkows »Ritter vom Geist« – Neunbändiger Zeitroman von 1850/51, literaturtheoretisch interessant wegen seiner programmatischen Konzeption als »Roman des Nebeneinander«.
Freitags »Soll und Haben« – Fontane hatte den dreibändigen Roman aus dem Jahre 1855 bereits kurz nach Erscheinen im »Literaturblatt des Deutschen Kunstblattes« besprochen (NFA XXI/1, S. 214–230).

26.3.58
die Oelfirma bankrutt – Eugene Heymann & Co, Merchants and Oil Refiners, 22 ½ Great Bush Lane, Cannon Street.

27.3.58
An Dr. Beutner geschrieben – FBV 58/11.
Sieben Aufsätze beigeschlossen – Sie erschienen in loser Folge zwischen dem 3. Juni und dem 31. Juli 1858 unter dem Reihentitel »Von der Weltstadt Straßen« in der »Kreuzzeitung«; »Frühling in St. Giles« in Nr. 126 vom 3. Juni 1858 (NFA XVIII, S. 174 ff.); »Wapping« in Nr. 126 vom 3. Juni 1858 (NFA XVIII, S. 176–179); »Die große Post (General Post Office)« in Nr. 129 vom 6. Juni 1858 (NFA XVIII, S. 179 ff.); »Tower Hill« in Nr. 133 vom 11. Juni 1858 (NFA XVIII, S. 181 ff.); »Herrn Marcus' Bilderladen« in Nr. 147 vom 27. Juni 1858 (NFA XVIII, S. 184 ff.); »London-Bridge« in Nr. 176 vom 31. Juli 1858 (NFA XVIII, S. 190 ff.); »Eine Stunde unter den Werbern« in Nr. 153 vom 4. Juli 1858 (NFA XVIII, S. 186–190).

29.3.58
Briefe von Merckel – Datiert aus Berlin vom 24./25. März 1858; FM II, S. 10–14.
An Merckel geschrieben – Wohl das vom 30. März 1858 datierte Schreiben; FM II, S. 14–20.

30.3.58
An Herr und Frau v. Merckel geschrieben – Der Brief an Henriette von Merckel ist nicht erhalten; für das Schreiben an Wilhelm von Merckel vgl. FM II, S. 14–20.
Gearbeitet (Sir Henry Havelock) – Vgl. Anm. zum 19.2.58.
Gelesen (Münchhausen) – Vgl. Anm. zum 5.3.58.

31.3.58
Confirmirung des Prinzen v. Wales – Der preußische Gesandte vertrat bei dieser Familienfeier in Windsor den wegen seiner Krankheit reiseunfähigen Friedrich Wilhelm IV., der 1842 bei der Taufe des Prinzen Albert Edward persönlich die Patenschaft übernommen hatte. Wenige Monate nach der Verheiratung von dessen älterer Schwester mit Prinz Friedrich Wilhelm von Preußen wurden so ein weiteres Mal die engen Beziehungen zwischen beiden Königshäusern unterstrichen; vgl. auch die Beschreibung der Feierlichkeiten bei Bernstorff, S. 371, Anm.

1.4.58
mit ... einem Packet Brochüren (die Londner Theater) – Von der nicht ein einziges Exemplar erhalten zu sein scheint; vgl. Anm. zum 1.1.58.
An Dr. Metzel – Korrespondenzen Fontanes über die Konfirmation des Prinzen von Wales erschienen in der »Zeit« Nr. 157 vom 4. April 1858 und Nr. 158 vom 6. April 1858.

2.4.58
Cross-buns zur Feier des Charfreitages – »Hot cross buns«, ein traditionelles englisches Ostergebäck, sind Milchbrötchen mit einem eingebackenen Kreuz aus Hostienteig.
Die Havelock-Biographie zu übersetzen angefangen – Erst nach dem Erfolg seiner Gedächtnisrede vom 19. Januar (vgl. Tagebucheintrag vom 20. Februar 1858) hatte der Baptistenprediger William Brock einen »Biographical Sketch of Sir Henry Havelock KCB« in Angriff genommen. Das über 300 Seiten starke Werk konnte gleichwohl bereits am 6. März 1858 publiziert werden und erlebte binnen weniger Wochen acht Auflagen mit insgesamt 45 000 abgesetzten Exemplaren. Bis Mitte April 1858 waren aber noch zwei weitere Biographien herausgekommen: »A Memoir of Sir Henry Havelock« von W. Owen (235 Seiten) und »Memorials of Major-General Sir Henry Havelock« von James P. Grant (100 Seiten). Welche Fontane als Vorlage benutzte oder ob er eklektisch vorging, ist nicht bekannt. Was seine eigene Darstellung anging, hatte Fontane ursprünglich nur ein »Büchelchen« von ein bis zwei Bogen im Sinn (FM I, S. 287), doch dürfte es schließlich etwas länger geworden sein, zumal er auch mehr

als die zunächst veranschlagten vierzehn Tage für die Übersetzung brauchte.

5.4.58
Emilie in die Strand-Kirche – Zum deutschen evangelischen Gottesdienst in der Gemeinde St. Marien in der Savoy; vgl. auch Anm. zum 1.3.56.
Gearbeitet (Havelock) – Vgl. Anm. zum 2.4.58.
Briefe geschrieben – Darunter eine Notiz mit Neuigkeiten aus der Gesandtschaft, abgedruckt in der »Zeit« Nr. 160 vom 7. April 1858.

6.4.58
Die ganze Bude daheim scheint zu wackeln – Mit dem bevorstehenden Auslaufen der zweiten, auf drei Monate befristeten Stellvertretung für den erkrankten König stellte sich immer dringlicher die Frage, ob nicht, wie gesetzlich vorgesehen, eine Regentschaft errichtet werden müsse, von der auf Grund der bekannten Ansichten des Prinzen von Preußen ein allgemeiner Regimewechsel zu erwarten war.
Gearbeitet (Havelock) – Vgl. Anm. zum 2.4.58.

7.4.58
Gearbeitet (Havelock) – Vgl. Anm. zum 2.4.58.
Brief von Dr. Wilkinson – Daß Fontane in der Folge des öfteren mit dem ehemaligen Berliner Korrespondenten der »Times« zu tun hatte, dürfte damit zusammenhängen, daß dieser sich als »Märtyrer für das Preußentum« fühlte, wie Edgar Bauer in seinem Spitzelbericht vom 11. Juni 1858 nach Kopenhagen meldete: »Wilkinson hatte von Berlin aus im Allgemeinen günstig über Preußen und den preußischen Hof geschrieben, gegen Dänemark hatte er stets Partei ergriffen, aber er hatte zugleich seine sarkastische Laune nicht zügeln können und von Zeit zu Zeit über das Berliner Wesen Scherze gemacht, welche von den galanten Bewohnern der Residenz übel aufgenommen wurden. Den Zorn der Berliner suchte er durch eine entschuldigende Erklärung, die er in die Zeitungen von Berlin rücken ließ, zu besänftigen. Doch diese Demut ihres Korrespondenten mißfiel der Times, welche wenigstens den Vorwand ergriff, um Wilkinson aus Berlin zurückzurufen, ja um jede Verbindung mit ihm abzu-

brechen« (Bauer, S. 374). Die »entschuldigende Erklärung« war abgedruckt u. a. in der »Zeit« Nr. 75 vom 14. Februar 1858.

10.4.58
An Consist. R. Fournier ... den Havelock Aufsatz eingeschickt
Ein Abdruck kam jedoch nicht zustande; vgl. Anm. zum 2.6.58.
Gelesen (Münchhausen) – Vgl. Anm. zum 5.3.58.

12.4.58
Brief von Lepel; fordert Beiträge – Für den Jahrgang 1859 der »Argo«. In dem vom 9. April 1858 datierten Schreiben (FL II, S. 212–215) wird Fontane namentlich um die Übersendung von englischen Balladen gebeten, die er etwa »auf dem Lager« habe.

13.4.58
Gearbeitet (englische Balladen) – Vgl. Anm. zum 14.4.58.
Gelesen (Schillers Leben) – Von Caroline von Wolzogen. Vgl. Anm. zum 14.3.58.

14.4.58
Gearbeitet (Bertram's dirge übersetzt) – Vgl. Anm. zum 20.12.57.
An Lepel ... die englischen Balladen beigeschlossen – In Antwort auf Lepels Brief vom 9. April 1858 (vgl. Anm. zum 12.4.58). Im Jahrgangsband der »Argo« für 1859 erschienen schließlich »Bertrams Todtengesang«, »Das Douglas-Trauerspiel«, »Jung Walter« und »Barbara Allen« (AFA, Gedichte 1).
Gelesen (Münchhausen) – Vgl. Anm. zum 5.3.58.

15.4.58
Gelesen (Münchhausen) – Vgl. Anm. zum 5.3.58.

16.4.58
Brief von Frau v. Merckel – Datiert vom 12./13. April 1858; FM II, S. 27–30.
Gearbeitet (»Nur nach Norden«) – Erschienen als namentlich gezeichneter Leserbrief in der »Zeit« Nr. 204 vom 4. Mai 1858 (NFA XVIII a, S. 791 ff.) unter Bezugnahme auf einen Artikel in der »Zeit« Nr. 171 vom 14. April 1858 u. d. T. »Ein Spaziergang zu dem von der Waaren-Kredit-Gesellschaft zu erbauenden Stadttheile«. Dem darin vorgestellten Projekt einer Reihenhaussied-

lung im Norden Berlins stimmte Fontane auf Grund seiner Londoner Erfahrungen begeistert zu und sang ein Loblied auf »das englische Vorstadt-Haus«, wie er selber in Camden Town eines bewohnte. Viele Menschen seien des ständigen Ärgers mit anderen Mietsparteien überdrüssig, »und diese Stillen werden den Tag segnen, wo sie einziehen können in das ruhegönnende Neu-Berlin. Also ›nach Norden‹.«
Gelesen (Münchhausen) – Vgl. Anm. zum 5.3.58

17.4.58

Gearbeitet (William Russell) – Erschienen in der »Zeit« Nr. 201 vom 2. Mai 1858 (NFA XVIII a, S. 789 ff.).
Dr. Wilkinson zu Tisch – Möglicherweise hängt dieser Besuch mit dem zusammen, was Edgar Bauer in seinem Konfidentenbericht vom 11. Juni 1858 zu vermelden wußte, daß nämlich der frühere Berliner »Times«-Korrespondent »kürzlich« Fontane aufgesucht habe, »um ihm einen Plan zum Ankauf des Morning Chronicle vorzulegen«. Es handele sich dabei um die Wiederaufnahme eines schon früher verfolgten Projekts zur »Erwerbung eines Londoner Blattes mit preußischem Gelde, dessen Spalten sodann ausschließlich dem Berliner Kabinett zu Gebote stehen sollten. Er legte dem Fontane einen Kostenvoranschlag, der sich auf 5 000 £ belief, vor, hat aber mit seinem Projekte kein Glück gemacht« (Bauer, S. 374).

18.4.58

Spatziergang ... nach Caroline Villa's – Vgl. Anm. zum 8.8.58.
Tante Jenny's Gesundheit getrunken – Fontanes Schwester Jenny Sommerfeldt, deren Geburtstag auf den 18. April fiel.

19.4.58

Gearbeitet (Zwei englische Stimmen ...) – Vgl. Anm. zum 27.4.58.

20.4.58

Eine Brochüre ... vorgefunden – Bei diesem 140 Seiten umfassenden »Urkundenbuch zur Geschichte der Holstein-Lauenburgischen Angelegenheit am Deutschen Bunde in den Jahren 1851 bis 1858« handelte es sich offensichtlich um eine von der Frankfurter Preßstation im Auftrag der preußischen Bundestagsgesandtschaft verbreitete Publikation.

21.4.58
Gearbeitet (Englische Stimmen ...) – Vgl. Anm. zum 27.4.58.
Gelesen (Münchhausen) – Vgl. Anm. zum 5.3.58.

22.4.58
Gearbeitet (Der Victoria-Thurm) – Vgl. Anm. zum 9.6.58.
Am United Service Club Posto gefaßt – Wo der wegen seiner Verdienste im Krimkrieg zum Herzog von Malachov erhobene Marschall Pélissier, seit kurzem französischer Botschafter in London, zu einem Empfang erwartet wurde. Fontane, den »ein glücklicher Zufall ... gegen halb acht Uhr am Klubhause vorüber« geführt hatte, richtete seine Aufmerksamkeit vor allem auf das spalierbildende Publikum und dessen Reaktionen beim Eintreffen der Gäste (NFA XVIII a, S. 770).

23.4.58
Gearbeitet (»der Malakoff kommt«) – Die Überschrift »Pelissier im United-Service-Club«, unter der diese Korrespondenz in der »Kreuzzeitung« Nr. 97 vom 27. April 1858 erschien, ist insofern irreführend, als Fontane von dem Empfang selbst nichts zu berichten hatte (NFA XVIII a, S. 770 f.); vgl. auch Anm. zum 22.4.58.

24.4.58
Brief von Herrn v. Merckel – Datiert vom 16.–21. April 1858; FM II, S. 30–37.
An Mr. Mannock ... geschrieben – Ein Leitartikel über Schleswig-Holstein erschien im »Morning Herald« Nr. 24,078 vom 27. April 1858.

25.4.58
Gelesen (Münchhausen) – Vgl. Anm. zum 5.3.58.

26.4.58
Rücksprache ... wegen meiner Salzbrunn-Reise – Dieses monatelang verfolgte Vorhaben scheiterte schließlich, da Fontane mit seinem Urlaubsgesuch nicht den Dienstweg eingehalten hatte; vgl. auch Anm. zum 19.7.58, 22.7.58 und 27.7.58.
Pläne zur Begründung einer Wochenschrift – Dieses am 30. Juni

1858 noch einmal erwähnte Projekt Fauchers blieb wie so vieles von seinen Plänen unrealisiert.

27.4.58
geschrieben (Englische Stimmen ...) – Der betreffende Artikel bestand im wesentlichen aus einer Übersetzung von zwei Passagen aus der »Times« und aus Macaulays Besprechung von Gladstones Buch über Staat und Kirche. Er erschien in der »Zeit« Nr. 229 vom 20. Mai 1858 (NFA XVIII a, S. 793-797).

28.4.58
Gelesen in »Münchhausen« – Vgl. Anm. zum 5.3.58.

29.4.58
Gearbeitet (»The flowers of the Forest ...«) – Die englische Verszeile bildet den Refrain eines Klagelieds über den Untergang der schottischen Armee in der Schlacht bei Flodden am 9. September 1513. Fontane nahm seine Übersetzung dieses Gedichts aus Walter Scotts »Minstrelsy of the Scottish Border« 1860 in das Kapitel »Floddenfield« von »Jenseit des Tweed« auf (NFA XVII, S. 282 f.); u. d. T. »Die Blumen des Waldes« fand es später auch Eingang in seine Balladen- und Gedichtsammlungen (AFA, Gedichte 1).
Gelesen (Münchhausen) – Vgl. Anm. zum 5.3.58.

30.4.58
geschrieben an Herr und Frau v. Merckel – FM II, S. 37-40 (Wilhelm von Merckel) und S. 41-49 (Henriette von Merckel).

1.5.58
Gearbeitet (»das Trauerspiel von Afghanistan«) – Dieses Gedicht wurde am 3. April 1859 im »Tunnel« vorgetragen und in der »Argo« von 1860 zuerst gedruckt (AFA, Gedichte 1).

2.5.58
Gearbeitet (das Trauerspiel von Afghanistan) – Vgl. Anm. zum 1.5.58.
Unterredung ... über den Stand der holsteinischen Frage – Vgl. Anm. zum 3.5.58.
Gelesen (Münchhausen) – Vgl. Anm. zum 5.3.58.

3.5.58
Die preußisch-östreichischen Noten (Holstein) – Fontane war offenkundig mit der Vorbereitung einer weiteren englischen Pressepublikation beschäftigt, wie auch der Besuch bei Michael Mannock am 7. Mai belegt, doch läßt sich Näheres nicht ermitteln.
geplaudert über seine ... Kammer-Candidatur – Sollte Faucher bei den Wahlen von 1859 tatsächlich kandidiert haben, so wurde er jedenfalls nicht gewählt. Erst 1861 gelangte er für die Fortschrittspartei in den preußischen Landtag, dem er bis 1865 angehörte und dann erneut von 1867 bis 1870 als Nationalliberaler.

4.5.58
Roquettes »Hans Heidekuckuk« – Vgl. Anm. zum 24.1.57.
aus »Münchhausen« vorgelesen – Vgl. Anm. zum 9.5.58.

5.5.58
An die Kreuz-Ztng geschrieben (Eine Equipage) – Erschienen in der »Kreuzzeitung« Nr. 107 vom 9. Mai 1858 u. d. T. »Eine Equipage und ein Wappen« (NFA XVIII a, S. 771 f.). Wie so oft machte Fontane auch hier eine scheinbare Nebensächlichkeit zum Thema einer Korrespondenz und nicht das Ereignis selbst, nämlich die Kutsche, in der der französische Botschafter zum Geburtstagsempfang bei der Königin vorgefahren war.
Gelesen (Münchhausen) – Vgl. Anm. zum 9.5.58.

7.5.58
Buch von John Timbs (über englische Schulen) gekauft – Unter dem etwas irreführenden Obertitel »School-Days of Eminent Men« vereinte das 1858 in London erschienene Werk zwei separate Abhandlungen von je etwa 150 Seiten: »I. Sketches of the Progress of Education in England from the Reign of King Alfred to that of Queen Victoria« und »II. Early Lives of Celebrated British Authors, Philosophers and Poets, Inventors and Discoverers, Divines, Heroes, Statesmen and Legislators«.
An Sir Charles Barry geschrieben – Über den Erbauer des neuen Parlamentsgebäudes vgl. auch Fontanes biographische Skizze aus dem Jahre 1862 (NFA XXIII/1, S. 460 ff.).

8.5.58

geschrieben (die Königin von Portugall) – Eine Notiz unter diesem Titel mit Fontanes Korrespondentenzeichen erschien in der »Zeit« vom 10. Mai 1858, während die »Kreuzzeitung« Nr. 108 vom 11. Mai zwar die Nachricht dem Inhalt nach brachte, aber nicht in Fontanes Worten.

9.5.58

Mit Immermanns »Münchhausen« abgeschlossen – Fontane hatte am 5. März 1858 mit der Lektüre des Romans begonnen.

10.5.58

Brief von Lepel – Datiert vom 6. Mai 1858; FL II, S. 215–218.
Studie über Governor Yeh gelesen – »Yeh's Portrait (From our special correspondent)« war publiziert worden in der »Times« vom 10. Mai 1858. Der ungenannte Autor hatte den Transport des chinesischen Gouverneurs von Kanton nach Kalkutta begleitet und dabei ausgedehnte Gespräche mit dem Gefangenen führen können.
Emilie liest mir »das Märchen aus dem Spessart« vor – Wilhelm Hauffs Erzählung »Das Wirtshaus im Spessart« war 1826 in dem von ihm herausgegebenen »Märchenalmanach für Söhne und Töchter gebildeter Stände« erschienen.

11.5.58

A. giebt eine Gastrolle als Aesthetiker – Maurice Alberts.
Brief und Brochüre von Dr. Semler – Bei der Schrift handelte es sich um eine 1858 in Hamburg publizierte Studie über »Die Tempelskulpturen aus der Schule des Phidias im Britischen Museum«.

12.5.58

mit Dr. Morris ... die Kunstausstellung besucht – 1858 hat sich Fontane nicht schriftlich über die Sommerausstellung der Royal Academy geäußert; vgl. für die Vorjahre Anm. zum 30.6.52, 10.6.56, 4.5.57.

13.5.58

Uebersetzt (Lord Maxwells Goodnight) – Fontanes Übersetzung dieses Gedichts aus Walter Scotts »Minstrelsy« wurde am 3. April

1859 im »Tunnel« vorgetragen (»Abschied Lord Maxwells«) und 1861 erstmals gedruckt in dem Aufsatz über »Die alten englischen und schottischen Balladen« im »Morgenblatt für gebildete Leser« u. d. T. »Lord Maxwells Lebewohl« (AFA, Gedichte 1).

14.5.58
Gearbeitet (Jan Bart) – Erste Erwähnung dieses Gedichts, das Fontane erst 1888 fertigstellte und zum Druck gab (AFA, Gedichte 1).
Gelesen (Turm) – »Der alte Thurm« von Karl Kette war im Jahrgang 1858 der »Argo« erschienen.

15.5.58
einige Zeilen an den Grafen v. B. – An Albrecht von Bernstorff, den preußischen Gesandten in London.

17.5.58
Brief ... wegen des Aufsatzes über Yeh – Vermutlich hatte Fontane in Berlin angefragt, ob seitens der »Zeit« Interesse an einer Übersetzung des »Times«-Artikels (vgl. Anm. zum 10.5.58) bestände; vgl. auch Anm. zum 21.5.58.
Emilie liest mir aus Droysen's »Preußischer Geschichte« vor – Die »Geschichte der preußischen Politik« war ein Weihnachtsgeschenk des Ehepaars Merckel; vgl. Tagebucheintrag vom 12. Januar 1858 mit Anm.

18.5.58
Gearbeitet (Yeh) – Vgl. Anm. zum 21.5.58.

19.5.58
Gearbeitet (Yeh) – Vgl. Anm. zum 21.5.58.
Fußreise durch Cornwall intendirt – Dieser Plan wird zwar am 3. Juni 1858 noch einmal erwähnt, doch wurde er nicht verwirklicht.

20.5.58
reizende Scene vor ... den Parlamentshäusern – Der in der Londoner Regierung für indische Fragen zuständige Lord Ellenborough war am 17. Mai auf Grund eines Konflikts mit dem Generalgouverneur von Indien zurückgetreten, was einen parlamentarischen

Mißtrauensantrag gegen das konservative Minderheitskabinett Derby nach sich gezogen hatte. Die oppositionelle Majorität zerbrach jedoch, als sich John Bright am 20. Mai im Namen der radikalen Abgeordneten von der liberalen Fraktion um Palmerston und ihrer Taktik distanzierte und so das Überleben der Regierung ermöglichte. Fontane sah die Abgeordneten unmittelbar nach dieser dramatischen Wende aus dem Gebäude strömen.

21.5.58
an Direktor Metzel (mit dem Yeh-Aufsatz I) – Fontanes »gekürzt und auszugsweise« vorgenommene Übersetzung eines Artikels in der »Times« (vgl. Anm. zum 10.5.58) erschien in drei Teilen in der »Zeit« Nr. 237 vom 26. Mai 1858, Nr. 241 vom 28. Mai und Nr. 243 vom 29. Mai 1858 u. d. T. »Yeh, eine Studie. (Nach der ›Times‹)« (NFA XVIII a, S. 797–806). Ein kurzer Absatz in der letzten Fortsetzung enthielt Fontanes persönliche Stellungnahme. Der ganze Beitrag zeige »ersichtlich das Bestreben, den ehemaligen Großwürdenträger so weit wie möglich herabzudrücken«. Doch lege man die Zeitung »mit der gefestigten Überzeugung aus der Hand, daß es trotz alledem und alledem mit jenem Rätselstaat und seinen Dienern etwas sein müsse, da ... immer noch ein Charakterkopf übrig geblieben ist, dessen Bedeutung und Interesse weit die Bedenken überwiegt, die wir gegen diesen und jenen häßlichen Zug unterhalten mögen« (NFA XVIII a, S. 806).
Nach Deans Yard, Westminster – Dort war der Sitz der 1855 eingerichteten Civil Service Commission, der unter anderem die Rekrutierung von Nachwuchs für die Ministerialbürokratie oblag. Im Auftrag ihres Sekretärs Theodore Walrond, eines engen Freundes und künftigen Schwagers von Max Müller, nahm Fontane in der Folge verschiedentlich Anwärtern eine Sprachprüfung im Deutschen ab.
der ... 1849 bei Novara gefochten hat – Wo die sardinische Armee am 23. März entscheidend geschlagen worden war, was in der Folge zur Wiedererrichtung der habsburgischen Vormachtstellung in Oberitalien geführt hatte.

22.5.58
die schöne Bridgewater-Gallerie – Bridgewater House liegt in unmittelbarer Nähe des St. James Palastes und beherbergte laut Waagen die englische Privatsammlung mit der größten Vielfalt

von Gemälden. Die ursprünglich von Francis Egerton Duke of Bridgewater (1736-1803) erworbene Sammlung ist heute in der National Gallery of Scotland in Edinburgh untergebracht.
Gallerie des Marquis von Hertford – Das damalige Manchester House, wo die Sammlung bis heute untergebracht ist, wurde später in Hertford House umbenannt, und die Galerie selbst ist seit 1890 als Wallace Collection bekannt.

23.5.58
Gelesen (das Buch Tobiä) – Apokryphes Buch des Alten Testaments. Die Bibellektüre, mit der Fontane hier beginnt, zieht sich bis zum Ende des im Tagebuch dokumentierten Zeitraums hin.

24.5.58
Brief von Frau v. Merckel – Datiert vom 20./22. Mai 1858; FM II, S. 49–54.

25.5.58
Leitartikel gegen das preußische Interregnum – Da der Prinz von Preußen nicht in eigener Vollmacht herrsche, sondern nur in Stellvertretung für seinen Bruder, sei er weiterhin an dessen System gebunden, obwohl keine Aussicht bestehe, daß dieser je wieder die Regierung übernehmen könne. Der Prinz wird als liberal und konstitutionell dargestellt, mit einer westlich orientierten Außenpolitik, weshalb die Kreuzzeitungspartei alles tue, ihn von der Macht fernzuhalten und seine Übernahme der Regentschaft zu verhindern oder doch zu verzögern.
An die Kreuz-Ztng und Direktor Metzel geschrieben – Kein Abdruck ermittelt.

26.5.58
Times bringt einen Brief aus Berlin – Überschrieben »State of Things in Prussia«; Fontane erwähnte diesen »famosen Brief über unsre heimathliche Wirtschaft« in seinem Brief an Wilhelm von Merckel vom 3. Juni 1858 und merkte dazu weiter an: »Manches falsch und schief, die †-Ztngs-Partei ungerecht behandelt etc., im ganzen aber unleugbare Wahrheit« (FM II, S. 65). Einer Meldung der »Times« vom 3. Juni zufolge wurde die betreffende Ausgabe des Blattes in Preußen sofort beschlagnahmt.

Gearbeitet (Yeh) – Fortsetzung des Artikels über den gefangengenommenen Gouverneur von Kanton; vgl. Anm. zum 21.5.58.

27.5.58
Gearbeitet (eine Entgegnung auf den Times Artikel) – Trotz langwieriger Bemühungen scheint ein Abdruck dieser Erwiderung nicht zustande gekommen zu sein; vgl. Anm. zum 26.5.58.
auf's M. Star office – Vgl. Anm. zum 7.1.58.

28.5.58
Brief von Immermann – Datiert aus Berlin vom 20.–25. Mai 1858; FM II, S. 54–61.

29.5.58
Briefe von ... Ottilie Beda – Obwohl sie im Tagebuch an dieser Stelle zum ersten Mal genannt wird, geht Fontanes Bekanntschaft mit ihr schon weiter zurück. »Die Beda ist und bleibt verrückt«, hatte es bereits am 18. Februar 1857 in einem Brief an Emilie geheißen (FAP).
Nach dem Star – Vgl. Anm. zum 7.1.58.

30.5.58
Ottilie Beda zu Tisch – Aus den bei Gelegenheit ihres Besuchs verhandelten Gesprächsthemen ist zu schließen, daß Ottilie Beda als Gouvernante tätig war.

31.5.58
Einige Zeilen von Mr. Mannock – Vermutlich geht es immer noch um die Entgegnung auf den »Times«-Artikel; vgl. Anm. zum 27.5.58.
An Excellenz geschrieben – Den preußischen Gesandten in London, Graf Albrecht von Bernstorff.
Die schöne, mit Recht berühmte Gallerie – An der Stelle von Grosvenor House in Park Lane befindet sich heute ein Hotel; die Räume für die (nicht mehr bestehende) Galerie waren 1842/43 errichtet worden.

1.6.58
Dr. Morris in Poëts Corner getroffen – Vgl. Anm. zum 7.3.56.
Den Victoria-Tower erstiegen – Vgl. Anm. zum 25.3.57.

Zu Mr. Mannock; alles beim Alten – Was den Nichtabdruck der Erwiderung auf den »Times«-Artikel anging; vgl. Anm. zum 27.5.58.

2.6.58
Concert in Willis Rooms – 1765 eröffnetes vornehmes Veranstaltungslokal am St. James's Square, genutzt für Bälle, Konzerte, Vorträge und Konferenzen.
Die Havelock-Biographie refüsirt – Wie Fontane am 3. Juni an Wilhelm von Merckel schrieb, hatte Fournier als Grund angegeben, »Havelock sei Baptist gewesen, was das Comité nicht gewußt habe«. Fontane vermutete jedoch noch andere Motive (FM II, S. 66). Die 1859 in Stuttgart erschienene Broschüre von J. F. Mürdter »General-Major Sir Henry Havelock als Kriegsheld und Christ. Nach den Biographien von W. Brock, James Grant und John Marshman geschildert« soll 1870 allen Soldaten der preußischen Armee mit in den Krieg gegeben worden sein.

3.6.58
An Immermann geschrieben – FM II, S. 61–68.
wegen meines Ausfluges nach Cornwall – Dieses zuerst am 19. Mai 1858 erwähnte Reiseprojekt blieb unverwirklicht.

4.6.58
Alberts mit dem Ostende-Steamer auf den Sand gerathen – Goodwin Sands vor der Küste von Kent; vgl. auch Anm. zum 12.1.57.

5.6.58
aus Herder's Biographie vorgelesen – Vgl. Anm. zum 8.12.57.

6.6.58
Gelesen (Jephta, Simson) – Im Buch der Richter des Alten Testamentes, Kap. 11–16.
Hptm: v. Jessnitz – Der politische Flüchtling und zeitweilige Siedler im amerikanischen Mittelwesten hielt sich bei Beta auf, weil beide an dem im Juni 1858 neuentstandenen Blatt »Londoner Deutsche Zeitung und Allgemeiner Anzeiger« beteiligt waren. Fontane berichtete ausführlich darüber in seinem Brief an Dr. Metzel vom 13. Oktober 1858 (GStA PK, Rep. 77, Tit. 939, Nr. 35 [2.3.35, Nr. 45], Bl. 32 ff.).

8.6.58
»Königsberger Pferdemarkt« Annonce – Nicht mehr zu klären.
geschrieben (die Londner Feuerwehr) – Erschienen in der »Kreuzzeitung« Nr. 134 vom 12. Juni 1858 u. d. T. »Immer langsam voran – und die Londoner Feuerwehr« (NFA XVIII a, S. 772 f.).

9.6.58
Auf's M. Star office – Vgl. Anm. zum 7.1.58.
Gearbeitet (Victoria Tower) – Kein Abdruck ermittelt; vgl. auch Anm. zum 25.3.57.

10.6.58
Nach Deans Yard (Civil Service Commission) – Vgl. Anm. zum 21.5.58.
Der Graf wünscht wieder ein – Blatt – Nach dem Bruch mit dem »Morning Chronicle« im November 1857 fehlte dem preußischen Gesandten ein jederzeit verfügbarer Zugang zur britischen Presse. Eine dauerhafte Zusammenarbeit mit einem bestimmten Organ kam jedoch nicht mehr zustande, wenn es Fontane auch gelang, für Geld hier und da einige Artikel zu plazieren.

11.6.58
Waagen's »the Art Treasures ...« – Das dreibändige Werk, von Lady Eastlake aus dem deutschen Manuskript ins Englische übersetzt, war 1854 im Druck erschienen u. d. T.: »Treasures of Art in Great Britain, Being an Account of the Chief Collections of Paintings, Drawings, Sculptures, Illuminated Manuscripts«. Ein 1857 publizierter Nachtragsband trug den separaten Titel: »Galleries and Cabinets of Art in Great Britain«. Obwohl sich Fontane auf den Spuren Waagens im Mai 1858 intensiv mit verschiedenen Londoner Kunstsammlungen beschäftigt hatte, sind einschlägige Veröffentlichungen nicht nachzuweisen, abgesehen von der tabellarischen Übersicht im Nachtrag zu den Aufsätzen »Aus Manchester« in der Fassung der Studien »Aus England« von 1860 (NFA XXIII/1, S. 154–161).
Wiese's Briefe über Englische Erziehung – Ludwig Adolf Wieses »Deutsche Briefe über englische Erziehung, nebst einem Anhang über Belgische Schulen« waren 1852 in erster und 1855 in zwei-

ter Auflage in Berlin erschienen. Eine dritte Auflage, zusammen mit einem Fortsetzungsband, kam 1877 heraus.
Dem Grafen die Replik auf den Times Artikel vorgelesen – Vgl. Anm. zum 27.5.58.
hoffentlich das letzte Auftreten dieses »Geistes« – Des anonymen Korrespondenten der »Times« aus Berlin; vgl. Anm. zum 26.5.58.

12.6.58
Gearbeitet (Victoria-Tower) – Vgl. Anm. zum 9.6.58.
Geplaudert über die Möglichkeit einer Invasion – Das Verhältnis zwischen England und Frankreich unterlag während der fünfziger Jahre erheblichen Schwankungen, und nach dem Ende der Krimkriegsallianz herrschten inzwischen wieder Befürchtungen über Napoleons III. langfristige Ziele.
Dr. Thur's Brochüre über den Ursprung des gelben Fiebers – Die unorthodoxe Schrift war 1858 in Schivelbein erschienen und trug den Titel »Die Cholera ist ein Menschenwerk. Ein Lehrsatz der Thatsachen für Ärzte und Laien«. Sie steht im Kontext der zeitgenössischen Debatte über die zivilisatorische Mission Englands und lehnt die kosmologische Seuchenlehre ebenso wie auch Ansteckungstheorien ab. Die Ursache der Epidemie liege vielmehr in den politisch-sozialen Verhältnissen. »Wer den armen Hindus zu einer menschlichen Existenz verhilft, der erlöst die Welt von der Cholera.«

13.6.58
Gelesen (das Buch Ruth.) – Im Alten Testament.
Gelesen (Hunt's Forth Estate) – Vgl. Anm. zum 21.6.56. Von jetzt an arbeitete Fontane ziemlich kontinuierlich an seiner Artikelserie über »Die Londoner Tagespresse«, die zwischen dem 7. und 22. Dezember 1858 in der »Preußischen Zeitung«, der ehemaligen »Zeit«, erschien.

14.6.58
Gearbeitet (der Morning Chronicle) – Im Rahmen der Artikelserie über »Die Londoner Tagespresse« als erster von fünf Beiträgen über die Morgenblätter erschienen in der »Preußischen Zeitung« Nr. 578 vom 11. Dezember 1858; Wiederabdruck 1860 in »Aus England« (NFA XIX, S. 178–184).
»The Press« scheint nicht abgeneigt mit uns anzuknüpfen – Vgl. Anm. zum 10.6.58.

15.6.58
Rücksprache ... wegen ›the Press‹ – Vgl. Anm. zum 10.6.58.

17.6.58
Mannock mit einem Artikel (the state of affairs in Prussia) – Für die ›Press‹; vgl. Anm. zum 19.6.58 und 26.6.58.
Auf das M. Star office – Vgl. Anm. zum 7.1.58.
um Lola Montez aufzusuchen – Die ehemalige heimliche Herrscherin Bayerns, die König Ludwig I. (1786-1868) seinen Thron gekostet hatte, irrte seit ihrer Flucht aus München 1848 unstet zwischen der Schweiz, England, Nordamerika und Australien umher. Allerdings scheinen Fontane und Faucher die 1858 zur Publikation ihrer Autobiographie in London anwesende Gräfin Landsfeld, wie sie sich trotz ihres immer tieferen Absinkens weiterhin nannte, nicht angetroffen zu haben, denn keiner von beiden hat sich je darüber geäußert.
in den Cheshire Cheese – Aus dem 17. Jahrhundert datierendes und bis heute bestehendes Lokal in Wine Office Court, einer Seitengasse von Fleet Street, nahe der Wohnung von Oliver Goldsmith, und frequentiert unter anderem von Dr. Johnson.
Aufrichtung des bekannten baltischen Staats – Vgl. Anm. zum 11.10.57.

18.6.58
Brief von Lepel – Datiert vom 14. Juni 1858; FL II, S. 219 ff.
ein junger Graf endlich eingetroffen – Gemeint ist der am 17. Juni 1858 geborene Percy von Bernstorff. Zu einer darauf bezüglichen Pressenotiz Fontanes vgl. Anm. zum 23.6.58.

19.6.58
Die ›Press‹ bringt unsren Artikel nicht – Er erschien dann aber am darauffolgenden Samstag; vgl. Anm. zum 26.6.58.

21.6.58
Mr. Mannock; bringt den Brief des Press-Redakteurs – Vermutlich wegen der Ablehnung des Artikels über ›The state of affairs in Prussia‹; vgl. Anm. zum 19.6.58.

23.6.58
Gearbeitet (Morning Post) – Erschienen im Rahmen der Artikelserie über »Die Londoner Tagespresse« in der »Preußischen Zeitung« Nr. 580 vom 12. Dezember 1858; Wiederabdruck 1860 in »Aus England« (NFA XIX, S. 185–192).
An die Kreuz-Ztng und die »Zeit« geschrieben – Erschienen in der »Zeit« vom 25. Juni 1858 u. d. T. »Gräfin von Bernstorff. Professor Max Müller. Renz«. Die Korrespondenz für die »Kreuzzeitung« erschien in Nr. 146 vom 26. Juni 1858 u. d. T. »Gräfin Bernstorff. Professor Müller. Renz« (NFA XVIII a, S. 773 f.).

24.6.58
zum Babel-Diner nach Dulwich – Auf die Frage »Was ist Dulwich?« hatte Fontane schon in »Ein Sommer in London« die Antwort gegeben: »Dulwich ist eine Art Schönhausen, ein freundliches Dorf mit Park und Wiesen, mit hohen Ulmen am Weg und Spalierrosen an den Häusern, mit einem Schulgebäude im Königin-Elisabeth-Stil und einer Bildergalerie als Zugabe.« (NFA XVII, S. 146)
im Waterloo-Omnibus nach Haus – Vgl. Anm. zum 13.12.57.

25.6.58
Brief von Immermann – FM II, S. 75 f.
Gearbeitet (Post und Herald) – Für den Artikel über die »Morning Post« vgl. Anm. zum 23.6.58; für den Artikel über den »Morning Herald« vgl. Anm. zum 29.6.58.
Bal Champêtre – Ländliches Tanzfest.

26.6.58
Mittheilung daß die Preß unsren Artikel ... gebracht habe – Der Kommentar in »The Press« Nr. 269 vom 26. Juni 1858 spricht sich gegen eine Verlängerung des preußischen Interregnums aus und für die baldige Errichtung der Regentschaft.

27.6.58
Gelesen (Samuel und Saul) – Im ersten Buch Samuel des Alten Testamentes.

28.6.58
Auf das »Press«-office; Rechnung bezahlt – Vermutlich für die Insertion des Artikels und die hundert eigens gelieferten Abzüge; vgl. Tagebucheintrag vom 26. Juni 1858.

29.6.58
Gearbeitet (M. Herald) – Erschienen im Rahmen der Artikelserie über »Die Londoner Tagespresse« in der »Preußischen Zeitung« Nr. 584 vom 15. Dezember 1858; Wiederabdruck 1860 in »Aus England« (NFA XIX, S. 193–198).

30.6.58
Brief von Frau v. Merckel – Datiert vom 21.–28. Juni 1858 und adressiert an Emilie; FM II, S. 68–75.
An Frau v. Merckel geschrieben – FM II, S. 86 f.
Pläne hinsichtlich der »britischen Post« – Vgl. Anm zum 26.4.58.
»the People« und »London News« – Vgl. auch Fontanes Bemerkungen über diese Organe in seiner (damals bereits erschienenen) Studie über die Londoner Wochenblätter (NFA XIX, S. 157).

3.7.58
Gespräche ... über Advertiser, Sun und die Penny-Blätter – Die Informationen dürften in die entsprechenden Abschnitte von Fontanes Artikeln über »Die Londoner Tagespresse« eingegangen sein (zum »Morning Advertiser« vgl. NFA XIX, S. 198–202, zur »Sun« vgl. NFA XIX, S. 223, zu den Penny-Blättern vgl. NFA XIX, S. 206–220).

4.7.58
Gelesen (Samuel und Saul) – Im ersten Buch Samuel des Alten Testamentes.

5.7.58
Brief von Immermann – Datiert vom 24. Juni–3. Juli 1858; FM II, S. 76–84.
Brief vom Civil Service Commission – Mit dem Honorar für die Abnahme der Sprachprüfungen; vgl. Anm. zum 21.5.58.

6.7.58
an Immermann geschrieben – FM II, S. 87 ff.

9.7.58
Alberts theilt mir mit »daß es furchtbar tagen werde« – Alle politischen Gespräche zu dieser Zeit kreisten um die unvermeidliche Übernahme der Regentschaft durch den Prinzen von Preußen und die davon zu erhoffenden oder zu befürchtenden Folgen.
Nach Civil Service Commission – Vgl. Anm. zum 21.5.58.

10.7.58
Besuch von Mrs. und Miß Merrington – Damit begann der gesellige Umgang Fontanes mit der Nachbarsfamilie Merington, die in 27 St. Augustine's Road wohnte.

12.7.58
Brief von Lepel – Datiert vom 9. Juli 1858; FL II, S. 221 f.
ausgiebig auf eine andre Art (über den Carpet) – Wie es scheint, mußte sich Faucher diesmal beim Essen übergeben, während er es für gewöhnlich nur verbal tat.

13.7.58
Brief von Immermann – Datiert vom 10. Juli 1858; FM II, S. 89 f.
An ... Immermann geschrieben – FM II, S. 91 f.
Rücksprache ... wegen der dänischen Angelegenheit – Über die gerade ein weiterer englischer Artikel in Arbeit war; vgl. Anm. zum 17.7.58.

14.7.58
die kitzliche Lage des deutsch-dänischen Streits – Die Hinweise des preußischen Gesandten dürften noch in Fontanes nächsten englischen Artikel eingegangen sein; vgl. Anm. zum 17.7.58.
dem großen Leichenwagen ... meinen Besuch gemacht – Das imposante Fuhrwerk, entworfen von dem Dresdner Architekten und politischen Flüchtling Gottfried Semper (1803–1879), war seit 1852 im Vorhof von Marlborough House ausgestellt und kam später in die Krypta von St. Paul's Cathedral. Heute steht es in Stratfield Saye, dem Familiensitz der Herzöge von Wellington.

15.7.58
An Direktor Metzel und Immermann geschrieben – Zu dem Schreiben an Merckel vgl. FM II, S. 93. Fontane beklagt sich darin über das Schweigen der Zentralpressestelle, was sein Urlaubsgesuch angeht, doch hätte er diese Frage in seinem Brief an Metzel nicht noch einmal angeschnitten: »Was ich ihm geschrieben habe, bezieht sich von Anfang bis Ende auf den deutsch-dänischen Konflikt, und war es mir ordentlich Gewissenssache, Metzeln und mittelbar die Herren im Auswärtigen Amt wissen zu lassen, was sie, im Fall es zu einer Exekutionsarmee kommen sollte (was ich natürlich nicht glaube) von England zu erwarten haben und was nicht. Man ist uns hier entschieden feindlich, alle Parteien, mit alleiniger Ausnahme der paar Manchestermänner, die wenigstens mit sich reden lassen.« Mit »Manchestermänner« sind die Freihändler gemeint, deren Organ, der »Morning Star«, Fontane als einziges Blatt einigermaßen mühelos zugänglich war.

16.7.58
»Illiade« gelesen – Homers Versepos von der Belagerung Trojas durch die Griechen war Fontane am 26. Juni von seiner Schwiegermutter zugeschickt worden.

17.7.58
The constitutional Press bringt unsren Artikel – In der Ausgabe Nr. 17 vom 17. Juli 1858 u. d. T. »Denmark and the German Confederation«.

18.7.58
Gelesen (David und Jonathan) – Im ersten Buch Samuel des Alten Testamentes.
Einige Zeilen (für Rosalie) an Dr. Schoell – Rosalie Hertwich, das deutsche Hausmädchen der Fontanes, suchte eine andere Stellung; vgl. auch Anm. zum 25.7.58.

19.7.58
Brief von Immermann – Datiert vom 17. Juli 1858 (FM II, S. 94 bis 95); die geplante Kur in Salzbrunn rückte in immer weitere Ferne, als auch Merckel keinen definitiven Bescheid übermitteln konnte, was Fontanes Urlaubsgesuch und den Reisekosten-

zuschuß betraf. Auf seinen Vorschlag, sich krankschreiben zu lassen und einen Privatkredit von Merckel anzunehmen, ging Fontane nicht ein.
Constitutional Press für Excellenz abgegeben – Vermutlich die Ausgabe mit dem von Fontane verfaßten Artikel; vgl. Anm. zum 17.7.58.

20.7.58
Rechnung bei der ›Constitutional Press‹ bezahlt – Vermutlich für die Insertion des Artikels über die Schleswig-Holstein-Frage; vgl. Anm. zum 17.7.58.

21.7.58
Brief von Lepel; bestätigt Immermann's Mittheilungen – Datiert vom 19. Juli 1858; darin wird ein Schreiben von Dr. Metzler zitiert, dem Stellvertreter des abwesenden Direktors Metzel, wonach bei der Zentralpressestelle kein Urlaubsgesuch vorliege und somit auch keine Bewilligung erfolgen könne (FL II, S. 225). Für die Mitteilungen von Merckel vgl. Anm. zum 19.7.58.
Abendspaziergang across the fields – Copenhagen Fields in der Nähe von Fontanes Wohnung in Camden Town; vgl. Anm. zum 5.8.58.

22.7.58
Brief von Lepel – Datiert vom 19. Juli 1858 und mit der Nachricht, daß auch er in Sachen Urlaub und Reisekostenzuschuß nichts habe bewirken können; FL II, S. 225.
An ... Lepel ... geschrieben – In diesem Brief, datiert vom 21. Juli 1858, erklärte Fontane, er habe nunmehr den Gedanken an Salzbrunn aufgegeben und sich statt dessen zu einer Reise nach Schottland entschlossen. »Natürlich ist das keine *Brunnenkur* und die Lungen haben nicht viel davon, eine Badereise indeß unter so mannigfach erschwerten Umständen hätte mir auch kein guts getan.« Daran schloß sich die Einladung an Lepel, der Fontane ins Bad hatte begleiten wollen, statt dessen nach London zu kommen und mit nach Schottland zu fahren (FL II, S. 225 f.).
An ›Zeit‹ und ›Kreuz-Ztng‹ geschrieben – Eine Korrespondenz u. d. T. ›Taufe in Prussia-House‹ erschien in der ›Zeit‹ vom 24. Juli 1858; desgl. auch in der ›Kreuzzeitung‹ Nr. 171 vom 25. Juli 1858.

Urlaub nachgesucht und erhalten – Vorübergehende Abwesenheiten von London zu bewilligen fiel offenbar in Bernstorffs Zuständigkeit, während Heimreisen einer Genehmigung aus Berlin bedurften.
Titus Ulrichs 2ten Brief über seine Reise nach Schottland – Der Autor behandelt darin die Strecke von Glasgow nach Fort William; ursprünglich erschienen in der »National-Zeitung«; Wiederabdruck in: Titus Ulrich, Reise-Studien aus Italien, England und Schottland, Berlin 1893, S. 327–338.

23.7.58
Gearbeitet (der M. Advertiser) – Erschienen im Rahmen der Artikelserie über »Die Londoner Tagespresse« in der »Preußischen Zeitung« Nr. 586 vom 16. Dezember 1858; Wiederabdruck 1860 in »Aus England« (NFA XIX, S. 198–202).

24.7.58
Gearbeitet (M. Advertiser) – Vgl. Anm. zum 23.7.58.

25.7.58
Gelesen (Saul und David) – Im ersten Buch Samuel des Alten Testamentes.
Gearbeitet (Daily News) – Erschienen im Rahmen der Artikelserie über »Die Londoner Tagespresse« in der »Preußischen Zeitung« Nr. 587 vom 16. Dezember 1858; Wiederabdruck 1860 in »Aus England« (NFA XIX, S. 203–206).
Rosalie ... nach Kent house zu Lady Theresa Lewis – Das deutsche Hausmädchen der Fontanes suchte eine neue Anstellung; die Vorsprache bei der bekannten Autorin und Ehefrau des amtierenden Schatzkanzlers erfolgte wohl auf Empfehlung des Londoner deutschen Pastors Dr. Schoell; vgl. Anm. zum 18.7.58.

26.7.58
Gearbeitet (Daily News) – Vgl. Anm. zum 25.7.58.

27.7.58
Brief von Direktor Metzel ... nebst Urlaubspapier – Dafür war es nun zu spät, da Fontane das Vorhaben einer Kur in Salzbrunn aufgegeben hatte. Vgl. aber auch Fontanes Kommentar in einem Brief vom gleichen Tage an Wilhelm von Merckel: »›Geld ist

nicht‹, weder jetzt noch später. Die auf Papier gebrachte Reisefreiheit bleibt also ein toter Buchstabe wie alle Freiheitscharten der Neuzeit.‹ (FM II, S. 99)
An Immermann geschrieben – FM II, S. 98 f.
Excellenz in Erith – Bernstorff war zu Gast auf dem Landsitz von Sir Culling Eardley, Belvedere bei Erith in der Grafschaft Kent, ca. 25 km östlich von London.
Nach Marlborough-House – Vgl. Anm. zum 10.11.56.
Brief von ... Lady Theresa Lewis – Vgl. Anm. zum 25.7.58.
Gearbeitet (die Pennyblätter) – Erschienen im Rahmen der Artikelserie über »Die Londoner Tagespresse« in der »Preußischen Zeitung« Nr. 588 vom 17. Dezember 1858; Wiederabdruck 1860 in »Aus England« (NFA XIX, S. 206–212).

28.7.58
Briefe von Immermann und Lepel – Das Schreiben Wilhelm von Merckels ist datiert vom 25./26. Juli 1858, FM II, S. 96 ff.; der Lepel-Brief ist undatiert, FL II, S. 227–230.
An Immermann ... geschrieben – FM II, S. 100–103.
Gearbeitet (die Pennyblätter) – Vgl. Anm. zum 27.7.58.
nach dem botanical Garden – Von 1839 bis 1932 befanden sich die Gartenanlagen der Royal Botanic Society im Zentrum von Regent's Park; später ersetzt durch Queen Mary's Rosengärten.

29.7.58
Gearbeitet (Daily Telegraph) – Erschienen im Rahmen der Artikelserie über »Die Londoner Tagespresse« in der »Preußischen Zeitung« Nr. 594 vom 21. Dezember 1858; Wiederabdruck 1860 in »Aus England« (NFA XIX, S. 212 ff.).
An Immermann ... geschrieben – FM II, S. 105 f.

31.7.58
Gearbeitet (Morning Star) – Erschienen im Rahmen der Artikelserie über »Die Londoner Tagespresse« in der »Preußischen Zeitung« Nr. 588 vom 17. Dezember 1858; Wiederabdruck 1860 in »Aus England« (NFA XIX, S. 214–217).

1.8.58
Gelesen (Saul und die Hexe von Endor; Saul's Tod) – Im ersten Buch Samuel des Alten Testamentes, Kap. 28–31.

Gearbeitet (Standard) – Erschienen im Rahmen der Artikelserie über »Die Londoner Tagespresse« in der »Preußischen Zeitung« Nr. 595 vom 21. Dezember 1858; Wiederabdruck 1860 in »Aus England« (NFA XIX, S. 218 ff.).

4.8.58

Einige Zeilen zu Immermanns Geburtstag – Für den Abdruck des Gedichts »An Wilhelm von Merckel. Zum 6. August 1858« vgl. FM II, S. 272 mit Anm.

5.8.58

Spatziergang: ... Cattlemarket – Bei seinem Umzug nach St. Augustine's Road hatte Fontane am 23. August 1857 an Wilhelm von Merckel berichtet: »Unser nächster Nachbar ist Copenhagen Fields, der neue riesige Viehmarkt von London (früher in Smithfield) und eine der Sehenswürdigkeiten der Stadt. Wenn ich ›nächster Nachbar‹ sage, so meint das immer noch in ehrfurchtsvoller Entfernung; denn die Nähe von Viehmärkten kann mißlich sein.« (FM I, S. 140)
Suspension-Bridge – 1845 von dem Ingenieur Isambard Kingdom Brunel (1806–1859) erbaute Hängebrücke (meist »Hungerford Bridge« genannt) zwischen der Hungerford Markthalle und der South Bank; 1864 abgebrochen.
»Roccoco« von Blomberg – War in dem bereits ausgelieferten Jahrgangsband der »Argo« für 1859 erschienen, den Lepel nach London mitgebracht hatte.
»Das Trauerspiel von Afghanistan« vorgelesen – Vgl. Anm. zum 1.5.58.

6.8.58

Suspension-Bridge – Vgl. Anm. zum 5.8.58.
Gelesen: »Aus dem Postwagen« – Novelle von Wilhelm von Merckel, publiziert in dem bereits ausgelieferten Jahrgang 1859 der »Argo«.

8.8.58

nach Caroline Villas – Eine Straße dieses Namens existierte nicht, und Fontane sagt auch nirgends, wen er bei seinen gelegentlichen Besuchen dort aufsuchte. Möglicherweise handelte es sich um das Haus, in dem Ottilie Beda angestellt war.

9.8.58

Nachtfahrt nach Edinburg – Dieses Erlebnis wurde verarbeitet in dem Kapitel »Von London bis Edinburg« in »Jenseit des Tweed« (NFA XVII, S. 191-195).

10.8.58

Edinburg. Johnstons Hôtel – Näheres darüber enthält das Kapitel »Johnstons Hotel. Erster Gang in die Stadt« in »Jenseit des Tweed« (NFA XVII, S. 195-199).
Mr. Beda ... Leith – Über Leith, den Hafen von Edinburgh, wo Ottilie Bedas Eltern wohnten, berichtet das Kapitel »Von Edinburgh bis Stirling« in »Jenseit des Tweed« (NFA XVII, S. 283 f.).

11.8.58

Holyrood ... Edinburgh-Castle – Die Erlebnisse dieses Tages schildert Fontane ausführlicher in den Kapiteln »Holyrood-Palace«, »Von Holyrood bis Edinburg-Castle« und »Edinburg Castle« in »Jenseit des Tweed« (NFA XVII, S. 199-227).
High-Street bei Abend – Vgl. das Kapitel »Ein Abend in High-Street« in »Jenseit des Tweed« (NFA XVII, S. 256-260).

12.8.58

nach Linlithgow – Vgl. das Kapitel »Linlithgow« in »Jenseit des Tweed« (NFA XVII, S. 265-271).
Vom Castle bis nach Canongate – Vgl. das Kapitel »Highstreet und Canongate« in »Jenseit des Tweed« (NFA XVII, S. 227-243).

13.8.58

Nach Granton-Pier – Granton ist der zweite Hafen von Edinburgh.
Im Steamer nach Stirling – Vgl. das Kapitel »Von Edinburg bis Stirling« in »Jenseit des Tweed« (NFA XVII, S. 283-289).
Stirling-Castle – Vgl. das gleichnamige Kapitel in »Jenseit des Tweed« (NFA XVII, S. 289-299).

14.8.58

von Stirling nach den Trossachs und dem Loch Katrine – Vgl. das Kapitel »Loch Katrine oder das Land der ›Lady of the Lake‹« in »Jenseit des Tweed« (NFA XVII, S. 299-312).

15.8.58
Von Stirling nach Perth – Die Erlebnisse dieses Tages behandelt das Kapitel »Ein Sonntag in Perth« in »Jenseit des Tweed« (NFA XVII, S. 313–321).

16.8.58
von Perth ... nach Inverneß – Vgl. das Kapitel »Von Perth bis Inverneß« in »Jenseit des Tweed« (NFA XVII, S. 321–334).

17.8.58
Sir John Metcalfe – Im Kapitel »Inverneß« in »Jenseit des Tweed« heißt es über ihn, er sei »ein Enkel jenes Sir Charles Metcalfe, der, nach der Abdankung Lord Bentincks, eine kurze Zeit hindurch als Generalgouverneur von Indien eine hervorragende Rolle spielte« (NFA XVII, S. 335).
Das Schlachtfeld von Culloden – Vgl. dazu die Kapitel »Culloden-Moor« und »Der letzte Hochlandhäuptling (Unserem Culloden-Führer nacherzählt)« (NFA XVII, S. 338–352).

18.8.58
Von Inverneß ... nach Oban – Vgl. dazu die Kapitel »Der Kaledonische Kanal« und »Oban« in »Jenseit des Tweed« (NFA XVII, S. 353–364).
St. George's Hôtel, Mrs. Mackall – In »Jenseit des Tweed« wird die Hotelwirtin als »Mrs. Mackay« vorgestellt: »Eine Frau von fünfzig, halb Brunhild, halb Marketenderin. Groß, breit und stark stand sie vor uns, mit allen Abzeichen des Herdes, von dem sie kam; ihr einziger Schmuck ein Schnurrbart, an dem kleine Schweißtröpfchen hingen.« (NFA XVII, S. 359) Näheres über die Unterbringung über einem Pferdestall und über die anderen Gäste enthalten die Kapitel über »Oban« in »Jenseit des Tweed« (NFA XVII, S. 359–362 und S. 378 f.).

19.8.58
Von Oban nach Staffa und Iona – Vgl. dazu die Kapitel »Oban«, »Staffa« und »Iona oder Icolmkill« in »Jenseit des Tweed« (NFA XVII, S. 359–378).

20.8.58

bis zum Canal, der durch die Halbinsel ... gegraben ist – Die Halbinsel heißt »Cantire«, wie Fontane herausgefunden hatte, bevor er die Erlebnisse dieses Tages näher beschrieb in dem Kapitel »Von Oban bis zum Loch Lomond – Rückkehr nach Edinburg« in »Jenseit des Tweed« (NFA XVII, S. 378–384).
Mr. Henderson, Mr. Tait aus Melrose – Über diese beiden Reisebekanntschaften berichtet Fontane ausführlicher in dem Kapitel »Von Oban bis zum Loch Lomond – Rückkehr nach Edinburg« in »Jenseit des Tweed« (NFA XVII, S. 384 f. und 388).

22.8.58

Canongate, Highstreet ... Westport – Näher beschrieben in dem Kapitel »Westbow; Grassmarket; ein paar Kapitel aus der Lynchjustiz« in »Jenseit des Tweed« (NFA XVII, S. 243–250).
Der getaufte Judenprediger – Das Kapitel »Ein Abend in Highstreet« in »Jenseit des Tweed« nennt ihn beim Namen (John Wroe) und verbreitet sich ausführlicher über die Straßenprediger in Edinburgh und besonders über die »Christ-Israeliten« (NFA XVII, S. 258 ff.).

23.8.58

nach Kinross und dem Loch Leven – Im einzelnen behandelt in dem Aufsatz »Lochleven-Castle«, der ursprünglich als Kapitel für »Jenseit des Tweed« geschrieben war, im Erstdruck jedoch versehentlich ausgelassen und erst in späteren Auflagen dem Text wieder eingefügt wurde (NFA XVII, S. 418–426).
Mr. Marshall, boatman, guide and poët alltogether – Er beeindruckte die Reisenden durch seine »unaffektierte Begeisterung für den See und das Inselschloß« von Lochleven. Von Fontane mit einer ihm unbekannten Ballade konfrontiert, war seine erste Reaktion »ein Gefühl der Zerknirschung darüber, daß es einem Fremden vorbehalten sein mußte, ihm neuen Stoff zur historischen Belebung seines Sees und Schlosses zuzutragen; die zweite Empfindung aber, die jener unmittelbar auf dem Fuße folgte und sie verdrängte, war die der Freude und des Dankes. Um der Sache willen, die ihm vor allem am Herzen lag, vergaß er rasch und gern, was er im ersten Augenblick als das Bittere einer persönlichen Niederlage empfunden hatte.« (NFA XVII, S. 422 f.)

24.8.58
Früh nach Melrose. Von Melrose nach Abbotsford – Die Ausflüge dieses Tages werden behandelt in den Kapiteln »Melrose Abbey« und »Abbotsford« in »Jenseit des Tweed« (NFA XVII, S. 389 bis 408).

26.8.58
Am Abend die ›Sabinerinnen‹ – Vorlesung aus einer erst 1858 fertiggestellten Tragödie von Paul Heyse, für die dieser einen von König Maximilian II. von Bayern ausgeschriebenen Preis gewonnen hatte.

29.8.58
Sachen von Scherenberg, Storm, Lingg und Theodor Heyse – Der Jahrgangsband 1859 der »Argo« enthält an Gedichten von Christian Friedrich Scherenberg »Drei Jugendblätter aus John Franklins Lebensbuch«, von Theodor Storm »Im Garten«, von Hermann Lingg »Zweiflers Nachtgedanken« und von Theodor Heyse »Morgengebet« sowie »Eins und Alles«.

30.8.58
nach Cremorne Gardens – Vgl. Anm. zum 10.7.57.

31.8.58
Die Times über Preußen – Aus Anlaß der Rückkehr der Königin aus Berlin, wo sie ihre Tochter besucht hatte, griff die »Times« einen Artikel der demokratischen »Volkszeitung« auf und hielt Preußen das englische Beispiel vor: »No civilized country can become really great where the government does not secure the active and earnest co-operation of the people, and nothing tends to deprive it of that co-operation so entirely as that absolute power over the destinies of the nation on which princes are accustomed to pride themselves. ... If a powerful people makes a weak King, it makes a great kingdom, and the choice of the royal families of Europe lies between absolute dominion over weak states and limited control over powerful nations.«
Zu ›Baron Nicholson‹ – Vgl. Anm. zum 9.10.55.

3.9.58
Lepel liest seine Argo-Gaselen vor – Aus dem Jahrgangsband für 1859.

5.9.58
2 Victoria Grove – Zur Familie Alberts.

6.9.58
Brief von Frau v. Merckel – Datiert vom 30. August–2. September 1858; FM II, S. 113 ff.

7.9.56
General-Consulats und Agenten-Pläne – Ob Faucher hier von sich sprach oder Pläne für Fontanes Zukunft entwarf, ist unklar. Geworden ist aber so oder so nichts daraus.

9.9.58
Gelesen (The lay of the last minstrel) – Dichtung von Sir Walter Scott in sechs Cantos (1805).

10.9.58
Gelesen (The lay of the last minstrel) – Vgl. Anm. zum 9.9.58.
Heyse's »Sabinerinnen« ausgelesen – Vgl. Anm. zum 26.8.58.

13.9.58
Gearbeitet (die Tagesblätter) – Erschienen in drei Teilen als einleitender Artikel der Serie über »Die Londoner Tagespresse« in der »Preußischen Zeitung« Nr. 571 vom 7. Dezember, Nr. 572 vom 8. Dezember und Nr. 574 vom 9. Dezember 1858; Wiederabdruck 1860 in »Aus England« (NFA XIX, S. 163–178).

14.9.58
Manuskript von Dr. Ingwersen – Einen Tag später war Edgar Bauer zu Besuch bei Fontanes, und was er da in Erfahrung brachte, fand umgehend Eingang in seinen Spitzelbericht vom 16. September 1858. Das Werk sei betitelt »Holsteinisches Portfolio« und umfasse vierzig handgeschriebene Briefbogen. »Der Wunsch Ingwersens ist natürlich, daß die Schrift auf Kosten der preußischen Regierung gedruckt und ihm ein anständiges Ho-

norar ausgezahlt werde. Doch soweit ich die Lage der Dinge überschaue, wird der Wunsch nicht in Erfüllung gehen« (Bauer, S. 405). Tatsächlich konnte Bauer in einem späteren Bericht vom 30. Oktober 1858 melden, Fontane habe sich »nicht bemüht, die Schrift an den Mann zu bringen« (Bauer, S. 426). Was Ingwersen dann 1860 als »Holsteinisches Portfolio« veröffentlichte, war im österreichischen Interesse geschrieben und nach Inhalt und Tenor sehr verschieden von dem, was er Fontane angeboten hatte.

15.9.58
Brief von Herrn v. Merckel – Datiert vom 12. September 1858; FM II, S. 116 ff.
Mr. Charles Davenport ... geschrieben – Die konspirative Versendung war allerdings umsonst gewesen. Wie das Manuskript aus Altona nach London gelangt war, erfuhr die dänische Regierung von Edgar Bauer: »Ingwersen adressierte es an seinen Verwandten, den Kaufmann Mr. Davenport ..., und Mr. Davenport schickte es dem Fontane zu« (Bauer, S. 405).

17.9.58
Georgie – Kosename für Fontanes Sohn George, der am 13. September allein bei Fauchers zurückgeblieben war und den sein Vater jetzt auf der Redaktion des »Morning Star« wieder abholte.
Die neue Einrichtung (die Presse) gesehn – Vgl. auch Fontanes Beschreibung der modernen Dampfpressen in der Druckerei der »Times«; NFA XIX, S. 230 f.
Gearbeitet (Lord Maxwells Good night) – Vgl. Anm. zum 13.5.58.
An Mama Fontane geschrieben – FBV 58/27.

18.9.58
Brief an Mama Fontane zur Post – FBV 58/27.

19.9.58
Gelesen (Jesus Sirach) – Apokryphes Buch des Alten Testamentes.

20.9.58
An Herrn von Merckel geschrieben – FM II, S. 119–125.
Den Brief nach Eversholt-Street gebracht – Dort befand sich das

einzige Postamt von Camden Town mit Spätleerung der Briefkästen.

21.9.58
auf Mama Fontane's Wohl getrunken – Ihr Geburtstag fiel auf den 21. September.

22.9.58
Packet abgegeben (... »die Londoner Tagespresse« ...) – Die Artikelfolge erschien zwischen dem 7. und 22. Dezember 1858 in der »Preußischen Zeitung« und wurde 1860 wiederabgedruckt in »Aus England« (NFA XIX, S. 163-247).
Exemplare gekauft von – Der »Morning Herald« Nr. 24,189 vom 3. September, der »Morning Advertiser« Nr. 20,979 vom 11. September sowie der »Standard« Nr. 10,635 vom 15. September enthielten sämtlich prodeutsche, wenn auch von sehr verschiedenen Standpunkten aus geschriebene Leitartikel über die Schleswig-Holstein-Frage. Der demokratisch-antipreußische Artikel im »Morning Advertiser« ist Karl Blind (1826-1906) zuzuschreiben.
Gelesen (Varnhagens Denkwürdigkeiten) – Karl August Varnhagen von Enses »Denkwürdigkeiten und Vermischte Schriften« in sechs Bänden waren sukzessive in den Jahren 1837 bis 1842 erschienen; eine zweite Auflage kam geschlossen 1843 heraus, gefolgt von einem Nachtragsband 1848 und zwei postumen Ergänzungsbänden 1859.

23.9.58
Brief von Immermann (the prussian Regency) – Den beigeschlossenen Aufsatz Merckels »Zur preußischen Regentschaftsfrage« (FM II, S. 337-341) leitete Fontane mit leichten Kürzungen an die »Times« weiter, wo er am 30. September 1858 publiziert wurde; vgl. auch Anm. zum 30.9.58.

24.9.58
Artikel der National-Ztng über die Regentschaft – Ein Leitartikel der »National-Zeitung« vom 22. September 1858 hatte unter Berufung auf einen rheinischen Juristen die faktische Erledigung des Throns infolge der Regierungsunfähigkeit des Königs behauptet. Gegen diese Deutung hatte sich noch am gleichen Tage ein Leitartikel in der Abendausgabe der »Zeit« gewandt und be-

dauert, daß die »National-Zeitung« mit ihren Hinweisen »auf Volksversammlungen und korporative Demonstrationen geneigt scheint, eine Agitation anzubahnen, welche die Entscheidung über die höchsten Landes-Interessen von Hand zu Hand herabsteigend, allmählich auf die Straße hinuntertragen würde«. Die Nation harre in der Tat den kommenden Dingen entgegen, doch sei zu hoffen, »daß sie ... voll Pietät und Vertrauen sich von jeder Einmischung fernhält, welche eine gedeihliche Lösung in keiner Weise fördern kann«.
An Mama Fontane geschrieben – Datiert vom 25. September 1858; FBV 58/29.

25.9.58
Einlagen an ... Mama Fontane – FBV 58/29.
Entgegnung der National-Ztng auf die Unterstellungen der »Zeit« – Letztere hatte das liberale Blatt in die Nähe revolutionärer Agitation zu rücken versucht; vgl. Anm. zum 24.9.58.

26.9.58
Gelesen (2. Buch Samuelis) – Aus dem Alten Testament.
Auszüge aus »Varnhagens Denkwürdigkeiten« gemacht – Der Essay über »Graf von Schlabrendorff, amtlos Staatsmann, heimatfremd Bürger, begütert arm« findet sich im vierten Band der Sammlung; vgl. auch Anm. zum 22.9.58.

27.9.58
dann in die Kaffekneipe und in die »Schweiz« – Lokalitäten nicht identifiziert.

28.9.58
nach Kensington Museum – Dem 1857 eingeweihten Museum, später umbenannt in »Victoria and Albert Museum«, hatte der wohlhabende Textilfabrikant John Sheepshanks (1787–1863) noch im Eröffnungsjahr seine umfangreiche Sammlung von Gemälden britischer Meister übergeben, die in einem eigenen Anbau untergebracht wurde. Fontane besuchte die neue Galerie kurz nach ihrer Fertigstellung.
Mulready's – Über William Mulready vgl. auch Fontanes biographische Skizze aus dem Jahre 1862 (NFA XXIII/1, S. 452 ff.).
Webster's – Über Thomas Webster und seine Werke vgl. auch

Fontanes biographische Skizze aus dem Jahre 1862 (NFA XXIII/1, S. 454).
Landseer's – Über Sir Edwin Landseer und seine Werke vgl. auch Fontanes biographische Skizze aus dem Jahre 1862 (NFA XXIII/1, S. 443-446).

29.9.58
Briefe von ... Lepel – Datiert vom 24. September 1858; FL II, S. 230 ff.
Herrmann geisteskrank in Leubus – Hermann Müller, ein Stiefbruder von Fontanes Ehefrau Emilie. In Leubus, Niederschlesien, befand sich eine Heilanstalt für Geisteskranke.
Favorite-Omnibus – Bediente die Strecke von Highbury & Islington zur City und von dort weiter in Richtung London Bridge bzw. nach Westminster.
Nach Eversholt-Street – Zum Postamt; vgl. Anm. zum 20.9.58.
einen langen Brief des alten Tieftrunk – Ob, wann und wen Julius Schweitzer geheiratet hat oder zu heiraten vorhatte, ist nicht bekannt.

30.9.58
Times bringt einen langen Brief über die Regentschaftsfrage U. d. T. »The State of Germany«. Der als Verfasser genannte »occasional correspondent« war Wilhelm von Merckel, dessen vom 20. September datierenden Aufsatz Fontane für den Abdruck in der »Times« bearbeitet hatte; vgl. auch Anm. zum 23.9.58.

1.10.58
Leitartikel der Times über die Regentschaft – Unter Bezugnahme auf Merckels Korrespondenz (vgl. Anm. zum 30.9.58) wird darin die umgehende Regierungsübernahme des Prinzen von Preußen gefordert. »Under his rule it may be expected, not, indeed, that any democratic schemes will be encouraged or connived at, but that the Constitution which has a legal existence, will be made a reality, that the voice and wishes of the people will be fairly attended to, and, above all, that Prussia in her dealings with other states will resume that independent position which is her due, and which she has so pitifully abandoned.« Als erstes müsse der Einfluß der Kreuzzeitungspartei gebrochen werden, und eine starke Regierung, wie sie Preußen auf Grund seiner

geographischen Lage brauche, sei mit einer wirksamen Volksvertretung durchaus vereinbar: »Germans exercise self-government in Ohio, in Texas, and Victoria; why should they be unfit for it in Brandenburg and the Rhineland?«

Die »Zeit« interpretirt Paragraph 56 – Artikel 56 der Preußischen Verfassung von 1850 regelte den Regierungsantritt eines Monarchen und sah dabei eine Mitwirkung des Landtags sowie einen Verfassungseid vor. In einem Leitartikel ihrer Ausgabe vom 29. September 1858 hatte sich die »Zeit«, die zuvor bereits gegen eine daraus abgeleitete Parlamentarisierung der Regentschaftsfrage aufgetreten war, wie sie die »National-Zeitung« propagierte (vgl. Anm. zum 24.9.58), nunmehr gegen die Deutung der »Kreuzzeitung« gewandt, wonach sich bei einer Amtsübergabe zu Lebzeiten der Wille des Königs in voller Freiheit geltend machen könne und die Verfassungsbestimmungen keine Anwendung finden dürften. Wenn die »Zeit« damit »in unerwartet whiggistischer Weise« argumentierte, also die Krone nicht auf das Gottesgnadentum basierte, sondern auf die Entscheidung der Nation, wie es die Whigs in der englischen Revolution von 1688/89 getan hatten, so versicherte sie aber zugleich, »nur eine solche Lösung der schwebenden Fragen wünschen« zu wollen, »welche in Übereinstimmung mit Sr. Majestät dem Könige geschieht; aber wie wir in dem Wortlaut des § 56 der Verfassung einen Widerspruch gegen die Erfüllung dieses Wunsches nicht sehen, vermögen wir in der Anwendung des Artikels auch eine Gefährdung des Legitimitätsprinzips und der monarchischen Interessen gegenüber den parlamentarischen nicht zu erblicken. Denn der Agnat, welcher die Regentschaft nach seinem Gewissen übernimmt, tut dies nicht zufolge eines Beschlusses des Landtages, der Stände oder Kammern, sondern kraft seiner ›der Krone nächsten Stellung‹, welche er von Gottes Gnaden einnimmt und die ihm nicht übertragen werden kann und Beschlüsse des Landtages weder zu geben noch zu rauben vermögen.« Der Leitartikler der »Zeit« hatte insofern völlig recht, wenn er betonte, seine Differenz zur »Kreuzzeitung« sei mehr theoretisch als praktisch.

Englische Stimmen über den deutsch-dänischen Streit – Ein Leitartikel unter diesem Titel war in der »Zeit« vom 29. September 1858 erschienen.

2.10.58
Beilage eines Herald-Artikel – Ein Leitartikel des »Morning Herald« Nr. 24,212 vom 30. September 1858 hatte die bevorstehende Übernahme der Regentschaft durch den Prinzen von Preußen und die davon zu erwartenden Auswirkungen auf die innere und äußere Politik Preußens kommentiert.

4.10.58
Varnhagens Denkwürdigkeiten III Band – Der dritte und letzte Band von Varnhagens »Denkwürdigkeiten des eigenen Lebens« behandelt in vier Kapiteln »Die Kriegszüge von 1813 und 1814«, die Erlebnisse des Autors in »Paris 1814«, den »Wiener Kongress, 1814/15« und ergänzend seine Zeit in »Baden-Baden, Brüssel, Berlin: 1817«.
die berühmte Anekdote von Zacharias Werner – Den protestantisch-sittenstrengen Varnhagen empörte die Frivolität des in Wien zum Katholizismus konvertierten und anschließend Priester gewordenen Preußen: »Wer von der Predigt Kenntnis hat, wo Zacharias Werner von dem allersündlichsten und ärgerlichsten Teile des menschlichen Körpers redet, die Eigenheiten und Unarten angibt, durch die er sich bemerkbar macht, endlich, nach der absichtlich beunruhigendsten Aufzählung derselben, mit unerhörter Dreistigkeit fragt, ob er ihn noch erst nennen oder gar ihn zeigen solle? darauf aber ausruft: ›Die Zunge ist es!‹ – der hat das sprechendste Beispiel, auf wie ärgerliche Weise dieser Schäker Schimpf und Spott mit seinen Zuhörern trieb. Freilich kannte er seine Leute! Die vornehme Welt, Wiener und Fremde, waren entzückt, auch in der Kirche solchen hautgoût und das Heilige mit solchem Sinnenkitzel verquickt zu finden« (»Denkwürdigkeiten«, Bd. 3, 2. Aufl., S. 331 ff.).
Diplomat der sich nach einem gehabten »Malheur« ... erschießt – Die Darstellung dieses Vorfalls findet sich in Bd. 3 von Varnhagens »Denkwürdigkeiten«, 2. Aufl., S. 273 f.

8.11.58 (E)
die Liberalen dürsten nach Rache – Für ihren Ausschluß von Amt und Einfluß in der Reaktionsära seit 1850. Als deren Inbegriff galt Ministerpräsident Otto von Manteuffel, der mitsamt seiner Regierung am 6. November 1858 entlassen worden war,

nachdem Prinz Wilhelm von Preußen am 7. Oktober die Regentschaft übernommen und eine »Neue Ära« ausgerufen hatte.

4.12.1858 (E)
giebt mir den ... Rath nicht die Initiative zu ergreifen – Mit seiner – sicher nicht ganz uneigennützigen – Empfehlung kam Bernstorff allerdings zu spät. Bereits am 2. Dezember 1858 hatte Fontane an Rudolf von Auerswald (1795–1866) geschrieben, den jetzt für ihn zuständigen Minister, und um die vorzeitige Auflösung seines noch bis Ende 1860 geltenden Vertrages ersucht (FBV 58/40). Mit Datum vom 24. Dezember 1858 gab Metzels Nachfolger als Direktor der Zentralpressestelle, Julius von Jasmund (1827–1879), diesem Antrag statt, da man in Berlin zu dem Entschluß gekommen sei, daß »der Fortbestand der Preßstation in London in keiner Weise dringend und die dafür gebrachten Opfer ihrem Nutzen [nicht] entsprechen erscheinen« (GStA PK, Rep. 77, Tit. 944 F, Nr. 2, Bl. 74). Fontane solle sich folglich mit Jahresbeginn 1859 als seiner Londoner Funktion enthoben betrachten und sich baldmöglichst bei der Zentralpressestelle in Berlin zurückmelden.

Exzerpte 1854 und 1855

9.11.54 (E)
Harte Kritik von Julian Schmidt ..., auch von Robert Prutz – Ob die negative Rezension von »Ein Sommer in London« in den von Gustav Freytag und Julian Schmidt herausgegebenen »Grenzboten« (Jg. 13, 1854, Bd. 4, S. 93 ff.) tatsächlich von letzterem selbst stammt, erscheint fraglich, und die kaum minder abfällige Besprechung im »Deutschen Museum« (Jg. 4, 1854, Bd. 2, S. 701 f.) dürfte, der Sigle nach, ebenfalls nicht von dessen Herausgeber Robert Prutz verfaßt worden sein.

15.11.54 (E)
Über Mazarin und die Fronde – Gescheiterte Adelsbewegung um die Mitte des 17. Jahrhunderts gegen den zunehmenden Absolutismus der Krone, wie ihn der mächtige Minister im Namen Ludwigs XIV. praktizierte.

Über die sächsischen Kaiser – Dem Sachsenherzog Heinrich I. (um 876–936) war 919 die deutsche Königskrone zugefallen, und sein Sohn und Nachfolger Otto I. (912–973) wurde 962 auch zum Kaiser gekrönt. Das sächsische Kaiserhaus, das im 19. Jahrhundert als Begründer des deutschen Nationalstaats galt, starb 1024 mit dem Tode Heinrichs II. im Mannesstamm aus.
Hainbund – Der »Göttinger Hain« war ein 1772/74 florierender Dichterbund Klopstock-begeisterter Studenten, der in Frontstellung gegen Aufklärung und Nachahmung der Franzosen für Natur, Empfindung, Herz und Gefühl eintrat.
Barbarossa; Hohenstaufen – Friedrich I. Barbarossa war der zweite Herrscher aus dem schwäbischen Herrschergeschlecht der Hohenstaufen, das von 1138 bis 1254 die deutschen Könige und Kaiser stellte.

28.11.54 (E)
Jena und Auerstädt – Die Niederlage in der Doppelschlacht vom 14. Oktober 1806 hatte den Zusammenbruch des alten Preußen vor dem Ansturm des napoleonischen Frankreich besiegelt.

16.12.54 (E)
Mein neues Amt als Lektor der englischen Zeitungen – In dieser Funktion hatte Fontane Auszüge aus der englischen Presse zusammenzustellen, die dann als »englischer Bericht« an die mit der Zentralpressestelle in Verbindung stehenden Zeitungen gingen.

27.12.54 (E)
englischen Bericht (über die Fremdenlegionsbill) – Der Gesetzentwurf zur Rekrutierung einer Fremdenlegion für den Kampf gegen Rußland war am 12. Dezember 1854 im Parlament eingebracht und gegen starken Widerstand, der zeitweilig zum Sturz der Regierung zu führen drohte, am 22. Dezember 1854 verabschiedet worden.

21.1.55 (E)
1. Brief an die »Westphälische Zeitung« – Am 18. Januar 1855 war Fontane angewiesen worden, als Berliner Korrespondent für dieses ehemals demokratische Blatt tätig zu werden und zwei- bis dreimal wöchentlich Berichte über Politik und Literatur an den

Herausgeber Crüwell einzusenden; vgl. Jolles, Fontane und die Politik, S. 92 f.

31.1.55 (E)
Lektüre: Bucher – Lothar Buchers damals gerade neu erschienene Schrift »Der Parlamentarismus wie er ist« enthielt eine scharfe Kritik des englischen Regierungssystems.

20.2.55 (E)
Buchers Buch über »Parlamentarismus« – Vgl. auch Tagebuchexzerpt vom 1. August 1855 und Anm.

22.2.55 (E)
Mr. Roebuck's Untersuchungs-Comité – Die gegen den Widerstand der Regierung beschlossene Einsetzung eines parlamentarischen Sonderausschusses zur Untersuchung der britischen Kriegsführung hatte am 29. Januar 1855 zum Rücktritt des Koalitionskabinetts Aberdeen geführt. Die erneute Einbringung dieses Antrags, der am 23. Februar angenommen wurde, sorgte für die erste Krise der neugebildeten Regierung Palmerston.
Lord John Russell's Mission nach Wien – Zum Zwecke der Teilnahme an einem Kongreß der kriegführenden Mächte, der die Möglichkeiten eines Friedensschlusses sondieren sollte.
die Times und ihre ministeriellen Ankläger – Im Frühjahr 1855, bei zunehmender öffentlicher Unzufriedenheit mit dem Verlauf des Krimkriegs, hatten mehrere Mitglieder der Regierung die »Times« und ihre kritische Berichterstattung für den Verfall des britischen Ansehens in der Welt verantwortlich gemacht.
die preußische Politik – Öffentlichkeit, Parlament und Regierung in Großbritannien übten zunehmend scharfe Kritik an Preußens fortwährender Neutralität im Krieg zwischen Rußland und den Westmächten.

3.3.55 (E)
Chef über Tod des Kaisers von Rußland – Zar Nikolaus I. war am Vortag in St. Petersburg gestorben. Unmittelbarer Vorgesetzter Fontanes in der Zentralstelle für Presseangelegenheiten war der Abteilungsleiter Dr. Langbein, doch könnte auch Ludwig Metzel gemeint sein.

14.3.55 (E)
Der Tod des Kaisers – Nikolaus I. von Rußland; vgl. Anm. zum 3.3.55 (E).
das Roebucksche Untersuchungs-Comité – Vgl. Anm. zum 22.2.55 (E).
die faule preußische Politik – Vgl. Anm. zum 22.2.55 (E).

24.3.55 (E)
Kreuzritter – Die Anhänger der »Kreuzzeitung«, d. h. die preußischen Altkonservativen.

2.5.55 (E)
Das Gären und die bedrohliche Stimmung des Landes – Vor dem Hintergrund ausbleibender Erfolge im Krieg gegen Rußland entstand im Frühjahr 1855 eine außerparlamentarische Opposition, die unter Verweis auf deren mangelnde Effizienz Legitimität und Privilegien der traditionellen Eliten in Frage stellte.

1.6.55 (E)
Der große Kampf der Whigs und Tories – Die alten Parlamentsparteien waren seit Abschaffung der Kornzölle 1846 in Personalfraktionen zerfallen, was eine stabile Mehrheitsbildung erschwerte und die zahlreichen Regierungskrisen der fünfziger Jahre erklärt; vgl. auch Fontanes Berliner Vortrag über »Whigs und Tories« vom Januar 1860; NFA XIX, S. 251–263.

29.6.55 (E)
Mitteilung ... wegen der »Englischen Correspondenz« – Erste Erwähnung des Projekts eines im Interesse der preußischen Regierung geschriebenen und von ihr finanzierten Pressedienstes aus London, zu dessen Realisierung Fontane im September 1855 nach England entsandt wurde.

4.7.55 (E)
Aufsatz über die englische Zeitungsstempelbill – Wohl nur zur internen Information gedacht; vgl. aber auch Fontanes Ausführungen von 1858 über die Abschaffung des Zeitungsstempels durch das Gesetz von 1855 und seine Folgen (NFA XIX, S. 206 bis 212).

18.7.55 (E)
Lord John Russell's Rücktritt – Am 12. Juli, nachdem bekanntgeworden war, daß er sich bei den Wiener Verhandlungen (vgl. Anm. zum 22.2.55 [E]) zur Annahme von sehr viel großzügigeren Friedensbedingungen für Rußland bereit erklärt hatte, als es seine anschließende Erklärung vor dem Parlament erkennen ließ.

1.8.55 (E)
Unterhaltung mit Zabel über Lothar Bucher – Der Tenor dieses Gesprächs wird auch von anderen Zeugnissen bestätigt. So berichtet Hans Victor von Unruh (1806–1884), Buchers Mitstreiter im Jahre 1848, bei seiner Rückkehr aus dem Exil habe er den Chefredakteur der »National-Zeitung« 1855 klagen hören, »daß die Bucherschen Korrespondenzen immer mehr eine Färbung annähmen, die mit der Tendenz der ›National-Zeitung‹ in starkem Widerspruch ständen und großenteils nicht aufgenommen werden« könnten.

Register

Die Siglen verweisen auf folgende Teilbestände der Edition:
E   – Exzerpte aus den verschollenen Tagebüchern 1854 und 1855 (S. 355–362)
EB   – Einführungsbrief zum Tagebuch für Louis Henri Fontane 1852 (S. 3 f.)
M   – Tagebuchbrief an Ludwig Metzel 1855 (S. 39–48)
MB   – Begleitbrief zum Tagebuch für Ludwig Metzel 1855 (S. 48 bis 50)

Register der Personen und Werke

Abel, Carl (geb. 1827), Philologe und Übersetzer, zeitweilig Redakteur bei der »Kreuzzeitung« und später Professor   23.3.57, 24.3.57, 15.4.57, 21.3.58

Aberdeen, George Hamilton Gordon, Earl of A. (1784–1860), parlamentarischer Führer der konservativen Freihändler; 1852 bis 1855 Premierminister einer Koalitionsregierung   18.4.56

Ackermann & Co, Verlag, Buch- und Schreibwarenhandel und Kommissionsagentur, 96 Strand   1.4.56

Adderley, Charles Bowyer (1814–1905), konservativer Abgeordneter mit ausgeprägt kirchlichem Engagement und daraus resultierendem Reformeifer vor allem im Erziehungswesen   27.5.56

Albany, Londoner Restaurant im Besitz von Samuel Bromfield, 190 Piccadilly   25.3.57, 15.5.57, 29.5.57, 1.6.57, 3.9.57

Albert, Prinz von Sachsen-Coburg und Gotha (1819–1861); seit 1840 Ehemann der Königin Victoria, 1857 zum Prinzgemahl erhoben   24.4.52, 2.6.52, 30.6.52, 1.4.56, 22.8.56, 23.8.56, 22.2.57, 25.10.57, 19.1.58, 25.1.58, 29.1.58

Albert Edward, Prinz von Wales (1841–1910), ältester Sohn der Königin Victoria und des Prinzen Albert, seit 1901 als Eduard VII. König von Großbritannien und Irland   25.10.57, 31.3.58

Alberts, Caroline, geb. Dittmers, aus Straßburg gebürtige Ehefrau von Maurice Alberts   16.4.56, 19.4.56, 24.7.56, 6.8.56, 27.8.56, 1.1.57, 24.5.57, 1.6.57, 13.9.57, 20.11.57, 1.1.58, 11.4.58, 2.9.58, 15.9.58

Alberts, Maurice (gest. 1876), 1848–1867 im diplomatischen Dienst Preußens; 1849 an die Gesandtschaft in London versetzt, zunächst als Kanzlist, dann als Legationssekretär und seit 1857 schließlich als Kanzleivorstand   7.5.52, 3.4.56, 16.4.56, 18.4.56, 19.4.56, 27.5.56, 1.6.56, 5.6.56, 16.7.56, 17.7.56, 21.7.56, 24.7.56, 6.8.56, 9.8.56, 26.8.56, 27.8.56, 20.9.56, 16.10.56, 19.10.56, 24.10.56, 25.10.56, 27.10.56, 28.10.56, 1.11.56, 3.11.56, 7.11.56, 15.11.56, 21.11.56, 30.11.56, 15.12.56, 24.12.56, 30.12.56, 1.1.57, 5.1.57, 7.1.57, 16.1.57, 18.1.57, 19.1.57, 20.1.57, 23.1.57, 24.1.57, 28.1.57, 29.1.57, 1.2.57, 6.2.57, 7.2.57, 14.2.57, 18.2.57, 22.2.57, 23.2.57, 24.2.57, 25.2.57, 1.3.57, 3.3.57, 10.3.57, 11.3.57, 15.3.57, 19.3.57, 21.3.57, 23.3.57, 25.3.57, 26.3.57, 18.4.57, 30.4.57, 3.5.57, 9.5.57, 19.5.57, 22.5.57, 24.5.57, 29.5.57, 31.5.57, 1.6.57, 3.6.57, 10.6.57, 11.6.57, 12.6.57, 21.6.57, 7.7.57, 10.7.57, 21.7.57, 25.7.57, 2.8.57, 5.8.57, 19.8.57, 1.9.57, 3.9.57, 8.9.57, 10.9.57, 12.9.57, 13.9.57, 28.9.57, 30.9.57, 5.10.57, 6.10.57, 10.10.57, 11.10.57, 13.10.57, 20.10.57, 27.10.57, 28.10.57, 12.11.57, 20.11.57, 7.12.57, 9.12.57, 14.12.57, 28.12.57, 29.12.57, 30.12.57, 1.1.58, 23.1.58, 26.3.58, 4.4.58, 6.4.58, 8.4.58, 13.4.58, 14.4.58, 11.5.58, 27.5.58, 4.6.58, 9.7.58, 27.7.58, 30.8.58, 2.9.58, 13.9.58, 15.9.58, 16.9.58, 18.9.58, 25.9.58, 27.9.58, 28.9.58

Albrecht VII. (1559–1621), Erzherzog von Österreich, seit 1596 Statthalter der Niederlande   17.4.52

Aldridge, Ira (1804–1867), amerikanischer Schauspieler, als erster Schwarzer in Shakespeare-Rollen bekannt geworden, mit zahlreichen Gastspielen in England und auf dem Kontinent   27.10.55

Alexander »der Große« (356–323 v. Chr.), seit 336 v. Chr. König von Makedonien   18.5.57

Ali Pascha, Mehmed Emin (1815–1871), türkischer Hof- und Staatsmann; 1855/56 und auch später wiederholt Großwesir des Sultans   17.5.56

Alison, Polizeibeamter in Shadwell, im Osten von London   23.1.57

Althaus, Friedrich (1829–1897), nach Entlassung aus politischer Haft seit 1853 in London als Journalist, Kunstwissenschaftler und Philologe tätig; 1874 Professor für Germanistik am University College London; Bruder von Julius Althaus   6.3.57

Althaus, Julius (1833-1900), Arzt, seit 1857 in London niedergelassen mit Spezialisierung auf dem Gebiet der Neurologie; Bruder von Friedrich Althaus   6.3.57
Andersen, Berliner Schuhmacher   28.11.54 (E)
Anderson, John Henry (1814-1874), Unterhaltungskünstler und Theaterunternehmer; erwarb auf zahlreichen Tourneen Weltruhm als »großer Zauberer des Nordens«   2.1.56, 6.3.56
Anna (1665-1714), seit 1702 Königin von England, Schottland und Irland   24.9.57
Anna, Frau, s. *Witte*, Anna
Appel, Rudolf, Druckereibesitzer und Hersteller der »Deutsch-Englischen Correspondenz«, 43 Gerrard Street, Soho   15.12.55, 19.12.55, 25.12.55, 12.2.56, 7.3.56
Arnim, Achim von (1781-1831)   21.3.58
   Des Knaben Wunderhorn   21.3.58
Arnim, Heinrich Alexander Freiherr von (1798-1861), preußischer Diplomat und nationalkonservativer Staatsmann; 1848 vorübergehend Außenminister, Gegner der Manteuffelschen Reaktion   25.10.56
Atkinson, Miss, Schauspielerin am Sadler's Wells Theatre   21.2.57
Auerbach, Berthold (1812-1882), Schriftsteller und Publizist   17.12.55, 25.9.56, 18.6.57
St. Augustin (gest. 604), römischer Missionar; landete 596 in Kent, um die Angelsachsen zum Christentum zu bekehren; 601 erster Erzbischof von Canterbury   11.7.56
d'Azeglio, Vittorio Emanuele, Marquis d'A. (1816-1890), italienischer Diplomat; 1850-1868 Gesandter Sardiniens bzw. Italiens in London   17.5.56, 22.2.57

Babb & Galsworthy, Bekleidungsgeschäft am Strand   15.4.58
Bach, Adolph, Londoner Spezialanwalt für kontinentales Recht und internationale Transaktionen   7.1.57
Bach, Johann Sebastian (1685-1750)   1.9.57
Bach, Wilhelm Friedemann (1710-1784), Komponist und Organist; ältester Sohn von Johann Sebastian Bach   1.9.57
Bacher, Julius (1810-1865), Berliner Mediziner und Schriftsteller   29.3.57
Bachmann, J., Verlagsbuchhändler in Berlin, bei dem die vierte Auflage des von Fontane herausgegebenen »Deutschen Dich-

ter-Albums« erschien 24.1.57, 25.1.57, 2.2.57, 23.2.57, 10.4.57, 24.4.57, 18.5.57, 20.5.57, 11.6.57, 22.6.57, 26.6.57, 6.8.57, 13.8.57, 1.9.57, 17.11.57, 21.11.57, 27.11.57

Bacon, Francis, Baron Verulam, Viscount St. Albans (1561 bis 1626), universalgelehrter Jurist und Philosoph, Hof- und Staatsmann; einer der glänzendsten Stilisten in englischer Sprache 3.9.57

Baensch, Herr, Korrespondenzpartner von Fontane in Magdeburg 16.4.56

Baeyer, Bertha, Tochter von Johann Jakob Baeyer 28.9.56, 26.4.57

Baeyer, Clara (geb. 1826), Tochter von Johann Jakob Baeyer 16.1.56, 5.9.56, 28.9.56, 8.10.57, 14.11.57, 16.12.57, 4.1.58, 17.2.58, 13.3.58, 20.3.58, 29.3.58, 14.5.58, 26.5.58, 26.6.58

Baeyer, Jeanette (1839-1897), Tochter von Johann Jakob Baeyer 25.9.56, 28.9.56, 4.1.58

Baeyer, Johann Jakob Baeyer (1794-1885), Geodät und Offizier im preußischen Generalstab, seit 1852 General; Schwager von Franz Kugler; Fontane war mit seiner Familie näher befreundet 3.4.57, 26.4.57

Bainbridge, John Nathan (1800-1863), Londoner Arzt und Pharmakologe 12.2.56

Banbury, Mr., Offizier in einer englischen Schützenbrigade 4.1.58

Barham, Richard Harris (1788-1845), anglikanischer Geistlicher und humoristischer Schriftsteller 14.6.57
    Ingoldsby Legends 14.6.57

Barker, Thomas Jones (1815-1882), englischer Maler 17.7.56

Barry, Sir Charles (1795-1860), britischer Architekt; Erbauer des neuen Parlamentsgebäudes in Westminster 7.5.58

Barth, Heinrich (1821-1865), deutscher Afrikareisender und Geograph; 1849 mit einer englischen Expedition in den Sudan aufgebrochen, von der er 1855 als einziger lebend zurückgekehrt war; lebte anschließend bis 1858 in London 30.12.56, 7.1.57

Bauer, Fräulein, Bekannte von Fontanes Vetter Heinrich Labry 22.4.52

Bauer, Edgar (1820-1886), ehemaliger Junghegelianer, 1851 bis 1861 als politischer Flüchtling in London und dort als Journalist und Spitzel tätig 7.6.57, 26.7.57, 21.9.57, 10.11.57, 17.12.57, 8.1.58, 8.2.58, 15.9.58

Baumeister, Clara, Tochter des Geheimen Oberjustizrats Georg Ottokar Baumeister in Berlin, enge Freundin Henriette von Merckels   3.10.56

Beauharnais, Eugène (1781-1824), Stiefsohn Napoleon Bonapartes, 1805 Vizekönig von Italien   5.6.57

Beck, Karl (1817-1879), aus Ungarn gebürtiger Dichter und Schriftsteller   9.11.56

Beda, geb. Alison, Ehefrau von A. W. Beda und Mutter von Ottilie Beda   12.8.58, 23.8.58

Beda, A. W., aus Swinemünde, preußischer Vizekonsul in Leith bei Edinburgh, Vater von Ottilie Beda   10.8.58, 12.8.58, 13.8.58, 23.8.58

Beda, Ottilie, deutsche Gouvernante in England   29.5.58, 30.5.58, 2.6.58, 5.6.58, 20.6.58, 29.6.58, 5.7.58, 6.7.58, 9.7.58, 11.7.58, 16.7.58, 21.7.58, 25.7.58, 1.8.58, 8.8.58, 2.9.58, 6.9.58, 8.9.58, 14.9.58

Bedbur, Winand, Senffabrikant und Inhaber einer Delikatessenhandlung, 3 John Street, Oxford Street   24.8.57, 1.10.57

Bedford, Paul John Campbell, Prüfungskandidat im Deutschen   19.6.58

Begas, Margarethe, geb. Philipp, Ehefrau des Bildhauers Reinhold Begas (1831-1911)   10.4.57

Bellini, Giovanni (um 1432-1516), Hauptmeister der venezianischen Frührenaissance (»Giambellino«)   14.6.52

Below, Frau von   28.9.56

Below, Max von (1835-1870), Sohn von Emilie Fontanes Halbschwester Clara von Below, geb. Müller   28.9.56

Bennett, John, Londoner Goldschmied, Uhr- und Instrumentenmacher, 65 Cheapside   22.12.57, 23.12.57

Bentinck, William, Herzog von Portland (1649-1709), aus den Niederlanden gebürtiger Staatsmann und enger Berater Wilhelms III., an dessen Installierung auf dem englischen Thron er wesentlich beteiligt war   7.8.56

Bentley, Robert (1821-1893), Pharmazeut und Botaniker, Professor am Kings College, London   13.6.56

Berengar II. (gest. 966), 952-963 König von Italien; nach seiner Absetzung in Bamberg gefangengehalten   5.10.56

Bergmann, Geheimrat, preußischer Beamter   14.9.56

Bernstorff, Albrecht Graf von (1809-1873), Diplomat; 1854-1861 und 1862-1873 preußischer Gesandter bzw. deutscher Botschafter in London; 1861/62 preußischer Außenminister 9.12.55, 1.1.56, 2.1.56, 6.1.56, 7.1.56, 8.1.56, 9.1.56, 10.1.56, 20.1.56, 27.1.56, 3.2.56, 5.2.56, 7.2.56, 9.2.56, 10.2.56, 15.2.56, 24.2.56, 29.3.56, 30.3.56, 26.4.56, 8.5.56, 13.5.56, 17.5.56, 25.6.56, 27.6.56, 30.6.56, 16.7.56, 17.7.56, 30.7.56, 24.10.56, 25.10.56, 30.10.56, 3.11.56, 4.11.56, 5.11.56, 7.11.56, 8.11.56, 13.11.56, 19.11.56, 22.11.56, 24.11.56, 25.11.56, 27.11.56, 28.11.56, 5.12.56, 10.12.56, 13.12.56, 14.12.56, 26.12.56, 27.12.56, 30.12.56, 1.1.57, 2.1.57, 3.1.57, 4.1.57, 7.1.57, 14.1.57, 16.1.57, 23.1.57, 27.1.57, 30.1.57, 1.2.57, 4.2.57, 10.2.57, 12.2.57, 18.2.57, 20.2.57, 21.2.57, 22.2.57, 24.2.57, 27.2.57, 28.2.57, 6.3.57, 9.3.57, 14.3.57, 17.3.57, 26.3.57, 30.4.57, 5.5.57, 8.5.57, 15.5.57, 25.5.57, 4.6.57, 8.6.57, 10.6.57, 19.6.57, 14.7.57, 30.7.57, 1.8.57, 17.9.57, 23.9.57, 15.10.57, 20.10.57, 24.10.57, 2.11.57, 6.11.57, 13.11.57, 19.11.57, 20.11.57, 25.11.57, 27.11.57, 30.11.57, 9.12.57, 12.12.57, 15.12.57, 26.12.57, 1.1.58, 8.1.58, 23.1.58, 29.1.58, 6.2.58, 9.2.58, 10.2.58, 12.2.58, 16.2.58, 22.2.58, 3.3.58, 9.3.58, 16.3.58, 26.3.58, 31.3.58, 3.4.58, 12.4.58, 16.4.58, 22.4.58, 26.4.58, 2.5.58, 15.5.58, 20.5.58, 26.5.58, 27.5.58, 31.5.58, 2.6.58, 3.6.58, 10.6.58, 11.6.58, 15.6.58, 21.6.58, 22.6.58, 28.6.58, 14.7.58, 19.7.58, 27.7.58, 4.12.58

Bernstorff, Anna Gräfin von, geb. Freiin von Könneritz (1821 bis 1893), seit 1839 Ehefrau des Grafen Albrecht von Bernstorff 30.3.56, 24.10.56, 1.1.57, 7.1.57, 18.2.57, 20.2.57, 21.2.57, 8.6.57, 1.7.57, 24.10.57, 10.2.58, 12.2.58, 16.2.58, 22.2.58

Bernstorff, Johann Hartwig Ernst Graf von (1712-1772), dänischer Staatsmann 6.3.57

Bernstorff, Percy Graf von (geb. 1858), vierter Sohn von Albrecht und Anna von Bernstorff, später Regierungspräsident in Kassel 18.6.58, 22.7.58

Bernstorff, Victoria Anna (geb. 1857), zweite Tochter von Albrecht und Anna von Bernstorff 20.2.57

Berthier, Alexandre (1753-1815), französischer Marschall 5.10.56

Beta (eigentl. Bettziech), Heinrich (1813-1876), deutscher Journalist und nationalökonomischer Schriftsteller; 1850-1861 als politischer Flüchtling in London; Korrespondent für zahlreiche deutsche Blätter, u. a. »Die Gartenlaube« 9.1.57, 10.1.57, 14.1.57, 15.1.57, 16.1.57, 18.1.57, 20.1.57, 21.1.57, 25.1.57, 26.1.57, 28.1.57, 29.1.57, 30.1.57, 31.1.57, 2.2.57, 9.2.57, 12.2.57, 15.2.57, 16.2.57, 17.2.57, 18.2.57, 19.2.57, 23.2.57,

27.2.57, 1.3.57, 5.3.57, 9.3.57, 10.3.57, 19.3.57, 20.3.57, 21.3.57, 22.3.57, 24.3.57, 25.3.57, 11.4.57, 30.4.57, 1.5.57, 5.5.57, 10.5.57, 11.5.57, 12.5.57, 14.5.57, 16.5.57, 17.5.57, 23.5.57, 28.5.57, 6.6.57, 11.6.57, 13.6.57, 19.6.57, 25.6.57, 11.7.57, 14.7.57, 20.7.57, 23.7.57, 24.7.57, 26.7.57, 27.7.57, 30.7.57, 4.8.57, 14.8.57, 10.9.57, 15.9.57, 20.9.57, 23.9.57, 4.10.57, 7.10.57, 16.10.57, 27.10.57, 31.10.57, 3.11.57, 15.11.57, 29.11.57, 10.12.57, 14.12.57, 25.12.57, 27.12.57, 14.2.58, 24.2.58, 28.2.58, 8.3.58, 19.3.58, 20.3.58, 23.3.58, 25.3.58, 10.4.58, 11.4.58, 18.4.58, 24.5.58, 25.5.58, 6.6.58, 12.7.58, 18.7.58, 27.8.58, 12.9.58, 19.9.58, 23.9.58

Beta, Mathilde, geb. Rolf, zweite Ehefrau von Heinrich Beta 25.1.57, 13.3.57, 16.5.57, 30.7.57, 14.8.57, 20.9.57, 4.10.57, 7.10.57, 16.10.57, 27.10.57, 3.11.57, 8.11.57, 15.11.57, 29.11.57, 25.12.57, 27.12.57, 14.2.58, 26.2.58, 28.2.58, 23.3.58, 5.4.58, 11.4.58, 18.4.58, 24.5.58, 25.5.58, 6.6.58, 24.6.58, 18.7.58, 12.9.58, 19.9.58, 23.9.58

Bethmann-Hollweg, Felix von (1824-1900), preußischer Diplomat; zeitweilig Attaché in London; Sohn von Moritz August von Bethmann-Hollweg (1795-1877), des Führers der konservativen Wochenblattpartei, und Vater des späteren Reichskanzlers 22.2.57

Betsy, englisches Hausmädchen der Fontanes in London 5.10.57, 12.4.58

Betterton, Thomas (um 1635-1710), englischer Schauspieler und Theaterunternehmer 12.5.57

Beust, Friedrich Ferdinand Graf von (1809-1886), sächsischer Außenminister seit 1849 und 1858-1866 auch Ministerpräsident; später in österreichischen Diensten; Gegenspieler Bismarcks 8.1.58

Beutner, Tuiscon (1816-1882), konservativer Journalist; 1853 bis 1872 Chefredakteur der »Kreuzzeitung« 16.9.56, 26.9.56, 15.10.56, 27.10.56, 3.11.56, 5.11.56, 27.11.56, 3.12.56, 31.12.56, 13.2.57, 15.4.57, 26.4.57, 27.4.57, 3.6.57, 11.6.57, 10.8.57, 19.8.57, 16.9.57, 23.9.57, 8.10.57, 17.11.57, 20.11.57, 23.11.57, 28.12.57, 22.2.58, 27.3.58, 31.3.58, 3.4.58, 15.4.58, 23.4.58, 1.5.58, 6.5.58, 8.5.58, 19.6.58, 24.6.58

Beyrich, Clementine, geb. Helm (1825-1896), Jugendschriftstellerin; mit dem Berliner Geologieprofessor Heinrich Ernst Beyrich verheiratet 8.4.57

Birch, James, anglo-irischer Journalist, Eigentümer der Dubliner Wochenzeitung »The World« 11.1.57

Birnstill, Schauspieler aus Darmstadt, Mitglied der Londoner Truppe Emil Devrients 2.6.52

Black, Adam (1784-1874), Verlagsbuchhändler in Edinburgh, liberaler Publizist und Politiker 4.7.56
Guide through Scotland 4.7.56

Blomberg, Hugo von (1820-1871), Maler und Schriftsteller; Tunnel-Mitglied (Maler Müller) 18.4.57, 5.8.58
Roccoco 5.8.58
Waldkönigin 18.4.57

Blomeyer, Reisebekanntschaft Fontanes aus Hessen-Kassel mit demokratischen Neigungen 23.4.52, 28.4./5.5.52

Blücher von Walstatt, Gebhardt Leberecht Fürst (1742-1819), preußischer Generalfeldmarschall und populärer Heerführer der Befreiungskriege

Blythe, Mr., Journalist und Klubredner; von Fontane als Übersetzer von Artikeln für die englische Presse beschäftigt 4.12.57, 28.12.57, 29.12.57, 30.12.57, 4.1.58, 5.1.58, 8.1.58, 5.2.58, 4.3.58, 8.3.58, 13.3.58, 28.3.58, 2.4.58, 12.5.58, 14.5.58, 15.5.58, 30.5.58, 11.6.58, 12.6.58, 18.6.58, 22.6.58, 24.6.58, 29.6.58, 3.7.58, 9.7.58, 13.7.58, 20.7.58, 29.7.58, 1.9.58, 2.9.58, 10.9.58, 16.9.58, 19.9.58, 21.9.58, 26.9.58, 28.9.58, 29.9.58, 30.9.58, 2.10.58, 3.10.58

Bodenstedt, Friedrich (1819-1892), Schriftsteller und Übersetzer 12.1.58
Shakespeares Zeitgenossen 12.1.58

Boleyn s. *Bulen*, Anna

Bolingbroke, Henry St. John, Viscount B. (1678-1751), englischer Staatsmann und Schriftsteller 17.2.57

Boltz, August (geb. 1819), Lehrer für Russisch und Englisch an verschiedenen Ausbildungsanstalten der preußischen Armee; 1864 Professor an der Berliner Kriegsakademie 14.9.55 (M), 14.9.55

Bonheur, Rosa (1822-1899), französische Malerin 17.10.56

Bonin, Adolf von (1803-1872), preußischer Offizier; seit 1838 Flügeladjutant der Könige Friedrich Wilhelm III. und Friedrich Wilhelm IV., 1863 General 30.3.56

Booth, Barton (1681-1733), englischer Schauspieler 12.5.57

Bor(c)k, Sidonie von (gest. 1620), Priorin des Klosters Marienfließ in Pommern; in ihrem 80. Lebensjahr als Hexe enthauptet und verbrannt 4.6.57

Borcke, preußische Offiziersfamilie aus Hinterpommern 8.11.54 (E), 15.11.54 (E)

Borecius, Familie, Reisebekanntschaft Fontanes aus Königsberg 30.8.56

Borges, Herr von, belgischer Oberst und Direktor der Lütticher Gewehrfabrik; Freund von Werner Hahn 2.6.56, 4.6.56, 6.6.56

Borgmann, preußischer Leutnant, Feldjäger und diplomatischer Kurier 29.1.57, 15.3.57, 3.5.57, 4.5.57, 22.5.57

Bormann, Karl (1802-1882), Pädagoge; 1849-1872 Provinzialschulrat in Berlin; Tunnel- und Rütli-Mitglied (Metastasio) 9.6.56, 10.6.56, 11.6.56, 6.9.56, 11.9.56, 13.9.56, 16.9.56, 27.9.56, 4.10.56, 8.4.57, 18.4.57, 18.8.57, 19.8.57, 3.9.57, 2.1.58, 6.1.58, 7.1.58

Bosio, Angiolina (1830-1859), italienische Sopranistin 1.8.56

Bowring, Sir John (1792-1872), vielseitig tätiger Publizist, Agitator und Parlamentarier; 1849 Konsul in Canton, 1854-1860 britischer Handelsbeauftragter für China und Gouverneur von Hongkong 13.3.57

Boyce, Mr., Mitglied des Babel-Klubs 24.6.58

Bradshaw, George (1801-1853), Drucker und Verleger; seine periodisch erscheinenden Fahrplanübersichten der verschiedenen Eisenbahnlinien wurden in Großbritannien zum Ersatz für ein landesweites Kursbuch
Railway Guide 12.6.52, 22.1.56

Bran, C. A. A., politischer Flüchtling und Deutschlehrer in London 20.10.55

Brandenburg, Friedrich Wilhelm Graf von (1792-1850), preußischer General und Staatsmann; als Gegner der Revolution seit Ende 1848 Ministerpräsident; Sohn Friedrich Wilhelms II. aus unebenbürtiger Ehe 30.11.57

Brandenburg, Gustav Graf von (1820-1909), preußischer Diplomat; 1855-1862 Legationssekretär bzw. Legationsrat an der Gesandtschaft in London; Sohn des Grafen Friedrich Wilhelm von B. 19.9.55 (MB), 30.3.56, 17.7.56, 7.8.56, 27.8.56, 28.8.56

Bredow, Herr von, preußischer Offizier 14.9.55 (M)

Bright, John (1811-1889), Fabrikant in Manchester und radikal-

liberaler Politiker; führender Vertreter der Freihandelsbewegung   20.5.58
Brock, William (1807-1875), Baptistenprediger in London   20.2.58
Brockhaus, Leipziger Verlag, dessen »Konversationslexikon« zum Markenzeichen wurde   2.10.57
Brömel, Franz (1829-1904), Lyriker und Journalist, ging 1859 nach England; Tunnel-Mitglied (Tegnér)   19.1.58
Brooke, Robert Greville, Lord B. (um 1608-1643), philosophisch-theologischer Schriftsteller und einer der Anführer der Parlamentspartei im englischen Bürgerkrieg   13.8.56
Buchanan, Mr., Prüfungskandidat im Deutschen   10.6.58
Bucher, Lothar (1817-1892), preußischer Demokrat; 1850-1861 als politischer Flüchtling in London und Korrespondent der »National-Zeitung«; ab 1864 Mitarbeiter Bismarcks   10.3.56, 31.7.56, 4.8.56, 31.10.56, 3.2.57, 10.2.57, 15.6.57, 17.6.58, 31.1.55 (E), 20.2.55 (E), 1.8.55 (E)
Buckstone, John Baldwin (1802-1879), Schauspieler, Bühnenautor und seit 1853 Pächter des Haymarket Theatre in London   5.2.57, 17.6.57
Bugden, Mrs.   20.7.58
Bühring (geb. 1813), aus Mecklenburg gebürtiger Mechaniker und Erfinder; seit 1850 als politischer Flüchtling in London   13.3.57, 5.5.57, 6.6.57, 8.2.58
Bulen (Boleyn), Anna (1507-1536), zweite Gemahlin Heinrichs VIII. von England, (hingerichtete) Mutter der Königin Elisabeth I.   14.6.52, 15.5.56, 13.8.56
Bunsen, Christian Karl Josias von (1791-1860), preußischer Diplomat und theologischer Schriftsteller; 1842-1854 preußischer Gesandter in London; 1858 geadelt   11.5.52, 12.5.52, 22.5.52, 23.5.52, 24.5.52, 28.5.52, 2.6.52, 18.6.52, 20.6.52, 26.6.52, 19.9.55 (M), 19.9.55 (MB), 27.1.56, 16.4.56, 24.7.56, 25.10.56, 15.12.56, 9.2.58, 10.2.58
Bunsen, Elizabeth von, geb. Gurney (1817-1903), seit 1845 Ehefrau von Ernst Christian Ludwig (1819-1903), dem zweiten Sohn von Christian Karl Josias und Frances von Bunsen   25.10.56
Bunsen, Frances von, geb. Waddington (1791-1876), seit 1817 Ehefrau von Christian Karl Josias von Bunsen   15.12.56
Bunsen, Frances Helene von (1826-1894), älteste Tochter von Christian Karl Josias und Frances von Bunsen   27.8.56

Bunsen, Georg von (1824-1896); vierter Sohn von Christian Karl Josias und Frances von Bunsen; später liberales Mitglied des preußischen Abgeordnetenhauses und des deutschen Reichstags   18.6.52, 19.6.52, 29.6.52

Bunsen, Theodor von (1832-1892), jüngster Sohn von Christian Karl Josias und Frances von Bunsen   30.6.52, 25.10.56

Buol, Karl Ferdinand Graf von (1797-1865), österreichischer Staatsmann; 1848 Botschafter in St. Petersburg, 1851 in London, 1852-1859 Außenminister   20.10.55, 27.1.57

Burchardt, Frau Justizrätin, Bekannte von Rudolf Wentzel   27.12.55

Burckhardt, Jacob (1818-1897), Schweizer Kulturhistoriker und Geschichtsphilosoph, Professor in Basel   14.2.57
Die Zeit Constantins des Großen   14.2.57

Burke, Edmund (1729-1797), Parlamentarier und politischer Schriftsteller; Befürworter der Amerikanischen und Gegner der Französischen Revolution   3.9.57

Burow, Albert (geb. 1821), preußischer Leutnant a. D. und invalider Hauptmann der schleswig-holsteinischen Armee; 1854 Mitarbeiter der Zentralpressestelle und auf ihre Vermittlung 1855-1858 Chefredakteur der Königsberger »Hartungschen Zeitung«   19.12.55, 25.6.56, 27.6.56, 28.6.56, 29.6.56, 30.6.56, 1.7.56, 2.7.56, 3.7.56, 4.7.56, 5.7.56, 7.7.56, 8.7.56, 9.7.56, 10.7.56, 15.8.56, 25.8.56, 26.8.56, 4.9.56, 6.12.56, 8.12.56, 15.1.58, 16.1.58

Byron, George Noël Gordon, Lord B. (1788-1824), Dichter und Abenteurer   6.5.52, 19.6.52

Calas, Jean (1698-1762), protestantischer Kaufmann in Toulouse; auf Grund falscher Beschuldigungen hingerichtet   3.9.57

Cameron, Mr., Prüfungskandidat im Deutschen   10.6.58

Campbell, Mr., Bekanntschaft Fontanes aus dem »Hotel Royal« in Stirling   13.8.58

Campbell, Sir Colin (1792-1863), schottischer Generalmajor; im Krimkrieg Befehlshaber der Hochländer-Brigade, 1857 Oberbefehlshaber der britischen Truppen in Indien   10.6.56

Campbell, John Baron C. (1779-1861), schottischer Anwalt, Schriftsteller und Abgeordneter; 1850-1859 Lordoberrichter und seit 1859 Lordkanzler von England   26.5.56, 27.5.56

Canaletto = Antonio Canal (1697–1768), italienischer Maler 14.6.52, 24.6.56

Canker s. *Conquer*

Caraf(f)a, Luigi, Duca di Traetto (1797–1871), neapolitanischer Politiker und Diplomat; 1852–1860 Außenminister des Königreichs beider Sizilien 5.2.57

Carini, Fürst von, italienischer Diplomat; bis 1856 Gesandter des Königreichs beider Sizilien in London 19.11.56

Carl, Prinz von Preußen, s. *Karl*, Prinz von Preußen

Carlhian & Corbière, Londoner Filiale eines Pariser Einrichtungshauses, 68 Cannon Street, City 1.10.57, 11.2.58

Carpenter, William (1797–1874), theologischer und politischer Schriftsteller; Journalist und Agitator; führendes Mitglied der Diskussionsklubs von Shoe Lane und Temple Forum 28.4.56, 16.6.56, 25.1.57, 25.10.57

Caspar, Architekt aus Berlin 30.5.58, 12.6.58

Caspar, Johann Ludwig (1796–1864), Berliner Arzt, Geheimer Obermedizinalrat und Professor, in dessen Haus Emilie Fontane zeitweise eine Mansarde bewohnte 9.9.56, 15.5.57

Castlereagh, Robert Stewart, Marquess of Londonderry, Viscount C. (1769–1822), Politiker aus dem Lager der Tories, seit 1812 britischer Außenminister 1.4.56, 16.5.56

Céleste, Madame = Künstlername für Céleste Elliott, geb. Keppler (um 1814–1882), französische Tänzerin und Theaterunternehmerin, hauptsächlich in England tätig 5.1.56

Cellini, Benvenuto (1500–1571), italienischer Goldschmied und Bildhauer 18.7.56

Cervantes Saavedra, Miguel de (1547–1616), spanischer Dichter Don Quixote 12.10.56, 7.6.58

Chatham = William Pitt, Earl of C. (1702–1778), britischer Staatsmann; 1756–1761 und 1766–1768 Premierminister (Pitt »der Ältere«) 29.7.56, 29.9.57

Chatterton, Thomas (1752–1770), jugendliches Dichtergenie aus Bristol, gab seine Werke mit Erfolg als wiederentdeckte Manuskripte aus älterer Zeit aus 23.3.56

Chevallerie, Friederike Wilhelmine Amélie de la, geb. Jakob, Ehefrau von Otto Friedrich de la Chevallerie 7.9.56, 11.9.56

Chevallerie, Otto Friedrich de la (1823–1908), Kollege Fontanes in der Berliner Zentralstelle für Presseangelegenheiten 7.9.56, 11.9.56, 26.9.56, 3.4.57, 19.4.57

Child, Robert, Bankier in London   30.7.56

Chippendale, William Henry (1801–1888), englischer Schauspieler, 1853–1874 am Haymarket Theatre   5.2.57

Chreptowitsch, Graf Michail Irinejewitsch (1809–1891), russischer Diplomat und Hofbeamter; 1856–1858 Botschafter in London   4.1.57, 12.5.57

Churchill, John (1650–1722), englischer Feldherr und Staatsmann; 1702 Duke of Marlborough   23.7.56, 23.8.56, 17.2.57

Cibber, Colley (1671–1757), englischer Schauspieler und Dramatiker   12.5.57

Cicero, Marcus Tullius (106–43 v. Chr.), römischer Politiker, Redner und Schriftsteller   18.4.56

Clanricarde, Ulick John de Burgh, Marquis of C. (1802–1874), skandalumwitterter anglo-irischer Aristokrat, Offizier, Diplomat und Politiker; 1858 vorübergehend Lordsiegelbewahrer   3.3.58, 5.3.58, 9.3.58

Clarendon, George William Frederick Villiers, Earl of C. (1800 bis 1870), englischer Diplomat und Politiker aus dem Lager der Whigs; 1853–1858, 1865/66 und 1868–1870 britischer Außenminister   10.1.56, 18.6.56, 30.7.56, 19.11.56, 4.1.57, 11.1.57, 16.1.57, 4.2.57, 12.5.57, 15.5.57, 27.11.57, 30.11.57

Clarendon, Henry Hyde, Earl of C. (1638–1709), englischer Staatsmann; Bruder von Laurence Hyde, Earl of Rochester   3.8.56

Clarke, Herbert   25.8.57, 5.1.58, 9.1.58

Claude Lorrain, eigentl. Claude Gellée (1600–1682), französischer Maler   14.6.52, 10.11.56

Claudius, Matthias (1740–1815)   9.12.57

Clipperton, Captain, Prüfungskandidat im Deutschen   21.5.58

Clive, Robert (1725–1774), Begründer der englischen Herrschaft in Indien; wegen persönlicher Bereicherung angeklagt, Selbstmord   25.8.57, 27.8.57

William Clowes & Son, Druckerei, 14 Charing Cross   25.3.57

Cobbett, William (1762–1835), englischer Schriftsteller, Pamphletist, Parlamentarier und Agitator für die Rechte der unteren Volksschichten   11.7.56

Cobden, Richard (1804–1865), Fabrikant in Manchester und radikalliberaler Unterhausabgeordneter; Führer der englischen Freihändler   25.10.57

Colbert, Jean Baptiste (1619–1683), seit 1669 Oberintendant der

Finanzen, legte die Grundlagen für den französischen Absolutismus durch Steigerung der Staatseinkünfte und Wirtschaftsförderung   15.11.54 (E)

Collins, William (1788–1847), englischer Maler   28.9.58

Collins, William Whitaker (um 1817–1879), englischer Ingenieur; technischer Leiter der Berlin Water Works Company, die das 1856 in Betrieb genommene erste Berliner Wasserwerk vor dem Stralauer Tor angelegt hatte   20.6.56, 27.6.56, 19.11.56, 20.11.56, 27.11.56, 5.12.56, 10.12.56, 18.12.56, 30.12.56, 2.1.57, 9.1.57, 12.1.57, 22.1.57, 27.1.57, 7.2.57, 9.2.57, 11.2.57, 12.2.57, 4.3.57, 5.3.57, 6.3.57, 9.3.57, 10.3.57, 12.3.57, 16.3.57, 21.3.57, 23.3.57, 10.4.57, 11.4.57, 13.4.57, 18.4.57, 20.4.57, 23.4.57, 27.4.57, 12.6.57, 19.10.57, 11.11.57, 30.12.57, 1.1.58, 4.1.58, 10.2.58, 15.2.58, 17.2.58, 12.6.58, 15.6.58, 28.6.58, 29.6.58, 30.6.58, 2.7.58, 28.8.58, 1.9.58, 3.9.58

Compton, Henry (1805–1877), Schauspieler, bekannt für seine Darstellung der komischen Rollen von Shakespeare   5.2.57

Connolly, Thomas William John, englischer Militärschriftsteller   9.9.57

Conquer, Miss, Besitzerin von 3 Campden House Road in Kensington und Londoner Zimmerwirtin Fontanes vom 17. September bis 13. Oktober 1855   19.9.55 (M), 7.2.56, 9.2.56

Conway, Schauspielerin im Londoner Surrey Theatre   27.10.55

Cook, John Parsons (gest. 1855), Buchmacher; Freund und Opfer des Giftmörders William Palmer   10.6.56

Coombes, Robert (1808–1860), bekanntester englischer Ruderer seiner Zeit   29.6.52

Corbière s. *Carlhian & Corbière*

Corday d'Armont, Charlotte de (1768–1793), Gegnerin der Jakobinerherrschaft und als Mörderin Marats hingerichtet   22.6.52, 30.6.52, 17.10.56

Correggio, Antonio Allegri (um 1490–1534), Wegbereiter der italienischen Barockmalerei   14.6.52

Corvin-Wiersbitzki, Otto von (1812–1886), preußischer Offizier polnischer Abstammung, revolutionärer Aktivist und Schriftsteller; nach seiner Haftentlassung 1855 in London im Exil   18.4.56

Coste, evangelischer Geistlicher in Berlin   12.9.56

Couture, Thomas (1815–1879), französischer Maler   17.10.56

James Cowie & Son, Buch- und Zeitungshandlung mit Vertrieb der internationalen Presse, 2 St. Ann's Lane, in der Nähe der Londoner Hauptpost   21.4.56, 20.5.56, 28.6.56, 3.1.57, 12.1.57, 25.3.57, 7.5.57, 20.6.57, 18.7.57, 28.9.57, 22.12.57, 5.3.58, 19.3.58, 1.4.58, 10.4.58, 21.6.58, 23.6.58, 2.7.58, 9.7.58, 29.9.58

Crampton, Sir John Fiennes Twisleton (1805–1886), britischer Diplomat; 1852–1856 Botschafter in den Vereinigten Staaten, anschließend in Hannover, St. Petersburg und Madrid   16.6.56

Crampton, Thomas Russell (1816–1888), Eisenbahn- und Telegrapheningenieur, Bekannter von William Whitaker Collins   6.3.57, 12.6.57, 17.6.57

Cranworth, Laura, geb. Carr (1787–1868), seit 1845 Ehefrau von Lord Cranworth   24.10.57

Cranworth, Robert Monsey Rolfe, Baron C. (1790–1868), Anwalt und liberaler Politiker; 1852–1858 Lordkanzler von England   25.3.57, 24.10.57

Creswick, Thomas (1811–1869), englischer Landschaftsmaler und Buchillustrator   28.9.58

Creswick, William (1813–1888), englischer Schauspieler und seit 1849 Pächter des Surrey Theaters   27.10.55, 14.12.55

Crome, John (1768–1821), englischer Landschaftsmaler   28.9.58

Cromwell, Oliver (1599–1658), Führer der englischen Puritaner; als Lord-Protektor der Republik seit 1653 Inhaber der obersten Staatsgewalt   29.6.52, 19.3.56, 18.4.56, 30.6.57, 13.8.56

Crüwell (= Crüvel), Wilhelm (1807–1873), Buchhändler aus Paderborn und Herausgeber der »Westphälischen Zeitung«, seit 1855 in Dortmund   7.1.56, 9.1.56, 10.5.56, 22.5.55 (E)

Cumming, Revd. Gordon (1820–1866), Löwenjäger und Schriftsteller   9.6.56, 12.6.56

Cunningham, Edmund (z. T. auch Edward) Francis (um 1742 bis 1795), schottischer Porträt- und Historienmaler, lebte seit 1784 in Berlin   17.7.56

Curtius, Marcus (4. Jh. v. Chr.)   19.3.56

Cutler & Co, Weinhändler, 12 Hungerford Street, Strand   12.7.58

Dahlmann, Friedrich Christoph (1785–1860), Historiker und Staatswissenschaftler sowie liberaler Politiker   20.2.57

Dahn-Haußmann, Susanna Maria (geb. 1831), Schauspielerin   8.10.56

Danton, Georges Jacques (1759–1794), Pariser Rechtsanwalt

und während der Französischen Revolution führender Politiker der Jakobiner 22.6.52
Daumer, Georg Friedrich (1800–1875), Religionsphilosoph und Dichter 21.3.58
  Hafis 21.3.58
Davenport, Charles, Londoner Geschäftsmann und Verwandter von Paul Ingwersen 15.9.58
David, Jacques Louis (1748–1825), französischer Historienmaler 15.10.56, 18.10.56
Dawes & Edwards s. *Edwards & Dawes*
C. H. *Dedel Nachf.*, Berliner Wein- und Delikatessenhandlung mit Restaurantbetrieb, Leipziger Straße 10.9.56
Defoe, Daniel (1659–1731), englischer Schriftsteller, Journalist und Politiker 11.7.56
Deichmann, Herr 24.5.57
Delacroix, Eugène (1798–1863), französischer Maler und Graphiker 17.10.56
Delaroche, Paul (1797–1856), französischer Historienmaler 17.10.56, 22.5.58
Derby, Edward Geoffrey Smith Stanley, Earl of D. (1799–1869), konservativer Politiker; 1852, 1858/1859 und 1866–1868 Premierminister 4.2.57, 15.5.58, 20.5.58
Derf(f)linger, Georg Freiherr von (1606–1695), brandenburgischer Generalfeldmarschall unter dem Großen Kurfürsten 4.6.57
Desaix de Veygoux, Louis Charles Antoine (1768–1800), napoleonischer General, gefallen in der Schlacht bei Marengo 19.9.55 (MB)
Desmoulins, Camille (1760–1794), Rechtsanwalt und führender Vertreter der Französischen Revolution 22.6.52
Dessoir (eigentl. Dessauer), Ludwig (1810–1874), Schauspieler; seit 1849 am Königlichen Schauspielhaus in Berlin engagiert 14.12.55, 9.4.56
Devéria, Eugène (1805–1865), französischer Maler der Romantik, besonders für seine Historienbilder bekannt 17.10.56
Devonshire, William Cavendish, Duke of D. (1640–1707), englischer Staatsmann 23.8.56
Devrient, Emil (1803–1872), Schauspieler und Regisseur aus einer bekannten Theaterfamilie, gab 1852 und 1853 Gastspiele in London 30.5.52, 2.6.52, 4.6.52, 6.6.52, 9.6.52, 19.6.52, 30.6.52

Devries, Rosa (geb. 1828), niederländische Sängerin   1.8.56
Dewsnap, Miss   4.11.57
Dickens, Charles (1812-1870)   5.4.56, 11.7.56, 28.1.57
   Bleak House   28.1.57
   Dombey & Son   28.1.57
   Hard Times   28.1.57
   Little Dorritt   28.1.57, 15.6.57
Didiée, Constance Betzy Rosabella (1831-1867), französische Sängerin   1.8.56
Digby, George, Earl of Bristol (1612-1677), englischer Hof- und Staatsmann, Schriftsteller und Übersetzer   1.4.56
Dinkel, Josef, deutscher Künstler in London   20.10.55, 24.12.55
Disraeli, Benjamin (1804-1881), Schriftsteller und Staatsmann; seit 1846 konservativer Parteiführer im Unterhaus; 1852 und 1858/59 Schatzkanzler sowie 1868 und 1874-1880 Premierminister, seit 1876 Earl of Beaconsfield   17.9.55, 7.2.56, 4.2.57, 5.2.57, 20.2.57, 2.3.57, 25.7.57
Dittmar, Ehepaar, Bekannte der Familie Alberts in London   21.11.56, 31.5.57
Doebele, (nicht mehr bestehendes) Café in der Ulmer Pfauengasse, in der Nähe des Münsters   11.10.56
Domenichino = Domenico Zampieri (1581-1641), italienischer Maler   22.5.58
Döring, Theodor (1803-1878) Schauspieler, seit 1845 am Königlichen Schauspielhaus in Berlin   27.10.55, 14.12.55, 15.4.57
Douglas, Oberst eines schottischen Husarenregiments   11.4.56
Doul(l), 10 Princes Street, Edinburgh, bekanntestes Restaurant der schottischen Hauptstadt   12.8.58, 24.8.58
Down, Mr., Londoner Geschäftsinhaber   21.1.58, 10.2.58
Droysen, Johann Gustav (1808-1884), Historiker und Wissenschaftstheoretiker; 1840 Professor in Kiel, seit 1851 in Jena und nach 1859 in Berlin   25.11.56, 27.11.56, 18.5.57, 12.1.58, 17.5.58
   Geschichte Alexanders des Großen   18.5.57
   Geschichte der preußischen Politik   12.1.58, 17.5.58
   Das Leben des Feldmarschalls Grafen York von Wartenburg   25.11.56, 27.11.56, 1.12.56, 3.12.56, 4.12.56, 29.12.56, 30.12.56, 29.12.56, 30.12.56
Drucker, Louis (1786-1860), Inhaber eines Weinlokals in Berlin; seit 1850 als Spirituosenvertreter, Wirt und Journalist in London tätig, 1855 nach Amerika ausgewandert   26.5.52

Drummond, Henry (1786–1860), Bankier, Unterhausabgeordneter und führender Aktivist der katholisch-apostolischen Sekte (Irvingianer) 11.8.57
Dubufe, Louis-Edouard (1820–1883), französischer Maler 9.11.57, 12.11.57
Duncker, Franz (1822–1888), Berliner Verleger und liberaler Politiker; Mitbegründer der »National-Zeitung« 21.5.56, 24.5.56, 25.5.56, 29.5.56
Dunlop, John Colin (gest. 1842), Schriftsteller und literaturhistorischer Publizist 22.9.57
Dürer, Albrecht (1471–1528), Maler und Graphiker aus Nürnberg 6.10.56
du Rieux, Louis, Schriftsteller und Journalist; nach 1854 bei der Zentralstelle für Presseangelegenheiten beschäftigt 25.4.52, 26.4.52, 28.4./5.5.52, 6.5.52
Aus den Bergen 6.5.52
Dutreu, preußischer Offizier und Bekannter von Fontanes Vater 18.4.57
Dykvelt, Everard van, niederländischer Diplomat im Dienste Wilhelms von Oranien 23.8.56

Eardley, Sir Culling (1805–1863), 1846 Begründer der Evangelischen Allianz, Präsident der Londoner Missionsgesellschaft 30.10.56, 24.10.57
Eardley, Lady Isabella, geb. Carr, seit 1832 Ehefrau von Sir Culling Eardley 24.10.57
Eastlake, Sir Charles Lock (1793–1866), englischer Maler und Kunsthistoriker; seit 1850 Präsident der Royal Academy of Arts und seit 1855 auch Direktor der Nationalgalerie 27.6.56, 7.7.56
Eastlake, Lady Elizabeth, geb. Rigby (1809–1893), Schriftstellerin und Übersetzerin; seit 1849 Ehefrau von Sir Charles Eastlake 27.6.56
Eburne, Schauspielerin und Chorführerin an Her Majesty's Theatre; Schwägerin von Margaret Eburne 15.8.56
Eburne, Margaret, Schauspielerin am Sadler's Wells Theatre in London 15.8.56, 8.1.57
Eduard der Bekenner (um 1002–1066), seit 1042 König von England 16.5.56
Edwards, T., Sekretär der organisierten Freihändler und Redner im Diskussionsklub von »Temple Forum« 16.6.56

Edwards & Dawes, Tuch- und Konfektionsgeschäft, 13/14 Southampton Row 27.8.56, 4.11.56, 16.12.56, 29.1.57, 17.6.57, 31.7.57, 8.8.57, 13.8.57,

Eggers, Friedrich (1819–1872), Kunsthistoriker und Publizist; Herausgeber des »Deutschen Kunstblattes«, Mitherausgeber der »Argo«; Tunnel-, Rütli- und Ellora-Mitglied (Anakreon) 28.4./5.5.52, 7.9.55, 22.4.56, 25.4.56, 26.5.56, 11.6.56, 21.6.56, 23.6.56, 11.7.56, 18.7.56, 19.7.56, 2.8.56, 31.8.56, 2.9.56, 4.9.56, 5.9.56, 6.9.56, 7.9.56, 8.9.56, 9.9.56, 10.9.56, 13.9.56, 20.9.56, 26.9.56, 27.9.56, 13.11.56, 6.12.56, 8.12.56, 16.2.57, 20.2.57, 28.2.57, 5.3.57, 17.3.57, 28.3.57, 30.3.57, 1.4.57, 6.4.57, 7.4.57, 9.4.57, 10.4.57, 14.4.57, 18.4.57, 20.4.57, 21.4.57, 24.4.57, 27.4.57, 20.5.57, 24.5.57, 27.5.57, 28.5.57, 3.6.57, 4.6.57, 5.6.57, 11.6.57, 16.8.57, 19.8.57, 27.8.57, 1.9.57

Egmont, Lamoral Graf von (1522–1568), Militär und Staatsmann, 1559 Statthalter von Flandern und Artois; als Führer der Adelsopposition gegen die spanische Zentralisierungspolitik in den Niederlanden hingerichtet 17.4.52

Eichhorn, Johann Albrecht Friedrich (1779–1856), preußischer Staatsmann mit führender Rolle in den Befreiungskriegen und bei der Vorbereitung des Zollvereins; 1840–1848 Kultusminister 18.3.56

Elgin, James Bruce, Earl of E. (1811–1863), britischer Kolonialbeamter; 1857–1859 und 1860/61 Bevollmächtigter für China 14.3.57

Elisabeth, Hausmädchen der Familie May 26.6.52

Elisabeth I. (1533–1603), seit 1558 Königin von England und Irland 13.8.56

Ellenborough, Edward Law, Earl of E. (1790–1871), vor seiner Erhebung in den Adelsstand 1844 Unterhausabgeordneter und Generalgouverneur von Indien; 1858 Präsident des Board of Control für Indien 20.5.58

Ellesmere, George Granville Francis Egerton, Earl of E. (1823 bis 1862), englischer Aristokrat und Erbe einer bedeutenden Kunstsammlung 22.5.58

Elliot(t), William Henry, Drucker, Verleger und Zeitungshändler, 475 Oxford Street 5.2.56, 15.2.56, 18.2.56, 28.7.56, 17.12.56, 7.2.57, 17.3.57, 25.3.57

Emery, Samuel Anderson (1817–1881), englischer Schauspieler

mit Engagements an verschiedenen Londoner Bühnen und Gastspielen in Amerika und Australien 19.3.56
Emilie s. *Fontane*, Emilie, geb. Rouanet-Kummer
Engelhardt, Berliner Bankhaus 23.4.57
Eppelein, Portier an der preußischen Gesandtschaft in London 18.12.55, 19.12.55, 7.2.56, 28.2.56, 26.4.56, 10.3.57
Erhard(t), Julius (gest. 1873), Berliner Ohrenarzt 28.2.57, 17.3.57, 21.4.57, 25.4.57, 15.5.57
Eschricht, Herr 13.8.58
Essex, Mr. (jun.), Sohn des Londoner Lederhändlers William Essex 20.2.57, 15.6.57
Essex, Robert Devereux, Earl of E. (1566-1601), englischer Hof- und Staatsmann; Günstling der Königin Elisabeth I. 13.8.56
Essex, William, Lederhändler in London und Restaurantbekanntschaft Fontanes 7.2.57, 21.3.57, 4.6.57, 17.6.57
Evans, Sir George de Lacy (1787-1870), englischer Offizier und radikalliberaler Unterhausabgeordneter; im Krimkrieg Divisionskommandeur 23.5.56
Everett, angeblicher Ehemann von Carlotta Leclerq 17.6.57
Ewald, Arnold Ferdinand (um 1810-1884), Berliner Historienmaler; Tunnel-Mitglied (Canaletto) 28.5.58, 30.5.58
Ewest, Julius, Berliner Wein- und Delikatessenhändler, Unter den Linden 21.9.56

Fallmerayer, Jacob Philipp (1790-1861), Historiker und Publizist mit besonderem Interesse am Vorderen Orient 17.3.57
Farrance, Thomas, Inhaber einer Konditorei und Süßwarenhandlung, 66/67 Charing Cross Road 28.7.57, 28.10.57, 23.3.58, 22.5.58, 1.6.58
Faucher, Julius (1820-1878), ehemaliger Junghegelianer und freihändlerischer Journalist; 1851-1861 im Exil in London, wo er sich nach 1872 erneut niederließ 26.9.56, 29.11.56, 1.12.56, 3.12.56, 5.12.56, 4.1.57, 30.1.57, 3.2.57, 14.3.57, 18.3.57, 19.3.57, 23.3.57, 24.3.57, 21.5.57, 6.6.57, 7.6.57, 10.6.57, 4.7.57, 14.7.57, 17.7.57, 28.7.57, 29.7.57, 30.7.57, 1.9.57, 3.9.57, 4.9.57, 16.9.57, 17.9.57, 21.9.57, 25.9.57, 8.10.57, 11.10.57, 12.10.57, 16.10.57, 22.10.57, 24.10.57, 25.10.57, 29.10.57, 10.11.57, 11.11.57, 17.11.57, 21.11.57, 24.11.57, 26.11.57, 28.11.57, 1.12.57, 4.12.57, 13.12.57, 20.12.57, 26.12.57, 30.12.57, 7.1.58, 8.1.58, 13.1.58, 19.1.58, 27.1.58, 29.1.58,

28.2.58, 3.3.58, 4.3.58, 5.3.58, 8.3.58, 12.3.58, 13.3.58, 21.3.58, 2.4.58, 15.4.58, 16.4.58, 26.4.58, 3.5.58, 19.5.58, 21.5.58, 24.5.58, 29.5.58, 7.6.58, 17.6.58, 24.6.58, 30.6.58, 4.7.58, 7.7.58, 8.7.58, 12.7.58, 28.8.58, 30.8.58, 1.9.58, 7.9.58, 8.9.58, 10.9.58, 13.9.58, 16.9.58, 24.9.58
Etymologie der menschlichen Sprache   29.1.58
Faucher, Karoline, geb. Sommerbrodt, seit 1846 Ehefrau von Julius Faucher   9.10.57, 25.10.57, 9.11.57, 16.11.57, 17.11.57, 21.11.57, 23.11.57, 24.11.57, 26.11.57, 1.12.57, 20.12.57, 29.1.58, 8.2.58, 28.2.58, 20.3.58, 21.3.58, 19.5.58, 4.7.58, 12.7.58, 1.9.58, 10.9.58, 11.9.58
Faucher, Lucie, Tochter von Karoline und Julius Faucher   4.9.57, 10.3.58, 13.3.58
Fawkes, Guy (1570–1606), Mitglied einer katholischen Verschwörergruppe, die 1605 die protestantische Führungsschicht einschließlich des Königs bei der Parlamentseröffnung in die Luft zu sprengen plante   5.11.56
Fels, Marie, geb. Müller (geb. 1810), Ehefrau des Oberstabsarztes Moritz Fels in Liegnitz, Halbschwester Emilie Fontanes   18.4.57, 19.4.57
Ficquelmont, Karl Ludwig Graf von F. (1777–1856), als Emigrant aus dem revolutionären Frankreich nach Österreich gekommener Offizier, Diplomat und Staatsmann; 1848 als Nachfolger Metternichs vorübergehend Regierungschef   13.5.57
Fielding, Henry (1707–1754), englischer Erzähler und Dramatiker   11.7.56, 22.9.57
Findon, Henry, Besitzer des Hauses 52 St. Augustine's Road, in dem Fontane vom 9. August 1857 bis zu seiner Rückkehr nach Berlin im Januar 1859 zur Miete wohnte   15.7.57, 18.7.57, 23.7.57, 24.7.57, 25.7.57, 29.7.57, 30.7.57, 31.7.57, 3.8.57, 20.10.57, 4.11.57, 15.1.58, 22.5.58, 9.7.58, 10.7.58, 28.9.58
Firdusi (um 940–nach 1020), persischer Reimepiker   24.12.55
Fischer, Kuno (1824–1907), Philosophie- und Literaturhistoriker; 1855–1871 Professor in Jena; später in Heidelberg   13.6.58
Fitzwilliam, John (gest. 1699), Kanoniker in Windsor; verweigerte 1689 den Loyalitätseid auf Wilhelm III. und Mary   25.7.56
Flaxman, John (1755–1826), englischer Bildhauer und Zeichner   31.7.56
Flemming, Albert Friedrich Graf von (1813–1884), preußischer

Diplomat; unter Bunsen Attaché in London, 1854-1859 Legationsrat und zeitweise Geschäftsträger in Wien   22.2.57

Flender, Adam, Verwaltungsbeamter im preußischen Finanzministerium; Fontane unterrichtete in den frühen fünfziger Jahren seine beiden Töchter   16.9.56, 16.4.57

Flender, Gertrud, geb. Diez, Ehefrau von Adam Flender   16.9.56, 16.4.57

Flender, Marie, Tochter von Adam und Gertrud Flender   14.5.56

Fletcher, Angus, Reisebekanntschaft Fontanes in Manchester   4.7.57, 6.7.57

Fontane, Elise (1838-1923), jüngste Schwester Fontanes (»Lischen«)   25.1.56, 28.1.56, 29.1.56, 30.1.56, 16.2.56, 24.2.56, 29.2.56, 5.3.56, 7.3.56, 12.3.56, 13.3.56, 14.3.56, 15.3.56, 16.3.56, 22.3.56, 7.4.56, 10.4.56, 12.4.56, 23.4.56, 4.5.56, 12.5.56, 15.5.56, 20.6.56, 25.9.56, 5.11.56, 8.11.56, 12.11.56, 21.4.57, 23.4.57, 24.4.57, 26.4.57, 23.4.58, 18.5.58, 9.7.58, 24.9.58

Fontane, Emilie, geb. Labry (1797-1869), Fontanes Mutter; lebte seit 1850 ohne Scheidung von ihrem Mann getrennt   14.6.52, 16.12.55, 30.12.55, 4.1.56, 7.1.56, 1.3.56, 14.3.56, 20.6.56, 4.9.56, 9.9.56, 10.9.56, 16.9.56, 20.9.56, 25.9.56, 30.9.56, 5.11.56, 12.11.56, 27.11.56, 15.12.56, 18.12.56, 19.12.56, 29.12.56, 9.2.57, 13.2.57, 28.2.57, 21.4.57, 24.4.57, 26.4.57, 22.6.57, 20.8.57, 18.9.57, 21.9.57, 5.11.57, 4.2.58, 6.2.58, 27.6.58, 28.6.58, 9.7.58, 29.7.58, 17.9.58, 18.9.58, 20.9.58, 21.9.58, 24.9.58, 25.9.58

Fontane, Emilie, geb. Rouanet-Kummer (1824-1902), Fontanes Ehefrau   17.4.52, 22.4.52, 26.4.52, 9.5.52, 14.6.52, 30.6.52, 19.9.55 (MB), 7.9.55, 16.12.55, 18.12.55, 25.12.55, 26.12.55, 30.12.55, 3.1.56, 4.1.56, 8.1.56, 10.1.56, 11.1.56, 12.1.56, 13.1.56, 14.1.56, 15.1.56, 16.1.56, 18.1.56, 20.1.56, 21.1.56, 22.1.56, 23.1.56, 25.1.56, 28.1.56, 29.1.56, 30.1.56, 31.1.56, 3.2.56, 4.2.56, 12.2.56, 14.2.56, 15.2.56, 16.2.56, 18.2.56, 24.2.56, 25.2.56, 27.2.56, 29.2.56, 3.3.56, 5.3.56, 7.3.56, 12.3.56, 13.3.56, 14.3.56, 15.3.56, 2.4.56, 3.4.56, 4.4.56, 6.4.56, 8.4.56, 12.4.56, 16.4.56, 17.4.56, 21.4.56, 26.4.56, 2.5.56, 4.5.56, 9.5.56, 12.5.56, 15.5.56, 20.5.56, 21.5.56, 24.5.56, 26.5.56, 28.5.56, 29.5.56, 2.6.56, 5.6.56, 9.6.56, 10.6.56, 11.6.56, 14.6.56, 16.6.56, 18.6.56, 19.6.56, 21.6.56, 23.6.56, 26.6.56, 28.6.56, 30.6.56, 5.7.56, 9.7.56, 10.7.56, 11.7.56, 12.7.56, 15.7.56, 19.7.56, 24.7.56, 25.7.56, 28.7.56, 2.8.56, 9.8.56,

14.8.56, 16.8.56, 18.8.56, 20.8.56, 23.8.56, 25.8.56, 10.9.56, 11.9.56, 13.9.56, 21.9.56, 22.9.56, 30.9.56, 1.10.56, 9.10.56, 10.10.56, 14.10.56, 16.10.56, 20.10.56, 21.10.56, 23.10.56, 25.10.56, 28.10.56, 1.11.56, 5.11.56, 6.11.56, 8.11.56, 11.11.56, 12.11.56, 20.11.56, 22.11.56, 25.11.56, 26.11.56, 27.11.56, 1.12.56, 2.12.56, 3.12.56, 8.12.56, 12.12.56, 13.12.56, 15.12.56, 16.12.56, 22.12.56, 29.12.56, 31.12.56, 7.1.57, 8.1.57, 10.1.57, 12.1.57, 13.1.57, 15.1.57, 19.1.57, 21.1.57, 26.1.57, 28.1.57, 1.2.57, 2.2.57, 3.2.57, 9.2.57, 13.2.57, 16.2.57, 17.2.57, 18.2.57, 20.2.57, 23.2.57, 25.2.57, 26.2.57, 2.3.57, 4.3.57, 5.3.57, 9.3.57, 10.3.57, 17.3.57, 18.3.57, 23.3.57, 24.3.57, 15.4.57, 16.4.57, 24.4.57, 30.4.57, 5.5.57, 7.5.57, 8.5.57, 13.5.57, 14.5.57, 16.5.57, 21.5.57, 23.5.57, 25.5.57, 28.5.57, 30.5.57, 3.6.57, 6.6.57, 10.6.57, 11.6.57, 15.6.57, 19.6.57, 20.6.57, 2.7.57, 4.7.57, 8.7.57, 11.7.57, 15.7.57, 20.7.57, 21.7.57, 25.7.57, 27.7.57, 28.7.57, 30.7.57, 1.8.57, 2.8.57, 4.8.57, 8.8.57, 12.8.57, 13.8.57, 15.8.57, 24.8.57, 13.9.57, 17.9.57, 21.9.57, 23.9.57, 26.9.57, 30.9.57, 1.10.57, 7.10.57, 10.10.57, 16.10.57, 18.10.57, 21.10.57, 23.10.57, 28.10.57, 1.11.57, 9.11.57, 13.11.57, 14.11.57, 17.11.57, 18.11.57, 24.11.57, 26.11.57, 3.12.57, 7.12.57, 10.12.57, 11.12.57, 15.12.57, 18.12.57, 19.12.57, 20.12.57, 23.12.57, 24.12.57, 25.12.57, 28.12.57, 30.12.57, 31.12.57, 1.1.58, 7.1.58, 11.1.58, 17.1.58, 18.1.58, 26.1.58, 27.1.58, 29.1.58, 2.2.58, 8.2.58, 14.2.58, 20.2.58, 10.3.58, 15.3.58, 29.3.58, 5.4.58, 11.4.58, 18.4.58, 21.4.58, 22.4.58, 23.4.58, 28.4.58, 10.5.58, 17.5.58, 20.5.58, 22.5.58, 26.5.58, 28.5.58, 31.5.58, 1.6.58, 2.6.58, 9.6.58, 16.6.58, 24.6.58, 25.6.58, 2.7.58, 4.7.58, 6.7.58, 14.7.58, 15.7.58, 19.7.58, 28.7.58, 30.7.58, 31.7.58, 7.8.58, 10.8.58, 13.8.58, 19.8.58, 30.8.58, 31.8.58, 3.9.58, 5.9.58, 9.9.58, 11.9.58, 13.9.58, 15.9.58, 17.9.58, 20.9.58, 21.9.58, 28.9.58

Fontane, George (1851–1887), ältester Sohn von Emilie und Theodor Fontane   14.6.52, 18.12.55, 21.1.56, 25.1.56, 26.1.56, 30.1.56, 3.2.56, 29.2.56, 5.3.56, 14.3.56, 15.3.56, 16.3.56, 10.4.56, 21.4.56, 3.5.56, 9.5.56, 14.5.56, 11.6.56, 13.6.56, 14.6.56, 5.7.56, 30.7.56, 11.8.56, 16.8.56, 4.9.56, 21.9.56, 25.9.56, 11.11.56, 16.12.56, 24.1.57, 25.1.57, 28.1.57, 2.2.57, 3.2.57, 6.4.57, 24.4.57, 27.4.57, 13.5.57, 6.6.57, 27.7.57, 2.8.57, 4.8.57, 6.8.57, 7.8.57, 14.8.57, 31.8.57, 15.9.57, 5.10.57, 17.10.57, 18.10.57, 4.11.57, 21.11.57, 11.12.57, 13.12.57, 18.12.57,

24.12.57, 29.12.57, 30.12.57, 17.1.58, 14.2.58, 10.3.58, 23.3.58, 12.4.58, 18.4.58, 19.4.58, 22.4.58, 6.5.58, 27.5.58, 20.6.58, 24.6.58, 14.7.58, 19.7.58, 13.8.58, 13.9.58, 17.9.58, 19.9.58

Fontane, Louis Henri (1796–1867), Fontanes Vater; Apotheker, lebte seit 1850 von seiner Frau getrennt 1.7.52 (EB), 14.6.52, 27.12.55, 2.1.56, 4.3.56, 14.3.56, 24.3.56, 26.4.56, 22.6.56, 18.7.56, 4.9.56, 10.9.56, 13.9.56, 15.9.56, 17.9.56, 24.9.56, 19.10.56, 21.10.56, 22.12.56, 28.12.56, 29.12.56, 16.3.57, 24.3.57, 3.4.57, 15.4.57, 17.4.57, 18.4.57, 5.5.57, 26.6.57, 28.9.57, 18.10.57, 29.12.57, 30.12.57, 12.3.58, 29.3.58, 29.7.58, 28.9.58, 29.9.58

Fontane, Max (1826–1860), jüngerer Bruder Fontanes und ebenfalls Apotheker; nach dem Examen 1856 zunächst in Küstrin tätig, ab 1857 im Warthebruch niedergelassen; Tunnel-Mitglied (Bruder Lorenzo) 14.6.52, 28.2.56, 5.3.56, 15.3.56, 5.4.56, 20.5.56, 8.6.56, 21.6.56, 7.9.56, 8.9.56, 13.9.56, 24.9.56, 28.9.56, 29.9.56, 17.11.56, 15.12.56, 26.12.56, 5.3.57, 17.3.57, 25.3.57, 1.4.57, 21.4.57, 22.4.57, 24.4.57, 26.4.57, 23.11.57, 14.12.57, 16.12.57

Fontane, Theodor jr. (1856–1933), mittlerer Sohn von Emilie und Theodor Fontane 5.11.56, 11.11.56, 27.7.57, 9.8.57, 31.8.57, 28.10.57, 3.11.57, 13.11.57, 9.12.57, 1.1.58, 17.1.58, 9.5.58, 24.6.58

Formes, Karl Johann (1816–1889), politisch belasteter Bassist und Musiklehrer 1.8.56

Fortnum & Mason, Londoner Lebensmittelgeschäft, besonders für Tee und Alkohol, 181/183 Piccadilly 27.11.57, 15.12.57

Fournier, August (1800–1874), Prediger der französisch-reformierten Gemeinde in Berlin und Konsistorialrat; hatte Fontane 1836 konfirmiert und 1850 getraut 28.4./5.5.52, 12.9.56, 26.9.56, 8.12.56, 14.4.57, 19.2.58, 20.2.58, 22.2.58, 23.2.58, 7.4.58, 10.4.58, 2.6.58, 5.6.58

Francia, Francesco (1450–1517), italienischer Maler und Goldschmied 14.6.52

Francke, Herr 21.6.56, 4.7.56, 26.9.56, 29.9.56

Franz I. (1494–1547), seit 1515 König von Frankreich 2.1.56

Franz Joseph I. (1830–1916), seit 1848 Kaiser von Österreich 18.4.56, 14.1.57, 27.1.57

Freeman, Mr., Redner im Diskussionsklub »Temple Forum« 28.4.56

Freiligrath, Ferdinand (1810-1876), Dichter und Bankangestellter; 1844-1848 und 1851-1868 im Exil in London 15.6.56, 25.3.58

Freund, Jonas Carl Hermann (gest. 1880), bis 1848 Chefarzt des 1845 gegründeten Londoner Deutschen Hospitals; 1855/56 Stabsarzt bei der britisch-deutschen Legion 20.6.52

Freytag, Gustav (1816-1895), Journalist und Romanschriftsteller 14.9.55 (M), 9.11.56, 25.3.58
Die Journalisten 14.9.55 (M)
Soll und Haben 25.3.58

Fricke, W., Verfasser eines Englischlehrbuchs 26.2.56

Friedrich I. »Barbarossa« (1122-1190), seit 1152 deutscher König, 1155 zum Kaiser gekrönt 15.11.54 (E)

Friedrich I. (1826-1907), 1852 Regent und seit 1858 Großherzog von Baden 13.10.56

Friedrich II., »der Große« (1712-1786), seit 1740 König von Preußen 19.3.56, 17.7.56, 27.9.56

Friedrich Karl, Prinz von Preußen (1828-1885), Sohn des Prinzen Karl von Preußen, nach Offizierslaufbahn seit 1856 Generalleutnant, 1870 Generalfeldmarschall 27.3.57, 30.11.57

Friedrich Wilhelm, Prinz von Preußen (1831-1888), Sohn des Prinzen Wilhelm, 1888 als Friedrich III. König von Preußen und deutscher Kaiser 27.5.56, 10.6.57, 23.6.57, 30.11.57, 23.1.58, 29.1.58, 2.2.58

Friedrich Wilhelm I., »der Große Kurfürst« (1620-1688), seit 1640 Kurfürst von Brandenburg und Herzog von Preußen 29.6.52

Friedrich Wilhelm IV. (1795-1861), seit 1840 König von Preußen; wurde nach einem Schlaganfall seit Herbst 1857 durch seinen Bruder, Prinz Wilhelm von Preußen, im Amt vertreten, der im Oktober 1858 definitiv die Regentschaft übernahm 20.6.52, 19.9.55 (M), 15.10.56, 25.10.56, 9.1.57, 29.3.57, 1.7.57, 10.10.57, 16.10.57, 20.10.57, 22.10.57, 27.11.57, 30.11.57

Frith, William Power (1814-1909), englischer Genremaler 22.6.52

Froböse, preußischer Beamter; Kanzleisekretär der Berliner Zentralstelle für Presseangelegenheiten 1.5.58, 24.9.58

Fromme, Henriette (1783-1828), seit 1799 Geliebte des Prinzen Louis Ferdinand, nach dessen Tod sie den Kriegsrat Alberts heiratete; Mutter von Maurice Alberts 3.3.57

Füllborn, Fräulein, vermutlich als Gouvernante in England tätig 16.9.57, 26.10.57

Furz, Wirt des Gasthofs »Greyhound« in Richmond bei London 30.5.52

Gainsborough, Thomas (1727-1788), englischer Porträt- und Landschaftsmaler 14.7.58
Ganz, Eduard (1827-1867), Pianist; Neffe von Eduard Moritz und Leopold Alexander Ganz 25.1.58
Ganz, Eduard Moritz (1806-1868), Violoncellist; Bruder von Leopold Ganz 8.5.56
Ganz, Leopold (1810-1869), Violinist und Dirigent; Bruder von Eduard Moritz Ganz 8.5.56
Gardoni, Italo (1820-1882), italienischer Tenor 1.8.56
Garrick, David (1717-1779), englischer Schauspieler und Bühnenautor 16.5.56, 12.5.57
Gast, Charles John, Feinbäckerei, 28 Hanway Street, Oxford Street 24.8.57
Gavazzi, Allessandro (1809-1889), als ehemaliger Mönch seit Niederschlagung der römischen Revolution 1849 im Exil und Agitator gegen Priester- und Jesuitenherrschaft; in London 1855 Übertritt zum Protestantismus 29.4.56
Gebhard, Fräulein, Berliner Bekannte der Fontanes 22.9.56
Geibel, Emanuel (1815-1884), Lyriker und Übersetzer, 1852 bis 1868 Honorarprofessor in München; Tunnel-Mitglied (Bertran de Born) 8.10.56, 13.2.57
Geistinger, Marie (geb. 1833), Schauspielerin aus Wien 7.10.56
Gentz, Wilhelm (1822-1890), Maler und Jugendfreund Fontanes 21.9.56
Georg, Prinz von Preußen (1826-1902), Kavalleriegeneral und (unter dem Pseudonym G. Conrad) Dramenautor 17.9.57
Georg I. (1660-1727), 1698 Kurfürst von Hannover und seit 1714 König von Großbritannien und Irland 22.8.56
Georg II. (1683-1760), seit 1727 König von Großbritannien und Irland 18.8.56, 22.8.56
Georg IV. (1762-1830), 1811 Prinzregent und seit 1820 König von Großbritannien und Irland 30.7.56, 14.1.58
George s. *Fontane*, George
Gérard, François (1770-1837), französischer Maler, vor allem Porträtist 15.10.56
Géricault, Théodore (1791-1824), französischer Maler, Bildhauer und Graphiker 15.10.56

Gerlach, Ernst Ludwig von (1795-1877), preußischer Jurist und Politiker; einer der Führer der reaktionären Kamarilla am Hof Friedrich Wilhelms IV. und Mitbegründer der »Kreuzzeitung« 20.1.56, 17.2.56, 11.8.57, 30.11.57
Gervinus, Georg Gottfried (1805-1871), liberaler Historiker, Publizist und Politiker 20.2.57
Gibbs, Samenhändler in London 21.5.57
Girodet-Trioson, Anne-Louis (1767-1824), Maler des französischen Klassizismus 15.10.56
Gladstone, William Ewart (1809-1898), ursprünglich konservativer Politiker, der zum Begründer der liberalen Partei wurde; 1852-1855 und 1859-1866 Schatzkanzler; zwischen 1868 und 1894 viermal Premierminister 5.2.57, 2.3.57
Gleyre, Charles-Gabriel (1806-1874), französisch-schweizerischer Maler 17.10.56
Glover, Thomas, Redakteur des »Morning Chronicle«, Bruder von William Glover 15.7.56, 29.10.56, 10.12.56, 12.12.56, 23.12.56, 15.1.57, 22.1.57, 28.1.57, 29.1.57, 2.2.57, 23.2.57, 24.3.57, 30.4.57, 3.5.57, 13.5.57, 6.8.57, 22.9.57, 20.10.57, 2.11.57, 23.11.57, 9.1.58
Glover, William (gest. 1870), 1829 Zulassung als Barrister, 1840 Ernennung zum Serjeant at Law; 1854-1860 Eigentümer des »Morning Chronicle« 25.6.56, 26.6.56, 27.6.56, 30.6.56, 8.7.56, 15.7.56, 16.7.56, 17.7.56, 21.7.56, 22.7.56, 29.7.56, 30.7.56, 3.8.56, 4.8.56, 5.8.56, 6.8.56, 19.8.56, 20.8.56, 22.8.56, 23.8.56, 25.8.56, 26.8.56, 28.8.56, 3.9.56, 4.9.56, 5.9.56, 6.9.56, 7.9.56, 6.10.57, 24.10.56, 28.10.56, 3.11.56, 4.11.56, 5.11.56, 6.11.56, 7.11.56, 8.11.56, 10.11.56, 11.11.56, 17.11.56, 18.11.56, 24.11.56, 27.11.56, 28.11.56, 7.12.56, 10.12.56, 11.12.56, 28.12.56, 1.1.57, 2.1.57, 6.1.57, 7.1.57, 18.1.57, 12.2.57, 16.3.57, 19.3.57, 25.3.57, 7.5.57, 8.5.57, 14.5.57, 16.5.57, 21.5.57, 21.7.57, 2.11.57, 5.11.57, 13.11.57, 24.11.57, 25.11.57, 11.1.58, 1.3.58
Glyn, Isabella (1823-1889), Shakespeare-Darstellerin aus der Schule von Charles Kemble 9.4.56
Gneist, Rudolf von (1816-1895), preußischer Jurist und liberaler Parlamentarier 5.4.57, 14.4.57, 15.4.57, 12.1.58
Geschichte und heutige Gestalt der Ämter in England 12.1.58
Goebler, Dr., aus Altenburg gebürtiger Erzieher der Söhne des Herzogs von Sutherland 27.9.58

Goedsche, Hermann (1815-1878), Romanschriftsteller und Journalist; 1849-1874 leitender Mitarbeiter der »Kreuzzeitung« 31.10.57

Goethe, Johann Wolfgang von (1749-1832) 20.8.56, 14.2.57, 22.3.57, 15.11.54 (E)
Egmont 2.6.52, 6.6.52
Faust 30.6.52, 14.2.57

Göhringer, Karl (geb. um 1808), politischer Flüchtling aus Baden; führte in London die »Golden Star Tavern«, bis er 1854 Bankrott machte und ins Schuldgefängnis kam 20.10.55

Goldsmith, Oliver (1728-1774) 11.9.55, 25.1.56, 11.7.56
The Hermit 25.1.56

Goltz, Frau von der, Verfasserin eines Empfehlungsbriefes für Fontane 28.4./5.5.52

Gosling, Mr., Prüfungskandidat im Deutschen 10.6.58

Gottsched, Johann Christoph (1700-1766), Sprachreformer und Literaturtheoretiker der Aufklärung 1.12.57

Gräbert, Louis (gest. 1843), Berliner Gastwirt und Vergnügungsunternehmer 9.10.55

Graefe, Albrecht von (1828-1870), Berliner Augenarzt; Begründer der modernen Augenheilkunde 6.4.57

Granville, Mrs., s. *Greenfell*, Mrs.

Gray, Thomas (1716-1771), empfindsamer Dichter, Vorliebe für altnordische und keltische Sagenstoffe 11.9.55

Graziani, Francesco (geb. 1829), italienischer Bariton 1.8.56

Greenfell, Mrs., Eigentümerin des Hauses 23 Chepstow Place, wo die Familie Fontane zeitweilig als Untermieter von Mrs. Jackson wohnte (Fontane schreibt irrtümlicherweise einmal Granville und einmal Greenford) 2.5.56, 22.5.56

Greenford, Mrs., s. *Greenfell*, Mrs.

Greif(f), Carl Friedrich Wilhelm, Berliner Polizeioffizier und zeitweilig als Spitzel in London tätig 3.4.56, 20.1.58

Greville s. *Brooke*, Robert Greville

Grey, Sir George (1799-1882), Anwalt und Unterhausabgeordneter; 1855-1858 Innenminister 6.3.56, 10.3.56, 16.6.56

Grey, Lady Jane (1537-1554), Urenkelin Heinrichs VII. von England und 1553 von der führenden Hofpartei über den Kopf der rechtmäßigen Erbin Mary Tudor zur Königin ausgerufen; Abdankung nach neun Tagen und ein Jahr später hingerichtet 15.5.56

Griebel, Miss, Londoner Bekannte der Fontanes 25.9.58
Grimmelshausen, Hans Jakob Christoffel von (um 1620–1676) 24.11.57
Simplizissimus 24.11.57
Grisi, Giulia (1812–1869), italienische Sopranistin; 1846–1861 am Opernhaus in Covent Garden engagiert und seit 1856 Ehefrau von Joseph Mario 1.8.56
Gros, Jean-Antoine (1771–1835), französischer Historienmaler aus der Schule Davids 15.10.56, 18.10.56, 18.4.57
Grosjean, Ehepaar mit drei Töchtern, Bekannte der Familie Alberts 21.11.56
Grossart, schottischer Geistlicher 23.8.58
Grote, George (1794–1871), Bankier, historischer und philosophischer Schriftsteller, Universitätsreformer und liberaler Parlamentsabgeordneter 18.5.57
Grün, Anastasius, eigentl. Anton Alexander Graf von Auersperg (1806–1876), österreichischer Dichter 9.11.56
Grünler, Ehregott (1797–1881), Maler und Kunstprofessor aus Zeulenroda, der von 1824 bis 1850 wiederholt Gemälde auf der Berliner Akademieausstellung zeigte 22.4.52
Gubitz, Anton (1821–1857), Schriftsteller und Publizist; Tunnel-Mitglied (Gryphius) 7.12.57
Guérin, Jean Baptiste Paulin (1783–1855), französischer Maler 15.10.56
Guido s. *Reni*, Guido
Gurlt, Herr, Tischgenosse Fontanes in London 4.6.56
Gurney s. *Bunsen*, Elizabeth
Gutzkow, Karl (1811–1878), Dramatiker, Romanschriftsteller und Journalist 9.11.56, 18.6.57. 25.3.58
Die Ritter vom Geiste 25.3.58
Gwyn, Nell (1650–1687), Schauspielerin und Geliebte König Karls II. von England 5.1.56

Haevecker, Frau, Berliner Bekannte Fontanes 5.4.57
Hahn, Eugenie, Ehefrau von Werner Hahn 9.9.56, 27.9.56, 30.9.56, 29.3.57, 8.4.57, 12.4.57
Hahn, Werner (1816–1890), Schriftsteller, Musiklehrer und Publizist; Tunnel-Mitglied (Cartesius) 9.9.56, 27.9.56, 30.9.56, 29.3.57, 8.4.57, 12.4.57
Hales, Mr., Prüfungskandidat im Deutschen 4.9.58

Hall, Sir Benjamin (1802-1867), liberaler Unterhausabgeordneter; unter der Regierung Palmerston seit 1854 Präsident des »General Board of Health« und 1855-1858 »Chief Commissioner of Works« 22.5.56

Hallam, Henry (1777-1859), Anwalt und historischer Publizist; vor allem für seine englische Verfassungsgeschichte bekannt 21.10.57

Hamscher, Apotheke in Küstrin 28.2.56

Hänel, Alwine, Berliner Bekannte Fontanes 9.9.56

Hannay, James (1827-1873), ehemaliger Matrose, dann Redner in Debattierklubs, Journalist und Schriftsteller und von 1868 an britischer Konsul in Barcelona 25.10.57

Hansemann, Adolf (1827-1903), Teilhaber einer Tuchfabrik in Eupen; nach Eintritt in die von seinem Vater begründete Disconto-Gesellschaft 1857 Aufstieg zu einem der führenden Bankiers Deutschlands mit ausgeprägten kolonialpolitischen Interessen 28./29.4.57

Hardenberg, Karl August Fürst von (1750-1822), preußischer Diplomat und Staatsmann; führender Vertreter der Reformära nach 1806, seit 1810 Staatskanzler 1.4.56, 4.10.58

Harder, Minette, Bekannte Fontanes in Berlin 15.9.56

Hardinge, Henry Viscount H. (1785-1856); nach einer Laufbahn als Offizier, Abgeordneter und Generalgouverneur von Indien, seit 1852 Oberbefehlshaber der englischen Armee 2.6.52

Harley, Robert, Earl of Oxford (1661-1724), englischer Staatsmann, leitender Minister der Königin Anna 17.2.57

Harper, Familie in Barnes bei Richmond 29.6.52

Hart, Henry George (1808-1878), nach Militärlaufbahn seit 1840 Herausgeber der periodisch erscheinenden »Army List«, einer Aufstellung aller Inhaber von Offizierspatenten 25.4.56

Hart, Richard, Journalist und Redner in verschiedenen der von Fontane besuchten Debattierklubs 14.4.56, 21.4.56, 24.4.56, 29.4.56, 5.5.56, 9.5.56, 22.5.56, 26.5.56, 3.6.56, 12.6.56, 16.6.56, 8.7.56, 18.7.56, 21.7.56, 29.7.56, 5.8.56, 25.1.57, 25.10.57

Harvey, James, Fischgeschäft mit Imbiß, 55 Fleet Street 11.6.57

John Harvey Son & Co, Seiden-, Tuch- und Weißwarenhandlung, 9 Ludgate Hill 23.9.57

Hastings, Warren (1732-1818), 1773-1784 erster britischer Generalgouverneur von Indien; von der anschließend gegen ihn erhobenen Anklage wegen Willkürherrschaft und persönlicher Bereicherung wurde er 1795 vor dem Oberhaus freigesprochen   12.8.57, 16.8.57, 18.8.57, 23.8.57, 24.8.57

Hatchett, William, Spediteur, Schiffs- und Zollagent, 6 Savage Gardens   25.7.57, 6.8.57, 9.8.57, 11.8.57, 27.8.57

Hauff, Wilhelm (1802–1827), Erzähler und Lyriker
Das Wirtshaus im Spessart   10.5.58

Häusser, Ludwig (1818–1867), liberaler Historiker, Publizist und Politiker   18.8.56, 13.5.57, 15.5.57
Deutsche Geschichte   18.8.56, 13.5.57, 15.5.57

Häußer, Berliner Schauspielerin   15.4.57

Havelock, Sir Henry (1795–1857), Kolonialoffizier; zuletzt als General im Einsatz während des indischen Aufstands   20.2.58, 30.3.58, 2.4.58, 5.4.58, 6.4.58, 7.4.58, 8.4.58, 9.4.58, 10.4.58, 2.6.58

Hay, Lord Arthur (1824–1878), Offizier und Ornithologe; 1876 Marquess of Tweeddale   18.2.57

Heal & Co, Londoner Bettengeschäft, 196 Tottenham Court Road   24.7.57, 28.10.57

Heath, Caroline (1835–1887), Schauspielerin; debütierte 1852 am Princess's Theatre   20.8.56, 17.6.57

Hecht, Louis (1771–1857), 1804–1835 Professor für Chemie und Pharmazie in Straßburg, seither im Ruhestand   24.4.57

Hegel, Immanuel (1814–1890), preußischer Beamter, ein Sohn des bekannten Philosophen; seit 1853 zuständig für Personal- und Finanzfragen sowie die allgemeine Verwaltung der Berliner Zentralstelle für Presseangelegenheiten   19.9.55 (MB), 19.6.56, 2.9.56, 1.10.56, 31.3.57, 6.4.57, 18.4.57, 20.4.57, 25.4.57, 21.10.57, 4.11.57, 29.12.57, 19.7.58

Hegewald, Bekannter von Julius Schweitzer   13.6.56, 15.6.56, 16.6.56, 24.8.56, 26.10.56

Heine, Heinrich (1797–1856)   8.2.56, 7.8.56, 8.8.56, 17.10.56, 24.2.57, 26.2.57
Reisebilder   24.2.57, 26.2.57
Romanzero   8.2.56

Heinrich (Vetter Heinrich) s. *Labry*, Heinrich

Heinrich II. (973–1024), Herzog von Bayern; 1002 zum deutschen König gewählt, 1014 in Rom zum Kaiser gekrönt   6.10.56

Heinrich IV. (1553–1610), seit 1562 König von Navarra und

Haupt der Hugenotten; seit 1589 König von Frankreich und 1593 zum Katholizismus konvertiert 17.10.56
Heinrich VI. (1421–1471), seit 1422 König von England 1.4.56
Heinrich VII. (1457–1509), seit 1485 König von England 8.5.52, 13.8.56
Heinrich VIII. (1491–1547), seit 1509 König von England 2.1.56, 27.3.56, 13.8.56
Heinz und Rumpf, Speditionsfirma in Harburg 17.8.57, 24.8.57, 28.8.57
Heise, Dr., Jurist und Journalist aus Kassel, politischer Flüchtling in London 23.4.52
Helbronner, Rodolphe, Garn- und Wollwarenhandlung, 265 Regent Street 4.2.56
Henderson, Mr., schottische Reisebekanntschaft Fontanes 20.8.58
Hendrichs, Hermann (1809–1871), Schauspieler, 1844–1864 am Berliner Hoftheater engagiert 15.4.57
Henley/Henlie (richtig wohl: Hanly), J. (gest. um 1878), irischstämmiger Journalist am »Morning Advertiser« und Redner in verschiedenen Londoner Diskussionsklubs 16.6.56, 19.8.56
Henriett(e) (richtig wohl: Henrette), Peter, Schneider, Autodidakt und Redner im »Shoe Lane«-Debattierklub 8.7.56, 29.7.56, 5.8.56
Henriette Marie (1610–1666), Schwester Ludwigs XIII. von Frankreich und als Gemahlin Karls I. seit 1625 Königin von England 1.4.56, 13.8.56
Herder, Johann Gottfried (1744–1803) 24.9.57, 27.9.57, 5.12.57, 8.12.57, 9.12.57, 19.12.57, 21.12.57, 5.6.58
Adrastea 24.9.57
Vom Geist der Ebräischen Poesie 27.9.57
Ideen zur Geschichte der Menschheit 5.12.57, 8.12.57
Herrmann, E., Herrenschneider in Berlin, Königsstraße 43 29.12.57
Her(r)mann, Karl Heinrich (1802–1880), Berliner Historienmaler 13.5.56, 16.3.57, 20.3.57
Herrmann s. *Müller,* Her(r)mann
Hertford, Richard Seymour Conway, Marquess of H. (1800 bis 1870), englischer Kunstsammler und Militärattaché 22.5.58
Hertwich, Rosalie; Schwester des Kantors Hertwich in Berndorf bei Liegnitz und Pflegetochter von Fontanes Onkel August Fontane (1804–1870) und seiner Frau Philippine (»Pinchen«),

geb. Sohm (1810–1882); Hausmädchen der Familie Fontane in London   5.10.57, 12.4.58, 18.7.58, 25.7.58

Herwegh, Georg (1817–1875), politischer Dichter, 1841–1866 mit kurzen Unterbrechungen im Exil in Frankreich und in der Schweiz   9.11.56

Herzen, Alexander Iwanowitsch (1812–1870), russischer Exilschriftsteller und sozialistischer Publizist, seit 1852 in London ansässig   6.3.57

Hesekiel, George (1819–1874), Romanschriftsteller und Journalist; seit 1848 Redakteur an der »Kreuzzeitung«; Tunnel-Mitglied (Claudius)   4.10.56, 15.4.57

Hesse, preußischer Beamter; Geheimer Oberfinanzrat mit Verbindungen zur politischen Polizei   25.10.56

Hesse, preuß. Kriegsrat, Vater von Fontanes Jugendfreundin Agnes   12.9.56, 29.9.56, 14.4.57, 20.9.57, 21.9.57, 17.10.57

Hesse, Emmy, Tochter des Kriegsrats Hesse   12.9.56, 17.10.57, 21.11.57

d'Heureuse, Louis, Berliner Konditorei, Am Köllnischen Fischmarkt   6.4.57

Heyden, Friedrich von (1789–1851), preußischer Regierungsrat und Dichter   29.1.58

Das Wort der Frau   29.1.58

Heymann, Ehefrau des Londoner deutschen Geschäftsmanns Heymann   25.10.57, 10.11.57, 19.11.57, 22.11.57, 26.11.57, 3.12.57, 6.12.57, 10.12.57, 19.12.57, 23.12.57, 24.12.57, 28.12.57, 29.12.57, 30.12.57, 17.1.58, 27.1.58, 7.2.58, 13.2.58, 16.2.58, 19.2.58, 21.2.58, 24.2.58, 28.2.58, 4.3.58, 9.3.58, 10.3.58, 14.3.58, 18.3.58, 20.3.58, 21.3.58, 26.3.58, 28.3.58, 2.4.58, 6.4.58, 11.4.58, 18.4.58, 24.4.58, 25.4.58, 30.4.58, 6.5.58, 9.5.58, 19.5.58, 21.5.58, 26.5.58, 28.5.58, 30.5.58, 3.6.58, 13.6.58, 15.6.58, 20.6.58, 22.6.58, 24.6.58, 25.6.58, 29.6.58, 15.7.58

Heymann, Eugene, aus Schlesien gebürtiger Geschäftsmann in London   6.9.57, 14.10.57, 18.10.57, 22.10.57, 25.10.57, 29.10.57 7.11.57, 10.11.57, 11.11.57, 12.11.57, 16.11.57, 19.11.57, 22.11.57, 23.11.57, 26.11.57, 2.12.57, 3.12.57, 6.12.57, 10.12.57, 23.12.57, 24.12.57, 28.12.57, 30.12.57, 17.1.58, 27.1.58, 7.2.58, 13.2.58, 16.2.58, 21.2.58, 24.2.58, 28.2.58, 4.3.58, 9.3.58, 10.3.58, 14.3.58, 18.3.58, 21.3.58, 26.3.58, 28.3.58, 2.4.58, 6.4.58, 11.4.58, 18.4.58, 24.4.58, 25.4.58, 30.4.58, 9.5.58, 19.5.58,

21.5.58, 26.5.58, 28.5.58, 30.5.58, 13.6.58, 15.6.58, 20.6.58, 22.6.58, 24.6.58, 25.6.58, 29.6.58, 15.7.58

Heyse, Margarete, geb. Kugler (1834–1862), erste Ehefrau von Paul Heyse 25.9.56, 26.9.56, 27.9.56, 3.10.56

Heyse, Paul (1830–1914), Dichter und Schriftsteller; seit 1854 in München; Schwiegersohn von Franz Kugler und Tunnel-Mitglied (Hölty) 23.5.52, 8.3.56, 26.9.56, 27.9.56, 28.9.56, 3.10.56, 25.11.56, 6.1.57, 14.1.57, 25.1.57, 27.4.57, 29.3.58, 1.9.58, 10.9.58

Die Braut von Cypern 6.1.57

König und Magier 25.11.56

Die Sabinerinnen 26.8.58, 10.8.58

Heyse, Theodor (1803–1884), Altphilologe und Gymnasiallehrer; Onkel von Paul Heyse 29.8.58

Hin(c)keldey, Karl Ludwig Friedrich von (1805–1856), seit November 1848 Berliner Polizeipräsident, 1854 auch preußischer Generalpolizeipräsident; im Duell getötet 11.3.56, 16.3.56

Hobbema, Meindert (1638–1709), niederländischer Landschaftsmaler 22.5.58

Hochschild, Carl Freiherr von (1785–1857); schwedischer Diplomat; seit 1854 Botschafter in London 17.5.56

Hoehne, Bekannter von Julius Schweitzer 11.3.56, 12.3.56, 16.3.56, 24.3.56

Hoel(c)ke, Wilhelm, Schleswig-Holstein, 1855/56 Offizier im 2. Jägerkorps der Britisch-Deutschen Legion 14.9.55 (M), 8.9.55, 26.6.56, 1.7.56, 18.11.56, 28.11.56, 4.12.56

Hoffmann, Ernst Theodor Amadeus (1766–1822), romantischer Schriftsteller und Komponist 5.10.56

Hogarth, William (1697–1764), englischer Maler, Graphiker und Kunsttheoretiker 5.4.56, 8.4.56, 24.6.56, 2.9.57

Holbein, Hans, »der Jüngere« (um 1497–1543), Maler und Zeichner, 1526–1528 und dauerhaft seit 1532 in England tätig; 1537 Hofmaler König Heinrichs VIII. 13.8.56

Holland, Henry Ricard Vassall Fox, Baron H. (1773–1840), Schriftsteller, Kunstförderer und führender Politiker der Whigs 19.9.55 (M)

Hölty, Ludwig (1748–1776), empfindsamer Lyriker 28.6.52

Homburg, Friedrich Prinz von (1633–1708), seit 1670 brandenburgischer General, der sich besonders bei Fehrbellin 1675 hervortat, und 1681–1708 Landgraf von Hessen-Homburg; Titelfigur des Schauspiels von Heinrich von Kleist 4.6.57

Homer (8. Jh. v. Chr.)   26.6.58, 16.7.58
   Illiade   16.7.58
Hook, Theodore Edward (1788–1844), englischer Schriftsteller und Bonvivant   14.6.57
Horn, Philip von Montmorency, Graf von H. (1524–1568), Militär und Staatsmann; als einer der Führer der Adelsopposition gegen die spanische Verwaltung der Niederlande hingerichtet   17.4.52
Hudson, Miss, Tochter von James Hudson, der Fontane eine Zeitlang Deutschunterricht erteilte   29.6.52, 30.6.52
Hudson, Mrs., Ehefrau von James Hudson   26.6.52
Hudson, James (1804–1859), leitender Angestellter verschiedener wissenschaftlicher und gemeinnütziger Einrichtungen; 1859 wegen Veruntreuung entlassen und wenig später unter ungeklärten Umständen gestorben   26.6.52, 28.6.52, 19.9.55 (MB), 13.9.55
Humboldt, Alexander von (1769–1859), universalgelehrter Naturforscher und Geograph; Bruder von Wilhelm von Humboldt   25.10.56, 25.3.58
   Kosmos   25.3.58
Humboldt, Wilhelm von (1767–1835), Gelehrter und Staatsmann, Bruder von Alexander von Humboldt   4.10.58
Hunin, Pierre Paul Alouis (1808–1855), sentimentaler Genremaler   22.4.52
Hunt, Frederick Knight (1814–1854), ausgebildet als Arzt, aber vorwiegend als Journalist und Schriftsteller tätig   21.6.56, 19.7.56, 28.7.56, 13.6.58
Hutefeld, Baron   21.7.57
Hyde s. *Clarendon*, Henry Hyde, Earl of C., bzw. *Rochester*, Laurence Hyde, Earl of

Ibbetson, Levett Landen Boscawen (gest. 1869), Kapitän a. D., wissenschaftlicher Schriftsteller und politischer Publizist   9.1.57, 15.1.57, 19.3.57
Illaire, Emil (1797–1866), preußischer Beamter; unter Friedrich Wilhelm IV. Geheimer Kabinettsrat   21.1.58, 22.1.58
Immermann = Tunnelname; s. *Merckel*, Wilhelm von
Immermann, Karl Leberecht (1796–1840), Jurist, Theaterleiter und Schriftsteller   12.1.58, 9.5.58
   Münchhausen   12.1.58, 5.3.58, 7.3.58, 30.3.58, 10.4.58, 14.4.58,

15.4.58, 16.4.58, 21.4.58, 25.4.58, 28.4.58, 29.4.58, 2.5.58, 4.5.58, 5.5.58, 9.5.58
Ingram, Herbert (1811-1879), Drucker und Zeitungsverleger, begründete 1842 die »London Illustrated News«   29.7.56
Ingres, Jean Auguste Dominique (1780-1867), französischer Maler und Graphiker   17.10.56
Ingwersen, Paul, Abenteurer und politischer Publizist aus Schleswig-Holstein   24.11.57, 28.11.57, 29.11.57, 19.1.58, 16.3.58, 14.9.58, 15.9.58
Isabella Klara (1555-1633), Tochter König Philipps II. und Erbin der spanischen Niederlande; seit 1599 verheiratet mit Erzherzog Albrecht von Österreich   17.4.52
Iwan IV., »der Schreckliche« (1530-1584), 1533 russischer Großfürst, nahm 1547 den Titel Zar an   10.2.57

Jackson, Mrs., Pensionswirtin in 23 Chepstow Place, Westbourne Grove, wo Fontane mit seiner Familie vom 23. April bis zum 18. Mai 1856 wohnte   16.4.56, 18.4.56, 24.4.56, 2.5.56, 18.5.56, 20.5.56
Jacoby, Alexander, deutscher Geschäftsmann in London, Teilhaber der Firma Simon & Jacoby, 3 Howford Buildings, Fenchurch Street, Bekannter Fontanes   11.5.52, 12.5.52, 24.5.52, 26.5.52
Jaeger, Henry, Geschäftsmann und Kommissionshändler für die Firma Brückner & Co   1.1.57, 1.2.57, 19.8.57
Jakob II. (1633-1701), seit 1685 König von England, Schottland (als Jakob VII.) und Irland, 1688/89 durch die »glorreiche Revolution« vertrieben   25.7.56, 29.7.56, 24.8.56
Jeffreys, Sir George (1648-1689), Richter, Hof- und Staatsmann im Dienste Jakobs II., mit dessen Sturz auch sein Einfluß endete   23.7.56
Jeffries, Dr.   1.1.58
Jennings, Sarah (1660-1744), heiratete 1677 den General John Churchill, den späteren ersten Herzog von Marlborough; förderte als Vertraute der Königin Anna die Karriere ihres Mannes und die Interessen der Whigs   23.8.56
Jersey, George Child-Villiers, Earl of J. (1773-1859), englischer Aristokrat, Pferdezüchter und einer der besten Rennreiter seiner Zeit   30.7.56
Jessnitz, Hauptmann von, sächsischer Offizier und Demokrat,

seit 1849 als politischer Flüchtling in Amerika und England 6.6.58

Johann (1167–1216), seit 1199 König von England 1.4.56

Johnson, Samuel (1709–1784), englischer Publizist, Literaturhistoriker und Lexikograph 11.7.56, 18.8.56

Johnston, Alexander Keith (1804–1871), Kartograph und Meteorologe 9.12.56

Jones, Ernest Charles (1819–1869), radikaler Anwalt und Publizist; führender Vertreter der Chartistenbewegung 4.11.56

Jones, Owen (1809–1874), Kunstreisender und Innenarchitekt; 1851 Intendant der Weltausstellung und später Ausstatter des Kristallpalastes in Sydenham 20.11.56

Joseph II. (1741–1790), seit 1765 deutscher Kaiser; nach dem Tod seiner Mutter Maria Theresia 1780 auch Alleinherrscher über die Habsburgermonarchie 27.9.56

Josty, Konditorei in Berlin, An der Stechbahn 23.4.57

Julius II. (1443–1513), seit 1503 Papst und eine der Schlüsselgestalten der Renaissance 14.6.52

Jul(l)ien, Louis Antoine (1812–1860), französischer Dirigent und Komponist; wirkte viele Jahre in London 23.11.55, 30.7.56

Kammerer, George, Restaurant im Londoner Westend, 37 Cranbourn Street, Leicester Square 6.5.52

Karbe, A. F., zunächst Volksschullehrer, dann Konditor in Berlin; 1848 weithin bekannt geworden als originelle und vor allem bei den unteren Bevölkerungsschichten beliebte Rednerpersönlichkeit der demokratischen Volksbewegung 18.4.56

Karl »der Große« (742–814), 768 König der Franken; 800 zum Kaiser gekrönt 8.11.54 (E)

Karl, Prinz von Preußen (1801–1883), jüngerer Bruder Friedrich Wilhelms IV., seit 1854 preußischer Generalfeldzeugmeister 13.3.56, 27.3.57, 30.11.57

Karl I. (1600–1649), seit 1625 König von England, Schottland und Irland, auf Betreiben Cromwells vom Parlament zum Tode verurteilt und hingerichtet 19.3.56, 1.4.56, 24.6.56, 11.8.56, 13.8.56, 30.1.58

Karl II. (1630–1685), nach Restauration der Monarchie seit 1660 König von England, Schottland und Irland 11.8.56

Karl IV. (1316–1378), seit 1346 deutscher König, 1355 zum Kaiser gekrönt 6.10.56

Karl V. (1500–1558), seit 1506 Herrscher der habsburgischen Erblande, seit 1516 König von Spanien, seit 1519 deutscher König und Kaiser, 1556 Niederlegung aller Ämter und Eintritt in ein Kloster   17.4.52
Karschin = Tunnelname; s. *Kette*, Karl
Käte, Dienstmädchen von Anna Witte   13.4.57
Katt, Herr von   30.3.56
Kauf(f)mann, Jakob (1814–1871), Schriftsteller und Journalist; 1850–1867 in London tätig; Mitarbeiter an der »Englischen Correspondenz«   22.11.55, 13.12.55, 17.12.55, 23.12.55, 24.12.55, 30.12.55, 3.1.56, 20.1.56, 5.2.56, 6.2.56, 7.2.56, 6.3.56, 9.3.56, 17.3.56, 2.4.56, 21.4.56, 1.5.56, 3.5.56, 19.7.56, 15.8.56, 20.8.56, 26.10.56, 31.10.56, 9.11.56, 3.1.57, 9.1.57, 11.1.57, 25.1.57, 3.2.57, 10.2.57, 22.2.57, 2.3.57, 22.3.57, 24.3.57, 2.5.57, 1.6.57, 13.6.57, 18.6.57, 27.6.57, 31.10.57, 1.11.57, 9.11.57, 3.1.58, 7.2.58, 7.3.58, 4.6.58, 17.6.58, 7.7.58, 8.7.58, 12.7.58, 17.7.58, 5.9.58
Kean, Charles John (1811–1868), englischer Schauspieler und Theaterunternehmer   30.6.52, 16.1.56, 9.4.56, 2.5.56, 20.8.56, 6.5.57
Keipp, Hermann, Schriftsteller und Publizist; Herausgeber der »Berliner Revue«   21.3.57, 24.3.57, 21.7.57, 24.7.57
Keith, James (1696–1758), aus Schottland gebürtiger Militär, als Parteigänger der Stuarts seit 1715 im Exil; 1747 Eintritt in preußische Dienste und Aufstieg zum Feldmarschall   24.9.57
Kellner, Gottlieb Theodor (1819–1898), demokratischer Journalist aus Kassel und ehemaliger politischer Häftling, der nach seiner gewaltsamen Befreiung 1852 vorübergehend als Flüchtling in London lebte; später in den Vereinigten Staaten   23.4.52
Kemble, Charles (1775–1854), englischer Schauspieler, vor allem als Darsteller von Shakespeare-Rollen berühmt; seit 1840 im Ruhestand   19.6.52, 30.6.52, 16.5.56
Kemble, Fanny (1809–1893), englische Schauspielerin und Schriftstellerin, Tochter von Charles Kemble   22.5.52, 24.5.52, 19.6.52
William Kent & Co, Buchhandlung, Paternoster Row, City   7.5.58
Kent, Maria Louise Victoria, Duchess of K., geb. Prinzessin von Sachsen-Coburg-Saalfeld, verw. Fürstin von Leiningen (1786 bis 1861); Witwe des 1820 gestorbenen Herzogs Edward Augustus von Kent, eines jüngeren Bruders König Georgs IV.; Mutter der Königin Victoria   7.5.52

Kette, Hermann (1828-1908), preußischer Jurist; Tunnel-Mitglied (Tiedge)   28.4./5.5.52, 7.9.56, 10.9.56, 30.9.56, 2.10.56, 3.10.56, 3.2.57, 13.2.57, 16.4.57, 20.4.57, 22.4.57, 18.2.58, 28.3.58, 7.4.58
   Saul   10.9.56, 3.2.57, 20.4.57
Kette, Karl (geb. 1831), Jurist, Tunnel-Mitglied (Anna Luise Karschin)   31.3.57, 19.4.57
   Der alte Turm   14.5.58
Kielmannsegge, Adolf Graf von (1796-1866), hannoverscher Diplomat; 1841-1866 Gesandter in London   30.3.56
Kielmannsegge, Helene Gräfin von, Tochter des hannoverschen Gesandten in London; seit 1857 verheiratet mit Lord Arthur Hay   18.2.57
Kinkel, Gottfried (1815-1882), Theologe, Dichter und Kunsthistoriker; als Bonner Professor 1848/49 in revolutionäre Aktivitäten verwickelt und zu lebenslanger Haft verurteilt; nach der Befreiung aus der Festung Spandau durch seinen Schüler Carl Schurz 1850-1866 als politischer Flüchtling in London   23.4.52, 18.4.56, 16.10.57, 17.11.57, 18.11.57, 24.11.57, 28.11.57, 1.12.57, 25.3.58
Kisskalt, Berliner Hotel in der Jerusalemer Straße, Ecke Leipziger Straße   21.9.56
Klein, Julius Leopold (1804-1876), Arzt, Dramatiker und Publizist; Theaterkritiker der »Zeit«   3.2.57, 10.7.57, 12.7.57, 14.7.57, 15.7.57, 19.7.57, 21.7.57, 24.7.57
Kleist, Ewald von (1715-1759), preußischer Dichter und Freund Lessings   28.12.55
Klingner, Frau Assessor   27.6.58
Klöden, Margarethe von, Schwägerin von Fontanes Jugendfreundin Minna von Klöden, geb. Krause   9.9.56
Klopski, Dr., aus Österreich stammender Logisnachbar Fontanes im Hause der Londoner Familie May   6.6.52, 29.6.52
Klopstock, Friedrich Gottlieb (1724-1803)   1.12.57
Klosky s. Klopski
von Knesebeck, preußische Junkerfamilie   8.11.54 (E)
Knight, Charles (1791-1873), Verfasser und Verleger zahlreicher populärer Schriften
   Cyclopaedia of London   10.3.56
   Excursion Companion   6.7.56
Knochenhauer, August; Färbereibesitzer in Luckenwalde, Ehe-

mann von Emilie Fontanes Freundin Laura Knochenhauer 10.5.56, 20.5.56

Knochenhauer, Laura, geb. Goersch, Freundin von Emilie Fontane   13.1.58, 1.3.58, 29.5.58

Knox, John (um 1505–1572), calvinistisch orientierter Reformator Schottlands   29.4.56

Koblanck, Johann Heinrich Albert (gest. 1877), Berliner Mediziner; langjähriger Hausarzt der Familie Fontane   9.9.56, 27.12.56, 29.12.56, 2.4.57

Kohlhaas, Michael, durch die gleichnamige Novelle von Heinrich von Kleist popularisierte Namensform des 1540 hingerichteten Berliner Kaufmanns Hans Kohlhase   4.6.57

Kopisch, Londonbesucher aus Breslau   22.10.57

Kopisch, August (1799–1853), Lyriker, Erzähler und Maler aus Breslau, lebte seit 1847 auf Einladung Friedrich Wilhelms IV. in Potsdam   10.6.57

Köppen, Fedor von (1830–1904), preußischer Offizier und Schriftsteller; Tunnel-Mitglied (Willamow)   7.1.58

Korne(c)k, Friedrich Rudolf Albert (geb. 1813), Historien- und Genremaler, Professor an der Berliner Kunstakademie   24.9.56, 25.9.56

Körner, Theodor (1791–1813), patriotischer Dichter der Befreiungskriege   4.10.58

Kossuth, Ludwig, eigentl. Lajos (1802–1894), 1848/49 Führer der national-revolutionären Bewegung in Ungarn, von wo er in die Türkei entkam; 1851–1859 als Exilant in England und Nordamerika, von 1859 an in Italien   26.3.56, 18.4.56, 2.12.56

Kotze, Major von, preußischer Offizier   20.11.57

Kraf(f)t, Adam (um 1460–1509), spätgotischer Bildhauer aus Nürnberg   6.10.56

Kranzler, von Johann Georg Kranzler (gest. 1866) begründete Berliner Konditorei, Unter den Linden 25, Ecke Friedrichstraße   13.9.56, 21.9.56, 22.9.56, 12.4.57

Krause, Ehefrau des Kommerzienrats Wilhelm Krause   27.4.57

Krause, Wilhelm, Geheimer Kommerzienrat aus Swinemünde, mit dessen Kindern Fontane Hausunterricht erhalten hatte   9.9.56, 12.9.56

Kreptowitsch s. *Chreptowitsch*

Kroll, von Joseph Kroll (1797–1848) begründetes Vergnügungsetablissement und Restaurant am Tiergarten   21.10.56

Krüger, Frau Amtmann   3.9.56, 28.9.56, 2.10.56, 4.11.56, 23.4.57
Krüger, Herr, deutscher Lateinamerikareisender   13.6.52
Krüger, Luise   26.9.56
Kugler, Clara, geb. Hitzig (1812–1872), seit 1833 Ehefrau von Franz Kugler   14.3.56, 11.4.56, 25.9.56, 26.9.56, 3.10.56, 8.8.57, 21.8.57, 24.8.57, 14.11.57, 11.1.58, 23.2.58, 29.3.58, 1.9.58
Kugler, Franz Theodor (1808–1858), Kunstwissenschaftler, historischer Schriftsteller und Dichter; Professor an der Berliner Akademie der Künste und Dozent an der Universität; Vortragender Rat im preußischen Kultusministerium; Schwiegervater von Paul Heyse, Tunnel- und Rütli-Mitglied (Lessing)   13.1.56, 15.1.56, 22.1.56, 26.1.56, 4.7.56, 2.9.56, 3.9.56, 4.9.56, 5.9.56, 13.9.56, 25.9.56, 26.9.56, 27.9.56, 3.10.56, 14.1.57, 15.1.57, 30.3.57, 2.4.57, 4.4.57, 8.4.57, 14.5.57, 8.8.57, 16.8.57, 19.8.57, 22.8.57, 24.8.57, 29.12.57, 11.1.58, 16.1.58, 20.3.58, 2.9.58
Kühn, Londoner Konditorei in der Regent Street   30.7.57, 6.8.57, 16.6.58, 8.8.58
Kühn, Louis, Schauspieler aus Darmstadt, 1852 Mitglied von Emil Devrients Londoner Truppe   2.6.52, 6.6.52
Kummer, Bertha, geb. Kinne (1807–1870), seit 1839 dritte Ehefrau von Karl Wilhelm Kummer (1785–1855), dem Adoptivvater von Emilie Fontane   16.1.58
Kunigunde (gest. 1033), Gemahlin Kaiser Heinrichs II.   6.10.56
Kün(t)zel, Heinrich (1810–1873), Schriftsteller, Freund und Biograph Freiligraths   4.6.52, 30.6.52

Labry, Heinrich, Fontanes Vetter; ein Sohn des Forstmeisters Fritz Labry in Aachen, eines Bruders von Fontanes Mutter   15.4.52, 20./21.4.52, 22.4.52, 26.4.52, 5.1.57, 21.1.57, 6.3.57, 7.3.57, 21.5.57, 22.6.57, 4.7.57
Lacy, Mr., Jugendfreund von Fontanes Londoner Pensionswirt, Mr. May   26.6.52, 28.6.52
Ladenberg, Adalbert (1798–1855), preußischer Ministerialbeamter, seit Ende 1848 Kultusminister der Gegenrevolution; als Anhänger der Unionspolitik und Gegner Manteuffels 1850 zurückgetreten   30.11.57
La Marmora, Alfonso Ferrero (1804–1878), italienischer Heerführer und Staatsmann; 1855/56 Kommandeur des sardinischen Expeditionskorps im Krimkrieg   11.9.55 (M)

Landsberger, Louis, eines der bekanntesten Berliner Herrenausstattungsgeschäfte in der Oberwallstraße gegenüber der Preußischen Staatsbank   4.10.56, 30.3.57, 3.4.57
Landseer, Sir Edwin Henry (1802–1873), englischer Maler und Bildhauer   10.6.56, 5.10.57, 6.10.57, 28.9.58
Langbein, Dr., Mitarbeiter der Berliner Zentralpressestelle; Referent für Angelegenheiten der kleineren deutschen Staaten   6.4.57
Lau, Thaddäus, historischer Schriftsteller aus Königsberg   28.6.56
Laurie, Mr., englischer Journalist und Redner im Debattierklub von Temple Forum   3.3.56, 6.3.56, 16.6.56
Lawrance, Richard Moore, Arzt und Verfasser von Schriften über Galvanismus   15.5.57, 16.5.57, 9.6.57, 11.6.57, 15.6.57, 18.1.58, 20.1.58
Lawrence, Sir Thomas (1769–1830), englischer Maler   15.5.56
Lazarus, Moritz (1824–1903), philosophischer Schriftsteller und Völkerpsychologe; Tunnel- und Rütli-Mitglied (Leibniz)   4.1.56, 6.9.56, 13.9.56, 16.9.56, 20.9.56, 7.4.57, 11.4.57
Lebenheim, in London ansässiger Bruder von Sarah Lazarus, der Ehefrau von Fontanes Tunnelfreund Moritz Lazarus   4.1.56, 17.7.56, 22.7.56, 26.7.56, 25.8.56, 23.10.56, 3.2.57, 6.5.57, 22.7.58
Lebrun, Charles (1619–1690) französischer Maler   18.10.56, 18.4.57
Leclerq, Carlotta (1838–1893), Londoner Schauspielerin   20.8.56, 17.6.57
Lehmann, Rudolf (1819–1905), hauptsächlich in Paris, Rom und London tätiger deutscher Maler   14.6.56
Leicester, Robert Dudley, Earl of (um 1532–1588), Günstling der Königin Elisabeth I.   13.8.56
Lely, Sir Peter (1618–1680), aus den Niederlanden gebürtiger englischer Maler   13.8.56
Lenau, Nikolaus, eigentl. Nikolaus Niembsch, Edler von Strelenau (1802–1850), aus Ungarn gebürtiger Dichter   9.11.56
Lepel, Bernhard von (1818–1885), preußischer Offizier, Lyriker und Dramatiker; langjähriger Freund und Korrespondenzpartner Fontanes; Mitherausgeber der »Argo« und Tunnel-Mitglied (Schenkendorf)   11.5.52, 14.6.52, 8.1.56, 26.1.56, 8.3.56, 22.4.56, 20.5.56, 20.6.56, 11.7.56, 20.7.56, 3.8.56, 9.8.56, 10.9.56, 20.9.56, 24.9.56, 27.9.56, 30.9.56, 2.10.56, 3.10.56,

11.11.56, 20.11.56, 1.12.56, 31.12.56, 2.1.57, 3.1.57, 25.1.57, 29.3.57, 1.4.57, 2.4.57, 3.4.57, 4.4.57, 12.4.57, 14.4.57, 20.4.57, 24.4.57, 25.4.57, 25.5.57, 10.12.57, 15.12.57, 17.12.57, 2.1.58, 6.1.58, 16.1.58, 21.1.58, 3.3.58, 4.3.58, 11.3.58, 15.3.58, 20.3.58, 12.4.58, 14.4.58, 10.5.58, 13.5.58, 18.6.58, 12.7.58, 13.7.58, 19.7.58, 21.7.58, 22.7.58, 26.7.58, 28.7.58, 4.8.58, 5.8.58, 7.8.58, 8.8.58, 26.8.58, 27.8.58, 28.8.58, 29.8.58, 30.8.58, 31.8.58, 2.9.58, 3.9.58, 4.9.58, 6.9.58, 29.9.58, 28.11.54 (E)
Herodes   29.3.57, 21.1.58
Thomas Cranmer   8.3.56
Walzerlied   10.12.57
Lepel, Hedwig von, geb. von Lepel-Wieck (1827-1893), erste Ehefrau von Bernhard von Lepel   30.9.56, 8.4.57
Lepel, Wilhelm von (1820-1860), preußischer Offizier, Bruder Bernhard von Lepels   28.11.54 (E)
Leslie, Charles Robert (1794-1859), englischer Maler nordamerikanischer Herkunft   28.9.58
Lessing, Gotthold Ephraim (1729-1781)   28.12.55, 15.11.54 (E)
Levassor, Pierre (1808-1870), französischer Schauspieler   30.6.52
Levi(e)n, Johann Martin, Möbeltischler und Polsterer, 10 Davies Street, Berkeley Square   17.3.57, 19.3.57, 18.7.57, 22.7.57, 28.7.57, 29.7.57, 31.7.57, 3.8.57, 6.8.57, 8.8.57, 9.8.57, 11.8.57, 12.8.57, 19.8.57, 21.8.57, 22.8.57, 28.8.57, 29.8.57, 7.9.57, 22.9.57, 24.9.57, 21.1.58, 28.1.58
Lewald, Fanny (1811-1889), Roman- und Reiseschriftstellerin   28.4./5.5.52
Lewald, Henriette, Schwester von Fanny Lewald   28.4./5.5.52
Lewis, Sir George Cornewall (1806-1863), Anwalt, Publizist und liberaler Politiker; 1852-1855 Herausgeber der ›Edinburgh Review‹, 1855-1858 Schatzkanzler   29.7.56, 25.7.58
Lewis, Lady Maria Theresa, geb. Villiers, verw. Lister (1803 bis 1865), Schriftstellerin; Ehefrau von Sir George Cornewall Lewis und Schwester von Lord Clarendon   21.7.58, 25.7.58, 26.7.58, 27.7.58, 28.7.58
Liebig, Justus Freiherr von (1803-1873), Chemiker, entwickelte die künstliche Düngung und den Fleischextrakt   25.4.57
Lie(d)tcke, Theodor (1823-1902), Schauspieler; 1850-1889 am Königlichen Schauspielhaus in Berlin tätig   9.4.56
Liehss, Frau Dr.   29.9.56

Ligne, Charles Joseph Fürst von (1735-1814), österreichischer Militär, Diplomat und Schriftsteller   4.10.58
Lingg, Hermann Ritter von (1820-1905), bayerischer Militärarzt, Lyriker und Erzähler   7.3.57, 25.3.58, 29.8.58
Lischen (Lise) s. *Fontane,* Elise
Little, Kapitän des Dampfers »Countess of Lonsdale«   8.9.55
Loewenthal, Johann Jacob (1810-1876), politischer Flüchtling aus Ungarn und einer der besten Schachspieler seiner Zeit   17.6.58
Loewinger, Herr, Bekannter von William Whitaker Collins   4.1.58
Löffler, Ludwig (1819-1876), Maler und Lithograph in Berlin; Illustrator der »Argo«   28.2.57, 27.3.57
Longman, Brown and Green, Londoner Buchhandlung, Paternoster Row   12.6.52
Lorrain s. *Claude Lorrain*
Lottchen, Tante   4.4.57
Louis Ferdinand, Prinz von Preußen (1772-1806), Offizier und Lebemann mit literarisch-musikalischen Neigungen, Neffe Friedrichs des Großen   3.3.57, 22.5.57, 23.5.57, 24.5.57
Louis Napoleon s. *Napoleon III.*
Louis Philippe, Duc d'Orléans (1773-1850), 1830-1848 König der Franzosen, seit 1848 im britischen Exil   22.10.56, 25.10.56
Löwenstein, Adolf (gest. vor 1884), Berliner Arzt und Direktor eines orthopädischen Instituts; Tunnel-Mitglied (Hufeland)   1.10.56, 19.4.57
Loyola, Ignatius von (1491-1556), spanischer Militär und Priester; Stifter des Jesuitenordens   13.8.56
Lüb(c)ke, Wilhelm (1826-1893), Kunsthistoriker, seit 1857 Lehrer der Architekturgeschichte an der Berliner Bauakademie; Ellora-Mitglied (Irus)   26.1.56, 31.8.56, 16.9.56, 2.10.56, 3.10.56, 30.3.57, 1.4.57, 7.12.57, 4.1.58, 8.1.58
Lucae, Johann Ernst August (1835-1911), Berliner Mediziner, Ohrenspezialist, Bruder des Architekten Richard Lucae   3.10.56, 1.4.57
Lucae, Richard (1829-1877), Berliner Architekt, Rütli- und Ellora-Mitglied (Dick)   26.1.56, 14.9.56, 3.10.56, 1.4.57
Lucan, George Charles Bingham, Earl of (1800-1888), englischer Offizier; im Krimkrieg als Generalleutnant im Einsatz bei Alma, Balaklava, Inkerman und Sewastopol   10.6.56

Lucie s. *Faucher*, Lucie
Lucy, Thomas (gest. 1600), Gutsherr und Friedensrichter in Charlecote bei Stratford on Avon   24.12.55, 13.8.56
Ludwig IV., »der Bayer« (1287-1347), deutscher König und Kaiser   10.10.56
Ludwig XIV. (1638-1715), seit 1643 König von Frankreich   18.10.56
Ludwig XV. (1710-1774), seit 1715 König von Frankreich   18.10.56
Luise, Dienstmädchen der Fontanes in der Tuckerschen Wohnung   24.1.56
Luise (1838-1923), Prinzessin von Preußen, Tochter des späteren Königs und Kaisers Wilhelm I., seit 1856 verheiratet mit Großherzog Friedrich I. von Baden   20.9.56, 13.10.56
Luther, Martin (1483-1546)   13.8.56, 24.11.57
Lynn, John, Fischgeschäft mit Imbiß, 70 Fleet Street   30.5.57, 3.6.57, 16.6.57, 20.6.57, 11.7.57, 16.7.57, 23.7.57, 21.9.58

Macaulay, Thomas Babington (1800-1859), historischer Schriftsteller und liberaler Politiker   19.1.56, 20.5.56, 21.5.56, 23.5.56, 25.5.56, 26.5.56, 3.6.56, 15.6.56, 17.6.56, 27.6.56, 23.7.56, 25.7.56, 29.7.56, 3.8.56, 3.8.56, 7.8.56, 2.11.56, 23.11.56, 17.2.57, 12.8.57, 25.8.57, 2.9.57, 3.9.57, 5.9.57, 6.9.57, 8.9.57, 21.10.57, 31.10.57, 31.1.55 (E)
  Essays   17.2.57, 12.8.57, 16.8.57, 18.8.57, 23.8.57, 24.8.57, 25.8.57, 27.8.57, 2.9.57, 3.9.57, 5.9.57, 7.9.57, 8.9.57, 12.9.57, 13.9.57, 15.9.57, 16.9.57, 19.9.57, 22.9.57, 27.9.57, 29.9.57, 21.10.57
  History of England from the Accession of James the Second   19.1.56, 17.6.56, 27.6.56, 23.7.56, 25.7.56, 29.7.56, 3.8.56, 7.8.56, 2.11.56, 23.11.56
MacCulloch, John Ramsay (1789-1864), schottischer Nationalökonom und Statistiker
  London in 1851   12.6.52
Machiavelli, Niccolò (1469-1527), florentinischer Politiker und politischer Denker   5.9.57, 7.9.57
MacIntosh, James, Londoner Journalist, Redakteur und zeitweilig Herausgeber der »Morning Post«   6.3.56, 8.7.56
Mackall, Mrs., Wirtin des St. George's Hotel in Fort William   18.8.58

Macknight, Thomas (1829-1899), Journalist und historisch-politischer Publizist   7.2.56, 9.2.56
Macpherson, Mr., Bekannter von Fontanes Freund Heymann, Mitglied des Babel-Klubs   14.10.57, 29.10.57
Madié, Mitglied des Babel-Klubs   19.11.57, 26.11.57
Mahon, Philip Henry Stanhope, Viscount M., seit 1855 Earl Stanhope (1805-1875), Abgeordneter, Förderer von Kunst und Wissenschaft sowie historischer Schriftsteller   17.2.57
Geschichte von England   17.2.57
Mannock, Michael, englischer Journalist, tätig für den »Morning Star« und von Fontane als Übersetzer bzw. Korrektor seiner englischen Artikel beschäftigt   4.12.56, 5.12.56, 6.12.56, 7.12.56, 9.12.56, 10.12.56, 11.12.56, 16.12.56, 18.12.56, 23.12.56, 26.12.56, 28.12.56, 3.1.57, 6.1.57, 31.1.57, 2.2.57, 3.2.57, 24.3.57, 25.3.57, 1.5.57, 3.5.57, 8.6.57, 3.8.57, 5.8.57, 5.9.57, 6.9.57, 18.9.57, 8.10.57, 16.11.57, 6.2.58, 9.2.58, 10.2.58, 11.2.58, 13.2.58, 16.2.58, 9.3.58, 10.3.58, 20.4.58, 22.4.58, 24.4.58, 27.4.58, 7.5.58, 12.5.58, 15.5.58, 22.5.58, 27.5.58, 29.5.58, 30.5.58, 31.5.58, 1.6.58, 2.6.58, 8.6.58, 9.6.58, 14.6.58, 15.6.58, 17.6.58, 20.6.58, 21.6.58, 26.6.58, 3.7.58, 13.7.58, 14.7.58, 17.7.58, 20.7.58, 23.7.58, 9.8.58
Manteuffel, Otto Theodor Freiherr von (1805-1882), preußischer Politiker; im Zuge der Gegenrevolution im November 1848 zum Innenminister ernannt; als Ministerpräsident und Außenminister der Jahre 1850-1858 der Inbegriff der Reaktionsära   6.9.56, 25.10.56, 1.4.57, 16.4.57, 25.4.57, 26.4.57
Marat, Jean Paul (1744-1793), Sprachlehrer, Publizist und Arzt; als radikaler Vertreter der Französischen Revolution von Charlotte Corday ermordet   17.10.56
Marcus, Otto Charles, Buch- und Graphikhändler, 8 Oxford Street   24.6.56, 27.3.58
Marcy, William Learned (1786-1857), amerikanischer Anwalt und Politiker; 1853-1857 Außenminister der Vereinigten Staaten   18.12.55, 23.12.55
Margret, Dienstmädchen in 23 Chepstow Place   18.5.56
Maria von Burgund (1457-1482), einzige Tochter Herzog Karls des Kühnen, durch deren Heirat mit dem späteren Kaiser Maximilian I. das burgundische Erbe an die Habsburger fiel   17.4.52
Maria Stuart (1542-1587), Königin von Schottland; auf der

Flucht vor inneren Wirren seit 1568 in englischer Schutzhaft; unter der Anklage der Verschwörung gegen Elisabeth I. hingerichtet   14.6.52, 12.8.56

Marie Antoinette (1755–1793), Tochter der Kaiserin Maria Theresia und Gemahlin König Ludwigs XVI. von Frankreich; während der Französischen Revolution hingerichtet   10.6.56

Marie Henriette s. *Henriette Marie*

Mario (eigentl. Giovanni-Mario Marquese di Candia), Joseph (1810 bis 1883), italienischer Tenor, seit 1856 verheiratet mit Giulia Grisi   1.8.56

Marlborough s. *Churchill, John*

Marmont, Auguste Frédéric Louis Viesse de (1774–1852), französischer Offizier, der unter Napoleon bis zum Marschall aufgestiegen, aber 1814 ins Lager der Bourbonen übergelaufen und mit ihnen 1830 ins Exil gegangen war   5.6.57
   Memoiren   5.6.57

Marochetti, Carlo (1805–1867), französischer Bildhauer, seit 1848 in England und Schöpfer zahlreicher Denkmäler in London   12.5.56

Mar(r)iott, Alice (1824–1900), englische Schauspielerin   27.10.55

Marshall, Mr., Boots- und Fremdenführer am Loch Leven   23.8.58

Marston, Mrs. = Bühnenname für G. Marsh (1810–1887), Schauspielerin am Sadler's Wells Theatre, Ehefrau von Henry Marston   7.2.57

Marston, Henry = Bühnenname für Richard Henry Marsh (1804 bis 1883), Schauspieler und führender Vertreter der Shakespeare-Renaissance unter Samuel Phelps   4.3.57

Martin, John (1789–1854), Maler   14.8.56

Mary, Dienstmädchen der Familie Tucker   4.2.56

Massys, Quinten (um 1466–1530), niederländischer Maler im Übergang von der Spätgotik zur Renaissance   19.4.52

Mattersdorf, Sophie, Bekannte Fontanes in Berlin   15.9.56

Max s. *Fontane*, Max

Maximilian I. (1756–1825), seit 1806 König von Bayern, aber bereits seit 1777 als Kurfürst Maximilian IV. Joseph an der Regierung   6.10.56

Maximilian I. (1459–1519), seit 1493 deutscher Kaiser   17.4.52

May, Mr., Pensionswirt von 1 Tavistock Square, wo Fontane vom 1. Juni bis zum Ende seines Londonaufenthaltes im September 1852 wohnte   1.6.52, 26.6.52, 29.6.52, 27.7.56

May, Emily, Tochter von Fontanes Pensionswirten 8.6.52, 26.6.52, 29.6.52

Mazarin, Jules (1602–1661), französischer Staatsmann und Kardinal, seit 1642 leitender Minister Frankreichs 15.11.54 (E)

Meißner, Alfred (1822–1885), deutschböhmischer Schriftsteller 7.8.56, 8.8.56
Heinrich Heine 7.8.56, 8.8.56

Mendelssohn, Berliner Familie, Nachkommen von Moses Mendelssohn (1729–1786) 19.6.52

Mentz, Dr. H. 14.1.57, 9.2.57, 4.7.58

Menzel, Adolph (1815–1905), Maler und Illustrator; Tunnel-Mitglied (Peter Paul Rubens) 22.6.52, 13.9.56, 20.9.56, 27.9.56, 3.10.56, 28.3.57, 18.4.57, 24.4.57, 24.3.55 (E)

Menzel, Emilie (1823–1907), Schwester von Adolf Menzel; heiratete 1859 den Musikdirektor Hermann Krigar 26.9.56, 3.10.56, 27.6.58

Menzel, Wolfgang (1798–1873), Schriftsteller, Literaturhistoriker und -kritiker 11.10.56

Merckel, Henriette von, geb. von Mühler (1811–1889), Ehefrau von Wilhelm von Merckel 28.4./5.5.52, 24.5.52, 16.2.56, 14.3.56, 17.3.56, 10.7.56, 30.7.56, 2.8.56, 7.8.56, 1.9.56, 9.9.56, 10.9.56, 12.9.56, 16.9.56, 23.9.56, 30.9.56, 3.10.56, 4.11.56, 6.12.56, 12.12.56, 13.12.56, 15.12.56, 19.12.56, 22.12.56, 27.12.56, 1.1.57, 3.1.57, 10.1.57, 12.1.57, 14.1.57, 21.1.57, 28.3.57, 29.3.57, 2.4.57, 9.4.57, 14.4.57, 25.4.57, 8.8.57, 15.8.57, 23.8.57, 24.8.57, 7.9.57, 19.9.57, 20.9.57, 21.9.57, 14.10.57, 23.10.57, 24.10.57, 4.11.57, 14.11.57, 19.11.57, 7.12.57, 14.12.57, 16.12.57, 29.12.57, 6.1.58, 7.1.58, 12.1.58, 20.1.58, 30.1.58 17.2.58, 19.2.58, 20.2.58, 13.3.58, 20.3.58, 30.3.58, 3.4.58, 7.4.58, 16.4.58, 30.4.58, 21.5.58, 24.5.58, 5.6.58, 24.6.58, 30.6.58, 26.7.58, 5.8.58, 2.9.58, 6.9.58, 9.9.58, 25.9.58

Merckel, Wilhelm von (1803–1861), preußischer Jurist und Schriftsteller; Kammergerichtsrat in Berlin und 1850 vorübergehend Leiter des Literarischen Kabinetts, dessen Mitarbeiter Fontane wurde; Tunnel- und Rütli-Mitglied (Immermann) 23.6.56, 25.6.56, 26.6.56, 26.7.56, 28.7.56, 30.7.56, 31.8.56, 1.9.56, 6.9.56, 9.9.56, 13.9.56, 16.9.56, 20.9.56, 23.9.56, 27.9.56, 30.9.56, 3.10.56, 6.12.56, 12.12.56, 13.12.56, 30.12.56, 1.1.57, 3.1.57, 14.1.57, 28.1.57, 28.3.57, 29.3.57, 2.4.57, 9.4.57,

14.4.57, 18.4.57, 19.4.57, 25.4.57, 26.4.57, 8.8.57, 18.8.57, 23.8.57, 24.8.57, 3.10.57, 23.10.57, 24.10.57, 18.11.57, 27.11.57, 30.11.57, 1.12.57, 2.12.57, 5.12.57, 12.12.57, 17.12.57, 21.12.57, 29.12.57, 10.1.58, 12.1.58, 20.1.58, 4.2.58, 19.2.58, 20.2.58, 1.3.58, 15.3.58, 20.3.58, 29.3.58, 30.3.58, 24.4.58, 30.4.58, 19.5.58, 20.5.58, 21.5.58, 28.5.58, 3.6.58, 5.6.58, 24.6.58, 25.6.58, 5.7.58, 6.7.58, 13.7.58, 15.7.58, 19.7.58, 21.7.58, 27.7.58, 28.7.58, 29.7.58, 4.8.58, 5.8.58, 8.9.58, 9.9.58, 15.9.58, 20.9.58, 23.9.58, 25.9.58, 2.10.58
Der Frack des Herrn von Chergal   8.3.56
Aus dem Postwagen   6.8.58
Mer(r)ington, Charles, Sohn von Richard und Margaret Merington   29.8.58
Mer(r)ington, Margaret, geb. Hamilton (1802-1877), Ehefrau von Richard Merington   7.7.58, 10.7.58, 11.7.58, 16.7.58, 17.7.58, 24.7.58, 31.7.58, 7.8.58, 11.9.58, 18.9.58, 2.10.58
Mer(r)ington, Martha, Tochter von Richard und Margaret Merington   10.7.58, 16.7.58, 21.7.58, 28.7.58, 29.8.58
Mer(r)ington, Richard Whiskin (1807-1874), Nachbar der Familie Fontane in St. Augustine's Road, Camden Town   16.7.58, 17.7.58, 24.7.58, 31.7.58, 7.8.58, 29.8.58, 11.9.58, 18.9.58, 2.10.58
Metcalfe, Sir John, Bekannter Fontanes in Inverness   5.7.58, 17.8.58
Metternich, Klemens Wenzel Fürst von (1773-1859), konservativer Staatsmann und Diplomat, seit 1809 Außenminister und 1821-1848 Haus-, Hof- und Staatskanzler von Österreich   4.10.58
Metzel, Ludwig (1815-1895), preußischer Beamter; seit 1853 politisch-publizistischer Leiter der Berliner Zentralstelle für Presseangelegenheiten und als solcher bis Ende 1858 Fontanes unmittelbarer Vorgesetzter   11.9.55 (M), 19.9.55 (MB), 11.9.55, 18.12.55, 19.12.55, 23.12.55, 24.12.55, 25.12.55, 26.12.55, 31.12.55, 1.1.56, 2.1.56, 11.1.56, 28.1.56, 29.1.56, 30.1.56, 1.2.56, 4.2.56, 14.2.56, 18.2.56, 20.2.56, 21.2.56, 22.2.56, 25.2.56, 6.3.56, 7.3.56, 8.3.56, 11.3.56, 12.3.56, 24.3.56, 25.3.56, 27.3.56, 28.3.56, 30.3.56, 1.4.56, 3.4.56, 5.4.56, 18.4.56, 19.4.56, 21.4.56, 26.4.56, 1.5.56, 8.5.56, 11.5.56, 12.5.56, 19.5.56, 24.5.56, 26.5.56, 30.5.56, 2.6.56, 9.6.56, 10.6.56, 11.6.56, 18.6.56, 19.6.56, 21.6.56, 23.6.56, 26.6.56, 28.6.56, 30.6.56, 5.7.56, 12.7.56, 14.7.56, 15.7.56, 16.7.56, 18.7.56,

19.7.56, 21.7.56, 23.7.56, 26.7.56, 30.7.56, 4.8.56, 8.8.56, 9.8.56, 18.8.56, 19.8.56, 20.8.56, 23.8.56, 25.8.56, 26.8.56, 1.9.56, 3.9.56, 4.9.56, 5.9.56, 6.9.56, 8.9.56, 9.9.56, 10.9.56, 12.9.56, 15.9.56, 16.9.56, 22.9.56, 26.9.56, 27.9.56, 29.9.56, 30.9.56, 1.10.56, 2.10.56, 3.10.56, 4.10.56, 7.10.56, 12.10.56, 25.10.56, 28.10.56, 3.11.56, 6.11.56, 8.11.56, 13.11.56, 19.11.56, 22.11.56, 24.11.56, 26.11.56, 1.12.56, 8.12.56, 11.12.56, 13.12.56, 18.12.56, 20.12.56, 22.12.56, 2.1.57, 3.1.57, 5.1.57, 7.1.57, 9.1.57, 10.1.57, 14.1.57, 21.1.57, 22.1.57, 24.1.57, 26.1.57, 28.1.57, 2.2.57, 9.2.57, 13.2.57, 26.2.57, 3.3.57, 5.3.57, 16.3.57, 19.3.57, 24.3.57, 29.3.57, 31.3.57, 4.4.57, 6.4.57, 7.4.57, 9.4.57, 21.4.57, 25.4.57, 26.4.57, 8.5.57, 14.5.57, 21.5.57, 28.5.57, 4.6.57, 11.6.57, 15.6.57, 27.6.57, 29.6.57, 1.7.57, 3.7.57, 7.7.57, 11.7.57, 20.8.57, 25.8.57, 29.8.57, 14.9.57, 21.9.57, 23.9.57, 24.9.57, 28.9.57, 1.10.57, 7.10.57, 14.10.57, 20.10.57, 21.10.57, 28.10.57, 31.10.57, 7.11.57, 28.11.57, 17.12.57, 18.12.57, 19.12.57, 29.12.57, 1.1.58, 2.1.58, 4.1.58, 5.1.58, 6.1.58, 9.1.58, 11.1.58, 12.1.58, 14.1.58, 15.1.58, 16.1.58, 25.1.58, 30.1.58, 1.2.58, 4.2.58, 5.2.58, 6.2.58, 22.2.58, 23.2.58, 24.2.58, 25.2.58, 27.2.58, 1.3.58, 6.3.58, 8.3.58, 10.3.58, 11.3.58, 31.3.58, 1.4.58, 3.4.58, 6.4.58, 7.4.58, 8.4.58, 15.4.58, 16.4.58, 17.4.58, 20.4.58, 27.4.58, 1.5.58, 8.5.58, 17.5.58, 21.5.58, 25.5.58, 26.5.58, 5.6.58, 7.6.58, 27.6.58, 28.6.58, 7.7.58, 15.7.58, 17.7.58, 18.7.58, 19.7.58, 27.7.58, 30.7.58, 31.7.58, 28.8.58, 7.9.58, 22.9.58, 23.9.58, 25.9.58, 29.9.58, 30.9.58, 1.10.58, 2.10.58, 31.1.55 (E), 20.5.55 (E), 31.5.55 (E), 29.6.55 (E), 4.7.55 (E)

Metzler, Otto, preußischer Beamter; während der 1850er Jahre Stellvertreter von Ludwig Metzel in der Zentralstelle für Presseangelegenheiten 7.1.56, 8.1.56, 9.1.56, 12.9.56, 29.9.56, 4.10.56, 31.3.57, 21.4.57, 2.8.57, 22.7.58, 23.7.58, 24.7.58

Meyen, Eduard (1812–1870), vormärzlicher Junghegelianer und Journalist; 1851–1859 als politischer Flüchtling in London 6.3.57, 23.7.57, 16.10.57

Meyer, Lehrer, Anwaltsgehilfe und Kirchenküster in London 1.3.56

Meyer, Stallmeister der preußischen Gesandtschaft in London 1.2.57, 19.8.57, 27.9.58

Meyer, Carl Wilhelm (gest. 1871), seit 1854 Prediger der deutschen evangelischen Kirchengemeinde in Denmark Hill, Camberwell 2.3.56

Meyerheim, Eduard (1808-1879), Berliner Genremaler und Lithograph 13.3.58
Michelangelo = Michelangelo Buonarotti (1475-1564) 14.6.52
Milo, Mr., Redner im »Shoe Lane«-Diskussionsklub 29.4.56
Miriam s. *Wilmot*, Miriam
Mitchell, Charles (1807-1859), Buchhändler und Anzeigenagent; Verleger eines seit 1854 jährlich erscheinenden Zeitungsregisters 29.7.56, 2.8.56
Mitchell, John (1806-1874), Buchhändler, Verleger, Theater- und Konzertagent 7.1.58
Montagu, Lady Mary Wortley, geb. Pierrepont (1689-1762), Schriftstellerin, vor allem als Briefschreiberin bekannt 22.6.52, 30.6.52
Montez, Lola, eigentl. Maria Dolores Gilbert (1818-1861), Tänzerin und Schauspielerin, deren Verhältnis zu König Ludwig I. von Bayern 1848 zu seiner Abdankung führte; auf ihrer anschließenden Irrfahrt durch die Welt zeitweilig auch in London 17.6.58
Moore, Mr., Tischnachbar Fontanes im Hause Heymann 14.10.57
Moore, John (1761-1809), Generalmajor und Vorgänger Wellingtons als Kommandeur der britischen Expeditionsarmee in Spanien 19.6.52
Moore, Thomas (1780-1852), irischer Dichter und Schriftsteller
Not a drum was heard 19.6.52
Moriarty, Edward Aubrey (1819-1874), Schriftsteller, Übersetzer und Anwalt, hatte 1839-1846 in Deutschland gelebt 23.2.57
Morris, James (1826-1900), Londoner Arzt; seit 1852 mit Fontane befreundet und im Alter ein wichtiger Korrespondenzpartner für ihn 11.9.55, 12.9.55, 18.10.55, 18.12.55, 13.1.56, 16.1.56, 8.2.56, 9.2.56, 15.2.56, 16.2.56, 26.2.56, 14.3.56, 22.3.56, 5.4.56, 12.4.56, 18.4.56, 1.5.56, 3.5.56, 10.5.56, 16.5.56, 17.5.56, 31.5.56, 1.6.56, 7.6.56, 14.6.56, 21.6.56, 24.6.56, 28.6.56, 4.7.56, 7.7.56, 9.7.56, 14.7.56, 17.7.56, 19.7.56, 27.7.56, 31.7.56, 1.8.56, 9.8.56, 14.8.56, 27.8.56, 10.11.56, 22.11.56, 9.12.56, 13.12.56, 15.12.56, 20.12.56, 19.1.57, 20.1.57, 23.1.57, 3.2.57, 14.2.57, 28.2.57, 14.3.57, 17.3.57, 19.3.57, 24.3.57, 21.4.57, 25.4.57, 15.5.57, 20.5.57, 22.5.57, 11.6.57, 19.6.57, 15.7.57, 18.7.57, 21.7.57, 22.7.57, 27.7.57, 28.7.57, 30.7.57, 7.8.57, 20.8.57, 22.8.57, 25.8.57, 29.9.57, 2.10.57, 2.11.57, 18.11.57, 21.11.57, 7.12.57, 9.12.57, 11.12.57,

12.12.57, 14.12.57, 26.12.57, 1.1.58, 9.1.58, 10.1.58, 8.2.58, 10.2.58, 12.2.58, 15.2.58, 22.2.58, 4.3.58, 9.3.58, 19.3.58, 22.3.58, 24.3.58, 1.4.58, 9.4.58, 19.4.58, 22.4.58, 24.4.58, 3.5.58, 10.5.58, 11.5.58, 12.5.58, 18.5.58, 22.5.58, 28.5.58, 31.5.58, 1.6.58, 14.6.58, 19.6.58, 7.7.58, 8.7.58, 9.7.58, 12.7.58, 19.7.58, 20.7.58, 28.7.58, 27.8.58, 20.9.58, 21.9.58, 25.9.58, 28.9.58

Morris, Martha, Portiersfrau der »Pharmaceutical Society of Great Britain«   24.12.55, 11.1.56, 14.1.56, 21.1.56, 23.1.56, 24.1.56, 26.1.56, 5.2.56, 27.7.56, 7.8.56, 31.10.56, 1.5.57

Mosabini (richtig wohl: Mussabini), Neocles, griechischstämmiger Journalist in London, Mitglied des Babel-Klubs   18.3.57, 22.10.57, 29.10.57, 26.11.57, 17.12.57, 17.9.58

Moses   1.6.52, 9.3.56

Elias Moses & Son, Inhaber einer Kette von Bekleidungsgeschäften in London   25.3.56, 20.5.56, 1.4.58, 10.4.58

von Mühler, Neffe Henriettes von Merckel   30.9.56, 29.3.57

Muir, John Logan, Teppichhersteller und Mitglied des Babel-Klubs   24.6.58, 11.9.58

Müller, Adelheid, geb. von Basedow (gest. 1883), seit 1821 Ehefrau bzw. Witwe des Dichters Wilhelm Müller (1794-1827), Mutter von Max Müller   10.8.56

Müller, August (1810-1865), Rendant der Charité-Kasse in Berlin; Tunnel-Mitglied (Ernst Schulze)   21.9.56, 24.9.56, 25.4.57, 26.4.57, 27.4.57

Müller, Friedrich Max (1823-1900), Sanskritforscher, Sprachwissenschaftler und Religionsphilosoph; 1846 nach England gekommen und seit 1850 Professor in Oxford   9.10.55, 1.6.56, 15.7.56, 7.8.56, 9.8.56, 10.8.56, 11.8.56, 12.8.56, 15.8.56, 16.8.56, 19.8.56, 22.8.56, 27.8.56, 25.10.56, 15.11.56, 18.11.56, 23.3.57, 24.3.57, 7.5.58, 11.5.58, 15.5.58, 20.5.58, 22.5.58, 16.6.58, 22.7.58

Müller, Her(r)mann (1816-1859), preußischer Stabsarzt; Halbbruder von Emilie Fontane   8.4.57, 9.4.57, 10.4.57, 18.4.57, 19.4.57, 25.4.58, 29.5.58, 8.7.58, 28.8.58, 29.9.58

Müller, Johannes (1801-1858), Mediziner; seit 1833 Professor für Anatomie und Physiologie in Berlin   2.3.56, 1.5.58

Müller, Julie, Ehefrau von August Müller   21.9.56, 24.9.56

Müller, Mathilde, geb. Goersch, Ehefrau von Emilie Fontanes Halbbruder Herrmann Müller   8.4.57, 9.4.57, 18.4.57, 19.4.57

Mulready, William (1786–1863), britischer Genremaler und Buchillustrator   6.10.57, 28.9.58
Mundt, Theodor (1808–1861), jungdeutscher Schriftsteller und Literaturwissenschaftler
Kaiserbriefe   20.2.57
Murillo, Bartolomé Estéban (1618–1682), spanischer Maler des Spätbarock   14.6.52
Murray, John (1808–1892), Buchhändler und Verleger in London   11.8.57
Musurus Bey, Kostaki (1807–1891), griechischstämmiger Diplomat; 1851–1885 türkischer Gesandter bzw. ab 1856 Botschafter in London   17.5.56
Mutter (Mama) s. *Fontane*, Emilie, geb. Labry
Mützel, flüchtiger Bekannter Fontanes in Berlin   21.9.56

Nabig, Moritz, Tenorposaunist aus Weimar auf Tournee in London   27.12.57, 2.6.58
Napier, Francis Baron (1819–1898), britischer Diplomat; 1857/58 Gesandter in den Vereinigten Staaten   6.1.57
Napoleon, Prinz Joseph Charles Paul (1822–1891), französischer Politiker und General; Sohn von Jérôme Bonaparte, dem Bruder Napoleons I., und Vetter Napoleons III.   15.5.57
Napoleon I. Bonaparte (1769–1821), Heerführer und Staatsmann, 1804–1814/15 Kaiser der Franzosen   19.9.55 (MB), 19.3.56, 18.8.56
Napoleon III. (1808–1873), Neffe Napoleon Bonapartes, 1848 zum Präsidenten der französischen Republik gewählt; nach einem Staatsstreich 1852–1870 Kaiser der Franzosen   19.9.55 (M), 10.3.56, 17.3.56, 1.10.56, 8.8.57, 19.1.58
Nathan, Edward, aus Schlesien gebürtiger jüdischer Geschäftsmann in Manchester   28./29.4.57
Nauen, junger Kaufmann und Reisegefährte Fontanes   13.10.56
Nelson, Horatio (1758–1805), englischer Marineoffizier, seit 1798 Admiral; gefallen 1805 in der Seeschlacht von Trafalgar   13.1.56, 19.3.56, 15.5.56, 3.12.57
Neßler, Dr., Ehemann von Mrs. Neßler   1.4.57
Neßler, Mrs., aus London gebürtige Ehefrau von Dr. Neßler, Betreiberin einer Internatsschule in Berlin   11.3.57, 1.4.57, 16.5.57, 26.5.57, 10.6.57, 12.6.57, 13.6.57, 15.6.57, 17.6.57, 19.6.57, 20.6.57, 24.6.57, 26.6.57

Neumann (eigentl. Bamberger), Carl Friedrich (1793-1870), Orientalist und Historiker; seit 1833 Professor in München, 1852 wegen seiner liberalen Gesinnung in den Ruhestand versetzt 12.1.58, 16.1.58, 30.1.58, 2.2.58, 21.2.58, 25.2.58, 2.3.58, 20.3.58, 22.3.58
Geschichte des englischen Reiches in Asien 12.1.58, 16.1.58, 30.1.58, 2.2.58, 21.2.58, 25.2.58, 2.3.58, 11.3.58, 17.3.58, 19.3.58, 20.3.58, 22.3.58
Newcastle, Henry Pelham Pelham-Clinton, Duke of N. (1811 bis 1864), konservativer Politiker; Inhaber zahlreicher Regierungsämter, u. a. 1854/55 Kriegsminister 22.3.57
Nicholson, Renton (1809-1861), ehemaliger Anwalt, 1841 Gründer der Judge and Jury Society und seit 1851 Pächter der Coal Hole Tavern 9.10.55, 25.10.57, 31.8.58
Nicoll, Mr., Londoner Geschäftsinhaber 21.1.58
Nikolaus I. (1796-1855), seit 1825 Zar von Rußland 19.9.55 (M), 4.3.56, 14.1.57, 27.1.57, 3.3.55 (E), 14.3.55 (E)
Nutt, David (1810-1863), Buchhändler und Verleger in London, Schriftführer der Gesellschaft für Besserungsanstalten 1.5.56, 3.5.56, 2.10.57

O'Brien, Thomas (ca. 1812-um 1886), Anwalt, Kolonialbeamter und Redner im »Shoe Lane«-Debattierklub 12.6.56
O'Connell, Mrs., Ehefrau eines alten irischen Kapitäns 10.8.56
Oelsner, Konrad Engelbert (1764-1828), deutscher Publizist, lebte von 1789 bis 1815 in Paris; 1817-1825 im diplomatischen Dienst Preußens; Freund Varnhagen von Enses und Stägemanns 4.10.58
Olga Nikolajewna (gest. 1892), russische Großfürstin, Tochter Zar Nikolaus I. und seiner Gemahlin, einer Schwester Friedrich Wilhelms IV.; seit 1846 verheiratet mit Kronprinz Karl von Württemberg; 1864 Königin 14.1.57
Omer Pascha, eigentl. Mihailo Latas (1806-1871), türkischer General kroatischer Herkunft; während des Krimkriegs Oberbefehlshaber an verschiedenen Fronten 6.3.56
Oppenheimer, Frau, Reisebekanntschaft Fontanes aus Hamburg 7.9.55
Ostade, Adriaen van (1610-1685), niederländischer Maler und Radierer 22.5.58
Osten, Friedrich von der, Opern- und Kammersänger 8.5.56, 24.5.57

Ostermann-Tolstoi, Graf Alexander Iwanowitsch von (1770 bis 1857), russischer General, seit 1825 in Westeuropa   17.3.57
Owen, Mr., Pensionsgast im Hause der Londoner Familie May   8.6.52
Oxholm, Waldemar Tully (1805-1876), dänischer General und Diplomat; 1854-1856 Gesandter in London   17.5.56

Pabst, Dr., Dramaturg und Mitarbeiter der Berliner Zentralstelle für Presseangelegenheiten, zuständig für Kunst und Theater   29.3.57
Palmer, Mr.   18.2.56
Palmer, William (1824-1856), Arzt, Pferdezüchter und Rennstallbesitzer; als Giftmörder hingerichtet   16.5.56, 26.5.56, 27.5.56, 29.5.56, 3.6.56, 4.6.56, 10.6.56, 12.6.56, 14.6.56, 16.6.56, 22.6.56
Palmerston, Emily Mary Temple, Viscountess P., geb. Lamb, verw. Cowper (1787-1869), seit 1839 in zweiter Ehe verheiratet mit Lord Palmerston   22.2.57
Palmerston, Henry John Temple, Viscount P. (1784-1865), Staatsmann aus dem Lager der Whigs, seit 1830 wiederholt Außenminister und 1855-1858 sowie 1859 für einige Monate Premierminister   10.3.56, 31.3.56, 26.5.56, 2.7.56, 5.7.56, 29.7.56, 11.1.57, 4.2.57, 20.2.57, 24.2.57, 6.3.57, 7.3.57, 18.3.57, 20.5.57, 2.12.57, 21.2.58
Panizzi, Sir Antonio Genesio Maria (1797-1879), Bibliothekar des Britischen Museums und Erbauer des kreisrunden Lesesaals   6.6.56
Pankow, Fräulein, Bekannte von Henriette von Merckel in Berlin   2.4.57
Papa s. *Fontane*, Louis Henri
Passow, Bekannter von Robert Pries   20.6.52
Pauli, Anna, geb. Ulrichs (gest. 1858), seit 1857 Ehefrau von Reinhold Pauli   19.8.57, 12.9.57
Pauli, Reinhold (1823-1882), Historiker, vor allem auf dem Gebiet der englischen Geschichte tätig; 1847-1855 Aufenthalt in Großbritannien, 1850-1852 als Privatsekretär des preußischen Gesandten Bunsen; später an verschiedenen deutschen Universitäten   8.5.52, 9.5.52, 25.10.56, 19.8.57, 12.9.57
Pedro II. (1825-1891), 1831-1889 Kaiser von Brasilien   13.6.52
Peel, Sir Robert (1788-1850), konservativer Politiker und

1834/35 sowie 1841-1846 Premierminister   12.9.55 (M), 11.9.55, 13.1.57, 13.2.57, 22.3.57

Pélissier, Aimable Jean Jacques (1794-1864), französischer Heerführer und Diplomat; 1855 Kommandeur der Belagerungsarmee vor Sewastopol und wegen seiner Verdienste zum Marschall und Herzog von Malachov ernannt; 1858/59 französischer Botschafter in London   22.4.58, 23.4.58, 5.5.58

Penn, William (1644-1718), Führer der englischen Quäker; erwarb 1681 das nach ihm benannte Pennsylvanien   23.7.56

Pennefather, Mr., Prüfungskandidat im Deutschen, Verwandter des Generals Pennefather   21.5.58

Pennefather, Sir John Lysaght (1800-1872), britischer General, während des Krimkriegs Divisionskommandeur in den Schlachten von Alma und Inkerman   21.5.58

Pepita, Señora (richtig: Pepita de Oliva), in Berlin gastierende spanische Ballerina   21.9.56

Perea, Nena, in London gastierende spanische Ballerina   7.7.56, 21.7.56

Perponcher, W. Graf, unter Bunsen Legationsrat an der preußischen Gesandtschaft in London; später Adjutant des Prinzen Georg von Preußen   17.9.57

Persigny, Jean Gilbert Victor Fialin (1808-1872), französischer Politiker und Diplomat; Vertrauter Napoleons III. und 1855 bis 1858 sowie 1859/60 Botschafter in London   9.1.57

Perth, George Drummond, Earl of P., Duc de Melfort (1807 bis 1902), englischer Offizier, der sich gerichtlich sein Anrecht auf verschiedene englische, schottische und französische Adelstitel erstritten hatte   8.5.56

Pertz, Georg Heinrich (1795-1876), Historiker und seit 1842 Oberbibliothekar an der Königlichen Bibliothek in Berlin   24.5.57

Leben des Freiherrn vom Stein   17.2.57

Peters, Pastor in Flensburg   2.3.56

Pew, Miss, Bekannte von Julius Schweitzer und Mrs. Morris   27.7.56

Phelps, Samuel (1804-1878), Schauspieler und Theaterdirektor; 1844-1862 Pächter des Sadler's Wells Theatre und Promotor einer Shakespeare-Renaissance auf der englischen Bühne   8.1.57, 16.1.56, 7.2.57, 21.2.57, 4.3.57, 10.4.58

Philipp von Schwaben (um 1178-1208), jüngster Sohn Kaiser Friedrich Barbarossas; 1198 zum deutschen König gewählt, in einem Akt von Privatrache durch Pfalzgraf Otto von Wittelsbach ermordet   5.10.56

Philipsborn, preußischer Beamter, seit 1854 Geheimer Legations- und Vortragender Rat im Außenministerium   4.9.56

Phillips, Miss, Bekannte von Julius Schweitzer und Mrs. Morris   27.7.56

Phip(p)s, Sir Charles Beaumont (1801-1866), britischer Offizier und Inhaber verschiedener Hofämter   1.4.56

Piccolomini, Marietta (geb. 1836), italienische Sopranistin   5.8.56

Piper, (1811-1889), Kalenderreformer und Pionier der christlichen Altertumswissenschaft; seit 1842 Professor für evangelische Theologie in Berlin   22.5.57, 24.5.57

Pip(p)i, Giulio, besser bekannt unter dem Namen Jules Romain (1499-1546), römischer Maler   22.10.56

Pitt, William, »der Ältere«, s. *Chatham*

Pitt, William, »der Jüngere« (1759-1806), britischer Staatsmann; Gegner der Französischen Revolution und Napoleons; 1783 bis 1801 und 1804-1806 britischer Premierminister   24.10.57

Platen-Hallermünde, August Graf von (1796-1835)   26.2.57

Plehwe, Bernhard von (1792-1858), Generalleutnant a. D. in Königsberg, im Duell gefallen   28.6.56, 17.2.58

Pohl, Zinkgießer, Bekannter Fontanes aus dem Café Divan   7.6.56, 9.6.56, 11.6.56, 16.6.56

Pollack, Herr, Londoner Bekannter von Albert Burow   4.7.56

Pope, Alexander (1688-1744), Übersetzer und Dichter des englischen Klassizismus   22.6.52, 30.6.52

Portugal, Königin von, s. *Stephanie*, Königin von Portugal

Pos(e)ner, Bekannter Fontanes in London   22.1.56, 18.4.56, 20.5.56, 21.5.56, 31.8.57, 1.9.57

Poussin, Gaspard; eigentl. Gaspard Dughet (1615-1675), französischer Landschaftsmaler; Schwager von Nicolas Poussin   14.6.52

Poussin, Nicolas (1593-1665), französischer Maler   14.6.52

Preußen, Prinz von, s. *Wilhelm*, Prinz von Preußen

Pries, Robert, deutscher Geschäftsmann in London, nach 1852 wegen Bankrotts im Schuldgefängnis und später nach Australien deportiert   28.4./5.5.52, 15.5.52, 23.5.55, 27.5.52, 4.6.52, 13.6.52, 20.6.52, 27.6.52, 1.7.56, 4.6.57

Prince Smith, John (1809-1874), englischstämmiger Führer der preußischen Freihändler; war 1828 nach Deutschland gekommen, seit 1846 in Berlin   7.6.57

Prutz, Robert (1816-1872), Schriftsteller und Herausgeber des »Deutschen Museums«   9.11.54 (E)

Purssell, Bäckerei und Konditorei mit Niederlassungen in 79/80 Cornhill, 4/5 Finch Lane und 119 Cheapside, sämtlich in der City   12.2.56, 16.2.56, 28.4.56, 2.5.56, 9.5.56, 15.5.56, 7.6.56, 14.6.56, 1.7.56, 2.7.56, 5.7.56, 26.7.56, 9.8.56, 25.10.56, 6.11.56, 28.11.56, 9.12.56, 13.12.56, 31.12.56, 11.5.57, 16.5.57, 30.5.57, 11.6.57, 16.6.57, 15.7.57, 25.7.57, 7.8.57, 10.8.57, 23.9.57, 9.11.57, 2.2.58

Pusey, Edward Bouverie (1800-1882), anglikanischer Theologe, führender Vertreter einer religiösen Erneuerungsbewegung in der englischen Staatskirche   29.4.56

Quehl, Ryno (1821-1864), preußischer Journalist; 1850-1853 Leiter der Berliner Zentralstelle für Presseangelegenheiten; Chefredakteur der »Adlerzeitung«   26.5.52, 25.10.56

Rachel, Elise (1820-1858), französische Tragödin   9.4.56

Radowitz, Joseph Maria von (1797-1853), preußischer General und Politiker; enger Vertrauter Friedrich Wilhelms IV. und 1850 auch offiziell Außenminister   30.11.57

Raffael = Raffaelo Santi (1483-1520), italienischer Maler und Baumeister   14.6.52, 22.5.58, 2.9.58

Raglan, Fitzroy James Henry Somerset, Baron R. (1788-1855), Feldmarschall und vielkritisierter Oberbefehlshaber des britischen Expeditionskorps im Krimkrieg   10.6.56

Ramdohr, Lina, Korrespondenzpartnerin Fontanes   19.3.57, 24.4.57

Ranke, Leopold von (1795-1886), Historiker und Philologe; seit 1825 Professor in Berlin; 1841 Historiograph des preußischen Staates   24.5.57

Rauch, Christian Daniel (1770-1857), klassizistischer Bildhauer   12.9.56, 7.12.57

Ravené, Jacob Frédéric Louis (1823-1879), Berliner Industrieller, von 1866 bis 1874 mit Therese von Kusserow verheiratet, dem Urbild Melanies van der Straaten in »L'Adultera«   28.2.57

Rayner, A. (geb. 1825), Schauspieler am Sadler's Wells Theatre 4.3.57

Redgrave, Richard (1804-1888), englischer Zeichner, Maler und Kunstfunktionär; seit 1857 Inspekteur der königlichen Gemäldesammlungen 28.9.58

Redpath, Leopold (1813-nach 1880), Hauptbuchhalter der Great Northern Eisenbahngesellschaft in London; 1857 wegen Unterschlagung und Aktienfälschung zu lebenslänglicher Deportation verurteilt 17.1.57

Reeve, Henry (1813-1895), einflußreicher Journalist und historisch-politischer Schriftsteller 4.1.57

Reicherdt, deutscher Flötenspieler in London 23.11.55

James Reinach & Co, Kaufhaus, 20 Mark Lane, City 30.7.58

Rembrandt = Rembrandt Harmensz van Rijn (1606-1669), holländischer Maler und Graphiker 13.8.56

Reni, Guido (1575-1642), italienischer Maler 14.6.52, 13.8.56, 22.5.58

Reventlow, Graf 19.8.56

Reynolds, Miss, Schauspielerin am Haymarket Theatre 5.2.57

Reynolds, Sir Joshua (1723-1792), englischer Maler, vor allem Porträtist; 1768 Gründungspräsident der Royal Academy of Arts 15.5.56, 24.6.56, 29.8.57, 10.9.57, 11.9.57

Richard II. (1367-1400), seit 1377 König von England 30.6.57

Richelieu, Armand Jean du Plessis, Duc de R. (1585-1642), französischer Staatsmann; 1622 Kardinal und seit 1624 leitender Minister Ludwigs XIII. 9.11.54 (E)

Richter, Ludwig (1803-1884), Maler und Zeichner 25.4.57

Ridgeway, Kapitän, englischer Kabinettskurier 23.4.57

Riedel, August von (1802-1883), Maler, vor allem für seine italienischen Genrebilder bekannt 8.9.56

Riehl, Wilhelm Heinrich (1823-1897), Kulturhistoriker, Soziologe, Journalist und Erzähler; seit 1854 Professor in München 1.7.56

Rieux, Louis du, s. *du Rieux,* Louis

Ristori, Adelaide (um 1821-1906), italienische Schauspielerin mit großen Erfolgen auf der französischen und englischen Bühne 24.10.56, 22.7.57

Ritter, J. C. William, deutscher Geschäftsmann in London, Teilhaber der Firma Mathiesen & Ritter, wohnhaft in Denmark Hill, Camberwell 28.4./5.5.52, 2.3.56, 17.4.56

Ritter, Nanni, Ehefrau von William Ritter 4.2.56, 26.2.56, 28.2.56, 2.3.56, 7.3.56, 12.4.56, 17.4.56, 4.5.56
Roberts, David (1796-1864), englischer Maler 28.9.58
Robespierre, Maximilien de (1758-1793), Advokat aus Arras; während der Französischen Revolution führender Vertreter der Jakobiner und bei deren Sturz hingerichtet 22.6.52
Robinson, Schauspieler am Sadler's Wells Theatre 4.3.57
Robson, Thomas Frederick = Bühnenname für Thomas Robson Brownbill (1822-1864), Schauspieler mit besonderem Talent für komische Rollen; seit 1853 am Olympic Theatre und von 1857 an auch dessen Pächter und Direktor 18.1.56
Rochester, Laurence Hyde, Earl of R. (1641-1711), englischer Staatsmann; Bruder von Henry Hyde, Earl of Clarendon 29.7.56, 3.8.56
Rochow-Plessow, Hans von (1824-1891), Gutsbesitzer und Mitglied des preußischen Herrenhauses; Duellgegner des Polizeipräsidenten Hinckeldey 11.3.56
Roebuck, John Arthur (1802-1879), Anwalt und, mit Unterbrechungen, seit 1832 radikalliberaler Unterhausabgeordneter 6.2.58, 22.2.55 (E), 14.3.55 (E)
Rogers, James (1822-1863), Schauspieler mit besonderem Ruf für seine Darstellung burlesker Rollen 5.2.57
Rohr, Herr von, Gutsbesitzer aus Berlin, Hotelbekanntschaft Fontanes in München 7.10.56
Ronconi, Giorgio Alessandro (geb. 1812), italienischer Opernsänger 1.8.56
Ronge, Johannes (1813-1887), ehemaliger Priester und Gründer der deutschkatholischen Bewegung; 1849-1861 als politischer Flüchtling in London, wo er zusammen mit seiner Frau einen Kindergarten und eine Freie Gemeinde betrieb 15.9.57
Roquette, Otto (1824-1896), Literaturhistoriker und Schriftsteller, wurde vor allem durch seine Versepen bekannt; Ellora- und Rütli-Mitglied (Ottowald) 12.9.56, 23.9.56, 25.9.56, 24.1.57, 4.5.58
  Druck nit so 12.9.56
  Hans Haidekuckuck 24.1.57, 4.5.58
Rosalie s. *Hertwich*, Rosalie
Rosamunde (gest. 1177), Tochter von Lord Walter Clifford und als Mätresse König Heinrichs II. von England von dessen Ehefrau Eleonor vergiftet 12.8.56

Rose, Mr., Prüfungskandidat im Deutschen 10.6.58
Rose, Wilhelm (1792-1867), Apotheker in Berlin, bei dem Fontane von 1836 bis 1840 in die Lehre gegangen war 14.4.57, 24.4.57
Rosenberg, Heinemann Hertz, aus Westfalen gebürtiger Kaufmann, der 1846 nach Manchester ausgewandert war und dort eine Kette von Tabakgeschäften betrieb 28./29.4.57
Rosenberg-Lipinski, Rudolf Baron von, Offizier in preußischen und österreichischen Diensten; 1855/56 Leutnant im 2. Jägerkorps der Britisch-Deutschen Legion 14.9.55 (M)
Rostoptschin, Graf Fjodor Wassiljewitsch (1763-1826), russischer General und 1812-1814 Oberkommandierender der Armee 4.10.58
N. M. Rothschild & Sons, Londoner Bankhaus, New Court, St. Swithin's Lane 24.2.56, 25.2.56, 29.3.56, 19.1.58
Rouanet, Jean Pierre Barthélemy (1747-1837), aus Toulouse gebürtiger Kämmerer der Stadt Beeskow; Großvater von Emilie Fontane 18.4.57
Roux, Jean Paul Carl (geb. 1809), 1831-1864 im diplomatischen Dienst Preußens tätig; seit 1832 an der Gesandtschaft in London 31.3.56, 4.11.56, 7.1.57, 24.1.57, 6.2.57, 23.2.57, 25.3.57, 15.5.57, 23.6.57, 3.9.57, 20.11.57
Rubens, Peter Paul (1577-1640), flämischer Maler 16.4.52, 19.4.52, 13.8.56
Rudersdorff, Helene Hermine (1822-1882), Sopranistin 8.5.56, 30.7.56
Ruskin, John (1819-1900), Schriftsteller und Kunstkritiker 6.7.57, 8.10.57
Russell, Edward, Earl of Orford (1653-1723), Marineoffizier und Anhänger der Whigs sowie des Prinzen von Oranien; Vetter von Lord William Russell 23.8.56
Russell, Lord John (1792-1878), britischer Staatsmann und parlamentarischer Führer der Whigs; 1852/53 und wieder 1859 bis 1865 Außenminister sowie 1846-1852 und 1865/66 Premierminister 26.8.57, 22.2.55 (E), 18.7.55 (E)
Russell, Lady Rachel, geb. Wriothesley, verw. Vaughan (1636 bis 1723), seit 1669 Ehefrau des wegen Hochverrats hingerichteten Lord William Russell (1639-1683) 25.7.56
Russell, William Howard (1820-1907), Journalist und Kriegsberichterstatter 17.4.58

Sabine, Ellen, Schauspielerin im Haymarket Theatre   5.2.57
Sachs, Hans (1494–1576), Schuhmacher und Meistersinger in Nürnberg   24.11.57
Saint Paul, Wilhelm Le Tanneux von (1807–1852), ehemaliger preußischer Offizier; später als Zensor in Köln, bei der Berliner Polizei und in der Presseabteilung des Innenministeriums beschäftigt   25.10.56
Sandwith, Humphry (1822–1881), Arzt, Reisender, Schriftsteller und Agitator   10.6.56, 31.7.56
Sartoris, Adelaide (1814–1879), englische Opernsängerin, Tochter von Charles Kemble   18.6.52, 19.6.52
Savory and Moore, Londoner Apotheke mit Hoflieferantenstatus, 143 New Bond Street   5.10.57
Scabell, Frau, Bekannte von William Whitaker Collins   11.4.57
Schacht, Julius Eduard (1804–1871), Besitzer der Polnischen Apotheke in Berlin, in der Fontane 1845/46 als Geselle beschäftigt war   11.9.56, 14.9.56, 4.10.56, 8.4.57, 13.4.57
Schacht, Louise, geb. Loeser (1813–1859), Ehefrau des Berliner Apothekers Julius Eduard Schacht   11.9.56, 14.9.56, 5.4.57, 13.4.57, 25.4.57
Schaffner, Martin (1477/78–1549), Ulmer Maler und Bildschnitzer   11.10.56
Scharnhorst, Gerhard von (1755–1813), preußischer General und Heeresreformer   12.9.56
Schärt(t)ner, August Ferdinand (1817–1859), Böttcher aus Hanau und 1848/49 Führer der örtlichen Turnerwehr, die er der badischen Revolutionsarmee zuführte; betrieb als Flüchtling in London eine Gastwirtschaft   23.4.52, 26.4.52
Scheffer, Henry (1798–1862), französischer Maler   17.10.56
Scherenberg, Christian Friedrich (1798–1881), Berliner Epiker und Balladendichter; Tunnel-Mitglied (Cook)   9.4.56, 9.12.57, 25.3.58, 29.8.58
Der verlorene Sohn   9.12.57
Thorwaldsens Tod   9.12.57
Scherz, Hedwig, Tochter von Hermann und Lisbeth Scherz   21.9.56
Scherz, Hermann (1818–1888), Rittergutsbesitzer und Ökonomierat in Kränzlin bei Neuruppin; seit der gemeinsamen Schulzeit mit Fontane befreundet   3.8.56, 10.9.56, 21.9.56, 22.9.56, 4.10.56, 20.10.56, 21.10.56, 8.4.57, 12.4.57, 13.4.57, 4.6.58, 28.6.58

Scherz, Lisbeth, Ehefrau von Hermann Scherz   21.9.56, 22.9.56
Schiller, Friedrich von (1759-1805)   9.4.56, 31.10.56, 14.3.58, 15.3.58, 16.3.58, 11.4.58, 13.4.58, 13.6.58
   Das eleusische Fest   31.10.56
   Don Carlos   6.6.52
   Hero und Leander   31.10.56
Schilling, Berliner Konditorei und Café, Friedrichstraße 209   2.9.56, 8.4.57
Schindler, Heinrich (gest. 1904), Berliner Buchdrucker, in dessen Verlag bis Ende 1857 das »Deutsche Kunstblatt« erschien   25.9.56
Schirges, Henry, deutscher Geschäftsmann in London, dessen Bruder im Dienst der Frankfurter Pressestation stand   13.9.55
Schlabrendorf, Gustav Graf von (1750-1824), Philanthropischer Sonderling und Publizist; lebte seit 1788 in Paris   26.9.58, 4.10.58
Schlesinger, Max (1822-1881), Schriftsteller und Journalist; seit 1849 in London, Herausgeber der »Englischen Correspondenz«   17.12.55, 29.12.55, 17.1.56, 21.1.56, 2.4.56, 25.6.56, 4.8.56, 20.8.56, 30.1.57, 3.2.57, 10.2.57, 2.3.57, 6.3.57, 10.3.57, 2.5.57, 21.5.57, 1.6.57, 18.6.57, 9.11.57, 4.6.58, 17.6.58, 17.7.58, 22.7.58, 31.8.58
Schmaljahn, preußischer Feldjäger und diplomatischer Kurier   20.11.57, 27.2.58
Schmettau, Fräulein, Bekannte des Londoner Geschäftsmannes William Ritter   2.3.56
Schmidt, Dr., sächsischer Australienauswanderer   23.5.52
Schmidt, Dr., Bekannter von Maurice Alberts aus Würzburg   1.3.57, 3.3.57, 4.3.57
Schmidt, Julian (1818-1886), Schriftsteller, Literaturkritiker und Journalist; 1848-1861 Mitherausgeber der »Grenzboten«   9.11.56, 13.6.57, 9.11.54 (E)
   Geschichte der deutschen Nationalliteratur   13.6.57
Schneider, Fräulein   14.9.56
Schneider, F., Verlagsbuchhändler in Berlin   9.9.56, 24.9.56, 25.4.57
Schoell, Carl Wilhelm (1820-1899), seit 1846 Hilfsprediger und 1859 Nachfolger von Pastor Steinkopf an der Londoner deutschen Kirchengemeinde St. Marien in der Savoy   7.1.57, 18.7.58

Scholz, Alexander, Sänger und Schauspieler aus Wien 9.10.56
Schön(e)berg, Emilie, geb. Scherenberg (1816-1859), Ehefrau von August Schöneberg, Halbschwester Christian Friedrich Scherenbergs 27.3.57
Schücking, Levin (1814-1883), Schriftsteller und Publizist 20.11.56
Italia 20.11.56
Schüller, Johann Eduard (1794-1869), Beamter in der preußischen Postverwaltung; 1857 Geheimrat, Tunnel-Mitglied (Taxis) 29.3.57
Schultz, Ferdinand (1811-1875), protestantischer Geistlicher; seit 1847 am Diakonissenhaus Bethanien in Berlin, wo Fontane 1848/49 zwei Diakonissen in Pharmazeutik auszubilden hatte 1.10.56, 24.4.57
Schul(t)z, Julius, Feldarzt im zweiten Dragonerregiment der Britisch-Deutschen Legion 13.3.56, 14.6.56
Schul(t)ze, Ernst = Tunnelname; s. *Müller*, August
Schulzendorff, Gaststätte in Berlin, Unter den Linden 27 8.4.57
Schurz, Carl (1829-1906), Bonner Student und revolutionärer Aktivist; bekannt geworden durch seinen Ausbruch aus der Festung Rastatt 1849 und die Befreiung seines Lehrers Gottfried Kinkel aus der Festung Spandau 1850; bis 1852 in London, dann in Amerika, wo er zum Senator und Innenminister der Vereinigten Staaten aufstieg 23.4.52
Schwabe, Julie Salis, Fabrikantengattin aus Manchester und Vertraute des preußischen Gesandten Bunsen 25.10.56
Schwarzenberg, Felix Fürst zu (1800-1852), österreichischer Staatsmann; seit November 1848 Ministerpräsident 27.1.57
Schweitzer (richtig wohl: Tieftrunk), in St. Petersburg ansässiger Bruder von Julius Schweitzer 1.3.56, 4.3.56
Schweitzer, Hermann, Apotheker in Brighton, Onkel von Julius Schweitzer 26.5.52, 28.5.52, 31.5.52, 26.2.56, 30.4.58
Schweitzer (ursprünglich: Tieftrunk), Julius, deutscher Apotheker in den Diensten der »Pharmaceutical Society of Great Britain«, seit August 1856 am London Hospital in Whitechapel tätig und ab Oktober 1857 in der Apotheke Savory & Moore; später niedergelassen in Brighton und zuletzt in Amerika 16.12.55, 17.12.55, 20.12.55, 22.12.55, 23.12.55, 24.12.55, 26.12.55, 28.12.55, 4.1.56, 6.1.56, 8.1.56, 10.1.56, 11.1.56, 12.1.56, 13.1.56, 14.1.56, 20.1.56, 23.1.56, 24.1.56, 26.1.56,

27.1.56, 30.1.56, 31.1.56, 3.2.56, 7.2.56, 10.2.56, 12.2.56, 14.2.56, 16.2.56, 17.2.56, 19.2.56, 21.2.56, 23.2.56, 24.2.56, 26.2.56, 29.2.56, 1.3.56, 4.3.56, 8.3.56, 9.3.56, 11.3.56, 13.3.56, 15.3.56, 16.3.56, 18.3.56, 20.3.56, 6.4.56, 8.4.56, 10.4.56, 12.4.56, 13.4.56, 15.4.56, 17.4.56, 19.4.56, 20.4.56, 23.4.56, 24.4.56, 27.4.56, 28.4.56, 30.4.56, 2.5.56, 3.5.56, 4.5.56, 9.5.56, 10.5.56, 11.5.56, 13.5.56, 14.5.56, 16.5.56, 17.5.56, 18.5.56, 24.5.56, 25.5.56, 28.5.56, 29.5.56, 1.6.56, 3.6.56, 6.6.56, 7.6.56, 8.6.56, 12.6.56, 13.6.56, 15.6.56, 17.6.56, 18.6.56, 20.6.56, 22.6.56, 26.6.56, 6.7.56, 10.7.56, 13.7.56, 14.7.56, 15.7.56, 20.7.56, 23.7.56, 24.7.56, 27.7.56, 31.7.56, 4.8.56, 7.8.56, 8.8.56, 9.8.56, 10.8.56, 15.8.56, 16.8.56, 17.8.56, 24.8.56, 26.8.56, 27.8.56, 10.9.56, 26.9.56, 4.10.56, 23.10.56, 25.10.56, 26.10.56, 28.10.56, 31.10.56, 2.11.56, 5.11.56, 6.11.56, 7.11.56, 9.11.56, 14.11.56, 16.11.56, 24.11.56, 26.11.56, 28.11.56, 29.11.56, 30.11.56, 6.12.56, 7.12.56, 10.12.56, 11.12.56, 13.12.56, 15.12.56, 17.12.56, 19.12.56, 20.12.56, 23.12.56, 25.12.56, 31.12.56, 2.1.57, 3.1.57, 4.1.57, 9.1.57, 14.1.57, 19.1.57, 20.1.57, 21.1.57, 23.1.57, 25.1.57, 30.1.57, 31.1.57, 8.2.57, 12.2.57, 15.2.57, 19.2.57, 23.2.57, 24.2.57, 28.2.57, 2.3.57, 7.3.57, 8.3.57, 16.3.57, 20.3.57, 22.3.57, 24.3.57, 25.3.57, 26.4.57, 1.5.57, 2.5.57, 4.5.57, 5.5.57, 6.5.57, 7.5.57, 8.5.57, 9.5.57, 14.5.57, 16.5.57, 19.5.57, 20.5.57, 23.5.57, 30.5.57, 3.6.57, 7.6.57, 13.6.57, 14.6.57, 15.6.57, 19.6.57, 24.6.57, 27.6.57, 8.7.57, 10.7.57, 11.7.57, 12.7.57, 14.7.57, 16.7.57, 19.7.57, 21.7.57, 22.7.57, 23.7.57, 30.7.57, 9.8.57, 10.8.57, 14.8.57, 17.8.57, 23.8.57, 25.8.57, 26.8.57, 3.9.57, 6.9.57, 11.9.57, 16.9.57, 17.9.57, 22.9.57, 24.9.57, 27.9.57, 29.9.57, 2.10.57, 5.10.57, 19.10.57, 24.10.57, 25.10.57, 31.10.57, 1.11.57, 6.11.57, 8.11.57, 14.11.57, 15.11.57, 22.11.57, 29.11.57, 2.12.57, 6.12.57, 11.12.57, 12.12.57, 13.12.57, 15.12.57, 18.12.57, 20.12.57, 24.12.57, 25.12.57, 27.12.57, 30.12.57, 4.1.58, 7.1.58, 17.1.58, 24.1.58, 28.1.58, 7.2.58, 10.2.58, 12.2.58, 24.2.58, 25.2.58, 28.2.58, 7.3.58, 8.3.58, 28.3.58, 1.4.58, 3.4.58, 4.4.58, 9.4.58, 11.4.58, 19.4.58, 23.4.58, 30.4.58, 6.5.58, 11.5.58, 16.5.58, 23.5.58, 2.6.58, 6.6.58, 21.6.58, 27.6.58, 1.7.58, 13.7.58, 20.7.58, 8.8.58, 6.9.58, 7.9.58, 9.9.58, 15.9.58, 19.9.58, 22.9.58, 23.9.58, 27.9.58, 29.9.58, 3.10.58

Schweiz, Restaurationsbetrieb in London 29.5.57, 27.9.58

Schwerin-Putzlar, Maximilian Graf von (1804–1872), Abgeord-

neter und Staatsmann; 1848 einer der preußischen »Märzminister«, 1859-1862 Innenminister der »Neuen Ära« 28.2.58
Scott, John, Fischgeschäft mit Imbiß, 18 Coventry Street, Haymarket 26.5.57, 24.7.57, 23.9.57, 1.1.58, 27.9.58
Scott, Sir Walter (1771-1832), schottischer Schriftsteller und Begründer des historischen Romans 5.4.56, 14.6.57, 15.8.58, 20.9.58
The Lay of the Last Minstrel 9.9.58, 10.9.58
Sedley, Catherine (1657-1717), Geliebte König Jakobs II. und von ihm zur Countess of Dorchester erhoben 29.7.56
Seeley, Robert Benton (1798-1886), Londoner Verleger; Herausgeber der Wochenzeitung »The Press« 27.6.58
Selbey, Mrs. 2.7.57, 8.7.57, 21.7.57, 24.7.57
Selchow, Berliner Adelsfamilie 8.11.54 (E)
Semler, Christian (geb. 1829), Germanist und Altertumswissenschaftler; 1858 vorübergehend in London 8.5.58, 10.5.58, 11.5.58, 15.5.58, 16.5.58, 12.6.58, 13.6.58
Shaftesbury, Anthony Ashley Cooper, Earl of Sh. (1801-1885), konservativer Politiker und Sozialreformer 25.4.56
Shaftesbury, Lady Emily, geb. Cowper (gest. 1872), seit 1830 verheiratet mit Lord Shaftesbury, Tochter der Lady Palmerston aus erster Ehe 22.2.57
Shakespeare, William (1564-1616) 23.4.52, 19.9.55 (MB), 13.9.55, 14.12.55, 9.4.56, 21.7.56, 13.8.56, 20.8.56, 8.10.56, 28.10.56, 7.3.57, 12.5.57, 29.5.57, 31.5.57, 24.11.57, 1.1.58, 11.1.58, 12.1.58, 5.3.58, 10.3.58, 11.3.58
Antonius und Cleopatra 9.4.56, 23.9.56, 25.9.56, 8.1.57
Die beiden Edelleute von Verona 18.2.57, 19.2.57, 20.2.57
Coriolan 7.2.57, 8.2.57, 10.2.57
Hamlet 19.6.52, 27.10.55, 9.4.56, 20.3.57
Heinrich IV, 1.Teil 14.12.55, 4.3.57, 8.3.57, 11.3.57
Heinrich VIII. 13.9.55, 27.3.56
King John 18.5.52
Komödie der Irrungen 26.2.57, 27.2.57
Die Lustigen Weiber von Windsor 3.10.56, 8.1.57, 12.2.57, 17.3.57
Macbeth 21.2.57, 24.2.57, 25.2.57, 27.2.57, 15.4.57, 25.5.57, 26.5.57, 27.5.57, 20.1.58, 17.8.58
Othello 27.10.55, 11.2.57
Richard II. 6.5.57, 20.6.57, 27.6.57

Richard III. 14.9.55 (M), 14.9.55
Romeo und Julia 24.11.57
Ein Sommernachtstraum 6.2.57, 10.2.57, 13.2.57
Der Sturm (The Tempest) 23.1.56, 8.10.56
Timon von Athen 28.10.56
Twelfth Night, or What You Will 7.7.56, 21.7.56, 5.2.57
Winter's Tale 2.5.56, 20.8.56, 25.8.56
Shelley, Sir John (1808-1867), radikalliberaler Unterhausabgeordneter, einer der Führer der für die Liberalisierung der Sonntagsruhe eintretenden »National Sunday League« 23.5.56
Sheppard, John (1702-1724), populär gewordener Londoner Räuber, der sich durch Ausbruch aus dem Gefängnis mehrfach seiner Hinrichtung entziehen konnte 11.9.55 (MB)
Sheridan, Richard Brinsley (1751-1816), anglo-irischer Schauspieldichter 27.2.57
The Rivals 27.2.57
The School for Scandal 5.2.57
Sibley, Mrs., s. *Selbey*, Mrs.
Siddons, Sarah, geb. Kemble (1755-1831), englische Schauspielerin, Schwester von Charles Kemble 19.6.52, 16.5.56
Siemens, Carl Wilhelm (1823-1883), Ingenieur und Unternehmer aus der bekannten Industriellenfamilie, seit 1843 in England und kurz vor seinem Tode 1883 in den Ritterstand erhoben; Bruder von Werner Siemens in Berlin 17.6.57, 4.1.58
Simon, August Heinrich (1805-1860), Jurist und vormärzlicher Oppositioneller; 1848 führend beteiligt an der Märzrevolution und Mitglied der Paulskirche; seit 1849 im Exil in der Schweiz 22.10.57
Simon, Ludwig (1810-1872), Anwalt und republikanischer Politiker, 1849-1855 als Flüchtling in der Schweiz; später Bankier in Frankreich 20.2.57
Memoiren eines Flüchtlings 20.2.57
Simpson, von John Simpson (1808-1862) begründetes Londoner Restaurant am Strand mit angeschlossenem Lesekabinett (»Café Divan«); eine Filiale befand sich in der nahegelegenen Drury Lane 13.9.55, 9.10.55, 15.12.55, 16.12.55, 17.12.55, 18.12.55, 20.12.55, 21.12.55, 23.12.55, 25.12.55, 26.12.55, 27.12.55, 28.12.55, 29.12.55, 30.12.55, 21.12.55, 1.1.56, 2.1.56, 3.1.56, 4.1.56, 5.1.56, 7.1.56, 8.1.56, 9.1.56, 10.1.56, 12.1.56,

15.1.56, 18.1.56, 19.1.56, 20.1.56, 21.1.56, 22.1.56, 23.1.56, 11.4.56, 12.4.56, 14.4.56, 15.4.56, 19.4.56, 21.4.56, 8.5.56, 13.5.56, 20.5.56, 21.5.56, 22.5.56, 23.5.56, 24.5.56, 25.5.56, 26.5.58, 28.5.58, 29.5.56, 30.5.56, 31.5.56, 2.6.56, 3.6.56, 5.6.56, 6.6.56, 7.6.56, 8.6.56, 9.6.56, 10.6.56, 11.6.56, 12.6.56, 14.6.56, 16.6.56, 17.6.56, 18.6.56, 19.6.56, 20.6.56, 21.6.56, 22.6.56, 23.6.56, 24.6.56, 25.6.56, 26.6.56, 27.6.56, 28.6.56, 30.6.56, 1.7.56, 3.7.56, 4.7.56, 5.7.56, 7.7.56, 10.7.56, 15.7.56, 16.7.56, 17.7.56, 18.7.56, 19.7.56, 21.7.56, 22.7.56, 23.7.56, 25.7.56, 26.7.56, 28.7.56, 29.7.56, 30.7.56, 31.7.56, 2.8.56, 3.8.56, 5.8.56, 7.8.56, 8.8.56, 9.8.56, 14.8.56, 16.8.56, 17.8.56, 18.8.56, 19.8.56, 20.8.56, 21.8.56, 22.8.56, 25.8.56, 27.8.56, 24.10.56, 25.10.56, 27.10.56, 30.10.56, 31.10.56, 1.11.56, 2.11.56, 3.11.56, 4.11.56, 5.11.56, 7.11.56, 19.11.56, 22.11.56, 23.11.56, 25.11.56, 4.12.56, 5.12.56, 6.12.56, 8.12.56, 10.12.56, 11.12.56, 12.12.56, 13.12.56, 14.12.56, 15.12.56, 16.12.56, 17.12.56, 18.12.56, 20.12.56, 21.12.56, 23.12.56, 26.12.56, 29.12.56, 30.12.56, 2.1.57, 3.1.57, 4.1.57, 5.1.57, 6.1.57, 8.1.57, 9.1.57, 10.1.57, 12.1.57, 13.1.57, 14.1.57, 15.1.57, 16.1.57, 17.1.57, 19.1.57, 21.1.57, 22.1.57, 23.1.57, 25.1.57, 26.1.57, 27.1.57, 28.1.57, 30.1.57, 31.1.57, 1.2.57, 2.2.57, 3.2.57, 4.2.57, 5.2.57, 7.2.57, 8.2.57, 9.2.57, 10.2.57, 11.2.57, 12.2.57, 13.2.57, 14.2.57, 15.2.57, 16.2.57, 17.2.57, 18.2.57, 20.2.57, 21.2.57, 22.2.57, 23.2.57, 24.2.57, 25.2.57, 26.2.57, 27.2.57, 28.2.57, 2.3.57, 4.3.57, 5.3.57, 6.3.57, 7.3.57, 8.3.57, 11.3.57, 12.3.57, 13.3.57, 14.3.57, 16.3.57, 17.3.57, 18.3.57, 19.3.57, 20.3.57, 21.3.57, 22.3.57, 23.3.57, 24.3.57, 26.3.57, 2.5.57, 4.5.57, 5.5.57, 7.5.57, 8.5.57, 9.5.57, 10.5.57, 12.5.57, 13.5.57, 14.5.57, 18.5.57, 19.5.57, 21.5.57, 23.5.57, 24.5.57, 25.5.57, 27.5.57, 28.5.57, 2.6.57, 4.6.57, 5.6.57, 6.6.57, 8.6.57, 10.6.57, 12.6.57, 13.6.57, 15.6.57, 17.6.57, 18.6.57, 22.6.57, 25.6.57, 26.6.57, 27.6.57, 10.7.57, 13.7.57, 15.7.57, 18.7.57, 20.7.57, 21.7.57, 22.7.57, 26.7.57, 5.8.57, 22.10.57, 9.11.57, 7.5.58, 31.8.58

Simrock, Karl Joseph (1802–1876), Dichter, Schriftsteller und Literaturwissenschaftler; bekannt besonders für seine Sammler- und Übersetzungstätigkeit; seit 1850 an der Berliner Universität   1.12.57
    Faust   1.12.57

Single, Thomas, Geschäftsmann in Margate, mit Ehefrau; Reisebekanntschaft Fontanes   11.7.56

Skepsgardh, Otto von (1818–1845), Dichtertalent, zeitweilig von Ludwig Tieck gefördert, seit 1844 wegen Schwermut in einer Heilanstalt untergebracht 10.2.56
Rosen und Golem-Tieck 10.2.56
Slack, Henry James (1818–1896), englischer Journalist und Erziehungsreformer; Eigentümer und Herausgeber des »Atlas« 23.5.56
Smidt, Heinrich (1798–1867), ehemaliger Kapitän, Bibliothekar und als Schriftsteller besonders für seine Seeromane bekannt; Tunnel-Mitglied (Bürger) 11.6.56
Smith, Albert Richard (1816–1860), Schriftsteller, Bergsteiger und Vergnügungsunternehmer 11.6.56, 12.6.56
Smith, Sidney (1771–1845), anglikanischer Geistlicher, liberaler Journalist und politischer Schriftsteller 14.6.57
Smollet, Tobias George (1721–1771), anglo-schottischer Romanschriftsteller 22.9.57
Smyth, Frederick James, Graveur und Kartenhändler, 15 Essex Street, Strand 2.2.58
Soane, Sir John (1753–1837), Londoner Architekt und Sammler, dessen Kollektion in einem von ihm gestifteten Museum in Lincoln's Inn Fields aufbewahrt wird 21.6.56, 24.6.56, 12.8.56
Sommer, Andreas, ehemaliger Referent für kirchliche Angelegenheiten in der Zentralpressestelle; Redakteur der »Kreuzzeitung« 15.4.57
Sommerfeldt, Ehepaar, Eltern von Hermann Sommerfeldt 15.9.56
Sommerfeldt, Felix (gest. 1855), Sohn von Jenny und Hermann Sommerfeldt 16.1.56
Sommerfeldt, Hermann (1820–1902), Apotheker und Ehemann von Fontanes Schwester Jenny 1.3.56, 15.9.56, 19.9.56, 19.10.57, 5.11.57
Sommerfeldt, Jenny (1823–1904), Schwester Fontanes; Ehefrau von Hermann Sommerfeldt 16.1.56, 1.3.56, 18.4.56, 18.9.56, 19.9.56, 17.11.56, 3.4.57, 17.4.57, 19.10.57, 18.4.58
Spann, sächsischer Leutnant 23.5.58, 9.6.58
Adam Spielmann & Co, Bankhaus, 79 Lombard Street in der City 21.5.57
Spooner, Richard (1783–1864), konservativer Abgeordneter und Gegner des Staatszuschusses für das katholische Maynooth College in Irland 29.4.56

Sprengel, Hauslehrer beim Grafen Bernstorff 25.1.58

Spurgeon, Charles Haddon (1834-1892), Baptistenprediger, seit 1854 in London, einer der populärsten Kanzelredner seiner Zeit 22.7.56, 27.7.56, 9.12.56

Stägemann, Friedrich August (1763-1840), preußischer Reformbeamter 4.10.58

Stahl, Friedrich Julius (1802-1861), konservativer Rechtsphilosoph und Politiker; seit 1840 Professor in Berlin 7.1.57, 30.11.57

Stahl, Simon, deutscher Geschäftsmann in London 29.5.57, 1.6.57, 3.6.57, 4.6.57

Stanfield, Clarkson William (1793-1867), englischer See- und Marinemaler 3.7.57, 10.10.57, 28.9.58

Stein, Herr von, preußischer Offizier 30.3.56

Stein, Karl Reichsfreiherr vom und zum (1757-1831), führender Staatsmann der preußischen Reformzeit 17.2.57

Steinke, Fontanes Vetter 30.9.56, 29.3.57

Steinkopf(f), Carl Friedrich Adolf (1773-1859), seit 1801 Pastor der Londoner deutschen Kirchengemeinde St. Marien in der Savoy 18.10.57

Stephanie, Prinzessin von Hohenzollern-Sigmaringen (1837 bis 1859), durch ihre Heirat mit König Pedro V. seit 1857 Königin von Portugal 8.5.58

Stephens, Dr., Kopenhagener Korrespondent des »Morning Chronicle« 20.10.57

Steuben, Charles Guillaume Auguste Baron de (1788-1856), aus Deutschland gebürtiger französischer Maler 18.10.56

Stockhausen, August Wilhelm Ernst von (1791-1861), preußischer Generalleutnant; 1850/51 Kriegsminister 30.11.57

Stockmar, Christian Friedrich Freiherr von (1787-1863), Arzt und politischer Berater verschiedener Mitglieder des Coburger Fürstenhauses, insbesondere des Prinzen Albert 22.2.57

Stolte, Pauline, geb. Weidemann, Schauspielerin aus Kassel, 1852 Mitglied von Emil Devrients Londoner Truppe 2.6.52, 6.6.52

Storch, Herr, entfernter Verwandter Fontanes 18.4.57

Storm, Theodor (1817-1888), Rütli-Mitglied (Tannhäuser) 8.2.56, 2.3.56, 8.3.56, 24.1.57, 4.2.57, 9.2.57, 29.8.58
  Hinzelmeier 24.1.57, 4.2.57
  Immensee 4.2.57

Stoß, Veit (um 1440/50–1533), Bildhauer, Kupferstecher und Maler aus Nürnberg   6.10.56

Strachwitz, Moritz Graf (1822–1847), Lyriker und Balladendichter; Tunnel-Mitglied (Götz von Berlichingen)   25.11.56

Strafford, Thomas Wentworth, Earl of S. (1593–1641), Hauptratgeber des Stuartkönigs Karls I.; auf Drängen des Parlaments fallengelassen und hingerichtet   13.8.56

Stratford de Redcliffe, Stratford Canning, Viscount S. (1786 bis 1880), wiederholt britischer Botschafter in Konstantinopel, zuletzt 1853–1858   6.3.56, 27.1.57

Strong, John, Eisenwaren- und Lampengeschäft, 15½ Judd Place East, New Road   1.10.57, 13.8.57, 10.10.57

Sturz, Helferich Peter (1736–1779), Beamter im dänischen und später oldenburgischen Staatsdienst; aufklärerischer Schriftsteller   6.3.57

Stutterheim, Richard von (1815–1871), preußischer Leutnant a. D.; 1835–1839 Offizier der britischen Hilfslegion in Spanien, anschließend bei der braunschweigischen Artillerie und 1848 bis 1850 in der schleswig-holsteinischen Armee; 1855/56 als großbritannischer Generalmajor Organisator der britisch-deutschen Legion   18.11.56, 3.12.56

Sunderland, Robert Spencer, Earl of S. (1640–1702), englischer Staatsmann   29.7.56

Sutherland, George Granville Leveson-Gower, Duke of S. (1786 bis 1861), englischer Aristokrat   27.9.58

Sydow, Herr von   22.12.56

Syrlin, Jörg (um 1425–1493), Bildhauer und Kunstschreiner; Schöpfer des Chorgestühls im Ulmer Münster   11.10.56

Tait, Mr., Reisebekanntschaft Fontanes aus Melrose   20.8.58

Talbot, Miss, Schauspielerin in London   17.6.57

Talleyrand-Périgord, Charles Maurice Duc de (1754–1838), französischer Politiker und Diplomat; Vertreter Frankreichs auf dem Wiener Kongreß   4.10.58

Tambosi, Luigi, seit 1810 Pächter und seit 1831 Eigentümer eines Cafés am Münchner Odeonsplatz, neben dem Eingang zum Hofgarten; bis 1871 unter diesem Namen firmierend, heute Café Annast   7.10.56, 8.10.56, 10.10.56.

Techow, Gustav Adolf (1812–1892), preußischer Leutnant, wegen seiner Rolle beim Sturm auf das Berliner Zeughaus im Juli

1848 zu langjähriger Festungshaft verurteilt; im Mai 1849 entflohen, nach Teilnahme am badischen Aufstand bis 1852 als politischer Emigrant in London, später in Australien 15.6.56
Tedesco, Ignaz Amadé (geb. 1817), Klavierspieler und Komponist 13.3.56
Temple, Sir William (1628-1699), englischer Staatsmann, Diplomat und Essayist 12.9.57, 13.9.57, 15.9.57, 16.9.57, 19.9.57
Tennyson, Alfred (1809-1892), repräsentativer Dichter des viktorianischen Zeitalters, 1850 zum Poeta Laureatus erhoben und 1884 geadelt 21.3.58
The Charge of the Light Brigade 21.3.58
Tettenborn, Friedrich Karl Freiherr von (1778-1845), Militär und Staatsmann, verließ Österreich 1812 aus Gegnerschaft zu Napoleon und trat in russische Dienste; seit 1818 badischer Gesandter in Wien 4.10.58
Thackeray, William Makepeace (1811-1863), viktorianischer Romanschriftsteller 5.4.56, 31.12.56, 22.7.57
Vanity Fair 23.5.52, 27.5.52, 28.5.52
Thilde s. *Müller*, Mathilde
Thorwaldsen, Bertel (1768-1844), dänischer Bildhauer 10.12.57
Thur, Dr., Arzt und Publizist 12.6.58
Thurlow, Mr., Prüfungskandidat im Deutschen 9.7.58
Tieck, Christian Friedrich (1776-1852), Bildhauer, Bruder des romantischen Schriftstellers Ludwig Tieck 12.9.56
Tieftrunk, Vater von Julius Schweitzer 3.9.56, 24.9.56, 26.9.56, 4.10.56, 14.4.57, 29.9.58
Tietz, Café in Berlin, Unter den Linden 21.9.56, 15.4.57
Tilly, Johann Tserclaes Graf von (1559-1632), katholischer Heerführer im Dreißigjährigen Krieg 7.10.56
Timbs, John (1801-1875), Journalist und Erfolgsautor von nahezu 150 Büchern historischen, literarischen und populärwissenschaftlichen Charakters 11.3.56, 9.6.56, 21.6.56, 7.5.58
Curiosities of London 11.3.56
School-Days of Eminent Men 7.5.58
Tizian = Tiziano Vecelli (1489/90-1576), Hauptmeister der venezianischen Renaissance 14.6.52
Toynbee, Joseph (1815-1866), englischer Arzt; Spezialist auf dem Gebiet der Ohrenheilkunde 28.2.57
Treutler, Johanna, Ehefrau des Kommerzienrats Treutler in Neu-

hof bei Liegnitz und Freundin Emilie Fontanes 19.9.55 (MB), 7.4.58, 30.4.58, 21.5.58, 22.7.58

Trewendt, Eduard (1817–1868), Verlagsbuchhänder in Breslau; brachte die Jahrgänge 1857–1860 der »Argo« heraus 8.4.57

Triep(c)ke, Thérèse, geb. Rouanet, verw. Müller (1790–1867), Mutter von Emilie Fontane, seit 1842 in zweiter Ehe verheiratet mit dem Oberförster Triepke in Dammersdorf bei Liegnitz 20.8.57, 23.11.57, 8.1.58, 14.6.58, 26.6.58, 29.9.58

Trimmer, Mrs. 2.10.58

Trollope, Mr., Gast im Hause der Familie May; Neffe von Sir Henry Trollope 10.6.52, 26.6.52, 28.6.52

Trollope, Sir Henry (1756–1839), englischer Marineoffizier, zuletzt Admiral 28.6.52

Tschirch, Wilhelm (1818–1892), Komponist, vor allem von Werken für Männergesang; seit 1852 Kapellmeister, Kantor und Musikdirektor in Gera 7.1.58

Tucker, Mrs., Ehefrau von John Hodges Tucker und Fontanes Hauswirtin vom 24. Januar bis zum 23. April 1856 13.1.56, 14.1.56, 24.1.56, 27.1.56, 28.1.56, 8.2.56, 14.2.56, 15.2.56, 16.2.56, 21.2.56, 20.3.56, 14.4.56, 23.4.56

Tucker, John Hodges, Londoner Chirurg und Besitzer des Hauses 38 Berners Street, London 1.2.56, 14.4.56, 23.4.56, 26.12.57

Turgenjew, Iwan Sergejewitsch (1818–1883), russischer Erzähler und Dramatiker 14.9.55 (M), 14.9.55

Turner, William (1775–1851), englischer Maler und Graphiker 15.5.56, 10.11.56, 13.11.56, 8.10.57, 31.12.57, 22.5.58, 27.7.58, 28.9.58

Tussaud, Marie (1760–1850), aus der Schweiz gebürtige Gründerin eines ursprünglich ambulanten und seit 1833 in der Londoner Baker Street residierenden Wachsfigurenkabinetts 29.3.56, 3.9.58

Tustin, Mr., Bekannter von Julius Schweitzer 15.8.56

Tyrconnel, Richard Talbot, Earl of T. (1630–1691), englischer Staatsmann 25.7.56, 3.8.56

Ul(l)rich, Titus (1813–1891), Schriftsteller und Journalist; 1848 bis 1860 Mitarbeiter der »National-Zeitung« 24.10.56, 29.6.57, 1.7.57, 3.7.57, 29.7.57, 22.7.58

Usedom, Karl Georg Ludwig Guido (1805–1884), preußischer

Diplomat; 1845-1854 Gesandter beim Vatikan, 1854/55 im Auftrag Friedrich Wilhelms IV. auf Sondermission in London; anschließend bis 1859 ohne amtliche Funktion 27.1.56, 23.1.57

Usedom, Olympia von (gest. 1886), zweite Ehefrau von Karl von Usedom und Tochter des großbritannischen Generalleutnants Sir John Malcolm (1769-1833), eines ehemaligen Gouverneurs von Bombay 23.1.57

Vandenschrieck, Kunstsammler in Löwen 16.4.52

van der Meulen, Adam Frans (1632-1690), flämischer Maler 18.10.56

van Dyck, Anthonis (1599-1641), flämischer Maler und Radierer, seit 1632 in London 16.4.52, 1.4.56, 13.8.56, 6.10.56

Vane-Tempest, Adolphus Frederick Charles William (1825 bis 1864), Offizier und später Unterhausabgeordneter; führte als dritter Sohn des Marquess of Londonderry den persönlichen Adelstitel Lord 21.12.55

Varnhagen von Ense, Karl August (1785-1858), nach Offizierslaufbahn preußischer Diplomat, seit 1819 im Ruhestand; historischer Schriftsteller und politischer Publizist 22.9.58, 26.9.58, 4.10.58

Denkwürdigkeiten 22.9.58, 26.9.58, 4.10.58

Vater s. *Fontane*, Louis Henri

Vernet, Horace (1789-1863), französischer Graphiker und Maler, besonders von Militär- und Schlachtenszenen 17.10.56, 18.10.56, 18.4.57

Ver(re)y, von Mitgliedern der bekannten Pariser Gastronomenfamilie betriebenes Café-Restaurant mit Wein- und Süßigkeitenhandlung, 229 Regent Street, 1 Hanover Street; eine Filiale befand sich zeitweilig im Hause 3 Pall Mall 11.5.52, 29.6.52, 30.6.52, 11.9.52, 13.9.52, 19.12.55, 29.12.55, 4.2.56, 23.10.56, 6.2.57, 6.5.57, 20.6.57, 13.7.57, 15.7.57, 17.7.56, 18.7.57, 30.7.57, 8.8.57, 24.8.57, 8.1.58, 16.6.58

Victoria (1840-1901), älteste Tochter der Königin Victoria und des Prinzen Albert; 1858 verheiratet mit dem preußischen Kronpinzen Friedrich; 1888 deutsche Kaiserin, Mutter Wilhelms II. 19.3.56, 20.11.57, 30.11.57, 16.1.58, 25.1.58, 2.2.58, 3.2.58

Victoria (1819-1901), seit 1837 Königin von Großbritannien und

Irland 24.4.52, 2.6.52, 30.6.52, 1.4.56, 15.4.56, 22.2.57, 30.6.57, 1.7.57, 25.10.57, 30.11.57, 14.1.58, 16.1.58, 25.1.58, 29.1.58, 21.4.58, 5.5.58, 15.5.58
Viereck, Edwina (1826-1856), Schauspielerin aus Breslau, seit 1846 in Berlin engagiert   8.9.56
Viktor Emanuel II. (1820-1878), seit 1849 König von Sardinien und 1861 erster König des vereinigten Italien   1.4.56
Villiers, Charles Pelham (1802-1898), Anwalt und Politiker, seit 1835 Unterhausabgeordneter, 1852-1859 Judge Advocate General, Bruder von Lord Clarendon   30.7.56
Virgil = Publius Vergilius Maro (70 v. Chr.-19 v. Chr.), römischer Versepiker   24.7.56
Vischer, Peter (um 1460-1529), Nürnberger Erzgießer und einer der Hauptmeister der deutschen Plastik der Dürerzeit   6.10.56
Vitzthum von Eckstädt, Carl Friedrich Graf (1819-1895), sächsischer Diplomat; 1853-1867 Gesandter in London, später in österreichischen Diensten   30.3.56, 8.1.58
Vogel, Bekannter Fontanes in Berlin   26.9.56
Vogel, Berliner Schuhmacher   30.3.57
Vogt, Karl (1817-1895), Naturforscher und Republikaner; von 1834 bis 1848 und erneut seit 1849 im Exil, hauptsächlich in der Schweiz   20.2.57
Voltaire = François-Marie Arouet (1694-1778), Philosoph und Publizist der französischen Aufklärung   3.9.57

Waagen, Gustav Friedrich (1794-1868), Kunsthistoriker und Experte für englische Malerei; seit 1830 erster Direktor der Königlichen Galerie in Berlin, seit 1844 auch Professor an der Universität   26.5.56, 23.6.56, 25.6.56, 27.6.56, 1.7.56, 18.7.56, 24.5.57, 11.6.58
Wachenhusen, Berliner Baumeister   28.9.56
Waldemar, »der falsche Waldemar« (gest. 1356), 1348 aufgetretener Betrüger, der sich als der von langer Pilgerfahrt zurückgekehrte Markgraf von Brandenburg ausgab; 1350 als Betrüger entlarvt   4.6.57
Wales, Prinz von, s. *Albert Edward*, Prinz von Wales
Walewski, Alexandre Florian Joseph Colonna, Comte de W. (1810-1868), illegitimer Sohn Napoleons I. und der polnischen Gräfin Walewska; 1851-1855 Botschafter Frankreichs in London, 1855-1860 französischer Außenminister   28.4.56

Walker, James, Reisebekanntschaft Fontanes aus Oban/Schottland 18.8.58, 22.8.58, 30.8.58

Wal(l)baum, Adolf (1806-1891), seit 1837 in London als Pastor der Hamburger Lutherischen Kirche; zugleich preußischer Gesandtschaftsprediger und Hausgeistlicher des Deutschen Hospitals 7.1.57, 20.11.57

Wallmoden, Ludwig Georg Thedel, Graf von W.-Gimborn (1769 bis 1862), österreichischer Feldmarschall, während der Befreiungskriege 1813/14 in russischen Diensten 4.10.58

Walmsley, Sir Joshua (1794-1871), Kornhändler und radikalliberaler Abgeordneter aus Liverpool, 1856-1869 Vorsitzender der für die Liberalisierung der Sonntagsruhe eintretenden »National Sunday League« 10.3.56, 23.5.56

Walpole, Horatio, Earl of Oxford (1717-1797), englischer Kunstliebhaber und Schriftsteller, bekannt vor allem als Briefschreiber; Sohn von Sir Robert Walpole 22.9.57, 27.9.57, 29.9.57

Walpole, Sir Robert (1676-1745), Staatsmann aus dem Lager der Whigs; 1715-1717 und 1721-1742 Premierminister 18.8.56

Walpy, Mr., Tischgenosse Fontanes in London 30.6.52

Wal(l)rond, Theodore (1824-1887), englischer Beamter und enger Freund von Max Müller, durch seine Frau auch mit ihm verschwägert; 1856-1863 Prüfungsbeauftragter für die Ministerialbürokratie 10.8.56, 20.5.58, 8.6.58, 18.6.58, 6.7.58, 8.7.58, 1.10.58

Walter, John (1818-1894), Hauptanteilseigner und zeitweiliger Chefredakteur der »Times« aus der dritten Generation der Gründerfamilie 19.1.58

Wangenheim, Ida von (1839-1921), Tochter von Marie und Karl Hermann von Wangenheim; erhielt 1853-1855 Unterricht durch Fontane 13.5.56, 14.5.56, 4.10.56, 3.4.57, 5.4.57

Wangenheim, Karl Hermann Freiherr von (1807-1890), 31.3.57, 3.4.57, 5.4.57, 27.4.57, 29.12.57, 24.3.55 (E)

Ward, Edward Matthew (1816-1869), englischer Maler, bekannt für seine historischen Darstellungen und die Fresken im Korridor des Unterhauses 22.6.52, 10.6.56, 29.9.57

Warwick, Ambrose Dudley, Earl of W. (um 1528-1590), Bruder von Robert Dudley, Earl of Leicester, und ebenfalls ein Günstling der Königin Elisabeth I. 13.8.56

Warwick, Richard Neville, Earl of W., der »Königsmacher« (1428 bis 1471), englischer Feudalbaron von großem Einfluß während der Rosenkriege zwischen den Herrscherhäusern York und Lancaster   13.8.56

Watkins, James, englischer Bewerber um eine Hauslehrerstelle in Deutschland   19.8.57, 25.8.57, 27.8.57, 18.9.57

Weber, Hermann (1823-1918), deutscher Mediziner in London; seit 1851 am Deutschen Hospital tätig, seit 1853 auch in eigener Praxis niedergelassen; Hausarzt bei der Familie Bernstorff   7.1.57, 20.11.57

Webster, Thomas (1800-1886), Maler und Graphiker   6.10.57, 28.9.58

Webster, William (1820-1894), Buch- und Schreibwarenhändler; seit 1847 Herausgeber eines bis 1939 jährlich erscheinenden Londoner Adreßkalenders

Webster's Royal Red Book   10.3.56

Wellington, Restaurant und Lesekabinett im Londoner Westend, 160 Piccadilly   15.12.55, 23.3.57

Wellington, Arthur Wellesley, Duke of W. (1769-1852), Heerführer und konservativer Politiker; Inhaber zahlreicher Regierungsämter und 1828-1830 Premierminister   15.5.56, 15.8.57, 17.8.57, 18.8.57, 19.8.57, 30.8.57, 21.11.57, 14.7.58

Welsh, Revd., Prediger in der Londoner Kirche St. Giles in the Fields   25.5.56

Wenckstern, Mrs., Ehefrau des politischen Flüchtlings und Journalisten Otto von Wenckstern (1819-1869)   6.3.57

Wendt, Ludwig, Pelzhändler in London   1.7.56, 4.7.58

Wentzel, Ehefrau von Rudolf Wentzel   28.1.56

Wen(t)zel, August (1799-1860), Oberlandesgerichtspräsident und 1849-1858 liberales Mitglied des preußischen Landtags   17.2.56

Wen(t)zel, Rudolf (1807-1869), Angestellter der Zentralstelle für Presseangelegenheiten; 1855/56 Mitarbeiter Fontanes an der »Deutsch-englischen Correspondenz«; später Journalist in Berlin   14.11.55, 16.12.55, 19.12.55, 21.12.55, 24.12.55, 26.12.55, 27.12.55, 30.12.55, 31.12.55, 1.1.56, 3.1.56, 9.1.56, 13.1.56, 16.1.56, 18.1.56, 23.1.56, 27.1.56, 31.1.56, 23.2.56, 25.2.56, 10.3.56, 13.3.56, 16.3.56, 23.3.56, 25.3.56, 28.3.56, 30.3.56, 1.4.56, 5.4.56, 6.4.56, 9.4.56, 17.4.56, 21.4.56, 22.4.56, 23.4.56, 12.5.56, 6.8.56, 9.8.56, 3.9.56, 4.9.56, 12.9.56, 25.9.56, 29.9.56, 31.3.57, 6.4.57, 21.4.57, 27.4.57, 2.8.57, 17.11.57, 21.11.57, 17.5.58

Werner, Zacharias (1768–1823), romantischer Dichter und Dramatiker, 1810 zum Katholizismus konvertiert 4.10.58

West, Benjamin (1738–1820), aus Amerika gebürtiger Maler, seit 1763 in London tätig 24.9.57, 25.9.57, 28.9.57, 29.9.57, 30.9.57

Westermann, George (1810–1879), Braunschweiger Verleger und Herausgeber der »Illustrierten Monatshefte« 24.9.56, 21.5.57

Westminster, Richard Grosvenor, Marquess of W. (1795–1869), englischer Aristokrat, Hofmann und Kunstsammler 31.5.58

George William *Wheatley* & Co, Londoner Speditionsfirma, 150 Leadenhall Street 5.2.56, 11.2.56, 13.2.56, 14.5.56, 20.5.56, 21.5.56, 27.5.56

White, Miss, Bekannte der Familie Wilmot, Baptistenmissionarin in Indien 27.7.56

Whitelaw, Catherine, Schwester von Mary Whitelaw 18.6.52

Whitelaw, Mary, englische Gouvernante; Schwester von Catherine Whitelaw 28.4./5.5.52, 6.5.52, 26.6.52

Wickede, Julius von (1819–1896), Militärschriftsteller und Kriegsberichterstatter 9.12.57

Widdicombe, Henry (1813–1868), Schauspieler, 1848–1860 am Londoner Surrey Theatre engagiert 14.12.55

Wieland, Christoph Martin (1733–1813) 1.12.57

Wiese, Ludwig Adolf (1806–1900), Philologe und Archäologe; 1838 Gymnasialprofessor in Berlin und seit 1852 Beamter im preußischen Kultusministerium 11.6.58

Wigan, Alfred (1814–1878), englischer Schauspieler und Theaterunternehmer 17.6.57

Wigand, Otto (1795–1870), Buchhändler und Verleger in Leipzig 7.6.57

Wight, Mr., kaufmännischer Angestellter in London, der lange in Deutschland gelebt hatte; Vater von Jane Wight 28.5.52, 3.6.52, 4.6.52

Wight, Jane, englische Gouvernante, Bekannte Fontanes in London 28.4./5.5.52, 24.5.52, 28.5.52, 3.6.52, 4.6.52, 16.6.52, 18.6.52

Wikoff, Henry (1811–1884), aus Amerika stammender Abenteurer, Schriftsteller, Lebemann und Spion 11.1.57

Wildenbruch, Ludwig von (1803–1874), preußischer General, unehelicher Sohn des Prinzen Louis Ferdinand von Preußen und der Henriette Fromme; 1810 geadelt und seit 1851 Gesandter in Konstantinopel; Halbbruder von Maurice Alberts 3.3.57

Wilhelm, Prinz von Preußen (1797–1888), Bruder Friedrich Wilhelms IV.; 1857 Stellvertreter des erkrankten Königs, seit Oktober 1858 Prinzregent, 1861 als Wilhelm I. König von Preußen und ab 1871 deutscher Kaiser   19.9.55 (M), 30.11.57

Wilhelm III. (1650–1702), 1672 Erbstatthalter der Niederlande; seit 1689 König von England, Schottland und Irland   7.8.56, 23.8.56, 23.11.56

Wilkie, David (1785–1841), schottischer Maler   8.4.56, 3.7.57, 3.10.57, 4.10.57, 5.10.57

Wilkinson, Mr., englischer Journalist; während der 1850er Jahre Berliner Korrespondent der »Times«   15.8.56, 24.2.58, 7.4.58, 8.4.58, 11.4.58, 12.4.58, 15.4.58, 17.4.58

Wilks, Joseph, Garn- und Wollwarenhandlung, 186 Regent Street   15.5.57

Williams, Lady Clementine, Tochter des Earl of Jersey   30.7.56

Williams, Sir William Fenwick (1800–1883), englischer Offizier; 1854/55 Militärbeauftragter bei der türkischen Armee, Verteidiger der Festung Kars   31.7.56

Williams & Norgate, Buchhandlung für ausländische Literatur, 14 Henrietta Street, Covent Garden   6.5.57, 21.5.57, 11.8.57, 22.12.57

Willich, August (1810–1878), ehemaliger preußischer Leutnant und revolutionärer Aktivist; nach 1849 politischer Flüchtling in London, seit 1853 in den Vereinigten Staaten   16.10.57

Wills, Mr.   22.2.58

Wilmot, Mrs., Fontanes Londoner Pensionswirtin in 23 New Ormond Street bzw. 92 Guilford Street; Fontane wohnte bei ihr vom 13. Oktober 1855 bis zum 18. Januar 1856 und erneut vom 23. April bis zum 28. August 1856 sowie vom 23. Oktober 1856 bis zum 26. März 1857   15.12.55, 24.12.55, 4.1.56, 9.1.56, 13.1.56, 17.1.56, 24.1.56, 13.5.56, 14.5.56, 23.6.56, 23.7.56, 25.7.56, 27.7.56, 7.8.56, 26.8.56, 28.8.56, 10.9.56, 19.10.56, 23.10.56, 15.11.56, 17.11.56, 30.11.56, 27.12.56, 4.1.57, 15.1.57, 26.3.57, 26.6.57

Wilmot, Lydia, Tochter der Eheleute Wilmot   26.8.56, 15.11.56, 22.12.56

Wilmot, Miriam, Tochter der Eheleute Wilmot   22.12.55

Wilmot, William, Ehemann von Fontanes Pensionswirtin 3.8.56, 28.8.56, 15.1.57, 26.3.57

Wilms, Friedrich Robert (1824–1880), Mediziner; seit 1848 als Chirurg am Diakonissenkrankenhaus Bethanien in Berlin tätig und von daher mit Fontane bekannt 2.3.56

Wilson, James (1805–1860), nationalökonomischer Schriftsteller und liberaler Politiker; Begründer des »Economist«, 1853 bis 1858 Finanzsekretär im Schatzamt 29.7.56

Wilson, John (1774–1855), schottischer Maler 9.10.57, 10.10.57, 14.7.58

Winter, Fräulein 15.4.58

Winterhalter, Franz Xaver (1805–1873), Maler und Graphiker, vor allem als Hof- und Gesellschaftsporträtist in ganz Europa gefragt 30.6.52

Wintzingerode, Ferdinand Freiherr von (1770–1818), aus Deutschland gebürtiger russischer General der Befreiungskriege 4.10.58

Witte, Herr 26.4.52

Witte, Anna, geb. Schacht (1834–1910), Ehefrau von Friedrich Witte 13.4.57

Witte, Friedrich (1829–1893), Apotheker; 1845–1849 Lehrling in der Polnischen Apotheke in Berlin, wo er sich mit Fontane anfreundete; ging 1853 nach Rostock und gründete dort eine pharmazeutische Fabrik 14.6.52, 15.9.56, 28.9.56

Witting, Karl (1823–1893), Komponist und Musikdirektor in Lippstadt 24.1.57, 4.2.57, 9.2.57

Wocke, Vetter des Londoner deutschen Geschäftsmannes Heymann 6.12.57, 10.12.57, 13.12.57, 18.3.58

Wodehouse, John Baron W. (1826–1902), 1852–1856 beamteter Unterstaatssekretär im Foreign Office, anschließend britischer Gesandter in St. Petersburg 17.5.56

Wohlgemuth (richtig: Wolgemut), Michael (1443–1519), Maler und Graphiker aus Nürnberg 6.10.56

Wolfsohn, Wilhelm (1820–1865), Schriftsteller und Publizist aus Odessa; seit 1842 mit Fontane befreundet 25.9.56, 4.10.56, 9.11.56

Wollschläger, Eduard, Kunstreiter 19.4.52

Wolsey, Thomas (1475–1530), englischer Kleriker, seit 1507 am Königshof; 1514 Erzbischof von York, 1515 Lordkanzler und Kardinal, 1529 gestürzt 11.8.56

Wolzogen, Caroline von, geb. von Lengefeld (1763-1847), Romanschriftstellerin und Schwägerin sowie Biographin Schillers 14.3.58, 11.4.58
Schillers Leben 14.3.58, 15.3.58, 16.3.58, 11.4.58, 13.4.58
Wood, Edward, Apotheker in den Diensten der Pharmaceutical Society of Great Britain 20.12.55, 24.12.55, 28.12.55, 2.5.56, 28.5.56, 3.6.56, 12.6.56, 26.6.56, 23.7.56, 27.7.56, 31.7.56, 16.8.56, 25.8.56, 31.10.56, 14.11.56, 19.11.56, 25.11.56, 26.1.57, 1.5.57
Wrede, Karl Philipp Fürst von (1767-1838), bayerischer Heerführer in den napoleonischen Kriegen, 1814 Feldmarschall 7.10.56
Wren, Sir Christopher (1632-1723), bedeutendster Baumeister des englischen Klassizismus; seit 1668 königlicher Generalarchitekt 25.5.56, 13.8.56
Wüstrich, Otto, aus Liegnitz gebürtiger politischer Flüchtling in London 16.10.57
Wyndham, Miss, englische Schauspielerin 5.1.56

Yeh Ming-chen (gest. 1859), Gouverneur der Provinzen Kwangsi und Kwantung, dessen Beschlagnahme des britischen Handelsschiffs »Arrow« 1856 einen englisch-französischen Interventionskrieg gegen China auslöste; 1858 bei der Einnahme Kantons gefangengenommen 10.5.58, 17.5.58, 18.5.58, 19.5.58, 21.5.58, 26.5.58
Yor(c)k von Wartenburg, Ludwig Graf (1759-1830), Feldmarschall und Befehlshaber des preußischen Korps im Rußlandfeldzug Napoleons, von dem er 1812 in der eigenmächtig abgeschlossenen Konvention von Tauroggen abfiel 25.11.56, 27.11.56, 1.12.56, 3.12.56, 4.12.56, 29.12.56, 30.12.56
Young, Charles Mayne (1777-1856), Schauspieler, bekannt vor allem für seine Darstellung tragischer Rollen in Shakespeare-Stücken; seit 1832 im Ruhestand in Brighton 19.6.52, 30.6.52
Young, Sir Charles (1795-1869), Heraldiker, Genealoge und Protokollexperte; seit 1842 »Garter King of Arms« 29.4.56

Zabel, Friedrich (1802-1875), liberaler Journalist; seit 1848 Redakteur der Berliner »National-Zeitung« 30.9.56, 4.10.56, 1.8.55 (E)
Zeising, Adolf (1810-1876), Dichter, Kunsttheoretiker und Begründer der mathematischen Ästhetik 27.9.56

Zinn, Friedrich, republikanischer Buchdrucker aus Kassel, der als Angehöriger der Wachmannschaft dem inhaftierten Dr. Kellner zum Ausbruch aus dem Gefängnis verholfen hatte; seit Frühjahr 1852 als politischer Flüchtling in London 23.4.52

Zitelmann, Karl Ludwig (1816–1898), preußischer Beamter; seit 1851 Leiter der Pressestation in Frankfurt a. M., einer Filiale der Berliner Zentralpressestelle zur publizistischen Einflußnahme im nichtpreußischen Deutschland 22.12.55, 25.12.55, 9.2.57, 10.2.57, 25.3.57, 20.4.58

Zobel, Frau Hauptmann von, Korrespondenzpartnerin Fontanes 13.9.57, 21.9.57

Zöllner, Karl (1821–1897), preußischer Jurist; 1876 Nachfolger Fontanes als Erster Sekretär der Akademie der Künste in Berlin; Tunnel-, Rütli- und Ellora-Mitglied (Chevalier) 26.1.56, 2.9.56, 5.9.56, 28.9.56, 3.10.56, 30.3.57

Zuccarelli, Francesco (1702–1788), italienischer Maler und Radierer; längere Zeit in England tätig 1.4.56

Zulestein, William Henry, Earl of Rochford (1645–1709), aus Holland gebürtiger General und als Berater des Prinzen Wilhelm von Oranien einer der Drahtzieher der »glorreichen Revolution« 23.8.56

Zurbaran, Francisco de (1598–1664), spanischer Maler 16.4.56

REGISTER DER PERIODIKA

Advertiser s. *The Morning Advertiser*
Allgemeine Zeitung, begründet 1794 von dem Verleger Johann Friedrich Cotta und im 19. Jahrhundert eines der bedeutendsten deutschen Blätter; nach ihrem Erscheinungsort zumeist »Augsburger Allgemeine« genannt   14.2.57, 20.2.57, 7.3.57, 17.3.57, 13.5.57, 4.6.57, 10.6.57
Argo. Album für die Kunst, Organ des »Rütli«, hrsg. von Friedrich Eggers, Theodor Hosemann, Franz Kugler und Bernhard von Lepel, erschien 1857–1860 in Breslau   8.3.56, 27.9.56, 25.11.56, 26.11.56, 28.11.56, 4.4.57, 9.12.57, 10.12.57, 12.12.57, 5.8.58, 29.8.58, 3.9.58
Atlas. A General Newspaper and Journal of Literature, begründet 1826, nach 1862 unter anderem Titel fortgeführt   23.5.56, 19.8.56
Augsburger Allgemeine Zeitung s. *Allgemeine Zeitung*

Berliner Revue. Sozial-politische Wochenschrift, erschien von 1855 bis 1871   21.3.57

Chambers's Journal of Popular Literature, Science and Arts, 1832 begründete populäre schottische Wochenzeitschrift   18.11.57, 28.11.57
Christian Times, Wochenblatt unter den Auspizien der »Evangelical Alliance«, einer internationalen Protestantenvereinigung; erschien von 1848 bis 1859   23.9.57
Constitutional Press, zur Unterstützung der konservativen Regierung Derby 1858 begründetes Wochenblatt; 1859 eingestellt   17.7.58, 19.7.58, 20.7.58
Correspondenz s. *Deutsch-Englische Correspondenz*
The Court Circular. A Journal of Fashion, Literature, Science and Art, von 1829 bis 1911 erscheinende Wochenzeitschrift   9.1.58, 16.1.58, 23.1.58

The Court Journal. A Record of Manners, Literature, Science, Art and Fashion, von 1829 bis 1925 erscheinende Wochenzeitschrift   19.8.56, 3.1.58, 4.1.58, 9.1.58, 23.1.58

Daily News, 1846 begründete liberale Tageszeitung, zu Fontanes Zeiten das neben »Times« und »Morning Advertiser« am weitesten verbreitete Londoner Blatt; 1930 mit dem »Daily Chronicle« verschmolzen zum »News Chronicle«   13.8.57, 21.9.57, 25.7.58, 26.7.58, 29.9.58, 30.9.58

The Daily Telegraph, nach Aufhebung des Zeitungsstempels 1855 entstandene Londoner Tageszeitung, nahm später einen konservativen Charakter an   29.7.58

Deutsch-Englische Correspondenz, von Fontane redigierter Pressedienst für deutsche Zeitungen, erschien vom 19. November 1855 bis Ende März 1856   12.9.55, 9.12.55, 16.12.55, 2.1.56, 10.1.56, 15.2.56, 11.3.56, 26.3.56, 28.3.56, 29.3.56, 25.6.56, 19.11.56, 29.6.55 (E)

Deutsches Kunstblatt. Zeitschrift für bildende Kunst, Baukunst und Kunstgewerbe, 1850 bis 1858 in Berlin erscheinendes Organ der deutschen Kunstvereine, hrsg. von Friedrich Eggers   2.8.56, 10.11.56, 13.11.56, 11.3.57, 11.4.57, 18.4.57, 30.8.57

Düsseldorfer Zeitung, Lokalzeitung mit gouvernementaler Tendenz, von der Berliner Zentralpressestelle durch die Lieferung von Korrespondenzen und auch finanziell unterstützt   26.12.55

The Economist, 1843 begründetes Wochenblatt; ursprünglich Organ der Freihandelsbewegung und zu Fontanes Zeiten mit dem Untertitel »Weekly Commercial Times and Bankers' Gazette«   28.7.56, 29.7.56

Edinburgh Review, 1802 begründete liberale Vierteljahresschrift und eines der einflußreichsten Organe des frühen 19. Jahrhunderts; 1929 eingestellt   13.9.58

Englische Correspondenz, 1850 von Max Schlesinger begründeter lithographierter Nachrichtendienst aus London für die deutsche Presse   22.11.55

The English Churchman, 1843 begründetes anglikanisches Wochenblatt, unterstützte zu Fontanes Zeiten die religiöse Erneuerungsbewegung von Edward Pusey   23.9.57

The Examiner. A Sunday Paper on Politics, Literature and Fine Arts, Londoner Wochenzeitung, erschien von 1808 bis 1881 19.4.56, 28.7.56, 26.12.57

Frankfurter Journal, auf das 17. Jahrhundert zurückgehende Zeitung, seit 1783 unter diesem Titel; während der 1850er Jahre sowohl von Preußen als auch von Österreich subventioniert   10.7.55 (E), 24.7.55 (E), 28.7.55 (E)

Giornale Officiale della Sicilia, Staatsanzeiger des Königreichs beider Sizilien   1.5.57
The Globe and Traveller, von 1803 bis 1921 bestehende Londoner Tageszeitung   8.1.56, 27.5.56, 2.7.56, 18.7.56, 15.8.56, 4.1.57, 6.1.57, 17.2.57, 13.7.57, 23.1.58

Haude- und Spenersche Zeitung, Berliner Tageszeitung, erschien von 1740 bis 1874   8.1.56
Herald s. *The Morning Herald*
Hornisse. Zeitung für hessische Biedermänner, 1848 begründete und 1850 unterdrückte politisch-satirische Zeitschrift aus Kassel   23.4.52
Household Words, a Weekly Journal Conducted by Charles Dickens, zwischen 1850 und 1859 erscheinende populäre Zeitschrift 18.11.57, 28.11.57, 17.2.58, 26.2.58, 2.3.58

Illustrated Times, 1855 begründete illustrierte Wochenzeitung; 1872 aufgegeben   29.7.56, 25.10.57
Illustrierte Monatshefte, 1856 begründete Zeitschrift im Verlag von George Westermann, Braunschweig   4.11.56, 10.11.56, 12.11.56, 14.11.56, 25.11.56, 16.12.56, 23.12.56, 24.12.56

John Bull, von 1820 bis 1892 publiziertes Londoner Wochenblatt 28.7.56

Kladderadatsch. Humoristisch-satirisches Wochenblatt, 1848 von David Kalisch gegründet mit ursprünglich radikaldemokratischer Ausrichtung; 1925 eingestellt   12.9.55, 4.1.58
Kölnische Zeitung, im 19. Jahrhundert eine der bedeutendsten überregionalen deutschen Tageszeitungen, seit 1831 unter der Leitung von Joseph du Mont   26.12.55, 4.1.56, 1.10.58

Kreuzzeitung, richtig: »Neue Preußische Zeitung«, von 1848 bis 1939 erscheinende konservative Berliner Tageszeitung, für die Fontane seit 1856 aus London korrespondierte und bei der er von 1860 bis 1870 als Redakteur angestellt war 16.1.56, 20.1.56, 27.1.56, 17.2.56, 13.5.56, 19.5.56, 11.6.56, 27.10.56, 29.10.56, 30.10.56, 4.11.56, 24.11.56, 26.11.56, 2.12.56, 3.12.56, 9.12.56, 14.12.56, 16.12.56, 18.12.56, 21.12.56, 23.12.56, 29.12.56, 31.12.56, 4.1.57, 6.1.57, 7.1.57, 13.1.57, 15.1.57, 17.1.57, 19.1.57, 21.1.57, 27.1.57, 30.1.57, 3.2.57, 4.2.57, 5.2.57, 8.2.57, 11.2.57, 13.2.57, 17.2.57, 18.2.57, 20.2.57, 21.2.57, 24.2.57, 28.2.57, 2.3.57, 3.3.57, 7.3.57, 9.3.57, 10.3.57, 14.3.57, 18.3.57, 24.3.57, 25.3.57, 2.5.57, 9.5.57, 12.5.57, 13.5.57, 15.5.57, 18.5.57, 20.5.57, 25.5.57, 27.5.57, 3.6.57, 6.6.57, 8.6.57, 11.6.57, 13.6.57, 18.6.57, 27.6.57, 8.7.57, 13.7.57, 15.7.57, 16.7.57, 20.7.57, 22.7.57, 23.7.57, 25.7.57, 30.7.57, 8.8.57, 12.8.57, 13.8.57, 15.8.57, 19.8.57, 22.8.57, 24.8.57, 26.8.57, 27.8.57 29.8.57, 8.9.57, 9.9.57, 12.9.57, 16.9.57, 19.9.57, 21.9.57, 22.9.57, 23.9.57, 26.9.57, 8.10.57, 16.10.57, 20.10.57, 22.10.57, 24.10.57, 26.10.57, 28.10.57, 29.10.57, 31.10.57, 10.11.57, 12.11.57, 14.11.57, 16.11.57, 21.11.57, 28.11.57, 2.12.57, 4.12.57, 5.12.57, 7.12.57, 9.12.57, 10.12.57, 15.12.57, 16.12.57, 23.12.57, 28.12.57, 21.1.58, 18.2.58, 5.5.58, 25.5.58, 8.6.58, 23.6.58, 22.7.58
Kunstblatt s. *Deutsches Kunstblatt*

The Leader, zwischen 1850 und 1860 erscheinende Londoner Wochenzeitung radikaldemokratischer Ausrichtung 22.6.56
Literaturblatt des Deutschen Kunstblattes, wurde ab 1854 als Beilage zu letzterer Zeitschrift publiziert 3.6.57
The London Gazette, amtliches Mitteilungsblatt, das bis auf das 17. Jahrhundert zurückgeht 13.1.58, 14.1.58
London Illustrated News, richtig: »Illustrated London News«, die erste illustrierte Wochenzeitung der Welt, erscheint seit 1842 29.7.56
London News, kurzlebige Wochenzeitung, nur zwischen Mai und November 1858 erschienen 30.6.58
Londoner Deutsches Journal, vom August 1855 bis Juni 1858 erscheinende Wochenzeitung, fortgesetzt u. d. T. »Londoner deutsche Zeitung« 13.9.55 (M)

Magazin für die Literatur des Auslandes, seit 1832 in Berlin erscheinendes Rezensionsorgan   23.9.57

The Manchester Guardian, bedeutendste englische Provinzzeitung mit liberaler Tendenz, entstanden 1821; bei der Verlegung nach London 1960 Titeländerung zu »The Guardian«   14.6.55 (E)

Minerva. Ein Journal historischen und politischen Inhalts, 1792 begründete Zeitschrift, publiziert zunächst in Hamburg und später in Jena; seit 1854 von der preußischen Preßstation in Frankfurt a. M. subventioniert und 1858 eingegangen   22.12.55

Le Moniteur Universel, von 1789 bis 1901 erscheinende Pariser Tageszeitung, zwischen 1799 und 1868 offizielles Regierungsorgan   18.12.56, 19.12.56

The Morning Advertiser, 1794 begründete Londoner Tageszeitung, die zur Zeit von Fontanes Englandaufenthalt die zweithöchste Auflage nach der »Times« aufzuweisen hatte und mit radikalliberaler Tendenz redigiert wurde   15.2.56, 8.2.58, 3.7.58, 23.7.58, 24.7.58, 22.9.58

The Morning Chronicle, 1769 begründete Londoner Tageszeitung, nach verschiedentlichem Wechsel von Eigentümer und Tendenz 1854-1860 im Besitz von William Glover, seit 1854 von Frankreich, 1856/57 auch von Preußen subventioniert; 1865 eingestellt   21.1.56, 5.2.56, 6.2.56, 7.2.56, 15.3.56, 25.6.56, 18.7.56, 21.7.56, 23.8.56, 24.10.56, 8.11.56, 13.11.56, 19.11.56, 22.11.56, 26.11.56, 11.12.56, 12.12.56, 14.12.56, 18.12.56, 19.12.56, 22.12.56, 26.12.56, 30.12.56, 3.1.57, 4.1.57, 5.1.57, 10.1.57, 12.1.57, 13.1.57, 15.1.57, 26.1.57, 3.2.57, 12.2.57, 24.2.57, 14.3.57, 15.3.57, 18.5.57, 11.6.57, 31.7.57, 18.9.57, 20.10.57, 2.11.57, 5.11.57, 6.11.57, 19.11.57, 25.11.57, 1.3.58, 14.6.58, 31.1.55 (E), 26.4.55 (E), 20.5.55 (E)

The Morning Herald and Daily Advertiser, von 1780 bis 1869 erscheinende Londoner Tageszeitung konservativen Charakters   7.2.56, 22.12.56, 9.1.57, 9.3.58, 25.6.58, 29.6.58, 22.9.58, 2.10.58

The Morning Post and Daily Advertising Pamphlet, seit 1772 erscheinende Londoner Tageszeitung; 1937 übernommen durch den »Daily Telegraph«   1.1.56, 2.1.56, 6.1.56, 8.1.56, 22.12.56, 9.1.57, 15.1.57, 16.1.57, 5.2.57, 24.2.57, 4.6.57, 19.6.57, 19.1.58, 18.2.58, 22.6.58, 23.6.58, 25.6.58

The Morning Star, von 1856 bis 1869 erscheinende freihändlerische Tageszeitung, für die Julius Faucher tätig war 26.9.56, 4.1.57, 15.3.57, 13.10.57, 7.1.58, 9.2.58, 27.5.58, 29.5.58, 8.6.58, 9.6.58, 17.6.58, 17.7.58, 31.7.58, 17.9.58

National-Zeitung, 1848 begründete Berliner Tageszeitung liberal-nationalen Zuschnitts; 1933 eingestellt 18.8.56, 24.10.56, 3.2.57, 10.2.57, 20.2.57, 9.11.57, 26.12.57, 7.5.58, 17.7.58, 24.9.58, 25.9.58 1.10.58

Neue Münchner Zeitung, auf das 17. Jahrhundert zurückgehende Zeitung, von 1848 bis 1862 unter diesem Titel und redigiert mit katholisch-konservativer Tendenz 26.9.56

Neue Preußische Zeitung s. *Kreuzzeitung*

The Nonconformist, 1841 begründetes Wochenblatt mit baptistischer Orientierung; 1890 umbenannt 23.9.57

Le Nord, in Brüssel erscheinende prorussische Tageszeitung 30.4.57, 12.5.57

The Observer, 1791 begründete englische Sonntagszeitung 23.12.55, 15.6.56

The Patriot, von 1832 bis 1866 erscheinendes und baptistisch ausgerichtetes Wochenblatt 23.9.57

Patriotische Zeitung, viermal wöchentlich in Minden erscheinendes Blatt mit einer Auflage von nur 750 Exemplaren; wurde von der Berliner Zentralpressestelle mit einem Nachrichtendienst und mit Korrespondenzartikeln versorgt 5.1.56, 9.2.56

The People, kurzlebige Wochenzeitung, erschien 1857/58 30.6.58

Post s. *The Morning Post*

The Press, von 1853 bis 1866 erscheinendes und Benjamin Disraeli nahestehendes konservatives Wochenblatt 18.6.56, 19.8.56, 4.1.57, 24.2.57, 14.6.58, 15.6.58, 19.6.58, 21.6.58, 26.6.58, 27.6.58, 28.6.58, 3.7.58

La Presse, Pariser Tageszeitung 14.7.56

Presse Belge, Brüsseler Tageszeitung 14.7.56, 21.7.56

Preußische Correspondenz, von der Berliner Zentralpressestelle seit 1853 herausgegebener offiziöser Nachrichtendienst 8.1.57

Punch. The London Charivari, 1841 begründetes humoristisch-satirisches Wochenblatt; 1992 eingestellt 12.9.57, 17.3.58

Quarterly Review, konservative Vierteljahresschrift, 1809 begründet als Gegenstück zur »Edinburgh Review«   30.10.56

The Record, 1828 begründetes anglikanisches Wochenblatt mit evangelikaler Tendenz   23.9.57

The Saturday Review of Politics, Literature, Science and Art, 1855 begründetes konservatives Wochenblatt; 1938 eingestellt   16.8.56, 19.8.56, 4.1.57, 22.3.57, 26.10.57, 25.10.57
Spenersche Zeitung s. *Haude- und Spenersche Zeitung*
The Standard, von 1827 bis 1916 erscheinende Londoner Tageszeitung   23.8.56, 15.1.57, 18.3.57, 3.8.58, 22.9.58
The Sun, von 1792 bis 1876 erscheinende Londoner Tageszeitung   3.7.58

The Times, seit 1785/1788 erscheinende Londoner Tageszeitung   28.4/5.5.52, 6.5.52, 16./17.5.52, 13.9.55 (M), 19.9.55 (M), 12.9.55, 15.9.55, 18.10.55, 19.12.55, 20.12.55, 21.12.55, 23.12.55, 30.12.55, 9.1.56, 31.1.56, 11.3.56, 9.4.56, 2.5.56, 25.5.56, 11.6.56, 25.6.57, 3.7.56, 5.7.56, 18.7.56, 19.8.56, 29.10.56, 30.10.56, 10.11.56, 18.12.56, 22.12.56, 27.12.56, 3.1.57, 7.1.57, 24.1.57, 25.1.57, 26.1.57, 29.1.57, 3.2.57, 4.2.57, 20.2.57, 10.3.57, 26.5.57, 7.6.57, 26.8.57, 13.1.58, 14.1.58, 15.1.58, 19.1.58, 26.2.58, 27.2.58, 10.5.58, 25.5.58, 26.5.58, 27.5.58, 8.6.58, 11.6.58, 22.6.58, 31.8.58, 23.9.58, 30.9.58, 1.10.58, 22.2.55 (E)

Vossische Zeitung, richtig: »Königlich privilegierte Zeitung von Staats- und gelehrten Sachen«, Berliner Tageszeitung   8.1.56, 12.5.56, 19.5.56, 20.8.56, 17.10.57

The Watchman, methodistisches Wochenblatt, erschien von 1835 bis 1884   23.9.57
The Wesleyan Times, methodistisches Wochenblatt, erschien von 1849 bis 1867   23.9.57
Westminster Review, 1824 begründete radikalliberale Vierteljahresschrift, seit 1840 unter diesem Titel; 1914 eingestellt   1.7.56
Westphälische Zeitung, 1848 in Paderborn als demokratische Tageszeitung von Wilhelm Crüwell gegründet; seit 1853 gou-

vernemental und 1855 nach Dortmund verlegt; wurde von der Berliner Zentralpressestelle mit einem Nachrichtendienst und mit Korrespondenzartikeln versorgt und auch direkt subventioniert   21.1.55 (E), 25.1.55 (E), 28.1.55 (E), 4.2.55 (E), 22.5.55 (E)

The World, zwischen 1840 und 1851 erscheinendes Dubliner Wochenblatt   11.1.57

Die Zeit, 1850 begründete Berliner Morgen-, ab 1853 auch Abendzeitung, redigiert unter dem Einfluß der Zentralstelle für Presseangelegenheiten; im November 1858 umbenannt in »Preußische Zeitung« und 1862 eingestellt   16.1.56, 17.1.57, 29.1.57, 3.2.57, 27.2.57, 28.6.57, 1.9.57, 28.9.57, 4.1.58, 5.1.58, 11.1.58, 2.2.58, 3.2.58, 6.2.58, 18.2.58, 23.6.58, 17.7.58, 22.7.58, 25.9.58, 1.10.58

Register
der erwähnten Schriften und Werke Fontanes

Das Verzeichnis erschließt alle im Druck nachweisbaren Arbeiten Fontanes aus der Zeit seiner Englandaufenthalte, sofern sie im Tagebuch oder in den Anmerkungen (A) erwähnt werden. Was die Anmerkungen betrifft, so wird nicht auf sämtliche Erwähnungen des betreffenden Textes verwiesen, sondern nur auf die Stellen, wo notwendige Erläuterungen sowie die vollständigen bibliographischen Angaben zu finden sind. Die Anordnung der journalistischen Beiträge folgt der Chronologie.

Selbständige Schriften

Deutsches Dichter-Album   24.1.57, 17.2.57, 13.5.57, 22.6.57, 13.8.57, 28.10.57
Die schöne Rosamunde   24.5.52, 12.8.56
Ein Sommer in London   20./21.4.52 (A), 23.4.52 (A), 28.4./5.5.52 (A), 23.5.52 (A), 1.6.52 (A), 7.2.57 (A), 9.11.54 (E)
Gedichte   24.5.52
Jenseit des Tweed   9.8.58 (A), 10.8.58 (A), 11.8.58 (A), 12.8.58 (A), 13.8.58 (A), 14.8.58 (A), 15.8.58 (A), 16.8.58 (A), 17.8.58 (A), 18.8.58 (A), 19.8.58 (A), 20.8.58 (A), 22.8.58 (A), 23.8.58 (A), 24.8.58 (A)
Wanderungen durch die Mark Brandenburg   19.8.56, 4.6.57

Balladen und Gedichte

Am Kamin   22.12.55
An Friedrich Eggers   24.5.57
An Kugler zum 19. Januar   16.1.58
An Wilhelm von Merckel zum 6. August 1858   4.8.58
Aus der Ferne diesen Wunsch   13.11.56
Barbara Allen   14.4.58 (A)
Bertrams Totengesang   20.12.57, 14.4.58

Brief an George'chen 11.8.56
[Captain Siemens] 22.5.52 (A)
Das Douglas-Trauerspiel 14.4.58 (A)
Das Fischermädchen 24.1.57 (A)
Das Haus, das ich vergesse nimmer 23.9.56
Das ist der liebe Februar 1.2.57
Das Trauerspiel von Afghanistan 1.5.58, 2.5.58,
Der letzte York 10.11.56
Die Blumen des Waldes 29.4.58
Die Fahne Schwerins 16.5.57, 20.5.57, 27.5.57
Die Welt ist lustig 12.11.56
England 3.2.57
Erst Münchner Bräu aus vollen Zügen 12.11.56 + (A)
Es äfft Dich nur dies Rennen, Traben 2.11.56
General Sir John Moores Begräbnis 19.6.52
Goodwin Sands 13.1.57
»Harrison, Du zitterst!« 3.7.52
Ich bin ein rechter Poveretto 11.11.56
Im Café Divan wieder einmal 18.12.55
Jan Bart 14.5.58
Jung-Walter 14.4.58 (A)
Lieber Gratulantenhasser! 4 8.58
Lord Maxwells Lebewohl 13.5.58, 17.9.58
Mein Herz 24.1.57 (A)
Mit achtzehn Jahr und rothen Wangen 16.10.56
My little poetry indeed bears not the english label 3.12.57
Nach dem Sturm 24.1.57 (A)
O Heilgenstadt du heilge Stadt 4.2.57
Poësie, das liebe Hexchen 12.11.56
Prinz Louis Ferdinand 22.5.57, 23.5.57, 24.5.57
Scheiden 22.5.52 (A), 24.5.52
Selbst der traurigste Prinzen-Lümmel 16.1.57
Storch und Schwalbe sind gekommen 24.1.57 (A)
Toast auf Franz Kugler zum 19. Januar 1857 14.1.57
Und wäre die Weite weiter noch 15.1.56
Und wieder mal im grünen Zimmer 2.4.57
Wapping Old Stairs 15.8.56, 6.3.58, 7.3.58, 12.3.58, 18.3.58
Willkommen 3.2.58, 4.2.58

Journalistische Beiträge

Der Begynenhof in Gent 20./21.4.52 (A)
Eine Kunstausstellung in Gent 22.4.52 (A)
Ein Gang durch den leeren Glaspalast 24.4.52 (A)
Die öffentlichen Denkmäler 26.5.52
Die Musikmacher 28.4./5.5.52 (A), 26.5.52
Das goldne Kalb 26.5.52
Die Manufaktur in der Kunst 26.5.52
Richmond 30.5.52 (A)
Das deutsche Theater in England 2.6.52 (A)
»Not a drum was heard« 19.6.52 (A)
Rudrer und Steuermann 29.6.52 (A)
Die Kunstausstellung 30.6.52 (A)
Heinrich VIII. im Prinzeß-Theater 13.9.55 (A)
Richard III. im Soho-Theater 14.9.55 (A)
Hamlet im Sadlers-Wells-Theater 27.10.55 (A)
»Der Sturm« im Sadlers-Wells-Theater 23.1.56 (A)
Antonius und Cleopatra 9.4.56 (A), 23.9.56
Die Penny-Blätter 5.5.56, 7.5.56, 13.5.56
Chelsea Hospital und die Krim-Commission 12.5.56
Eine Matinee 13.5.56
[Empfang in der preußischen Gesandtschaft] 19.5.56
Diner im Preußischen Gesandtschaftshotel 19.5.56
Krystallpalast-Bedenken 22.5.56, 26.5.56
Die Sonntags-Musik-Frage und ihre Bedeutung 23.5.56
[Bericht über den Mordprozeß Palmer] 27.5.56 (A)
[Vorbereitung zur Friedensfeier] 29.5.56
[Verlauf der Friedensfeier] 31.5.56
[Zur Sonntagsmusikfrage] 2.6.56
[Die Ausweisung des britischen Gesandten Crampton] 3.6.56
[Bericht über den Mordprozeß Palmer] 4.6.56
[Krimkommission und Heeresreform] 7.6.56
Die Kunstausstellung 10.6.56 (A), 16.6.56
Mr. Albert Smith und Gordon Cumming 12.6.56
[Englisch-amerikanische Spannungen] 21.6.56 (A)
Herrn Marcus' Bilderladen 24.6.56, 27.3.58 (A)
[Englisch-amerikanisches Verhältnis] 26.6.56
[Englische Eifersucht auf die Franzosen] 30.6.56 (A)
[Raufereien zwischen deutschen und englischen Jägern] 1.7.56 (A)

[Über Lord Palmerston]   2.7.56, 5.7.56
Die Administrativ-Reform-Association   3.7.56
Waltham-Abbey   8.7.56, 10.7.56, 16.7.56
Der Einzug der Garden   9.7.56
Die englischen Wochenblätter   29.7.56, 17.8.56, 18.8.56, 21.8.56, 24.8.56, 25.8.56, 26.8.56, 3.11.56, 9.11.56, 16.11.56, 17.11.56, 21.11.56, 29.11.56, 30.11.56, 1.12.56, 24.1.57
The German Legion – Prince Albert   23.8.56
Am Tage von Jena auf der Brücke von Jena   15.10.56 (A)
Die Verwarnung des »Moniteur«   27.10.56 (A)
Die »Times« und die Neuenburger Frage   29.10.56
The declining efficiency of Parliament   30.10.56 (A), 2.11.56, 5.11.56
[1. Leitartikel über die Neuenburger Frage]   7.11.56, 13.11.56
Zwanzig Turner'sche Landschaften   10.11.56, 13.11.56
Die letzten Tage der Deutsch-Englischen Legion   18.11.56 (A), 26.11.56
v. Stutterheim und die Cap-Legionäre   18.11.56 (A), 3.12.56
[2. Leitartikel über die Neuenburger Frage]   17.11.56, 19.11.56
Kossuth in Edinburg   2.12.56
The King of Prussia's Speech and the Neufchatel Question   6.12.56
The War Preparations of Switzerland   14.12.56
Charles Dickens' »Wrack der goldenen Marie«   14.12.56 (A)
Die »Times«, Preußen und Neuenburg   18.12.56
[Englisch-französische Differenzen über Neuenburg]   19.12.56
Personalien aus der Hochkirche   21.12.56 (A)
Germany and the Neufchatel Question   23.12.56 (A)
Nachträgliches über das Weihnachtsfest   23.12.56, 24.12.56
Denmark and the Duchies   30.12.56
Mr. Thackeray ein feinerer Vehse   31.12.56
Der Zehn-Schwabenprotest und das englische Publicum   31.12.56
Prussian Circular on the Neufchatel Question   3.1.57
[Sizilische Zirkulardepesche]   4.1.57
Austrian Reply to the Prussian Circular   5.1.57
Die Neuenburger Angelegenheit   6.1.57
Lord Napier als englischer Gesandter für Nordamerika   6.1.57
The Protocol of the Paris Conferences   7.1.57 (A)
Die »Times« und Preußen   7.1.57 (A)
Die lustigen Weiber von Windsor   8.1.57 (A)

Express from Germany   12.1.57
»Morning Chronicle« über die englische Presse   13.1.57
Express from Germany   15.1.57
Das Diebs-Kleeblatt der Südostbahn   17.1.57
A Word for Prussia and Her King   18.1.57
Kleine Spiele in London   21.1.57
[Leitartikel über Preußen und die Schweiz]   22.1.57
[Leitartikel über die Schleswig-Holstein-Frage]   22.1.57, 23.1.57, 26.1.57, 30.1.57, 31.1.57, 2.2.57, 3.2.57
Die Radikalen und Demokraten   27.1.57 (A)
Nochmals die englischen Demokraten   30.1.57
Die Bucher'sche Schule   3.2.57
Die Koalition Gladstone-Disraeli   5.2.57
Coriolan und das Volk von Islington   8.2.57
Coriolan   10.2.57
Sommernachtstraum im Prinzeß-Theater zu London   10.2.57, 13.2.57
Der geheimnisvolle geheime Vertrag und Lord Palmerston   11.2.57
Die lustigen Weiber von Windsor   12.2.57, 17.3.57
Die Debatte über den Geheimvertrag   13.2.57
»Hungerparlament«   17.2.57
Voreilige Siegesfreude   18.2.57
Die beiden Edelleute von Verona   19.2.57, 20.2.57
Explosion in den Yorkshire Kohlenbergwerken   21.2.57
Disraeli's »Preß« über Lord Palmerston   24.2.57
Macbeth   25.2.57 + (A), 27.2.57, 25.5.57, 26.5.57, 27.5.57
Die Komödie der Irrungen   12.2.57 (A), 27.2.57 (A)
Man will ihn los sein   28.2.57, 2.3.57
Zur chinesischen Debatte   3.3.57
König Heinrich IV. (Erster Teil)   4.3.57 (A), 7.3.57+ (A), 8.3.57, 11.3.57
Palmerston besiegt und – Sieger   7.3.57
Die Stimmung im Lande. Wahlen   9.3.57
Opiumhandel und »Times« Logik   10.3.57
Express from Germany [Schleswig-Holstein]   11.3.57
Lord Elgin's Ernennung   14.3.57
Express from Germany [Neuenburg]   14.3.57
Der »Standard« über Lord Palmerston   18.3.57
[Die Ibbetsonsche Neufchatel-Broschüre]   19.3.57

[Leitartikel über Dänemark und Schleswig-Holstein] 22.3.57
Palmerstons Adresse an die Wähler von Tiverton 24.3.57 (A)
Das Beamtenthum in England 14.4.57
Palmerston und die »Preß« 2.5.57
Die Shadwell-Theater zu London 7.5.57, 8.5.57
Der Schalk als Lakai 9.5.57
Die Londoner Kunstausstellung 10.5.57, 11.5.57, 13.5.57
Die Londoner Theater 12.5.57 (A), 29.5.57, 31.5.57, 2.6.57, 3.6.57, 9.6.57, 27.6.57, 1.1.58, 2.1.58, 4.1.58, 5.1.58, 11.1.58, 1.4.58
Der Häuser Einsturz in Tottenham-Court-Road 13.5.57
[Leitartikel über die Schleswig-Holstein-Frage] 14.5.57, 18.5.57
Die Dictatur. Rathlosigkeit der Opposition 18.5.57 (A)
Lord Palmerston und seine innere Politik 20.5.57
Personalien. Amerikanische Schiffe. Kunst 3.6.57
[Leitartikel über Schleswig-Holstein] 7.6.57, 8.6.57, 11.6.57
Aus Prussia-House 8.6.57
Das kunstvolle Manchester 18.6.57
Ordensverteilung. Garde und Schützen 27.6.57
Aus Manchester 28.6.57 (A), 1.7.57, 3.7.57, 7.7.57, 26.8.57, 27.8.57, 28.8.57, 29.8.57, 2.9.57, 10.9.57, 11.9.57, 14.9.57, 25.9.57, 27.9.57, 28.9.57, 29.9.57, 30.9.57, 1.10.57, 3.10.57, 4.10.57, 5.10.57, 6.10.57, 7.10.57, 9.10.57, 10.10.57, 12.10.57, 14.10.57, 24.10.57, 28.10.57, 29.10.57, 30.10.57
Verschiedene Standpunkte 13.7.57
Der Vergiftungsprozeß in Glasgow 15.7.57 + (A)
Saturday-Review über die Evangelical Alliance 20.7.57
Thackeray und die schönwissenschaftlichen Politiker 22.7.57
[Leitartikel über Dänemark und Schleswig-Holstein] 31.7.57, 1.8.57, 3.8.57, 5.8.57, 6.8.57+(A)
Zwei Fälle. Wilhelm der Eroberer. Louis Napoleon 8.8.57
»Daily News« über die Donaufürstentümer 13.8.57
Das Indische Räthsel 15.8.57
Die Wellington-Monumente in Westminster-Hall 15.8.57 (A), 17.8.57, 18.8.57, 19.8.57
Die Ausstellung der Modelle zum Wellington-Grabmal 15.8.57 (A), 30.8.57
[Leitartikel über die Frage der Donaufürstentümer] 18.8.57
Lord Palmerston und Indien. Die Fremdenbill 22.8.57 (A)
Das Transportschiff »Transit« 22.8.57 (A), 24.8.57 (A)

Lord John's Isoliertheit 26.8.57
Indische Nachrichten. Englischer Zeitungsstil 27.8.57
Silhouetten zum Parlamentsschluß 29.8.57
Russenfresserei und die Zusammenkunft in Stuttgart 9.9.57
Kaffern-Regimenter 16.9.57
[Leitartikel über die Schleswig-Holstein-Frage] 18.9.57
Cricket-Spiel und Heldenthum 19.9.57
Die Geschichte der Britischen Pioniere 19.9.57, 21.9.57
Gerechte Sorge und schlechter Trost 22.9.57
Das Panorama von Delhi 28.9.57 (A)
Vellore und Delhi 30.9.57
National-Unglück und Nation 8.10.57
»The Waterloobridge Tragedy« 16.10.57
Die Presse über den König von Preußen 20.10.57 (A)
November im Oktober. Muselmännische Symptome 24.10.57
Das Parlament. »Saturday Review«. Graf Bernstorff 26.10.57
Der Heerd genommen, die Flamme entwischt 28.10.57
Der Panic in der City 31.10.57
Ein merkwürdiger Stapellauf 4.11.57
Der Lordmayors Tag 10.11.57
Zwei Gemälde über den Sündenfall 12.11.57
Englische Straßenballaden 15.11.57, 1.12.57, 7.12.57
Die Camberwell-Deutschen und Gottfried Kinkel 18.11.57, 28.11.57
Die siamesische Gesandtschaft 21.11.57
Die neue Parlamentssitzung 2.12.57
Zwei Prozessionen 4.12.57, 5.12.57
Tannenbaum und Stechpalme 16.12.57
Lucknow ist entsetzt! 23.12.57
Die letzten Tage von Leadenhall-Street 24.12.57 (A)
Des armen Mannes Weihnachtsbaum 28.12.57
Zur Vermählungsfeier 3.1.58, 4.1.58
Der Palast von St. James und die Royal Chapel 5.1.58, 6.1.58
Zu den Vermählungsfeierlichkeiten 9.1.58
[Die Denkmünze] 11.1.58
Die zwei letzten Trauungen in der Royal Chapel 14.1.58, 16.1.58
Hofnachrichten 16.1.58
Festliche Vorbereitungen in Stadt und Schloß Windsor 18.1.58
Die erste Fest-Vorstellung in »Ihrer Majestät Theater« 20.1.58

Der Hofball. Die Revue bei Woolwich. Unsere Prinzen 21.1.58
Unsere Prinzen in London 21.1.58
Der Besuch in Woolwich 23.1.58
Alles zu seiner Zeit 23.1.58
Zum Fest 23.1.58
Der Besuch der Prinzen im Gesandtschafts-Hotel 23.1.58 (A)
Die Soirée in Prussia-House 26.1.58
Die »Kolonnade« von St. James am Vermählungstage 27.1.58
Der Abend des Vermählungstages 28.1.58
[Dem preußischen Gesandten] 29.1.58 (A)
Die Abreise der hohen Neuvermählten 2.2.58
Im preußischen Gesandtschafts-Hotel 23.2.58
Die erste Nummer der »Times« 26.2.58, 27.2.58, 2.3.58
Wapping 6.3.58, 7.3.58, 12.3.58, 18.3.58, 27.3.58
Die große Post (General Post Office) 13.3.58, 27.3.58
Eine Stunde unter den Werbern 19.3.58, 27.3.58
London-Bridge 24.3.58, 27.3.58
Tower-Hill 24.3.58, 27.3.58
Frühling in St. Giles 27.3.58
[Die Konfirmation des Prinzen von Wales] 1.4.58 (A)
[Neuigkeiten aus der preußischen Gesandtschaft] 5.4.58 (A)
»Nur nach Norden« 16.4.58
William Russell 17.4.58
Englische Stimmen über englische Beredsamkeit 19.4.58, 21.4.58, 27.4.58
Pelissier im United-Service-Club 23.4.58
[Leitartikel über die Schleswig-Holstein-Frage] 24.4.58
Eine Equipage und ein Wappen 5.5.58
Die Königin von Portugall 8.5.58
Yeh, eine Studie 10.5.58, 17.5.58, 18.5.58, 19.5.58, 21.5.58, 26.5.58
»Immer langsam voran« und die Londoner Feuerwehr 8.6.58
Die Londoner Tagespresse 14.6.58, 23.6.58, 25.6.68, 29.6.58, 30.6.58, 3.7.58, 23.7.58, 24.7.58, 25.7.58, 26.7.58, 27.7.58, 28.7.58, 29.7.58, 31.7.58, 1.8.58, 13.9.58, 22.9.58
The State of Affairs in Prussia 17.6.58, 19.6.58, 21.6.58, 26.6.58, 27.6.58, 28.6.58
Gräfin von Bernstorff. Professor Max Müller. Renz 23.6.58
Denmark and the German Confederation 17.7.58, 20.7.58
Taufe in Prussia-House 22.7.58

Register der häufig erwähnten Lokalitäten und Institutionen

Adelphi Theater – Das Theatre Royal (New Adelphi) am Strand, 1806 errichtet und hauptsächlich der leichten Muse gewidmet, wurde seit 1844 von Madame Céleste und Ben Webster geführt.

Albany – Vornehmes Restaurant in Piccadilly Nr. 190, gegenüber der Einmündung von Sackville Street.

Anderton's Hotel – In Fleet Street in der City von London; Treffpunkt des Babel Clubs.

Argyle Rooms – Tanzlokal in Windmill Street, Haymarket.

Babel Klub – Internationale Diskussionsgesellschaft, deren Sitzungen in Anderton's Hotel stattfanden.

Billingsgate – Am Ostrand der City gelegener Stadtteil, bis 1982 Ort des Londoner Fischmarktes.

Blackwall – Am nördlichen Ufer der Themse, »Greenwich schräg gegenüber, liegt Blackwall, wichtig durch seine Ostindien Docks, im übrigen von untergeordnetem Interesse« (NFA XVII, S. 478). Fontane besuchte besonders gern die Blackwall Tavern, von deren Dach man einen vielgerühmten Blick über den Schiffsverkehr auf der Themse hatte; vgl. auch das Kapitel »Blackwall« in »Ein Sommer in London« (NFA XVII, S. 119–122).

Bloomsbury Square – Rechteckiger Platz mit Gartenanlagen in der Nähe des Britischen Museums; in Haus Nr. 17 befand sich der Sitz der »Pharmaceutical Society of Great Britain«, bei der Fontanes Freund Julius Schweitzer bis August 1856 beschäftigt war.

Café Divan – Mit Simpsons Restaurant verbundenes Klublokal am Strand, in dem britische und kontinentale Zeitungen auslagen und eine Handbibliothek zur Verfügung der Gäste stand; unverzichtbar vor allem für Journalisten. Der Eintrittspreis betrug einen Schilling, »which entitles the visitor to a cup of such coffee as can only be met with under oriental skies, together with a cigar of the finest quality« (LN, S. 50 f.)

Camden Town – Nördlich an die Innenstadt anschließender Stadtteil von London; zu großen Teilen erst im 19. Jahrhundert bebaut. Fontane wohnte die letzten anderthalb Jahre seiner Londoner Zeit dort, in 52 St. Augustine's Road.

Carlton House Terrace – In den Jahren 1827 bis 1832 von John Nash erbaute Straßenanlage unweit von Trafalgar Square; im Haus Nr. 9 befand sich seit 1849 die preußische Gesandtschaft und von 1871 bis 1939 die deutsche Botschaft in London.

Casino de Venice – Tanzlokal in der Great Queen Street, zwischen Oxford Street und Holborn.

Cheapside – Im Mittelalter Hauptmarkt der City of London; im 19. Jahrhundert noch eine wichtige Geschäftsstraße, heute eine von Bürohäusern flankierte Verkehrsader.

Coal Hole – Lokal am Strand, in dem Renton Nicholsons ›Judge and Jury Society‹ ihre Sitzungen abhielt (vgl. auch Anm. zum 9.10.55)

Covent Garden – Viertel am Ostrand des Westends von London. Der seit der Mitte des 17. Jahrhunderts hier angesiedelte Obst-, Gemüse- und Blumenmarkt wurde 1973 nach Battersea verlegt. Das erste Theater in Covent Garden wurde 1732 eröffnet, das zweite sah Fontane 1856 niederbrennen, und das 1858 eröffnete dritte ist das heutige Royal Opera House.

Custom House – Ein Zollamt bei der Schiffsanlegestelle an der Nordseite der späteren London Bridge ist seit 1275 bezeugt, doch datierte das Gebäude, wo auch Fontane am 28. Mai 1844 zum ersten Mal englischen Boden betrat, erst aus dem frühen 19. Jahrhundert. Custom House war vor dem Bau der Bahnlinie zur Küste der gewöhnliche Einreisepunkt nach England für ausländische Besucher.

Dean's Yard – Binnenhof der Dechanei von Westminster Abbey; Sitz der 1855 eingerichteten Civil Service Commission, wo Fontane 1858 verschiedentlich Bewerbern um Anstellung in der Ministerialbürokratie eine Deutschprüfung abnahm.

Drury Lane – Zu Fontanes Zeiten war das einstmals vornehme Viertel nördlich des Strand bereits ziemlich heruntergekommen. Fontane kam des öfteren hierhin wegen eines in der gleichnamigen Straße gelegenen Kaffeehauses und des Theatre Royal Drury Lane. Nahebei befand sich außerdem eine Filiale von Simpsons Restaurant.

Ellora‹ – 1852 von Friedrich Eggers begründete gesellige Vereinigung Berliner Literatur- und Kunstfreunde, zu deren Mitgliedern auch Fontane gehörte.

Evans Keller – »Music and Supper Rooms« in King Street, Covent Garden, seit den 1840er Jahren »the haunt of wealthy Bohemians« (LE, S. 266); 1880 geschlossen.

Fleet Street – In der City, bis in die 1980er Jahre Sitz der Redaktionen und Druckereien der meisten Londoner Zeitungen.

Gesandtschaftshotel – Synonym für die seit 1849 in Carlton House Terrace untergebrachte preußische Gesandtschaft.

Guildhall – In seinem Kern auf das Mittelalter zurückgehendes Gebäude mit zahlreichen späteren Zusätzen; Sitz der Verwaltungsorgane und der städtischen Gerichte der City of London.

Haymarket Theatre – Das älteste Theater dieses Namens und an dieser Stelle datiert von 1720. Was Fontane besuchte, war jedoch ein 1820/21 von John Nash errichteter neuerer Bau, der von 1853 bis 1878 unter der Direktion von John Baldwin Buckstone stand.

Her Majesty's Theatre – Dieses seit 1704 unter anderem Namen bestehende Theater, ebenfalls am Haymarket gelegen, war vier Jahrzehnte eng mit Händel verbunden und diente bis 1847 als Opernhaus. Erst nach dem Brand von Covent Garden 1856 wiedereröffnet, fiel das Gebäude 1867 selbst einem Feuer zum Opfer und wurde später durch einen Neubau ersetzt.

Hungerford – Die doppelstöckige Hungerford Markthalle mit Ständen für Fleisch, Fisch, Obst und Gemüse sowie verschiedenen Restaurationsbetrieben war 1833 eröffnet worden und wurde 1862 abgerissen, um Platz zu machen für den Charing Cross Bahnhof. Die Hungerford Hängebrücke über die Themse aus den Jahren 1841/45 wurde 1864 durch die bis heute existierende Eisenbahn- und Fußgängerbrücke ersetzt, die zum South Bank Centre führt.

Kristallpalast – Die zur Unterbringung der Weltausstellung von 1851 im Hyde Park errichtete Konstruktion aus Gußeisen und Glas war 1854 nach Sydenham im Süden von London verlegt worden. Im Mittelpunkt eines Vergnügungsparks stehend, wurde der Kristallpalast als Konzertsaal sowie für Theateraufführungen und Ausstellungen genutzt, bis er 1936 einem Großfeuer zum Opfer fiel.

Lyceum Theatre – Das 1771 erbaute Theater in Wellington Street, nahe der Waterloo Bridge, hatte nach einem Brand 1834 ein neues Gebäude erhalten und diente von 1856 bis 1859 als Ausweichquartier für die Operntruppe von Covent Garden.

Mansion House – Aus dem frühen 18. Jahrhundert stammender Amtssitz des Lord Mayors, des Bürgermeisters der City von London, schräg gegenüber der Bank von England gelegen.

National Gallery – 1824 begründete Gemäldegalerie, seit 1838 in einem eigenen Gebäude am Trafalgar Square untergebracht.

Odeum – Ausflugs- und Tanzlokal in der Berliner Tiergartenstraße.

Olympic Theatre – Das nach Zerstörung des Vorgängerbaus durch einen Brand 1849 wiedereröffnete Royal Olympic Theatre in Wych Street, in der Nähe des Strand, erlebte in der Ära des Schauspielers Frederick Robson, der 1857 auch die Direktion übernahm, seine Blütezeit. Es wurde 1899 geschlossen.

Panoptikon – Das 1852 eröffnete »Royal Panopticon of Science and Art« in Leicester Square, eine Einrichtung mit Volksbildungsambitionen, ging 1856 bankrott und wurde 1858 als Zirkus wiedereröffnet; 1860 in eine Music Hall umgewandelt und später als Theater genutzt (»Alhambra«).

Paternoster-Row – »Eine schmale, finstere und nicht allzu saubere Gasse« in der Nähe von St. Paul's Cathedral, aber »dadurch interessant, daß Buchhandlung neben Buchhandlung ist« (Tagebucheintrag vom 12. Juni 1852).

Princess's Theatre – Am östlichen Ende von Oxford Street gelegen und von 1840 bis 1902 in Betrieb; ab 1850 für ein Jahrzehnt unter der Leitung von Charles Kean.

Prussia House – Amtssitz der preußischen Gesandtschaft in Carlton House Terrace.

Purssel – In der City von London gelegenes Café. Bereits wenige Tage nach seiner Ankunft in England berichtete Fontane seiner Frau am 25. September 1855, er unternehme häufig »einen Gang nach Purssels Kaffeehaus, wo sich lauter Deutsche, meist nette Leute, zu versammeln pflegen. Man trinkt dort Kaffee und spielt Schach, und da ich das Letztere nicht kann, so studier' ich derweil die englischen Abendblätter durch« (HD, S. 30).

Rotten Row – Ursprünglich angelegt als Verbindungsweg vom St. James Palast zum Kensington Palace; ungepflasterte Promenade für Reiter und Equipagen im Hyde Park.

»Rütli« – 1852 begründeter literarisch-geselliger Kreis in Berlin,

der wöchentlich einmal bei einem seiner Mitglieder zusammentrat; Abzweigung des »Tunnels über der Spree«.

Sadler's Wells Theatre – Seit 1683 bestehendes Theater in Islington, das unter der Leitung von Samuel Phelps in den Jahren 1844 bis 1863 nicht weniger als 34 Inszenierungen von Shakespeare-Stücken herausbrachte, von denen etliche seit Jahrzehnten nicht mehr aufgeführt worden waren. Das aus dem Jahre 1765 stammende Haus, das Fontane besuchte, ist 1927/1931 durch einen Neubau ersetzt worden.

Shoe Lane – Eine Seitenstraße von Fleet Street in der City, deren Name von Fontane als Kurzbezeichnung benutzt wird für einen im Jahre 1755 begründeten Diskussionsklub, die »Society of Cogers«, deren Sitzungen seit 1855 jeweils dienstags und freitags in einem zur »Blue Post Tavern« gehörigen Saal in Shoe Lane stattfanden.

Simpson – Von John Simpson (1808–1862) gegründetes und bis heute bestehendes Restaurant am Strand, einer der Hauptstraßen des Londoner Westends, unweit der Waterloo Bridge. Angeschlossen war das Café Divan. Ein Filialbetrieb von Simpsons Restaurant befand sich in der nahe gelegenen Drury Lane.

Strand – Verbindungsstraße zwischen Westminster und der City of London und ursprünglich direkt am Ufer der Themse entlanglaufend; eine der Hauptgeschäftsstraßen des Westends mit zahlreichen Theatern, Restaurants und anderen Vergnügungsbetrieben.

Surrey Theatre – Das aus dem Jahre 1782 stammende und ursprünglich als Zirkus angelegte Haus in der Blackfriars Road wurde 1809 in ein Theater umgewandelt, 1865 durch ein Feuer weitgehend zerstört und nach zeitweiliger Nutzung als Kino 1934 endgültig abgerissen.

Temple – Viertel im Süden der City von London zwischen Fleet Street und Themse, ursprünglich so benannt nach der aus dem 12. Jahrhundert datierenden Rundkirche des Ordens der Tempelritter; seit dem 14. Jahrhundert bevorzugt von Rechtsanwälten besiedelt, weshalb zwei der vier zunftartigen Inns of Court danach benannt sind (Inner Temple und Middle Temple). Temple Bar schließlich hieß das seit 1351 nachgewiesene und 1878 abgerissene westliche Stadttor der City am Übergang von Fleet Street zum Strand.

Temple Forum – Das »Temple Discussion Forum« tagte jeweils montags und donnerstags von neun Uhr abends bis Mitternacht im »Green Dragon«-Wirtshaus in der Fleet Street. Fontane besuchte den frei zugänglichen Klub ziemlich regelmäßig, um Anregungen für seine Berichterstattung aus England zu erhalten.

Tom's Coffeehouse – In Russell Street, Covent Garden, gelegen und seit 1722 in Betrieb, mit zahlreichen Berühmtheiten unter seinen Stammkunden; 1865 abgerissen.

Trafalgar Tavern – Am Themse-Ufer bei Greenwich gelegenes, 1837 neu eröffnetes und bis heute bestehendes Lokal, in dem zu Fontanes Zeiten häufig Fischessen des gesamten Kabinetts stattfanden und in dem u. a. auch Thackeray, Dickens und Macaulay verkehrten.

Tunnel über der Spree« – Der »Literarische Sonntags-Verein zu Berlin Tunnel über der Spree« war 1827 gegründet worden. Fontane gehörte ihm seit September 1844 an (vgl. auch den entsprechenden Abschnitt in »Von Zwanzig bis Dreißig«; AFA, Autobiographische Schriften 2).

Vernon Gallery – Die von dem Armeelieferanten Robert Vernon (1774–1849) der britischen Nation hinterlassene Gemäldesammlung war zunächst in Marlborough House, Pall Mall, untergebracht, bevor sie später in der Nationalgalerie am Trafalgar Square aufging.

Very – Richtig: Verrey. Charles Verrey hatte sich aus bescheidenen Anfängen als Süßwarenhändler zum Inhaber des führenden Delikatessengeschäfts und Restaurants im viktorianischen London emporgearbeitet, das seit 1849 in Regent Street, Ecke Hanover Street ansässig war. Bei dem von Fontane sogenannten »kleinen Very« handelte es sich um den »Cook and Confectioner« Louis Verrey in Pall Mall.

INHALTSVERZEICHNIS

Einleitung VII
Tagebücher 1852 / 1855–1858 1
Exzerpte aus den verschollenen Tagebüchern
   1854 und 1855 355

ANHANG

Zu dieser Ausgabe . . . .
Anmerkungen . . . .
Register . . . .
  Register der Personen und Werke . . . .
  Register der Periodika . . . .
  Register der erwähnten Schriften und Werke
    Fontanes 741
  Register der häufig erwähnten Lokalitäten und
    Institutionen 749

Fontane, Tage- und Reisetagebücher 1–3
ISBN 3-351-03102-5
Tagebücher 1–2
ISBN 3-351-03100-9

2. Auflage 1995
Alle Rechte an dieser Ausgabe
Aufbau-Verlag GmbH, Berlin
Das Recht, Auszüge und fotomechanischen Nachdruck
aus dem Original sowie die Verwendung
des Originals für Filmwiedergaben zu gestatten,
liegt beim Theodor-Fontane-Archiv, Potsdam
Gesamtgestaltung Heinz Hellmis
Satz und Repro LVD GmbH, Berlin
Druck und Binden Kösel GmbH, Kempten
Printed in Germany

Lightning Source UK Ltd.
Milton Keynes UK
UKOW01f0940180717
305535UK00002B/81/P

9 780259 046943